·安徽师范大学徽学研究丛书·

古代徽州和皖南民间信仰研究

GUDAI HUIZHOU HE WANNAN MINJIAN XINYANG YANJIU

丁希勤◎著

安徽师范大学出版社
·芜湖·

责任编辑:孙新文
装帧设计:任　彤

图书在版编目(CIP)数据

古代徽州和皖南民间信仰研究 / 丁希勤著.— 芜湖:安徽师范大学出版社,2016.6
ISBN 978-7-5676-2524-2

Ⅰ.①古…　Ⅱ.①丁…　Ⅲ.①信仰—民间文化—研究—安徽省—古代　Ⅳ.①B933

中国版本图书馆CIP数据核字(2016)第128513号

安徽省社科规划项目
四川省社科规划后期资助项目

古代徽州和皖南民间信仰研究

丁希勤　著

出版发行:安徽师范大学出版社
芜湖市九华南路189号安徽师范大学花津校区　邮政编码:241002
网　　址:http://www.ahnupress.com/
发 行 部:0553-3883578　5910327　5910310(传真)　E-mail:asdcbsfxb@126.com
印　　刷:苏州市古得堡数码印刷有限公司
版　　次:2016年6月第1版
印　　次:2016年6月第1次印刷
规　　格:700 mm ×1000 mm　1/16
印　　张:28.5
字　　数:486千
书　　号:ISBN 978-7-5676-2524-2
定　　价:85.00元

目　录

下部　皖南其他地区民间信仰

导 言

本书分上下两个部分，分别对古代徽州和皖南其他地区民间信仰作了初步的探讨。古代皖南有五个区域社会，即唐宋以来的徽州府、池州府、宁国府、太平府、广德州，简称四府一州。其中，徽州民间信仰最为丰富，史称“新安，溪山之国，神明之乡”，“新安祠庙最多，各村水口未有无琳宫梵宇者”，故将徽州民间信仰单独列为一部，便于比较完整地考察一个地方社会的民间信仰状况。皖南还有一些重要的民间信仰，如广德的祠山大帝、池州的昭明太子、九华山的地藏菩萨、宣城的敬亭山神、当涂的中元水府等，都是当地历史文化的精义，故整作一部，方便搜罗。研究对象以明清时期的民间信仰为主，有些信仰起源较早，涉及唐宋、秦汉甚至传说时代，有些信仰涉及全国其他地方的神灵如关帝、赵公明、梓潼帝君、东岳帝君、张巡、刘猛将军、茅司徒、周宣灵王、金龙四大王、萧晏二公等，在本书中也作了专门的探讨，因此以整个古代作为背景而曰“古代徽州和皖南民间信仰研究”。

第一节　本书的研究方法

民间信仰的内容很多，本书的研究对象是具有地方特色的民间信仰，主要有徽州府的汪华、程灵洗、五显、许远、方储、许宣平、甘露仙、李赤肚、朱熹、黄帝、玄武帝、妻婿山以及徽州一府六县的风水；宁国府的梓华、张果信仰；太平府的侨民信仰、中元水府、李白；池州的昭明太子、九华山的金地藏、东至县的南溪古寨；广德州的祠山大帝等，基本上涵括了古代皖南四府一州的主要神灵。

民间信仰的研究与社会、政治、经济史的研究可能有些不同，因为它是古代特定思维的产物，一切研究必须本诸古人的理路方能得出正确的解释。为了更贴近历史原貌，最大程度地展示古人的民间信仰，笔者在行文中将以古人的思维方式来诠释古代民间信仰。但古人限于时代影响，其思维、观念中必然含有部分唯心主义、牵强附会的观点，为了行文的衔接性，笔者对此不做处理，请读者在阅读本书时以辩证的眼光来看待古人的民间信仰。本书从问题的起源处开始，依据古人创造民间信仰的思维方式如阴阳五行、天干地支、八卦易经、天人合一、性命义理、风水等易学思维，研究民间信仰的制度、设置、仪式、神话故事，描述民间信仰的形成与发展轨迹，探讨民间神灵的神性特点、变迁以及与周边社会的互动。遵循古人的思维方式和文本叙述的内在逻辑结构，我想这也是符合历史唯物主义标准的。因此，本书主要采取了以下研究方法。

一、易学方法

民间信仰一般都是围绕神灵而展开的，神灵都有神性，以神性研究民间信仰方能触及民间信仰的内核。中国古代的神性主要是按阴阳五行进行分类的，如《史记》中记载三皇五帝：庖犠氏木性，神农火性，黄帝土性，少昊金性等，相关传说也是围绕神性而展开，如黄帝与蚩尤打仗，蚩尤火性，灭火者水，故言战于涿郡，斩杀于盐池，涿、池为水。火的数字是二和七，因此讲蚩尤身首异处，坟高七丈，显然是对其神性属火的演义。具体到徽州，汪华和程灵洗都以火为用神，火生土，故成为徽州的土主大神。徽州多山少土，黄帝土德，故成为黄山之神，相传“黄帝与容成子、浮丘公炼丹于此”。土的五行之色为黄，又因黄帝之故，因此唐代天宝六年（747年）改黟山为黄山。宣城的张果、梓华以火为神性，故成为宣城的土主大神。池州的金地藏、昭明太子以金为神性，金生水，池州濒临长江，池中有水，故成为池州之神。中元水府、李白以水为神性，当涂处长江下游南岸，故成为当涂之神。张巡以木火为神性，木位东方，火位南方，故主要流行于我国东南一带。周雄、金龙四大王、关羽、赵公明都以金水为神性。金生水，故周雄、金龙四大王为水神。金为财，金生水以流通其性，故关羽、赵公明为财神。金由土生，土数是五，故五显神也成为财神。朱熹以火为用神，火位南方，故从徽州迁往福建，成为南宋的大儒。

民间信仰所言的神性有两种，一种叫本生神性，是人物先天八字的神性。一种叫死后神性，是人物死亡时所行大运的神性。民间在造神的时候侧重点往往不同，有单取一种的，有兼取两种的。如果作为大神看待，往往取一种神性；如果作为人看待，往往实事求是兼取两种。如汪华的本生神性是火土，死后的造神也取火土，前后一贯，因此信仰的力量大，流衍广。程灵洗出身于程朱阙里的黄墩，受儒教的影响，敬鬼神而远之，所以本生故事以木火为神性，死后故事以金水为神性，二者自相矛盾，冲淡了信仰的力量，因此主要在家族中流传。又如玄武帝、梓潼帝君、祠山大帝为道教之神，道教重视来生，故单取死后神性。玄武帝、祠山大帝死于水运，水位在北，故成为北方之神和水神，与二十八星宿的北方星宿相应而成为玄武帝和礼斗之神，二者在皖南的影响很大，有固定的道场齐云山和广德州。皖南在天文上为“斗牛之地”，故民间视他们为北斗之神。与北斗信仰有关的还有黄山的轩辕黄帝，据《史记》记载是北斗枢星化生。玄武帝之于齐云山，祠山大帝之于广德，轩辕黄帝之于黄山，又各与其地的地理环境密切相关，不同的地理环境造就了不同的民间信仰。梓潼帝君死于火运，火为文章之象，故后世将其作为文神。

在风水信仰方面，徽州主要重视阴阳五行相互协调，如府城南门和西门火旺，于是在南门设真武神像，西门设闵雨楼，取水克制旺火。也有因事而作的，如绩溪县船山上设立文峰塔、文昌祠，大宁渠设倒地文笔，休宁县的儒学风水，黟县的学宫风水等，是为了繁荣科举。绩溪龙川胡氏村落是金鱼形（暗喻金），胡氏祖墓是玄武形（暗喻玄武帝），取商人和帝王之义。明清婺源县的船槽岭峡一带被认为是县治、县学和朱熹祖坟的龙脉，直接关系婺源县的兴衰等。池州的风水信仰主要是对金水的信仰，池州一府六县、九华山、南溪古寨的风水概以金水为主，体现了一贯之道，故池州的历史文化在今天影响仍然较大，如九华山的金地藏信仰。

本书所涉及的易学思维主要有以下几种。

(一)五行

五行：金、木、水、火、土。

五行相生：金生水，水生木，木生火，火生土，土生金。

五行相克：金克木，木克土，土克水，水克火，火克金[①]。

五行方位：东方木，南方火，西方金，北方水，中央土。

五行颜色：木色青，火色赤，金色白，水色黑，土色黄[②]。

① 参见(明)万民英撰:《三命通会》卷一,文渊阁四库全书本。

② 参见《三命通会》卷二。

五行数字：水数一六，火数二七，木数三八，金数四九，土数五十。

五行五音：土宫，金商，木角，水羽，火徵[①]。

(二)干支生肖

十干：甲、乙、丙、丁、戊、己、庚、辛、壬、癸。

十干五行：甲乙木，丙丁火，戊己土，庚辛金，壬癸水[②]。

十二支：子、丑、寅、卯、辰、巳、午、未、申、酉、戌、亥。

十二支五行：亥子水，寅卯木，巳午火，申酉金，辰戌丑未土。

十二支方位：寅卯辰东方，巳午未南方，申酉戌西方，亥子丑北方[③]。

十二支生肖：寅虎，卯兔，辰龙，巳蛇，午马，未羊，申猴，酉鸡，戌犬，亥猪，子鼠，丑牛[④]。

(三)十二支关系

三合：亥卯未三合木局，申子辰三合水局，巳酉丑三合金局，寅午戌三合火局。

六合：子丑合，寅亥合，卯戌合，辰酉合，巳申合，午未合。

六冲：巳亥冲，子午冲，丑未冲，寅申冲，卯酉冲，辰戌冲。

六害：卯辰害，寅巳害，丑午害，子未害，亥申害，酉戌害。

三刑：子卯一刑，寅巳申二刑，丑未戌三刑，辰见辰、午见午、酉见酉、亥见亥为自刑[⑤]。

(四)五行寄生十二宫

金长生于巳，沐浴于午，冠带于未，临官于申，帝旺于酉，衰于戌，病于亥，死于子，墓于丑，绝于寅，胎于卯，养于辰。

木长生于亥，沐浴于子，冠带于丑，临官于寅，帝旺于卯，衰于辰，病于巳，死于午，墓于未，绝于申，胎于酉，养于戌。

水长生于申，沐浴于酉，冠带于戌，临官于亥，帝旺于子，衰于丑，病于寅，死于卯，墓于辰，绝于巳，胎于午，养于未。

火长生于寅，沐浴于卯，冠带于辰，临官于巳，帝旺于午，衰于未，病

① 参见《三命通会》卷一。
② 参见《三命通会》卷一。
③ 参见《三命通会》卷一。
④ 参见《三命通会》卷一。
⑤ 参见《三命通会》卷二。

于申，死于酉，墓于戌，绝于亥，胎于子，养于丑。

土长生于寅，沐浴于卯，冠带于辰，临官于巳，帝旺于午，衰于未，病于申，死于酉，墓于戌，绝于亥，胎于子，养于丑[①]。

(五)八卦易经

乾为天，为君，为父，为马，为首。

坤为地，为众，为母，为牛，为腹。

震为雷，为敷，为长男，为龙，为足。

巽为木，为风，为长女，为鸡，为股。

离为火，为日，为中女，为雉，为目。

坎为水，为沟，为中男，为豕，为耳。

兑为泽，为妾，为少女，为羊，为口。

艮为山，为径，为少男，为狗，为手[②]。

(六)四柱命理

先秦时期流行天文星占和灾异之学，以天文灾异言人事，如孔子的《春秋》《史记·天官书》《汉书·五行志》等有大量的记载。秦汉时期流行谶纬之学，杂以相术，至魏晋南北朝又流行相墓风水，正史对此也有大量的记载。唐代则以出生年、月、日三柱为命理推算依据，至宋代加上时辰为四柱，每柱由天干和地支组成，又称八字理论，尤其流行于明清。其中，日干为命主本人，与年、月、时干组成五行生克关系，以生我者为父母，我生者为子女，我克者为妻为财，克我者为官为煞[③]。配合地支，确定五行的强弱帮扶关系，确定我的用神、喜神和忌神。然后参以后天大运和行年太岁等理论，确定人的一生命运状况，以便与历史记载相互印证，是研究人物神灵的一个有效方法。具体知识可参见明代万民英的《三命通会》。

(七)天文星宿

东方苍龙七宿：角、亢、氐、房、心、尾、箕。

北方玄武七宿：斗、牛、女、虚、危、室、壁。

西方白虎七宿：奎、娄、胃、昴、毕、觜、参。

南方朱雀七宿：井、鬼、柳、星、张、翼、轸。

---

① 参见《三命通会》卷二。

② 参见《易经·说卦》。

③ 参见《三命通会》卷七。

五星五行：辰星水、太白金、荧惑火、岁星木、镇星土。

五星二十八宿与地理人事的对应关系，具见《史记·天官书》和《汉书·天文志》。

二、史学方法

民间信仰都有相应的神话故事，其创作除了受上述易学思维的影响外，还深受史学的影响，主要表现在以下方面：

一是神话的题材直接来源于正史。如程灵洗的唐代神话以唐高宗的千年石刻和武周革命作为背景创作而成，宋代的神话以南宋偏安江南和当时社会上流行的性命义理之学创作而成。南宋初年的张抃是以唐代张巡和五代滑台人张昭烈作为原型，以两宋之际的靖康之变作为背景而创造的一个新的民间信仰，反映了当时宋金战争中滑州的失守、汴京保卫战、宋高宗南渡、南宋的建立以及宋金对峙等历史内容。

二是神话的文本往往抄袭正史。如广德祠山大帝的神话直接抄袭《魏书·序纪》，张抃的神话抄袭《唐书·张巡传》，婺源五显神话参考了《黄庭经》《福德五圣经》《黄帝内经》等内容。

三是神话的发展利用了不同历史时期的五行之德。如程灵洗神话中的两牛，在原始神话中是一黄一黑，在唐代都是白色，在宋代又变成一黑一白，反映了不同历史时期国家的五行之德及其发展变化。同样是猛将军称号，都是灭蝗之神，但南宋的刘锜以火为用神，隐喻南宋火德，并以火克北方金朝的金德，而元末刘承忠自沉于水，隐喻元朝水德。清朝也是水德，尤其重视刘承忠。就正史而言，夏朝木德，商朝金德，周朝火德，秦朝水德，汉朝火德；曹魏土德，西蜀火德，东吴土德；晋朝金德，南朝宋水德，齐木德，梁火德，陈木德；后魏土德，北周水德，北齐木德；隋朝火德，唐朝土德，宋朝火德，元朝水德，明朝火德，清朝水德。这些五行之德对应相应的颜色，金色白，木色青，水色黑，火色赤，土色黄，在神话中都有所表现，反映了该神话的时代背景。

四是神话的创作充分发挥了史学的隐喻与批评功能。隐喻是古人作史的常用方法，包括比喻、暗喻、暗指、象征、指代等，普遍见于《春秋》和正史《天文志》《五行志》《祥瑞志》《载记》等体例和内容中。如《春秋》中日食的记载，《廿二史札记》曰：“《春秋》日食三十六，为弑君三十六之应。”[1]民间神话的创作大量使用了这一方法，如徽州方仙翁神话中的血湖隐喻武则天，鞭死人隐喻两宋皇权政治，忌辰隐喻清初专制等。隐喻不是目的，政治批评才是目的。通过隐喻与批评，保持神话的内在批判性，是民间信仰传播的重要方式。

第二节　徽州建置与生肖传说

通观徽州的民间信仰，大致以火土和金水两种意象为主。火是文章之象，火土表明徽州重视科举和土居，为明清徽州教育和徽派建筑之渊源。金是商业之象，金生水以流通。二种意象的衔接点在土金，土生金，故徽州尤其重视商业，是为明清徽商兴起之渊源。

这一点首先体现在徽州的建置上。徽州的前身分别是鄣郡的歙黟二县、新都郡、新安郡和歙州。歙黟二县建于“秦并天下”庚辰年。新都郡建于汉献帝建安十三年（208年），始领六县，是为戊子年。新安郡建于晋武帝太康元年（280年），仍领六县，是为庚子年。歙州建于隋开皇九年（589年），是为己酉年，至唐大历五年（770年）复统六县，是为庚戌年，此后成为定制。徽州建于宋徽宗宣和三年（1121年），是为辛丑年。这里共出现了六组干支，其规律是紧密围绕土、金、水组合而成，如辰、戊、己、戌、丑为土，庚、庚、酉、庚、辛为金[2]，乃土生金，反映了五行的贵生思想。子为水，土克水为财，金生水象征财源滚滚。可见徽州的建置时间体现了财气思想。值得注意的是，一府六县的建置时间唯独没有甲寅乙卯之木，究其原因，为木克土，木生火克金，与徽州以土金为用神相矛盾。四库中取辰、戌、丑，唯独不取未，也是因为亥卯未三合木局的缘故。

徽州建置时间后来演变为生肖传说。明清时徽州民间流行一种传说：休宁蛇，歙县狗，黟县蛤蟆，绩溪牛，祁门猴，婺源龙[3]。蛇为巳，蛤蟆为田鸡为酉，牛为丑，猴为申，龙为辰，狗为戌。如上所述，徽州历史上有六个建

① (清)赵翼撰:《廿二史札记》卷二《汉重日食》,中华书局1984年版。

② 我国古代天干地支与阴阳五行的对应关系:甲乙、寅卯为木,丙丁、巳午为火,戊己、丑辰、未戌为土,庚辛、申酉为金,壬癸、亥子为水。

③ 方静采编:《徽州民谣》第89《徽州人》,合肥工业大学出版社2007年版,第102页。

置时间：庚辰，戊子，庚子，己酉，庚戌，辛丑。其中有辰、酉、戌、丑为龙、鸡、狗、牛。另有申猴、巳蛇对应于庚、戊二天干。根据明代《三命通会》“五行寄生十二宫”可知[①]，庚金临官于申，戊己为土，土临官于巳，同时巳是金长生之地，是戊己土生庚金的体现。按徽州建置完成于宋朝，生肖传说应是宋朝以后的产物。

从明清时期徽州的地图来看，六县紧密结合在一起构成人的形状，绩溪为首，歙县为胸，休宁县为腹腔，祁门县和婺源县各为腿[②]。人体分左右两个部分，左属阳，对应地支为子丑寅卯辰巳。子为一阳来复，所谓潜龙勿用，故从丑起数，以丑配绩溪，寅卯不用，以辰配婺源，巳为六阳之终，六阴之始，为阴阳交接之地，故配以中间的休宁。右属阴，对应地支为午未申酉戌亥，午未不用，以申配祁门，酉配黟县，戌配歙县。

生肖传说体现了拜金观念。首先，生肖传说体现了金、水的生地和库地，而突出金局的特点。巳、申分别是金、水之长生，丑、辰分别是金、水之库墓，申、酉、戌格成西方金之专气，巳酉丑三合金局。明朝《三命通会》曰：“巳为金长生之地”“申为水之生”“丑为金库”“辰为水库”。清朝《钦定协纪辨方书》曰：“申酉戌金”“巳酉丑三合为金”。

其次，生肖传说体现了土生金的思想。六县中唯有辰与戌相冲。辰、戌五行属土，土需冲动，不冲不发，《子平真诠评注》曰：“四库喜冲，不为不足，却不知子午卯酉之类，二者相仇，乃冲克之冲，而四墓土自为冲，乃冲动之冲，非冲克之冲也”，“辰戌丑未，最喜刑冲，财官入库不冲不发。”[③]故以辰、戌相冲起土以生金。如歙县始建于“秦并天下”之庚辰年，辰与戌相冲起土，如上所言徽州多山少土，故以戌冲起土局而曰歙县犬。同样的道理，绩溪县始建于唐大历二年（767年，丁未），丑未相冲起土，故取丑而曰绩溪牛。婺源县始建于唐开元二十八年（740年，庚辰），辰戌相冲起土，但歙县已曰戌，故婺源仍取辰龙。

最后，生肖传说体现了金水流通。黟县与歙县同时建置于“秦并天下”之庚辰年，易学上有一种六合理论，辰与酉六合为金，故取酉鸡。蛤蟆又名田鸡，不曰鸡而曰蛤蟆，是因为蛤蟆较小，符合黟县在六县中

①《三命通会》卷二。

② 丁希勤著：《古代徽州宗教信仰研究》，安徽师范大学出版社2013年版，第8页。

③（民国）徐乐吾评注：《子平真诠评注》卷十七《论墓库刑冲之说》，中州古籍出版社1994年版。

面积最小之特征。休宁县始建于隋开皇十八年（598年，戊午），祁门县始建于唐大历元年（766年，丙午），二者都是午马之年。午是旺火之地，旺火熔金，故不取午马而取午旁之巳为休宁，巳是金长生之地，又取祁门为申，申是金之禄位，申与巳六合为水以克火。同时，金生水以流通其性，象征财源滚滚。

生肖传说避免了异类相冲。如寅与申冲，卯与酉冲，亥与巳冲，未与丑冲，既然取了申酉巳丑，就不再取寅卯亥未，而且寅属木，亥卯未三合木局，徽州山区土地少，木克土，使土不能生金，故不用。

以上是说徽州一府六县的建置时间、生肖传说的由来以及所体现的拜金观念，必须要从易学的角度才能正确揭示其中的内涵。

第三节　皖南民间信仰的价值取向与地域分布

古代皖南四府一州民间信仰的价值取向是不一样的。大致而言，徽州府主要是围绕土生金而展开，价值取向商业，如属相理论。太平府位于南北交通枢纽，以侨民信仰和水神信仰为主要内容，价值取向移民文化。宁国府历史上有两位大神，一位是敬亭山神梓华，一位是陵阳土主张果，两者都是附会南宋的产物，价值取向偏安江南。池州府以贵池土主昭明太子和九华山地藏菩萨为主，池州在六朝是南京最西边的防线，昭明太子坐卧恒向西方，体现了佛教往生西方极乐的价值诉求，地藏菩萨又称幽冥教主，关乎人的临终救赎，因此价值取向临终关怀。广德州的大神是祠山大帝，乃北斗化雨和凿渠通流之神，价值取向山区水神。

皖南民间信仰的地域分布比较明显。从明清时期的五块区域来看，可有两种情况。太平府、池州府沿长江分布，水多山少，民间信仰呈现出金水的特点，如池州的金地藏和一府六县的神灵、太平府的李白、中元水府、萧晏二公等都是以金水为用神。宁国、徽州、广德，山多水少，民间信仰呈现出火土的特点，如汪华、程灵洗、五显神、梓华、张果、张巡、祠山大帝、玄武帝等都是以火土为用神，成为本土分布较广、祭祀较多的神灵。同时，山区要向外发展，也少不了金水之神，如周雄、金龙四大王等。盖水主流通，山主栖息，一动一静。水主流通，大神多由外地传入，如金地藏来自朝鲜，昭明太子、中元水府之神来自金陵，萧晏来自江西，金龙四大王来自江浙，周雄来自衢州等，反映了侨民文化与本土文化的结合。土主栖息，故汪华、程灵洗、张果、五显、玄武帝源出本地，然因流通之需要，程灵洗、五显、玄武帝、祠山大帝等也衍化出部分金水神性。其他信仰杂处其间，反映了民间信仰的融合性。

上部

徽州民间信仰

第一章　自然信仰

自宋以来，徽州府县有社稷坛、风云雷雨山川城隍坛、先农神、火神、东岳、龙王等祭祀，至明清时期逐渐形成定制。这些祭祀既是明清国家的祀典，又是徽州的民间信仰，体现了自然神崇拜。

自然神的建置与阴阳五行有密切的关系。明朝婺源人汪敬的《新修城隍庙记》曰："国家统一百神……曰山川，曰社稷，曰风云雷雨，曰城隍，曰群厉。诸祀遍天下，坛壝有别，疏数有节。坛壝则社稷于西郊，西阴之成也。山川风云雷雨城隍于南郊，南阳之盛也。群厉于北郊，北阴之极也。"[1]张岳的《小山类稿》曰："坛社稷于西郊北向，阴神也。坛山川风云雷雨于南郊南向，阳神也。故社稷有望瘗而山川有望燎，各从其气也。厉于北郊，鬼之也，而祭以反而伸之，故亦南向。余尝以诸生陪祀，获观牲币、祝号、奠献、登升之数，秩秩乎其文之也，若其义则非博学精深者不能道。"[2]

先农坛祭祀稼穑神，东岳庙祭祀生育神，皆与东方木神有关，因而方位大都在东方。如徽州府的先农坛在府城东门外，绩溪县的先农坛在河东。祭祀时间也选定在东方对应之春季，府先农坛岁用仲春吉亥，县先农坛岁用季春吉亥。易学上亥卯未三合木局，亥是木长生之地，故于亥日祭祀。南方是火之正位，火神庙多在南方，祭祀时间定在南方对应之夏季，在六月二十三日火神诞辰。龙神方位不一，东南西北凡与金水有关之处皆有龙神所在（第五章"水神信仰"）。总之，自然神信仰与阴阳五行有关，循此可知诸神的性质、用途及相关制度设施。

第一节　社稷坛

根据弘治《徽州府志》，徽州府有社稷坛，"宋社在城之南隅，元迁西南，

① (清)汪正元等纂修：光绪《婺源县志》卷六十，光绪九年刻本。

② (明)张岳撰：《小山类稿》卷十九，文渊阁四库全书本。

国朝洪武三年（1370年）颁行定式，迁于镇安门外，建神厨、宰牲房、库房各三间，洗牲、宰牲各有池，有井缭以垣墙。”[①]至清朝，徽州一府六县均设有社稷坛。《明会典》曰：“天下府州县合祭风云雷雨山川、社稷、城隍、孔子及无祀鬼神等，有司务要每岁依期致祭。”[②]根据《明会典》和道光《徽州府志》等规定，祭社稷坛一般以春、秋仲月上戊日举行，各府州县以正印官将事，以各学教官纠仪生员充礼生掾吏执事，具体程式按“洪武三年（1370年）颁行定式”执行，主要内容如下：

（1）斋戒：正祭前三日，献官并陪祭官执事人等沐浴更衣。散斋二日，各宿别室。致斋一日，同宿祭所。散斋仍理事务，惟不饮酒，不食葱韭蒜薤，不吊丧问疾，不听乐，不行刑，不判署刑杀文字，不预秽恶事。致斋惟理祭事。

（2）省牲：正祭前一日，执事者设香案于宰牲房外，赞引引献官常服诣省牲所，赞省牲执事者牵牲从香案前过。赞引赞省牲毕，遂烹牲，以毛血少许盛于盘，其余毛血以净器盛贮，祭毕埋之。

（3）陈设：前期执事扫除坛之上下，并设献官幕次于中门外，执事者依图式陈设。

（4）正祭：其日清晨，执事者各实笾豆、酒尊等器并涤爵，献官具祭服，签祝板于幕次。执事者置祝于案，置帛于篚，取毛血盘置神位前牲案下。将行礼，执事者以牲匣盛牲置于案末，启盖。通赞唱，执事者各就位唱，陪祭官各就位唱。献官就位，赞引引献官入就位。通赞唱，瘗毛血，执事者以毛血瘗于坎，遂启牲匣盖，临祭献官免涤。

（5）迎神：通赞唱迎神。鞠躬，拜兴，拜兴，拜兴，拜兴，平身。献官陪祭，皆四拜兴，平身。

（6）祝文：维洪武年岁次某月朔日，某官某等敢昭告于某社之神、某稷之神，曰：“品物资生，烝民乃粒，养育之功，司土是赖，维兹仲礼宜祀，谨以牲帛醴斋，粢盛庶品，式陈明荐，尚飨。”

（7）初献：通赞唱奠帛行初献礼。捧帛者捧帛，执爵者执爵，以俟赞礼唱。诣盥洗所，引礼引献官至盥洗所。赞搢笏，执事酌水进巾，献官盥手，帨手讫，赞出笏，献官出笏。赞诣酒尊所，赞司尊者举幂酌酒，执事者各以

① （明）彭泽等纂修：弘治《徽州府志》卷五《祀典》，弘治十五年刻本。

② （明）李东阳等纂修：《明会典》卷八十六，文渊阁四库全书本。

爵受酒。赞诣某社神位前，引献官诣神位前。赞跪搢笏，献官跪搢笏。捧帛者跪，进于献官之右，献官受帛，献帛，以帛授执事者，奠于案。执爵者进于献官之右，献官受爵。赞献爵，献官献爵，以爵授执事者奠于神位前。赞出笏，献官出笏。赞俯伏兴，平身，献官俯伏兴，平身。赞诣某稷神位前，赞诣读祝位，献官诣读祝位。赞跪，献官跪。赞读祝，读祝者取祝，跪读于献官之左。毕兴，置祝于案。赞俯伏兴，平身，献官俯伏兴，平身。赞复位，献官复位。

（8）亚献：通赞唱行亚献礼。赞引引献官诣酒尊所，赞司尊者举羃酌酒，执事者各以爵受酒。赞诣某社神位前，引献官诣神位前。赞跪搢笏，献官跪搢笏。执爵者跪进于献官之右，献官受爵，赞献爵，献官献爵，以爵授执事者奠于神位前。赞出笏，献官出笏。赞俯伏兴，平身。赞诣某稷神位前，赞俯伏兴，平身，献官俯伏兴，平身。赞复位，献官复位。

（9）终献：同亚献仪。

（10）饮福受胙：通赞唱饮福受胙。执事者设饮福位于坛之中稍北，执事者先于社神前取羊一脚置于盘，执事者于酒尊所酌酒一爵，立俟于饮福位之右。赞引献官诣饮福位，赞跪搢笏，献官跪搢笏。执事者以爵跪进于献官之右，献官受爵。赞饮福酒，献官饮讫，以虚爵授执事者，执事者跪受爵于献官之左以退。赞受胙，执事者以胙跪进于献官之右。献官受胙，以胙授执事者，执事者跪受于献官之左，捧由中道出。赞出笏，献官出笏。赞俯伏兴，平身，献官俯伏兴，平身。赞复位。通赞两拜，献官、陪祭官皆两拜。

（11）彻馔：通赞唱彻馔。执事者各诣神位前，以笾豆稍移动。

（12）送神：通赞唱送神。赞鞠躬，拜兴，拜兴，拜兴，拜兴，平身。献官、陪祭官皆四拜兴，平身。

（13）望瘗：通赞唱。读祝官捧祝，进帛官捧帛，各诣瘗所。献官、陪祭官移身，分东西立，俟捧帛祝者由中道过。献官拜位。通赞唱望瘗。赞引赞诣望瘗位，引献官至望瘗位。执事者以祝帛焚于坎中。将毕，以土实坎。赞引通赞同唱。礼毕。[①]

①《明会典》卷八十七。

第二节　风云雷雨山川城隍坛

根据弘治《徽州府志》，徽州府有风云雷雨山川坛，“宋元符祀式，风师置在社坛之东，雷师在稷坛之西，雨师又在其西，各稍北，其坛并卑小于社后，惟雷雨师坛附于社，风师坛在于东关。国朝合风云雷雨山川为一坛，迁于南门外南面，制同社稷坛。”[①]另有城隍庙，一府六县皆有，但其祭祀往往合于风云雷雨山川坛。道光《徽州府志》曰：“明朝合风云雷雨山川城隍为一坛，迁于南门外南面，制同社稷坛。按《江南通志》及旧志不言城隍，今考《礼部则例》云，春秋祭神祇坛，风云雷雨居中，山川居左，城隍居右，是城隍亦祭于坛。又祈雨，祈晴，祈雪，皆致祭于此。”[②]

关于风云雷雨山川城隍之来历，《黟县志》曰：

《周官》大宗伯以槱燎祀风师、雨师。郑注：“风师，箕也；雨师，毕也。”应劭《风俗通》云：“飞廉，风伯也；元冥，雨师也。”颜师古《汉书》注：“风伯，飞廉也；雨师，屏翳也，亦曰屏号。”《觐礼》云：“祭山丘陵升，祭川沈。”贾疏云：“升即庪县，言沈不言浮者，亦文略也。”《尔雅》祭风日磔，郭注：“今俗当大道中磔狗以止风，此其象。邵氏正义《封禅书》秦德公作伏祠，磔狗邑四门，以御蛊灾。按于文，皿虫为蛊，蛊生于风。秦制是祭，风之遗制也。”郭引时俗为证，则晋世犹存古制。《楚辞·九歌》云中君，五臣注：“云师，屏翳也。”司马彪《庄子》注云：“云将，云之主帅，《淮南子》季春，丰隆乃出，雷师也。”《周官》大宗伯以狸沈祭山林川泽，郑注：“祭山林曰狸，祭川泽曰沈。”《尔雅》祭山曰庪县，祭川曰浮沈。郭注：“或庪或县，置之于山。”《山海经》曰：“县以吉玉是也。”孙炎云：“埋于山足曰庪，埋于山上曰宣。”如孙氏所说。《觐礼》所谓升者，谓其县也，宗伯所谓狸者，谓其庪也。《尚书大传》云“沈四海”，郑注：“沈，祭名。”左氏襄十八年传云“沈玉以济定”，三年传“执玉而沈”，是祭川用玉也。《夏官》小子云：“凡沈辜侯禳饰其牲”。郑司农云：“沈谓祭川，是祭川有牲也，祭川并用牲玉，故或沈，或浮也。”

风师、雨师历祀不替，而云雷之祀或时有废兴。《九歌》之云中君即楚俗所祀之云师。汉高祖定天下，置晋巫，祠东君、云中君之属。颜师古曰：“东

---

① 弘治《徽州府志》卷五《祀典》。

② (清)马步蟾等纂修：道光《徽州府志》卷三《坛庙》，道光七年刻本。

君，日神也；云中君，云师也。”是云神之祀，周末汉初已行之，唐宋之世或废不举耳。《通志·艺文略》有《祀风雨雷师仪注》一卷，而无云师之文，可知不祀云也。

雷师，汉平帝时孔光等议群神以类相从为五部，兆东方帝太昊青灵勾芒畤及雷公风伯庙。《通典》注载唐天宝五年四月诏曰：“今风伯、雨师久列于常祀，惟此震雷未登于群望，其后每祀雨师，宜以雷师同坛则是。”汉后雷祀又废，至天宝时复祀也。宋时风师、雷师、雨师各为坛附于社坛，元世祖至元七年敕岁祀风师、雷师。明洪武三年，令有司立风云雷雨坛于城东南，以春惊蛰日祭，立山川坛于城西北，以秋雷始收声日报祀，六年始合祭风云雷雨山川于一坛，后又以城隍附焉。国朝仍其制而旧志不言城隍同坛，实为疏略。雷神，雷州人，陈时陈文玉也。[1]

以上主要讲到了风伯、雨师和雷神。

风伯，《风俗通义》曰：“飞廉，使奔属，飞廉，风伯也。谨按《周礼》以槱燎祀风师。风师者，箕星也，箕主簸扬，能致风气。《易》巽为长女也，长者伯，故曰风伯。鼓之以雷霆，润之以风雨，养成万物，有功于人，王者祀以报功也。戌之神为风伯，故以丙戌日祀于西北。”[2]明代《三教源流搜神大全》曰：“风伯神，飞廉是也。应劭曰，飞廉，神禽，能致风气，身似鹿，头似爵，有角，尾似蛇，大如豹，风伯之神也。”[3]

雨师，又曰玄冥，《风俗通义》引《春秋左氏传》曰：“共工之子为玄冥师，郑大夫子产禳于玄冥，雨师也。谨按《周礼》以槱燎祀雨师。雨师者，毕星也。《诗》云，月离于毕，俾滂沱矣。《易》师，封也，土中之众者莫若水，众者，师也，雷震百里，风亦如之。至于泰山不崇朝而遍雨天下，异于雷风，其德散大，故雨独称师也。丑之神为雨师，故以己丑日祀雨师于东北。”[4]《三教源流搜神大全》曰：“雨师神，商羊是也。商羊，神鸟，一足，能大能小，吸则溟渤可枯，雨师之神也。”[5]

雷神，《三教源流搜神大全》曰：“雷神庙，在广东雷州府之西南八里。

① (清)吴甸华等纂修:《黟县志》卷十一《祀典》,道光五年刻本。

② (汉)应劭撰:《风俗通义》卷八,文渊阁四库全书本。

③ 佚名撰:《三教源流搜神大全》卷七,清末宣统刻本。

④《风俗通义》卷八。

⑤《三教源流搜神大全》卷七。

昔乡人尝将麻布造雷鼓雷车置庙中，有以鱼彘肉同食者，立为霆震。旧记云，陈天建初，州民陈氏者因猎获一卵，围及尺余，携归家。忽一日霹雳而开，生一子，有文在手曰雷州，后养成，名文玉，乡俗呼为雷种。后为本州刺史，殁而有灵，乡人庙祀之，阴雨则有电光，吼声自庙而出。宋元累封王爵，庙号显震，德祐中更名威化。雷州春夏多雷，秋日则伏地中，其状如彘，人取而食之。又，雅州瓦屋山有雷洞，投以瓦石，应手雷震也。"《天中记》曰："雷州之西有雷公庙，彼中百姓每年配纳雷鼓雷车，人有以黄鱼、彘肉同食者，立遭雷震，人皆敬而惮之。每大雷雨后，人多于野中拾得黳石，谓之雷公墨，扣之枪然，光莹如漆。又于霹雳处或土木中得楔如斧者，谓之霹雳楔，与小儿佩带，皆辟惊邪，与孕妇磨服为催生药，皆有应验。凡讼者投牒，必以雷墨杂常墨，书之为利。"①

关于城隍，徽州府县均有城隍庙。徽州府城隍庙，"旧在乌聊山，国朝洪武三年（1370年）移建南山门内，即古郡学政江东道院及紫阳书院故址也。按五代南唐，凡城隍俱封辅德王，今德兴县尚存南唐诰。又按宋朝《会要》，城隍在镇江为纪信祠，在庐陵为灌婴祠，在高安为唐刺史应氏祠。夫城隍者，城池之神也，何王之可封，何人之可祀哉！我太祖皇帝洪武二年（1369年）犹循旧诰，封监察司民城隍威灵公，至洪武四年（1371年）大正祀典，在府曰本府城隍之神，在县曰本县城隍之神。每春秋及新官上任，或有灾旱，皆祭。成化二年（1466年），郡守龙晋命紫阳观道士柯永懋、仇道辅、钱启玄供祀事，修葺殿庑，塑像创楼，焕然一新。买田立籍，令徒孙汪守清等相继居之。"②

城隍有庙和坛之别。光绪《婺源县志》曰："城隍庙，在东门大街。按宋时城隍有姓名，明初封县城隍为监察司民显佑伯。洪武四年（1371年）大正祀典改之，第称本县城隍之神。每春秋及新官上任，或有灾旱，皆祭之。然春秋之祭在风云雷雨山川之坛，不于庙也。故汪主事记云，坛而事之者，尊之，使民敬之而不敢狎；庙而事之者，亲之，使民近之而不敢欺。"③《春明梦余录》曰："城隍之名见于《易》，若庙祀则莫究其始。唐李阳冰谓城隍神，祀典无之，惟吴越有尔。宋赵与时辩其非，以为成都城隍祠，太和中李德裕

①（明）陈耀文撰：《天中记》卷二，文渊阁四库全书本。

② 弘治《徽州府志》卷五《祀典》。

③ 光绪《婺源县志》卷十一《祀典》。

建，李白作《韦鄂州碑》有城隍祠。又杜牧刺黄州，韩愈刺潮州，曲信陵刺舒州，皆有城隍之祭，则不独吴越然矣。而芜湖城隍祠建于吴赤乌二年（239年），则又不独唐而已。《记》曰，天子大蜡八，伊耆氏始为蜡。注曰伊耆氏，尧也。盖蜡祭八神，水庸居七，水则隍也，庸则城也，此正城隍之祭之始。《春秋传》郑灾，祈于四墉，宋灾，用马于四墉，皆其证也。庸字不同，古通用耳。由是观之，城隍之祭，盖始于尧矣。”①又曰：“历代建国，必有高城深隍，上以保障宗社朝廷，下以卫捍百官万姓，其所系甚重，其为功不少。故国朝之制，天下府州县皆有城隍庙之祭，岁以五月十一日为神之诞辰。”②《御制诗四集》曰：“考城隍名义，实权舆于八蜡水庸，则并不得谓自吴始矣。迨宋以后天下通祀，明初虽改从山川坛，寻亦复旧。”③

关于城隍的诞辰，各地不一，如浙江东阳县“俗以五月十五为城隍诞辰”④，而清代“国朝之制，天下府州县皆有城隍庙之祭，岁以五月十一日为神之诞辰”⑤。杭州以五月十七日为城隍诞辰，曰：“城隍生日时，有黄冠为神附体，言于众曰，予非旧神，予本省宪使周新也，诞乃五月十七日，上帝以予刚直，复命司杭之土。时另塑其像，迁旧像于钱塘保安里，至今命为小城隍庙，故以五月供献云。”⑥观此以五月为诞辰则同。五月是土帝旺之际，土色黄，故曰“有黄冠为神附体”“复命司杭之土”，可见城隍神性为土。

关于城隍的作用，明朝婺源人汪敬的《新修城隍庙记》曰：“于坛祭之外又为庙以专祀，长吏莅任必斋宿读誓，然后见吏民，而朔望必谒，水旱必祷，疾疫必祈。民之祀神如事严吏，抱怨抑而不获伸于有司者，往往呼吁以求阴助。有司者亦遂为之严庙貌，具钟鼓以慰民之所向。”又曰：“（明）国初封爵群祀，于郡城隍为监察司民威灵公，县为监察司民显佑伯。未几诏群祀悉从本号，去所为封爵，其于城隍亦然。”⑦可知城隍是“监察司民”之神，“凡新令至，必谒神一宿而后入公门”⑧，“其道使民近之而不敢欺国家……有

① (清)孙承泽撰:《春明梦余录》卷二十二,文渊阁四库全书本。
② 《春明梦余录》卷三十九。
③ 乾隆《御制诗四集》卷十五。
④ (清)嵇曾筠撰:雍正《浙江通志》卷二百二十三《祠祀七》,文渊阁四库全书本。
⑤ 《春明梦余录》卷三十九。
⑥ 丁世良主编:《中国地方志民俗资料汇编》华东卷(上),书目文献出版社1995年版,第579页。
⑦ 光绪《婺源县志》卷六十。
⑧ 《黟县志》卷十五《重建城隍庙记》。

司者亦且惴惴严事，一听谳、一施设如临如陟，不敢闻于神者必不敢见诸事，且不敢萌诸虑，上下相保，下为良民，上为良吏。”[①]说明城隍对官民具有相同的震慑作用。

风云雷雨山川城隍坛的祭仪与社稷坛基本相同，也是根据《明会典》的相关规定执行的。《明会典》曰：“风云雷雨山川城隍之神，凡各布政司、府、州、县，春秋仲月上旬择日同坛祭，设三神位，风云雷雨居中，山川居左，城隍居右。风云雷雨帛四，山川帛二，城隍帛一，俱白色附郭。府、州、县官止随班行礼，不必别祭。其祭物、祭器、献官及斋戒、省牲、陈设、正祭、迎神，但临祭时，执事者先以毛血瘗于坎，奠帛初献，先诣风云雷雨神位前，次诣山川神位前，次诣城隍神位前，次诣读祝所。亚献、终献同初献。饮福受胙，其胙于风云雷雨神位前，取羊一脚。彻馔、送神、望燎不唱，奠帛读祝。”祝文曰：“维洪武某年某月某日，某官某等敢昭告于风云雷雨之神，某府州县境内山川之神，某府州县城隍之神，曰惟神妙用神机，生育万物，奠我民居，足我民食，某等钦承上命，今当仲春（秋），谨具牲醴庶品，用仲常祭，尚飨。”[②]绩溪县风云雷雨山川城隍坛的祝文稍有变化，曰：“维年月日，具官某致祭于风云雷雨山川城隍之神，曰惟神赞襄天泽，福佑苍黎，佐灵化以流形，生成永赖，乘气机而鼓荡，温所攸宜，磅礴高深，长保安贞之吉，凭依巩固，实资捍御之功，幸民俗之殷盈，仰神明之庇护，恭修岁祀，正值良辰，敬洁豆笾，祗承牲币，尚飨。”[③]其他内容基本相同。

第三节　先农坛

清朝徽州府县均设有先农坛。据道光《徽州府志》，府先农坛“在府城东门外，雍正四年（1726年）遵建。按祭先农，岁用仲春吉亥，行礼用朝服，耕籍用采服，府县秉耒，首领、杂职奉青箱播种。”[④]县里也祭祀先农神，如乾隆《绩溪县志》曰：“先农坛，在河东市北，雍正六年（1728年）奉文创建。坛后正祠三间，中供奉神牌，左存贮祭器，右收贮籍田米谷。东西各配

① 光绪《婺源县志》卷六十。

②《明会典》卷八十六。

③（清）陈锡修：乾隆《绩溪县志》卷五，乾隆二十一年刊本。

④ 道光《徽州府志》卷三《坛庙》。

房一间，东房置办祭品，西房与看守农民居住，岁以季春亥日祭。特设田畯一员，置籍田四亩九分以供祀事，并酌农夫口粮，今一都先农祠户正条五钱零九厘。其陈设、供品并行礼、仪注悉与祭社稷坛同。”祝文曰：“维年月日，具官某致祭于先农之神，曰惟神肇兴稼穑，粒我蒸民，颂思文之德，克配彼天，念率育之功，陈常时夏，兹当东作，咸服先畴，洪惟九五之尊，岁举三推之典，恭膺守土，敢忘劳民，谨奉彝章，聿修祀事，惟愿五风十雨，嘉祥恒沐于神庥，庶几九穗双岐，上瑞频书于大有，尚飨。”[1]先农即田祖先啬，又曰神农，是农业之神。《五礼通考》曰：“《礼记》天子为耤千亩，亲耕南郊以共粢盛，所以敬天祖，致诚信，重耕农也，其仪见于《月令》《国语》甚详。先农之礼，不见他经，《国语》农正陈耤礼，说者以为祭田祖，即神农教民始耕者，一称先啬，汉以后称先农。历代典礼至今不废，诚巨典也。”[2]

据弘治《徽州府志》，明朝徽州府县并无先农坛，该祀主要流行于清朝。《大清会典则例》曰：“先农坛，雍正四年（1726年）覆准奉天府尹、直省督抚及所属府州县卫，各于所治地方择洁净之地设立先农坛及耤田。自雍正五年（1727年）为始，每岁仲春亥日各率所属官以及耆老农夫致祭先农之神。”[3]光绪《婺源县志》曰：“雍正四年（1726年）上谕，朕每岁躬耕耤田，并非崇尚虚文，实是敬天勤民之至意。礼曰，天子为耤千亩，诸侯百亩，据此则耕耤之礼亦可通于臣下矣。朕意欲令地方守土之官俱行耕耤之礼，使知稼穑之艰难，悉农夫之作苦，量天时之晴雨，察地力之肥饶，如此则凡为官者皆时存重农课稼之心，而凡为农者亦断无苟安怠惰之习，似与养民务本之道大有裨益。九卿因议所耕耤田四亩九分，设立先农坛，于雍正五年（1727年）为始，每岁仲春亥日地方官各率属员耆老农夫恭祭先农之神，行九推之礼。本邑择地于东郊外天仙观之旁，造先农坛宇，买观前田亩为耤田，每岁额收谷八石八斗，于此年仲春亥日致祭行礼，以六石八斗，备猪羊祭品，以二石给农夫二人口粮，自是岁以为常。”[4]清朝对先农神的祭祀源于增长的人口对粮食的需求。自康熙五十年（1711年）宣布“盛世滋生人丁，永不加赋”以后，清朝人口增长很快。多余的人口对粮食生产提出了新的需求，而先农

① 乾隆《绩溪县志》卷五《官祀》。

② （清）秦蕙田撰：《五礼通考》卷一百二十四，文渊阁四库全书本。

③ 《大清会典则例》卷八十三，文渊阁四库全书本。

④ 光绪《婺源县志》卷十一《祀典》。

是农业之神，因此普遍祭祀，徽州亦无例外。

第四节　火神庙

徽州火神祭祀流行于清朝，当时徽州府县均建有火神庙。据光绪《婺源县志》，火神庙“祀火正之官也，道书谓六月二十三日为火神生辰，雍正十三年（1735年）奉文，每年照京师祭期以是日致祭。”[①]火神在宋代为大火，据乾隆《歙县志》火神庙“在新安卫前，宋始祀大火，明无可考，康熙六年（1667年）知府龚锡蕃建。”[②]《五礼通考》曰：“古之火正，或食于心，或食于咮，以出内火，是故咮为鹑火，心为大火。陶唐氏之火正阏伯居商丘祀大火，故商主大火。”注曰：“商丘主辰，辰大火也，今为宋星，然则商丘在宋地。”[③]交代火正有两义：或食于心，或食于咮。食于心者为大火，在宋地，为宋代徽州火神祭祀所本。此外还有食于咮者，咮为鹑火，《六壬大全》曰：“火神，大暑后日躔鹑火，六月将。”因将六月二十三日作为火神生日，二是火数，三是木数，二十三日乃木生火之义。

第五节　东岳、碧霞元君

徽州府东岳庙，据道光《徽州府志》“唐武德中建”，但弘治《徽州府志》曰：“在乌聊山忠烈庙之前，宋宣和间建，四面斗绝，穿殿以入，淳熙末通判宋宗说割宅后地为门以通趋庙之路。”休宁县东岳庙，“在县东南山，元大德三年（1299年）建。”婺源县东岳庙，“在县东过溪半里许，宋咸淳间洪知县松龙主盟，邑人翁氏建。后逢吉相继修葺，李明捐赀鼎新，又割田命羽流主之。元建天仙观于庙左。”祁门县东岳庙，“在一都眉山汉将梅鋗庄基。”黟县东岳庙，“在县西南一里，淳熙间再建，邑民程九万董其事。元初重建门楼。邑人程士龙重建正殿。又有行祠在县西龙尾山。”[④]

---

① 光绪《婺源县志》卷十一《祀典》。

② (清)张佩芳等纂修：乾隆《歙县志》卷二《秩祀》，乾隆三十六年刻本。

③《五礼通考》卷三十五。

④ 弘治《徽州府志》卷五《祀典》。

一、东岳

东岳即泰山，《三教源流搜神大全》曰：

> 东岳，三月二十八日生。泰山者，乃群山之祖，五岳之宗，天地之神，神灵之府也，在兖州奉符县，今泰安州是也，以梁父山为储副。东方朔《神异经》曰，昔盘古氏五世之苗裔曰赫天氏，赫天氏子曰胥勃氏，胥勃氏子曰玄英氏，玄英氏子曰金轮王，金轮王弟曰少海氏，少海氏妻曰弥轮仙女也。弥轮仙女夜梦吞二日，觉而有娠，生二子，长曰金蝉氏，次曰金虹氏。金虹氏者，即东岳帝君也。金蝉氏即东华帝君也。金虹氏有功在长白山中，至伏羲氏封为太岁，为太华真人，掌天仙六籍，遂以岁为姓讳崇。其太岁者，乃五代之前无上天尊所都之地，今之奉高是也，其后乃水一天尊之女也。至神农朝赐天符都官号，名府君。至汉明帝封泰山元帅，掌人世居民贵贱高下之分、禄科长短之事、十八地狱六案簿籍、七十五司生死之期。圣帝自尧舜禹汤周秦汉魏之世只有天都府君之位。按《唐会要》曰，武后垂拱二年七月初一日封东岳为神岳天中王，武后万岁通天元年四月初一日尊为天齐君，玄宗开元十三年加封天齐王。宋真宗大中祥符元年十月十五日诏封东岳天齐仁圣王，至祥符四年五月日尊为帝，号东岳天齐仁圣帝。淑明皇后圣朝加封大生二字，余封如故。帝五子宣灵侯、惠灵侯、至圣炳灵王、居仁尽鉴尊师、佑灵侯，一女玉女大仙，即岱岳太平顶玉仙娘娘是也。至圣炳灵王，圣帝第三子也，唐太宗加威雄将军，至宋太宗封上吴炳灵公，大中祥符元年二月二十五日封至圣炳灵王。[①]

文中交代了东岳信仰的形成与五行十二支的关系。“盘古氏五世之苗裔”曰金轮王，五是土数，因此“五世”与“金轮王”的关系是土生金。“金轮王弟曰少海氏”是金生水，少海氏即水。水生木，木即东岳帝君，乃少海氏妻子弥轮仙女所生。弥轮仙女在这里的形象有点特殊，实乃五行十二支之演化。十二支子亥为水，寅卯为木，巳午为火，申酉为金，丑辰未戌为土。丑中有金水，辰中有水木，未中有木火，戌中有金火。丑中既有土，又有金水，因曰“弥轮”。丑之后是寅卯木，因曰弥轮“生二子”，长子金蝉氏是寅，次子金虹氏是卯。蝉是蝉变、连续之意，比喻丑向寅之转化。虹是桥之意，卯介

①《三教源流搜神大全》卷一。

于寅辰之间，故云虹。二人都姓金，是根据父族金轮王为姓而曰“金蝉氏”和“金虹氏”，实指寅卯之木。木长生于亥，因曰其父是少海氏，海即亥。木临官于寅，帝旺于卯，因曰东岳帝君建功于“长白山”，封为“太华真人”，长白山在寅位，太华在卯位，太华比喻卯木繁华。又封“太岁”，源于五行五星，木为岁星，因曰太岁。“其后乃水一天尊之女”，一是水数，因曰“水一天尊”。水生木，水一天尊之女为木，与东岳帝君性质相同，因而结为夫妻，妻者齐也。“府君”“神岳天中王”“天齐君”“天齐仁圣王”“大生”等是历代给东岳的封号，比喻生养万物之意。

东岳是我国古代五岳信仰之一。五岳各有所掌，《元始天尊说东岳化身济生度死拔罪解冤保命玄范诰咒妙经》曰：

> 泰山第一东岳大生天齐仁圣帝：东岳苍天，兖州司权，上应房宿，下统震元，发生万物，与天齐年，玄灵之馆，字录青篇，济生度死，祚国绵延。
>
> 衡山第二南岳司天大化昭圣帝：南岳丹天，衡州司权，上应星宿，下照离元，陶铸万品，俾炽长年，阳正玉阙，字录朱篇，焚妖烧恶，永灭风烟。
>
> 嵩山第三中岳中天大宁崇圣帝：中岳黄天，岱州司权，斡旋四宿，独制酆山，总尊万有，亿劫斯年，玄都玉阙，字录玉篇，五灵安镇，杀鬼万千。
>
> 华山第四西岳金天大利顺圣帝：西岳皓天，华州司权，上应昴宿，下定兑元，资成万汇，保命延年，金阙玄窗，字录素篇，安邦立业，备守三边。
>
> 恒山第五北岳安天大贞元圣帝：北岳玄天，恒州司权，上应虚宿，下彻坎元，滋荣万槁，益寿增年，郁绝元台，字录黑篇，拔污上生，度品成仙。[①]

可见，东岳于山为泰山，于方位为东方，于地理为兖州，于星宿为房宿，于八卦为震卦，于颜色为青色，于五德为仁，于五行为木，于季节为春季。《易经》曰“帝发乎震”，帝即东岳，发是生长，震是震卦，亦即东方。《碧霞元君护国庇民普济保生妙经》曰：“万物生春，万化始东，东岳注生，燮理元工。”[②]《三教源流搜神大全》曰：“帝君者，位东方诸天之尊，君牧众圣，为生物之主。”[③]说明东岳是春季万物生长发育之神，因曰其执掌“人世居民贵贱高下之分、禄科长短之事、十八地狱六案簿籍、七十五司生死之期”、“济

① 张继禹主编：《中华道藏》第6册，华夏出版社2004年版，第252页。

②《中华道藏》第6册，第257页。

③《三教源流搜神大全》卷一《东华帝君》。

生度死”等。由此可见，古代的东岳信仰是对生命生育功能的一种信仰，不仅道教崇拜，儒教也崇拜，如《礼记》曰：“东方者春，春之为言蠢也，产万物者，圣也”，“主人必居东方，东方者春，春之为言蠢也，产万物者也，主人者造之，产万物者也。”[①]是故民间多信之。

二、碧霞元君

黟县有圣母灵祠，祀泰山神女，亦即碧霞元君，乃东岳大帝的女儿。《黟县志》曰：

> 唐时建在县南龙尾山下，明天启四年甲子邑人余瀚等二十人重建。国朝祀圮池淤，嘉庆九年甲子桂林程氏复即旧址构祠，祠祀碧霞元君。按泰山碧霞元君祠，宋真宗时敕建，因醴泉而设，本名昭真观，明成化时改曰碧霞灵应宫，或云是泰山神女。《博物志》云，太公为灌坛令，文王梦妇人自称泰山神女，嫁为西海妇，欲东归，因灌坛令当道，不敢以暴风疾雨过是也。又有天后，五代末闽王女，或云宋都巡检林源女，绍兴时以灵感封夫人，进妃号。元至正十八年，封辅国护圣庇民广济福惠，明著天妃。明崇祯十三年，改封天仙圣母清宁普化碧霞元君。复于普化下加慈应。国朝康熙十九年，封护国庇民妙灵昭应宏仁普济天妃。二十三年封天后。按祠建于明，则称圣母者当为天后。然祠在东岳行祠后，又地有泉出为池，则又似是泰山神女，二者疑莫能明也。[②]

按照唐朝建立之说，则应该是碧霞元君祠。清朝黟县教谕徐奕韩《重建圣母祠濬池记》也持唐朝建立之说：

> 岁甲寅，予司教来黟。黟地多灵迹，最近者城南里许龙尾山旧有圣母祠，旁有池，土人言灵异，与邑乘合。予思一览其胜而不可得，盖旧迹之湮久矣。壬戌予膺保举，将北上谒选，忽道士王一源、郑通升掘地，得前明邑绅复心程公碑记示予，知祠始于唐，复于前明天启三年癸亥，相距七百余年。其间几经兴废，有碑以考，信与否不可知。今纪复之之年，已历三甲子。明年为四癸亥，而祠已圮，池已淤，而碑穹然自土出，是诚非偶然者。[③]

---

①《礼记·乡饮酒义》。

②《黟县志》卷十一《祀典》。

③《黟县志》卷十五《艺文志》。

碧霞元君是东岳泰山的女儿。东岳属木，木生火，其女应属火，民间关于碧霞元君的神话即是对火的演义。《玉女传》曰：

> 黄帝尝建岱岳观，遣女七，云冠羽衣，焚修以迎西昆真人，玉女盖七女中之一，其修而得道者。玉女卷云，汉明帝时，西牛国孙宁府奉符县善士石守道妻金氏，中元七年甲子四月十八日子时生女，名玉叶，貌端而性颖，三岁解人伦，七岁辄闻法，尝礼西王母，十七岁忽感母教，欲入山，得曹仙长指，入天空山黄花洞修焉。天空盖泰山，洞即石屋处也。三年丹就元积，发而光显，遂依于泰山焉。泰山以此有玉女神，山顶故有池名玉女池，旁为玉女石像。宋真宗东封先营至，泉水忽瀑，清冽可鉴，味甘美。王钦若请浚之，像偶折，诏易以玉，复修石为龛，构昭真祠祀焉。世传天仙玉女碧霞元君之祠始此。[①]

文中对火的演义表现在以下方面：

第一，碧霞元君出生于“汉明帝中元七年甲子四月十八日子时”，中元是光武帝年号，中元只有二年，没有七年，“七年甲子”应是永平七年甲子岁。之所以说成“中元七年”，是借中元二年和永平七年构成火局，以附会《易经》“地二生火，天七成之”。而光武帝、明帝，首字为光明，为火之象。

第二，碧霞元君是“七女中之一”，“七岁辄闻法”，七是火数。“三岁解人伦”，三是木数，为木生火。

第三，按其出生于永平七年甲子（64年）四月十八日子时，八字是甲子、己巳、己巳、甲子。五行缺金，故曰“尝礼西王母”，西王母又曰金母，是五行缺金的补益之法。本命己土以子为天乙贵人，年支和时支有两贵人，因此在其故事中出现了西王母和曹仙人指引她。立夏后十二日出生，当5岁起运，后天大运5戊辰，15丁卯，十七岁时正行丁火大运[②]。本命为己土，命学上生我者为母，丁火生己土，为己土之母，“十七岁忽感母教”，即是针对丁火而言。但己土生于巳月，土旺不宜再行火运，也就是说火为忌神，“忽感母教”表明命主认识到了这一点，因此入山修道。

---

① 李信孔续修：《安徽巢湖中庙庙志》，1984年扫描油印本，第13页。

② 按此处十七岁忽感母教，是按出生后十八日芒种推算的。根据芒种，是7岁行运，十七岁正好步入丁火大运。一般排大运是阳年生男子（或阴年生女子），大运顺行；阴年生男子（或阳年生女子），大运逆行。玉女是甲子阳年出生，应逆行按出生前的立夏推算，是5岁行运。但此处认为玉女是修道之人，不按世俗之法，应反其道行之，即按男子之法推算，7岁行运。

第四，入山“三年丹就元积，发而光显”。十七岁入山为一年，十八岁为二年，十九岁为三年。出生于甲子年，十九岁是壬午年。壬为水，午为火，壬午为水火既济，这在神话中也有所揭示，如“发而光显”指火，“玉女池”指水。宋真宗对碧霞元君的册封也是因为玉女池“泉水忽瀑，清冽可鉴，味甘美”，揭示了碧霞元君修的是水道，以水调治自身之火，达到水火既济之目的。

安徽巢湖的中庙所奉神灵是碧霞元君，其神话故事也涉及水火。《中庙玉女考》曰：

> 泰山玉女，何中庙亦得而崇奉之？而其所以崇奉于中庙者有由来矣。宋季有中庙羽士往泰山进香，夜宿庙庑，寤寐间见有一神女谓己曰：“吾泰山玉女也，知巢湖旁有赤碛，凤穴仙矶，非复人间恒境，吾欲坐镇其上以庇江淮之民，可借汝之力而至斯焉。”言毕飘飘然而去。羽士惊觉，不胜骇异，迨旦进碧霞宫，遍视之，睹正龛右供一玉女如梦中所见，遂以腰中所系大布带将所供木身请出，缚于背上，至中庙，神与人若从天而降。传之四方，莫不惊喜而争先瞻礼，由是崇奉之，历千有余岁而朝中庙者俱称天仙玉女碧霞元君，若朝泰山之神女者。①

这里交代了碧霞元君来中庙的原因。巢湖有“赤碛，凤穴仙矶，非复人间恒境，吾欲坐镇其上以庇江淮之民”。赤碛为火。巢湖的形成据说与“赤”有关，《巢湖志》曰：

> 巢湖即古巢州也。一日江涨满，有巨鱼，渔者取货于市，合郡食之。有一老姆独不食，忽遇一老叟曰：“此吾子也，尔独不食，吾后报尔。若东门石龟目赤，州当陷也。”姆日往观，稚子讶之，姆以实告，稚子欺之，以砂涂目。姆见龟目赤，急走出州，有青衣童子乃引姆登山而去，遂免其难。
>
> 赤乌二年七月二十三日戌时州陷。②

交代了巢湖陷没的时间是“赤乌二年（239年）七月二十三日戌时”，其实是对火的演义。其中，“赤乌”为火，《史记·封禅书》曰“周得火德，有赤乌之符”；“二年七月”为火数，《易经》曰“地二生火，天七成之”；“二十

①《安徽巢湖中庙庙志》，第15页。

②《安徽巢湖中庙庙志》，第11页。

三日”是木生火，木数三，日为火；“戌”在易学上为火库。“赤乌二年（239年）七月二十三日戌时”换成干支即己未、壬申、丙午、戊戌。丙火生于七月金旺之际，年柱、时柱一遍土，丙火虚弱，以木火为喜用。木的五行之色为青，因此在神话中出现了青衣童子。木的五行方位在东方，因曰“东门石龟目赤”，比喻木火。“石龟”的五行为水，象征巢湖；“目赤”为火，“目”的卦象为离，也是火，象征丙午之火。这个神话实际上是对巢湖陷没时间的演义。对巢湖而言，赤色是忌神，因为巢湖是在丙午赤火之日陷没的。赤即火，治火者水也，碧霞元君修的是水道，因此将碧霞元君引进巢湖作为调治之法。中庙位于巢湖北岸，北方五行属水，象征碧霞元君的用神，坐镇赤碛之上象征水上火下，于卦象为既济，象征巢湖的忌神被制服，因曰“赤碛，凤穴仙矶，非复人间恒境，吾欲坐镇其上以庇江淮之民”。

史记夏桀南奔巢而死。夏朝木德，南方火德，南奔即木生火。木生火而木焚，象征死亡。死于巢，说明火是忌神，与中庙玉女神话的内涵相同。火的表现就是赤碛。巢湖一遍水域，在命理上为润下格，忌讳性质相反之神，如土、火之侵。其地有赤碛，因而演义出中庙神话，以玉女作为巢湖之神，为其用神为水，以水克火之故。

第六节　里社

里社即乡里社稷之祭，祀土地神和谷神。据弘治《徽州府志》，“府城内及歙各乡皆有社，春祈秋报，礼仪颇丰，但易坛以屋，而肖社公之像以祀之，不如式耳，各县同。”[①]《明会典》曰：“洪武礼制，凡各处乡村人民，每里一百户内立坛一所，祀五土五谷之神，专为祈祷，雨旸时若，五谷丰登。每岁一户轮当会首，常川洁净坛场。遇春秋二社，预期率办祭物，至日约聚祭祀。其祭用一羊、一豕，酒果香烛随用。祭毕，就行会饮。会中先令一人读抑强扶弱之誓，其词曰，凡我同里之人，各遵守礼法，毋恃力凌弱，违者先共制之，然后经官。或贫无可赡，周给其家。三年不立，不使与会。其婚姻、丧葬有乏，随力相助。如不从众，及犯奸盗、诈伪一切非为之人，并不许入会。读誓词毕，长幼以次就坐，尽欢而退，务在恭敬神明，和睦乡里，以厚风

① 弘治《徽州府志》卷五《祀典》。

俗。”[1]里社祭期与府县同，也在春、秋仲月上戊日举行。

一、仪注

前祭一日，会首及预祭之人各斋戒一日。会首先遣执事人扫除坛所，为瘗坎于坛所之西北方，深取足容物。会首洗涤厨房镬器，以净室为馔所，至晚宰牲。执事者以碟取毛血，与祭器俱置于馔所。祭日未明，执事者于厨中烹牲，设五土、五谷神位于坛上，五土居东，五谷居西。设读祝所于坛上，居中间设。会首拜位于坛下，俱南向设。预祭人位于其后，设引礼及诸执事人位又于其后。执事者于馔所，实祭物于碟内，解牲体置于二俎，置酒于尊，书祝文于纸。祭物既备，执事者各捧设于神位前，燃香明烛，自会首以下各服常服，盥手入就拜位立定。执事者执壶，于尊中取酒，立于五土神位之左。引礼者唱，鞠躬，拜兴，拜兴，平身。会首以下皆鞠躬，拜兴，拜兴，平身。执事者取毛血瘗于坎中，引礼引会首诣五土神位前唱跪。会首诣五土神位前跪，举杯。执壶者斟酒，引礼唱，三祭酒。会首三祭酒讫，引礼唱，俯伏兴，平身。执壶者诣五谷神位之左，引礼引会首诣五谷神位前唱跪。会首诣五谷神位前跪举杯，执壶者斟酒，引礼唱，三祭酒。会首三祭酒讫，引礼唱，俯伏兴，平身。会首俯伏兴，平身。引礼唱，就读祝位，读祝者取祝立于读祝位之左。会首诣读祝所，引礼唱跪。会首跪唱读祝，读祝者跪。读祝讫，兴置祝于案。引礼唱，俯伏兴，平身。会首俯伏兴，平身。引礼唱，复位。会首复位。引礼唱，鞠躬，拜兴，拜兴，平身。会首以下皆鞠躬，拜兴，拜兴，平身。执事者彻祭物，读祝者取祭文焚瘗于坎所。礼毕，行会饮，读誓文礼。

二、祝文

维洪武年月日，某府某州某县某乡某里某人等谨致祭于五土之神、五谷之神，曰：“惟神参赞造化，发育万物，凡我庶民，悉赖生植，时维仲春，东作方兴（或时维仲秋，岁事有成），谨具牲醴，恭伸伏愿，雨旸时若，五谷丰登，官赋足供，民食充裕。神其鉴知，尚飨。”[2]

第七节　妻婿山

①《明会典》卷八十七。

②《明会典》卷八十七。

道光《徽州府志》曰："善山、恶山，在婺源县南五十里，隔溪相对，俗谓之夫妇山，隔溪对耸，高下回环一里。风俗好善山为善主，恶山为恶妇人，因谓之妻婿山也。《祥符经》云，善山神为王，恶山为夫人，若两处致祭则为灾，居人迎恶山神就善山祭祀，俗谓之妻婿山。"①光绪《婺源县志》曰："中云水口二山隔溪相望。《祥符经》云，善山为王，恶山为夫人，若各祭则为灾，迎恶山神就善山同祭则获福。《一统志》误入祁门山中，湛甘泉改善山为刚山，恶山为柔山。"又有福山，"县西南四十五里，中云水口，又名太极山，外翕内辟若城郭，厥土左刚右柔。明嘉靖间广东湛若水讲学于此。"②交代中云水口有三山：善山、恶山、福山，善山地刚，恶山地柔，福山为太极。显而易见，三者是太极图之形象。太极中的一阴一阳为夫妇之道，《易经》曰："一阴一阳之谓道，继之者善，成之者性。"根据儒家伦理，夫为妻纲，夫为阳为刚为善，妻为阴为柔为恶，故此处讲的"善山"、"恶山"是太极之阴阳两仪，"迎恶山神就善山同祭则获福"是针对夫为妻纲而言。"福"比喻福山，为太极之本体，故又名太极山。妻婿山实际上是太极图和儒家伦理地理化之产物。

《重建福山寺碑记》曰：

> 婺源出城南五十里，将至槎溪有两石奔冲而来，及流而止，雄峙峭绝若不相让，世传东为善山，西为恶山。两山之巅则石起，高者人立，卑者兽伏，过其前者疑若神怪鬼物幻出于天际。行数百步则恶山在，其北墙立而巉岩下有洞穴，秀者如青莲，悬者如幡幢，芝田丹室，深不可穷，去大道不远，气虚而通，此呼彼应，樵童牧竖，取其响答以为乐。时有钟磬之声出烟云霄霭之间，噌吰而从容，泠然其余响。余左瞻右览，莫测安起，但见野老数家，垣屋相望而已，或告即福山所在，余未获亲见而意其胜绝久矣。
>
> 至正丙戌之冬，与万寿寺僧崇演观于别墅。明日风雨满道，乃扶盖而步屐。至于松关，山叠迴合，泉响萦折，登览周流，各极其趣。东北之山骤至者磊磊，靡然者丁趋，即恶山也，草树蒙密，聚罅杂隙。西则厚土而昂伏，前冈而横迤，修林异木，蓊郁苍翠，雨气未收，飞云在石，楼阁明昏，时刻异态。以今日之奇观而佛氏素有其胜，余方怪乎是。崇演曰："不然，是为福山，杯渡尊者卓锡之所，彼以佛眼视天下，唯幽邃寥廓可以限隔尘世，俗缘

① 道光《徽州府志》卷二《山川》。

② 光绪《婺源县志》卷三《山川》。

未断者固不可得也。”他日以书来，请记其事。

按寺起于宋熙宁间，新兴院僧名有仙有权者始辟其地，奉佛而居之。先是人有窥其石窦泉吐香洁，疑有神蛟潜其下。当唐乾符四年，居人祷雨有应，遂筑室以奉龙神。及僧人居之，乃名其泉曰洗心，洞曰总灵，堂曰自然庵云，凡为屋若干楹。岁久朽腐，倾者不支，僧光普以崇演之祖志宁公之方重建佛殿，时元至治辛酉岁也。又至元丁丑间，其徒明远、友钦协至，复修三门两庑，次第完美，故有洗心泉刻石立庑下，宋明卿王禹从院僧游者之作也。

余幼时闻福山之外有会仙台，方数丈，平而有文。次为罗汉桥，石皆特异天成，内则观音岩，人言一石如笋出，仅盈尺许，上常有云气氤氲封之。黄氏者私伐其石，其下得玉如观音相，时有阴欲争取之者，而观音遂化去。噫！佛之入中国才千余年，而山川之见神怪灵异，相与为终始，若符契之素合如福山者，天下不少矣，此其故何哉？余不得而知也。[①]

如果说前面的故事只诠释了善山和恶山的内涵，此处的《重建福山寺碑记》则对福山的内涵作了进一步的发挥。如作者所言，“福山，杯渡尊者卓锡之所，彼以佛眼视天下，唯幽邃寥廓可以限隔尘世，俗缘未断者固不可得也……及僧人居之，乃名其泉曰洗心……次第完美，故有洗心泉刻石立庑下”，拈出“洗心”一节，可为弃恶、从善、获福之总结。而最后一段观音化去的故事，则可为恶人之惩戒。善山、恶山亦即善人、恶人，主要是从道教和儒教立言，其主题是迎恶神而就善神，这一点倾向于儒教，其中含有弃恶从善之意则偏向于道教。无论迎恶从善，还是弃恶从善，都是为了获取幸福。但幸福之义又是围绕福山而展开，这是从佛教方面立言的，盖福、佛不仅谐音，三教之中唯有佛教对幸福有殊特之把握。总之，婺源县的善山、恶山和福山的传说与三山自然结成太极之理密不可分，福山是太极，善山、恶山是两仪。

① 光绪《婺源县志》卷六十一《艺文》。

第二章　灾厉信仰

灾厉包括自然和社会两个方面。自然方面如蝗虫、瘟疫等，流行刘猛将军信仰。社会方面如府、县、乡的厉祭，专祭无祀鬼神，比较典型的有茅司徒信仰。

第一节　刘猛将军

据道光《徽州府志》，徽州府刘猛将军庙“在府治东，《降神录》刘猛将军名承忠，吴川人。元末授指挥使，弱冠临戎，兵不血刃。适江淮千里飞蝗遍野，挥剑追逐，蝗飞境外，后鼎革自沉于江。有司奏请，遂授猛将军之号”。休宁县刘猛将军庙“在崇寿观，奉神牌。每岁正月十三日、冬至后第三戌日致祭”。婺源县刘猛将军庙“在北门外，雍正初建，春秋致祭”。祁门县刘猛将军庙“在县东上五里牌”。黟县刘猛将军庙“在城南门外，乾隆三十一年（1766年）知县孙维龙重建，城南舒世求捐地”。绩溪县刘猛将军庙“在西门内”[①]。但查弘治《徽州府志》并无刘猛将军庙，此庙作为祀典应是后来之事，《南昌县志》云“刘猛将军之列入祀典自雍正二年（1724年）始”[②]。全国各地都有广泛的祭祀，徽州府县因此而设专祠，道光《徽州府志》曰：“文昌、关帝、火神、龙王、城隍、刘猛将军等庙祀典，通行天下。”[③]据乾隆《绩溪县志》，刘猛将军庙在每年正月十三日诞辰[④]和冬至后第三戌日致祭。

---

① 道光《徽州府志》卷三《坛庙》。

② (清)庆云等纂修:《南昌县志》卷九《典祀志》,道光二十九年刻本。

③ 道光《徽州府志》卷三《坛庙》。

④ 嘉庆《宁国府志》卷十四《坛庙》“刘猛将军庙”曰:“国朝雍正四年敕建每年长至后第三戌日并正月十三日诞辰,至期主祭官就位行一跪三叩礼,诣神位前跪,众官皆跪,读祝毕,再行一跪三叩礼。”

一、正史关于蝗虫的五行分类

自《汉书》立《五行志》以来，正史中都有五行的记载，其中有蝗虫的内容。《宋史》《明史》《清史稿》都将蝗虫纳入五行之水。《宋史·五行志》曰："润下，水之性也，水失其性则为灾沴。旧说以恒寒、鼓妖、鱼孽、豕祸、雷电、霜雪、雨雹、黑眚、黑祥皆属之水，今从之。"其下记录了很多的蝗灾。《明史·五行志》曰："水曰润下，水不润下则失其性矣。前史多以恒寒、恒阴、雪霜、冰雹、雷震、鱼孽、蝗蝻、豕祸、龙蛇之孽、马异、人痾、疾疫、鼓妖、陨石、水潦、水变、黑眚、黑祥皆属之水，今从之。"《清史稿·五行志》与此相同。唯独《元史·五行志》将蝗虫纳入金，"五行四曰金，其征恒洁，其色白，是为白眚、白祥……恒洁，则有介虫之孽，释者谓小虫，有甲飞扬之类，阳气所生也，于春秋为虫，今谓之蝗。"将蝗虫归为金水。

二、刘猛将军的四种说法

刘锜说。乾隆《绩溪县志》曰："按宋理宗景定四年（1263年）三月八日敕曰，国以民为本，民实本于干城，民以食为天，食尤重于金玉，是以后稷教之稼穑，周人画之井田，民命之所由生也。自我皇祖神宗，列圣相承，迨兹奕弃，朕嗣鸿基，夙夜惕若。迩年以来，飞蝗犯禁，渐食嘉禾，宵旰怀忧，无以为也，黎元愆怨，未如之何，民不能祛，吏不能捕。赖尔神力，扫荡无余，上感其恩，下怀其惠尔。故提举江州太平兴国宫淮南江东浙西制置使刘锜，今特封为扬威侯天曹猛将之神尔，其甸抚黎庶，血食一方，故谕。自雍正二年（1724年）降旨建立刘猛将军庙以后，蝗蝻遂不为灾，若未建造之州县，令一体举行。盖以能为民御灾，故特列之祀典云。"[①]按《宋史·刘锜传》，刘锜字信叔，德顺军人，泸州军节度使，仲武第九子也，美仪状，善射，声如洪钟，官至太尉，为人慷慨沉毅，知兵善战，有儒将风，曾在顺昌大败金兀术，为金人敬畏，与岳飞齐名，因忤秦桧，被贬病亡，后谥武穆，世传锜通阴阳家[②]。

① 乾隆《绩溪县志》卷五《祀典》。

② (元)脱脱等纂修:《宋史》卷三百六十六《刘锜传》,清乾隆武英殿刻本。

刘宰说。《山东通志》曰："刘猛将军庙，各郡县均设专祠，春秋致祭。按《周礼》族师春秋祭酺，酺与步同为人物灾害之神。宋绍兴中议举酺祭，蝗虫为灾则祀之，今之祀刘亦祭酺之遗制也。神为南宋刘宰，字平国，金坛人。绍熙元年（1190年）进士，仕至浙东仓司干官。告归隐居三十年，卒谥文清。以正直为神，驱蝗保穑，而人以猛将军称之。"[①]《松江府志》曰："刘猛将军庙，在县治东北，岁以正月十三日及冬至后第三戌日致祭。按将军刘姓锐名，宋顺昌之战中流矢殁，封扬威侯，国朝雍正十二年（1734年）以神有驱蝗保稼功，诏祀之。又按新城王阮亭以刘猛将军为宋刘漫堂，未知何据。其说云，旧江以南无蝗蝻，近时始有之，俗祀南宋刘漫堂宰为蝗神。刘，金坛人，有专祠往祀之，则蝗不为灾，俗呼莽将，殊为不经。"[②]根据下文的分析，刘猛将军的致祭日期正月十三和第三戌日来自刘锜的诞辰。刘锐，《苏州府志》云是刘锜之弟，二人生活在宋高宗绍兴时期。乾隆《绩溪县志》云宋理宗景定四年（1263年）敕封刘锜为扬威侯猛将军，可见扬威侯并非刘锐的封号。而刘宰是宋理宗时的人，正史中没有刘锐和刘宰驱蝗的相关记载，表明这二人的猛将军称号极有可能是民间受刘锜的影响而附会的产物。

刘承忠说。《吴川县志》曰："刘承忠，邑人，元末官指挥使，江淮蝗旱，督兵逐捕，挥剑驱蝗，蝗飞境外。元亡自沉于河，江淮间咸祀之，称为刘猛将军。雍正二年（1724年），上谕各省府州县建庙，春秋致祭。案《安徽通志》国朝巡抚陶澍《碑记》，神名承忠，吴川人，元末授指挥使，尝挥剑驱蝗，蝗飞境外。元亡自沉于河，因封今号，见于《降灵录》。而《怡庵杂录》谓宋江淮制置使刘锜因驱蝗，理宗时封扬威侯天曹猛将之神。二说皆可征。伏查《大清会典》主《降灵录》，故庙额仍题刘猛将军云。又案《苏州府志》云，相传神姓刘名锐，即宋名将刘锜之弟，殁而为神，《怡庵杂录》竟以刘锜为猛将。今考《畿辅通志》，刘猛将军名承忠，广东吴川县人，元末官指挥，江淮蝗旱，督兵逐捕，后因元亡，自沉于河，土人祀之。举《会典》云，雍正二年（1724年）奉旨祭刘承忠于各省府州县，神能驱蝗，世称刘猛将军。据此则神当为刘承忠，非刘锜兄弟也。今灵岩山盈丰庄有宋景定二年（1261年）封猛将神敕，亦系好事者伪撰，不足凭。又考《松江府志》引王阮亭说，

① (清)岳濬等:《山东通志》卷二十一《秩祀志》,文渊阁四库全书本。

② (清)宋如林等:《松江府志》卷十七《坛庙》,嘉庆二十二年刊本。

以刘猛将军为宋刘漫堂，则歧而又歧矣。”[①]刘漫堂即刘宰，号漫堂。据此，刘猛将军有刘承忠、刘锜、刘锐、刘宰四种说法，但主要是指刘承忠。

三、刘猛将军与蝗虫的关系

从上述正史可知，蝗虫的属性是金水。蝗神都称刘猛将军：刘锜、刘锐、刘宰、刘承忠。刘的古体字为劉为金，猛为子，子是十二支之一，五行为水。因此，他们的故事都是对金水的演义。如《宋史》记载刘锜在家为第九子，九是金数，《易经》曰：“地四生金，天九成之”。锜为金，与金人作战，大败金兀术，善射，箭矢五行属金，死谥武穆，武为金戈，全是一遍金。刘锐与金人作战，死于流矢。锐为金、兑，兑为西方卦，五行属金。流矢的五行为金水。刘宰是金坛人，宰为辛金。刘承忠挥剑逐蝗，弱冠临戎，兵不血刃，鼎革自沉。剑、戎、刃、鼎的五行皆属金。自沉于河，即金水。

《降神录》云刘猛将军“弱冠临戎”，实际上是对蝗虫出现季节的演义。据史书记载，蝗虫大多出现在天气炎热的五六七月份。五月为午，六月为未，七月为申。金的规律是：沐浴于午，冠带于未，临官于申[②]。沐浴为柔弱之义，《三命通会》曰：“沐浴又曰败，以万物始生，形体柔脆，易为所损，如人生后三日以沐浴之，几至困绝也。”[③]弱冠暗喻沐浴、冠带，亦即五、六月。戎为金戈，七月申，是金的临官之地，故曰“临戎”。可见，“弱冠临戎”是对蝗虫的金性特点和出现季节的演义。

宋洪迈《夷坚志》中的“鹙”也是灭蝗之神，“绍兴二十六年（1156年），淮宋之地将秋收，粟稼如云，而蝗虫大起，翾飞刺天，所遇田亩一扫而尽。未几，有水鸟名曰鹙，形如野鹙，而高且大，广胆长嗉，可贮数斗物，千百为群，更相呼应，共啄蝗，盈其嗉，不食而吐之，既吐复啄，连城数十邑皆若是。才旬日蝗无孑遗，岁以大熟。徐泗上其事于金庭，下制封鹙为护国大将军。”[④]鹙为秋、鸟，秋五行为金，鸟通酉鸡，也是金。徐泗上其事于金庭，余为金，泗为四，是金数，表明鹙的五行属金，也是对蝗虫的金性特点的演义。

---

① (清)毛昌善等:《吴川县志》卷七《人物传》,光绪十四年刊本。

②《三命通会》卷二《论五行旺相休囚死并寄生十二宫》。

③《三命通会》卷二《论五行旺相休囚死并寄生十二宫》。

④ (宋)洪迈撰:《夷坚志》甲卷一,文渊阁四库全书本。

四、刘猛将军与江淮的关系

刘猛将军有刘锜、刘锐、刘宰、刘承忠等四种说法，都与江淮有关，如刘锜任江淮制置使，刘锐任淮东制置司，刘承忠任江淮指挥官，刘宰曾任江陵尉、泰兴令，也在江淮之间。换句话说，刘猛将军发源于江淮。这是由江淮的五行属性和历史地位决定的。江淮为水为隹，隹是一种短尾鸟，鸟通于鸡，鸡为酉，酉属金。《史记·天官书》曰："江、淮之间，气皆白。"白属金。可见，江淮的五行是金水，与刘猛将军的五行相同。此外，江淮在历史上是南北的分界线，南宋时宋金对峙就发生在此地。北方的五行为水，水由金生，亦即为金水，南方的五行为火。蝗虫的五行为金水，蝗灾一般发生在五六月，对应五行为火。换句话说，江淮和蝗虫都是南北五行的结合体，二者在五行性质上相同，即江淮对应于蝗虫，对应于刘猛将军。因此，历代对刘猛将军的册封都与江淮有关，可以说是这一流域特有的历史现象。

五、刘猛将军与宋元清的关系

刘猛将军形成于南宋，发展于元末，流行于清代，与这三个朝代的五行有一定的关系。

(一)刘锜是宋金对峙的五行反映

按乾隆《绩溪县志》以刘锜为刘猛将军，其诞辰是正月十三日。查相关史料，刘锜生于北宋哲宗元符元年（1098年），死于南宋高宗绍兴三十二年（1162年）闰二月，享年65岁。因是将军之故，出生时间转换成干支应是戊寅年，甲寅月，壬戌日，丙午时。出生后十三日惊蛰，当5岁起运，后天大运5乙卯，15丙辰，25丁巳，35戊午，45己未，55庚申，65辛酉。命主壬水生于正月，四柱无生扶之神，地支寅、午、戌三合火局，时干透丙，壬水虚脱，格成从旺，当以火为用神。

以火为用神，火的规律是：临官于巳，旺于午，衰于未，病于申，死于酉[①]。刘锜的一生正是这一规律的反映。据《宋史·刘锜传》，"宣和间，用高俅荐，特授阁门祗候，高宗即位，录仲武后，锜得召见，奇之，特授阁门宣赞舍人，差知岷州，为陇右都护。"此时刘锜30岁，在丁巳大运，乃火临官

① 《三命通会》卷二《论五行旺相休囚死并寄生十二宫》。

之地，是用神，又是命主贵人，故得擢拔。绍兴十年（1140年，庚申）夏，“时天大暑”，抗金取得顺昌大捷，是年刘锜43岁，在戊午大运，寅午戌联成火局，乃火帝旺之地，故有此大捷，但太岁庚申与寅相冲，福中生祸。绍兴十一年（1141年，辛酉），“以顺昌之捷骤贵，诸将多嫉之，而与锜有隙”，“秦桧主其说，遂罢宣抚判官，命知荆南府，岳飞奏留锜掌兵，不许”，“自是不复出师矣”，是年太岁癸酉为元辰大耗，故遭贬。绍兴三十一年（1161年，辛巳）“锜病”，十一月“病剧”，是年64岁，大运庚申，申与寅冲，太岁辛巳，申、巳、寅三刑，但巳为壬之天乙贵人，故虽病剧，尚无性命之虞。三十二年壬午闰二月，“呕血数升而卒”，是年65岁，大运辛酉。辛酉为金，亦即刘锜死于金运。按照道教的传统，死于何运，即化为何运之神。死于金运，当化为金神。据上述《宋史》《元史》的记载，蝗虫的五行分类为金水，水由金生，故宋元以来人们将刘锜作为蝗神。

刘锜出生于正月十三壬戌日，后世以正月十三日和冬至后第三戌日祭祀刘猛将军，可以说是根据刘锜的诞辰来的。第三戌日还体现了刘锜的命理以火为用神的特点。易学上，冬至为一阳来复，戌为火库，刘锜的命理以寅午戌三合火局为用神，戌排行第三，因此以冬至后第三戌日作为祭祀日。

刘锜的命理以火为用神，死于金运，即以金为忌神。成为蝗神是在南宋理宗时期，当时宋金对峙。宋为火德，《宋史》曰：“宋，火德也。”《大金德运图说》曰：“议者以宋为火德，大金当为金德。”[①]以火为用神，因此成为南宋的大臣，以金为忌神，因此成为抗金名将，正是宋金关系的反映。宋金对峙主要发生在江淮流域，因此被封为此地的蝗神。

（二）刘承忠是元代和清代的五行反映

据《降神录》记载，刘承忠是元末江淮的指挥官。《刘猛将军降灵自序》曰：“吾乃元时吴川人，吾父为顺帝时名将，威名赫赫，声播遐迩，惟以忠君爱民，念念不忘国事。家庭训迪，吾辈亦止以孝弟忠信为本，吾谨遵父命。”[②]以至元亡而自沉于河，为之殉葬。元朝水德，明代何乔新曰：“（元）世祖取江南之时，有水竭火生之谣，盖元以水德王，宋以火德王。”又曰：“元顺帝为瀛国公之子……其诗有壬癸枯干丙丁发之句，盖壬癸为水，丙丁为

①《大金德运图说》卷首《序》，文渊阁四库全书本。

②（清）王育榞修：《蔚县志》卷三十一《杂记》，乾隆四年刊本。

火，元以水德王，而宋以火德王也。”[①]水由金生，故《元史》曰：“太祖（铁木真）其十世祖孛端义儿，母曰阿兰果火，夜寝帐中，梦白光自天窗中入，化为金色神人，来趋卧榻。阿兰惊觉，遂有娠，产一子，即孛端义儿也。”[②]说明元朝由金色神人感生，是金水之德。刘承忠挥剑驱蝗，自沉于水，剑、蝗的五行属金，显然是对元朝金水的演义。明朝火德，与刘猛将军性质不合，故鲜见敕封记载。至清朝纳入国家祀典。清朝前身也是金，史称后金，由满洲建立，后改为清，也是金水之德，故雍正二年（1724年）由两江总督奏请颁行天下。可见，刘承忠成为元代和清代的蝗神，与两朝的五行性质有一定的关系。

综上所述，历史上的蝗神刘猛将军有刘锜、刘锐、刘宰、刘承忠四种说法，但主要以刘锜和刘承忠为主。成为刘猛将军必须具备三个条件：一是必须姓刘；二是必须五行为金水；三是必须与江淮相应。该信仰形成于江淮，与江淮的五行、历史地位密切相关。发源于南宋，发展于元末，流行于清代，与这三个朝代的五行也有一定的关系。

第二节　府县乡厉祭

厉祭是用来祭祀民间的无祀鬼神。《明会典》曰：“洪武礼制，凡各府州县，每岁春清明日、秋七月十五日、冬十月一日，祭无祀鬼神，其坛设于城北郊间。府州各郡厉、县各邑厉，祭物牲用羊三、豕三、饭米三石，香烛酒纸随用。”[③]厉祭又分府厉、县厉和乡厉三种，内容基本相同。

府厉。道光《徽州府志》曰：“厉坛，在临溪门外石壁下，缭以墙垣，无屋。永乐五年（1407年）因洪水漂坏，知府张从道迁于东关，接官亭西，制如式。按《礼部则例》，祭厉坛以每岁三月清明节、七月望、十月朔。先期府以告于城隍。厥明，导城隍于坛，鬼神列坛下祭之。”[④]

县厉。据乾隆《绩溪县志》，绩溪县厉坛又叫三孤无祀鬼神坛，“旧在县东北一都，明成化间县丞江复重整，嘉靖间迁云台观右，坛壝、碑石如式，

① (明)何乔新撰:《椒丘文集》卷八《元史论》，文渊阁四库全书本。

② (明)宋濂撰:《元史》卷一《太祖本纪》，清乾隆武英殿刻本。

③《明会典》卷八十七。

④ 道光《徽州府志》卷三《坛庙》。

万历五年（1577年）知县陈嘉策重修并建宰牲所，国朝因之，今坛壝久圮。岁以清明、七月望、十月朔，凡三日，先期以告于城隍，厥明，导城隍于坛旁，无祀鬼神列坛下祭之，祭品用牲醴羹饭等项。岁派祭银四两五钱。”①

乡厉。《明会典》曰：“洪武礼制，凡各乡村每一里户内立坛一所，祭无祀鬼神，专祈祷，民庶安康，孳畜蕃盛。每岁三祭，春清明、秋七月十五日、冬十月一日，祭物、牲酒随乡俗置办。其轮流会首及祭毕会饮、读誓等仪与祭里社同。”②

厉祭举行时需要念诵祭文，府、县、乡的祭文内容基本相同。下面是乡厉祭文，曰：

某县某乡某村某里某社里长某人承本县官裁旨该，钦奉皇帝圣旨，普天之下，后土之上，无不有人，无不有鬼神，人鬼之道，幽明虽殊，其理则一。故天下之广，兆民之众，必立君以主之，君总其大，又设官分职于府州县以各长之，各府州县又于每一百户内设一里长，以纲领之，上下之职，纲纪不紊，此治人之法如此。天子祭天地神祇及天下山川，王国各府州县祭境内山川及祀典神祇，庶民祭其祖先及里社、土谷之神，上下之礼各有等第，此事神之道如此。

尚念冥冥之中无祀鬼神，昔为生民，未知何故而没其间，有遭兵刃而横伤者，有死于水火盗贼者，有被人取财而逼死者，有被人强夺妻妾而死者，有遭刑祸而负屈死者，有天灾流行而疫死者，有为猛虎毒虫所害者，有为饥饿冻死者，有因战斗而殒身者，有因危急而自缢者，有因墙屋倾颓而压死者，有死后无子孙者。此等鬼魂或终于前代，或没于近世，或兵戈扰攘流移于他乡，或人烟断绝久缺其祭祀，姓名泯没于一时，祀典无闻而不载。此等孤魂死无所依，精魄未散，结为阴灵，或倚草附木，或作为妖怪，悲号于星月之下，呻吟于风雨之时，凡遇人间节令，心思阳世，魂杳杳以无归，身堕沉沦，意悬悬而望祭兴。言及此，怜其惨凄，故敕天下有司依时享祭，在京都有泰厉之祭，在王国有国厉之祭，在各府州有郡厉之祭，在各县有邑厉之祭，在一里又各有乡厉之祭，期于神依人而血食，人敬神而知礼。仍命本处城隍以主此祭，钦奉如此。

今某等不敢有违，谨设坛于本里，以三月清明日、七月十五日、十月一

① 乾隆《绩溪县志》卷五《官祀》。

②《明会典》卷八十七。

日率领某人等百家联名于此，置备羹饭肴物祭于里，里无祀鬼神等众灵，其不昧依期来享。凡我一里之中百家之内，倘有忤逆不孝不敬六亲者，有奸盗诈伪不畏公法者，有拗曲作直欺压良善者，有躲避差徭靠损贫户者，似此顽恶奸邪不良之徒，神必报于城隍，发露其事，使遭官府，轻则笞决杖断不得号为良民，重则徒流绞斩不得生还乡里。若事未发露，必遭阴谴，使举家并染瘟疫，六畜田蚕不利。如有孝顺父母、和睦亲族、畏惧官府、遵守礼法、不作非为、良善正直之人，神必达之城隍，阴加护佑，使其家道安和，农事顺序，父母妻子保守乡里，如此则鬼神有鉴察之明，我民无谄谀之祭。灵其无私，永垂昭格，尚飨。[①]

从文中可以看出，厉祭的对象有遭兵刀而横伤者，有死于水火盗贼者，有被人取财而逼死者，有被人强夺妻妾而死者，有遭刑祸而负屈死者，有天灾流行而疫死者，有为猛虎毒虫所害者，有为饥饿冻死者，有因战斗而殒身者，有因危急而自缢者，有因墙屋倾颓而压死者，有死后无子孙者。通过祭祀它们，使不为厉，从而达到人鬼和平、保境安民的目的。

第三节　茅司徒

茅司徒是我国东南地区典型的厉祭信仰。据道光《徽州府志》，徽州府茅司徒庙“在紫阳山”，婺源县茅司徒庙“在汤村，按《浮梁志》，神自降笔云汉茅容也。”绩溪县茅司徒庙“在县东”[②]，祭祀南朝时期扬州英显司徒茅、许、祝、蒋、吴五姓。徽州的茅司徒信仰较早见于《新安志》卷五中的《绩溪》，说明宋朝已有这一信仰。

宋代张敦颐的《六朝事迹编类》曰：

茅司徒庙，按《稽神录》云，浙西僧德林少时游舒州，路见一夫荷锄治方丈之地，左右数十里不见居人，问之对曰，顷时自舒之桐城，至此暴得痁疾，不能去，因卧草中。及稍醒已昏矣，四望无人，惟虎豹吼叫，自分必死。俄有一人部从如大将，至此下马，良久召二卒曰，善守此人，明日送到桐城县下。遂上马去，倏忽不见，惟二卒在焉。某即强起问之，答曰此茅将军也，

①《明会典》卷八十七。

② 道光《徽州府志》卷三《坛庙》。

常夜出猎虎，忧汝被伤，故使护汝。更欲问，即日已出矣，不复见二人。即起而行，意甚轻健，至桐城。顷之疾愈，以所见处立祠祀之。德林止舒州十年，及回，则村落皆立茅将军庙，今俗呼茅司徒，在溧阳县东门外一里。①

宋代吕南公的《灌园集》曰：“《稽神录》出于南唐之末，然则民知将军之为神正起于此耳。”②另据宋代钱易的《南部新书》，“江淮间多九郎庙与茅将军庙。九郎者，俗云即苻坚之第九子，曾有阴兵之感，事极多说。茅将军者，庙中多画缚虎之像。”③所云与上同。可知，江淮间的茅司徒形象为缚虎，出于南唐之末。但茅司徒、茅将军究竟何人，以上诸书似未交代。

嘉庆《无为州志》曰：“茅王庙，凡五处。常志云，考《梁书》神姓茅，名胜，扬州人，隋时因护驾有功，封司徒，饬新庙宇。宋李全谋逆，祷于神不吉，乃曳神像剖之，后全被戮新塘，支体解如其施于神者。帅守赵范请于朝，赐额英显，晋王号，所在称茅王。”④按《浮梁县志》所载“茅司徒庙”引《搜神记》云“司徒茅、许、祝、蒋、吴五姓，存日居扬州，结为兄弟，能除虎患。今无考，又神降笔自谓盖汉茅容云。”⑤《搜神记》中有“扬州五司徒”记其事，但比较简略，而《三教源流搜神大全》“扬州五司徒”详载其事：

扬州英显司徒茅、许、祝、蒋、吴五姓，是邦血食久矣，载在《南史》及《梁书》王琳列传，云王琳会稽人也，本兵家，破景有功，能轻身下士，所得赏物不以入家，其麾下万人，多江淮人也。累立大功，仕至特进将军。会陈将吴明彻来寇境，帝遣领军将击破胡等出牧秦州，令琳共为经略。琳谓破胡曰：“军士严整，切勿轻战。”破胡不从，遂战，军大败。琳单骑而获免，还至彭城，帝令更赴寿阳，进封为巴陵王。陈将吴明彻进兵围之，堰肥水灌城，昼夜攻击。城内水气浸，人皆患肿，死者甚众。城陷琳被执，百姓泣而从之。吴明彻恐其为变，杀之，哭者声如雷。传首建康，悬之于市。琳故将吏朱玚等致书求以首，吴明彻亦梦琳求首，并为启陈主而许之，于是与开府仪同主

① (宋)张敦颐撰：《六朝事迹编类》卷下，文渊阁四库全书本。

② (宋)吕南公撰：《灌园集》卷九《茅将军庙记》，文渊阁四库全书本。

③ (宋)钱易撰：《南部新书》卷八，文渊阁四库全书本。

④ (清)顾浩修，吴元庆等纂：嘉庆《无为州志》卷四《庙寺》，《中国地方志集成》(安徽府县志辑8)，江苏古籍出版社1998年版。

⑤ (清)乔溎等纂修：《浮梁县志》卷九《祠祀》，道光十二年刻本。

簿刘韶慧等持其首还于淮南，权瘗八公山侧，义故会葬者数千人。玚等乃间道北归，别议迎接。寻有扬州人茅知胜等五人密送葬至建业，即五神也。

五神居扬州日结为兄弟，好田猎，其地旧多虎，人罹其害。山溪畔遇一老妇，五神询问，竭然无亲，饥食溪泉。五神请于所居之庐，拜呼为母，侍养未久，或出猎而归，不见其母，五神曰多被虎啖，俱奋身逐捕。山间有虎迎前，伏地就降，由此虎患始息。后人思其德义，立庙祀之，凡所祈祷，随求随应，庙今在江都县东兴乡金匮山之东。至隋炀帝时，曾护驾有功，封号司徒，唐加侯号。宋绍定辛卯逆贼李全来寇境，祷于神不吉，以神像割破之。不三日，全被戮于新塘，肢体散落，犹全之施于神者乎。贼平，帅守赵公范亲率僚属致享祠下以答神赐，撤其庙而增广之，录其阴助之功奏请于朝，赐庙额曰英显，加封至八字侯。后平章贾公似道来守是邦，有祷于神者，遇干旱则飞雨，忧淋潦则返照，救焚则焰灭，苦雪则瑞应，其护国祐民，无时不显，复为奏请加封王号，第一位灵威忠惠翊顺王，第二位灵应忠利辅顺王，第三位灵助忠卫佐顺王，第四位灵佑忠济助顺王，第五位灵勇忠烈孚顺王。①

以上表明茅司徒信仰的形成与王琳有密切的关系。茅司徒信仰主要流行于江淮地区，一是王琳是在江淮战争中惨死的，根据民间的思维习惯，将变为此地的厉鬼；二是王琳的部属多是江淮人，为了避厉，于是祭祀扬州五司徒。之所以选择此五人，一是五人曾为王琳送葬，与王琳的关系密切；二是五人都有过猎虎的经历，与王琳的字义相同。“王琳”二字拆开是林中二王，而虎是林中之王，因此民间认为王琳死后化身为虎，即材料中所说“其地旧多虎，人罹其害”。另一个虎王即“老妪”，此妇人被虎所啖，也变化为老虎，材料中说五人在老妪被虎食后追捕老虎时，“有虎迎前，伏地就降”，即是老妪之虎。这样，山中就有了二虎，阴阳配对，和谐相处，“由此虎患始息”。此老妪可能是后人创造的产物，目的是要以此母虎降伏山中公虎。这个故事也表明民间信仰的思维方式受道教的影响，“王琳”名中多木，道教有东王公、西王母“木公金母”之说②。西方神兽为白虎，金母即白虎，亦即“老

①《三教源流搜神大全》卷一。

②《三教源流搜神大全》卷一《东华帝君》、《西灵王母》曰：“在昔道气凝寂，湛体无为，将欲启迪玄功，生化万物，先以东华至真之气化而生木公焉。木公生于碧海之上，苍灵之墟，以主阳和之气，理于东方，亦号曰东王公焉。又以西华至妙之气化而生金母焉……与东王公共理二气而养育天地，陶钧万物矣。”此说较早来源于唐朝杜光庭的《墉城集仙录》。

妪”。而五司徒比喻土，《易经》曰“天五生土，地十成之”。土生金，表现为五人侍养老妪。金克木，王琳为木，故事中有两则材料充分说明了这一点，一是《南史·王琳传》中，琳在死前说了一句话，“今太岁在东南，岁星居牛斗分，太白已高，皆利为客，我将有丧。”[①]太白为金，太岁在东南为木，金克木。二是宋朝“李全来寇境，祷于神不吉，以神像割破之”。李全属木，暗喻王琳。木克土，表现为五司徒神像被“割破”。因而，五司徒、老妪、虎患、王琳之间存在着一个五行相厌的过程，即土生金克木，表现为通过祭祀五司徒攘除王琳惨死之厉，这是民间茅司徒信仰所要达到的目的。

① (唐)李延寿撰:《南史》卷六十四《王琳传》,清乾隆武英殿刻本。

第三章 保安信仰

保安信仰是对保卫境土安全的一种信仰。《礼记·祭法》曰："夫圣王之制祭祀也……能御大灾则祀之，能捍大患则祀之。"弘治《徽州府志》曰："旧志前辈以材力保捍乡土"，就是对此而言。徽州的保安信仰主要有程灵洗、汪华、张巡、许远等。

第一节 程灵洗

程灵洗，字玄涤，歙县黄墩人。出生于南朝梁天监十三年（514年），死于陈朝光大二年（568年），享年五十五岁。先后仕于梁、陈，父子两代为将，死后"赠镇西将军、开府仪同三司，谥曰忠壮，（陈）太建四年（572年）诏配享高祖庙庭。"[①]他对维护南北朝时期江南社会的稳定起到了一定的作用。徽州行政区域雏形始置于汉献帝建安十三年（208年），但之后分分合合，至唐朝大历五年（770年）复统六县才成为定制，至宋徽宗宣和三年（1121年）建号徽州。与此同时，为适应这个区域社会形成和发展的需要，徽州人也积极掀起造神运动，汪华信仰、程灵洗信仰、五显信仰等重要的徽州民间信仰都是在唐宋时期形成的。

程灵洗信仰发源于唐代歙县黄墩，大约在天宝以后开始形成一定的神话故事。据南宋初年罗愿记载，南宋之前程灵洗还没有庙，只有墓，《新安志·祠庙》中没有程灵洗，仅曰："今人即灵洗墓处为坛，水旱祷者八十余社。"[②]罗愿的《歙黄墩程忠壮公庙碑》曰："（今人）即其墓旁为坛而祀之。如是古矣，水旱必求，求必应，比近祈报常八十余社。于是有方氏者以为古之祭用坛，降及后世肖像以栖神，设床以安像，非栋宇无以拒旁风上雨之入。故自

①（唐）姚思廉撰：《陈书》卷十《程灵洗传》，清乾隆武英殿刻本。

②（宋）罗愿撰：《新安志》卷三《黄墩湖》，文渊阁四库全书本。

郊社之外，古百辟卿士在今者例皆庙事。矧神出三代后，乃独用古之坛，无益于实，若庙而严之，庶于时为称，乃以某年月为屋若干楹……益相与崇奉，以坛为未足，昉于此乎立庙。”[①]宋宁宗嘉定十六年（1223年），赐世忠庙额，说明程灵洗庙在南宋初年才建立。经过宋宁宗、理宗两朝的大力册封，程灵洗信仰开始发扬光大。宋理宗宝庆三年（1227年）追封广烈侯，淳祐十二年（1252年）加封广烈孚佑侯，宝祐二年（1254年）加封广烈孚佑显应侯，宝祐三年（1255年）加封广烈孚佑显应忠惠侯，宝祐五年（1257年）三月进封忠烈显惠公，宝祐五年六月再封忠烈显应灵顺善应公[②]。封至八字，享受古代封神的最高荣誉。

宋理宗大力册封程灵洗与提倡程朱理学有关。《宋史》曰：“自帝（宋理宗）继统，首黜王安石孔庙从祀，升濂、洛九儒，表章朱熹《四书》，丕变士习……后世有以理学复古帝王之治者，考论匡直辅翼之功，实自帝始焉。”[③]程灵洗出生于“程朱阙里”的黄墩。《江南通志》曰：“黄墩……梁程灵洗、唐朱师古皆居此。程为河南二程子之祖，朱为婺源朱子之祖。明歙令刘伸、邑人赵滂修墓而建三夫子祠曰程朱阙里。”[④]距离程灵洗的世忠庙不远。程灵洗与二程和朱熹之间存在血缘关系。明程敏政曰：“两夫子之先实徽人，出梁将军忠壮公灵洗之后，盖自徽迁中山，又自中山迁河南。”[⑤]程敏政的《新安程氏统宗世谱序》曰：“程氏女适朱氏者，一传得韦斋，再传得文公。”[⑥]清朝《新安程氏统宗补正图纂重编序》曰：“予祖晦庵文公私淑于河南二程夫子也，二程夫子系出东晋新安太守元谭公家歙黄墩之迁裔……元谭公二十八世唐工部尚书湘公分迁婺源，六传清源派翔公，则我晦庵祖之祖母程氏所自出。故程朱为理学，相传因以桑梓而世联瓜葛。”[⑦]黄墩的程灵洗信仰正是借助与程朱的地缘、血缘关系而不断地发展壮大。至明清时期，“近则一郡六邑，远则德兴、乐平、浮梁、贵溪、开化……数百里之人恃此以为祈福之地。”[⑧]据明

---

①（明）程敏政撰：《新安文献志》卷四十四，文渊阁四库全书本。

②佚名：《世忠录》，清咸丰年间朱印本。

③《宋史》卷四十四《理宗本纪》。

④（清）赵宏恩等纂修：《江南通志》卷十五《舆地志》，文渊阁四库全书本。

⑤（明）程敏政撰：《篁墩文集》卷十三《嵩县重修程氏两夫子祠记》，文渊阁四库全书本。

⑥《篁墩文集》卷二十三《新安程氏统宗世谱序》。

⑦《康熙新安程氏统宗补正图纂》卷首《新安程氏统宗补正图纂重编序》，乾隆十二年刻本。

⑧《康熙新安程氏统宗补正图纂》卷首《立忠壮公庙面县司状》。

清《徽州府志·祀典》记载，明朝徽州一府六县有14所程灵洗的世忠庙，清朝有12所，而民间祭祀更是不计其数。但所有的程灵洗信仰都绕不开其神话故事，它主要表现在明清徽州大量程氏家谱对这些神话的不断复述中。

一、程灵洗的诞辰与性理

程灵洗的诞辰时日，据《陈书·灵洗公本传》："光大二年（568年）卒于州，时年五十五"[①]，又据《率口程氏世忠行祠记》："以元夕前二日为忠壮生辰，制花灯娱神"[②]，《歙县志》："忠壮实生天监十三年甲午，卒于陈光大二年戊子"[③]，可知生于梁天监十三年（514年）正月十三，换成干支即是甲午年，丙寅月，壬戌日，时辰不详。古代以日为命主，可知程灵洗本命为壬水。出生后十二日惊蛰，当5岁起运，后天大运5丁卯，15戊辰，25己巳，35庚午，45辛未，55壬申。观此造，寅、午、戌三合火局，壬水独弱，当从旺火，以火为用神无疑。中年大运巳、午、未一遍南方之火，故事业飞黄腾达，观其发家于侯景之乱，因功授梁以及后来仕陈为显宦等都在中年之际。55岁大运壬申，太岁戊子，申、子、辰三合水局，旺火宜生，切忌水局，加之年柱之午冲犯太岁，故死于55岁。

二、射蜃神话与程灵洗的性理

射蜃神话是程灵洗少年时代的神迹，在其所有神话中最具有象征性意义。该神话的大致情况是程灵洗家乡有黄墩湖蜃与吕湖蜃，二蜃向来不和。一夜黄墩湖蜃托梦给程灵洗，约定明日与吕湖蜃相斗，恳请程灵洗助一臂之力。明日灵洗见二蜃化为二牛在湖边决斗，应梦中所请，搭箭射杀吕湖蜃。于是吕湖渐塞，水患遂息。该神话其实是对程灵洗性理的演义，分析如下：

（1）公"讳灵洗，字玄滌"。"灵"古文为"靈"，带雨水；"洗"带水；"玄"是水的五行之色；"滌"是涤的繁体，也带水，皆是程灵洗本命壬水之体现。

（2）"所居之偏有湖，深广有神居焉"。这里的"湖"和"神"暗指程灵洗和其水命。此湖名曰黄墩湖，"黄"是土的五行之色，"墩"带土，黄墩湖

---

①《绩溪洪川程氏宗谱》卷首，民国十二年刻本。

②（清）何应松等纂修：道光《休宁县志》卷二十一，道光三年刻本。

③ 许承尧等纂修：民国《歙县志》卷十六《拾遗》，民国二十六年铅印本。

有水有土，实际上是程灵洗的日干支“壬戌”的演义，因为壬为水，戌为土。壬戌之结合亦即土水之结合，其形象为土克水。命学以克我者为官，我为水，当以土作官。因此，黄墩湖是官途之象征，成为射蜃神话中程灵洗的必选之神。

(3)“吕湖有蜃素为居民之害”。《说文解字》曰：“吕，脊骨也。”脊骨从月，“月，水也。”蜃是水中之物，《说文解字》曰：“雉入海，化为蜃。”上面讲过，程灵洗虽以壬水为命，但壬水极弱，当以火为喜用。水火性质相反，因此这里出现了“吕湖有蜃素为居民之害”“吕湖蜃稔恶于此”之说法，表明水非其用神，吕湖也非其所选之神。

(4) 出现了两湖神相斗、程灵洗射黑存白的故事。黑是水的五行之色，白是金的五行之色。水非用神，故当射去。金生水，也非所喜之神，故曰“肩白者屈”。命学上，金是水之印，土金合称官印，乃通身致仕之物，因此主观上还是存白。

(5)“居不更夕，有巨蜃死于吉阳滩下，即吕湖蜃也，至今号其滩曰神滩，自是吕湖涨塞而蜃之害除矣。”这里交代了吕湖蜃死于“吉阳滩”，吉阳为火，是其喜神的表现，故曰“至今号其滩曰神滩，自是吕湖涨塞而蜃之害除矣”。

从上述分析可知，程灵洗以水为本命，但水极弱，当从旺火，中年走火运，事业飞黄腾达。但现实中水火不相容，故以梦的形式得以表现。在梦中，吕湖蜃象征他自己，黄墩湖蜃象征事业、前途。最终，程灵洗选择了黄墩湖蜃，放弃了吕湖蜃，象征他牺牲了自我而选择了事业。程灵洗早年以豪强称霸，后投靠梁朝，梁亡又投靠陈朝，就是一个不断牺牲自我而选择事业的过程。在此意义上说，射蜃神话既是对程灵洗性理的演义，也是对其一生命运的比喻。

三、射蜃神话是南北朝战争的反映

个人的命运与时代的命运息息相通。程灵洗是梁、陈时人，据《通志》载，梁朝火德，陈朝木德[①]。程灵洗以火为喜用，火须木生，与两朝命运息息相通，故梁亡后又仕陈朝，不以变节介怀。死后配享陈武帝庙庭，谥曰忠壮，

① (宋)郑樵:《通志》卷四十三《历代所尚》,文渊阁四库全书本。《梁书》卷一《武帝本纪》齐帝的禅位诏书曰:“亦以木德而传于梁”,则梁朝为火德,与《通志》所言相同。

以陈朝功臣居之。

梁、陈之敌乃北周，服色尚黑，《周书》曰："今魏历告终，周室受命，以木承水，实当行录，正用夏时，式遵圣道，惟文王诞玄气之祥，有黑水之谶，服色宜乌。"[①]乌即黑色。《隋书》曰："后周建德六年（577年），阳武有兽三，状如水牛，一黄、一赤、一黑。赤者与黑者斗久之，黄者自傍触之，黑者死，黄、赤俱入于河，近牛祸也。黑者，周之所尚色，死者灭亡之象。后数载，周果灭而隋有天下，旗牲尚赤，戎服以黄。"[②]该段神话与程灵洗的梦有相同之处，当时正值南北方交战，灵洗梦中的黑牛应指北周，惟一黄、一赤变成了黄墩湖、黄牢山和吉阳滩。

不同的是，灵洗梦中出现了一只白牛，即"披白于肩者""肩白者"。白色是相对于黑色而言的，这里比喻梁朝，《隋书》曰："（梁）太清元年（547年），黎州水中有龙斗，波浪涌起，云雾四合，而见白龙南走，黑龙随之。其年，侯景以兵来降，帝纳之而无备，国人皆惧，俄而难作，帝以忧崩。"白色南走，比喻侯景来投靠梁武帝。黑色随之，比喻北周尾随而至。又曰："梁承圣三年（554年）六月，有黑气如龙见于殿内，近黑祥也。黑，周所尚之色，今见于殿内，周师入梁之象。其年为周所灭，帝亦遇害。"[③]白牛还有一层意思，程灵洗曾仕宦于梁陈，梁亡后投靠陈朝，帮助抗击侯景和北周。陈朝和北周同时建立于丁丑牛年（557年），而北周灭亡于辛丑牛年（581年）。也就是说，陈朝建立于牛年，北周的建立和灭亡也都是牛年。可见，白牛象征梁朝和陈朝，黑牛象征北周，在神话中就变成了程灵洗帮助白牛射杀黑牛。

四、唐代射蜃神话的形成

程灵洗的射蜃神话最早出自唐朝的《歙州图经》。宋朝《太平广记》引《歙州图经》曰：

> 歙县黄墩湖，其湖有蜃，常为吕湖蜃所斗。湖之近村有程灵洗者，卓越不羁，好勇而善射，梦蜃化为道士告之曰："吾甚为吕湖蜃所厄，明日又来，君能助吾，必厚报。"灵洗遂问："何以自别？"道人曰："束白练者吾也。"既异

①（唐）令狐德棻撰：《周书》卷三《孝闵帝本纪》，清乾隆武英殿刻本。

②（唐）魏征撰：《隋书》卷二十三《五行下》，清乾隆武英殿刻本。

③《隋书》卷二十三《五行志下》。

之。明日与村人少年鼓噪于湖边，须臾波涛涌，激声若雷霆，见二牛相驰，其一甚困，而腹肚皆白。灵洗弯弓射之，正中后蜃，俄而水变为血，不知所之。其伤蜃遂归吕湖，未到而毙，后人名其死处为蜃滩，吕湖亦从此渐涨塞。居岁余，灵洗偶出，有一道人诣其母求食，食讫曰："劳母设食，无以报之，今贫窭到此，当为求善墓地。"使母随行上山，以白石识其地，曰："葬此可以暴贵矣。"寻而灵洗还，母语之。灵洗驰求之，了无所见，遂迁葬于其所。按，灵洗宅湖东二里，宅南有槠树，其大数十围，树有灵。今村人数有祈祷，其祝辞号为千年树。[①]

《歙州图经》是唐代的作品，宋罗愿的《新安志》曰："唐有《歙州图经》，国朝太平兴国中诏编《（太平）广记》，往往摭取之。"[②]表明程灵洗的射蜃神话在唐代就已经有了。该神话来源于晋朝道教人物许逊的斩蜃故事。宋朝祝穆的《古今事文类聚》曰：

许真君，名逊，字敬之，本汝南人。后于豫章遇一少年，容仪修整，自称慎郎。许君与之语，知非人类，指顾之间，少年去。君谓门人曰："适来年少乃是蛟蜃之精，吾念江西累为洪水所害，若非剪戮，恐致逃遁。"蜃精知真君识之，潜于龙沙洲，化为黄牛。真君以道眼遥观，谓弟子施太玉曰："彼之精怪，化作黄牛，我今化其身为黑牛，仍以手巾挂膊，将以认之，汝见牛奔斗，当以剑截彼。"真君乃化身而去。俄顷，见黑牛奔趁黄牛而来，太玉以剑挥牛，中其左股，因投入城西井中。[③]

可见，二者的故事情节基本相同。所不同的是，程灵洗的射蜃神话中多了一个道士，而许逊的身份正是道士。至南宋胡麟的《重建世忠庙记》将程灵洗的射蜃神话作了进一步的完善，加入了道士曰"吾灵宝天机书，能卜善地"的内容[④]。许逊属于道教灵宝派，曾自言遇上圣传授"太上灵宝净明法"，表明程灵洗射蜃神话中的道士就是许逊。许逊与徽州的关系最早可以追溯到

① (宋)李昉等修:《太平广记》卷一百十八，文渊阁四库全书本。

②《新安志》卷首《原序》。

③ (宋)祝穆撰:《古今事文类聚》前集卷三十四《许真君斩蜃》，文渊阁四库全书本。

④《康熙新安程氏统宗补正图纂》卷首《重建世忠庙记》。另见《绩溪洪川程氏宗谱》卷首下，民国十二年刻本。

晋朝[①]。道光《徽州府志》曰："罗文佑，南昌人，父塘与许逊学道。太康中，佑奉母谌，之歙采药黄山，寻轩辕故迹，既而结庐长春里居焉，里人祀之称为呈坎天尊。"[②]许逊的道场在江西洪州西山，距离徽州不远，唐朝时徽州是否有其信仰不得而知，但天宝年间徽州出现了一个道教人物许宣平，《新安志》曰："新安多佳山水，又有前世许、聂遗风，以故人多好仙。"[③]北宋初年，徽州出现了许逊祠祀，"紫阳观在城阳山，本许真君祠，（宋）天圣二年（1024年）四月奉敕赐观额。"[④]又有"雍熙中通判梁鼎文《许真君祠堂碑》"[⑤]。说明徽州在唐朝时的道教信仰还是比较兴盛的，这无疑为程灵洗的神话创作提供了条件。

程灵洗的神话故事对许逊的孝道思想也有所继承。《太平广记》中"斗中真人"曰："吾于上清已下，托化人间，示陈孝道之教，后晋代尝有真仙许逊，传吾孝道之宗，是为众仙之长。"[⑥]据《西山许真君八十五化录》记载，许逊得道后，携父母亲眷共四十二人一起升天，即是孝道思想的表现。许逊的徒弟将其孝道传到徽州，如上述徽州呈坎天尊罗文佑的父亲与许逊学道，后罗文佑携母亲来到徽州，死后也葬于此。因此，程灵洗的神话故事中出现了母亲的角色，并有道士帮其母择善墓地的故事，可以说是受了许逊的影响。

程灵洗的神话故事并不是完全照搬许逊，而是做了一定的修改，如许逊神话中的两只牛是一黄一黑，而在唐代的神话中变成了"腹肚皆白"，在宋代的神话中又变成了一黑一白。这种变化显然是创作者所为，反映了神话的创作年代及其时代特征。

在许逊的原始神话中，蜃化身为黄牛，而许逊化身为黑牛与之斗。两牛其实是晋朝意识形态斗争的反映，如魏晋禅代时玄学上"本无（道教）"和"名教（儒教）"的对立，就是这一斗争的表现。神话中的许逊是道教人物，《道德经》曰："知其白，守其黑，为天下式。"因此化身为黑牛。而黄牛是晋

---

①《绩溪涧州许氏宗谱》卷三《许氏赐姓肇宗图》和《高阳许氏世系图》将许逊、许宣平都作为许氏祖先。《许氏赐姓肇宗图·许茂》曰"茂子逊，晋太康初为旌阳令"，即许逊。其他徽州有不少的许氏宗谱也将许逊、许宣平作为自己的祖先。民国三年木活字本。

②道光《徽州府志》卷十四《仙释》。

③《新安志》卷十《记闻》。

④《新安志》卷三《祠庙》。

⑤《新安志》卷三《碑碣》。

⑥《太平广记》卷十五《神仙十五·兰公》。

室和儒教的象征。司马氏出身于儒教，陈寅恪曰：“司马氏之帝业，乃由当时之儒家大族拥戴而成，故西晋篡魏亦可谓之东汉儒家大族之复兴。”[①]汉代崇尚黄色，《史记》曰：“汉当土德，土德之应黄龙见，宜改正朔，易服色，色尚黄。”[②]东晋又有“牛后”之说，《晋书》曰：“初玄石图有牛继马后，故宣帝（司马懿）深忌牛氏，遂为二榼共一口以贮酒焉，帝先饮佳者，而以毒酒鸩其将牛金，而恭王妃夏侯氏竟通小吏牛氏而生元帝（司马睿），亦有符云。”[③]可见，黄牛有隐喻司马氏之嫌。据《许真君仙传》记载，许逊“以（晋武帝）太康元年（280年）起为蜀郡旌阳令”，“任旌阳既久，知晋室将乱，乃弃官东归。”[④]说明许逊放弃了官场名利，改儒从道，表现在神话中选择了黑牛。

在唐代的神话中，黑牛和黄牛都变成了“腹肚皆白”，没有了颜色之别，而且许逊神话中的“手巾”变成了“肩白者”。唐代以白为名者唯有武则天，武氏在位时曾多次册封自己为金轮大圣皇帝，金五行之色白，因此改尚白色。《新唐书》曰：“（光宅元年，684年）九月甲寅，大赦改元，旗帜尚白，易内外官服青者以碧，大易官名。”[⑤]这应是唐代神话中“腹肚皆白”和“肩白者”的原因。此外，“腹肚”与武后谐音，“肩”与天谐音[⑥]，应是隐喻武则天。《黄帝内经 · 素问》曰：“背为阳，腹为阴。”腹肚的阴性也符合武则天的女性身份。谐音在徽州汪华的神话创作中曾使用过，《汪华行状》曰：“及唐高祖起兵太原，出师江左，王谓群下曰：日月出矣而烛火不熄可乎？顷吾夜视天象，荧惑正侵太白。太白西方，于音为商，吾姓商音也。灾异既形，吾计决矣。武德四年（621年）九月甲子，公自纳款归唐。”[⑦]就充分运用了商与汪的谐音相似性。同样，这一手法再次出现在程灵洗的神话中，可作为该神话创作于唐代之佐证。唐高宗在位时，武则天开始参政，时称“二圣”。其时，有

① 陈寅恪著：《陈寅恪史学论文选集》，上海古籍出版社1992年版，第212页。

②（汉）司马迁撰：《史记》卷二十八《封禅书》，清乾隆武英殿刻本。

③（唐）房玄龄撰：《晋书》卷六《元帝本纪》，清乾隆武英殿刻本。

④《许真君仙传》，《正统道藏》第6册，文物出版社、上海书店、天津古籍出版社1987年影印本。

⑤（宋）欧阳修撰：《新唐书》卷四《则天皇后》，清乾隆武英殿刻本。

⑥《宋书》卷二十七曰：“文帝元嘉中，谣言钱唐当出天子，乃于钱唐置戍军以防之。其后孝武帝即大位于新亭寺之禅堂。禅之与钱，音相近也。”宋代《礼记集说》卷三十二曰：“借噬为市，犹履言礼，音相似也，后世古法多仿此。”

⑦（元）郑弘祖撰：《新安忠烈庙神纪实》卷一《行状》，明天顺四年刻本。

道士胡慧超编撰《十二真君传》，是关于许逊及其弟子十二人的传记，当中就涉及斩蜃之事。徽州人很可能就是看到了这本书后而采录其中的相关故事情节编入程灵洗的神话，并根据武周革命的时代特征，将晋代的牛改写成了“腹肚皆白”“肩白者”。按说两牛相斗，程灵洗帮助白牛，意味着射杀黑牛。而黑牛是道教的象征，李氏以道教为国教，射杀黑牛意味着射杀李氏，这显然与民间的正统思想不合。但现实中存在武周革命，也就是说，白牛必须战胜黑牛，程灵洗必须选择白牛。因此在唐代的神话创作上，作者进行了一些技术上的处理，不但隐去了黑牛，而且将程灵洗所射杀之牛改写成了蜃，算作是对李氏之同情。

唐代的神话中还有一个“千年树”（宋代改为“千年木”“再生木”），也反映了当时的时代特征。《旧唐书》曰：“（贞观）十七年（643年）八月四日，凉州昌松县泻池谷有石五，青质白文，成字曰：高皇海出多子李元王八十年太平天子李世民千年太子李治书燕山人士乐太国主尚汪潭奖文仁迈千古大王五王六王七王十凤毛才子七佛八菩萨及上果佛田天子文武贞观昌大圣延四方上下治示孝仙戈入为善。”[①]该石刻被认为是太宗以后唐朝政治发展之谶语，当时影响很大。《新唐书》曰：“其文初不可晓，而后人因推已事以验之，盖武氏革命自以为金德王，其佛菩萨者，慈氏金轮之号也，乐太国主则镇国太平公主、安乐公主，皆以女乱国。”[②]程灵洗神话中的“千年木”应是石刻中“千年太子李”的缩写。从神话的内容看，徽州人对千年树是抱同情态度的。对千年树的同情也就是对武则天的反对，因此在神话中安排“（程）灵洗弯弓射之，正中后蜃。”暗喻武后。按理说，力胜者前，力屈者后。程灵洗既然帮助困者，应该射前牛，而非后牛。但神话中不仅射后牛，还将后牛写成后蜃，作者的用意显然是用后蜃比喻武后。武则天曾号宸妃，蜃通于宸。蜃本为大蛇，蛇属巳，巳通于妃。武则天死于神龙元年（705年，乙巳），也是蛇年，表明程灵洗的射蜃神话就是针对武则天的。徽州人对武则天的这一态度是有一定原因的，一是唐初徽州土主汪华投靠了李氏，因此徽州民间对李唐持认同之观念；二是当时徽州是唐高宗的侄子李徽的封地。明代郡守陆锡明的《新安氏族考》曰：“唐封新安郡王李徽，恭濮王泰之子，太宗皇帝孙，袭五世。厥后二王子曰通真、通灵，死武崇烈之乱，国人哀之为立祀太

---

①（后晋）刘昫：《旧唐书》卷三十七《五行》，文渊阁四库全书本。

②《新唐书》卷三十五《五行志》。

子堂，建五王阁于东门外以奉祀五王。若王府之基址及王养马所曰马甲坞，王陵曰富八郎坟，王赀筑城曰徽城，城门曰徽门，溪曰徽溪，皆藩封之流风善政，犹存千古者也。”[①]太子堂又曰通真庙，据不完全统计，明清时期徽州至少有九所通真庙或行祠，而民间祭祀太子神者更是不计其数，“合邑村落均有太子之神”。《易经》曰“天三生木，地八成之”，民间因此又名太子神为三太子，与富八郎组成木局，以作为李唐王朝之象征，表明徽州民间对李唐后裔深抱同情之态度。因此，将武则天写入程灵洗的射蜃神话中，予以含蓄的批评。

唐代的射蜃神话还有一个重要的来源。据《歙县志·祥异》，“唐永徽元年（650年）六月大雨，邑多漂溺。天宝末年牛与蛟斗，数日牛出，潭色赤，人谓蛟死。”[②]《新安志·神异》亦曰：“唐天宝末，歙州牛与蛟斗。初，水中蛟杀人及畜甚众，牛因饮水，为蛟所绕，直入潭底，便尔相触。数日牛出，潭色赤，时人谓蛟死。”[③]据笔者的研究，祥异所载一般都是对政治的批评[④]。《唐书》记载了永徽五年（654年）的一场大水，几乎淹没了高宗的寝室，第二年武则天立为皇后。民国蔡东藩评价此事曰：“史称洪水泛滥，为武氏入宫预警。”[⑤]同样，永徽元年（650年）徽州的大水也暗喻武则天即将干政。天宝末年的牛与蛟斗事件中，牛是道教之象征，唐朝以道教为国教，因此这里的牛指李氏，而蛟指安史之乱。如《唐书》曰：“开元四年（716年）六月，郴州马岭山下有白蛇长六七尺，黑蛇长丈余，两蛇斗，白蛇吞黑蛇，至粗处口眼流血，黑蛇头穿白蛇腹出，俄而俱死。旬日内，桂阳大雨，山水暴溢，漂五百家，杀三百余人。天宝中，洛阳有巨蛇，高丈余，长百尺，出于芒山下，胡僧无畏见之，叹曰此欲决水注洛城，即以天竺法咒之，数日蛇死，禄山陷洛之兆也。”[⑥]以蛇比喻安史之乱。而《歙县志》将永徽大水与天宝事件放在一起记载，则是暗喻武则天乱唐，并在射蜃神话中将蛟蛇改为了蜃，以蜃比

① 民国《歙县志》卷十六《拾遗》。

② 民国《歙县志》卷十六《祥异》。

③《新安志》卷十《神异》。

④ 丁希勤：《祥异，一种民间的政治批评——解读弘治〈徽州府志·祥异〉》，《中国地方志》2009年第6期。

⑤ 蔡东藩著：《唐史演义》第二十四回《武昭仪还宫夺宠，褚遂良伏阙陈忠》，江苏人民出版社1980年版。

⑥《旧唐书》卷三十七《五行》。

喻武氏。其实，蛇、蛟、蜃三者相通，只是说法不同，所指之事稍有差异。

以上分析表明，唐代程灵洗的射蜃神话至少有五个来源：晋许逊的斩蜃神话，唐李治的千年石刻，武则天的乱唐政治，徽州的民间信仰以及天宝末年的蛟斗事件。《新安志》曰："（徽州）至天宝中好道家之说。"[①]弘治《徽州府志》亦曰："唐天宝末信道家之说，谓黄帝与容成子、浮丘公合丹于此，又仙人曹阮之流亦栖真于此。"[②]程灵洗的射蜃神话很可能就是天宝末年好道家之说的产物，它是以徽州的蛟斗事件为依据，以许逊的神话故事为蓝本，以李氏和武氏为黑白两牛，并参照当时的民间信仰充分创作而成的。

五、宋代射蜃神话的发展

至宋代，程灵洗的神话故事有了进一步的发展，出现了一些新的变化。南宋嘉熙己亥年（1239年）胡麟的《重建世忠庙记》曰：

> 公姓程，讳灵洗，字玄滌。所居之偏其湖深广，有神居焉，与吕湖为邻，吕湖有蜃素为居民之害。湖之神一夕为黄冠现梦于公曰："吕湖蜃稔恶于此，不早图去，民其鱼乎。明日吾复与战，披白于肩者吾也。以公义士，敢以辱告，公倘为助，酬报敢后。"翌日，公果率乡之少年鼓噪于湖侧。而俟有顷，湖水浩荡，云雾隐暗，两牛角于滩上，而肩白者屈，公挽弓发矢，中彼黑者。俄而隐晦廓清，湖波澄静。居不更夕，有巨蜃死于吉阳滩下，即吕湖蜃也，至今号其滩曰神滩，自是吕湖涨塞而蜃之害除矣。越数日有道士叩门候公，公为具馔，道士曰："公尝有德于我矣，又劳鸡黍之勤，何以为报？吾灵宝天机书能卜善地，当徐我以行。"至黄牢山，以白石识之，曰："迁此可暴贵矣。"公于是为太夫人寿茔焉。
>
> 初公微时，其声名气节达于朝廷，尝负铧视田而诏使锺（踵）门。公置铧水中以卜休咎，果得吉卜，今尚有铧卜坑焉。其旁则公之宅也，今众水潴为深湖，湖之水清莹可鉴，时有巨鲜聚游其中，人不得而渔焉，号曰相公湖。

---

① 天宝年间好道家之学与唐玄宗的崇道政策有关。《旧唐书·玄宗本纪》曰："（开元）二十一年春正月庚子朔，制令士庶家藏《老子》一本，每年贡举人量减《尚书》《论语》两条策，加《老子》策。""二十九年春正月丁丑，制两京、诸州各置玄元皇帝庙并崇玄学，置生徒，令习《老子》《庄子》《列子》《文子》，每年准明经例考试。""天宝元年春……庄子号为南华真人，文子号为通玄真人，列子号为冲虚真人，庚桑子号为洞虚真人，其四子所著书改为真经。崇玄学置博士、助教各一员，学生一百人。""（天宝）十四载……颁御注《老子》并《义疏》于天下。"

② 弘治《徽州府志》卷十一。

不数百步，公之墓也。公尝自营其兆域，以丝帛埋之墓前，祝曰："吾子孙有能大吾门户，当生大木以为休证。"既而楮木生焉，今大且十围，其一不知何代为风雨所摧，旁出二枝亦合抱矣，号曰千年木。乡人遂于其下叠石为坛以奉祭祀，号曰相公坛。公生为黄墩人，而死为黄墩神，祈雨而雨，祈晴而晴，瘟火疾疠，有祷即应，黄墩之民受公之庇为不浅矣，曰牛一，曰羊一，曰豕一，与夫脯腌之荐，莫不时谨。故自夏四月、秋八月，土鼓鼛鼛，不绝其声，展敬乞灵于祠下者有百余社，陈奠荐辞，何其虔也！[①]

通过比对唐宋时期的两个不同版本，可以发现有以下几处明显的变化。

第一个变化是南宋神话中出现了白牛和黑牛的分别，程灵洗帮助白牛射杀了黑牛。至此，原始射蜃神话中的牛经历了两次的变化，由晋代的黄牛、黑牛一变而为唐代的白牛，再变而为宋代的白牛和黑牛。宋代的白牛可以说是对唐代神话的保留，但黑牛的身份却发生了彻底的转变，由晋代的保护神变成了灾神，由存黑射黄变成了存白射黑。这一变化反映了南宋时期的时代特点。

南宋是偏安江南的小朝廷，与北方的辽、夏、金形成对峙，积贫积弱。北方五行为水，颜色为黑，宋卫湜的《礼记集说》曰："北方水，水色黑，水克火。"《宋史》曰："宋，火德也。"胡麟的《重建世忠庙记》是南宋嘉熙年间的作品，当时北方是金朝。《大金德运图说》曰："议者以宋为火德，辽为水德，大金当为金德。"[②]金生水而为火之忌神，因此，黑色也成为所忌之色，表现在神话中就是射黑牛。

第二个变化是唐代程灵洗梦中的"道士"变成了宋代的"黄冠"。李唐以道教为国教，许逊又是道教人物，因此梦中所现之形象为道士。至南宋理宗嘉熙年间，程朱理学开始兴起。理学虽然融合了佛道，但本体毕竟为儒教。如前所述，儒教崇尚黄色，而程灵洗的家乡黄墩又是程朱理学的故乡。因此，此时创作的程灵洗的梦中到访者显示为黄冠之形象。

第三个变化是唐代吕湖蜃被击毙于吕滩，宋代改吕滩为吉阳滩。吕滩和吉阳滩都是针对武则天而言，唐代以吕滩比喻她如同西汉吕后专权。武则天在位时多次册封自己为金轮大圣皇帝。克金者火，故宋代改为吉阳滩，吉阳

①《康熙新安程氏统宗补正图纂》卷首《重建世忠庙记》。

②《大金德运图说》卷首《序》，文渊阁四库全书本。

为火。

第四个变化是南宋的神话中开始出现了“铧卜坑”“相公湖”“浴马池”“再生木”等新说法，实际上是宋代性命义理之学发展的结果。据《陈书》记载，程灵洗“光大二年（568年）卒于州，时年五十五。”[①]《歙县志》曰：“忠壮实生天监十三年（514年，甲午），卒于陈光大二年戊子。”[②]另据《率口程氏世忠行祠记》“以元夕前二日为忠壮生辰，制花灯娱神。”[③]可知程灵洗生于梁天监十三年正月十三日，换成干支即是甲午年，丙寅月，壬戌日，时辰不详。宋代的命理以日干为命主，程灵洗的日干壬五行为水，即以水为本命，是为宋代神话中“相公湖”之由来。日支为戌，《说文解字》中戌的古体字与犁铧的形象极其相似，而且戌的五行为土，是为“铧卜坑”之由来。年支午马，是为“浴马池”之由来。年干甲木，月支寅木，共有两个木，是为“再生木”之由来。

对于“千年木”“再生木”的描述，胡麟的《重建世忠庙记》曰：

> 公尝自营其兆域，以丝帛埋之墓前，祝曰：“吾子孙有能大吾门户，当生大木以为休证。”既而楮木生焉，今大且十围。其一不知何代为风雨所揠，旁出二枝亦合抱矣，号曰千年木。[④]

民国《绩溪洪川程氏宗谱》引用《都官谱》曰：

> 相公墓在黄墩，俗传相公既作寿茔，即以二木埋于其前，曰：“吾子孙蕃盛则此木当生。”俄而萌芽成二槠木，至今尚存，所谓千年木也。其大不啻七人围，其一不知何年为风雨揠，今于干旁附出二枝，对峙如龙角形，正向西南，大又数围矣，今名再生木。[⑤]

《都官谱》不知是何年代的作品，但据清代《世忠录》的记载，明朝程敏政撰《忠壮程公碑》时曾采录了《都官谱》的部分内容[⑥]，表明《都官谱》是

---

①《陈书》卷十《程灵洗传》。

② 民国《歙县志》卷十六《拾遗》。

③ 道光《休宁县志》卷二十一。

④《康熙新安程氏统宗补正图纂》卷首《重建世忠庙记》。

⑤《绩溪洪川程氏宗谱》卷首《附载神迹》，民国十二年刻本。

⑥《世忠录》。

明代以前的作品。通过研究，可以发现上述两处描述都是对程灵洗生月寅木的演义，如“大吾门户”指寅上“宀（门）”，“大且十围”指寅中“田”，“旁出二枝合抱”指寅下“八”。《重建世忠庙记》中槠木“大且十围”，在《都官谱》中被描述为䜪木“大不啻七人围”，改十为七，主要是对“䜪”中“讠”的演义，因为“讠”的五行属火，火数是七，《易经》曰“地二生火，天七成之”。古人非常重视生月，“月令者，命中之至要也”，因此对程灵洗的出生之月多有演义。

那么，《都官谱》为何将槠木写成䜪木呢？这涉及程灵洗的神性。

䜪比槠多出一个“讠”，繁体为“言”。清代婺源人江永的《群经补义》曰：“貌为水，言为火，视为木，听为金，思为土。”[①]表明“讠”五行为火。程灵洗出生于甲午年，丙寅月，壬戌日，年支是午，月支是寅，日支是戌，明代《三命通会》曰：“寅午戌火局”，“寅午戌化火”，表明程灵洗的命理以火为用神。因此，《都官谱》写成“䜪”。

从程灵洗的出生年月日看，命主壬水，座下有戌土克制，生于寅月，木旺泄气，年月无救应之神，故本命极弱，这在神话中也有所表现。《都官谱》曰：

> 黄墩里人奉忠壮公墓甚严，结大石坛䜪木下，号相公坛。常岁必为衣冠、弓剑、服用等物鼓乐呵引，诣坛所焚之，有不如礼，民情为之不安。又有仪同服物迎亭坐设，谓之大仪同，迎神马必择尺寸跨高有干力者，然每引行则赑负如不能胜，及至坛所则流汗如洗，此非虚语也。又说尝有里人议立祠坛下，其夕议者同梦神意不欲以庙貌压祖墓，且露祭坛，神明之所交也。又宅旁有坎水，俗传为相公浴马池，今半湮塞矣。[②]

上述“每引行则赑负如不能胜，及至坛所则流汗如洗”，“又宅旁有坎水，今半湮塞矣”，就是壬水虚弱之表现。这些神话的创作反映了宋明时期人们对程灵洗命理的深刻认识，是那个时代所流行的性命义理之学的产物。

第五个变化是唐代版本中的千年树没有提到程灵洗的子孙，而南宋版本中千年树与子孙联系在一起，如程灵洗曰“吾子孙有能大吾门户，当生大木以为休证”，这是宋代命理学发展的产物。《四库全书总目》曰：“禄命之说至

① (清)江永撰:《群经补义》卷一，文渊阁四库全书本。

②《绩溪洪川程氏宗谱》卷首《附载神迹》。

唐李虚中尚仅以年月日起算，未有所谓八字者”，至宋朝“江湖谈命者有（徐）子平”，其法“专以人生年月日时八字推衍吉凶祸福”，“子平事迹无可考，独命学为世所宗”[①]，“子平名居易，五季人”[②]，即五代宋初人，表明宋代开始以时辰言命理。《三命通会》曰“时为子息”，唐朝命理不言时辰，因此唐代版本中的千年树没有子孙的信息，而南宋版本却有，当是宋代八字理论发展的结果。但查相关史料，并没有发现程灵洗具体诞生时辰的记载，不知何故（笔者估计是出生时代过于久远，后世难究其详）。这一点不像汪华，汪华有确切的诞生时辰，同样受宋代命理学的影响，徽州人在南宋嘉泰年间为其打造了第九子为水神的故事。据《世忠录》和族谱记载，程灵洗有子二十二人[③]，“子孙散处六邑及四方者，显名当世不可胜纪”，但并没有关于子孙神话的记载。导致这一现象我认为主要有三个方面的原因，一是程灵洗的诞生时辰缺乏记载，创造者难以发挥；二是儿子太多，难以面面俱到；三是与徽州流行程朱理学有关。理学正祀典，黜鬼神，秉承了孔子“不言怪乱力神”的传统。程灵洗既属于程氏家族，又生在“程朱阙里”的黄墩，因此徽州人并没有为其子孙创造神话故事，而仅仅是将其子孙与千年树结合起来，这样既符合宋代“八字推衍吉凶祸福”的习惯，又符合儒家“不言怪乱力神”的传统。

第六个变化是唐代版本中没有程灵洗世系的记载，而宋代版本对程灵洗祖先的记载颇为周详，胡麟的《世忠庙碑记》为其追叙了一个久远的世系，包括黄帝时代的重黎、春秋时代救赵氏孤儿的程婴、东晋新安太守程元谭、宋山阳内史程天祚、梁郢州长史程茂、秘书少监程督等。这反映了宋代对程灵洗的命理以祖先为喜用的新认识。宋代命理以年为祖先为出身，以月为父母。程灵洗的命理以木火为喜用，年月日寅午戌正好构成火局，也就是说，年支午火、月支寅木是喜用之神，因此出现了追述其祖先和父母英雄事迹的记载。《忠壮程公碑》曰：“宋元以来屡闻于朝，嘉定十六年（1223年）赐庙

① (清)永瑢撰:《四库全书总目》卷一百九《徐氏珞琭子赋注》,文渊阁四库全书本。

② (明)徐燉撰:《徐氏笔精》卷八《子平》,文渊阁四库全书本。

③《绩溪洪川程氏宗谱》卷首《灵洗公会通谱本传》曰:“王夫人董氏、媵妾二十余人,生二十二子”,长曰文季,次文祯、文华、文秀、文藻、文慎、文粲、文谨、文琮、文瑶、文瓒、文和、文干、文恺、文震、文恭、文翟、文曾、文肃、文奇,总共只有二十子,并非二十二子。按《旧唐书·玄宗本纪》,唐玄宗的皇后、嫔妃共有二十余人,子男有二十二人得到册封。程灵洗字玄涤,媵妾及二十二子可能是后人附会唐玄宗的结果。

额曰世忠，盖以公为婴之裔孙故也。”[①]就是以祖先为用神。

六、墓葬故事与程灵洗的性理

程灵洗的八字日柱为壬，说明以壬水为本命。命学上壬水以土为官，以金为印为母亲。官印是尊贵之象征，程氏家谱所载有一道士为程灵洗母亲择善墓地就是这一命理的反映：

> 一旦，有道士叩门曰："感夫人子为吾去害，吾无他技相报答，但学地理颇有功，不知夫人所欲富耶贵耶？"夫人曰："以乡人观之，仅欲得富尔，然我郡仪曹期累世名宦，贵乃所好也。"道士因指一山曰："葬此可暴贵。"以白石志之而去。[②]

又曰：

> 公偶他出，有道人访其宅丐食，母为设馔。食讫，谢曰："劳母设食，无以为报，吾善识墓地。"俾随行至山上，以白石志之，曰："葬此地可暴贵。"言讫而去。公用其言，葬母于其处，墓在湖北黄牢山。[③]

此处讲到程灵洗母亲的墓在“湖北黄牢山”，“以白石志之”。“黄”五行为土，“牢”中“牛”即丑牛，五行也是土。“白”“石”五行俱是金。“湖”是水，“北”五行也是水，“湖北”是程灵洗本命之体现，而“黄牢山”和“白石”是官印之体现，符合“贵乃所好”之义。

又曰：

> 黄墩里人奉忠壮公墓甚严，结大石坛槠木下，号相公坛。
>
> 常岁必为衣冠、弓剑、服用等物鼓乐呵引，诣坛所焚之，有不如礼，民情为之不安。
>
> 又有仪同服物迎亭坐设，谓之大仪同，迎神马必择尺寸跨高有干力者，然每引行则赑负如不能胜，及至坛所则流汗如洗。此非虚语也。
>
> 又说尝有里人议立祠坛下，其乡议者同梦神意不欲以庙貌压祖墓，且

①《世忠录》。

②《绩溪洪川程氏宗谱》卷首《附载神迹》。

③《绩溪洪川程氏宗谱》卷首《附载神迹》。

露祭坛，神明之所交也。

又宅旁有坎水，俗传为相公浴马池，今半湮塞矣。

旧庙基礫石俱存溪中，今百余年宛然不动，兹亦异矣。[①]

这里的“流汗如洗”“坎水”“溪中”“浴（马）池”都是水。另外，程灵洗住在水边，夜梦水神，斩蜃于水，死葬水旁等，俱是程灵洗水命的体现。日干壬水极弱，故其神“每引行则赑负如不能胜”，壬旁有戊土克制，故曰“宅旁有坎水……今半湮塞矣”。弱水需金相生，故祭祀时需立“大石坛”“礫石”“弓剑”等物，石坛、礫石、弓剑五行俱属金。从前面分析得知，尽管以水为本命，行运却喜火为用神。弱水不胜火，故其神“至坛所则流汗如洗”。以火为用神，乃赖年支午火为用，命学以年为祖先，故“不欲以庙貌压祖墓”。但壬水极弱，需金相扶，故“且露祭坛”，取石坛为金生水之意。地方志和族谱中往往把程灵洗写成程灵铣，也是出于金生水之目的。水、火不容，因此采取“不欲……且露”互相矛盾的陈述方式，反映了程灵洗的极弱的本命，故事业尽管发达，寿数仅得五十有五。

火由木生，以火为用神就是以木为喜神，下面的神话故事反映了这一点：

公用其言，葬母于其处，墓在湖北黄牢山南，有槠木大且十围，乡民立祠木下，号千年木。

相公墓在黄墩，俗传相公既作寿茔，即以二木埋于其前，曰“吾子孙蕃盛则此木当生”。俄而萌芽成二槠木，至今尚存，所谓千年木也，其大不啻七人围。其一不知何年为风雨揠，今于干旁附出二枝，对峙如龙角形，正向西南，大又数围矣，今名再生木。

又宅旁有坎水，俗传为相公浴马池。[②]

这里的“槠木”“千年木”“再生木”。木生火，火数是二和七，《易经》曰“地二生火，天七成之”，故此处有“二槠木”“二枝”“七围”以凑成火数，而“浴马池”中的马是午火之象征。又曰“二枝对峙如龙角形，正向西南”，龙为辰为东南木火之地。火位南方，西南为未，命学上亥卯未三合木局以未为木之墓库，死生循环，因曰“再生木”。《世忠录·忠壮公家传》认为

①《绩溪洪川程氏宗谱》卷首《附载神迹》。

②《绩溪洪川程氏宗谱》卷首《附载神迹》。

"龙角正向正南"，表明火为用神。生火者木，木为喜神。《陈书》曰："（公）性好播植，躬勤耕稼"[①]，正是木为喜神之表现。

又有相公木。《忠壮公家传》曰："相公湖底有槎木，每岁大水漂流不去，水过下视之宛然不动，乃公射蜃时所立栅木也。渔人及往来舟商俱避之，虽误触必有祸，今号相公木。"[②]前面说过，水是程灵洗的忌神，水灭火，乃赖栅木作一婉转，则水能生木生火。因此栅木对程灵洗的命理具有决定性作用，"渔人及往来舟商俱避之，虽误触必有祸"即是这一作用的体现。观其八字，壬水座下为戌，戌在西北方位，故程灵洗的墓也立在湖之西北，"公宅在黄墩湖二里，俗呼相公宅，墓在湖西北，俗呼相公坛。"[③]前面说过，程灵洗死于壬申大运戊子年，死于水局，按照宗教之说法当变为水神，故家谱曰："公之宅也，今众水潴为深湖，湖之水清莹可鉴，时有巨鳞聚游其中，人不得而渔焉，号曰相公湖。"[④]以巨鱼比喻程灵洗。

七、《世忠行祠记》与程灵洗的性理

上面讲到程灵洗以壬水为命以及殁为水神的故事。五行水由金生，明程敏政的《率口程氏世忠行祠记》即是对金水的演义。

> 世忠行祠者，我率口程氏所建，以奉先世祖梁将军忠壮公……（程氏）十二传至忠壮公……率口则自宣议府君讳敦临者始，宣议上距忠壮二十有四世……宣议四传有孙二十有二人，其为教谕者曰一夔，举乡贡者曰梦麟，曰应龙，曰一德，号经会者曰一麟，中省元者曰一震……应龙子胜才、胜国时起经术，至玉山县尹，一麟四世孙重阳洪武初举孝廉为西安府判，由是率口之程益显。乃正统丁卯春一夔五世孙道和、一麟六世孙茂新、一德五世孙惟祥、一震五世孙玩远倡，族人枢思义等立世忠行祠，为正堂四楹，东西庑八楹，门屋四楹，前瞰石溪，右临水渠，妥灵合族，于是为称。[⑤]

文中提到宣议公"四传"有孙二十二人，其中出名的有六人，均是一字

①《陈书》卷十《程灵洗传》。

②《世忠录》。

③《绩溪洪川程氏宗谱》卷首《附载神迹》。

④《康熙新安程氏统宗补正图纂》卷首《重建世忠庙记》。

⑤《率口程氏续编本宗谱》卷五，明隆庆三年抄本。

辈，这是取《易经》水数“天一生水，地六成之”。六人中有号应龙者，辰龙命理为水库，号梦麟者，麟五行为金，乃金生水。一字辈中共取了六人，但以一字号者只有四位。又曰：“应龙子胜才、胜国时起经术至玉山县尹，一麟四世孙重阳洪武初举孝廉为西安府判，由是率口之程益显”，列举了三位人才，加上前面六位共九位，以凑成《易经》金数“地四生金，天九成之”。而“玉山”“西安”比喻金，金的五行方位在西。后世倡建世忠行祠的子孙中又仅列举了四位以一字开头的子孙：一夔五世孙道和、一麟六世孙茂新、一德五世孙惟祥、一震五世孙玩远，这是取金水之生数四和一，其祠“前瞰石溪，右临水渠”进一步揭示了金水。可见，《率口程氏世忠行祠记》的写法是根据《易经》编排的，重在突出程灵洗的命理特点和殁为水神之义。

八、历代封神与程灵洗的性理

宋元封神情况：

宋宁宗嘉定十六年赐世忠庙额(宋宁宗嘉定十六年,1223年,癸未)。
宝庆三年追封广烈侯(宋理宗宝庆三年,1227年,丁亥)。
淳祐十二年加封广烈孚佑侯(宋理宗淳祐十二年,1252年,壬子)。
宝祐二年加封广烈孚佑显应侯(宋理宗宝祐二年,1254年,甲寅)。
宝祐三年加封广烈孚佑显应忠惠侯(宋理宗宝祐三年,1255年,乙卯)。
宝祐五年三月进封忠烈显惠公(宋理宗宝祐五年,1257年,丁巳)。
宝祐五年六月再封忠烈显应灵顺善应公(宋理宗宝祐五年,1257年,丁巳)。
泰定三年进封忠烈王(元泰定三年,1326年,丙寅)。[①]

以上封神大多是明清时期徽州家谱和地方志所述，从其内容来看主要是南宋以来所封，但查宋代以前的书籍如《陈书》《南史》并无封神之事，宋代以来如北宋李昉的《太平广记》和南宋罗愿的《新安志》开始出现了程灵洗的神话故事，但对其封神情况并无记载。《宋会要辑稿》对汪华及其八子的封神情况有较详细的记载，但对程灵洗却只字未提，因此不能排除程灵洗的神话故事与册封之事是宋代以来杜撰的可能，但却反映了编撰的基本思想和程灵洗的性理特点。7次封神，有6次是在南宋理宗时期，究其原因，一是宋属

①《世忠录》。

火德，《宋史》曰“宋，火德也”，南宋偏处江南，南方属火，故南宋是火德之尤者，而程灵洗命理以火为用神，所谓同声相应，同气相求。二是宋理宗提倡性命义理之学。《宋史》曰：“宋有天下先后三百余年，考其治化之污隆，风气之离合，虽不足以拟伦三代，然其时君汲汲于道艺，辅治之臣莫不以经术为先务，学士搢绅先生谈道德性命之学不绝于口。”[1]宋理宗尤其推“经筵性命之讲”，“自帝继统，首黜王安石孔庙从祀，升濂、洛九儒，表章朱熹《四书》，丕变士习”，“后世有以理学复古帝王之治者，考论匡直辅翼之功，实自帝始焉。”[2]理学亦即性命义理之学，是宋代神话故事形成的时代背景。三是程灵洗出生于“程朱阙里”的黄墩，徽州人有意美化。从6次封号来看，其神性主要是围绕“广烈”“忠烈”而展开，《谥法》曰“美化及远曰广”，“安民有功曰烈”，“临患不忘国曰忠”，护国安民的意思比较明显，表明徽州主要是把程灵洗作为土神看待的。土由火生，故“忠烈”二字内含火土。“中”五行为土，“心”属火；烈，《说文解字》曰“火猛也，从火，列声。”程灵洗和汪华的性命用神都是火，与南宋五行性质相同，因此封至八字，享受唐宋封神的最高荣誉。明朝大正祀典，废诸神封号，程灵洗和汪华列入祀典，春秋戊日祭祀，戊是土。到清朝咸丰年间，徽州发生匪乱，官员联名上奏要求加封程灵洗和汪华，也是将他们作为护国安民的土神。清代《世忠录》曰：

> (驰封京畿道监察御史许琪)等禀为神灵显著，吁请咨奏加封事……兹查徽治深在万山，地气高寒，神灵灵验，故自咸丰五年二月十三日贼匪越岭内窜以来，迄今三载，战凡数十，无不随时击退者。据拿获奸细及被协民人供称，贼营中惊传每与官兵接仗之际，辄见白衣神人，身长丈余，手挥巨刃，兵马拥护，出自城中，贼众见之顿觉失措，故多败走。又称五年二月二十二日贼由篁墩经过，入一祠庙，相与错愕，忽若诸人悉遭神谴，悚惧出庙，叩头而遁，并有徽州不可轻犯等语。盖郡城乌聊山有汪王庙，其神最灵，每值示现，多著白衣，贼人所见神兵出自城中，定系邀王助佑。若篁墩祠宇则为程忠壮公之庙，贼人经过仰观神像忽生恐惧，相与罗拜，非实有所见，何震慑若斯？其为公显灵保佑邦族以警群迷尤无疑义……琪等因考录事迹，合辞恳请大人行咨安抚大人，请旨于程汪二公钦加徽号以答神庥……庶愚顽敬

[1]《宋史》卷二百二《艺文志》。

[2]《宋史》卷四十四《理宗本纪》。

畏加虔,地方永臻静谧。咸丰七年丁巳闰五月初九日具禀。[①]

文中提到“与官兵接仗之际辄见白衣神人”,“其神最灵,每值示现,多著白衣”。这里的白衣神人指的是汪华,但从前面程灵洗的神话中得知两牛相斗,程灵洗助白牛战胜黑牛,因此白色无疑也是程灵洗的形象之一。古代冷兵器时代,兵器五行属金,金的五行之色为白,因此白色象征战神。金的五行方位在西,西方卦气主杀,《汉上易传》曰:“兑西方,肃杀之气,武也。”[②]因此白色主西方杀气。据《陈书》交代,程灵洗死后被朝廷封为“镇西将军”,显然符合西方战神之义。

但是,并不是所有的金神都能成为战神,战神的真正目的是止战,也就是“止戈为武”的意思。戈者,五行金也。克金者火,程灵洗和汪华都以火为用神,因此能成为战神。所以,徽州地方上要求加封他们以增士气。

总之,自宋以来,程灵洗一直是作为安镇地方的土神和战神看待的,无论是宋元的册封,还是明清的祭祀,都表明了这一点。究其根本原因,乃在于程灵洗的性理以火为用神。火生土,故作土神,火克金,故作战神,历代的封神无非取此两义。

九、程灵洗信仰的宗教意象

程灵洗成为徽州民间信仰中一个重要的宗教意象,程氏家谱曰:

> 又有仪同服物迎亭坐设,谓之大仪同,迎神马必择尺寸跨高有干力者,然每引行则赑负如不能胜,及至坛所则流汗如洗,此非虚语也[③]。

这一意象集中表现在三个方面:

第一,“灵洗”体现了程灵洗的本命。程乃姓氏,“灵”古文为“靈”,带水,“洗”乃先天之水。从前面八字分析中得知程灵洗的本命是壬水,但壬水极弱,故用“灵洗”。本命弱,表现为“赑负如不能胜”,又以火为用神,表现为“流汗”,以水为本命,表现为“如洗”,都是其性理特点的高度概括。

---

①《世忠录》。

②(宋)朱震撰:《汉上易传》卷一,文渊阁四库全书本。四方卦气:东方震主长生,南方离主温养,西方兑主肃杀,北方坎主苦寒。

③《绩溪洪川程氏宗谱》卷首《附载神迹》。

第二，“灵洗”体现了重要的宗教内涵。《圣经·马可福音》约翰传道曰：“有一位在我以后来的，能力比我更大，我就是弯腰给他解鞋带也是不配的。我是用水给你们施洗，他却要用圣灵给你们施洗。”这个他就是基督耶稣，“用圣灵给你们施洗”，简言之，也就是“灵洗”。程灵洗与耶稣之灵洗，宗教形式不同，但内涵却相同。程氏家谱中往往把“程灵洗”写成“程灵铣”，一方面是为尊者讳，另一方面“铣”为金，乃取金生水之意。

第三，“洗”字拆开是先天之水，乃五行首生之物。《易经》讲生成天地的五种物质中，水最先生成，“天一生水”，“地二生火”，“天三生木”，“地四生金”，“天五生土”。无独有偶，《圣经·创世纪》曰：“起初神创造天地，地是空虚混沌，渊面黑暗，神的灵运行在水面上。”讲最初出现的也是水。这就是说，“灵洗”把终极关怀和最初之物联成一体，因此容易成为人们崇拜的对象。程氏家谱曰：“自夏四月、秋八月，土鼓鼕鼕，不绝其声，展敬乞灵于祠下者有百余社，陈奠荐辞，何其虔也！公之坛与里之社楼宇，春秋戊祭以公配焉，公之功德与勾龙氏相为终始乎，暨今数百年而益大”[①]，“每岁春秋二仲郡守县令祭山川毕，率僚属诣庙致祭，其余里社各刻二相，春正月、秋八月鼓乐旗伞，迎请祈赛，厥有常规。”[②]程灵洗之所以能成为徽州三大民间信仰（汪华、程灵洗、五显神）之一，除了宗族和朝廷的需要之外，还与上述宗教意象有莫大之关系。

第二节　汪华

汪华，徽州歙县人，隋末乱世中据徽州保障有力。唐初投靠李氏，被封为歙、宣、杭、睦、婺、饶六州总管，死后葬歙县乌聊山。元和三年（808年）夏大旱，州民奏请庙祀汪华，诏从之，遂立庙于乌聊山，是为立庙之始。宋政和四年（1114年）敕赐庙额曰忠显，南宋德祐元年（1275年）敕改庙额曰忠烈。宋代被称为“新安之神”，宋元以来“忠烈庙殿遍江浙”。

汪华《行状》曰：

> 王姓汪讳华，新安歙人。其先鲁成公支子汪食采颍川，后世子孙因以

①《康熙新安程氏统宗补正图纂》卷首《重建世忠庙记》。

②《绩溪洪川程氏宗谱》卷首《附载神迹》。

汪氏焉，汉建安中避地始家新安。王曾祖泰、祖勋、父僧莹皆仕于陈。母歙西郑氏，梦黄衣年少长丈余拥五云自天而下，因与之遇，觉而有娠，陈至德四年正月十七日夜半乃生。王幼颖慧，所居常有奇气。早孤家贫，母挈归外氏，母亦寻卒。九岁为舅牧牛，每出常踞坐磐石，气使群儿如将帅指麾状。及长，身长九尺，广颡方颐，庞眉隆准，美须髯，不喜田业，独喜昼卧。舅妻苦之，伺间抽去其箦，王复寝如初，怪而视之，若有青龙蹲负，由是乡里惊叹[①]。王因落魄放纵，闻睦州有演公习武事，往从之游，时年十八矣，遂以勇侠闻。属婺源寇起投军，战争所向披靡，土人目为东灵神。遂奄有六州，带甲十万，虽四方大扰，部内赖以安业，私谓太平之主。及唐高祖起兵太原，出师江左，王谓群下曰："日月出矣而烛火不熄可乎？顷吾夜视天象，荧惑正侵太白。太白西方，于音为商，吾姓商音也。灾异既形，吾计决矣。"武德四年九月甲子，公自纳款归唐，逮事两朝，历显宦者三十年。至贞观二十三年三月三日薨于长安，享年六十有四。[②]

一、汪华的神性

据上可知，汪华生于陈至德四年（586年）正月十七日夜半，换成干支即是丙午年，庚寅月，戊辰日，壬子时。出生后二十二日惊蛰，当8岁行运，后天大运是：8辛卯，18壬辰，28癸巳，38甲午，48乙未，58丙申。命学上以日为命主，命主戊土是理解上述故事之关键。土五行色为黄，其数为五，《易经》曰"天五生土"，故《行状》曰其母受孕时"梦黄衣年少长丈余拥五云自天而下，因与之遇，觉而有娠。"这里的"黄衣"是土的五行之色，而"五云"是其数字之表现。古人作史，大凡圣贤，感孕而生，几成家法，汪华亦不例外，汪母所梦黄衣和五云是黄山和徽州的象征，如明末黄山开山神僧普门唯安，"尝梦佛祖予以五色土，安取黄，又梦佛南指一高山，因行脚到休宁"，"见山即梦所到，又以黄名，遂结茅文殊。"[③]因此汪母梦中的"五"和"黄"暗指黄山，亦即徽州。日支为辰，辰为东方之龙，故《行状》目其"青

① 汪华"隆准，美须髯，不喜田业"，"怪而视之，若有青龙蹲负"抄袭《史记·高祖本纪》"高祖为人，隆准而龙颜，美须髯……不事家人生产作业……武负、王媪见其上常有龙，怪之。"其上有龙比喻天子。青龙蹲负，比喻地方诸侯。

②《新安忠烈庙神纪实》卷一《行状》。

③ 道光《徽州府志》卷十四《仙释》。

龙蹲负”“东灵神”。戊土生于寅月，天寒地冻，木旺土虚，应以丙火为喜用。约成书于明代的《穷通宝鉴》曰：“三春戊土，无丙照暖，戊土不生，无甲疏劈，戊土不灵，无癸滋润，万物不长……戊土长生在寅，而寅宫甲木临官，木旺土崩，势将倾颓，有丙则土实，无丙则土虚，故先取丙为用。”[①]丙火方位在南，于地支为巳、午、未，汪华自28岁至58岁正行南方火运，故《行状》曰“历显宦者三十年”。58岁进入丙运亦好，但64岁时大运为申，与时支子、日支辰三合水局灭火，又引子冲午、申冲寅。死于贞观二十三年（649年）三月，是为己酉年辰月，酉与辰六合为金，盗土气生水，故死于申运酉年辰月。命学上以印为母，财为父，戊土以火为母，水为父，奈何时支子水与年支午火相冲，故未成年而父母双亡。戊土生于寅月，为偏官格，故少年便见“气使群儿如将帅指麾状”。又曰：“忠烈之生也……天上之黄衣五云缭绕，室中之香雾三日氤氲，无非为王禎祥也。若乃牛尾入地而潜形，马蹄践石而成迹，父老所传，似邻于怖，然神明显异容亦有之。”[②]黄衣、五云为土，室中为土；香雾、三日、氤氲均含日象，为火无疑；三是木数，《易经》曰“天三生木，地八成之”，三日即木生火；丑牛五行为土，午马为火，火土是汪华命理所喜之神，故曰“牛尾入地而潜形，马蹄践石而成迹”。其他类似之说不胜枚举。命学上申子辰三合以子为将星，命主时支为子，故曰“以勇侠闻”。

关于汪华的儿子有八子和九子之说。《行状》汪华只有“子男八人”，《行状》是唐朝形成的，《乌聊山忠烈庙铭》曰：“在大历十年（775年）前后，行状、传记、叙引、碑刻纪王始终出处履历封秩祠宇甚夥，靡不具备。”九子是在宋朝形成的，“谓九子者，（南宋）嘉泰以来始因祷雨应期旋登祀典。”[③]嘉泰元年（1201年）八月敕封第九子。明朝时有人对此持否定态度，“世俗相传谓王八子皆张氏生，（九子）献为王亲子，则其无稽诞妄，可笑可叹。”[④]其实，九子之说是宋朝性命义理之学的产物。唐朝言性理往往只讲年、月、日，宋朝言年、月、日、时，且以时为子息。《四库全书总目》曰：“禄命之说至唐李虚中尚仅以年月日起算，未有所谓八字者”，至宋朝“江湖谈命者有

① （民国）徐乐吾评注：《穷通宝鉴评注》卷三《总论三春戊土》，中医古籍出版社2012年版。

② 《新安忠烈庙神纪实》卷首。

③ 《新安忠烈庙神纪实》卷三。

④ 《新安忠烈庙神纪实》卷首

（徐）子平”，其法“专以人生年月日时八字推衍吉凶祸福”，“子平事迹无可考，独命学为世所宗”[①]，“子平名居易，五季人”[②]，即五代宋初人。《三命通会》曰：“克我者为官为子”，“时为子息”[③]。根据这一说法，汪华戊土当以木为儿，《易经》曰：“天三生木，地八成之”，但此木生于寅月，既得月令之气，又有时支壬水之助，不应只有八子，故民间为其造出九子。而且九既是极数，又是金数，更加符合人们造神的心理需求。《易经》曰：“地四生金，天九成之”，汪华为汪氏第四十四代祖宗，与九构成金局，符合金神之义。《敕赐王九子庙额》曰：“其第九子汪九相公近来尤为灵异，应棹舟结桴入浙者必诸香头乃敢东下。”[④]究其原因，除了九为金能生水为水神之外，可能还与传统观念中的八卦九宫、东方九气青天等有关，江浙在徽州东边，故出九子以附会天地之数，亦未可知。汪华本命属土，又持节六州军事，后世遂作“新安之神”。汪华早年“强起山谷”，屯兵乌聊山，归葬云岚山，发迹于山，终归于山。山于卦象为艮为土，是其本命戊土之表现。根据五行生克之理，土生金，金之成数是九，故出九子以作附会。总之，九子之说出自宋朝，应该与当时流行的性理知识密切相关。

关于汪华的九个儿子，素有“一二三太子，四五六诸侯，七八九相公”之说。按古代数字是根据方位进行排序的，一二三在东方，三四五在南方，七八九在西方，十、十一、十二在北方，分别与十二个月相应。后天八卦中，东方震卦，南方离卦，西方兑卦，北方坎卦。《厚斋易学》曰：“易以乾为人君之象，震为太子之象。”[⑤]是“一二三太子”之由来。《春秋左传要义》曰：“离为诸侯”，“离为日，故为诸侯。”[⑥]是为“四五六诸侯”之由来。七八九兑卦，《易经》曰：“兑为少女”。古代将东方作为太子宫，西方作为公主宫，如《南岳总胜集》曰：“镇南殿以尊奉司天昭圣帝……殿内两侧设东西寝，帐妆奁梳洗之属外，东太子殿，西公主殿。”[⑦]但徽州重男轻女，不曰西方公主，而取婚姻关系曰相公。可见，太子、诸侯、相公之说来源于易经。

---

①《四库全书总目》卷一百九《徐氏珞琭子赋注》，文渊阁四库全书本。

②《徐氏笔精》卷八《子平》，文渊阁四库全书本。

③《三命通会》卷七《论六亲》。

④《新安忠烈庙神纪实》卷三《敕赐王九子庙额》。

⑤（宋）冯椅撰：《厚斋易学》卷三十六《易外传第四》，文渊阁四库全书本。

⑥（宋）魏了翁撰：《春秋左传要义》卷二十九《遇复卦不变为国蹶王伤之占》，文渊阁四库全书本。

⑦（宋）陈田夫撰：《南岳总胜集》卷上《叙岳祠》，光绪三十二年刻本。

徽州《汪氏通宗世谱》认为汪华出生于隋开皇十年（590年），“四十四代越国公讳华，字英发，隋开皇九年（589年）三月十五夜母郑氏梦一黄衣年少自天而降曰：毋恐，天赐汝贵子。明年（开皇十年）正月十七日夜半子时生……贞观二十三年（649年）三月三日薨于长安，年六十有四。”[①]若按此处所言开皇十年生，贞观二十三年死，则享年六十岁，不是六十四。这是一个明显的错误，应是故意为之。徽州汪氏宗谱大都编撰于明清时期，而《新安忠烈庙神纪实》编撰于元代，从二者所述汪华事迹的语法看，《宗谱》大都抄袭《新安忠烈庙神纪实》，因此关于汪华的真实出生年应以《新安忠烈庙神纪实》为准，即出生于陈至德四年（586年）正月十七夜半子时。陈至德四年即隋开皇六年，六是水数，十是土数。汪华以水为忌神，土为用神，因此家谱改六为十。

至于汪华归唐故事“荧惑正侵太白”一说，与生辰八字无关，而与汪华姓氏相关，如《行状》所言，“汪”与“商”谐音，商的五行是金，荧惑是火星，火克金，故持此说[②]。可见，汪华的神话故事主要是以其生辰时日和古代的命理知识作为依据，是建立在古人命理认识基础上的一种神话的诠释与演义，从中不难看出后世有意将其神化的意图。

二、汪华正神信仰的形成

汪华本是一个历史人物，他是如何上升为神的？由人成神说明了一个什么问题？

汪华上升为神，在唐朝就已经开始了。汪华，“贞观二十三年（649年）薨于长安，永徽中归葬云岚山，郡人请祠于刺史宅西偏，大历十年（775年）刺史薛邕请迁于山之东峰，元和三年（808年）刺史范傳正又迁于山之南阜，

①《汪氏通宗世谱》卷二，乾隆五十二年刻本。

② 唐朝多信纳音之说。《旧唐书》卷一百九十一《方伎》曰：“尚献甫，卫州汲人也。尤善天文。初，出家为道士。则天时召见，起家拜太史令，固辞曰：臣久从放诞，不能屈事官长。则天乃改太史局为浑仪监，不隶秘书省，以献甫为浑仪监。数顾问灾异，事皆符验。又令献甫于上阳宫集学者撰《方域图》。长安二年，献甫奏曰：臣本命纳音在金，今荧惑犯土诸侯、太史之位。荧，火也，能克金，是臣将死之征。则天曰：朕为卿禳之。遽转献甫为水衡都尉，谓曰：水能生金，今又去太史之位，卿无忧矣。其秋，献甫卒，则天甚嗟异惜之。”又严善思，“圣历二年，荧惑入舆鬼，则天以问善思。善思对曰：商姓大臣当之。其年，文昌左相王及善卒。长安中，荧惑入月，镇星犯天关。善思奏曰：法有乱臣伏罪，且有臣下谋上之象。岁余，张柬之、敬晖等起兵诛张易之、昌宗。其占验皆此类也。”

天复二年（902年），陶雅为刺史重修灵宫。”[①]从“归葬云岚山”“郡人请祠”和“重修灵宫”来看，在他死后不久，徽州就开始了汪华的造神运动。

在汪华身上，一直存在着三种角色：作为一名族人，他是汪氏的族神；作为一名地方长官，他是徽州的地方神；作为一名政治人物，他是朝廷笼络地方的神道工具。前者是人，后者是神。他由人上升为神，适应了三种需要，一是汪氏宗族发展的需要，二是徽州社会信仰发展的需要，三是国家政治的需要。

首先，汪华由人上升为神是汪氏宗族发展的需要。

徽州汪氏祖籍北方，东汉末年始居江南。《晋淮安侯上谱表》云：“臣承黄帝之后、玄嚣之苗裔、周武王弟周公旦鲁伯禽之后，至成公黑肱支子汪封汪侯，食邑颍川，臣四世祖文和汉建安二年（197年）为会稽令，因渡江而家焉，子孙遍布诸郡，无不簪缨。”《唐越国公上谱表》亦云：“暨汉建安之岁，臣十三代祖文和胤荣墨绶，治任会稽，遂居江左。”[②]渡江以后汪氏宗族诸支分布具体情况如下：“会稽七户承祖文和次子超后，庐江五户承祖轸四子万春后，休宁诸支承祖授长子翌后，歙县绩溪沙溪凤池登源诸支承祖授二子解后，睦州遂安新安诸支承祖授三子演后，宣城诸支承祖授四子旭后，豫章三户承祖澈三子谦后，歙县长乐南乡诸支承祖道献长子恭后，北野灵村辈村乌村琶村诸支承祖道献次子威后，白杨诸支承祖叔举长子泰后，葛塘诸支承祖叔举次子志后，临溪诸支承祖叔举三子孺后，长乐诸支承祖叔举四子霸后。”[③]其中分布在徽州的汪氏最多，成为徽州的一个大族，“至今宣歙间民十姓九汪，往往皆其裔胄也，祠祀殆几遍诸邑矣。”[④]

唐朝时，唐太宗、高宗和玄宗曾屡次诏定氏族志，品定天下望族共26姓，其中武阳李、荥阳郑、陇西牛、并州郭、河西汪、安定皇甫、中山鲍、河间刘、上党陈、雁门夏等十姓为“国之柱”，武阳贾、白水张、扶风马、京南叶、陈留王、冯翌赵、蒙扶水、冀赵苏、京兆杜、河内荀、梁山巨、南阳何、岭南庞、安定胡、高阳许、南阳侯等十六姓为“国之梁”。据徽州汪氏族谱记载“唐高宗永徽六年（655年，乙卯）诏孔志约等品新安汪为国之柱”，

①《汪氏通宗世谱》卷二。
②《宏村汪氏家谱》卷二十二《事实》，乾隆十三年刻本。
③《宏村汪氏家谱》卷二十二《事实》。
④ 道光《休宁县志》卷二十一《古城汪王庙记》。

下注："即后品定河西汪。"[1]新安汪氏本从北方迁移过来，与河西汪氏有密切的渊源关系，二者可以合为一家。因而，在唐朝徽州汪氏得以跻身天下望姓名录，成为"国之柱"。同时，汪华在朝廷也仕途显达。先是"持节歙宣杭睦婺饶六州诸军事"，封为"歙州刺史上柱国越国公"，后"忝掌禁兵"，授"左卫白渠府统军""右卫白渠府统军"，唐太宗贞观十七年（643年，癸卯）改"忠武将军行右卫积福府折冲都尉"，可谓宠极一时。

由徽州的大族到徽州的望族直至朝廷的重臣，汪华成为渡江以后汪氏宗族在江南成长的一个形象与标志。由人上升为神是汪氏宗族势力不断增长的一种需要，是汪氏宗族内核力不断凝聚与加强的一种表现，是汪氏宗族精神的一种高度的神性的升华。

其次，汪华由人上升为神是徽州社会信仰发展的需要。

徽州在历史上是一个高移民社会，自汉末历经魏晋南北朝，形成第一次移民的大潮。唐统一以后，徽州社会共同体开始形成，其形成的标志，便是徽州民间信仰的形成，徽州一些大的民间信仰如汪华信仰、程灵洗信仰以及灵顺庙信仰都是在唐朝时期开始形成的。这三大信仰是徽州历史上祭祀比较普遍和分布比较广泛的民间信仰，它们的形成表明徽州民间社会开始有了共同的精神信仰与伦理道德，而汪华信仰是这一时期形成的最重要的民间信仰之一，被称为"新安之神"，是徽州区域社会形成的一种标志。

隋末，汪华据歙州乌聊山保障六州，唐朝统一以后被封为六州总督。尽管那时六州是指歙、宣、杭、睦、婺、饶，但汪华出生于歙州，据歙州保障六州，死后又归葬歙州，因而他的影响主要是在歙州，也就是后来的徽州。后人赞曰："天产英雄定六州""生以义旅保一方，殁以阴功施百世""徽州土主汪王福佑一方""聪明正直，广庇一方"。"定六州""保一方""佑一方""庇一方"表明汪华信仰已使徽州民间有了一种共同体的感觉，从而成为徽州历史上第一个土主。汪华由人上升为神因而在一定意义上是徽州民间社会形成的一种精神表征，它满足了徽州地方信仰的需要，促进了徽州区域社会的发育与形成。

最后，汪华由人上升为神是国家政治的一种需要。

汪华是隋末唐初人，汪华信仰在唐朝已经形成，但主要是在民间。唐朝

①《宏村汪氏家谱》卷二十二《事实》。

以后，汪华信仰逐渐引起了朝廷的重视，宋、元、明历朝统治者对汪华屡加册封，使汪华信仰具有了政治上的意义。下列是汪华被追封的一系列朝廷诰敕，共十五通。

（1）大中祥符二年（1009年）三月，宋真宗开始追封汪华为灵惠公，“中书门下牒歙州，歙州越国公汪王神牒奉敕，宜追封灵惠公，牒至准敕，故牒。”

（2）政和四年（1114年）三月二十六日，宋徽宗赐忠显庙额，“尚书省牒歙州越国公礼部状，承都省批送下。江南东路转运司奏：近据歙州申本州有灵惠公神庙，祈祷即应，保民是实。寻取到太常寺状检，承本寺令节文，诸神祠应增封者先赐庙额，更合取自朝廷指挥，奉敕宜赐忠显庙为额，牒至准敕。”

（3）政和七年（1117年）十二月五日，宋徽宗封英济王，“朕惟稼穑之丰登，由雨旸之备叙，民所望矣，畴实从之，惟神正直无私，聪明悉鉴，作庙乐土，诒福一方，其感以诚，有应如响，兴兹嘉泽，助乃康年，念有利于农功，宜疏恩于褒典，肆颁书命，用答神休，宠以王封，更其公爵，益垂顾听，歆此显荣，可特封英济王。”

（4）宣和四年（1122年）六月二十八日，宋徽宗封显灵英济王，“朕以庆赏之权，驭封爵之柄，奖予忠显，罔间幽明，徽州忠显庙英济王，武烈之功，久严方祀，灵威之德，能警群迷，比昭风马之祥，卒弥干戈之悖，云雷顺序，山川廓清，乃即旧封，肆加显号，俾民奉享，恪恭不忘，相其丰年，以苏疲瘠，繄神之祉，厥惟休哉，可特封显灵英济王。”

（5）隆兴二年（1164年）闰十一月二十一日，宋孝宗封信顺显灵英济王，“朕登秩诸神，敬共明祀，苟大灾之能御，宜显号之必加，徽州忠显庙显灵英济王，生以义旅保一方，殁以阴功施百世，取凶残而就有道，昔屡著于威灵，驱疠疫而却不祥，今复彰于懿绩，忝稽褒典，增侈闳休，崇德报功，固无殊于幽显，履信思顺，斯共助于天人，尚体命名，益思受职，可特封信顺显灵英济王。”

（6）乾道四年（1168年）三月二十三日，宋孝宗封信顺显灵英济广惠王，“爵封极于真王，显美至于八字，名数之异，神人共荣，厥今郡县之祠，均被国家之宠，为民之意，视古有加，徽州忠显庙信顺显灵英济王，聪明以临，正直而一，怀忠抱义，劲节表干唐朝，捍患御灾，阴功著于黟水，历年滋远，戴德弥芳，有华命服之煌，于赫徽称之懿，尚祗茂渥，益亢灵威，可特封信顺显灵英济广惠王。”

（7）嘉定四年（1211年）十一月二十日，宋宁宗改封昭应显灵英济广惠王，“凡有功于一时，必垂休于百世，此庙食之无穷也，然威灵气焰，炳炳在人耳目，而封爵未降，岂所以示阳虔妥灵之意欤！徽州忠显庙信顺显灵英济广惠王聪明正直，广庇一方，凡有祈祷，应如声答，比年雨旸时若，五谷丰登，实神之赐也，肆加美号，以示褒扬，肸蚃之间，无忘嘉报，可特改封昭应显灵英济广惠王。”

（8）淳祐八年（1248年）十二月十二日，宋理宗改封昭应显灵英济威信王，“生有忠称者，殁著灵迹，徽州忠显庙昭应显灵英济广惠王，大业平寇，遂保新安，武德纳款，就为守将，备历显爵，生荣死哀，血食乌聊，水旱应祷，褒封迭累，称谓既极，耆老尚有请焉，朕嘉神之功，从民之欲，其不易以徽号乎，尔其顾歆，益大阴骘，可特改封昭应显灵英济威信王。”

（9）淳祐十二年（1252年）九月二十八日，宋理宗更封昭应广灵显德英烈王，“惟神受职，随事见功，周游天地之间，默佑邦家之庆，况在近服，必有崇褒，徽州忠显庙昭应显灵英济威信王，宅彼新安，食其旧德，旱于某，水于某，虫蝗于某，备言尔功，儒者流，兵者流，阴阳者流，悉受其福，定徽名而改畀，因王爵而有光，宜衍神休，式孚众志，可更封昭应广灵显德英烈王。”

（10）宝祐三年（1255年）三月二日，宋理宗改封昭应广佑显圣英烈王，“徽州忠显庙昭应广惠灵显德英烈王，番君得江湖之心，忠具存于令甲，偃王弃大末之地，仁施及于后人，皆由文德之敷施，俱致庆流之绵远，粤惟忠显，实庇前徽，霸业山河，忍视将颠之隋室，里闾图籍，远归崛起之唐家，观处心积虑之间，得君国子民之道，既策勋于义旅，遂血食于新安，逮至迩年，累彰异迹，火因风而返焰，能全合郡之万家，水有时而回澜，不没并城之三版，此为近效，允谓殊勋，虽尊八字之王封，尚歉一方之民愿，用更兹号，以称厥灵，乌聊云岚，久闷千古英灵之气，紫坛苾壁，永严两峰香火之情，可改封昭应广佑显圣英烈王。”

（11）宝祐六年（1258年）正月十一日，宋理宗更封昭忠广仁显圣英烈王，“王爵居六等之先，式彰休德，神封至八字而止，具载彝章，若屡著于阴功，则当更其美号，徽州乌聊山忠显庙神昭应广佑显圣英烈王，生也沉毅，殁而昭明，慕化识机，名位已著于前代，御灾捍患，灵祠遂显于皇朝，郡久恃以为安，人有呼而辄应，霸国之山川如旧乌聊之影响常新，兹观多士之忱辞，欲广一家之祂典，礼由义起，人欲天从，肆命有司，恩徽已洽于四世，顾瞻王庙，宠荣可后于一身，其因故称，易畀二美，朕惟忠者臣之节，历万古而常在，仁者心之德，溥六合以流行，繄尔之休，于斯为称神哉，沛澹容欤，想云车风马之临，灵既享锡，吉祥增练带花屏之胜，可特更封昭忠广仁显圣英烈王。”

（12）德祐元年（1275年）四月十五日，宋恭宗改赐忠烈庙为额，“行在尚书省，牒徽州忠烈庙，准敕中书门下省送到礼部状，准都省批下徽州状，当州据六邑士庶陈实等连状陈述，昨观颁降御名，所有本州汪王圣号与夫庙额，未免暗犯，恐神明于此，亦不能自安也，欲乞特赐敷奏公朝，将圣号第五字庙号第二字换一徽美之号，事必槐书，注汪王之著迹此土有年矣，前后灵验，匪一而足，信矣，有大造于徽民也，汇辞所请，我国家礼亦宜之。州司备申，伏乞敷奏，行下所属，从申施行，后批送礼部，下太常寺，拟申本寺，遵从指挥，其元封内与御讳同音者，依已降指挥，一并改拟状内徽州忠显庙下一字同音，今欲拟忠烈庙，其庙神昭忠广仁显圣英烈王第五字同音，今欲拟昭忠广仁武神英圣王。本部今欲依太常寺申到事理施行，更取自朝廷指挥，牒奉敕宜改赐忠烈庙为额，牒至准敕，故牒。”

（13）德祐元年（1275年）十月十五日，宋恭宗封昭忠广仁武神英圣王，“赤壁之风，胡为而助顺，公山之木，何自以皆兵，兹非天幸之偶然，意有神助而至此，徽州忠烈庙神昭忠广仁显圣英烈王，生而烈士，殁则正神，明德在民，宜得通百世而祀，阴功及物，何止活千人之封，属边尘之未清，致内寇之俶扰，浸迫近境，实繁有徒，灵若降于云中，厉遂驱于山左，允矣英威之孔灼，见于士庶之所陈，方人心危疑之秋，倚神为重，则国家褒崇之典于礼亦宜，易庙额之嘉名，锡王爵之美号，以昭异渥，以答殊休，噫，惠吉逆凶，盖有同于影响，御灾捍患，尚益着于生灵，永孚于休，大庇兹土，可特封昭忠广仁武神英圣王。”

（14）至正元年（1341年）闰五月初九日，元顺帝改封昭忠广仁武烈灵显王，“礼不忘其初，祀典盖明于报施，爵以驭其贵，国恩何间于显幽？况神于六州之民，其功宜百世之祀，徽州路忠烈庙昭忠广仁武神英圣王，生而先几之知，殁而及物之仁，有感遂通，无远弗届，箕风毕雨，阴阳听其翕张，黟山黟水，春秋安其耕凿，盖聪明正直而一者，故水旱疾疫必祷焉。爰易显称，庸光休烈尚其体，兹敬恭明之意，庶无忘夫阴骘下民之功，式克顾歆，以承茂渥，可改封昭忠广仁武烈灵显王。”

（15）明初载诸国家祀典，“明太祖谕旨江南等处行中书省，照得徽州土主汪王福佑一方，载诸祀典，本省大军克捷城池，神兵助顺，累著威灵，厥功显赫，理宜崇敬。除已恭迎神主于天兴翼祠祀外，据祖庙殿庭，省府合行出榜晓谕，禁约诸色头目官军人等，毋得于内安歇，损坏屋宇，斫伐树木，栓系马匹，牧养牲畜，非礼作践，以致亵渎神明，如有似此违犯之人，许诸人陈告，痛行断罪，仍责赔偿，所有榜文，须议出给者。”①

以上十五道诰敕的册封时间依次为：大中祥符二年三月（宋真宗，1009年，乙酉）、政和四年三月（宋徽宗，1114年，甲午）、政和七年十二月（宋徽宗，1117年，丁酉）、宣和四年六月（宋徽宗，1122年，壬寅）、隆兴二年闰十一月（宋孝宗，1164年，甲申）、乾道四年三月（宋孝宗，1168年，戊子）、嘉定四年十一月（宋宁宗，1211年，辛未）、淳祐八年十二月（宋理宗，1248年，戊申）、淳祐十二年九月（宋理宗，1252年，壬子）、宝祐三年三月（宋理宗，1255年，乙卯）、宝祐六年正月（宋理宗，1258年，戊午）、德祐元年四月（宋恭宗，1275年，乙亥）、德祐元年十月（宋恭宗，1275年，乙亥）、至正元年闰五月（元顺帝，1341年，辛巳）、明太祖（年代不详）。

以上十五条是宋元明历代皇帝的册封，观其册封的理由，无外乎以下几点：一是汪华屡著神兴，造福一方。“祈祷即应”，“诒福一方”，“助乃康年”，“有利于农功”，“屡著于威灵，驱疠疫而却不祥”，“比年雨旸时若，五谷丰登，实神之赐也”。二是应地方的请求。“称谓既极，耆老尚有请焉，朕嘉神之功，从民之欲”，“旱于某，水于某，虫蝗于某，备言尔功。儒者流，兵者流，阴阳者流，悉受其福，定徽名而改畀，因王爵而有光，宜衍神休，式孚众志”，“虽尊八字之王封，尚歉一方之民愿，用更兹号，以称厥灵”，“兹观多士之忱辞，欲广一家之䶵典”，“汇辞所请，我国家礼亦宜之。”三是实施政治教化，宣扬忠君思想。“灵威之德，能警群迷”，“履信思顺，斯共助于天人”，“厥今郡县之祠，均被国家之宠，为民之意，视古有加”，“生有忠称者，殁著灵迹”，“观处心积虑之间，得君国子民之道”，“朕惟忠者臣之节，历万

①《宏村汪氏家谱》卷二十二《事实》。

古而常在”。四是于战乱之际，安抚人心。“比昭风马之祥，卒弥干戈之悖”，“御灾捍患”，“能全合郡之万家”，“属边尘之未清，致内寇之俶扰，浸迫近境，实繁有徒，灵若降于云中，厉遂驱于山左”，“方人心危疑之秋，倚神为重”，“本省大军克捷城池，神兵助顺”。

查《越国汪公祠墓志》，“宋元追封诰敕共一十二通”[①]，将其中政和四年（1114年）封忠显庙额和德祐元年（1275年）四月封忠烈庙额的诰敕拿掉了，并将明太祖封汪华神时间记载为洪武四年（1371年）七月。不同的说法反映了修史者的不同用心。《越国汪公祠墓志》在给出十二通数字的时候还交代了汪华庙中的四个神灵：宣城长史汪铁佛、淮安长史汪天琉，二者为汪华的族人，是汪华的嫡系部队。另外两个是门神毛甘和汪节，前者是东汉末年人，后者是唐德宗时人，事迹与汪华相似，都是乱世保卫徽州地方安全的豪杰，故以类从祀。显然，这一说法是将汪华、四神、十二通象征一年四节十二月。而家谱取十五通之数是出自汪华的本命戊辰土的易学数字，《易经》曰：“天五生土，地十成之”。周易有六十四卦，取其中震、离、兑、坎象征四季，另外六十卦配一年三百六十五日，一卦六爻，每爻配六日七分，六七相乘为四十二[②]，因此汪氏谱牒、汪公祠墓志等记载中都将汪华神的册封总人数定为四十二人，如元代《新安忠烈庙神纪实》曰：“忠烈圣号八字王爵徽称极矣，王妻亦正元妃之位，嗣封王者一，封公者八，封侯者六，封夫人者十二。不特此也，内而嫔御封夫人者亦三，外而扈从封侯者亦六，将军者亦四，驰典尊荣。”[③]加起来总共四十二人。《立忠烈庙唐宋元诰敕碑跋》曰：“夫人钱氏、嵇氏、庞氏、张氏，上自三代，下及四弟九子并妇长孙、十从神共诰敕四十二通。”[④]四季卦震、离、兑、坎以汪华九子对应，“一二三太子”对应东方震宫，“四五六诸侯”对应南方离宫，“七八九相公”对应西方兑宫。北方坎宫对应汪华，此有三种内涵：一是象征汪华坐北朝南，众臣围绕，为天子之象。在此意义上说，徽州是将汪华作为土皇帝。二是坎为水，象征汪华六十四岁死于申子辰三合水局。三是汪华曾经担任九宫留守。《越国汪公祠墓志》引述

①《越国汪公祠墓志》卷三，清咸丰二年刻本。

② 清代惠栋的《易汉学》卷一曰：“按《易纬》云，卦气起中孚，故离坎震兑各主其一方，其余六十卦，卦有六爻，爻别主一日，凡主三百六十日，余有五日四分日之一者，每日分为八十分，五日分为四百分，四分日之一又分为二十分，是四百二十分，六十卦分之，六七四十二，卦别各得七分，是每卦六日七分也。”

③《新安忠烈庙神纪实》卷首。

④《新安忠烈庙神纪实》卷三。

元代《新安忠烈庙神纪实》曰："贞观十七年（643年）改忠武将军行右卫积福府折冲都慰，太宗征辽东诏为九宫留守。"[①]贞观二十三年（649年），汪华死于九宫一职。八卦对应九宫，二者是同一个概念，于是后人根据这一特点为其创造出九子之说。这表明汪华神信仰中的数字主要是根据八卦形象创造的，未必真实，其象征性意义和文化意义远大于实际意义。

汪华是徽州人，又曾是徽州的最高长官，现在又上升为神，被称为"新安之神"，成为徽州区域社会精神的象征，因而朝廷对汪华神的册封，其实也就是对徽州的册封，是对徽州现行制度和区域社会价值的认可。通过册封加强和密切了中央与地方的联系，这是一种神学上的联系，是一种以信仰的方式进入到民间社会的，因而是一种最牢靠的联系。这一联系具有双方贯通、互馈返惠的性质，一方面，民间信仰通过神学方式被上层默许；另一方面，上层制度也通过神学方式为民间所接受。通过这种神学方式上的联系，诸如忠君、爱国等政治思想就很容易进入民间。这一联系类似于一种契约关系，立约的双方自始至终都要接受神的监督，契约的内容具有神圣的性质，双方的关系也被上升到一种神圣的角度。既然是神圣的，当然是不容侵犯和亵渎的，双方的关系因而是牢不可破的。尤其是在宋朝，在外敌入侵的情况下，这一关系就显得格外重要。上述十五道皇帝诰敕，有十三道是宋朝的，就集中说明了宋朝皇帝通过册封神学加强双方关系的企图。《易经》曰："圣人以神道设教而天下服"，历朝对汪华神的册封亦无非是为神道设教服务。这种通过神学方式发生的政治关系其实是一种政治神学，对汪华神的册封具有政治神学的性质，它服从和满足了国家政治的需要。

综上所述，汪华由人上升为神，是徽州汪氏宗族发展的需要，是徽州社会信仰发展的需要，也是国家政治统治的一种需要。由人上升为神的汪华成为徽州宗族精神的表率，成为徽州民间信仰的载体，成为徽州社会价值的象征，成为国家神道政治的工具。

① 《越国汪公祠墓志》卷一。

三、汪华从神信仰的形成

汪华从神信仰的祠庙主要有：忠助八侯庙、忠护侯庙、福惠庙。

(一)忠助八侯庙

祀汪公八子。旧称八郎君，皆助父保障六州有功者，宋绍兴十年（1140年）赐庙额曰忠助，乾道九年（1173年）咸赐侯爵，长唐朗州都督府法曹建封忠惠侯，次唐费州涪川令璨封忠利侯，次唐袭封越国公达封忠应侯，次唐卫勋府飞骑尉广、逊，广封忠济侯，逊封忠泽侯，次薛王府户曹逵封忠仁侯，次岐王府法曹爽封忠德侯，次郑王府参军俊封忠佑侯。《宋会要辑稿》曰："龙井山八郎君祠在宁国府歙县，光尧皇帝绍兴十年（1140年）十二月赐额忠助，父祁门县显灵英济王，孝宗皇帝隆兴二年（1164年）闰十一月加封信顺显灵英济王。"①

(二)忠护侯庙

祀汪公第九子。弘治《徽州府志》曰："唐越国公第九子早逝无嗣，宋淳熙间，郡人念公爱子，特为立祠，颇著灵异，舟行浙江者必乞灵于庙，水旱必祷。"②《敕赐王九子庙额》曰："其第九子汪九相公近来尤为灵异，应棹舟结桴入浙者必诺香头，乃敢东下，风帆浪楫，遂成安流。篙人屡于波涛汹涌中见之。"③《新安忠烈庙神纪实》曰："观王《行状》《家传》仅书王八子而已，其所谓九子者，嘉泰以来始因祷雨应期，旋登祀典。凡篙工筏商之趋浙者，必于此乞灵保佑。初年煊赫尤甚，千里民庶遇有疾疢，多求其炉薰中灰烬，瀹而饮之，所患即瘳。忠护别祠，浸以昌大。伏观宸廷恩封诰命九子之名讳三夫人所生，姓氏班班可考，事关公上，安敢妄议，故悉仍之。"④但也有对九子的存在持否定态度的，如明初徽州人汪叡曰："世俗相传谓王八子皆张氏生，（九子）献为王亲子，则其无稽诞妄，可笑可叹。"⑤

这里的"九子"是宋代创造的水神。它含有重要的意义，一是九为极数，符合《易经》"用九天德"之观念，顺应了人们造神的心理需求；二是九是金

① (清)徐松辑:《宋会要辑稿》礼二十《龙井山神祠》,中华书局1957年版。

② 弘治《徽州府志》卷五《祀典》。

③《新安忠烈庙神纪实》卷三。

④《新安忠烈庙神纪实》卷首。

⑤《新安忠烈庙神纪实》卷首。

数，《易经》曰："地四生金，天九成之"，金生丽水，故以第九子和四子作为水神。以第四子作为水神，如《严州府志》曰："忠助庙，在县西，一名忠济侯，祠神姓汪名广，即歙英济王子也，仕唐为飞骑尉，殁封忠济侯。宋绍兴壬子暴水，众祷于神，水即退，赐庙额曰忠助。"[①]弘治《徽州府志》曰："忠助八侯庙，祀汪公八子，旧称八郎君，皆助父保障六州有功者，宋绍兴十年（1140年）赐庙额曰忠助，乾道九年（1173年）咸赐侯爵，长唐朗州都督府法曹建封忠惠侯，次唐费州涪川令璨封忠利侯，次唐袭封越国公达封忠应侯，次唐卫勋府飞骑尉广、逊，广封忠济侯，逊封忠泽侯，次薛王府户曹逵封忠仁侯，次岐王府法曹爽封忠德侯，次郑王府参军俊封忠佑侯。"[②]据此可知，汪广是汪华的四子。

徽州还以汪华夫人钱九陇之女作为水神，可为金、九与水神关系之佐证。乾道五年（1169年）六月宋孝宗加封钱氏为灵惠夫人，这是因为"据知州郑奏议乞封钱氏夫人申状：本州有信顺显灵英济广惠王夫人钱氏，累有灵验实迹，水旱瘟疫盗贼所求必应。本州自乾道四年（1168年）五月缺雨，禾稼枯槁。本州知通通门迎请城北二名云郎山信顺显灵英济广惠汪王及殿内夫人钱氏，一处排设奠祭，未至庙所，甘雨随至，境内沾足，禾苗勃兴，秋收有望，功德及民。夫人系唐功臣钱九陇之女，配王毓公而未有封号……夫人钱氏，祈祷灵应，乞行加封。"[③]

此外，九子可能还与传统观念中的八卦九宫、东方九气青天等有关，江浙在徽州东边，故出九子以附会天地之数。与九子有关的传说还有"一二三太子，四五六诸侯，七八九相公"之说，这一说法来源于易经，具体见本书"汪华的神性"。

（三）福惠庙

祀汪公第八子忠佑侯郑王府参军俊。洪武初，邑人张仲甫重建，道人汪道清捐田十余亩以克常住。

（四）从神封诰

汪华从神信仰是指汪华身边的人因汪华的关系而上升为神灵的一种信仰，乃是汪华神性的一种血缘和地缘关系的延伸。从神主要有汪华夫人两钱氏、

① （明）杨守仁等纂修：《严州府志》卷五，万历六年刊本。

② 弘治《徽州府志》卷五《祀典》。

③ 《山前汪氏续修谱》，民国三十八年刻本。

嵇氏、庞氏、张氏，和上自三代下及四弟、九子并妇长孙以及忠烈庙的各位从人。此外，尚有黟县令林凯、休宁县令汪通，给事中王应麟、程富、任贵、钱相行、董晏，将军陈朴、羊宣、逯浦、毛甘、汪节等。以下是朝廷册封各位从神的诰敕：

《宋宁宗封王父母诰》："敕徽州忠显庙信顺显灵英济广惠王父等，朕览黟歙父老之奏，谓郡有神明，垂庇其民，既陟祀典，显受王爵，独其父母缺然未有命数，恐非所以揭虔妥灵也，通侯之封，小君之号，并加褒典，告于神栖，夫民心之敬事，朝廷之假宠至矣，益庇厥子，永闳其休，特封王父世惠侯，王母协惠夫人。庆元五年（1199年）九月二十二日。"

《宋宁宗封王父诰》："敕徽州忠显庙信顺显灵英济广惠王父世惠侯，惟朕抚有四海，怀视百神，矧兹古歙之山川，近接行都之壤地，式为民庇，可后封荣，惟尔克家，钟庆于子，蔚有功烈，既久弥彰，凡兹祈祷，无远弗届，推本所自，已锡命章，载稽舆言，并进显号，默祈王灵之赫，爰昭庙祀之光，可特封世惠乘赐侯。"

《宋宁宗封王母诰》："敕徽州忠显庙信顺显灵英济广惠王母协应夫人，人神一理，亶为正直之依，父母俱荣，当慰尊亲之奉，惟忠显之世祀，佑协惠之元妃，同堂不异于生存，千载未忘于幽赞，既从民欲，并锡尔封，兹侈王灵，申加褒典，正期肸飨，共此欢娱，可特封协惠赞佑夫人。嘉泰元年（1201年）六月三日。"

《宋理宗再封王父母诰》："敕忠显庙神王父母世惠乘赐侯，王母协惠赞佑夫人，敬神而及其父母，此先生之意，我朝既行之矣，尔之有子，生国封而死庙食，又大有功德于故乡，则按律进封，衍四而六，非特以漕臣请也，宜也尚其灵爽不昧，歆兹，可特封王父世惠乘赐善应灵明侯，王母协惠赞佑善积夫人。德祐元年（1275年）四月二十日。"

《宋理宗封王祖父母诰》："敕徽州昭应显灵英济王祖考等，国家于执政大臣，册命之始，疏恩锡爵，远及其曾祖显祖显考之封，所以教天下不忘其本也。越国汪公，显于唐代，至本朝而庙祀益严。水以源深而流派长，木以根固而枝叶茂。越国一家，胤王之封久矣，而祖考妣未有以致崇极之至，幽明一道，独无歉乎。其以彻侯小君之爵，命往告于祠庭，尔小孙大庇我民，如生之日，可特封祖考灵庆侯，祖妣灵裕夫人。淳祐元年（1241年）六月十五日。"

《宋理宗封王祖父母诰》："敕忠显庙神王祖灵庆侯，祖母灵裕夫人。敬神而及其父母，此先王反本复始之意，所以为黔首则也。若等而上之，又及祖父母，如汝得位彻侯，得正小君者，非国家异典乎，乃澧臣腾士庶之词，日请益封，肆命有司，衍二而四，尚其英爽不昧，歆兹，可特封玉祖衍庆灵佑侯，祖母衍庆灵裕夫人。宝祐六年（1258年）正月十一日。"

《宋理宗封王曾祖父母诰》："敕忠显庙神王曾祖泰、曾祖母刘氏日位一品者，赠襚及于三世，法也，今施于神，法之推也。尔有曾孙，庙食王爵，乃祖乃父，并位彻侯，祖母嫡母，皆崇小君之号，等而上之，何独汝缺，肆从舆请，特昊宠封。夫福必有基，积于前人，故留于后嗣，尔其富山之基欤。王曾祖可特封基福侯，曾祖母刘氏特封基善夫人。宝祐六年（1258年）。"

《宋理宗封王曾祖父母祖父母及四封王父母诰》："敕天地间万形皆有蔽，惟忠义一脉，与天地相为久长。歙之忠显庙神王，保有一方，不失臣节，功在国家，德在生民，千载而下，凛有生气，则其胚胎前光者尚矣。我国朝昔既封其三代，今祭有大泽，其可后乎。歙州忠显庙神王曾祖基福侯，特封基福昭佑侯，曾祖母基善夫人，特封基善衍佑夫人，祖衍庆灵佑侯，特封衍庆灵佑广济侯，祖母衍庆灵裕夫人，特封衍庆灵裕协佑夫人，父世惠乘赐善应侯，特封世惠乘赐善应灵显侯，母协惠赞佑善积夫人，特封协惠赞佑善积昭福夫人。尔尚祗服光宠，同福斯民，可依前件。景定五年（1264年）六月二十九日。"

《宋孝宗封王夫人诰》："敕徽州忠显庙信顺显灵英济广惠王夫人钱氏，尔生自名阀，作配于神，以庙食兹土。凡神之威灵烜赫，亦惟尔为助之贤，矧水旱有祷，其应如响，今神以王爵之崇而尔未及封，甚阙典也，肆颁命号，以从民请，以称一方敬事之意，可特封灵惠夫人。乾道五年（1169年）六月六日。"

《宋宁宗封王夫人诰》："敕忠显庙夫人，惟神之灵，有功于民则祀，而礼所载，凡妇之爵从夫，荣宠所加，幽明罔异。厥今黟水，夙载明神，顾其庇民之深，系尔作配之助，申以命号，媲于王封，益慰邦人，式严庙食，可特封灵惠助善夫人。庆元五年（1199年）九月二十二日。"

《宋宁宗封王夫人诰》："敕徽州忠显庙信顺显灵英济广惠王妻灵惠助善夫人，坤顺乾刚，率本阴阳之义，妇从夫爵，式均幽显之宜，尔作配于神，佑食兹庙，顾乃应祈之福，实系尔为助之功，载览奏陈，爰申命号，从民之欲，朕何爱于宠章，依人而行，尔宜称于敬事，可特封灵惠助善协顺夫人。嘉泰元年（1201年）六月。”

《宋理宗封王夫人诰》：“敕忠显庙信顺显灵英济广惠王妻灵惠助善协顺夫人，古歙乌聊山越国汪公宅灵久矣，当隋之季，宇县鼎沸，公纠率豪俊，力保乡社，合宣杭睦婺饶，咸所蒙赖。李唐兴起，遂以勋烈显，死而不泯，德加其乡及我本朝，庙飨益侈。尔神天作之合，柔淑静嘉，正位小君，戚惠深著。因民之请，加锡徽称，克相尔夫，为民介福，可特封灵惠助善协助显应夫人。淳祐元年（1241年）六月十五日。”

《宋理宗封王妃诰》：“敕朕有天下，致力于神，倘阴相有功于民，则崇报不遗厥妃，此汉祀重夫人之义也。徽州忠显庙神继妻灵惠钱夫人，秉德之灵，为神之俪，曰旸曰雨，有祷斯格，部使者裒其迹来上，朕惟汝嘉，神已疏八字之封，尔盍正四妃之号，尚时式享，永孚于休，可特封协德妃。宝祐三年（1255年）十月十一日。”

《宋理宗再封王妃诰》：“敕伉俪之义，显幽不殊，庙貌之崇，褒秩以律，忠显庙神继妻协德妃，出自将种，嫔于人豪，血食之典方新，元妃之号已正，肆因舆请，载衍真封，庸择二名之嘉，以昭四德之备，尚相夫子，永福邦人，可特封协德辅顺妃。宝祐六年（1258年）正月十一日。”

《宋理宗三封王妃诰》：“敕天极后四星，其一为正妃，此命妇之正荣也。忠显庙王继妻协德辅顺妃，锡爵从夫久矣，正元妃之号矣，爰因众请，加畀徽称，尚相藁砧，益兹禳祉，可特封协德辅顺昭惠妃。景定五年（1264年）六月二十九日。”

《宋理宗封王子所生三夫人诰》：“敕忠显庙神王子崇利公、崇安公所生母嵇氏夫人，崇应公、崇和公、崇惠公所生母庞氏夫人，崇显公所生母张氏夫人，母以子贵，古之道也，于幽显乎何殊。尔秉淑嘉，克生英嗣，庙食百世，而称号缺焉，非有司之失欤，抑邦之人未以告也。兹正小君之位，仍嘉二字之褒，祗服宠光，以相冥漠，可特封嵇氏柔则夫人，庞氏柔肃夫人，张氏柔淑夫人。宝祐六年（1258年）正月十一日。”

《宋理宗再封王子所生三夫人诰》：“敕忠显庙神崇利公、崇安公所生母嵇氏柔则夫人，崇应公、崇和公、崇惠公所生母庞氏柔肃夫人，崇显公所生母张氏柔淑夫人，各诞掌珠，森森阶砌，协相忠显，跨灶可嘉，木本水源，推所自出，信知非此母不生此子也。今尔子咸跻上公之荣，而其母未加美号，亶为缺事。兹从异渥，申锡徽称，尔尚祗服宠光，均以祉佑相其子，俾为朕国家之福，其嵇氏特封柔则淑惠夫人，庞氏特封柔肃顺济夫人，张氏特封柔淑顺德夫人。景定五年（1264年）六月二十九日。”

《宋恭宗封王长子诰》：“敕世有是父，必有是子，匪惟人为然，虽神明亦尔。忠烈庙神长子崇德衍福王正直聪明，绍父勋烈，配享于庙，大彰厥灵，乃者寇犯郡境，畏神之威，辟易遁去，人赖以安。郡以其事来上，朕嘉尔父之功，因其王封锡以美号，眷维蒙嗣，式有勤劳，载加二字之荣，庸示九重之渥，尔其益恢灵应，以赞乃父，以佑我民，民将世世奉王无怠，可特封崇德衍福广佑王。德祐元年（1275年）四月二十日。”

《宋恭宗封王长孙诰》：“敕忠烈庙神孙处修，国家崇报功之典，非独荣其身而已，必使其子若孙皆与有荣焉，若人若神，其揆一也。惟尔乃祖乃父有功于民，封王庙食，尔既从而与享之矣。兹颁异渥，爰锡初封，肸蚃有灵，服我休命，可特封福惠侯。德祐元年（1275年）四月二十日。”[①]

《宏村汪氏家谱》曰：“按王仲弟世英，宋封协佑侯，三弟世荣，宋封协济侯。淳祐元年（1241年）六月，给事中钱相行、王从弟铁佛，宋封协顺侯；天瑶，宋封协济侯。外，忠烈庙各从人均仗王灵，与叨封典，黟令林舍人凯，宋封协应侯；休宁令汪舍人通，宋封协正侯。德祐元年（1275年）四月，给事中王应麟行、程富，宋封辅显侯；任贵，宋封佐顺侯。淳祐元年（1241年）六月，给事中钱相行、董晏，宋封助善将军；陈朴，宋封助利将军；羊宣，宋封助卫将军；逯浦，宋封助德将军。诰敕概不复录。外，毛甘，封护国将军，汉人；汪节封神策将军，唐人，与王虽异世，今所在王庙，有二武士介而立于庙侧。土人以其同属歙绩，兼有功乌聊及材勇特异，故类而祀之。”[②]

除以上诰敕，尚有其他从神有封，但诰敕阙如，共有四十二人得到了册封。元代《新安忠烈庙神纪实》曰：“忠烈圣号八字王爵徽称极矣，王妻亦正元妃之位，嗣封王者一，封公者八，封侯者六，封夫人者十二。不特此也，内而嫔御封夫人者亦三，外而扈从封侯者亦六，将军者亦四，驰典尊荣。”[③]

从以上可以看出，从神的册封乃因地方民愿所请，而由朝廷行册封之实，其册封的理由也各不同。

---

①《宏村汪氏家谱》卷二十二《事实》。

②《宏村汪氏家谱》卷二十二《事实》

③《新安忠烈庙神纪实》卷首。

其中，对汪华父母和祖父母册封的理由是："歙之忠显庙神王，保有一方，不失臣节，功在国家，德在生民，千载而下，凛有生气，则其胚胎前光者尚矣"，"显受王爵，独其父母缺然未有命数，恐非所以揭虔妥灵也"，"父母俱荣，当慰尊亲之奉"，"敬神而及其父母，此先生之意"，"敬神而及其父母，此先王反本复始之意，所以为黔首则也"，"远及其曾祖显祖显考之封，所以教天下不忘其本也"，"赠禭及于三世，法也，今施于神，法之推也"，"夫福必有基，积于前人，故留于后嗣"。

对汪华五个夫人册封的理由是："伉俪之义，显幽不殊"，"朕有天下，致力于神，倘阴相有功于民，则崇报不遗厥妃，此汉祀重夫人之义也"，"凡神之威灵烜赫，亦惟尔为助之贤"，"顾其庇民之深，系尔作配之助"，"凡妇之爵从夫，荣宠所加，幽明罔异"，"率本阴阳之义，妇从夫爵，式均幽显之宜，尔作配于神，佑食兹庙，顾乃应祈之福，实系尔为助之功"，"天极后四星，其一为正妃，此命妇之正荣也"，"母以子贵，古之道也"。

对汪华儿孙册封的理由是："助父保障六州有功"，"世有是父，必有是子，匪惟人为然，虽神明亦尔"，"国家崇报功之典，非独荣其身而已，必使其子若孙皆与有荣焉，若人若神，其揆一也"。

对汪华弟兄册封的理由未详，盖取"同胞"，"保障六州与有功焉"之意。

对忠烈庙各位从人册封的理由是："均仗王灵"。

对地方官如黟令、休宁令、给事中、将军等的册封理由是："以其同属歙绩，兼有功乌聊及材勇特异，故类而祀之"。

由此可知，对汪华父母、祖父母、曾祖父母的册封乃取"不忘其本"之意，对夫人的册封乃取"得正小君"之意，对子孙、兄弟的册封乃取"与有功焉""与有荣焉"之意，对从人的册封乃取"均仰王灵"之意，对地方官的册封乃取"以类相从"之意。可见，凡与汪华有关系的人都通过正名和册封而获得神格，上升为神灵。这是一种扩大了的汪华信仰，即通过血缘和地缘的关系而使汪华身边的人都获得了神性。

汪华从神信仰说明了三点，一是所有的从神都是通过朝廷册封而获取神格的，反映了徽州人骨子里有一种很深的政治情结。二是从诸神的册封理由来看，从神与正神的关系是一种古老的宗法关系。以汪华为中心，向上三代，向下两代，旁及夫人、兄弟和地方官员，结成种种关系，是典型的宗法社会关系的反映。从神信仰是宗法社会关系的变体。三是从神信仰还反映了民间信仰度人的思想。“度人”是一切宗教的母题，也是民间信仰采取宗教或神话方式演义的目的所在。道教有“仙道贵生，无量度人”之说，佛教有“度尽一切众生”之云，汪华正神与从神也是一种“度”与“被度”的关系，它凸显了宗教救赎的世俗母题。但神的政治性和宗法性表明这一救赎是靠一定的社会关系实现的，其信仰不能超越特定的社会关系，因而具有很强的局限性。

四、汪华四十二件灵应事件

(一)四十二件灵应

《宏村汪氏家谱》共记载了宋元时期汪华的灵应事迹四十二件：

第一，梦克日许雨。政和四年（1114年）春，郡守许颂以久旱不雨斋戒以告，梦王克日许以雨，至期大霔，远近霑洽。颂以其事闻于朝，诏赐庙额，号忠显。

第二，雨随郡守车。嘉定十七年（1224年），郡守袁甫学自高，始至惟谒先圣庙，越六月不雨，咸请祈忠显庙，袁不信。逾旬旱益甚，吏民哭泣，曰：“此而不祈，岁将去矣。”勉从之，躬谒庙与王约三日雨。侵晨发驾，月色如银，炉香方燃，碧云四合。归半途狂风撤车顶，骤雨满车，凡三昼夜。袁且喜且惧，曰：“王灵若此。”因刻王像，昕夕供奉，又作自劾文以谢过，终身致敬，蒙王佑处甚多，并戒子若孙世世毋忘。随持节江右，以祷雨不应，庙多遭毁，惨过狄梁，公益信忠显王神，不可概视云。后袁兼江东宪仓，过郡特捐俸建王庙梳洗楼，委倅潘颢伯董其役。

第三，绩溪宰汪沩祈雨文。沩为吏于此，今三年矣，然旱岁亦有之，惟今秋之旱，其害为甚，民不得不忧，吏不得不惧也。吏之治民，一切从事惟谨绳墨，督赋敛而已，内无私于己，外无私于物，果阴积罪戾，敢以言罔神，愿神诛之。顾祷于神而求泽于民，其诚心殆可见矣。传曰：“非人实亲，惟德是依。”伏惟尚向。

第四，绩溪宰汪沩谢雨文。自夏涉秋，久愆甘泽，吏之忧民，莫知所措，辄以身祷于神，曰：“吏或有罪，愿神诛之以谢邑民，吏苟无罪，愿神听之以救民旱。”翌日果大雨，甽浍通流，苗禾浡兴，野夫田老，交口相庆，谓神之赐也。夫神之感应如此，非特救民之旱，盖亦表吏之无罪矣。神之有灵，能表吏之无罪，民而有知，其可负吏乎！民或负吏，是亦负神。

第五，歙守董正封谢雨文。惟神昔在隋末保全一方，识机顺道，纳款于唐，持节六州，光荣故乡，生为忠臣，殁受明祀，威灵如在，福惠昭布。今岁之秋，天久不雨，迎像乳溪，甘雨旋注。再逾旬时，朝夕云雾，逮于甲申，沛泽有裕，盈畎溢浍，灌我田圃。神赐昭然，此邦是护，奉王而归，远近奔趋，致祠庙堂，以答神祚。

第六，徽守洪适祈雨谢文。呜呼！神之尊可谓灵也哉。先是六月辛酉，农以不雨告郡上，癸亥帅其属走祠下，丙寅己巳大雨矣，种之早者皆底于成。七月既望后十日余，未获之禾有枯其株，农又以不雨告焉。吏不敢安，乃以己亥复祷于神，即旬癸卯亦既滂沛。自是累日雨意绵密，溪欲涸而流水暴涨，风虽急而油云不开，是岂人力之能然？故曰神之尊可谓灵也哉！惟牲惟醴，何以拜赐？匪报也，第特识其事于将来。

第七，徽守王公迈祈雨文。属者以不雨而田之未殖者可忧也，遂祷雨于尔明神，荷神之赐不旋踵而雨矣。既而又以霪雨将为人灾，则又乞晴于尔明神，亦随祷而应矣，是神之爱乎民者甚休，而太守蒙神之赐者甚厚也。今稻且穟矣，不可以无雨，川泽竭而灌输且不给矣，不可以无雨，太守不敢以不告也。惟神聪明无日，太守再三渎而不惠以福也。

第八，徽守王公迈谢雨文。天地之大，犹无全功，今神乃能全天地之所不全而终其惠于无穷，此所以庙食百世而益推其功德之隆。盖闻之老农曰“十日不雨则无禾”，而唐虞泰和之世乃十日一雨而五日一风。使神无前日之雨则旱既太甚，使神不赐之以后日之雨则又何有始有卒而保其年之丰？赖尔神之鉴格，故两全乎造化之土。备卮酒以报神，翼神心其默通。

第九，徽守季南寿谢雨文（吏部侍郎）。凡人之生，惟食是系。人而无食，命焉攸济。嗟尔旱魃，于何为沴？歼厥百谷，且槁且毙。人亦何辜，而获此戾？有嘉乃神，垂仁百世。反旸而雨，降此大惠。槁者复振，毙者复艺。自今以始，庶几卒岁。惟神之休，鲜所与俪。何以报之？酌酒以祭。

第十，郡侯脱欢、总管孟淳同祈雨文。自春以来，霪雨为沴。阴霾既扫，又以旱告。民之忧也，亦吏之忧也。惟王血食此邦，必不恝然，于是曲加阴骘，沛为膏泽，以兆丰年之祥，以宽吏民之忧。神其亟图之。

第十一，郡侯脱欢、总管孟淳同谢雨文。惟王神明，驾风鞭霆，光掣龙行之电来苏龟坼之田。此以旱祷，甘雨应期，田禾沾足，民免怨咨，王之覆护此邦如是其大也，吏敢忘报乎？爰洁牲醪，拜于祠下，庆其有秋，吏亦塞责，敬为民以谢。

第十二，徽守唐作求祈雪谢文。岁腊将周，久愆甘泽，乃季冬戊申祗于祠下，翼获灵赐，阅日滋久，尚迟响答。丙辰斋戒熏沐，密申悬悃，期以三日，尽七日而止，过七日不雨雪，吏既无德于民，神亦何灵之有？果蒙乘听，三日应祈。惟神与吏，更相为赐，以庇一方。有怀恩施，夙夜不敢怠，乃上良日，荐此肴羞酒醴，佑以音声以答神庥。

第十三，徽守章芨祈晴谢文。霪雨弗息，守臣是忧。为民请祈，旋获嘉应。晴曦露杲，阴霭廓收。神赐昭然，何以报称。

第十四，徽守李植祈晴谢文。岁晚有秋，霪雨不止，岂天造之意？阴阳适尔，黩神请命。吏非获已，会不崇朝？风日清美，影响形声，其应莫此。昭报之诚，有洁其礼。

第十五，徽守洪适祈晴谢文（丞相）。以雨害蚕谷，乃甲寅迟明，奔走乞晴，登车之始，雨足未断，谒祠而返，人已撤盖。不旋踵，清风起于东北，扫除重阴，化蒸溽而清凉。青天白日，众所瞻仰。吏则不德，何以感召？惟神有大威灵，曰旸而旸，如反覆手。卮酒脔肉，何足拜赐。

第十六，徽守沈开祈晴文。维古歙之为郡，上高仰而下沮洳，五日之晴，则人以旱告，一雨之暴，则浮山漂谷之足虑，况自是月以来属有弥旬之雨，宜乎蚕食湿而恐瘁，麦将秋而欲腐。王其念之乎，则反雨而回旸，驱氛而却雾。王其不念之乎，则由唐迄今庙食兹土，王乎王乎，尚鉴斯语。

第十七，徽守沈开谢晴文。前日霪雨不已，虑有以病乎农也，故肃王之来以恳以祈，庶几或浸溢以害我农民也，故王一出而濛濛之雨俄而为旸矣，陇上之麦，则蓁蓁如云矣，而三俯三起，喜温而恶雨者，又可望其蛹以为母，而蛾以为父矣，是皆王之功也。酾酒牲俎，姑以旌忱，王其归乎，太守不敢久客王于外也。

第十八，徽总管马远忽祈晴文。农桑，吾民衣食之源，吏治之先务也。今兹春夏之交，蚕不簇，麦未刈，嘉禾未植而霪雨不止，民其病之，吏实忧焉。惟神庙食于兹，吏民所依，返雨而旸，以赐我民，以济吏治之不及，盖神之余事耳。王其念之，尚无徒食于兹土。

第十九，徽总管马远忽谢晴文。乃者弥月之雨，自春徂夏，蚕麦未收，毙烂是忧，黍稷未植，浪乃翻乎田畴。夫民无麦无禾，饥馑洊至，无衣无褐，何以卒岁？民之迫于饥寒，吏将奚以为治？惟王聪明，于赫厥灵，扫彼霾曀，廓分朗清，民纾其忧，吏纾其责。匪谁之赐？伊谁之力？不腆牲仪，将其谢臆。庶几歆兹，尊崇无斁。

第二十，驱蝗出境。嘉定四年（1211年），江浙间蝗螨为灾，所至猬集，岁五月徽之四野飞翔尤甚。郡守赵希远诣忠显庙祷之越日，天发暴风，蝗阵望西飏去，亦多有赴水而灭者。是岁江浙田稻竟免螟螣之苦，王之惠浦矣。

第二十一，驱除蝗螨。至大己酉（1309年）六月，徽之四境田禾被野，丰年有象矣。忽蝗螨蔽空而来，贻害滋甚，军民官吏捕扑不能剿绝，民心惶惧，殆无所措。郡侯万总管李斋沭诣庙恳祈，一夕迅风，疾雨暴作，驱逐出境而灭。是岁禾稼丰登，非神之赐，曷以臻此！

第二十二，祈驱蝗文（郡侯万奴、总管李贤翼）。禾黍盈畴，秀而未实，蝗螨蔽空，作我蟊贼，凶丰未卜，农夫之望，何以卒岁？群心惶惶，仰惟圣王，民之父母，愿赐灵威，驱逐入水，使不为灾，随祷而应，作此丰年，以苏民命。

第二十三，祈驱蝗文（万奴、李贤翼）。民以食为天，数口之家，勤望岁焉。曩者伤稼之虫连云接顷，有祷于王，遄驱出境。忧民者吏，为民而请德王之赐，爰洁牲醪以答王贶，王其鉴之。

第二十四，叱逐瘟神。乾道初元（1165年），大阪汪仆王十五，方耘田，忽仆死。儿归尚微喘，不便殓，八日复苏，云在田见十余人赍箱箧大扇，顿被殴捽着地，令荷担行至县五侯庙门，有吏讦何所须，答曰特于婺源行瘟，当叱急去，乃从五岭适休邑，复走徽城，皆为英济王叱逐。迤逦至宣州，无有阻者，遂入一大祠，运木立寨栅于外，若营垒然，各执械自北门孟生家始，先揍孟氏二子脑，即仆，次击奴婢辈，俱应手而殒。留二日，其从入报西南有火光，救兵至，亟率弓弩射之，即灭。又二日，火光接天，复报，及登陴已大炽，焚其寨栅，十余人各溃败，独王十五在。始悟身已死，寻道归，乃苏而述其状。里人汪赓新有妹婿余永观为宣城尉，具书其事，询之云孟生乃医者，七月合门病疫，始二子继奴婢招巫禳之，方作法，巫忽疾归死，复集一城师巫并祷英济王禳禬始愈，盖所谓火焚其寨栅者是也。是岁浙西民疫甚夥，独江东无恙，王之神可谓仁矣。

第二十五，乘骑送疫。徽俗递年四月八日郡人迎请合郡诸神，预于七日出庆丰门沙州，接水西寺佛像回天宁寺奉安，建庆释道场。次日具纸船，出西津水滨烧送，以禳疫疠。延祐戊午（1318年），王乘府吏张德辉黑马至昭庆寺，会大雨倾注，泥泞失瞻，未及出城，竟请王下马，辇送回殿，极力请举不动，马忽奔骤，众惧罗拜，复整仪驭出西津如常，方辇还殿。是岁他郡疾疫，徽独无恙，王之眷顾此邦如是。

第二十六，建醮禳疫请文（总管马速忽、治中灭理吉思等）。惟王功烈著于唐朝，威灵被于徽郡，今江左浙右庙貌相望，百祀不废，然则民固依神以生，神亦赖民而血食者也。囊岁亢旱，禾稼不登，春夏之交细民艰食，奈异乡瘴疠之流行而载路之怨咨洋溢。遇灾恐惧，敢后禬禳。恭命黄冠，式陈清醮。肇启瑶坛，整肃敬邀。飚驭降临，鉴兹率土。微忱转为笺天达圣。谨告。

第二十七，禳疫谢文（总管马速忽等）。国以民为本，民而居之安，则刍牧之责轻矣。天灾流行，为吏实惧。肃王之来，是纠是禬。亦既毕事，敢遄其归。谨洁粢盛，告虔妥灵，翼自今至于后日，无愆阳，无苦雨，且无螟蝗以害我田稚，庶无疵疠以害我庶人，吏处其间，方可无悔。神鉴孔昭，锡其终惠。

第二十八，绩溪宰苏辙病愈谢文（黄门侍郎）。神有功斯民，世享庙祀。辙来长是邑，即神旧邦，蒙神之休，雨旸以时，稼穑大熟，赋役毕完，狱讼衰少，政短才拙，何以获此？意由侥幸，以致疾疠寒热为虐，下逮儿女，更相播染，卧者过半，迄兹痊捐。忆夏徂秋，中间祷神不厌渎，卒保康乂，皆神之恩。兹用恭敬，致薄礼以谢不敏，敢告驱除瘴疠，时节风气，使民不告病而吏更蒙贶。

第二十九，云中以刃麾贼。宣和初，睦寇方腊攻徽郡，将领庄永提兵三千讨之。千军至绩之蕨山，贼亦至，众数万，力不敌。永坚壁自守，士方悚惧，俄有云起东南如队伍状，冉冉而下，已而贼不战而溃。永乘势追袭，擒其首领，杀数千级，因问所捕贼，云其酋长见云中兵万数，矛戟森然，有一长人美髯绀巾白马，以刃麾己，故退屈其党至登源，意王阴助官军，纵火烧庙不燃。事平，永白都帅，闻于朝，诏加王显灵二字。

第三十，梦叱叛兵亟行。绍兴初元，张琪领叛兵屯徽城外，谋不轨，梦一丈夫伟而髯，立城上叱琪曰："汝宜亟行，稍迁延，祸且及。"琪惊觉，意有神告，明日入城，遍诣郡祠，见王像如梦，俯伏拜跪，退谓党曰："自吾领兵，所过焚庙多矣。今日不觉膝自屈。"遂引众退，屯黟祁，后果败死。

第三十一，白际岭败寇。景定四年（1263年），衢寇汪来一声撼江浙，徽与衢仅一山，震邻实甚。郡守谢采伯遣戍会讨，亲祷于王，戍兵方抵白际岭，贼众已登半山，但见山岭徽兵万数，内一将军美髯绀巾白袍跃马云端，指挥叱咤，贼惊恐自溃，遂就擒。

第三十二，常山平寇。景定五年（1264年），衢寇詹珉窃发，官军屡战不克，贼益张。先是珉常为中军戎府，周知道地，锐意入徽，据险为巢，忽见云中有忠显旗帜，军容甚盛，近徽一带山上皆兵队状，殆与八公山草木无异。匪第贼寇见之，官军亦见。贼胆惊碎，乘势追击，不日遂平。

第三十三，祈平寇文（郡侯马思忽朝请大夫）。惟王生以忠义夷群盗，殁以阴功福邦民，狐狗营营，猖狂肆虐，皆王之所深疾也。蠢尔柯贼，负险弄兵，戕害吾民，为妖为孽。敬护偏师，恭行天罚，庸是薰芗，拜于祠下，以祈默相，使渠党恶，就戮鲸鲵，消其玉石之焚，早遂室家之庆，祀报无穷，吏亦塞责。

第三十四，谢平寇文（郡侯马思忽）。顽民作孽，天网难逃，壮士收功，神威鼓勇，殄兹元恶，实赖阴谋，奋风声鹤唳之灵，夺寇攘奸宄之魄，潢池警息，旄倪咸安，既效扫除，敢忘恭谢，是用蠲吉，以祀以禋，神之鉴之，来格来飨。

第三十五，现像火熄。景定二年（1261年），岁值辛酉八月间，北市居民火炽，烟焰障空。郡守贾明道仓皇，惟仰天呼号曰："汪王汪王，守则有罪，民何辜焉，许大愿以祈覆佑。"须臾若现王像，往来云端，风静火熄，不至蔓延。观者皆见，功有攸归矣。

第三十六，东门坎潜火。咸淳六年（1270年），郡守王应麟领事三日，首谒忠显庙，得签云："涉水蹈火几重危，历遍尤危观福基，千里故人传好信，旧家门内再光辉。"守曰："签云蹈火，又云光辉，知不免庚辛之厄。"是晚果报燎起东门。急辇忠显王像，坐街衢齐心控祈，随反风，烈焰竟止。

第三十七，纪王灵异（郡守谢采伯）。新安父老传诵地谶云："庚辛吾州厄年也。"绍定辛卯（1231年）八月不雨，九月尤旱燥，井眢池涸，采伯饬备甚急。越三日巳三刻，北门外叶氏燔其居，采伯急令撤北门之楼。少顷延燎入城，飘扬余烬实备，仓北小门、教场作院、酒务蓬屋、通判衙后圃枯木、郡圃四宝堂、茆亭、喜雨楼皆遭焮及，滥炎妄起，分头扑救，奔走不暇。采伯与二三同僚极力喝犒用命之士二千余名，薄暮方止。始风自东来，吹入郡圃喜雨楼，火凡三作，州廨在黑烟中。采伯急举王像于黄山堂上亟拜亟扣，诺修葺坟殿街路。俄而风收烟灭，一椽不毁。嗟乎！此岂人力也哉。扑救，人之所能为，而风之作止，岂人力之所为？故曰人所能为者，人也，人之所不能为而为之者，神也。秩满辞庙之次，思王灵异之迹，合详记备言以诏后人。绍定癸巳中秋天台谢采伯谨志。

第三十八，感应志（徽守谢堂）。岁在庚辛（1250年庚戌，1251年辛亥），新安厄于火灾者屡矣。庚戌季夏，堂被命职守，几阅一载。辛亥四月二十六日，西门外居民延燎，焚及城闉，时融风大作，烟焰蔽天，堂率兵民奔走救扑，风势不已，殆无所容力，亟迓忠显神像于公庭，燃香肃拜致祷。俄而风势转南，炎焰随灭，人力获施，迄就扑灭。是日微忠显神力，官廨民廛俱堕煨尽矣。万目共睹，一城欢呼，王福此邦，响应如此神速哉。堂尝拜观忠显遗事，伯祖节使（即谢采伯）辛卯岁守徽，焮作于郡囿之侧，有祷于王遄拜反风之赐，殆今整二十一年。堂再世祗荷神贶，保完生聚，阴功莫大，敢不拜？手敬识其实，以附不朽之传。淳祐壬子三月望日，天台谢堂书。

第三十九，云雾障盗。乾道三年（1167年），大盗赵兴系狱，奏谳未下。九月晦夜，守者稍懈，脱桎梏毁壁逃，缉捕无踪。十月十五日权州郭如晦遣吏宋傑祷于王，乞以三日获，间日果得于绩溪高祖山。贼自言至山中欲出界，若有云雾障其前，莫能行，以故被擒。

第四十，拘系窃神衣贼。王诞辰四方献香接踵，服御鼎新扈从皆然。庙素无赋，逻卒罕到。一夕，若有神告曰：庙山有贼，可速捕之。卒辈亟至殿后主事堂，见二人束担骈首而卧，以杖扣之，应曰："愿受缚，我本天台人，窃神衣为活。"卒问担束何物，曰："将军新衣，初欲盗王服，神威赫赫，不敢前，翼得从者衣以逃，终夜疾趋，自谓出徽界，不知阴被拘系，犹在庙侧。"卒闻官，人竞往观之，时泰定甲戌正月二十日[①]。

第四十一，捕虎祝文（徽守刘炳）。窃闻祁门境内有虎伤人，此郡守疵政之所致也。戒饬官吏部率保伍驱而逐之，擒而剿之，其用力不过如此。人力所不能胜者，必仗神力焉。维神久矣福民，其忍猛兽之害民乎？赫厥威灵，殄彼异类，旬日之间速获感应，俾一方旄倪乐此凶岁，则神与守俱无愧于民，岂不休哉。

第四十二，获虎谢文（徽守刘炳绍定四年，1231年）。猛虎为害，守实忧之，然犹得稍宽其忧者，赖有尔明神在焉。守斋明请祷，惟神怙凭，神之听

① 元泰定年号无甲戌之年，此处疑刻录之误。

之，即加阴相。越三日，祁之里正果以巨虎献，且云其种类悉已远遁矣。守非仲由暴虎之才，又无冯妇搏虎之勇，其所以挽而入栏者，非神乎？其所驱而渡河者，非神乎？樽酒炉香，守不得不为尔神明谢也[①]。

上述四十二则灵应事件是宋元时期发生的，由后人整理而成。

（二）四十二的意义

据说孔子所作《尚书》原有百篇之数，经秦火之后所剩仅五十八篇，亡四十二篇，即西汉孔安国所谓"其余错乱磨灭弗可复知者也"[②]。西汉末年，王莽颁布《符命》四十二篇于天下，为篡权作宣传。东汉初年，佛教开始出现《四十二章经》。唐代厘定五礼，制《嘉礼》为四十二篇。晋朝道教人物许逊得道时，"与其父族侍从盰烈与母部从仙眷四十二口同时升举。"[③]宋代兴起玄武帝信仰，传说玄武帝在武当山修道四十二年而升仙。宋朝朱熹作《四书章句集注》，将《礼记》第四十二章《大学》析出置四书之列。可见，四十二具有重要的象征意义。元代《新安忠烈庙神纪实》曰："忠烈圣号八字王爵徽称极矣，王妻亦正元妃之位，嗣封王者一，封公者八，封侯者六，封夫人者十二。不特此也，内而嫔御封夫人者亦三，外而扈从封侯者亦六，将军者亦四，驰典尊荣。"[④]如果我们细心数一下，就会发现这里汪华正神和从神的册封人数也正好是四十二位。因此汪华灵应事迹四十二件不是随意为之，而是体现了编者的缜密用心，四十二具有宗教象征意义。

（三）四十二件的组成情况

四十二件灵应事迹中，有11件祈雨，1件祈雪，7件祈晴，4件驱蝗，4件逐疫，1件绩溪宰苏辙病愈谢文，6件平寇，4件平熄火灾，2件平盗贼，2件捕虎，皆与老百姓的日常生活息息相关。这些数字并非随机生成，而是有一定的内涵，各有所表。其中，11件祈雨和1件祈雪共12件，与雨雪有关，象征一年12月和四季风调雨顺。7件祈晴与民间广泛流行的春正月七日占晴有关，《占书》云："一日鸡，天晴，人安国泰；二日犬，晴主大熟；三日猪，晴主君安；四日羊，晴主春暖，臣顺；五日马，晴明，四望无怨气；六日牛，

---

①《宏村汪氏家谱》卷二十二《事实》。

②（元）黄镇成撰：《尚书通考》卷一，文渊阁四库全书本。

③《西山许真君八十五化录》卷中《飞升化》，《正统道藏》第6册。

④《新安忠烈庙神纪实》卷首。

晴明，日月光明，大熟；七日人，晴明，民安君臣和。”[1]《荆楚岁时记》曰：“正月七日为人，今七日不刑，增事物纪，原东方朔初置人日。”[2]4件驱蝗，4件逐疫，4件平熄火灾，以4取，均象征四方平安之意。1件绩溪宰苏辙病愈谢文象征徽州百姓，6件平寇象征徽州一府六县。2件平盗贼，盗与贼不同，故取2件。2件捕虎，分别是捕虎祝文、获虎谢文，其实是一件事，反映了徽州山区的虎患情况。不同的数字反映了徽民所关心的重点不同，按其重要性来分依次是：雨水（12件）、晴天（7件）、战乱（6件）、蝗虫（4件）、瘟疫（4件）、火灾（四4件）、盗贼（2件）、虎患（2件）。雨水和晴天排在前头，一是因为与民众的日常生活息息相关，另一方面也说明了徽州历史上曾出现过比较恶劣的自然气候。

（四）“庚辛之厄”与汪华的关系

南宋景定辛酉年（1261年），郡城居民区发生火灾。

南宋咸淳庚午年（1270年），郡守王应麟赴汪华庙抽签，“知不免庚辛之厄”。

南宋绍定辛卯年（1231年），新安父老传诵地签云“庚辛，吾州厄年也”。

南宋淳祐，“岁在庚辛，新安厄于火灾者屡矣”。

这里所录的四次火灾都发生在庚辛年，而且发生在南宋，徽州民间称之为“庚辛之厄”。弘治《徽州府志》和道光《徽州府志》所录南宋时期徽州郡城的火灾情况如下。

弘治《徽州府志·祥异》：

> 绍兴庚午年，郡城火。（1150年，宋高宗绍兴二十年，此年春朱熹始归婺源省墓）
>
> 端平乙未年，郡城火，时监察御史兼崇政殿说书休宁吴辅居室产芝，三秀九茎。（1235年，宋理宗端平二年）
>
> 淳祐辛丑年七月，郡城火。（1241年，宋理宗淳祐元年）
>
> 景定辛酉年八月，郡城火。（1261年，宋理宗景定二年）
>
> 咸淳庚午年三月，郡城火。[3]（1270年，宋度宗咸淳六年）

[1]《御定佩文斋广群芳谱》卷二《天时谱》，文渊阁四库全书本。

[2]《御定月令辑要》卷五《正月令》，文渊阁四库全书本。

[3] 弘治《徽州府志》卷十《祥异》。

道光《徽州府志·祥异》：

绍兴壬子年四月徽州大火，夜燔州治、谯楼、官舍，狱宇、钱币、库务凡十有九所五百二十余区，延烧五百家，自庚子至于壬寅乃熄。（1132年，宋高宗绍兴二年）

绍熙辛亥年四月辛丑徽州火，二日乃灭。（1191年，宋光宗绍熙二年）

庆元庚申年八月戊戌，徽州火燔州狱、官舍，延及八百余家。（1200年，宋宁宗庆元六年，是年朱熹卒）

共记南宋时期徽州府城发生8次火灾，其中有6次都发生在庚辛之年，1次发生在壬子年，但记录时却刻意提到了“自庚子至于壬寅乃熄”，1次发生在乙未年，说明有7次火灾都与庚辛有关，其概率为87.5%。值得注意的是，《徽州府志·祥异》中的这8次火灾都是发生在南宋一朝，南宋以前没有火灾的记载。而南宋以后徽州郡城的火灾情况共有10次，其中发生在庚辛年的有4次，分别是永乐时2次和弘治时2次，都在明朝，其概率是40%。表明南宋“庚辛之厄”传说的影响很大，以致当时载史者深受其影响，一直到明朝才逐渐式微。

南宋以后徽州郡城的火灾情况：

元贞乙未九月郡城火。（元贞元年，1295年）

至正壬午年正月郡城民居灾，延及官库谯楼。（至正二年，1342年）

洪武甲子年八月郡城火，烧学门两庑。（洪武十七年，1384年）

永乐庚子年秋八月郡城火，延及学门、戟门两庑。（永乐十八年，1420年）

永乐辛丑年冬，再火，仅存大成殿。（永乐十九年，1421年）

成化己亥郡城火。（成化十五年，1479年）

弘治庚戌郡城火。（弘治三年，1490年）

壬子郡城东关火，时风烈，延及东门城楼。（弘治五年，1492年）

弘治十四年辛酉正月郡城火。（1501年辛酉）

道光六年癸未三月，郡城试院东街火，延烧几二百家。[1]（1826年丙戌）

那么，“庚辛之厄”与南宋有何关系？反映了什么历史问题？

① 道光《徽州府志》卷十六《祥异》。

庚辛是古代的一种干支纪年法，属于十天干之一，五行为金。庚辛年发生火灾，也就是火克金，又叫“庚辛之厄”。从上面我们得知，这一说法来源于南宋时汪华庙中的灵应事件，与汪华有关。据《汪华行状》，汪华“奄有六州，带甲十万，虽四方大扰，部内赖以安业，私谓太平之主。及唐高祖起兵太原，出师江左，王谓群下曰：日月出矣而烛火不熄可乎？顷吾夜视天象，荧惑正侵太白。太白西方，于音为商，吾姓商音也。灾异既形，吾计决矣。武德四年（621年）九月甲子，公自纳款归唐。”[①]交代了汪华投靠唐朝的一个重要原因是天文现象，即荧惑侵太白。荧惑为火，太白为金，亦即火克金。汪华以为汪姓商音，商是五音之一，五行为金，观天象而有感身世，于是决定投靠唐朝。归唐之年是武德四年，该年是辛巳年，也是庚辛之年，这大概是“庚辛之厄”的最早出处。

到南宋时期，“庚辛之厄”的观念开始形成，还与南宋和朱熹有莫大的关系。

从汪华灵应事件中的四次火灾来看，都发生在南宋时期。南宋五行属火，《宋史》曰：“宋，火德也”，《宋会要辑稿》曰：“陶唐氏之火正曰阏伯，居商丘，祀大火而火纪时焉，《说》曰火正，谓火官也，掌祭火星，行火政，后世以为火祖。相土，契之曾孙，代阏伯后主火星，宋其后也。按商丘在今南京，（宋）太祖皇帝受命之地，当房心之次，以宋建号，用火纪德，取于此，至真宗皇帝始升建京邑，号为三都，则阏伯之神上配大火，国家之兴，实受其福。”[②]南方五行为火，南宋的第一个年号是建炎，最后的年号为景炎，南宋的几位皇帝如宋光宗、赵昚、赵昀、赵显、赵昰、赵昺，名中取日，均为火之象。宋周密《齐东野语》曰：“淳熙中，孝宗及皇太子朝上皇于德寿宫，置酒赋诗为乐，从臣皆和。周益公云：一丁扶火德，三合巩皇基。盖宋高宗生于大观丁亥，孝宗生于建炎丁未，光宗生于绍兴丁卯故也。阴阳家以亥卯未为三合一时，用事可谓切当。”[③]此言亥卯未三合木局生火。这就解释了为什么徽州人将八次火灾都记到南宋的名下。再看汪华灵应事件中的四次火灾有三次都发生在宋理宗时期，分别是景定、绍定、淳祐，一次发生在宋度宗咸淳年间，为何会这样？因为徽州在宋理宗和度宗时期发生了一件大事，理宗

①《新安忠烈庙神纪实》卷一《行状》。

②《宋会要辑稿》礼十九《祀大火星》。

③（宋）周密撰：《齐东野语》卷四，文渊阁四库全书本。

时朝廷开始树立朱熹，绍定二年（1229年，己丑）朱熹被封为徽国公，第二年是庚寅、辛卯年，亦即“庚辛”年，徽州发生了火灾（即汪华灵应事件第三十七）。度宗咸淳五年（1269年，己巳）诏赐文公阙里于婺源，第二年是庚午、辛未年，亦即“庚辛”年，徽州也发生了火灾（即汪华灵应事件第三十六）。这意味着“新安之神”汪华的形象从“庚辛”年开始被遮蔽，徽州对朱熹的信仰逐渐上升，此后“家孔孟而户程朱”，对汪华而言这就叫做“庚辛之厄”了，实质上反映了唐宋时期徽州社会和民间信仰的变迁。弘治《徽州府志》曰：“旧志前辈以材力保捍乡土，唐黄巢之乱，中原衣冠避地于此，益尚文雅。宋名臣辈出，多为御史、谏官者，自朱子而后为士者多明义理之学，称为东南邹鲁。”[①]明程敏政曰：“秦汉以来多列仙，意犹不足当之，于是我开府忠壮公及越国汪公前后以布衣起义旅，坐全其土地民人于祸乱，没而为神千余年不替益灵。迨中世则休宁之程北徙洛而得两夫子，婺源之朱南徙闽而得文公以嗣孔孟之统而开绝学于无穷，其人物卓伟若此，一时名公硕儒与夫节孝、材武、遗老、贞媛之属，文焕乎简编，行播乎州里。”[②]表明徽州至迟在南宋末年的确发生了很大的社会变化。

对于南宋时期的火灾，徽州人多不以为然。如宋高宗“绍兴二十年（1150年，庚午）郡城火”，《新安志》曰：“绍兴二十年火灾，市人以为承平，时谯门东出侧城中列肆不耗，士子登第者众。”[③]又如宋理宗“端平二年（1235年，乙未）郡城火，时监察御史兼崇政殿说书休宁吴辅居室产芝，三秀九茎。”以祥瑞作解释。说明徽州人对这些火灾另有看法，认为火是文章、文明和科举之象，因此徽州方志中出现了许多“以奇葩、灵芝、城火喻地方科举、乡贤及武举之盛”[④]的现象。明清时期流行的《三命指迷赋》曰：“文章明敏兮，定须火盛”[⑤]，也是持文章火象之说，表明徽州人对地方文明与火象的关系并非空穴来风，而是有一定根据的。

---

① 弘治《徽州府志》卷一《风俗》。

② 民国《歙县志》卷十五《新安文献志序》。

③《新安志》卷一《城社》。

④ 丁希勤：《祥异，一种民间的政治批评——解读弘治〈徽州府志·祥异〉》，《中国地方志》2009年第6期。

⑤（宋）岳珂撰：《三命指迷赋》，文渊阁四库全书本。

（五）灵应事件与汪华的性理

第二十四“叱逐瘟神”记载了南宋乾道初年徽州人王十五昏厥梦游被瘟神挟持以及汪华神灭瘟的故事，其实是对汪华性理的一种神话演义。从前面分析中可知汪华的八字：丙午、庚寅、戊辰、壬子，日柱戊辰是汪华之命，戊土生于寅月，寅中木权司令，木克土，戊土虚弱，当以木生火为喜用。在命学上，寅的性质比较特殊，寅中有木有火有土，是木临官之地，又是火、土长生之地[①]，故事中的王十五就是土之表现，《易经》曰：“天五生土，地十成之”，可见王十五的名字就是土之义。土是汪华的本命，所以故事说王十五是“汪仆”，但被瘟神十余人挟持，这里的十余人也是寅中土之化身，但其主要的性质还是木，与汪华本命相反，所以来攻徽州。故事讲王十五，“方耘田，忽仆死……八日复苏，云在田见十余人赍箱箧大扇，顿被殴捽着地，令荷担。”这句话是对寅字的演义，“寅”中有田，有十，有八，故曰“方耘田”“八日复苏”“见十余人”，“令荷担”则是寅木之象征，寅中木权司令，“担”属性为木。命学上以寅中甲木为戊土之煞，故曰瘟神，表现在故事中即是瘟神来徽州行瘟，其行瘟路线是：先到五侯庙，即婺源五显神庙，次从五岭适休邑，复走徽城，皆为英济王汪华神叱逐。这里的五侯庙（婺源五显神）、五岭、徽城五行均属土，是汪华土命之表现，土虽弱，但有五侯之帮助，土力大增，故瘟神得以叱逐。瘟神于是转战宣州，首攻孟氏，这里的“宣”应理解为文宣王孔子，孟即孟子，宣、孟是圣人，暗喻宋孝宗。宋孝宗未发迹前曾被授予宁国军节度使，治在宣州，而这个故事发生在孝宗乾道初年，其寓意很明显。“迤逦至宣州，无有阻者，遂入一大祠，运木立寨栅于外，若营垒然，各执械自北门孟生家始”，这里的“木寨栅”“执械”是寅木之表现。“先揍孟氏二子脑”，“留二日，其从入报西南有火光，救兵至”，“又二日，火光接天……焚其寨栅，十余人各溃败，独王十五在”，“询之云孟生乃医者，七月合门病疫，始二子继奴婢招巫禳之。”这里的“二子”“二日”“七月”是火的演义，《易经》曰：“地二生火，天七成之”，寓意用火止木克土，木为火所焚，失去克土之效，因曰“焚其寨栅，十余人各溃败，独王十五在”。“一城师巫并祷英济王禳禬始愈，盖所谓火焚其寨栅者是也”，则进一步揭示了汪华神以火为喜用之特点。

① 《三命通会》卷二《论五行旺相休囚死并寄生十二宫》。

这个故事选择宣州作为背景，是因为宣州当时是宋孝宗的封地，孝宗名赵昚，“昚”和“孝”中有火土，与徽州的汪华和五显神的神性相同，可以增益其力，故宋孝宗在位时期汪华、五显各封八字王。《宏村汪氏家谱》曰：“乾道四年（1168年）三月二十三日，宋孝宗封信顺显灵英济广惠王，爵封极于真王，显美至于八字。”[①]宋罗愿《新安志》云：灵顺庙“其神五人，旧号五通庙，大观三年（1109年）三月赐庙额，宣和五年（1123年）正月封通赐、通佑、通泽、通惠、通济侯，绍兴二年（1132年）五月并加封四字，十五年九月封六字，（孝宗）乾道三年（1167年）九月封八字，（孝宗）淳熙元年（1174年）进封显应、显济、显佑、显灵、显宁公。”[②]八字是古代封神的最高荣誉。

汪华的性理以火为喜用，上面已作详细的分析。以火为喜用的同时就是以水为忌神，汪华死于申运，就是因为申与命中子、辰三合水局所致。但其灵应事迹中有12件与水有关，只有7件晴事与4件火灾，又当如何理解？其实稍作分析就会发现，这12件水事中，有7件是谢文，而4件火灾则无一例谢文。这就说明，雨水并非其所喜之神，所以徽民需要屡申虔谢，方能致雨。同样，因祈晴与雨水连绵有关，7件晴事中就有5件谢文。以水为忌神在第二十五“乘骑送疫”中得到了典型的表现，当汪华神出巡时，“会大雨倾注”，“众惧罗拜”。而当火灾一旦发生，举王像则立熄，第二十九件还记载了贼“纵火烧庙不燃”。以火为喜用还表现在其坟墓的迁徙中。弘治《徽州府志》，“公在隋称吴王时尝屯兵此山，后纳款归朝，贞观二十三年（649年）薨于长安。永徽中归葬云岚山，郡人请祠于刺史宅西偏。大历十年（775年）刺史薛邕请迁于山之东峰，元和三年（808年）刺史范傅正又迁于山之南阜，天复二年（902年）陶雅为刺史重修灵宫。（宋）德祐元年（1275年）赐庙额曰忠烈。”[③]此言首葬刺史宅西偏，西五行为金，金生水为忌神，故请迁于山之东峰，东五行为木，木生火为喜，但木克土，土是其本命，故复迁于山之南阜，南五行为火，火生土为喜神，故在此建灵宫。至于北方，是其忌神方位，断断不会葬此。

①《宏村汪氏家谱》卷二十二《事实》。

②《新安志》卷五。

③ 弘治《徽州府志》卷五《祀典》。

五、徽州文书中的汪华水神信仰

明清时期徽州有将汪华作为水神的，如明崇祯十年（1637年）的《祝会簿》曰：

> 住居十三都三鄙里长吴天庆、保长汪宗公及士农工商各户人等为议祝会事，切以田禾丰熟，人丁茂盛，全仗神灵护佑，是以各村各乡立会敬神，祭祀巡游田间，邀神欢媚之意。今本都本鄙上自上庄，下至下岭，俱属越国汪公、九相公、胡元帅名下所辖，向虽立会祭祀，未举出游之典，今议本神出游春祈祝会必需人力扶持，钱财给用，议得士商之家出钱修坐辇，执事各件用度农工之家出力，上下村司帝辇相辇，上庄司帅□[1]，各执其事，共祝年谷丰登，人民乐业，人喜神欢，福禄永赖，如有不敬事肃奉者，神必降祸其家。今立议，各宜遵照。[2]

道光二十四年（1844年）的《祝会簿》曰："越国汪公、九相公、胡元帅之神起自明朝，迄今四百余年，实赖神佑。"从这里"田禾丰熟"，"立会敬神，祭祀巡游田间"来看，是将汪华、九相公、胡元帅作为农业水神。

汪九相公是汪华的第九子，九为金数，五行水由金生，《易经》曰："地四生金，天九成之"，故徽州以第九子作为水神。明代《新安忠烈庙神纪实》曰："其第九子汪九相公近来尤为灵异，应棹舟结桴入浙者必诺香头乃敢东下。"[3]即是将其作为护航的水神看待的。

胡元帅又名胡发世、胡德胜，是徽州灵顺庙的六位从神之一，也是徽州本土人。弘治《徽州府志》曰：（灵顺庙）"胡检察讳发，世居城北种德坊福泉井畔，颖悟过人，入庙事神，远游募化，灵迹昭著，殁随庙食，张天师封为检察将军。又忠靖胡提点，名德胜，乃检察之子，生而神异，长有慧性，有术者相之曰生不封侯，死当庙食。尝昼寝觉则汗流浃背，所穿履尽弊，且言某处风浪覆舟，城池失火，后累验之果然。及卒，御灾捍患，有祷辄应，四方之人奔走祠下惟恐或后。"[4]从这里"汗流浃背""风浪覆舟"来看，胡元

① 原缺，特标识"□"。下同

② 南京大学资料室藏徽州文书。

③《新安忠烈庙神纪实》卷三《敕赐王九子庙额》。

④ 弘治《徽州府志》卷五《祀典》。

帅主要是水神。胡元帅在灵顺庙众神排位中位于第六，六是水数，《易经》曰："天一生水，地六成之"，也是将其作为水神看待。

汪华在宗族中排行四十四，《汪氏通宗世谱》曰："四十四代越国公讳华，字英发"，四与九构成金局，生水灌溉庄稼，故得以与九相公、胡元帅合祭作为田里水神。从"各村各乡立会敬神"的情况来看，这三人在徽州合祀的较多。

第三节　张巡、许远

张巡、许远是唐朝人，安史之乱时死守睢阳城而牺牲，对保卫江淮和东南地区的安全起到了重要的作用。《新唐书》曰："张巡、许远可谓烈丈夫矣，以疲卒数万婴孤墉抗方张不制之虏，鲠其喉牙，使不得搏食东南，牵掣首尾，豗溃梁宋间大小数百战，虽力尽乃死，而唐全得江淮财用以济中兴。"[①]清朝朱轼的《史传三编》曰："卒障江淮以保东南半壁，天下不亡，二公之力。"[②]

死后，唐肃宗赠张巡为扬州大都督，许远为荆州大都督，代宗大历二年（767年）敕建双忠庙于睢阳。宣宗大中时画张巡、许远、南霁云等人像于凌烟阁。唐代有多人为之作传，如高适的《还京次睢阳祭张巡许远文》、李翰的《进御史中丞张巡传表》、韩愈的《张中丞传后序》、柳宗元的《扬州大都督南府君睢阳庙碑》等[③]。宋朝徽宗大观二年（1108年）赐睢阳庙额曰协忠，封张巡忠烈侯、许远忠义侯、南霁云忠壮侯、贾贲忠济侯、雷万春忠勇侯，又增祀东平太守姚訚，共六位神主。诸神以张巡为主，崇宁间封张巡为忠靖景佑真君，南宋高宗建炎二年（1128年）封忠靖王，宋理宗景定元年（1260年）封东平威烈昭济显庆灵佑王，元至正元年（1341年）加护国，七年再加洪济，累加护国忠靖威显洪济景佑真君。

宋室南渡以后，张巡信仰加速向江南传播。明代冯諲的《重建唐御史中丞张公庙记》曰："始于尽节之地睢阳立庙祀之，又于所产之地邓州立庙祀之，厥后江淮以南感公威灵，立庙祀之者非一区。"[④]到明清时"睢阳庙食遍

①《新唐书》卷一百九十二《忠义传》。

②（清）朱轼撰：《史传三编》卷二十三《名臣传》，文渊阁四库全书本。

③（清）叶沄等纂修：《商丘县志》卷十三，民国二十一年石印本。

④（明）谈修撰：《惠山古今考》卷五，四库全书存目丛书史部第233册。

于东南”[1]，江浙、安徽、江西、福建等地普遍祭祀，安徽皖南的徽州、宁国、池州等地信仰比较兴盛。

一、张巡

（一）张巡的神性

张巡，《旧唐书》云蒲州河东人，《新唐书》云邓州南阳人，或曰蒲州河东是祖籍地，邓州南阳是出生地。其生日有两种说法，一曰唐中宗景龙三年（709年）五月十八日，一曰七月二十二日。死于唐肃宗至德二年（757年）十月九日癸丑[2]，享年49岁。

按清朝袁树珊的《命谱》，张巡生于唐中宗景龙三年（709年）五月十八日卯时[3]，转换成干支是己酉年，庚午月，癸酉日，乙卯时。为芒种后二十六日出生，当10岁起运，后天大运10己巳，20戊辰，30丁卯，40丙寅，50乙丑。命主癸水生于五月，水弱当以金水为喜用，金水在西方和北方。命主自10岁至50岁一直行东南木火之运，并非西北方位，与其仕途平顺不相符合。由此断定，五月十八日绝非张巡的诞辰。

张巡的诞辰还有七月二十二日之说，如《绩溪庙子山王氏谱》曰："张巡相传为七月二十二日生，各地方志往往均有此记载，汪泽注高孝本《绩溪杂感诗》亦云七月二十五日前三日为睢阳寿，故八都即于是日迎太子出会。"[4]若按七月二十二日，干支是己酉年，壬申月，丙子日，具体时辰不详。为立秋后二十八日出生，当10岁起运，后天大运10辛未，20庚午，30己巳，40戊辰，50丁卯。命主丙火生于七月，乃火衰之月，故以木火为喜用。49岁大运辰，与月柱申、日柱子三合水局灭火。命学上酉见酉自刑，49岁又逢太岁丁酉与年柱之酉自刑，10月是亥水当权，故战死于丁酉年10月。以木火为喜用，故《湘中志》云："王死而梦其家曰，余得请于上帝命为岳府司禄，事察人间善恶而赏罚之。"岳府即东岳府君，五行属木，是其喜神的表现。因死于

①《歙县迁无锡许氏支谱》卷五《唐敕赐荆州大都督许远神道碑》文末注，光绪三十年木活字本。

②《绩溪涧州许氏宗谱》卷三《高阳许氏世系图·许远》曰："十月癸丑，城陷，与巡及将南霁云、雷万春同殉节。"但据《旧唐书·张巡传》，"是日，（巡）与姚訚、霁云同被害，唯许远执送洛阳。"说明张巡死于癸丑日，而许远并非此日。

③（清）袁树珊撰：《命谱》，中州古籍出版社1995年版，第59页。

④《绩溪庙子山王氏谱》卷九，民国二十四年刻本。

申子辰三合水局，民间要求加封为水神，如乾隆十二年（1747年）封浮梁张巡神为显佑安澜之神，四十五年改司水张公之神，嘉庆八年（1803年）封丹徒张巡为显佑安澜宁漕助顺之神。七月二十二日诞辰比较符合。

张巡与关公的命理有很多的相同之处，都出生于丙火之日，都有申子辰三合水局，都死于亥水（张巡死于亥月，关公死于亥年），都是河东人（张巡是蒲州河东人，关公是河东解人），故后世将二人共同祭祀。如明朝休宁县南山庵作中奉佛，左祠汉寿亭侯，右祠唐张睢阳[①]。中间是佛，佛从西来，五行为金，金生水，比喻二者的终极归宿。

也有以二十五日作为诞辰的，如明代余季枢的《灵应记》曰："景泰乙亥无锡之境内谦，继之以疾……惟赖景佑真君灵泉饮之而愈……七月二十五日适当降诞之辰，各捐净资具斋，结会还神像于山。"[②]这里的景佑真君是张巡，指出其诞辰是七月二十五日。此说应该是对七月二十二日的演义，因为根据南方的民间习俗，小孩出生后的第三日要做喜宴，二十五日是二十二日的第三天，"各捐净资具斋"与做喜宴性质相同，后世误以为此日为"降诞之辰"也有可能。还有一种说法，认为七月二十五日是张抃的诞辰。张抃是南宋以来流行的一个神灵，明代以后与张巡信仰走向融合，于是民间也将七月二十五日作为张巡的诞辰。清代康熙年间唐世征的《东岳王将军纪事》曰："玉山东岳祠，雄丽甲天下……有神主侑东岳者为王太保汴……传王以七月二十五日诞期，四方争持香火，箫鼓喧阗，赴会至蔽天日，阅两月乃停。以予所见王事本末志载如此，较今所闻见则惟知有张中丞与南、雷二将军严坐堂上，不闻有王太保汴也。又有神自十九都至者为康忠烈保裔公，云以七月二十五日值张中丞诞辰，乡人及期奉神至庙与诸神会祀一日，诘朝即还，不知七月二十五日为王太保诞辰也。"[③]

张巡的命理以东南为喜用，这与唐朝以来以东南为财赋渊薮相一致。《新唐书》曰："南涉江淮为吴越，皆负海之国，货殖之所阜也。"[④]明代王鏊的《姑苏志》曰："唐天宝而后，东南财赋始增，至宋元弥盛。"[⑤]说明张巡的神

① 弘治《徽州府志》卷十《寺观》。

②《惠山古今考》卷五。

③（清）吴华辰等纂修：《玉山县志》卷二《坛庙》，同治十二年刊本。

④《新唐书》卷三十一《天文志》。

⑤（明）王鏊撰：《姑苏志》卷十五，文渊阁四库全书本。

性与东南的区域经济是一致的。而张巡在睢阳保卫战中也是保护东南一隅，《唐书·张巡传》所云“以疲卒数万婴孤墉抗方张不制之虏，鲠其喉牙，使不得搏食东南，大小数百战，虽力尽乃死，而唐全得江淮财用以济中兴。”[1]因此，唐朝时就开始祭祀张巡、许远。弘治《徽州府志》曰：“新安去睢阳远矣，不应有庙，然史臣赞，二公以疲卒数万婴孤墉抗方张不制之虏，鲠其喉牙，使不得搏食东南，虽力尽乃死，而唐得全江淮财用以济中兴，故江淮多祀之，此庙所以立也。”道光《徽州府志》亦曰“使不得搏食东南者，其功在生民也。”从表面上看，张巡被尊为神是因为保障了东南，深究原因皆与张巡的命理以东南为喜用有莫大关系。

如上所述，张巡生日有两种说法：五月和七月。五月火旺，七月金旺，火和金是古代灭蝗灭瘟的重要手段（参见刘锜成为蝗神的原因），故民间又将张巡作为瘟神，如民国《歙县志》曰：

> 邑人敝俗，迎神赛会，岁糜巨赀，自明已然，至今未艾。黄白山一木堂诗中有《神船八章》咏其事，云：“刻木为舟，束草为人。首位象龙，彩绘如真，彼何神？斯曰唐张许，以身殉国，庙食千古。二公有言，死为厉鬼，誓歼群丑，以报天子。末俗传伪，谓神司瘟，于以像之。虎眉生嗔，于以舟之。陆海扬尘，伐鼓鸣金。扬徽树帜，有其举之。无或敢废，废则召灾。疫疠斯至，惟神正直。妖孽易兴，就人求食。邪祟或凭，神道悠悠。愚俗蚩蚩，举国若狂，谁与正之？我时往观，悠然齿粲。是用作歌，以谂妖诞。”观此诗可知此俗之当革矣。[2]

又曰：

> 傩礼，俗尚不齐，乡党好事者为之。正二月为春祀，虽山村僻墅皆有之，举事于社，盖春祈也。夏秋之际制造龙舟，装饰彩绘，磔牲醽食，号曰保安善会，崇其神曰太子，并奉张许二公。会终之夜燔其旗于所居之下游，名曰送圣。若郡城北街之献菜，南郭渔梁之灯船，其最著者。[3]

此处讲到歙县保安善会奉张许二公之神，在夏秋节点上举行，反映了张

---

①《新唐书》卷一百九十二。

② 民国《歙县志》卷一《风土》。

③ 民国《歙县志》卷一《风土》。

巡的神性。古代治蝗瘟的两种方式：火和金（参见刘猛将军），夏为火，秋为金。火是张巡命理的用神，而许远为言、午，也是火之表现，故“末俗传伪，谓神司瘟”。另外，张为长弓，箭矢五行为金，金神寓于其中。故歙县夏傩奉张巡、许远之神，事涉二者的神性。

（二）张巡的“东平忠靖王”由来

张巡信仰的发展主要是在宋元时期。南宋咸淳《临安志》曰：“大观二年（1108年），赐睢阳庙额协忠，封许远忠义侯，张巡忠烈侯。”[1]元末何乔新的《东平王庙碑》曰：“王著神南土，号封累加，其曰东平威烈昭济显庆灵佑王者，宋景定元年（1260年）十一月所封也。”[2]明代刘弘的《春秋祭祀碑文》曰：“宋崇宁间封忠靖景佑真君，元至正元年（1341年）加护国，七年再加洪济。”陈勉的《忠靖王张公感应记》曰：“宋建炎二年（1128年）封公忠靖王。”倪谦的《张中丞庙记》曰：“宋建炎间加封忠靖王，元至正间累加护国忠靖威显洪济景佑真君之号。”[3]明代唐桂芳的《忠显双庙碑记》曰：“歙西距城可三十里土名曰潜口山……宋皇祐，里人自北商而还，遂奉神妥侑于此，茅茨敧昃，炉烟冷落，未遇乐施之者。淳祐，乡相吉国程公言于朝，穆陵敕赐庙额曰忠显，加封号曰威烈、英烈。”[4]

据上可知，宋元时期张巡信仰的主要情况是：北宋大观二年（1108年）赐睢阳庙额曰协忠，封张巡忠烈侯，崇宁间封忠靖景佑真君。南宋高宗建炎二年（1128年）封忠靖王，宋理宗淳祐年间赐庙额曰忠显，加封号曰威烈，景定元年（1260年）封东平威烈昭济显庆灵佑王。元至正元年（1341年）加护国，七年再加洪济，累加护国忠靖威显洪济景佑真君。

可见，以上封号主要是围绕“东平忠靖王”而展开的，反映了张巡与两宋政治的微妙关系。如宋徽宗崇宁年间（1102—1106年）封张巡为忠靖景佑真君，南宋高宗建炎二年（1128年）封张巡为忠靖王。考宋朝封张巡为忠靖仅发生在徽宗和高宗两朝。徽宗的第一个年号是“建中靖国”（1101年），“忠靖”与“中靖”谐音，用意比较明显。宋高宗封张巡为“忠靖王”与钦宗的“靖康”年号（1126—1127年）以及自己的“康王”封号也形成一一对应之关

①（宋）潜说友撰：咸淳《临安志》卷七十四《许国公庙》，文渊阁四库全书本。

②（清）谢旻修：《江西通志》卷一百二十一，文渊阁四库全书本。

③《惠山古今考》卷五。

④（明）唐桂芳撰：《白云集》卷六，文渊阁四库全书本。

系。赵构被封为康王是在徽宗宣和三年（1121年）十二月，“靖”字拆开即是立、十二、月，《宋史》曰：“靖康纪元，为十二月立康之兆。”[1]因此他封张巡为忠靖王，无疑是向世人表明自己皇位的合法性。宋高宗赵构是在靖康之变后仓促即位的，缺乏一套继承仪式。因此，他只有在传统方面向前任皇帝学习，用册封神学的方式来巩固自己的皇权。张抃、张有严之子是以张巡为基础而创作的，因此也被封为忠靖王，但都在张巡封忠靖王之后，而且是南宋建立以后的事情。

从宋徽宗首次封张巡为“忠靖灵佑真君”来看，似乎与道教有一定的渊源。约成书于南宋的《东平张元帅秘法》曰：“铁纛地雷东平忠靖王张元帅巡，青面鬼，唐授青州刺史，封忠靖王。”[2]明代《三教源流搜神大全》曰：“唐宋历封（张巡）为宝山忠靖景佑福德真君”[3]。民国《歙县志》也曰：“唐封景祐真君通真三太子，妻封申国夫人，子亚夫拜金吾大将军。”[4]似乎忠靖、景佑的封号在唐代就有了，但正史中并无相关记载，疑是南宋以来人们附会的结果。宋徽宗曾自称“教主道君皇帝”，封张巡为真君应与他对道教的爱好有关。

南宋建立以后，又在忠靖王前加上“东平”二字。元末何乔新的《东平王庙碑》曰：“唐忠臣张睢阳……王著神南土，号封累加，其曰东平威烈昭济显庆灵佑王者，宋景定元年（1260年）十一月所封也”[5]，这里的东平王指张巡。《宋会要辑稿》曰：“王淮阴人张有严之子……南渡以来，神复响答于浙间，而此方尤显著，累封东平忠靖王”[6]，这里的东平王指张有严之子。然而，没有关于张抃被封为东平王的记载。从“著神南土”和“南渡以来”而看，东平封号与南宋有关。张抃是以北宋末年康王赵构主持宋金和议失败后南逃作为背景而创作的，发生地在北方黄河一带，与南方无关，因此不封东平王而仅封为“令辅南岳”。

东平王的封号还与张巡的“东岳”身份有关。清代俞正燮的《癸巳存稿》曰：“宋宣和间，县人石姓、黄姓者客东平，无罪陷狱，祷于神，既得脱，乃

①《宋史》卷二十四《高宗本纪》。

②《道法会元》卷二百五十七《东平张元帅秘法》，《正统道藏》第28册。

③《三教源流搜神大全》卷五《斩鬼张真君》。

④ 民国《歙县志》卷十六《拾遗》。

⑤《江西通志》卷一百二十一。

⑥《宋会要辑稿》礼二十《临汀志·靖王祠》。

匿像以归……为立祠，祠成，神示乩有云我乃张巡，与许远同时在东岳为押案，为阴司都统使。”[①]可见，北宋末年已有“东岳押案”之说。到南宋时才出现东平忠靖王的称呼，南宋洪迈的《夷坚志》曰：“信州威果营节级郑超祗役郡府，为人平直寡过，庆元元年（1195年）八月二十一日夜半若梦……越两夕又梦一人姓张者……云东岳第八司生死案……曰吾乃东平忠靖王，管人间生死案，直正无私，汝还世，说与人不妨。”[②]说明东平王与东岳第八是同一个人。因此，明清时期有东岳庙祭祀张巡的，如清朝徐时的《闲居偶录》曰：“其邑凤山东岳庙祀张睢阳，建宁亦祀张睢阳，盖以东岳押案之说。”[③]

“东岳第八司”可能直接来源于张巡的“南八男儿”称呼。唐代韩愈的《张中丞传后序》曰：“城陷，贼以刃胁降，巡不屈节，即牵去将斩之，又降（南）霁云未应。巡呼曰：南八男儿死耳，不可为不义屈。云笑曰：欲将有为也，公有言，云敢不死！即不屈。”加上张巡临死誓言“臣虽为鬼，誓与贼为厉”，于是宋代将其加工成“东岳第八司”“东岳押案”，成为掌管人间生死之神。

东方五行为木，其数为三和八，《易经》曰：“天三生木，地八成之”，又曰：“万物出乎震”，“震，东方也”。因此，宋代称张巡为“东岳第八司生死案”。在唐代，张巡则被称为“三太子”和“厉鬼”。民国《歙县志》曰：“按唐忠臣传云，张巡授太子通真舍人，官至御史中丞，殁赠扬州大都督，后为神，唐封景祐真君通真三太子，妻封申国夫人，子亚夫拜金吾大将军，审是则张巡乃三太子也。”[④]《旧唐书·张巡传》：“巡神气慷慨，每与贼战，大呼誓师，眦裂血流，齿牙皆碎。城将陷，西向再拜，曰：臣智勇俱竭，不能式遏强寇，保守孤城。臣虽为鬼，誓与贼为厉，以答明恩。”[⑤]可见，宋代的“东岳第八司”“生死案”是对唐代“三太子”和“厉鬼”的发展。

木的五行之色为青、蓝。木生火，火色为赤、朱、红。因此，张巡的厉鬼形象表现为“赤发青面”。约成书于宋末元初的《道法会元》曰：“张巡，青鬼面，朱发蓝身，三须突眼，红袍绿靴金甲，蹙金罗帽，簪双头红牡丹，

① (清)俞正燮撰:《癸巳存稿》,辽宁教育出版社2003年版,第408页。

②《夷坚志》戊卷七《信州营卒郑超》。

③《癸巳存稿》,第409页。

④ 民国《歙县志》卷十六《拾遗》。

⑤ (后晋)刘昫:《旧唐书》卷一百八十七《张巡传》,文渊阁四库全书本。

手执狼牙棒，或鸡心槌，或火剑。”[①]元代谢应芳的《厉鬼辨》曰：“往予过无锡，适州人出郭迓神，赤发青面，吻出四牙，状极诡异，旗旄鼓吹，卫从而舁之。予尝讶而问焉，人曰此唐张巡也，且言公死时自谓当作疠鬼，故世称公为疫疠之神而崇奉焉。”[②]清朝王士祯的《居易录》也曰：“江湖间祀张睢阳作青面鬼之类。”[③]张巡的“赤发青面”形象较早见于唐末，宋初徐铉的《稽神录》曰：“寿州刺史朱延寿，末年浴于室中，窥见窗外有二人，皆青面朱发青衣，手执文书，一人曰我受命来取，一人曰我亦受命来取，一人又曰我受命在先。延寿因呼侍者，二人即灭。侍者至问外有何人，皆云无人。俄而被杀。”[④]文中没有交代二神的名称，疑是张巡、许远。因为唐代中期朝廷曾为二人立双忠庙，上述清代俞正燮的《癸巳存稿》也提到“张巡与许远同时在东岳为押案，为阴司都统使”。

“赤发青面”的五行为木火，木数为三和八，火数为二和七，这在张巡的本生故事中也有所表现。三，巡曰：“吾于书读不过三遍，终身不忘也。”八，如上述“南八男儿”之称呼，又“及城陷，贼缚巡等数十八”[⑤]。二，张巡死时“身首分裂”[⑥]，又如唐代所立双忠庙最初只祭祀张巡、许远二人，“唐至德中惟专祀张、许，以南霁云配，世称双庙者是也。”[⑦]七，如“巡长七尺”[⑧]，“睢阳庙旧在城南七里”[⑨]等。

张巡的五行与宋朝的五行相合，所谓同声相应，同气相求，是其信仰流行于宋代的一个重要原因。《宋史》曰：“宋，火德也”。南宋偏处江南，南方属火，故南宋是火德之尤者。南宋的第一个年号是建炎，最后一个年号是景炎，南宋的历任皇帝高宗赵构、孝宗赵昚、光宗、宁宗、理宗赵昀、恭宗赵显、端宗赵昰、儿皇帝赵昺，名中有木、日、光、丁，皆是木火之象。南宋周密的《齐东野语》曰：“淳熙中，孝宗及皇太子朝上皇于德寿宫，置酒赋诗

①《道法会元》卷二百五十七《东平张元帅专司考召法》。

②（元）谢应芳撰：《龟巢稿》卷十四，文渊阁四库全书本。

③（清）王士祯撰：《居易录》卷三十二，文渊阁四库全书本。

④（宋）徐铉撰：《稽神录》卷二，文渊阁四库全书本。

⑤《商丘县志》卷十三《张中丞传后序》。

⑥（清）王士俊修：《河南通志》卷四十九《张巡墓》，文渊阁四库全书本。

⑦《商丘县志》卷三《协忠庙》。

⑧《商丘县志》卷十三《张中丞传后序》。

⑨《商丘县志》卷十四《徐琰重建睢阳双庙记》。

为乐，从臣皆和，周益公云：一丁扶火德，三合巩皇基。盖宋高宗生于大观丁亥，孝宗生于建炎丁未，光宗生于绍兴丁卯故也。阴阳家以亥卯未为三合一时，用事可谓切当。”[①]康熙《御定星历考原》曰：“亥卯未合木局”，周密所言即是木生火之意。木色青，火色赤，与张巡的五行和厉鬼形象“赤发青面”吻合。

(三)张巡的神话

1.食人神话

张巡在睢阳保卫战中，因粮绝而食人三万。《旧唐书·张巡传》曰：

> 尹子奇攻围既久，城中粮尽，易子而食，析骸而爨，人心危恐，虑将有变，巡乃出其妾，对三军杀之，以飨军士。将士皆泣下，不忍食，巡强令食之。乃括城中妇人，既尽，以男夫老小继之，所食人口二三万，人心终不离变。[②]

食人三万，将近占了当时睢阳城中人数的一半。《新唐书》曰：“时议者或谓巡始守睢阳，众六万，既粮尽，不持满按队出再生之路，与夫食人，宁若全人?”[③]唐代李翰《进御史中丞张巡传表》曰：“议者或罪巡以食人”[④]。后人对此也有诟病，明朝胡应麟曰：“张睢阳保障之功日揭万古，独守城食三万人，君子不能无疑。(韩）昌黎辩之甚力，后世谈者如《扪虱》《新话》等书犹数数焉。”[⑤]

面对世人的责难，元代陶宗仪的《说郛》专门记载了一段张巡的神话，揭示食人的真相，全文如下：

> 绍兴辛巳冬，北人南侵，朝廷遣大军屯淮东以遏其冲，其势渐逼，主将每遣小校将数队，四出游奕候望。有何兼资者，领五十人至六合县，西望见一队军马自西北来，旗帜不类北人，又不类官军。兼资踌躇，未知所措。其人马行速，已出兼资之后，号令下寨。兼资遂敛所部，隐身芦荻林中。须臾有一人传令曰：“荻林中有一人否?”一人应曰：“彼中乃生人，与吾不相关

①(宋)周密撰:《齐东野语》卷四,文渊阁四库全书本。

②《旧唐书》卷一百八十七《张巡传》。

③《新唐书》卷一百九十二《忠义传》。

④《商丘县志》卷十三。

⑤(明)胡应麟撰:《少室山房笔丛》卷二十,文渊阁四库全书本。

涉。”兼资闻其有生人不相关涉之言而知其为鬼兵也，乃免胄出见守寨门官，再拜曰：“某大宋刘太尉下踏白军也，不知神兵自何道来？其所往讨为何事？”门者命报中军。须臾，中军传令，召兼资入，凡五门始至中军，一人广坐，冠服如天神，一人西向，形貌英毅，须髯皆指大，一人面貌亦俊爽，余二三人分坐于左右，皆金装甲胄。兼资再拜致谢，未毕西向者曰：“吾奉天符来助汝太尉，管取必胜。”兼资再拜致谢，因问曰：“今日幸遇神将将兵救助，敢请广位神号？”广位者瞪视不言。西向者乃曰：“此天蓬神司主事也，不与凡间通言，汝不必问。”兼资又再拜，就西向者问曰：“大王何神也？”答曰：“某唐张巡也。”指对坐者曰：“此唐许远也。”因遍指下坐者谓兼资曰：“此雷万春也”，“此南霁云也”。兼资少亦读书，颇记张巡许远事，因再拜顶礼曰：“某曾读唐书，见二大王忠义之节，每整冠敛容，羡其英特，岂期今日得瞻拜风采，信然！史所载其有实乎？”巡曰：“史有何疑？”兼资曰：“史言大王守城，凡食三万余人，不知果然否？”巡曰：“有之而实不然也，其所食者皆已死之人，非杀生人也。”兼资又曰：“史言张大王杀爱妾，许大王杀爱奴以享士，不知果然否？”巡曰：“非杀也，妾见孤城危逼，势不能保，欲学虞姬、绿珠之效死于吾前，故自刎。许大王奴亦以忧悸暴死，遂烹以享士，盖用术以坚士卒之心耳。”兼资故见雷万春面上止有一疤，因再拜问曰：“史言将军面著大箭有六，而一疤何也？”万春曰：“当时实著六箭，而五著兜鍪，人人相传谓吾面著六箭不动，吾亦当之，庶扬声以威之也。”须臾，命酒肴馔，亦人间之物，惟天神不食。久，传漏者报云：“天渐晓矣。”巡谓兼资曰：“汝归语汝主将，吾奉天符助兵，然此去悖逆，吾当斩其首以报上帝。”语讫，命人引兼资出至荻林，呼其所部出至张许下寨之所，已不复有人矣。不半月，有造角林之捷。未几，其主有龟山之祸，果如其言。兼资后累功至正使，见今在京西，多与士大夫言之。①

这段神话解释了食人三万、张巡杀妾、许远杀奴、雷万春中六箭等一系列存在于人们心中的疑惑，曰“所食者皆已死之人，非杀生人也”，而张巡所杀妾，许远所杀奴皆出于自愿。作者企图通过张巡神的自白道出事件的真相，以消除人们对食人的误会。“刘太尉”指南宋抗金名将刘锜，“造角林之捷”指张巡神帮助刘锜打败金主完颜亮。可以看出，作者把张巡当做南宋的保护神，并为其食人作辩解，反映了南宋初年人们对张巡食人事件仍耿耿于怀。

① (元)陶宗仪撰：《说郛》卷十八下《摭青杂记》，文渊阁四库全书本。

2.救人神话

南宋时期还有一个关于张巡的救人神话,《夷坚志》曰:

信州威果营节级郑超,祗役郡府,为人平直寡过。庆元元年八月二十一日夜半,若梦中见一人衣帻如卒长,自称为祝太保,持文引来,追取著家保状知管,觉而得疾,便困笃,饵药弗效。越两夕,又梦一人姓张者,同行到溪岸。张向里边至高峻处夺超伞,挤之入溪,幸而堕平地,延颈仰望,见五骑相逐来,皆下马呼超,曰:"如何攧在墈下?"其中姓毛者使超举手,为援之水泉近出,即引上聚坐,皆云:"汝却好个人。"超谢曰:"对都使不敢坐,蒙救得残命,何以报恩?"俄有人来言一壮汉落水,已浸死,手内尚执伞。超曰:"乃是欲见杀者,渠那知身受其祸。"未及款曲而寤。

二十五夜五更后,忽手足软缓,咽间急窄,不能出声,但喘息仅属。一黄衫吏至云:"东岳第八司生死案唤汝。"超答言:"只愿死,亦不顾妻儿,不生怨恨。"见已身卧床上,指之曰:"早与他尽命,莫教受苦。"黄衫曰:"我阴司取人不如此,只是引将去,如便与过了。性命是违犯天条也。"驻留食顷,引手撮其喉,觉如火中取出新锻铁器淬于水盆之声,且持索缚超。超曰:"不须尔,我决不窜走天涯海角也。"随使者去。其人曰:"于道理合。"如此遂行。俄抵岳下第八司,入至殿廷,殿上唱云:"押到信州威果指挥郑超。"超初离家时,躯干骤长,大如寺门金刚,自骇其异,至是缩小,才如茶托。主者问:"汝在阳间看诵是何经典?"对曰:"常诵《金刚经》。"对甫罢,金光涌出,照耀上下,若日光明,四畔万鬼众,擎拳称好。主者呼功德司官呈白公案,而书判语于两漆板,令持示超,大略类篆书,全不可晓。又唱云:"照郑超,应有作过、愆罪,并皆赦除。"顾追吏引憩左方。自朝至午,主者再升殿,又判展一纪半之年寿与超,曰:"吾乃东平忠靖王,管人间生死案,直正无私,汝还世,说与人不妨。"超曰:"超到阳间必不敢说,怕泄漏天机。"主者曰:"但依直说,勿妄言可也。"命押监门疏放,既及门,两官人分居左右,裹幞头,衣绿袍,各书空作字,以口吹入超身。又取小红合内药撒其腹,谓曰:"放汝自此归,便吃得饮食,凡闲野神鬼皆不敢辄侵犯。"原吏为解索出门,履级道数层,一足踏虚而醒,举体冷如水。妻子熟睡,呼语之曰:"圣王已放我回。"使妻以麦门冬水来饮一杯,觉芬香透顶,旋索粥,明日即平安。超详述所见,为文散揭诸门及邸店,凡二千言,摭其要于此。[①]

①《夷坚志》戊卷七《信州营卒郑超》。

这个神话讲述了郑超命绝之际，因平时常念《金刚经》之故，被阴司发回人间，并延长其寿数。所云“东平忠靖王”虽没有明确表明身份，但据前面的研究是张巡。郑超是军人，张巡将其放回人间，并嘱咐他“依直说”，“说与人不妨”，实际上是让他去宣扬《金刚经》，希望世人多持诵此经以超度战争中的饿死亡灵，如“放汝自此归，便吃得饮食”，等同于交代了战争中饿死亡灵的救赎办法。这两个神话故事反映了南宋偏处江南无法避免战争的残酷现实，是张巡信仰流行于南宋的重要原因，也反映了宋人对张巡的食人之事耿耿于怀，不得已引进佛教的《金刚经》作为调治之法，以消除信仰中的疑虑和污点。

3.报应神话

在民间信仰中，张巡虽然是东南的保护神，但因为在睢阳之战中杀食自己人而背上了沉重的因果。清代王士祯的《池北偶谈》曰：

> 徐蔼，字吉人，会稽诸生，年二十五得瘕疾，痛不可忍。年余，瘕能作人言，濒死时见一白衣少妇问曰：“君识张睢阳杀妾事乎？君前生为睢阳，吾即睢阳之妾也，君为忠臣，吾有何罪？杀之以飨士卒。吾寻君十三世矣，君世为名臣，不能报复，今甫得雪吾恨。”言讫，妇不见，蔼亦随逝。庚申在京师，其门人范思敬说。[①]

明清时期三教合一，因果报应、劝善思想流行，《池北偶谈》中的神话显然是受到了这一思想的影响。它与宋代引进《金刚经》的救赎思想一样，都是对唐代食人事件的调治。后两个神话带有各自的时代特征，使张巡信仰的内涵更加丰富。

（四）张巡与太子神

因为张巡是东方之神，民间又将张巡作为太子神。

徽州素有“太子神”“三太子”之祭，其说法有萧梁王子、唐新安郡王李徽之子、汪华之子和张巡等几种。如《黟县志》曰：“张公巡为太子（通事）舍人，西安糖坊街有宋碑称张巡为三太子。黟人祀张公巡，又祀三太子。”[②]认为三太子是指张巡。但从后面一句看，张巡与三太子似乎是两个人。民国《歙县志》认为太子神是梁萧王之子，至唐朝以后则指张巡：

① (清)王士祯撰：《池北偶谈》卷二十四《张巡妾》，文渊阁四库全书本。

②《黟县志》卷三《风俗》。

侯景之乱，梁萧王抱子匿于歙，子死王悲思之，乃刻木肖子之像而祠于社，遂灵显，于是合邑村落均有太子之神。或又谓通真三太子者即东平忠靖王，以其死为厉鬼杀贼之语能驱邪逐疫也。按唐忠臣传云，张巡授太子通真舍人，官至御史中丞，殁赠扬州大都督，后为神，唐封景祐真君通真三太子，妻封申国夫人，子亚夫拜金吾大将军。审是则张巡乃三太子也。①

徽州流行汪华九子"一二三太子，四五六诸侯，七八九相公"之说②。《绩溪庙子山王氏谱》将二者作了区别，认为汪华之子为太子的说法不符合历史事实，所谓的太子应是张巡：

七都原有太子会，太子平时置张家村后三王庙，各村逐年分棚迎赛，洪杨乱后，是会废不能举，寺后各村仅每年秋收后鸣锣燃爆，焚香点烛迎之而已。太子俗以为汪华子，实则唐张巡之沿误。华虽建吴国称王，以天琏为右相，铁佛为左相，然未久即奉表归唐，则终唐之世绝无有敢称其子为太子者(下注俗云：一二三太子，四五六诸侯，七八九相公)，各家著录于华均未有太子之称，历代封王或二字，或四字，或八字，皆及华而止，亦无太子之目，是以华子为太子实无依据。

张巡曾官太子通事舍人，其称谓在当时太子二字不敢呼在姓名下，故不曰张太子舍人，而曰太子张舍人，杜甫诗题"太子张舍人，遗织成褥段"是也。五代迄宋，历年既久，传闻遂讹，乃脱下三字而误称为太子。然张氏与李唐无关，求其说不得，遂误以太子为唐时所封，陕西糖坊街张公祠内有宋碑载唐封张巡为三太子是也，是误以巡为太子在宋已然。历元明清迄今，沿袭未改。再以吾乡各村会期证之尤确，可据信。张巡相传为七月二十二日生，各地方志往往均有此记载。汪泽注高孝本《绩溪杂感诗》亦云七月二十五日前三日为睢阳寿，故八都即于是日迎太子出会，出会必演剧，而邻近十余里内各村若同日出会演剧必互相冲突而不能遍观，因此五都则提前于二十日出会，六都六棚又提前于十八日出会，而汪村前坦头则逢闰月之年于六月出会，必以闰年六月者，其始必闰月，在六月以前，六月亦七月，后乃不论闰在何月均出会耳。据此则太子为张巡无疑。③

据乾隆《绩溪县志》所云通真行祠祀唐朝通真三太子，各处里人岁于七

① 民国《歙县志》卷十六《拾遗》。

② 此说与《易经》有关，见汪华的性理。

③《绩溪庙子山王氏谱》卷九，民国二十四年刻本。

月二十五日迎神，与张巡七月二十二的诞日相近，则绩溪县所祭的也应是张巡。

关于张巡为“三太子”之说，据上述俞正燮的《癸巳存稿》所云在唐朝就有了。其中，“太子”不难理解，它源自张巡在唐朝的职务“太子通事舍人”，那“三”该何解呢？我认为它应与张巡的命理和神性有关。前面说过，张巡的命理以木火为喜用，睢阳保卫战中又主要是保护东南一隅，东方五行为木，木之数三，《易经》曰“天三生木”，张巡又是李唐的太子通事舍人，李于五行也是木，故后世称其为“三太子”。

徽州又有通真庙，祀唐新安郡王李徽的两个儿子死武崇烈之乱，曰通真、通灵，民间也称“通真太子”。民国《歙县志》曰：

> 通真庙，在府城富山麓，即乌聊山下。按陆锡明《新安氏族考》云，唐新安郡王李徽为濮恭王泰之子，太宗皇帝孙，袭五世，厥后二王子曰通真、通灵，死武崇烈之乱，国人哀之为立太子堂，此一说也。又按张巡曾为太子舍人，守死睢阳，后为神，唐封为通真三太子，故立庙曰通真，此又一说也。[①]

这里的“太子”，其内涵显然与张巡的“三太子”不同。张巡的“太子”是唐朝官职“太子通事舍人”之简称，且与“三”联系在一起，“三”既是李唐的五行符号，又是张巡的东方喜神。而这里的“太子”是指李唐的后裔，不闻有“三”之说法。两个“太子”并行不悖，不存在谁是谁非的问题。通真、通灵是道教术语，为成仙之意，也与东方木有关。《说文解字》曰：“真，从七，从目，从乚、八。”其中，“八”是东方木数，《易经》曰：“天三生木，地八成之”。“目”通于肝，肝通于东方之木，故“目”的五行也是木。而“七”为火数，东方寅木是火长生之地，“寅”下之“八”与“真”下之“八”同为木，“寅”中有“日”，为木生火象，为阳气，《说文解字》曰：“寅，髌也，正月阳气动，去黄泉，欲上出，阴尚强，象宀不违，髌寅于下也。”“灵”即灵魂，是肝之重要功能，肝通于东方之木。故“通真”“通灵”皆与东方有莫大关系。东方的另一重要职能是主生长，二位太子均未成年而死，亦即死于东方之位，故称通真、通灵，这与张巡神性在东南如出一理，所以有称张巡为“通真太子”的。李唐的“通真太子”是就年龄而言神性，张巡的“通

① 民国《歙县志》卷二《秩祀》。

真太子”是就命理和官职而言，称呼虽同，内涵不同。

徽州还有郑八郎和富八郎者，与三太子一样，皆是东方神性之称呼。如“仙姑阁，在歙县，郑仙姑之父曰郑八郎，学道者也，家于乌聊山东岳庙前，姑幼与父居一小阁，后仙去。”[①]“富八郎，不知何时人，相传姓李氏，唐诸王孙，授藩世居歙，以赀著，人甚其富，遂冠于行以称之，其故居即歙署也，二堂之阴墓在焉，官歙者每朔望焚香展叩，岁十一月八日为诞辰则告祭……考郡邑志乘，皆略而不载。”[②]这里的东岳庙和李唐王朝五行属性皆是东方之木，故得以八命名。所以我认为三、八之称呼源自五行和易经，与人物的性理有关，萧梁、李唐、张巡的性理皆是木，木数是三，故民间祭祀萧梁王子、李唐新安郡王子、张巡，都视为“三太子”或“太子神”，甚至汪华的三个儿子也称太子神，曰“一二三太子，四五六诸侯，七八九相公”。

(五)张巡与康保裔

清朝时黟县将张巡与康保裔合祀。《黟县志》曰：“俗多联会赛神汪公华、张公巡、许公远，昔以防御有功德于民，关圣帝、周宣灵王以忠孝为民所奉，康公深则自山右与张公巡为黟人迎归者，众称张康菩萨，最灵显。”[③]这里的康公、康菩萨是北宋抗击契丹的康保裔。《宋史·康保裔传》曰：

> 康保裔，河南洛阳人。祖志忠，后唐长兴中讨王都战殁。父再遇为龙捷指挥使，从太祖征李筠，又死于兵。保裔在周屡立战功，为东班押班，及再遇阵没，诏以保裔代父职，从石守信破泽州，明年攻河东之广阳，获千余人……累迁日骑都虞侯，转龙卫指挥使，领登州刺史。端拱初授淄州团练使，徙定州天雄军驻泊部署，寻知代州，移深州，又徙高阳关副都部署……契丹兵大入，诸将与战于河间，保裔选精锐赴之，会暮，约诘朝合战。迟明，契丹围之数重，左右劝易甲驰突以出，保裔曰：“临难无苟免！”遂决战二日，杀伤甚众，蹴践尘深二尺，兵尽矢绝，援不至，遂没焉。[④]

陆游的《老学庵笔记》曰：

> 本朝康保裔，真宗时为高阳关都部署，契丹之来战死。祖志忠，后唐明

①道光《徽州府志》卷二《古迹》。

②民国《歙县志》卷十五《富八郎墓记》。

③《黟县志》卷三《风俗》。

④《宋史》卷四百四十六。

宗时讨王都战死。父再遇，太祖时为将讨李筠战死，三世皆死国事。[①]

从以上可知，康保裔最初的官职是“东班押班”，后代父职为“龙捷指挥使”，又转“龙卫指挥使”，后战死高阳关，与祖、父“三世皆死国事”，其母后被封为陈国太夫人，其妻亦被追封河东郡夫人，东、龙、三、陈、河东的五行皆是东方。其早年活动之地也主要在东方，如“攻河东之广阳，获千余人”，领登州刺史、淄州团练使等，后来才逐渐转移并战死于高阳关，阳为火。这是一个由木向火渐进之过程，与张睢阳之神性极其相似，故得并祀而“最灵显”，乃取以类相从之义。

张、康合祀不但见于徽州，其他地区也有。清代俞正燮的《癸巳存稿》曰：“宋时江西已为保裔立庙……鄱阳县亦有康王庙，在城中。福州福清县、连江县俱有康王庙，土人以木郎庙张巡并入祀之，额曰康张福地。上高县有冲真庙，云庙自洪武时建，中祀张巡、许远、康保裔，是张巡、康保裔合赛之证。”又引《黔书》云：“麦新县祀宋康保裔，其神介胄赭面。今黟城中赛张康神，张为厉状，康赭面，谓之老菩萨，亦曰张王、康王。”[②]

上面提到的“木郎庙张巡”，可证明张巡为东方神性之特点。而康保裔的形象是“介胄赭面”，介胄为盔甲，不难理解，“赭”是赤褐色、紫赤色，是老阳之色，与其战死高阳相关。此外，张巡的“赤发青面”与康保裔的“介胄赭面”还保留了各自所属时代的特征。张巡来自李唐，康保裔来自北宋而实际上是南宋的保护神，南宋时江西泰和县东门外有康王庙，欧阳守道记曰“南渡以后尤著灵”[③]。李唐和赵宋五行均以木为主，木生火，火之色赤，但唐的本义是唐捐、涣散之意，故木不能完全生火，尚保留了一份本色，其色在青赤之间，是为“赤发青面”之由来。古赵地与天上参宿相应，其五行属金，故康王“介胄”在身，介胄五行为金。赭当为南宋之色，南宋处南方火地，其第一个年号是建炎，最后的年号为景炎，最后几位皇帝赵昰、赵昺、赵昺，名中取日，均为火之象。宋周密《齐东野语》曰：“淳熙中，孝宗及皇太子朝上皇于德寿宫，置酒赋诗为乐，从臣皆和。周益公云：一丁扶火德，三合巩皇基。盖宋高宗生于大观丁亥，孝宗生于建炎丁未，光宗生于绍兴丁

① (宋)陆游撰:《老学庵笔记》卷九，文渊阁四库全书本。

②《癸巳存稿》，第410页。

③《癸巳存稿》，第410页。

卯故也。阴阳家以亥卯未为三合一时，用事可谓切当。”[①]此言亥卯未三合木局生火。故南宋是火之尤者，火旺生土，旺极必衰，其色介于火、土之间而为赭色，《说文解字》曰：“赭，赤土也。”拆开即赤、土、日。可见，张巡和康保裔的形象不但与其神性有关，还体现了各自所处时代的风貌特色。尤其值得注意的是，宋高宗赵构做太子时曾被封为康王，与康王（保裔）称呼相同，故后者得以拥有南宋之色彩，而成为南方的保护神，在南方被广泛祭祀。

二、张巡的变体之一：南宋张抃

北宋末年，金兵南下，攻克汴京，掳走徽、钦二帝，史称靖康之变，康王赵构南逃，途中留了不少的足迹和传闻。南宋建立后，人们根据这些传闻编撰了相应的神话故事，并将其与张巡信仰相结合，形成了张抃、张有严之子。

张抃是南宋以来东南地区流行的一个民间信仰。其人正史中无相关记载，南宋淳熙年间汪应辰的《玉山昭烈庙记》曰：“史佚王姓名，邈无考索……初庙食于湖湘，迤演江右。”[②]最初兴起北宋末年湖南的沅州，《沅州府志》曰：“宋政和初，潘宗岩反，攻城，望见军马出城皆神鬼状，于是骇散，其后黄安俊叛，及曹成攻城，城不失守，皆神之力，遂封祀有加。曹成攻城事在高宗绍兴二年（1132年），所封为王者或即其时欤。”[③]南宋初年吴致尧的《潭州南岳庙碑》曰：“政和二年（1112年），猺人黄安俊作乱辰州（即沅州），祈祷感应，申奏敕封灵佑侯。八年因沅州贼潘宗岩作过，奏请加封佑顺灵显公。建炎初，潭州奏请特封忠靖王，告在本庙，昭烈庙额在衡山县行宫，近又封威显王。”[④]另据清代徐松的《宋会要辑稿》，“沅州城西，南岳张太保祠，政和二年（1112年）九月封灵佑侯，以荆湖北路都钤辖司言，徭（猺）贼围城，州人祈祷，若有神助，故特赐封。六年十月，封佑顺灵显公。宣和七年（1125年，乙巳）九月，赐庙额昭烈，以靖州言，乞立庙额，故从其请。高宗建炎二年（1128年），封忠靖王。绍兴十七年（1147年）十月，封其妻曰协惠夫人。二十二年二月，加封忠靖威显王。孝宗隆兴元年（1163年）七月，

---

①《齐东野语》卷四。

②（宋）汪应辰撰：《文定集》卷九，文渊阁四库全书本。

③（清）张官五等纂：《沅州府志》卷十八《坛庙》，同治十二年刊本。

④《南岳总胜集》卷上《叙岳祠》。

加封忠靖威显灵佑王。乾道七年（1171年）正月，加封忠靖威显灵佑英济王。”[1]上述三个材料的记载比较一致，说明北宋末年沅州确实存在一个名叫张太保或张昭烈的民间信仰。但没有史实表明该神就是张抃，直到南宋初年才将其加工成了张抃信仰。

（一）张抃的事迹抄袭《新唐书》

后世关于张抃的明确记载最早出自《淮阴弃指亭记》，南宋初年吴致尧的《潭州南岳庙碑》引述该记曰：

> 王讳抃，唐天宝间家于滑之白马，一云邓州南阳。任侠尚气，置金鎚袖中以击不平者。安史之难，张巡、许远提孤军守睢阳，筑台募死士，得南霁云以为将，因乞师于贺兰进明，弗许，二人誓云以断指为信，死为岳渎厉鬼，不放进明。逾月皆死。王梦其家曰：“吾得请于帝矣，命辅南岳为司徒。”王讳传记不一，或讳翼，或义，或轸，或巡，或称五代时人，今止取《临淮弃指亭》为实。[2]

弘治《徽州府志》曰：“《潭州南岳庙碑》，靖康三年吴致尧所撰。”[3]按靖康年号只有两年（1126—1127年），没有三年之说。靖康二年（1127年）五月一日宋高宗即位，改元建炎元年，“靖康三年”实际上是建炎二年（1128年），表明《潭州南岳庙碑》作于南宋建炎二年，碑中引述了《淮阴弃指亭记》的内容。

其次，关于张抃的记载出自《弋阳行祠记》和《玉山昭烈庙记》，这两篇文章同样是引述《淮阴弃指亭记》的内容。前者是南宋淳熙年间（1174—1189年）方师尹所撰。根据方氏交代，“曩效官京口，观《淮阴弃指亭记》”而作《弋阳行祠记》。淳熙年间汪应辰的《玉山昭烈庙记》曰：

> 玉山东岳之行祠，旧创于普宁寺之西。绍兴癸卯，相攸卜食得爽垲，始辟而壮丽之。佑岳秩祝之神，莫盛于张王，初庙食湖湘，迤演江右，施及玉山，然封爵同，而名讳异，或者疑焉。按唐忠义传，张巡、许远守一州捍天下，慷慨死难者三十六人，史佚王姓名，邈无考索。后江西宪使方师尹撰《弋阳行祠记》云，曩效官京口，观《淮阴弃指亭记》论王始末，甚有条理，乃

①《宋会要辑稿》礼二十《山川祠》。

②《南岳总胜集》卷上《叙岳祠》。

③ 弘治《徽州府志》卷五《祀庙》。

知王讳抃，家于滑之白马。安禄山之乱，巡、远提孤军守睢阳，筑台募勇士，得南霁云为将，王与厚善，同出睢阳，乞师贺兰进明，不与，俱断一指誓信，军中为之惊骇。出涕偕还，且射浮图，矢中砖，誓破贼，必灭进明。未几城陷，王等俱死之，梦其家曰："吾得请于帝，令辅南岳，为司录事，出乘轻车，迅疾如飞，掌察人间善恶，具以闻而加赏罚，吾乘此可诛不忠。"未几进明遇疾，如雷之震，盖其德也。先是唐开元、天宝间，王累举进士不第，曾有《题衡州泗州寺诗》……王平生任侠，常袖举金鎚以击不平，死守睢阳，气劲节锐，终始不渝。巡、远之忠义，霁云实赞叹之，霁云之勇壮，王实佑助之，气节有如此者。巢寇俶扰，衡民乞灵于王，寇过耒江，遇鬻屦者皆巨足，询其故，曰吾州兵屦也。俄有寇见伟人高牙大纛，趺皆丈余，寇褫魄却走。境赖以安，随处祠像，号感应太保，其威灵有如此者，是皆善德于唐也。生为精忠之臣，殁被盛德之庇，如潭如邛，如柳如㯹，如抚如南安建昌，所至灵应，庙貌翚飞，不可缕数。赐额昭烈，则自政和乙巳始也[①]。后南安查仲正等捐金塑像，名曰取命案。崇奉经年，绍兴丁卯，仲正梦王坐白马，挥金鞭曰："祠在江东水绝处，香火速移他所，否则祸及兹土。"觉遂识此语，是岁春暮远送神像并其侍从，舟载沿江浒而东，卜皆不叶，至玉山始得卜，环邑士庶官吏远迓奉安于邑之暖水三山，实行岳之佐也……凡有疾疫，谒饮即愈，岁遇庚伏，民斋戒徼福，辞曰收瘟，稍茹市荤腥，击殴无贷。七月二十五日相传为王诞，遐迩稚耋，蒙恩戴惠者，香花箫鼓，肩摩踵接，阗咽道途，以答神庥，不但兹邑而已，邑令陆翼平遂更名赐福案。王自政和至乾道累封八字，是为忠靖威显灵佑英济王。[②]

南宋以后有关张抃的记载也都提到《淮阴弃指亭记》，该记显然是解开张抃身世之谜的关键。但《淮阴弃指亭记》后世并没有流出下来，所有的引述也都没有交代其创作年代。元代倪中对此提出了疑问，曰："《淮阴弃指亭记》，不知亭记之说何据而遽信之。在当时号为良史而善访辑遗事者莫若韩愈，其书李翰所为传后亦惟载南霁云诣贺兰乞师，不闻有辅行而俱断一指者，使有其人则谊与云等，顾肯弃指而不录耶？唐史及韩之书不征而乃信亭记之说，诚所未喻者也。"[③]南宋的汪应辰亦曰："史佚王姓名，邈无考索"，"封爵

① 此处有误，政和没有乙巳年，应是宣和七年乙巳。

②《文定集》卷九。

③《玉山县志》卷二《忠节庙记》。

同而名讳异，或者疑焉。”[①]

根据《潭州南岳庙碑》和《玉山昭烈庙记》的引述，《淮阴弃指亭记》主要记载了张抃：乞师贺兰进明、断指誓信、射浮图、袖举金鎚、死化厉鬼、南岳府君、举进士不第、平生任侠等内容。稍加分析，就能看出《淮阴弃指亭记》抄袭《新唐书》的痕迹。如《旧唐书》曰：“时贺兰进明以重兵守临淮，(张) 巡遣帐下之士南霁云夜缒出城，求援于进明，进明日与诸将张乐高会，无出师意。(南) 霁云既不能达主将之意，请啮一指，留于大夫，示之以信，归报本州。”[②]并无射浮屠、发誓报仇之事，而在《新唐书》中却有：“今主将之命不达，霁云请置一指以示信，归报中丞也。因拔佩刀断指，一座大惊，为出涕。卒不食去，抽矢回射佛寺浮图，矢著砖，曰吾破贼还，必灭贺兰，此矢所以志也。”[③]此事在《淮阴弃指亭记》等作品中表述为：“安禄山之乱，巡、远提孤军守睢阳，筑台募勇士，得南霁云为将。王与厚善，同出睢阳，乞师贺兰进明。不与，俱断一指誓信，军中为之惊骇。出涕偕还，且射浮图，矢中砖，誓破贼，必灭进明。”[④]可见几乎完全抄袭《新唐书》。

《新唐书》乃北宋欧阳修所撰，成书于宋仁宗嘉祐五年 (1060年)，表明《淮阴弃指亭记》作于嘉祐五年之后。从清代徐松《宋会要辑稿》记载的相关内容看，当时只有张太保，没有“张抃”这一说法。“张抃”一词最初出现于《潭州南岳庙碑》《弋阳行祠记》和《玉山昭烈庙记》等南宋初年的作品中，从这些碑记集中引述《淮阴弃指亭记》而又没有交代其确切的创作时间看，当属同一时代，即两宋之际的作品。建炎二年 (1128年) 的《潭州南岳庙碑》曰：“王讳传记不一，或讳翼，或义，或轸，或巡，或称五代时人，今止取《临淮弃指亭》为实。”[⑤]表明张抃信仰在两宋之际有多种说法，到南宋初年以《淮阴弃指亭记》作为标准进行了初步的统一。

(二)张抃的原型之一是唐代张巡

张抃的原型之一是唐朝安史之乱中坚守睢阳保卫战的张巡、南霁云等人，如《淮阴弃指亭记》所载乞师贺兰进明、弃指断誓、射浮屠是根据南霁云的

①《文定集》卷九。

②《旧唐书》卷一百八十七《张巡传》。

③《新唐书》卷一百九十二《张巡传》。

④《文定集》卷九。

⑤(清)陈鸿作等纂修:《黔阳县志》卷二十二《昭烈祠》,同治十三年刻本。

事迹进行创作的，这在上面已有论述。此外，还将张巡的一些知识附会到张抃身上，如籍贯、进士、节义、厉鬼、岳府等。《潭州南岳庙碑》曰："王讳传记不一，或讳翼，或义，或轸，或巡（张巡）。"其中就讲到张巡。

据《新唐书》记载，张巡是邓州南阳人，故《潭州南岳庙碑》也讲张抃"一曰邓州南阳"人。《潭州南岳庙碑》《玉山昭烈庙记》还引述《淮阴弃指亭记》交代张抃"累举进士不第"，"平生任侠尚气，常袖举金鎚以击不平者"，其实也是抄袭张巡。《旧唐书》曰："巡聪悟有才干，举进士"，"重义尚气节，人以危窘告者，必倾财以恤之。"[1]张抃在历史上未必实有其人，因此为其创造了"累举进士不第"（名不见经传），以与张巡"举进士"相对应。"任侠尚气"与张巡"重义尚气节"相对应。"常袖举金鎚以击不平者"与张巡"人以危窘告者，必倾财以恤之"相对应。"袖举金"即袖中金或袖金，比喻财物，"倾"即"不平"。

厉鬼见于《唐书·张巡传》"臣虽为鬼，誓与贼为厉"（《旧唐书》），"死为鬼以疠贼"（《新唐书》）。《潭州南岳庙碑》曰："誓云以断指为信，死为岳渎厉鬼。"可为抄袭《唐书》之证据。岳府较早见于北宋宣和年间（1119—1125年），清代俞正燮的《癸巳存稿》曰："宋宣和间，县人石姓、黄姓者客东平，无罪陷狱，祷于神，既得脱，乃匿像以归……为立祠，祠成，神示乩有云我乃张巡，与许远同时在东岳为押案，为阴司都统使。"[2]南宋洪迈的《夷坚志》曰："信州威果营节级郑超，庆元元年（1195年）八月梦一人姓张者，云东岳第八司生死案，曰吾乃东平忠靖王，管人间生死案，直正无私。"[3]《玉山昭烈庙记》曰："未几城陷，王等俱死之，梦其家曰，吾得请于帝，令辅南岳，为司录事，出乘轻车，迅疾如飞，掌察人间善恶，具以闻而加赏罚，吾乘此可诛不忠。"[4]显然也是根据张巡的岳府形象塑造的。

不同的是，张巡为东岳押案，而张抃为南岳司录。东岳和南岳应来自唐代睢阳之战保卫东南的概念。《新唐书》曰："张巡、许远，可谓烈丈夫矣，以疲卒数万婴孤墉抗方张不制之虏，鲠其喉牙，使不得搏食东南，牵掣首尾，

---

①《旧唐书》卷一百八十七《张巡传》。

②《癸巳存稿》，第408页。

③《夷坚志》戊卷七《信州营卒郑超》。

④《文定集》卷九。

愿溃梁、宋间，大小数百战，虽力尽乃死，而唐全得江淮财用以济中兴。”①相应地以张巡死后化身为东岳押案。宋代的汴京保卫战与睢阳保卫战意义相当，唯独缺少一个南岳押案，因此创造一个张抃令辅南岳，与张巡一起作为南宋偏处东南半壁江山的保护神。玉山张抃神主的迁入是在南宋绍兴十七年（1147年），始迁时安置在东岳庙张巡的左侧，表明是与张巡在一起共祭的。《玉山昭烈庙记》曰：

> 绍兴丁卯，仲正梦（张抃）王坐白马挥金鞭曰：“祠在江东水绝处，香火速移他所，否则祸及兹土。”觉遂识此语，是岁春暮远送神像并其侍从，舟载沿江泝而东，卜皆不叶，至玉山始得卜，环邑士庶官吏远迓奉安于邑之暖水三山，实行岳之佐也。②

元代倪中的《忠节庙记》曰：

> 护国忠靖洪济景祐真君（张巡）之庙赐额曰忠节者，在玉山县南二里东岳行祠之左，自宋建中靖国元年初建玉虹桥下与普济寺邻，绍兴壬戌圮于水，明年始卜今地迁焉，名曰暖水三山。又，五年为绍兴丁卯始祠真君（张抃），其像本南安民查仲正命工所塑。③

但至迟在清代，共祭现象被打断。清代康熙年间唐世征的《东岳王将军纪事》曰：

> 谨按玉山东岳祠雄丽甲天下，其庙制重叠与泰山同。予行其地，问玉人士曰：“东岳去玉数千里，独隆祀于此何也？”或曰：“宋南渡后望祀泰山不及，奉敕建祠于此以代东巡。”又问：“张睢阳何以独显于东岳？”或曰：“公为侑岳神主，代泰山行赏罚。”予两颔之。予纂志阅旧乘，读宋蔡荐、汪端明、元倪中诸记序而始知有神主佐东岳者为王太保汴，《弃指亭记》足征也，其后受帝命显南方为南岳司录事，南人崇祀已有年……传王以七月二十五日诞期，四方争持香火，箫鼓喧阗，赴会至蔽天日，阅两月乃停，以予所见王事本末志载如此，较今所闻见，则惟知有张中丞与南、雷二将军严坐堂上，不闻其有王太保汴也……比闻各乡有王太保庙，崇事甚虔，最灵应，王或安

①《新唐书》卷一百九十二。

②《文定集》卷九。

③《玉山县志》卷二《坛庙》。

之，而岳庙遂久失考，只遵旧祀，不复祀王。[①]

此处交代了宋室南渡后玉山奉敕建东岳庙以代东巡泰山之意，可见玉山东岳庙在南宋国家政权中具有重要的意义，其神主最初为张巡，后迁张抃与之相合。但在清代，玉山东岳庙中没有了张抃的神像。究其原因，不外乎三点：一是张抃的真实性在历史上存在争议，二是张抃是两宋之际抗金的产物，三是张抃是南岳之神，不属于东岳系统。清代大一统，清初开始流行考据学，讲究事物的真实性，张抃已失去了存在的时代基础。而且清朝的前身也是金，史称后金，与南宋之金性质相同，直到1636年才改国号为清。张抃作为反金的产物和一个有争议性的神灵，于是从清代国家通祀的东岳系统中被清理掉。

不仅如此，明清以来张抃的身份信息逐渐向张巡发生迁移。如张抃的诞辰是七月二十五日，明清时变成了张巡的诞辰。明代余季枢的《灵应记》曰："景泰乙亥无锡之境内谦，继之以疾……惟赖景佑真君（张巡）灵泉饮之而愈……七月二十五日适当降诞之辰，各捐净资具斋，结会还神像于山。"[②]指出景佑真君为张巡，其诞辰是七月二十五日。清代康熙年间唐世征的《东岳王将军纪事》曰："玉山东岳祠，雄丽甲天下……有神主侑东岳者为王太保汴……传王以七月二十五日诞期，四方争持香火，箫鼓喧阗，赴会至蔽天日，阅两月乃停。以予所见王事本末志载如此，较今所闻见则惟知有张中丞与南、雷二将军严坐堂上，不闻有王太保汴也。又有神自十九都至者为康忠烈保裔公，云以七月二十五日值张中丞诞辰，乡人及期奉神至庙与诸神会祀一日，诘朝即还，不知七月二十五日为王太保诞辰也。"[③]

张抃的"金鎚"变成了张巡的"金锤"。根据《玉山昭烈庙记》，张抃"常袖举金鎚以击不平"。鎚即锤，明代变成了张巡的兵器，《湖广通志》曰："黄州安国寺右有景佑真君庙，祀张睢阳，郡守卢浚（明弘治时人）遍毁淫祠，是庙亦在废中。忽门皂为神所附，索笔题曰：皇天生我兮男儿……杀妻妾兮心悲，为厉鬼兮身披铁甲，为名神兮手执金锤，莫指我为张飞，莫指我为张仪，其张巡兮在世，与许远兮同时，在东岳兮押案。"[④]查新旧《唐书》，并没有交代张巡持何种兵器。约成书于元末明初的《道法会元》曰："（张

①《玉山县志》卷二《坛庙》。

②《惠山古今考》卷五。

③《玉山县志》卷二《坛庙》。

④（清）迈柱等监修：《湖广通志》卷一百十九《黔阳县·昭烈王庙》，文渊阁四库全书本。

巡）副帅许远，紫黑面，圆眼，花帽白袍，吊殨绿靴，玉束带，手执金锤。”[①]但《道法会元》中张巡是“手执剑”。至明代弘治年间却出现了手执金锤，应是根据张抃的形象进行移植的结果。这反映出张抃神的原型是张巡，并随着岁月的流逝出现了向原型回归的迹象。

张抃还有一个神话故事是抄袭张巡。南宋淳熙年间的《玉山昭烈庙记》曰：“（黄）巢寇俶扰，衡民乞灵于王。寇过末江，遇鬻履者皆巨足，询其故，曰吾州兵履也。俄有寇见伟人高牙大纛，趼皆丈余，寇褫魄却走。境赖以安，随处祠像，号感应太保。”[②]这是作为张抃的神话进行记载的，其实是张巡的神话。光绪《临桂县志》曰：“令公庙，其神岐首骈肩，为巨厉形，旁有独足捧旂者为魈神，盖魈为神所服属云。按《月山丛谈》神为宋李钤辖，有功于民，广右所在祀之严甚，不敢斥其名，第言画像被服如士大夫，不当作此形。阅宋荦筠《廊偶笔载》，清魈神为张睢阳，以其有死为厉鬼杀贼语，故作厉形。江湖间睢阳庙亦称令公庙，玩清魈之义，与此合，或因彼致讹耳。”[③]清初《粤西丛载》曰：“李令公者，宋时李钤辖，有功于民，广右所在祀之，夔依凭其间，俗号独脚虎狼，尝掷瓦砾以惧，愚民祀之甚于祀先，列牲甚盛。曾记幼时见人说此物淫一武弁妇，其至即若昏迷，见其物火发竖耳，青面巨唇，牙出唇外数寸，张口则洞见其喉，一足行则雀跃，在其家数年。妇病，乃移河池所避之，物亦随往，妇竟以此殒生。”[④]文中所言“巨厉”“独足”“捧旂”“牙出唇外数寸”“一足行则雀跃”，与《玉山昭烈庙记》中的“巨足”“大纛”“高牙”“趼皆丈余”的描述比较一致，表明“州兵”应是张巡而非张抃。《玉山昭烈庙记》等作品之所以将其加工成张抃的神话，应与金人有关。据《汉唐秘史》记载，“黄巢陷东都，入长安，僭号齐帝，改元金统。”[⑤]这与南宋初年金人攻陷东京，立伪齐政权进行统治有相似之处，因此被编入到张抃的神话故事中，并创造了一个“鬻履”者。其实，鬻为卖，履为足下，比喻宋金和议中割让的宋室土地。和议还规定了宋金为叔侄关系，金人是叔，因此《玉山昭烈庙记》巧妙地用了一个“俶”字，用“巢寇俶扰”

①《道法会元》卷二百五十七《东平张元帅秘法》。

②《文定集》卷九。

③（清）胡虔纂修：《临桂县志》卷十五，光绪六年补刊本。

④（清）汪森撰：《粤西丛载》卷十四，文渊阁四库全书本。

⑤（明）朱权辑：《汉唐秘史》卷二，四库全书存目丛书史部第45册。

形容其事。

(三)张抃的原型之二是五代滑台张氏

张抃的原型之二是五代滑台张氏。明代《搜神记》曰："昭烈姓张氏，五代时滑台人也。殁而为神，有显应，庙在浪州府之黔阳县。宋时有贼潘宗岩领众来攻城，未及至濠望见出城诸军，或青脸獠牙，或红须绛绩，或牛颈马面，四手双叉，长者丈余，矮者不满二三尺，跳叫蜂拥，喷火腾烟，千态万状，鬼魅妖魔。贼惊急走，自相践踏，遂解散远去。后黄安俊、曹成俱来攻城，竟不失守，皆神之力也。诏封为王，庙号照烈。本朝益崇祀之。"[①]黔阳县历史上也隶属于沅州，这里所述封神事宜与南宋初年《潭州南岳庙碑》《玉山昭烈庙记》《宋会要辑稿》等记载是一致的，只是将神灵由唐代的张抃改成了"五代"的"张氏"。清代汪森的《粤西丛载》曰："嘉应侯，五代时桂林府张姓者，滑人，历殿前侍卫，以勇略闻。宋嘉祐间，京师火不为灾，仁宗感梦，封嘉应侯。元丰初，桂多火，父老相与谋，请为祠祀之，自是火遂息。"[②]根据这里的记载，张抃的另一个原型应是五代滑台张氏，亦即北宋末年湖南沅州的张昭烈信仰。

张抃"家于滑之白马"缺乏事实依据，因为查《滑县志》历史上并无叫张抃的人。《大清一统志》曰："唐张抃，孝昌人。"[③]《湖广通志》又曰："唐张抃，孝感县人。"[④]查《孝感县志》又云是孝昌人："唐张抃，孝昌人，新旧《唐书》俱无张抃姓名，诸书亦皆失载，不知旧志何所系。"[⑤]孝昌、孝感人可能是明清时期根据张巡的相关事迹进行附会的结果，如"孝昌"应来自唐代李翰《进御史中丞张巡传表》中的"巡生于昌"，而"孝感"应与唐末衡州的"感应太保"有关，但嘉靖《衡州府志》曰："唐太保庙，祀唐广平侯雷万春。"[⑥]也无张抃之说。

据南宋《玉山昭烈庙记》交代，张抃曾作诗一首《题衡州泗州寺》曰："一水悠悠百粤通，片帆无奈信秋风。几层峡浪寒春月，尽日江天雨打篷。漂

①《搜神记》卷五,《正统道藏》第36册。

②《粤西丛载》卷十三。

③《大清一统志》卷二百六十二《汉阳府·人物》,文渊阁四库全书本。

④《湖广通志》卷六十。

⑤(清)朱希白等纂修:《孝感县志》卷十五《人物志·忠义》,光绪八年刊本。

⑥(明)杨珮撰:嘉靖《衡州府志》卷四,明嘉靖刻本。

泊渐摇青草外，乡关谁念雪园东。未知今夜依何处，一点渔灯出苇丛。”[①]这首诗也是有问题的。按“乡关”指家乡，“乡关谁念雪园东”暗指家乡在“雪园”的东面。“雪园”在文学上又叫“梁园”“兔园”，因南朝宋谢惠连曾以兔园作为背景写作《雪赋》，故又称“雪园”，本是汉代梁孝王刘武所建，故址在今商丘县，亦即唐代睢阳之战的发生地，与《玉山昭烈庙记》所交代张抃“家于滑之白马”的地点显然不相符。滑州在商丘西北几百公里外，无论如何不在“雪园东”。这首诗可能是南宋人的伪作。

（四）张抃的神话故事与南宋的关系

《淮阴弃指亭记》等作品将张抃创造为“家于滑之白马”，我认为另有所指，比喻靖康之变和南宋的建立。

首先，“滑之白马”比喻丙午马年滑州失守和靖康之变。北宋末年金人的进攻路线是：“始破河东，继陷滑州”，次及京师[②]。南宋初年的《靖康孤臣泣血录》曰：“（靖康）元年（1126年）春正月，金人拥兵犯都城，一月还师，秋九月陷太原，冬十月陷真定、滑州等郡县，十一月五日拥兵再犯都城，闰月二十五日陷京师。”又曰：“是时金人已破河东襄垣县，次侵滑州，州告急者踵至，朝廷降诏使人自为战而已。”[③]说明滑州对京师具有重要的军事防御意义，由于滑州失守才导致汴京的陷落。

此事发生于靖康元年（1126年），又称靖康之变、丙午猖獗、丙午之祸、丙午之变，对此民间有重要的记载。元陶宗仪的《说郛》曰：“徽宗崇宁间，曾梦青童自天而下，出玉牌上有字曰：丙午昌期，真人当出。上觉，默疏于简札，谓丙午年是昌盛之时，真仙当降。乃预制诏书，具陈梦意，令天下寻访异人以诏揭于宝箓宫，然四方了无异人。至乙巳冬内禅，钦宗即位，意当丙午之期矣。而次年金人果至，有北狩之祸。仆实从徽宗北行，每语青童梦，怪其无验，后乃悟曰：岂丙午是猖獗之期，而女真之人出也。盖事未经变，不能悉其婉言。”[④]绍兴年间徐梦莘的《三朝北盟会编》曰：“丙午之祸，父母兄弟，六宫九族，咸被驱逮，今十四年，辱莫大焉。”[⑤]吕陶的《净德集》曰：

①《文定集》卷九。

②（宋）丁特起撰：《靖康孤臣泣血录》卷首《叙》，四库全书存目丛书史部第44册。

③《靖康孤臣泣血录》卷一。

④《说郛》卷一百十八下《宋宣靖妖化录》。

⑤（宋）徐梦莘撰：《三朝北盟会编》卷一百九十二，文渊阁四库全书本。

"呜呼，靖康丙午之祸，奚为而至是极哉。"[①]晁公武的《后溪刘氏序略》曰："国家丙午之变，中原衣冠，不南渡则西入于蜀。"[②]可见，丙午的观念在当时深入人心，这无疑成为张抃神话中"白马"的原型。其中，"白"是金的五行之色，指金人。"马"为午，指丙午年。同时，午为南方，当时宋朝对金自称南国，因此也比喻宋朝，"白马"二字并列比喻战争的双方为金和宋。

其次，"滑之白马"比喻宋高宗康王赵构在滑州"跨泥马渡河"建立南宋的故事。靖康元年（1126年）二月，朝廷派赵构作为人质出使金廷，清朝《畿辅通志》曰："世传康王质于金，间道奔还，跨泥马渡河。"[③]该故事最早出自南宋陈东的《靖炎两朝见闻录》：

> 康王遂从宗泽之请，不果使北，将为潜归之计。且闻斡离不自遣康王归国后，心甚悔之，既闻康王再使，遣数骑倍道催行。康王单骑躲避，行路困乏，因憩于崔府君庙，不觉困倦，依阶脚假寐。少时，忽有人喝云："速起上马，追兵将至矣！"康王曰："无马，奈何？"其人曰："已备马矣，幸大王疾速加鞭！"康王豁然环顾，果有匹马立于旁，将身一跳上马，一昼夜行七百里，但见马僵立不进，下视之，则崔府君泥马也。[④]

"跨泥马渡河"的地点在滑州。《滑县志》曰："泥马渡，在城南二十里泥马庙村，案《南渡录》康王，徽宗第九子，质于金，间道奔窜，倦息崔府君庙，梦神人约金人追骑已到，王宜速去，已备马门前候。觉，马已在侧，跃马南驰河，既渡而马不前，下视之，乃泥马也，今县南二十里有村曰泥马庙即泥马渡康王处。"[⑤]

"泥马"又名"白马""神马"，比喻南宋的建立。《山西通志》曰："按府君者，祁州鼓城人，父母祷于北岳而生府君，唐贞观举孝廉，仕磁州滏阳令，昼理阳，夜理阴，一日与杨叟奕罢，见黄衣执符言曰：上帝命以玉珪、玉带、冠衣召赴五岳。卫兵百余人，拜毕，奏箫韶之乐，又取白马至。府君命二子取纸笔曰：吾将去矣。遂书白字以逝。"[⑥]宋张淏的《云谷杂记》曰："靖康元

① (宋)吕陶撰:《净德集》卷首《原序》,文渊阁四库全书本。
② (元)马端临撰:《文献通考》卷二百三十八,文渊阁四库全书本。
③ (清)李卫修:《畿輔通志》卷五十《祠祀·宋康王庙》,文渊阁四库全书本。
④ (宋)陈东撰:《靖炎两朝见闻录》,四库全书存目丛书史部第44册。
⑤ 王蒲园纂修:《重修滑县志》卷三《山川》,民国二十一年铅印本。
⑥ (清)觉罗石麟修,储大文纂:雍正《山西通志》卷二百五,文渊阁四库全书本。

年（1126年）年冬，高宗发京师，将至斡喇布军前议事。及至磁州，州有崔府君祠，府君或云唐人，其名不传，或云乃后汉崔子玉也，（唐）封嘉应侯，号应王。上至州，人拥神马，谓应王出迎。守臣宗泽启上谒其庙，上谒庙出，磁人力请上无北去，乃还泊于相州，明年遂即大位，高宗之应天兆于此。”[①] 泥马、神马的故事都发生于靖康元年（1126年，丙午）马岁，第二年为丁未岁，亦即建炎元年，宋高宗即位于应天府。易学上午未为六合，因此曰：“高宗之应天兆于此”。

总之，“滑之白马”创造于南宋初年，至少有以下象征意义：丙午马年、滑州的失守、靖康之变、宋高宗的泥马渡、南宋的建立以及战争的双方金和宋。据记载，靖康之变发生时，汴京军民进行了艰苦卓绝的抵抗，战况惨烈不亚于唐代张巡的睢阳保卫战。金人进攻汴京的路线是“始破河东，继陷滑州”[②]，最后才是汴京。可见，河东和滑州是汴京的生命线。据《旧唐书》记载，张巡是河东人，因此人们创造了一个张抃“家于滑”，比喻金人的另一个进攻路线。同时，张抃与汴，既谐音，又形似，比喻汴京保卫战。之所以选择滑县的白马作为张抃的出生地点，除了上述内涵外，还与白马地名有一定的关系。白马是滑县的一个地方，因其地有白马山、白马水，故称白马，《滑县志》曰：“（白马）山下常有白马群行山上，悲鸣则河决，驰走则山崩。”[③] 白马悲鸣比喻山河崩决，与南宋初年的情况相似，因此最终被写入张抃的神话中。

张抃还有“常袖举金鎚，以击不平”，“坐白马，挥金鞭”的神话，反映了靖康之变发生后的宋金关系。前一个神话出自《淮阴弃指亭记》，后被《潭州南岳庙碑》《玉山昭烈庙记》等所引述。该神话中的“袖举金”比喻袖中钱币，宋代人出行时往往将随身钱物置于袖中，称“袖中金”或“袖金”。“鎚”拆开为金、追，比喻金人向宋方索取钱币。“不平”比喻宋金的不平等关系。因为根据宋金和议的规定：“叔侄是序，进币是行”[④]，双方是叔侄关系，宋方须定期向金人缴纳一定数量的金币。因多次索金之故，所以神话中用了一个“常”字，“常袖举金鎚，以击不平”，比喻金人贪得无厌。这表明该神话

① （宋）张淏撰：《云谷杂记》卷三，文渊阁四库全书本。

② 《靖康孤臣泣血录》卷首《叙》。

③ 王蒲园等纂修：《重修滑县志》卷二《白马考》，民国二十一年铅印本。

④ 《靖康蒙尘录》一卷，四库全书存目丛书史部第44册。

和《淮阴弃指亭记》作于靖康之变或建炎初年。

后一个神话“坐白马，挥金鞭”出自南宋淳熙年间《玉山昭烈庙记》，据说是绍兴丁卯（1147年）南安查仲正迁徙张抃神像到玉山时所作的梦境。该神话中，“南安”比喻南宋，“查”为木、日（火），乃木生火，比喻南宋火德。“仲”为第二，“正”为政权，指南宋是大宋的第二个政权。“坐白马”如上所述比喻靖康之变发生在丙午马年和宋金双方。“挥金鞭”比喻金人挥师南下。《大金德运图说》曰：“议者以宋为火德，大金当为金德。”[①]南宋处于南方，是火德之尤者。金生水灭火，因此张抃神不可以处于水地，于是出现了“绍兴丁卯”火年从南安迁徙玉山“水绝处”的情况，如《玉山昭烈庙记》所云：“祠在江东水绝处，香火赖移他所，否则祸及兹土。”[②]其中“丁”五行为火，“卯”为木，乃木生火，比喻南宋火德。南宋周密的《齐东野语》曰：“淳熙中，孝宗及皇太子朝上皇于德寿宫，置酒赋诗为乐，从臣皆和，周益公云：一丁扶火德，三合巩皇基。盖宋高宗生于大观丁亥，孝宗生于建炎丁未，光宗生于绍兴丁卯故也，阴阳家以亥卯未为三合一时，用事可谓切当。”[③]此言亥卯未三合木局生火。“绍兴丁卯”又是宋光宗出生之年，“玉山”字中有“王”，或许暗示其事。光宗五行为火，灭火者水，因此神曰不可处于水地。

《玉山昭烈庙记》是汪应辰作于淳熙乙未（1175年）、丙申（1176年）年间，汪应辰是信州玉山人，宋高宗绍兴五年的进士，仕至端明殿学士，被封为玉山伯。宋光宗是乾道七年（1171年）立为皇太子的，汪氏作《玉山昭烈庙记》叙述徙神立庙之事可能是附翼皇太子。如庙记云：“淳熙乙未（1175年）春，南安张珉等十三人复办供器来献，以备岁时供奉之需，自是水寒盗疫无祷不应。”[④]光宗是南宋的第三个皇帝，南字上为十，十加三即十三，张珉为王、民，“张珉等十三人复办供器来献”，比喻宋光宗的江山社稷。

张抃的另外一个神话也反映了南宋初年的宋金关系。《沅州府志》曰：“昭烈庙，一名南岳昭烈庙，在城南二里许，宋建，祀唐睢阳殉节义士滑台张抃。《南岳志》南岳庙神张抃也，有盗夜刳神腹，方举刃，神转首怒目顾盗，

① 《大金德运图说》卷首《序》，文渊阁四库全书本。

② 《玉山县志》卷二《坛庙》。

③ 《齐东野语》卷四。

④ 《玉山县志》卷二《坛庙》。

盗怖死。吴致尧令邑日，梦语以徙庙吴，从之，畚土得铜戟。”[1]该处神话中“神腹”卦象为坤，《易经·说卦》曰：“坤为腹”，五行为土，“有盗夜刳神腹”比喻金人侵割宋朝的土地。“梦语以徙庙吴”比喻偏处吴地的南宋。“从之，畚土得铜戟”，是兵器，比喻保卫南宋。

根据《淮阴弃指亭记》《潭州南岳庙碑》《玉山昭烈庙记》所述，张抃死后梦其家曰“令辅南岳”，比喻辅助南宋。南岳五行属火，《南岳总胜集》曰：（南）岳庙，本名司天霍王庙，以南方属火，配神曰祝融。”[2]宋朝也是火德，《宋史》曰：“宋，火德也”，南宋偏处江南，是火德之尤者。南宋的第一个年号是建炎，最后一个年号是景炎，南宋的历任皇帝高宗赵构、孝宗赵昚、光宗、宁宗、理宗赵昀、恭宗赵显、端宗赵昰、儿皇帝赵昺，名中有木、日、光、丁，皆是木火之象。因此，张抃的“令辅南岳”，无疑含有辅佐南宋之意，故自南宋建立的建炎至乾道年间累封八字，享受唐宋封王的最高荣誉。

上述碑记还提到七月二十五日是张抃的诞辰，其实是对北宋灭亡日期的演义。南宋初年太学生丁特起的《靖康孤臣泣血录》曰：“（靖康）元年春正月，金人拥兵犯都城……十一月五日拥兵再犯都城，闰月二十五日陷京师。”[3]交代了北宋亡于靖康元年（1126年）闰十一月二十五日。十一月，将“一”置于“十”下即是七月。闰月为二，与七构成火局，《易经》曰：“地二生火，天七成之”，比喻宋朝火德。因此，七月二十五日即是十一月二十五日，是北宋都城汴京陷落的日期，亦即北宋灭亡的日期。二十五日对北宋具有重要的象征意义，《靖康纪闻拾遗》曰：“丙午年十一月二十五日金人到阙，闰十一月二十五日大雪城陷，十二月二十五日大火烧开宝天宁寺及居民五百余家。丁未年正月二十五日大风，金人敲杀从官梅执礼等四人，及捶打台官四人。三月二十五日金人前军启行，自犯阙围城首尾半年，去来皆取二十五日。其余二十五日皆有变异，不知其适然耶，或阴阳度数使之然也。”[4]为此将二十五日作为神的诞辰，无疑含有保佑大宋江山之意。另外，将十一月改为七月还有一层内涵，按靖康元年（1126年）闰十一月二十五日的干支是丙午年、辛丑月、丙辰日，也就是说，二十五日是辰日。易学上，辰为水库，

①《沅州府志》卷十八《坛庙》。

②《南岳总胜集》卷上《叙岳祠》。

③《靖康孤臣泣血录》卷一。

④《靖康纪闻拾遗》一卷，四库全书存目丛书史部第44册。

明朝《三命通会》曰："水生于申"，"旺于子"，"墓于辰"，"申子辰三合水局"。申是七，子是十一，二十五日是辰，三者构成水局，比喻金生水灭宋朝之火。因此，将十一月改为七月也是出于三合水局之考虑。

综上所述，张抃在历史上是否实有其人，已不可得而知，他的事迹与神话故事是两宋之际（主要在南宋初年）人为创造的结果，是由宋金和议、靖康之变、宋高宗赵构、南宋等历史元素组成的，其原型是唐代张巡和五代滑台张氏。北宋末年，赵构主持宋金和议，活跃于黄、淮两岸，留下了不少的传闻，在民间影响较大，以至即位后不得不下旨禁止流传。《建炎以来系年要录》曰："（建炎元年九月，1127年）癸丑诏曰，朝廷以连年兵革，国势未强，所以长虑却顾，巡幸淮甸。访闻小人，乐于侥幸，撰造言语，妄倡事端，意在扇惑军民，成其私计，不可不治。应敢妄议，欲摇动朝廷者，许人告。有官人转五官，白身人补保义郎，同谋或为首始谋之人能自首者免罪，依此推恩，其同谋及知情、曾见闻不告之人，并行处斩。"①但传闻并没有完全禁止得住，还是有一些在坊间流传了下来，南宋初年将之加工成了张抃的神迹，并过滤掉了其中一些敏感的政治内容，尽管如此，还是反映了当时的历史情况。当然，张抃神的创造也与朝廷的提倡和地方精英人士的支持是分不开的。南宋初年，朝廷积极鼓励地方上造神，企图以神道设教维系新生的偏安政权，史称"建炎、绍兴之遗旨"。如绍熙三年（1192年），江西信州为死于靖康之变的张忠文建庙，朱熹撰《旌忠愍节祠记》曰："相地两县之境，通涂之侧，出留州钱，嘱吏鸠工，庶为双庙，拟则（张）巡、（许）远，庶几有以揭虔妥灵，表劝忠义，仰称建炎、绍兴之遗旨。"②张抃神就是在这种情况下被创造出来的。

三、张巡的变体之二：南宋张有严之子

南宋初年除了创造张抃，还有张有严之子。清徐松的《宋会要辑稿》曰：

《临汀志》靖王祠，在临汀（莲）城县南，嘉定间敕赐庙额。按，王淮阴人张有严之子，唐开元元年八月十八日生，十四年七月二十五日入灭为神，护国救民，封成济侯。宋太祖亲征太原，川水泛溢，上忧之，冰忽合，师遂济，

① (宋)李心传撰:《建炎以来系年要录》卷九，文渊阁四库全书本。

②《玉山县志》卷二《坛庙》。

空中见神来朝，加征应护圣使者。熙宁五年，升济物侯。宰相王荆公令有司勘会灵显事迹，再封忠懿文定武宁嘉应侯。南渡以来，神复响答于浙间，而此方尤显著，累封东平忠靖王，邑人尊事之。殿基旧卑隘，淳熙九年重建。[①]

据此可知"张有严之子"是淮阴人，生于唐开元元年（713年）八月十八日，死于十四年（726年）七月二十五日，享年14岁。唐代封成济侯，宋太祖封征应护圣使者，宋神宗时封济物侯和文定武宁嘉应侯，南渡以后封东平忠靖王。

上述记载为清代徐松所辑，我认为张有严之子也是南宋初年创造的一个假托之神。所谓"淮阴人"指《淮阴弃指亭》；"张"是张巡；"有"通"侑"，保佑的意思；"严"谐音"炎"，暗喻建炎；"之"为"巡"，"子"为"字"，暗合《唐书》"张巡字巡"。这一创作手法在北宋建立之初宋太祖身上曾经使用过，《宋史》曰：

建隆中，京师士庶及乐工、少年竞唱歌曰《五来子》。自建隆、开宝，凡平荆、湖、川、广、江南，五国皆来朝。时西川孟昶赋敛无度，射利之家配率尤甚，既乏缗钱，唯仰在质物，乃竞书简札揭于门曰："今召主收赎。"又每岁除日，命翰林为词题桃符，正旦置寝门左右。末年，学士幸寅逊撰词，昶以其非工，自命笔题云："新年纳余庆，嘉节号长春。"昶以其年正月降王师，即命吕余庆知成都府，而"长春"乃太祖诞圣节名也，"召"与"赵"、"赎"与"蜀"同音。

开宝初，广南刘𬬮令民家置贮水桶，号"防火大桶"。又，𬬮末年，童谣曰："羊头二四，白天雨至。"后王师以辛未年二月四日擒𬬮，识者以为国家以火德王，房为宋分；羊，未神也；雨者，王师如时雨之义也；"防"与"房"、"桶"与"宋"同音。[②]

南宋建立后，仍沿用祖宗之法，为首任建炎皇帝创作了一个"张有严之子"作为保护神。它的原型是张巡，宋神宗元丰年间开封人高承的《事物纪原》曰：

嘉应侯，熙宁间百姓共立东岳张太尉祠于国城之外东南隅，俗传神姓

①《宋会要辑稿》礼二十《临汀志靖王祠》。

②《宋史》卷六十六《五行志》。

张氏,淮阴人,死隶岳神,主阴府要职,京东州郡往往有祠,世谓张舍人者是也,至此号太尉。元丰中,光献太皇太后祈有感,始封嘉应侯号。①

这里提到"嘉应侯"又叫"张舍人",为淮阴人,在《宋会要辑稿》中为"张有严之子",其实都是指张巡。根据前面的研究,唐代曾封张巡为"太子通真舍人",民间又称"张舍人",绩溪县《庙子山王氏谱》曰:"张巡曾官太子通事舍人,其称谓在当时太子二字不敢呼在姓名下,故不曰张太子舍人,而曰太子张舍人。"②南宋景定《严州续志》曰:"嘉应侯庙在水滨乡,距县二十五里,神即张巡也。"③《江西通志》曰:"双忠祠祀唐张巡、许远,旧名嘉应侯庙,在新淦南门,宋绍兴中迁新兴寺前,明弘治间参政董威、佥事王裕重新改今额。"④表明"嘉应侯""淮阴人""张有严之子"事实上都是张巡。

据上可知,新神的诞辰是八月十八日,忌辰是七月二十五日。七月二十五日象征靖康元年(1126年)闰十一月二十五日北宋都城汴京陷落,亦即北宋灭亡的日期。不讲十一月而讲七月,这在前面已有论述。八月十八日是"赵宋"的后笔画。"赵"的繁体为"趙","肖"字在南宋时往往书写成上"小"下"月",单取后笔画即是"八""月"。"宋"下为木,后笔画为"十""八",是八月十八日的由来。按新神生于开元元年(713年),死于十四年,只有十四岁,比喻"国"字。"国"拆开为"十""目","目"横过来即是"四"。可见,新神的诞辰、忌辰、寿数合在一起象征赵宋国灭亡于十一月二十五日。

另外,八月十八日还象征南宋定都杭州。咸淳《临安志》曰:"钱塘江潮八月十八日最大,天下伟观也,临安民俗大半出观。"⑤当时,南宋已定都杭州,并改名临安,钱塘江属于杭州,因此八月十八日的伟观也编入新神神话。"杭"中有木,木数三,《易经》曰"天三生木";"州"中有三丨三点,也是木数;改名"临安",临繁体"臨","臨"有三口,也是木数;"安",《说文解字》曰:"安,静也",静为青,木色青。木生火德,是南宋选择杭州作为都城的主要原因。另外,杭通于扞、抗,《说文解字》云:"杭,扞也,或从

①(宋)高承撰:《事物纪原》卷七《嘉应侯》,文渊阁四库全书本。

②《绩溪庙子山王氏谱》卷九,民国二十四年刻本。

③(宋)方仁荣等撰:景定《严州续志》卷七,文渊阁四库全书本。

④《江西通志》卷一百八。

⑤咸淳《临安志》卷九十二。

木”，潘亦隽通正：“抗、杭古为一字”，是抗击敌人之意，也是迁都的原因之一。当时朝廷还有迁都建康之议，建康又名金陵，五行属金。金人是大宋的宿敌，宋为木，金克木，使木不能生火，因此金陵不能作为都城。由此可见，张有严之子的原型是张巡，集合了靖康之变、康王、南宋、临安等历史元素，是两宋之际政治变化的产物。

综上所述，两宋之际的张王信仰有张抃、张巡、张有严之子三种。张抃、张有严之子是南宋初年以张巡为依托而创作的结果，三者都紧密围绕北宋末年靖康之变前后宋高宗康王赵构的历史行迹而展开。据《宋史·高宗本纪》记载，宋高宗在靖康之变前后到达过滑州、磁州、相州、济州、应天府、临安等地。其中，张抃信仰是以张巡、张昭烈为原型，包含了宋金和议、靖康之变、康王、汴京、滑州、磁州等历史元素，是宋金和议失败后康王赵构在中原地区活动的一个缩影。张巡信仰包含了建中靖国、靖康、康王等历史元素，是宋徽宗、钦宗、高宗三朝权力嬗递的表现。张有严之子包含了康王、建炎、临安、钱塘江等历史元素，是南宋定都临安的产物。三种信仰以张巡为主，与北宋以来《唐书·张巡传》的流行和道教的推动有关。如张巡被封为真君、东岳押案，其时宋徽宗崇尚道教。进入南宋以后，张巡又逐渐演变成北宋末年道教第三十代天师张继先的跟班主将，并且道经中开始出现了张元帅的记载，如《道法会元》中的《东平张元帅秘法》、《东平张元帅专司考召法》，指的就是张巡。相应地，有关张王信仰充分突出了张巡的特点，为元明清时期的张王信仰奠定了基础。

四、元代以后张巡信仰的融合

元代以后，三个张王信仰出现了融合的趋势。元代王克敬的《无锡县重建忠靖景佑真君祠记》曰：

> 谨按忠靖姓张氏，淮阴人，世称张舍人，死而为神，宋熙宁时汴水以东多祀之者。曹太后尝祷而应，号嘉应侯，宣和赐昭烈庙额。国迁于南，始进忠靖王。辽寇沅州，倅臣有祷，众以溃走事闻，益封威显，语载《沅州庙碑》及《高氏事祖记》。隆兴、绍定之间一再加灵佑英济，最后封忠靖景佑真君，实景定元年也。书石庙门，毁裂弗可诵，从故老得其写本。[1]

①《惠山古今考》卷二。

根据上述记载，“淮阴人”指张有严之子。“灵佑英济”据南宋初年汪应辰的庙记是张抃的封号，“昭烈”也是张抃的庙额。“张舍人”是张巡的封号，“忠靖景佑真君”也是张巡的封号。王克敬《祠记》的附书《重镌岳相景佑真君碑后》也曰：“岳相景佑真君，世传以为唐中丞张公巡也。”①说明元代将三人的事迹都归附到张巡的名下。到了明代，甚至直接将张有严之子改作张巡庙的，如崇祯《常熟县志》曰：“东平忠靖王祠在岳庙东，按王淮阴人张有严之子……弘治中查毁淫祠，遂以唐忠臣张巡实之。”②之所以出现这一情况，主要是因为张抃、张有严之子是根据张巡的事迹进行塑造的。随着岁月的流逝，最终向原型回归。

五、许远

(一)许远的神性

许远，杭州盐官洛溪里人，据唐末大历二年（767年）柳浑的《唐赠荆州大都督故睢阳太守许公神道碑》云：“公生景隆己酉（709年）九月十八日，以至德丁酉（757年）十月十六日殉难，年四十九岁。”③转换为干支是己酉年，甲戌月，辛未日，具体时辰不详，为寒露后二十二日出生，当9岁行运，9癸酉，19壬申，29辛未，39庚午，49己巳。命主辛金生于九月，戊土司令，月日戌未是土。土旺金埋，故不宜再行火土之运，宜以甲木克土，以水生木为喜用。49岁大运己巳，与睢阳一遍火土，忌神用事。年柱己酉与己巳半合金局克木，太岁丁酉见己酉为自刑，故死于己巳之初。

(二)许远的神话故事与睢阳的关系

绩溪南关《唐忠臣许远公传》曰：

许远，字令威，世居(杭州)盐官洛溪里，为人宽厚，涉猎经史，明吏治。初公始生也，母褚夫人夜梦神以星纳怀中，悸觉，遂产公，魁梧不凡。幼与群儿戏，有异人识之曰：“奠安天下，屹树大防，舍子其谁哉!”及肄业，师曰

①《惠山古今考》卷二。

②(明)龚立本纂修：崇祯《常熟县志》卷三《祀典志》，民国五年抄本。

③《绩溪南关许氏惇叙堂宗谱》卷十《唐赠荆州大都督故睢阳太守许公神道碑》，光绪十五年木活字本。另有《歙县迁无锡许氏支谱》卷五《唐敕赐荆州大都督许远神道碑》，文末注曰：“睢阳太守墓凡二，一在河南偃师县，一在浙江海宁州东北五十里洛塘，唐大历二年远子玖招魂葬此。”按《玉匣记·理论吉凶日篇·三元五腊圣诞日期》“五月二十九日，许威显王圣诞，即唐忠臣许远”，与此不同。

识量过人远矣，遂以远命名。公仁厚孝敬，根于天性，莫不重之。去家里许有泗州亭者，岁有木石之眚为害，人不敢逼，惟公爱其地僻，结庐亭荫，读书其下，其所言之为眚者帖然不闻，乡益异之。[①]

《唐忠臣许远公传》没有署名作者和创作年代，文中的神话是根据睢阳地名进行编撰的，如“睢”中之“生”，“阳”中之“日”，二者演变成“褚夫人夜梦神以星纳怀中”的感生神话。其中，“星”为“日”“生”，比喻睢阳。“悸”为“忄”“李”，即心怀李唐，比喻为唐忠臣。睢阳古名商丘，乃商朝都城所在地，西周时为宋国，西汉高祖五年（公元前202年）改为梁国，三国魏文帝黄初元年（220年）改为梁郡，魏晋南北朝仍称梁郡。隋开皇初废梁郡，十六年置宋州，大业三年（607年）复置梁郡。唐武德四年（621年）改为宋州，天宝元年（742年）始置睢阳郡。也就是说，睢阳的前身分别是宋州、梁郡、商丘。“梁”中之“氵”，“睢”中之“四”，加上宋“州”，就变成了“泗州”，而“商”与“亭”的形象相似，演变为“泗州亭”。“梁”中之“木”，“郡”中之“石”，“睢”中之“目”“生”，三者相加就变成了“木石之眚”，比喻睢阳战祸。许远的本命为辛金，土旺埋金，必须用木克土，使土不得埋金，因此以木为喜神，出现下述情况：“木石之眚为害，人不敢逼，惟公爱其地僻，结庐亭荫，读书其下，其所言之为眚者帖然不闻，乡益异之。”其中“石”五行属金，《天原发微》曰：“石为金玉”，是对许远命理以金和木为用神的演义，因是所喜之神，虽为害不忌。按正史五行志，五行失其性称为眚，如木失其性为木眚，“木石之眚”合称是绝少见的。石是介于土、金之间的物质，石眚是指土失其性，不能生金，是针对许远命理土多金埋而言。木眚是指木失其性，只能克土，不能生火，是针对许远的金命而言。

六、徽州张巡、许远的庙祀

据弘治《徽州府志》，歙县有张许二侯双庙，“在县西十五都潜川，以祀唐张巡许远。新安去睢阳远矣，不应有庙，然史臣赞，二公以疲卒数万婴孤墉抗方张不制之虏，鲠其喉牙，使不得搏食东南，首尾大小数百战，虽力尽乃死而唐得全江淮财用以济中兴，故江淮多祀之，此庙所以立也。”又有洪相山忠靖王庙，“在县北十里，按潭州《南岳庙碑》靖康三年曾致尧所撰，王姓

①《绩溪南关许氏惇叙堂宗谱》卷八。

张氏讳卞，家于滑之白马，安史之乱与张许同死睢阳而史失其名，政和迄乾道加封至八字为忠靖威显灵佑英济王。《湘中志》云，王死而梦其家曰，余得请于上帝命为岳府司禄，事察人间善恶而赏罚之。以故岳祠皆设王像云。”①

婺源县有清流庙，“在县北二十四都，以祀睢阳守张巡。”绩溪县有威显庙，“在县东天王寺左，祀唐张巡。”②休宁县有南山庵，“在水南，晋……僧天然建，宋淳熙中僧空公重建，国朝（明）景泰中僧诚闰募众，复作中奉佛，左祠汉寿亭侯，右祠唐张睢阳。”③《广德州志》曰：“今则徽宁诸郡几于家祀户祷，盖当日江淮之不亡，实二公之力。”④

据道光《徽州府志》，歙县的张许二侯庙，“一在严镇，一在许村，一在黄村新化桥南，祀唐张巡、许远。”又有双忠祠，“在潜川，按《新唐书》云大中初，圆巡、远、霁云像于凌烟阁，睢阳至今祠享，号双庙，云是张许二公，自唐已称双庙。韩昌黎从事于汴徐，亲祭于其所，谓双庙者是也。然唐祀止睢阳，今则大江南北几于家祀户祷，盖当时江淮之不亡实二公之力，史所谓以疲卒婴孤墉鲠强虏之喉牙，使不得搏食东南者，其功在生民也。乾隆十二年（1747年）封浮梁张巡神为显佑安澜之神，四十五年改司水张公之神，嘉庆八年（1803年）封丹徒张巡神为显佑安澜宁漕助顺之神。此祀典所由，独盛于天下欤。”忠靖王庙，“在县北十里洪相山，王张姓名卞，家于滑之白马，唐天宝时与张、许同死睢阳，史失其名，宋政和、乾道间加封王爵。”⑤道光《徽州府志》曰：“歙西三十里曰潜口，有张许二将军祠，每以岁三月二十八日群集祠下，割牲沥酒张乐，荐献娱神，用答天赐，父老相传其来久矣。”⑥

休宁县有忠烈行祠，“在古城岩，祀唐张巡、许远。”婺源县有张许二侯庙，“在二十四都，一名清流庙，祀唐张巡、许远。”又有张睢阳庙，“在凤山查村。”祁门县有双忠庙，“一在祁山之阳，一在东石坑口，祀唐张巡、许远。”⑦

黟县有五侯阁，“在二郎桥上，祀唐张许二侯、贾、南、雷三将军。旧在

① 弘治《徽州府志》卷五《祀庙》。

② 弘治《徽州府志》卷五《祀庙》。

③ 弘治《徽州府志》卷十《寺观》。

④（清）胡有诚等纂修:《广德州志》卷十三《坛庙》，光绪七年刻本。

⑤ 道光《徽州府志》卷三《坛庙》。

⑥ 道光《徽州府志》卷二《风俗》。

⑦ 道光《徽州府志》卷三《坛庙》。

城南市心，因改儒学，致仕宦余循、耆民许复春等捐资移建二郎桥。按县志云，《唐张巡传》睢阳城陷，巡与远俱被执，尹子琦以刃胁降，巡不屈，又胁霁云，亦不肯降，乃与姚訚、雷万春等三十六人遇害，送远洛阳，至偃师，亦以不屈死。三十六人姓名不传。《姚訚传》訚素善巡，及为城父令，遂同守睢阳，累加东平太守。巡之遣霁云、万春败贼于宁陵也。别将二十有五，其后皆死巡难，四人逸其姓名，而列各传中之人亦无贾姓者。五侯当为张、许、南、雷、姚。赵志云，贾、南、雷三将军未知何据。”[①]

绩溪县有张许庙，“在九里坑，祀唐张巡、许远。”又有协忠祠，“在新西街口，祀唐张巡、许远。”双烈祠，“在大石门，祀唐南霁云、雷万春，按《绩溪县志》有太尉庙，亦在大石门，祀雷南二公，即此双烈祠也。”[②]

双忠庙的祭祀对象共有六位。睢阳之战，按《新唐书》云：“（张巡、许远）与姚訚、雷万春等三十六人遇害。”后世取六六之数，共祭祀六位神主。《新安歙北许村许氏东支世谱》曰：“故睢阳郡有双忠庙一所，内塑张、许、雷万春、南霁云、贾贲、姚訚，乡人称为六忠双庙。史书云能保障江淮，自唐宋元以来俱有褒谥祭祀。”六人封谥分别为：唐御史中丞赠扬州大都督张公之神，唐睢阳太守赠荆州大都督许公之神，唐马军兵马使赠扬州大都督南公之神，唐东平太守赠潞州大都督姚公之神，唐守睢阳禆将雷公之神，唐单父尉监察御史贾公之神[③]。

① 道光《徽州府志》卷三《坛庙》。

② 道光《徽州府志》卷三《坛庙》。

③《新安歙北许村许氏东支世谱》卷三，明隆庆三年手抄本。

第四章 仙道信仰

徽州流行神仙信仰，《新安志》曰："新安多佳山水，又有前世许、聂遗风，以故人多好仙。"徽州有早期的神仙传说、东汉的方储、唐朝的许宣平、宋朝的仙姑、明朝的李赤肚、齐云山的玄武帝、桃源洞天的张邋遢等神仙信仰。

第一节 神仙传说

黄山，道光《徽州府志》曰："汉末会稽太守上虞陈业洁身清行，遁迹此山，而世复相传以为黄帝尝命驾，与容成子、浮邱公同游合丹于此，其后又有仙人曹阮之属，故有浮邱、容成之峰、曹溪、阮溪。"道教中有华山、三十六洞天、二十四节气、十二地支、八卦，"此山特高，邻郡诸山要皆此山支脉也，西北山势中坼，望之类太华，故自前世亦名为小华山，有峰三十六，其水源亦三十六，谷二十四，洞十有二，岩八，灵迹至不可胜数"，可见受道教概念的影响。其他如炼丹峰、浮邱溪、驾鹤洞、白鹿源、青牛溪、仙都源等皆与道教概念相关。

吕洞宾：万山在歙县乌聊山北，有元武观，旧有飞雨楼，相传吕纯阳曾避难于此。

项曼都：歙县登仙峰相传为仙人项曼都飞升葬衣冠处，峰顶有飞龙坑，涧水宛曲，为都浴处，名曰浴石，相近有春夏秋冬四山。

访仙桥：龙井山在府南，一名鹤顶山，府志云，横绝练江，雄挟渔梁，彭聂之音，惊川聒谷，相传宣州刺史访仙待渡处，俗所谓访仙桥也。

圣僧山：在歙县，唐武德间僧慧明居此，有洗眼池，有石曰仙人幢，南渡时有道人鹄亦常居此，有莲花国土之称。

张公山：在休宁县西，为江南祖山，居休婺之间，鄱阳浙江之水出焉。

《新安志》曰：“张公山，昔有张公隐此山采药合丹，数十年后忽不知所之。”

颜公山：在休宁县南，上有湖广五亩，中多鲤鱼，昔有颜公隐此山，一旦乘风去，岁苦旱，祷辄应。

江氏叟：在婺源县西，相传昔有江氏叟于此遇仙。

三灵山：在婺源县西，晋时有三人在此山修炼，后不知所之。

灵岩三洞:在婺源县西北，中有庆云洞、莲华洞、含虚洞。大历初，有武姓者自黄山为旋风所吹入石龙洞，因傍行入至此洞，闻空中语笑之声。开成中，浮梁郑全福好游猎，深入洞中修炼。

道人山：在祁门县北，昔有学仙者居之。九域志云，昔有学道者居之。

不老山：在祁门县北，昔有彭公修炼其巅，能役鬼神，有金液、丹泉亭、彭公尖。

舒道翁：东山在黟县东，上有仙人石，舒道翁遇异人传养生诀，构庵，山前双鹤时来，若相伴侣。

管公明：历山在祁门县西，上有管公明仙坛。

仙人岩：在绩溪县北，旧传仙人多往来其间，有炼丹石、杵臼存焉。

炼鼎山：在绩溪县北，有地方广丈余，坚如陶瓦，不生草木，虫蚁绝迹，世传有老翁炼丹于上，故名[1]。

第二节　早期黄帝

徽州早期的神话传说中比较典型的是黄帝，“相传黄山为轩辕与容成、浮丘炼丹处。”[2]弘治《徽州府志》曰：“唐天宝末信道家之说，谓黄帝与容成子、浮丘公合丹于此。”[3]《黄山历代图经考》曰：“黄山因黄帝炼药得名，其说亦出自唐世。”[4]《新安志》曰：“黟县本以黟山得名，未闻前世谓之黄山也，至天宝中好道家之说，故以黄帝为尝游于此，因名之耳，天宝六年（747年）六月十七日敕改为黄山。”[5]说明徽州的黄帝传说在唐朝天宝年间得到发

① 道光《徽州府志》卷二《舆地志》

② (清)丁廷楗等纂修:康熙《徽州府志》卷十八《仙释》,康熙三十八年刻本。

③ 弘治《徽州府志》卷十一。

④ (清)闵麟嗣纂:《黄山志定本》卷三《艺文志》,乾隆三十二年刻本。

⑤《新安志》卷三。

扬光大。

黄山的命名除与黄帝有关外，还与五行有关。清代《黄山志》曰："黄山旧名黟山"[1]，黟为黑、多，黑五行为水。秦属水德，崇尚黑色，故秦时置黟县。唐属土德，《唐书》曰："大唐土德"，土五行色黄，故敕改黄山。土方位为中间，明赵汸曰："黄山隤然中居，委和四表，有坤道土德焉，故名黄山。"[2]另外，徽州多山少地，黄帝土德，可以补缺土之虞，合在黟山，为黟多水，以土克水。

关于黄帝的传说，《黄山志》曰：

按《周书纪异》云，黄帝尝问广成子以至道之要，答曰："至道之精，窈窈冥冥，至道之极，昏昏默默，无视无听，抱神以静，形将自正，必静必清，毋劳尔形，毋摇尔精，毋俾尔思虑，营营乃可长生，慎内闭外，多智多败，我守其一而处其和，故千二百年来未尝衰老。"后帝乃告浮丘公曰愿侍修炼，浮丘公曰："修炼之地，莫胜于黟山。"帝遂与容成子、浮丘公同游山中，经八甲子丹成。黄帝服之，毛发黳润，肌肤皆皺圻，浮丘请至汤泉浸七日，皺圻陈革，随水浮脱。泉中白龙见，云雾翳空，上有笙歌之声逡巡，云气开散，天青日午，香风袭人，珠函玉壶，自空而下。浮丘启函，中有霞衣，宝冠珠履，壶中注琼浆甘露。浮丘曰此上天降下，遂授帝。帝持归石室，浮丘遂于南峰石壁题记以示后世。帝饮甘露琼浆，披霞衣，簪宝冠，蹑珠履光辉，山谷乘飞龙上升。[3]

又曰：

炼丹峰高八百七十仞，相传浮丘公炼丹峰顶，经八甲子丹始成，黄帝服七粒，不藉云霭升空。[4]

据上所述，这一传说出自《周书异记》，但此书的真实性值得怀疑，它最早见于东汉初年，后世并没有流传下来，估计是西汉末年刘歆的伪作。而查道书《轩辕黄帝传》中并没有关于黄山的记载，黄帝问道浮丘公也无涉黄山。

①《黄山志定本》卷一《形胜志》。
②《黄山志定本》卷三《送陈大博游黄山还诗序》。
③《黄山志定本》卷二《人物志》。
④《黄山志定本》卷一《形胜志》。

因此，《周书异记》可能是唐朝人的假托。《黄山志》对上述传说也持一定的怀疑态度，“按黄帝陟王屋而受丹，经升鼎湖而飞流朱，登崆峒而问广成，之具茨而事大隗，适东岱而奉中黄，入金谷而咨滑子，论导养而质玄素二女，未闻与浮丘、容成登黟山炼丹也。”[①]“按黄帝都于涿鹿，校黄山相距数千里，未必弃万机之务遂高引之举，而于望仙峰顶乘龙上升，又与鼎湖天山之事不侔，得非世人好瑰嗜谲，传会而传至欤？不曰黟山而曰黄山，理或然欤。”[②]持附会之说。

上述传说反映了以下内容：

（1）炼丹与水有密切的关系，丹又称金丹，五行属金，金水相伴而生，故《黄山志》曰：“浮丘公，黄帝所侍修炼者，尝谓帝曰：炼金成丹必资山水，山水灵秀，丹药易成，臣尝遍历名岳，惟黟山为神仙都会，山高木茂，灵泉甘美，能煮石成丹。”[③]上述传说只提黟山，不提黄山，因为黟为黑、多，黑是水的五行之色，黑、多亦即水多。而此山俗称有三十六峰、三十六水源、二十四溪、十二洞、八岩、七十二泉，水占多数，故成为炼丹首选之地。

（2）黄帝与容成子、浮丘公炼丹黟山，经八甲子而丹成。三公、八甲子构成木局，《易经》曰：“天三生木，地八成之”。炼丹需火，三公、八甲子之说显然是取木生火。

（3）“丹成，黄帝服之，毛发黳润，肌肤皆皴坼，浮丘请至汤泉浸七日，皴坼陈革，随水浮脱。”黄帝土德，土须火生，“七日”为火，《易经》曰：“地二生火，天七成之”，故曰：“浸七日，皴坼陈革”。又曰：“丹始成，黄帝服七粒，不藉云霭升空”，这里的“七粒”也是对火的演义。黄帝升天时“天青日午”，道书《轩辕黄帝传》讲其于戊午之日升天，戊是土，午是火，火生土，比喻黄帝获得重生。

上述传说的形成与黄帝的感孕神话有一定的内在关系。《史记》正义曰：“（黄帝）母曰附宝，之祁野，见大电绕北斗枢星，感而怀孕，二十四月而生黄帝于寿丘，生日角龙颜，有景云之瑞，以土德王，故曰黄帝。”说明黄帝由北斗枢星感生。徽州天文分野是斗、牛，属于北斗星宿，其中黄山为斗，

①《黄山志定本》卷一《形胜志》。

②《黄山志定本》卷三《艺文志》。

③《黄山志定本》卷二《人物志》。

唐《图经》曰："黄山始斗野"[①]。因此徽州人将黄帝作为黟山之神，并改名黄山。至宋朝玄武帝成为齐云山之神，玄武帝是北斗七宿之形，无疑是黄帝信仰的延伸。

据清《尚史》，"轩辕出自有熊之国，母曰昊枢，以戊巳之日生，故以土德王，时有黄星之祥，五行书以戊子日生。"[②]命学上以日为命主，说明黄帝的本命是戊土，座宫是子水。黟山为黑，五行为水，后改名黄山，五行为土，体现了黄帝戊子土水的命理。徽州山多土少，尤其重视土地，土由火生，火数为二，因此正史黄帝"二十四月而生"在清代《黄山志》中改写成"二十二月而生"[③]，二火生土，反映了徽州人强烈的土地观念，这也是导致徽州人信仰黄帝的一大原因。

第三节　东汉方储

一、方储与歙县、淳安县的祭祀

方储是东汉的一名经学术士，善天文，通易经，精图谶，仕于汉章帝、和帝两朝，封为黟县侯。汉和帝南郊时因直谏雨雹[④]，被冤枉而死。死后归葬歙县东乡（今浙江淳安县境内），当地立庙祭祀。南朝宋明帝赠龙骧将军，北宋端拱元年（988年）因原庙倾圮，另择歙南柳亭山建庙，政和七年（1117年）敕赐真应庙额。史称"江南闽广之方俱自歙之东乡"[⑤]，"歙睦之方，溯所自出，咸以公为始祖。"[⑥]

方储信仰主要流行于歙县和淳安县境内。据徽州家谱记载，宋朝以来真应庙有三："一在淳安县东郭内，就墓立庙，裔孙（方）回有记；一在淳安县堨村，（南）宋乌程主簿洪彦华有记；一在歙县柳亭山，有《柳亭山真应庙纪

①《黄山志定本》卷六《送沈君典太史游黄山》。

②（清）李锴撰：《尚史》卷二《轩辕本纪》，文渊阁四库全书本。

③《黄山志定本》卷二《人物志》。

④ 雨雹，《魏书》卷一百一十二上《灵征》曰："《洪范论》曰，阳之专气为雹，阴之声气为霰。此言阳专而阴胁之，阴专而阳薄之，不能相入，则转而为雹，犹臣意不合于君心也。"

⑤（清）方善祖撰：《歙淳方氏柳山真应庙会宗统谱》卷十八《纪事》，乾隆十八年木活字本。

⑥《歙淳方氏柳山真应庙会宗统谱》卷二十《后序》。

事》。”[1]淳安县内方储的庙祀较多，有方储墓、真应庙、仙翁庙、方仙翁祠以及方储兄弟方俨、方侪和方储儿子方观等人的庙宇。

尚书令黟侯方储墓，在（淳安）县治东南，即真应庙之后。（唐）左台御史张文成碑文犹存。

真应庙，在县学东南，祀汉方储。唐监察御史张文成碑，宋政和间裔孙适等状请赐庙额建祀。

仙翁庙，在县东北二十五里，鹤迹石之左，宋裔孙方邦基建，而以南部行事忠烈侯配之，洪武初裔孙方均甫重修。又永平乡堨村亦有仙翁庙，其庙下有石堨、水喉、马蹄、鹤迹存焉。

方仙翁祠，在县东四十里桃源。

南部行事庙，在县西一里，祀方储之兄侪，汉封关内侯，补南部行事，有恩于民，为之立庙以祀之。（元朝）县尉郑千龄有记。

忠烈侯庙，在县南龟山上，旧名都督庙，祀方储之弟俨，汉时为大都督，死而立庙。先是为青溪南濒江，其后见梦于人，改庙南山，因名都督山。宋嘉定间尉何元寿得神封爵，扁为忠烈。

五龙庙，在县东北五里，祀方储之子观之仕汉为本州别驾东都秘书，即袭父黟侯爵[2]。

另据《淳安县志》记载，“茶坡、上方、赋溪俱有真应庙。”[3]

方储信仰是朝廷敕封和方氏宗族长期祭祀的结果。《歙南柳亭山真应庙纪事》曰：

> 东汉永元五年癸巳六月，黟侯储公薨于直谏，赠太常卿、尚书令、洛阳开国公，敕护归葬本邑专祠，墓在淳安县东郭内，就墓立庙，而歙南柳亭山为黟侯潜修地，并立庙于柳亭西小山上祀之，历晋、宋、齐、梁、陈、隋、唐、五季，虽世代久远，蒸尝祀事，莫能悉纪，而我方氏子孙世守弗替。北宋端拱元年戊子，三十六世孙忠正以原庙将圮，移建于柳亭山麓之左昌干，乃忠正公曾祖蒙公居址也，始置祀田，招僧守视，厥后六世孙彦复重新之。政和四年甲午，有司以天子命，修葺洛阳公庙，裔孙仕燮考其后封侯伯以上及元英先生三十二人，绘像于庙壁之左右，七年丁酉，赐额真应。后世裔孙置祀

①《绩溪城南方氏宗谱》卷二十《祀典》，民国八年刻本。

②《严州府志》卷五。

③（清）李诗等纂修：《淳安县志》卷三，光绪十年刊本。

产，招僧守视，历元明清，蒸尝不辍。[①]

方氏宗族不仅建立祠庙，还将方储的一些神话故事融合进村落的布局。南宋淳熙年间乌程主簿洪彦华的《储公庙记》曰：

仙翁遗墓在邑城东南，即墓立祠，其来久矣。政和丁酉，父老状其灵迹以闻，得赐号真应，今堨村之庙盖其别祠也。是村南亩多膏腴，相传皆仙翁所辟。始苦壑流壅底，翁马上举鞭指之巨石窍而清泉激，至今赖以灌溉。其尤异者，洗马之池，净洁澄寒，马蹄故迹隐约呈露。村末有血湖，按县志，因翁兄行事弟都督之死得名。[②]

清朝康熙时进士方瑞合的《重修东山黟侯庙记》曰：

吾族之散处者辄祀黟侯，其神明之道著也。自吾祖埭公迁茶坡，祀侯东北山下几二百年。山下水通溪，有轩驻桥，是侯乘鹤归来处，故山下桥亦名轩驻桥。桥边水汇可二亩，蒹葭蒲苇，丘壑泠然，由桥陟庙，一望平田，广阪菁葱，万树隔岸，云峦稠迭如绣，真伟观也。但庙制草具，久益倾圮，岁时拜祭，少登望之乐，又旁无余室可以庇，缁素、考钟、伐鼓，有时缺焉。时兵革少息，秋禾用登，余与族人谋而新之。[③]

宋朝以来方储的影响渐大。政和七年（1117年）《敕赐黟县侯庙额》曰：

方仙翁庙，按唐张文成所撰碑，乃后汉方储之庙……今千余岁，前后灵迹不少。近年以来或因久旱，或苦淋雨，公私所祈，无不感应。所勘青溪县初乃歙之东乡，因储父子避地始为州县，故其庙正当县郭冲要之处，远近祈祷必会集其下。每岁（春）夏之交，虽邻近有疫疠，惟此无一疾病，实神以安也，委是功德及民最为深远。[④]

民国《绩溪城南方氏宗谱》曰：

按黟侯乃吾方鼻祖也，昔还淳诸族立有专祠，每岁仲春（今用季春）三

---

①《歙淳方氏柳山真应庙会宗统谱》卷十八。

②《歙县府前方氏宗谱》卷十七，民国二十年刻本。

③ 雍正《浙江通志》卷二百二十四《祠祀八》。

④《绩溪城南方氏宗谱》卷二十，民国八年刻本。

日诞辰，子孙陈祭，行三奠礼，读祝升歌，罗拜其下，祭毕聚饮，欢洽而散。今其乡仙翁已为各姓香火，与陈、方、余、柳等神杂然并列，无复祖宗遗意，可叹也。①

民国《歙县问政方氏宗谱》曰："仙翁兄弟三人……子侄咸为万姓崇祀，庙食一方，不亚于越国汪公太子懿钦。"又曰："仙翁子侄十人，淳人之尊崇信仰实不亚于歙之尊崇汪氏诸太子。"②

二、方储的神性

关于方储的生辰时日，据《绩溪城南方氏宗谱》曰："按黟侯乃吾方鼻祖也，昔还淳诸族立有专祠，每岁仲春（今用季春）三日诞辰子孙陈祭。"③但缺乏相关出生年月，因此只有从方储的生平行迹中觅其命理和神性。《新安志》曰："方储，字圣公，后汉歙县人，历句章长郡五官掾。母丧负土成坟，种松柏嘉木数千本，致鸾鹤白兔之瑞。后对策天下第一，拜洛阳令，夜辄还寝室，向晓而去，不动户枢。尝遗只履于牖下，母命藏去。章帝以储善天文，当郊祭，问之。储劝帝毋往。其日风景明淑，帝遂行，储称疾不从。比发，雨雹如斗，死者千计。使召储，已死，帝甚伤之。丧至家，母启视之，无尸，唯有只履，因取前履合之。良是宋明帝尝祠，以太牢追封龙骧将军黟县侯。"④《后汉书补逸》曰："方储，字圣明，幼丧父，事母。母终，自负土成坟，种奇树千株，鸾鸟栖止其上，白兔游其下。储为郎中，章帝使文郎居左，武郎居右，储正住中，曰臣文武兼备，任所施用。上嘉其才，以繁乱丝付储使理，储拔佩刀三断之。对曰反经任势，临事宜然。储聪明，善天文，为洛阳令。章帝欲出南郊，储上言当有疾风暴雨，乘舆不可以出。上疑其妄，储饮鸩而死，果有大风暴雨，洛阳昼暝。"⑤

《汉黟侯仙翁事实》曰：

公讳储，字圣明，一字圣公，雄公仲子，少孤勤学，聪睿明敏，博通诸经，

①《绩溪城南方氏宗谱》卷二十。

②《歙县问政方氏宗谱》卷一，民国二十六年刻本。

③《绩溪城南方氏宗谱》卷二十《敕赐黟县侯庙额》后注。

④《新安志》卷八《叙仙释》。

⑤（清）姚之骃撰：《后汉书补逸》卷九，文渊阁四库全书本。

尤善易，精图谶，能识阴阳吉凶之理，谙仙道术，事母至孝。明帝建初四年，丹阳太守周歆举孝廉，对策第一，除郎中，补章句令，六年迁阜陵令，七年迁阳翟令。丁母忧，负土成墓，庐于墓侧三年，所植松柏盛甚，有丹凤栖其上，白兔游其下……（章帝）元和三年举贤良方正，对策第一，拜博士，迁议郎，任太常卿兼洛阳令，往来乘鹤，时人语曰："朝为洛阳客，暮作新安人"。和帝永元元年，司空第五伦奏曰："太常卿方储挺秀异才，孝格神明，上官称职，宜加爵赏"，遂以太常卿封黟侯。

和帝出郊，储奏曰："今日有大灾变。"帝不信，一出遽还，略无灾异，诏责储曰："卿不尽忠而为欺诈，何也？"对曰："臣爱先师圣术权步，萌兆日丙，然不虚言，陛下还速，交时未至，今日巳时灾当应耳。臣性正直而得欺诈之名，耻获不忠之谤，宁杀身以全名，无贪生而毁行。臣卒后，愿陛下始信臣言为非枉也。"即饮鸩而死，少倾风雨大至，天落石雹。帝亟召储，则死矣……追赠尚书令开国公礼，送棺柩归葬，初到钱塘堤，葬绍兴府匡山，忽大风吹舟，从浙江上至建德路。又拟葬于东阳，大风复吹舟，上溯新安江，至清溪风息，遂葬于是。宋明帝太始元年九州反，敕遣钟离、景耀以太牢祀之，赠龙骧将军、洛阳郡开国公。赵宋政和六年十二月敕赐真应方仙翁庙额，七年二月奉议高伯振状申尚书部施行。皇帝圣谕，"朕忠尔卿忠谏，首臣六月奏雪，今古未闻，驾回果应，故谥仙翁，自卿淹世，致今郁沉，谕祭谕葬，永慰幽灵，锡章不朽，万载芳名，今特命礼部侍郎臣赵天恩赍敕至歙州仙翁墓前微礼祭之。"皇帝祭曰："贤哉诤章，妙哉卿学，世显精忠，伏惟尚飨。"永和九年正月二十日下（永和疑误）。[①]

上述材料表明方储的命理以金为本体，以水为归宿，其神性是金水。

（1）土生金，如"举孝廉，对策第一"，"迁阜陵令"，司空"第五伦"奏封黟侯等，皆得力于土生金，其中"孝""陵"中带土，土数为"五"，《易经》曰："天五生土"。

（2）克金者火，"迁阳翟令"，遂丁母忧，是阳火克金之表现。"负土成墓"又是土生金，故以孝封黟侯。"储公薨于直谏"，死时"为洛阳令"，"章帝欲出南郊"，"萌兆日丙"，"今日巳时灾当应耳"等，其中"阳""章""南""日丙""巳"皆是火，"直谏"是金，故方储死于火克金。

（3）金色白，如"所植松柏盛甚"，"白兔游其下"，"字圣明"等，其中

①《歙县问政方氏宗谱》卷一。《汉黟侯仙翁事实》没有标明作者和创作年代。

“柏”“白”“明”是金的白色之表现。又如“上嘉其才，以繁乱丝付储使理，储拔佩刀三断之”，“佩刀”是金之表现。

(4) 金生水，如“上疑其妄，储饮鸩而死，果有大风暴雨，洛阳昼暝”，其中“暴雨”为水无疑。“送棺柩归葬，初到钱塘堤，葬绍兴府匡山，忽大风吹舟，从浙江上至建德路，又拟葬于东阳，大风复吹舟，上溯新安江，至清溪风息，遂葬于是”，其中“钱塘堤”“绍兴府匡山”“东阳”皆非水，而“新安江”“清溪”是水，“遂葬于是”说明水是其命理所喜之神。宋明帝泰始元年（465年）“赠龙骧将军、洛阳郡开国公”，其中“龙”又曰金龙，辰龙是水库之义，“洛”是水。

(5) 水灭火。《后汉书·五行志》“建武五年（29年）夏旱”下注方储对策曰：“百姓苦，士卒烦碎，责租税失中，暴师外营，经历三时，内有怨女，外有旷夫，王者熟推其祥？揆合于天，图之事情，旱灾可除。夫旱者过日，天王无意于百姓，恩德不行，万民烦扰，故天应以无泽。”[①]宋徽宗政和年间下旨曰“朕忠尔卿忠谏，首臣六月奏雪，今古未闻”等，是水灭火之义。

南宋淳熙年间乌程主簿洪彦华的《储公庙记》曰：

> 翁遗墓在邑城东南，即墓立祠，其来久矣。丁酉，父老状其灵迹以闻，得赐号真应。今堨村之庙盖其别祠也，是村南亩多膏腴，相传皆仙翁所辟。始苦壑流壅底，翁马上举鞭指之巨石窍而清泉激，至今赖以灌溉。其尤异者，洗马之池净洁澄寒，马蹄故迹隐约呈露。村末有血湖，按县志因翁兄行事、弟都督之死得名。[②]

该段材料对其命理和神性也有所反映：

(1)“墓在邑城东南，即墓立祠”，说明方储的墓和祠在东南方位。东南为辰巳，辰为土，巳中也有土，金养于辰，生于巳[③]。也就是说东南是金长生之地，故将墓和祠立于此。

(2)“翁马上举鞭指之巨石窍而清泉激，至今赖以灌溉”，是金水神性之表现。

---

① (南朝宋)范晔撰:《后汉书》卷二十三《五行志第十三》,文渊阁四库全书本。

②《歙县府前方氏宗谱》卷十七,民国二十年刻本。

③《三命通会》卷二《论五行旺相休囚死并寄生十二宫》:金胎于卯,养于辰,生于巳,败于午,冠带于未,临官于申,帝旺于酉,衰于戌,病于亥,死于子,墓于丑,绝于寅。

(3)“其尤异者，洗马之池净洁澄寒”，是金水性寒之表现。

(4)“村末有血湖”，血色红赤，五行为火，火克金，金生水克火，二者刑战不已，故曰血湖。方储死于永元五年（93年，癸巳）六月巳时（具体日子没有确切的记载），巳、六月为南方之火。死于和帝南郊，南方五行是火。死时为洛阳令，阳是火。地方志中或云死于章帝朝，是取“章”中有日火之象，皆是用旺火克金来演义方储之死。

关于血湖，清朝康熙年间方象瑛的《重修方氏始祖黟侯储公庙记》下注曰：

按晋太守羊欣、梁太守任昉及贺齐、顾野王等记并旧谱，(方)俨字圣威，章帝建初中召辅五官兼平政，因兄死于谗，遂隐茅山，后诏拜云麾将军，辞不就。和帝初，尚书张林谗方俨文经武纬，才优天下，托隐岩穴，臣尝识其人鹰腹豺口，频召不出，必怀叛志。帝信之，给兵往讨……林复奏，令人凿断方储墓山。永元六年正月甲辰，兄弟共陈枉抑云:“天地日月亡兄，乞赐证盟，俨今枉被谗言，破亡兄墓，身不求生。”兄弟同诣湖上，俨拔剑刺右腋，侪亦引剑刺左腋，二血合流如绳直注，高二三丈，湖水俱赤，为之沸涌。朝廷闻之，遣使安慰，追封忠烈侯，礼葬二人于宛邱山，立庙水南山祀之，与兄庙相对。其后，吴主孙权改其山为都督山，庙曰五官庙。①

乾隆《歙淳方氏柳亭山真应庙会宗统谱》曰：

其湖至今每遇辰日水赤如故。吴主孙权改其山为都督山，庙曰五官庙。东晋安帝义熙十三年，郡太守羊欣以庙高于郡，移置郡东山，乡人仍就死处私立庙致祭。②

《汉黟侯仙翁事实》曰：

储之弟俨，字圣威，建初四年举孝廉不就，元和三年辟太史令亦不就，隐茅山从师服丹，又征云麾将军。张林言于帝曰:“方俨三召不至，必有异谋，请兵讨之。”俨乃与长兄侪统领千人祭天地及兄储，得阴助，林兵退。永元六年兄弟同自刺而卒，追封列侯，亦为灵神，今俗呼为都督府君。③

①《歙县府前方氏宗谱》卷十七。

②《歙淳方氏柳山真应庙会宗统谱》卷三。

③《歙县问政方氏宗谱》卷一。

上述材料中说兄弟二人同诣湖上自杀。《说文解字》曰："方，并船也，象两舟省，总头形"，又曰："方或从水"，说明方是并船，方氏兄弟二人暗合并船之象。拔剑互刺，剑的五行属金，方氏的五行也属金，《五礼通考》曰："况金方正"[①]，《玉海》有云："金方正色"[②]。血为红色，比喻火克金，演义方储金神。

另外，上述材料中将方侪、方俨的死亡时间定为"永元六年（94年）正月甲辰"。但查永元六年正月并无甲辰日，作者的用意显然另有所指。明朝《三命通会》曰："申子辰三合水局"，"辰为水库"。方氏兄弟死于血湖，湖即水库，甲辰是对水库的演义。也有将五月五日作为殉难日的，如《严州府志》曰："血湖在县西永平乡堨之东，相传方储兄侪、弟俨二人为张林谗，以五月五日引刀自刎。"[③]光绪《淳安县志》亦曰："血湖在县西永平乡堨村，相传方储兄侪、弟俨……以五月五日自刎。"[④]午月午日，双午为火，取火克金之义。

明万历年间鹿门山抱拙道人徐与鳌谒见方储庙，留题壁诗云：

> 仙翁古庙水际头，不是人间香火流。玉斗金书天上物，琪枝瑶草洞中秋。云窗汞汁非凡药，石鼎琼浆岂浪浮。何日天台下黄鹤，甘心纳履赤松游。[⑤]

诗中"水""玉""金""秋""汞""石""鼎"等皆是金水之物，由此益见方储的神性。

三、方储的神话故事

据正史和家谱记载，方储信仰自汉朝以来出现了一系列的神话故事，主要有负土成坟、乘鹤、农夫失窃、窦德杀人、直谏灾异、只履、殿下郎君等，展示了东汉以来方储信仰的形成、发展及其本质。

---

①《五礼通考》卷五十二。

②《玉海》卷一百六《五瑞曲》，文渊阁四库全书本。

③《严州府志》卷六《古迹·血湖》。

④《淳安县志》卷三《血湖》，光绪十年刊本。

⑤《绩溪城南方氏宗谱》卷二十，民国八年刻本。

(一)汉代

最早关于方储的记载来自东汉末年吴国谢承所撰《后汉书》，记载了方储的四个故事：

第一，“丹阳方储，字圣明，幼丧父，事母。母终，自负土成坟，种奇树千株，鸾鸟栖止其上，白兔游其下。”

第二，“储为郎中，章帝使文郎居左，武郎居右，储正住中，曰臣文武兼备，任所施用。上嘉其才，以繁乱丝付储使理，储拔佩刀三断之。对曰反经任势，临事宜然。”

第三，“储聪明，善天文，为洛阳令。章帝欲出南郊，储上言当有疾风暴雨，乘舆不可以出。上疑其妄，储饮鸩而死。果有大风暴雨，洛阳昼暝。”[①]

第四，“谢承《后汉书》曰：丹阳方储，字圣明，晓风角占候，为章句长。民田还，置粟二石及刀锄于陌上，明日求之，亡去，疑其邻家，储曰：此人非偷者，呼县功曹语曰：君何取粟置家后积菱中？功曹款服。”[②]

但上述四个故事，纪实性较强，神话色彩较淡。

其次，关于方储的记载出自“建安二十五年”（220年）方储裔孙方昺的《开国公家世行实》，共记载了方储的五个故事：第一，任洛阳令时往还乘鹤；第二，农夫失窃案；第三，母丧负土成坟，致鸾凰、白兔之瑞；第四，窦德杀人案；第五，汉和帝南郊直谏而死[③]。

其中，第二、第三、第五个故事与谢承的《后汉书》相同。第一个故事方储乘鹤已具有神话的色彩，为首次出现。《开国公家世行实》署名是东汉“建安二十五年”的作品，而同时代谢承的《后汉书》却未言其神话之事，南朝宋范晔的《后汉书》也没有关于方储的神话记载，仅梁刘昭注范晔《后汉书·天文志》中有两处提及方储对策，但也是纪实性故事，这说明方储的乘鹤神话在东汉时并不流行。根据本文中的分析，《开国公家世行实》是元朝以来的作品，伪托东汉建安二十五年所作。但其中所言关于方储之死与东汉政治的基本认识，还是比较客观的，主要有以下两点：

首先，方储生活在汉章帝和汉和帝时代，乘鹤神话是对汉章帝和汉和帝

---

①《后汉书补逸》卷九《谢承后汉书第一》曰：“章帝欲出南郊，储上言当有疾风暴雨。”而方氏家谱中改章帝为和帝，俱曰汉和帝南郊而方储直谏，不知何故。文渊阁四库全书本。

②(宋)李昉撰：《太平御览》卷八百四十，文渊阁四库全书本。

③《歙淳方氏柳山真应庙会宗统谱》卷二。

祥瑞政治的一种附会。《后汉书》曰：“（章帝）在位十三年，郡国所上符瑞，合于图书者数百千所。呜呼懋哉！”①《后汉书补逸》曰：“章帝元和二年（85年），凤凰三十九，麒麟五十一，白虎二十九，黄龙四，青龙、黄鹄、鸾鸟、神马、神雀、九尾狐、三足乌、赤乌、白兔、白鹿、白燕、白鹊、甘露、嘉瓜、秬秠、明珠、芝英、华苹、朱草、连理，实日月不绝载于史官，不可胜纪。”注曰：“案人主侈言符瑞，则祯祥入告者踵接矣，章帝十三年中符应几数百千，得毋为谄子笑乎！”②《后汉书》曰：“（和帝）前后符瑞八十一所，自称德薄，皆抑而不宣。”③《宋书》曰：“汉和帝在位十七年，郡国言瑞应八十余品，帝让而不宣。”④可见，汉章帝和汉和帝都比较喜欢祥瑞，臣僚多以此投其所好。

方储神话中也有不少祥瑞的内容。《开国公家世行实》曰：“先是后汉（章帝）建初四年（79年，己卯）六月，丹阳太守周歆举孝廉为天下第一，除郎中，出宰章句……建初六年（81年）迁阜陵令，七年转迁翟阳。母丧，负土成坟，栽松柏千余，鸾凤栖其上，白兔游其旁，过于哀恸，服阕不忍除，郡遣掾曹赍礼制请释服。汉章帝元和元年（84年），太尉郑弘与司徒桓虞、司空第五伦等举贤良方正，公车诣京师对策，复考天下第一，拜博士迁议郎，纠弹贵戚。帝奇其能，特拜洛阳令。”又曰：“（公）通神仙之术，居仕洛阳，往还乘鹤。”⑤宋罗愿的《新安志》也曰：“（方储）母丧，负土成坟，种松柏嘉木数千本，致鸾鹤、白兔之瑞，后对策天下第一，拜洛阳令。”⑥其中就有松柏、嘉木、鹤、鸾凤、白兔等祥瑞之物。可见，鹤是对汉朝政治的一种附会，也是对方储通过祥瑞获取仕途的一种隐喻。

其次，汉代的乘鹤神话是仙逝、死亡之意。西汉末年刘向的《列仙传》曰：“王子乔，周灵王太子晋也，好吹笙，作凤凰鸣。游伊洛之间，道士浮丘公接以上嵩高山。三十余年后，求之于山上，见柏良曰：告我家七月七日待我缑氏山巅。时果乘白鹤驻山头，望之不得到，举手谢时人，数日而去。立

①《后汉书》卷三《章帝本纪》。

②《后汉书补逸》卷一。

③《后汉书》卷四《和帝本纪》。

④《宋书》卷二十九《祥瑞下》。

⑤《歙淳方氏柳山真应庙会宗统谱》卷二。

⑥《新安志》卷八。

祠于缑氏山下及嵩高首焉。”[①]东汉末年的孙坚也有乘鹤之说，《宋书》曰：“孙坚之祖名钟，家在吴郡富春，独与母居，性至孝，遭岁荒以种瓜为业。忽有三少年诣钟乞瓜，钟厚待之。三人谓钟曰：此山下善，可作冢，葬之当出天子，君可下山百步许，顾见我去即可葬也。钟去三十步便反顾，见三人并乘白鹤飞去。钟死即葬其地，地在县城东，冢上数有光怪云气，五色上属天，衍数里，父老相谓此非凡气，孙氏其兴矣。”[②]文中“三十步”“三人并乘白鹤飞去”比喻东吴政权自孙权至孙皓三代而亡。[③]

方储时任洛阳令，洛阳为东汉的都城，乃皇戚贵族聚集地，而他的职责又是“纠弹贵戚”，难免得罪勋贵，面临死亡的威胁，窦德杀人诬陷他的神话就是明显的例子。神话中说他“居仕洛阳，往还乘鹤”，实际上是说他时刻处于危险的境地，最终因为直谏而死。所以，乘鹤的原意并非是将鹤作为交通工具，而是对方储所从事职业随时都有可能带来杀身之祸的隐喻。

(二)魏晋南北朝

根据正史的记载，乘鹤神话最早出自唐章怀太子注范晔的《后汉书·王乔传》：

> 王乔者，河东人也，显宗(汉明帝)世为叶令。乔有神术，每月朔望常自县诣台朝，帝怪其来数而不见车骑，密令太史伺望之，言其临至，辄有双凫从东南飞来。于是候凫至，举罗张之，但得一只舄焉。或云此即古仙人王子乔也。

唐章怀太子注曰：

> 刘向《列仙传》曰，王子乔，周灵王太子晋也，好吹笙，作凤鸣。游伊洛间，道士浮丘公接上嵩山。二十余年后，来于山上，告桓良曰，告我家七月七日待我缑氏山头。果乘白鹤驻山颠，望之不得到，举手谢时人而去。[④]

---

① (汉)刘向:《列仙传》卷上《王子乔》,文渊阁四库全书本。

②《宋书》卷二十七《符瑞上》。

③ 公元222年,孙权建立吴国。孙权死后,其子孙亮、孙休相继称帝。263年,孙休去世,孙皓继立。孙皓是孙和之子,孙权的孙子。280年,晋兵南下,孙皓投降,次年死于洛阳,吴国灭亡。自孙权至孙皓,经历了三代。

④《后汉书》卷一百十二上《王乔传》。

当中提到了王乔（或王子乔）的“只舃”和“乘白鹤”。章怀太子云《列仙传》为汉刘向所作，但后世认为是“魏晋间方士为之，托名于向”[1]，说明王子乔“乘白鹤”神话可能是魏晋人的创造。同样，“只舃”神话也有可能是此时的作品。

魏晋南北朝时流行只履神话。郦道元的《水经注》引南朝宋元嘉年间邓德明的《南康记》曰：“昔有卢耽仕州为治中，少栖仙术，善解云飞，每夕辄凌虚归家，晓则还州。尝于元会至朝，不及朝列，化为白鹄，至阙前回翔欲下，威仪以石掷之，得一只履。耽惊还就列，内外左右莫不骇异。”[2]其中就有“得一只履”的故事。

北魏末年印度高僧菩提达摩来华传教，死后有“只履西归”神话。《旧唐书》曰：“昔后魏末有僧达摩者，本天竺王子，以护国出家，入南海得禅宗妙法，云自释迦相传，有衣钵为记，世相付授。达摩赍衣钵航海而来，至梁诣武帝，帝问以有为之事，达摩不说，乃之魏隐于嵩山少林寺，遇毒而卒。其年魏使宋云于葱岭回见之，门徒发其墓，但有衣履而已。”[3]宋代《五灯会元》曰：“魏宋云奉使西域回，遇祖于葱岭，见手携只履，翩翩独逝，云问师何往？祖曰西天去。云归具说其事。及门人启圹唯空棺，一只革履存焉。举朝为之惊叹。”[4]

魏晋南北朝的乘鹤和只履神话是当时社会的反映。魏晋玄学崇尚逍遥，南北朝分裂割据，这些为乘鹤和只履神话的创作提供了土壤。

方储与王乔都是东汉初期人，王乔生活在汉明帝朝，方储生活在汉章帝、和帝朝。但范晔《后汉书》为王乔立传，详载其神话故事，却没有为方储立传。谢承的《后汉书》虽然记载了一些方储的故事，但只是纪实性事件。南北朝时社会上开始流行只履传说，方储的神话是否受其影响已不得而知。方氏家谱和方志中关于魏晋南北朝时期方储的记载几乎空白，仅言南朝宋明帝时封方储为龙骧将军，估计当时已有一定说法。

(三)唐代

到了唐初，有张鷟撰写《黟县侯碑》，共记载了方储的七个故事。其中，

①《列仙传》卷首《提要》。

②(北魏)郦道元撰:《水经注》卷三十七,文渊阁四库全书本。

③《旧唐书》卷一百九十一。

④(宋)释普济撰:《五灯会元》卷一,中华书局1984年版。

剑斩棼丝、农夫失窃、负土成坟、南郊直谏是复述《后汉书》。功曹杀人案为首次提及，“蝉蜕仙化”和“血湖”也是首次出现[①]。

碑文中提到“公生平之日羽驾乘空，仙游之时蝉蜕而去，咸以公为仙化，莫知所归。”虽然仅此数言，但道出了方储神话的内容。元朝秘书郎永嘉人李孝光的《黟县侯传》曰：“其四十二世孙璇家藏故唐时遗牒，言圣公前为洛阳令，数乘白鹤归而省母。后坐言郊祀事死，天子哀伤之，诏归其丧，妻子发视之，则惟遗一履，与平生所著履合，盖类神仙家所谓解蜕者。后余读《唐左台御史张鷟文成黟县侯碑》与裔孙回庙记，盖其言略同，然不可尽考。”[②]说明唐朝时已经流行方储“乘白鹤”和“惟遗一履”的神话。谢承的《后汉书》对此没有记载，至此出现的“乘白鹤”“惟遗一履”说，应是受到了唐朝章怀太子注范晔《后汉书·王乔传》的影响。

《后汉书》虽为南朝宋范晔所撰，但直到唐朝才流行。宋朝徐天麟的《东汉会要》曰：“宋宣城太守范晔益集诸家，作十纪、十志、八十列传，凡百篇。十志未成，晔被诛，至梁世有剡令刘昭者补成之。唐章怀太子贤诏集当时学者右庶子张太安、洗马刘讷言、洛州司户参军革希玄、学士许叔牙、成玄一、史藏诸周宝宁等同注范晔《后汉书》，仪凤初上之，诏付秘书省，传之至今。”[③]唐代极有可能是受章怀太子的影响，将他注释的王乔形象“乘白鹤”“但得一只舄”加工成方储“乘白鹤”“惟遗一履”。而张鷟显然是根据范晔《后汉书·五行志》中“和帝永元五年（93年）六月，郡国三雨雹，大如鸡子”的记载，加以迁移，改为《黟县侯碑》中的“雹如鸡子”。

方储“乘白鹤”“惟遗一履”首出“故唐遗牒”，不知是唐代何时，现已不可考。“羽驾乘空”“蝉蜕仙化”出自《黟县侯碑》，署名“唐左台监察御史张鷟”。查《唐书》张鷟任御史一职是在武则天和玄宗朝。《新唐书》曰：“开元初，御史李全交劾鷟多口语讪短时政，贬岭南。刑部尚书李日知讼斥太重，得内徙。”[④]《黟县侯碑》可能是此时所作。其时徽州开始兴起道教之学，《新安志》曰：“（徽州）至天宝中好道家之说”[⑤]，弘治《徽州府志》也曰：“唐

①《歙县府前方氏宗谱》卷十七。

②《歙淳方氏柳山真应庙会宗统谱》卷十九。

③（宋）徐天麟撰：《东汉会要》卷十二，文渊阁四库全书本。

④《新唐书》卷一百六十一。

⑤《新安志》卷三。

天宝末信道家之说”[①]。可以说，张鷟的《黟县侯碑》是徽州“好道家之学”的产物。但张鷟文中对方储的神话故事语焉不详，似乎另有隐情。与之成对比的，是张鷟对血湖故事的大加描绘。

血湖神话首次出现在张鷟的碑文中，《黟县侯碑》曰：

> 公之兄讳侪，封关内侯，行南郡太守。弟讳俨，封忠烈侯，丹阳平正五官，咸有令名。尚书张林者，巧佞之徒也，与公兄弟素不相协，谮于帝曰：“方氏兄弟惟俨文武最优，频诏不来，必怀逆节，不如早为之计，无使滋蔓。”遂发千人顿于界上。二人相谓曰：“豺狼满道，麟去何之，雕鹗巢林，凤将安适？天乎难问，命也如何！”于是昆季引刀自刎，两血相合二丈余高，鸟兽哀鸣，士女流涕，日沉黑道，水变赤湖。天子收林抵罪，给棺殡殓，设庙宗禋，血食相仍，祈请不绝。[②]

碑文里对方储兄弟之死煞费笔墨，反映了张鷟撰写此文的时代背景和别有用心。

张鷟是唐高宗、武则天和玄宗三朝的进士，时号“青钱学士”，在朝廷和民间都有一定的影响。因此，他撰写碑文不会就事论事，定会另有所指，碑文中表现在借方储兄弟自杀隐喻武则天的两个儿子李弘和李贤之死。李弘是唐高宗和武则天的长子，李贤是二子，两人先后被立为皇太子，成为皇位继承人，但都被武则天害死了。李贤死后被封为章怀太子，曾经注释过范晔的《后汉书》，对其发布流行作了重要的贡献。张鷟撰写方储碑文时参考过其中的内容，有感于怀，遂将其事也写了进来。

碑文中的“昆季”暗喻李弘、李贤，“季”指李氏。“引刀”指武则天，武为戈，则为刂（刀），因是母子关系而曰“自刎”。“两血相合二丈余高”，《说文解字》曰：“丈，十尺也，从手持十”，二丈即二十，指李弘为皇太子二十年，李贤十年[③]；“余”为人、二、小，暗喻二位太子。“赤湖”即血湖，暗喻武则天。道教有《元始天尊济度血湖真经》，其中的血湖专指女性，尤其是

① 弘治《徽州府志》卷十一。

②《歙县府前方氏宗谱》卷十七《黟县侯碑》。

③《旧唐书》卷八十六《高宗中宗诸子》，李弘“显庆元年（656年），立为皇太子”，“上元二年（675年），太子从幸合璧宫，寻薨，年二十四。”从立皇太子到死，凡二十年。李贤“上元二年，孝敬皇帝薨，其年六月，立为皇太子”，“文明元年（684年）……逼令自杀，年三十二。”从立皇太子到死，凡十年。

指母亲。“赤湖”即水变赤色，《新唐书》记载了武则天当政期间有两次水变赤色，一次是“武后时来俊臣家井水变赤如血”，另一次是“长安中并州晋祠水赤如血”[①]。来俊臣是唐高宗死后武则天临朝称制所用之酷臣，长安是武则天统治的最后一个年号，这两次事件发生在武则天政权的开始和结束，显然是用来暗喻武氏和李氏之间的杀戮。赤湖的用意也与此相同。

碑文中的“尚书张林”暗喻张易之、张昌宗兄弟。二人是武则天的嬖臣，专横跋扈，声誉很坏。《旧唐书》曰：

> 圣历二年置控鹤府官员，以易之为控鹤监内供奉，余官如故。久视元年，改控鹤府为奉宸府，又以易之为奉宸令……每因宴集，则令嘲戏公卿以为笑乐……谀佞者奏云：“昌宗是王子晋后身。”乃令被羽衣，吹箫，乘木鹤，奏乐于庭，如子晋乘空。辞人皆赋诗以美之。[②]

王子晋即王乔、王子乔，方储的乘白鹤、只履神话是以此人为依据创作的。而张氏兄弟曾仿照王子乔的披羽乘鹤形象，戏弄公卿，为大家深恶痛绝。张鷟充分考虑到时人的感受，因此在撰写碑文时有意淡化方储的乘鹤羽化细节，仅用“公生平之日羽驾乘空，仙游之时蝉蜕而去”一笔带过。相反，对方储兄弟的血湖故事却夸大描述，表达了对武则天的批判和对李氏兄弟的同情。这一创作理路被后人继承，到清朝方象瑛作传记时进一步将武周革命的时间写进方储的神话中。

徽州人对武则天的批评是有一定原因的，一是唐初徽州土主汪华投靠了李唐，因对李氏持认同之观念；二是当时徽州是唐高宗的侄子李徽的封地，李徽的两个王子死于武周革命，无疑也是方储神话中殉难兄弟创作意象的来源。《新安氏族考》曰：“唐封新安郡王李徽，恭濮王泰之子，太宗皇帝孙，袭五世。厥后二王子曰通真、通灵，死武崇烈之乱，国人哀之，为立祀太子堂，建五王阁于东门外以奉祀五王。”[③]徽州对两个小王子持同情态度，因此将武则天杀戮之事写入方储神话中予以批评。徽州在唐代创作的还有程灵洗的射蜃神话，同样也写入了武则天，以两蜃相斗，程灵洗搭弓射杀“后蜃”比喻武则天，也是这一态度的反映。

---

① 《新唐书》卷三十四《五行志·赤眚赤祥》。

② 《旧唐书》卷七十八。

③ 民国《歙县志》卷十六《拾遗》。

(四)宋元

据北宋真宗大中祥符年间的《祥符图经》记载，北宋时期方储的神话故事出现了新的变化，在唐朝方储神话“乘白鹤”“惟遗一履”的基础上加入了“拜洛阳令，夜辄还寝室，迟明去，不动户枢，尝遗只履牖下，母命藏之”的内容。并且，根据谢承《后汉书》中致“鸾鸟”之瑞，将唐代遗牒中的“白鹤”改成了“鸾鹤”，将张鷟碑文中的汉和帝南郊改成了汉章帝南郊。《祥符图经》曰：

> 方储，字圣明，歙东人，后汉历章句长郡五官。母丧负土成坟，种松柏嘉木数千本，致鸾鹤、白兔应瑞。从对策，天下第一，拜洛阳令，夜辄还寝室，迟明去，不动户枢，尝遗只履牖下，母命藏之。章帝以储善天文，当郊祭问之，储劝毋往。其日景明，帝行，储称疾。是日雨雹如斗，死者千计，召储已死，帝甚痛之。丧至家，启棺视之，尸去惟有只履，因取前履掩之①。

南宋时期又出现了新的变化，将淳安县堨村的创建附会到方储身上，形成了巨石窍、清泉、洗马池、马蹄等新的神话故事。淳熙年间乌程县主簿洪彦华的《储公庙记》曰：

> 仙翁遗墓在邑城东南，即墓立祠，其来久矣。政和丁酉，父老状其灵迹以闻，得赐号真应，今堨村之庙盖其别祠也。是村南亩多膏腴，相传皆仙翁所辟。始苦壑流壅底，翁马上举鞭指之，巨石窍而清泉激，至今赖以灌溉。其尤异者，洗马之池，净洁澄寒，马蹄故迹隐约呈露。②

宋元时期方储神话最大的变化表现在对唐代张鷟碑文中提及的“功曹杀人”案进行加工，创造了窦德杀人和方储死后归葬歙县的神话，首次出现了“溪翁”“窦德”“鞭死人”“一百”“三十二”“老母”“庚辰”“绍兴”“匡山”“建德”“东阳”“青溪”等表述。大约形成于元初的《始祖黟侯储公传》曰：

> 公字圣明，当王莽时隐居不仕，尝游深山遇一叟自号云溪翁授神仙之术，遂能通变化，使鬼神，人莫之知也……寻除大匠卿兼洛阳令。尚书张林谮储，遣洛阳功曹窦德夜杀一人，欲令储去官。辰起，乃奏区中有一死人，

①《歙县府前方氏宗谱》卷十四《新安志载黟侯储公事》。

②《歙县府前方氏宗谱》卷十七。

头身系寺门下,有司莫不骇然,林乃发台使欲收储。储预知林计,鞭死人一百,禁狱中,令吏卧人头于膝上,手摩死人耳,问谁杀汝。死人曰:“窦德。”储怒曰:“侮慢天地,欺罔上下,神明正直,岂其然乎?”因敕三十二人戎衣怀绳,乃云别有所收。遂问德曰:“死人言掾所杀。”德叩称不杀。储敕三十二人各缚功曹一人,因知家人之数实有三十二人。德怖惧曰:“余人无敢求免,乞免老母。”储减一吏,不收其母。如是国中阴罪伏藏者并自出首,不敢首者逃往外国,天下大清,道路不拾遗,京师皆称神明……永元五年癸巳六月庚辰,和帝出郊,储谏今日巳时有变……储已死矣,追赠太常卿尚书令洛阳开国公,食禄二千石,以圣人礼葬,送还本邑。初至钱塘,拟葬绍兴匡山,忽大风吹船,上至建德,又拟东阳,风复起,吹至青溪风息,遂葬郭内龙山下,后为神立庙祀之。①

此神话为方储杜撰了一个师承关系,曰其师为“溪翁”。又曰方储死后,拟葬绍兴和东阳皆不顺,惟风吹至青溪而风息,遂葬青溪。这个神话故事其实另有隐情。青溪即青溪县,始置于唐朝,北宋徽宗政和七年(1117年)因青溪县方储裔孙方适所请,朝廷颁赐真应庙额。但宣和三年(1121年)青溪县发生方腊起义,朝廷愤而惩戒,改青溪县为淳化县。《严州府志》曰:“青溪隶属睦州,宋宣和平方腊,改淳化,隶严州,绍兴中始名淳安。”②当时人们对拥有三百年历史的青溪县尚存留恋情结,对宣和、绍兴年间的改置深持反感态度,于是将其写进方储的神话中,曰拟葬“绍兴”和“东阳”皆不顺。这里的“绍兴”暗喻宋高宗绍兴年号;“东阳”指宋徽宗宣和年号,宣为日为阳,和为禾为木,木的五行为东方,因曰东阳。

淳安人还将绍兴的相关知识写入神话。绍兴共有三十二年,窦德杀人神话中有三十二个从犯,即是以此作为原型而创作的。绍兴是南宋高宗赵构的年号,赵构的皇位是其先人赵匡义从赵匡胤的手中夺取的,《宋史全文》曰:“冬十月癸丑,上崩于万岁殿。先是上不豫,壬子夜大雪,上召晋王光义延入大寝,嘱以后事。宦官宫妾悉屏之,左右皆不得闻。但遥见烛影下,晋王时或离席,若有所逊避之状。既而上引,柱斧戳地,大声谓晋王曰:好为之。俄而,上崩。”③晋王光义即赵匡义,因避讳而用光。赵匡义夺其兄的皇权与

①《歙淳方氏柳山真应庙会宗统谱》卷十九。

②《严州府志》卷一《方舆》。

③ 佚名撰:《宋史全文》卷二《宋太祖》,文渊阁四库全书本。

母亲杜太后有关系。《宋史》曰："建隆二年（961年），太后不豫，太祖侍乐饵不离左右。疾亟，召赵普入受遗命。太后因问太祖曰：汝知所以得天下乎？太祖呜噎不能对。太后固问之，太祖曰：臣所以得天下者，皆祖考及太后之积庆也。太后曰：不然，正由周世宗使幼儿主天下耳。使周氏有长君，天下岂为汝有乎？汝百岁后当传位于汝弟。四海至广，万几至众，能立长君，社稷之福也。太祖顿首泣曰：敢不如教。太后顾谓赵普曰：尔同记吾言，不可违也。命普于榻前为约誓书，藏之金匮，命谨密宫人掌之。"[①]赵匡义的皇权一直传到南宋赵构。到赵构时，因自己的独生子元懿太子之死而良心发现，决定将皇权还给太祖后裔，即孝宗赵昚。《宋史》曰："及元懿太子薨，高宗未有后……后尝感异梦，密为高宗言之，高宗大寤。会右仆射范宗尹亦造膝以请，高宗曰：太祖以神武定天下，子孙不得享之，遭时多艰，零落可悯。朕若不法仁宗，为天下计，何以慰在天之灵。于是诏选太祖之后……于伯字行中选择……绍兴二年（1132年）五月，选帝育于禁中。"[②]因此，窦德杀人神话主要是围绕赵匡胤、赵匡义、杜太后、赵构和赵昚而展开。

在该神话中，"窦德"暗喻赵匡义。赵匡义夺取皇权的关键人物是杜太后，窦德的取名即是根据杜太后而创造的。"窦"谐音杜，指太后；窦上宀指太后谥号昭宪；窦下卖，比喻将赵匡胤的江山卖给赵匡义；"德"指太后的居所滋德殿；"德"为彳，即赵匡义和太后二人。窦德，搜索《四库全书》电子版《后汉书》和《汉书》皆无此人，表明是一个生造的人名。窦德所杀之人指赵匡胤。方储审案，"鞭死人一百"，源于赵昚排行"伯"，伯为白，谐音百，因是赵匡胤的后裔，故将二人联系在一起。"老母"指太后，虽参与夺位，但也是赵匡胤的母亲，是赵昚的直系祖先，故而"乞免"，"不收其母"。方储死后拟葬"匡山绍兴"，暗喻赵匡义和赵构，匡山指赵匡义的江山，绍兴指赵构，因是夺位之人及其后裔而曰不顺。"大风吹船，上至建德"，后者暗喻杜太后。太后参与夺位是在建隆二年（961年），死去也在此年，死于滋德宫，乾德二年（964年）封谥昭宪。建隆、滋德、乾德，合称"建德"。也是夺位之人，而曰不顺。"又拟东阳"，东阳，据文中分析指宣和年间青溪改置，为地方上所反感，因而也不顺。"风复起，吹至青溪风息，遂葬郭内龙山下"，青溪是桑梓，龙山暗喻天子，是感情所系，因而安葬此处。

①《宋史》卷二百四十二《后妃上》。

②《宋史》卷三十三《孝宗本纪》。

“三十二人”指绍兴年号，暗喻赵昚于绍兴二年被选育于禁中，绍兴三十年（1160年）立为皇子。《宋史》曰：“三十年二月癸酉，立为皇子，更名玮。甲戌，诏下。丙子，制授宁国军节度使、开府仪同三司，进封建王。制出，中外大悦。”[①]绍兴三十年是庚辰年，变成了神话中方储的罹难日期“永元五年癸巳六月庚辰”。按唐朝张鹭的碑文只言方储死于“永元五年（93年，癸巳）六月”，没有具体的日期。将方储的死亡时间精确到庚辰日，这是首次出现。但查史书和万年历，永元五年六月没有庚辰日，显然是人为创造的结果。庚辰是宋孝宗立为皇子之年，淳安人因对绍兴改置不满，遂将此年作为方储的死亡之日，无疑含有诅咒绍兴皇帝及其后继者的意思。

方储的审死人神话虽然加入了宋代的内容，但其原型疑抄自东汉和帝时的酷吏周纡。《后汉书》曰：“周纡字文通，下邳徐人也。颇严酷，专任刑法，肃宗（章帝）以为郎。廷掾惮纡严明，欲损其威，乃晨取死人断手足，立寺门。纡闻，便往至死人边，若与死人共语状。收廷掾考问，具服，不杀人，取道边死人。后人莫敢欺者。征拜洛阳令，后为御史中丞。贵戚跼蹐，京师肃清。皇后弟黄门郎窦笃以表闻，诏遣剑戟士收纡送廷尉诏狱，数日贯出。纡奉法疾奸，不事贵戚，然苛惨失中，数为有司所奏。后窦氏贵盛，笃兄弟秉权，睚眦宿怨，无不僵仆。然笃等以纡公正，而怨隙有素，遂不敢害。”[②]周纡、王乔与方储是同一个时代的人，前面已经分析方储的乘鹤神话抄自王乔，这里的方储审死人应抄自周纡“与死人共语状”，而窦德的原型应是窦太后。窦后是汉章帝的皇后，和帝即位后尊为皇太后，《后汉书·皇后纪》称其为“章德窦皇后”，反之即“窦德”。

方氏家谱收录《始祖黟侯储公传》一概不署作者姓名，但其他方储碑文、传记都标明了作者。乾隆《歙淳方氏柳亭山真应庙会宗统谱》卷19也收录了该传，文末还附有明万历年间裔孙方沆的注释，足见方氏家族对此传的重视和保护。不署作者有两种情况，一是民间广为流传，不知谁作；二是时代较近，而内容比较敏感，保护作者。民国《歙县府前方氏宗谱》收录此传时，前有元秘书郎李孝光的《黟县侯传》，后有元至正年间陈旅的《书圣公传后》，二者都是元代人，表明《始祖黟侯储公传》是元代的作品。李孝光的《黟县侯传》中也言及窦德神话，但内容简单，没有南宋的繁文缛节，仅当做

①《宋史》卷三十三《孝宗本纪》。

②《后汉书》卷一百七《酷吏传》。

汉代的一个小故事。窦德神话首次出现在元代的两个作品中，说明当时社会上流行此传说，应是南宋中后期创作的结果。

（五）清代

秉承上述元代《始祖黟侯储公传》的创作理路，清代又对唐代张鷟创作的血湖故事进行了加工。张鷟生活在唐高宗、武则天和玄宗三朝，经历了武周革命，印象深刻，因此在他撰写方储碑文时精心杜撰了一个血湖故事以暗喻李氏和武氏之间的残酷杀戮，但他并没有交代血湖发生的年代和时间。宋元时期的作品中也无相关记载。《严州府志》曰："血湖在县西永平乡堨之东，相传方储兄侪、弟俨二人为张林谗，以五月五日引刀自刎。"[①]这显然是引用了屈原投江自杀的日期。到清朝康熙年间方象瑛撰写《重修方氏始祖黟侯储公庙记》时，突然出现"永元六年（94年）正月甲辰"兄弟死亡的表述，曰：

> 按晋太守羊欣、梁太守任昉及贺齐、顾野王等记并旧谱，（方）俨字圣威，章帝建初中召辅五官兼平政，因兄死于谗，遂隐茅山，后诏拜云麾将军，辞不就。和帝初，尚书张林谗方俨文经武纬，才优天下，托隐岩穴，臣尝识其人鹰腹豺口，频召不出，必怀叛志。帝信之，给兵往讨……令人凿断方储墓山。永元六年正月甲辰，兄弟共陈枉抑云："天地日月亡兄，乞赐证盟，俨今枉被谗言，破亡兄墓，身不求生。"兄弟同诣湖上，俨拔剑刺右腋，侪亦引剑刺左腋，二血合流如绳直注，高二三丈，湖水俱赤，为之沸涌。朝廷闻之，遣使安慰，追封忠烈侯，礼葬二人于宛邱山，立庙水南山祀之，与兄庙相对。其后，吴主孙权改其山为都督山，庙曰五官庙。[②]

这是以前未曾见过的。按方储死于永元五年，方储兄弟死于永元六年，尚可理解，但正月甲辰比较令人费解，因为查史书和万年历，永元六年正月没有甲辰日。前面研究过，血湖与武则天有关，这里的血湖日期也应该与武氏有关。考武氏政权始自天授元年庚寅年（690年），终于神龙元年（705年）正月甲辰。《旧唐书》曰："神龙元年春正月，大赦，改元，上不豫……甲辰，皇太子监国，总统万机，大赦天下，是日，上传皇帝位于皇太子。"[③]显而易见，方象瑛文中的血湖日期"正月甲辰"暗喻武氏政权的结束。

①《严州府志》卷六《古迹·血湖》。

②《歙县府前方氏宗谱》卷十七。

③《旧唐书》卷六《则天皇后》。

武氏政权始于庚寅年，至道光二十五年（1845年）《祁门县方氏宗谱》中又将方储的死亡日期由元代《始祖黟侯储公传》中的“永元五年（93年，癸巳）六月庚辰”改为“永元五年癸巳六月庚寅”[①]。乾隆《歙淳方氏柳山真应庙会宗统谱》收录《始祖黟侯储公传》时仍然是“庚辰”，说明“庚寅”是在乾隆至道光年间加上去的。但查史书和万年历，永元五年六月没有庚寅日，永元六年正月也无甲辰日，显然都是后人有意创造的结果。它们将武周政权的起讫时间巧妙地融入方储及其兄弟的死亡日期中，可以说是对唐宋时期方储神话创作思路的一种延续。但这种延续不仅仅是复述历史，也是对现实的一种批评。清朝康雍乾三朝实行专制统治，对汉族和中原的征服也主要在此时期。它始于壬寅年（1662年）康熙继承皇位，终于丙辰年（1796年）正月乾隆传位于嘉庆皇帝[②]，与武氏政权开始于寅年，终结于辰年正月，基本上是一致的。因此，康熙至道光年间对方储及其兄弟死亡日期的两次改写，可以说是在隐喻康雍乾的统治，用武氏乱唐暗喻康雍乾乱华。但因清朝文网严密之故，只有将现实的批评寓于历史的建构中。

（六）综述

综上所述，方仙翁神话反映了四个朝代的政治。东汉“建安二十五年（220年，庚子）”的《开国公家世行实》以汉章帝、和帝两朝的祥瑞政治作为背景，创作了乘鹤神话，一方面反映了方储通过附会祥瑞而获取仕途的历史现实，另一方面反映了方储仕途的风险性，通过方储之死含蓄地批评汉章帝和汉和帝的祥瑞政治。

但《开国公家世行实》的真实性值得怀疑。一是唐宋以来方储碑记及相关文人作品中并无提及。二是搜索《四库全书》电子版，“家世行实”一词多见于宋代以来的作品，宋代之前没有看见。三是《开国公家世行实》中只讲了两个神话，一个是乘鹤，一个是窦德杀人。乘鹤的确切记载是在唐朝，而窦德杀人根据本文的分析是宋朝的事情，大约成书于元初的《始祖黟侯储公传》对此有详细的记载，《开国公家世行实》与其内容多有重合之处，应是抄袭所致。四是《开国公家世行实》的撰写时间与署名方式暴露了其创作年代。

---

①《祁门县方氏宗谱》卷十一《世纪小传》，“储字圣明……永元五年癸巳六月庚寅日，和帝郊祭……即饮鸩而死。”道光二十五年刻本。

② 赵尔巽等撰：《清史稿》卷十六《仁宗本纪》，“嘉庆元年丙辰春正月戊辰朔，举行内禅，上侍高宗遍礼于堂子、奉先殿、寿皇殿。高宗御太和殿，授玺。上即位，尊高宗为太上皇帝。”

按“建安二十五年庚子”，建安只有二十四年，二十五年曹魏称帝，东汉已经灭亡。“庚子”后面署名为“雷公一百一十八世裔孙昺彦光书”，历史上符合这两个特征的时代只有南宋。雷公指方氏始祖。1276年是丙子年，蒙古军队攻下南宋都城临安。“庚子”与“昺”，暗含丙子，指临安陷落。“昺”还暗喻南宋最后一个皇帝赵昺，其年号是祥兴，祥为羊，羊下有“一、一、十”，兴下有“八”，因曰“一百一十八世”。“彦”为产、彡，《说文解字》曰：“产，生也”，象征临安陷落至赵昺跳海自杀之间又生存了三年（1276—1279年）。“光”既指南宋火德，也是结束之意。可见，“建安二十五年庚子”和“一百一十八世”两种书法隐喻东汉和南宋的覆灭。方储冤死于东汉，方腊起义被南宋打压，这两个朝廷都伤害到了方氏的宗族感情，因此将其死亡时间写进神话进行讥讽和批评。五是方氏家谱中能查到雷公第一百一十八世孙为方昺的人，“建安二十五年庚子举孝廉，除郎中柱国大夫”，“寻迁散骑常侍”，“封黟县开国公”，“拜豫章太守”，“迁陈留内使”①，并交代其作有《开国公家世行实》，但正史和地方志均无其人之记载，应是杜撰的结果。由此推断，《开国公家世行实》是元朝以来的作品，采集了《后汉书》《新安志》唐张鹭的碑文、元代李孝光的《黟县侯传》等内容。此后又进行了修改，如民国《歙县府前方氏宗谱》所录《开国公家世行实》与乾隆年间《歙淳方氏柳山真应庙会宗统谱》所录《开国公家世行实》存在不少的差异，加入了《始祖黟侯储公传》和清代的内容，并且将作者“方昺”改为“方昌”，说明《开国公家世行实》是一部不断改进的集体作品。但其对方储之死与东汉政治的基本认识，还是比较客观的。

唐代以《黟县侯碑》为主，该碑文以章怀太子所注《后汉书》作为背景，创作了乘白鹤和只履神话，并以章怀太子之死创作了血湖神话用来批评武则天。这是由徽州民间的政治立场决定的，一是唐初徽州土主汪华投靠了李唐，对李氏持认同之观念；二是当时徽州是唐高宗的侄子李徽的封地，李徽有两个王子死于武周革命，徽州人为此创作神话进行批评。之所以选择方储，一是唐朝以道教为国教，方储有仙翁之号，属于道教；二是徽州“至天宝中好道家之说”，方储神话是这一形势的产物；三是方储的遇难故事与武则天的政治内容有一定的可比性。

①《歙淳方氏柳山真应庙会宗统谱》卷四。

宋元以《始祖黟侯储公传》为主，该文以南宋初年的皇储安排作为背景，创作了鞭死人和归葬青溪的神话，反映了当时人们对朝廷的强烈不满。这件事与方腊有关，方腊是徽州邻地睦州青溪人，也是方氏族人。北宋末年，方腊起义反抗朝廷。失败后，朝廷为示惩戒，将青溪县改为淳化县，并将睦州改为严州进行管理。这引起地方人士的强烈反对，于是将赵宋皇权政治写进方储神话中予以批评。

清代受唐宋创作思路的影响，在方储及其兄弟的死亡日期上大做文章，将武则天政权的起讫时间写入神话中，表面上看是对武氏的再批评，实际上也是对康雍乾专制政治的批评，因为康雍乾在位时间与武氏政权的起讫时间高度吻合，批评的矛头无疑也指向清代。

总之，方仙翁神话是方仙翁信仰附会政治的产物。神话的创作大量使用了史学隐喻方法，反映民间对政治的批评声音。政治批评是徽州民间信仰的一个重要特点，是徽州地方社会与历代封建王朝长期互动的结果。

（七）历代宗族神话谱系的建构

方储神话故事创作的同时，还存在一个谱系不断建构的过程。唐朝张鷟的碑文中曾为方储建构了方俨、方侪兄弟二人，七代孙方凤及其子方鸾，晋朝方初、方释志、方操、方郊、方幹、方巢，隋朝方亮、方伦、方俶、方述的谱系。约成书于元初的《开国公家世行实》继续为方储建构了上自方雷、方回、方相、方叔、方望、方纮、方雄、方储及其三个儿子的谱系。至乾隆《歙淳方氏柳亭山真应庙会宗统谱》中《方氏世家》一文又建构了一个自方雷以来以至方储的更为完备的谱系，但没有署名撰者。至民国《歙县问政方氏宗谱》载有《方氏历世神异记》，交代了方氏祖上方相、方纮、方雄、方储、方侪、方俨以及由方储子侄十人组成的“殿下郎君”信仰，曰：

> 自二世祖明公佐黄帝游于大隗，回公隐身五柞，下逮仙翁忠事汉室，俱以仙术互著灵异，已备载于各本传，兹不复赘。
>
> 四十八世祖相，字期人，娶吴郡涂山刚氏，佐禹建殊勋。公少而神异，慕清高，东涉蓬莱、方丈，西至倥峒广成之室，得仙圣之道，与伯成子往瀛洲、四明之山，通先圣大道之秘。大禹凿山川，所遇多魍魉邪魔，帝诏四方，采访圣德，得方相氏，封邦国列侯，除傩服妖，御诸魑魅。《三皇书》云禹治水，非方相在前，禹不敢行。后世腊月百姓驱傩逐鬼，仿公像，口唱傩声，盖

始此也。

纮公播迁江左，有厚泽于民，后人思其遗爱，尊为神道，谓之迈山府君，立庙崇祀，灵响颇著。

雄公并著灵异，后人于淳安水南岸立庙禋祀，尊之曰飞龙大王，水南岸名为飞龙岸，至今香火极盛。

侪公，仙翁之兄也，后世尊为河南郡大王，享庙食。

俨公，仙翁之弟也，后世尊为都督府君押卫大王，同享庙食。

观公，仙翁之长子也，后人立五龙庙于东源，尊为五龙大王。

觌公，仙翁之次子也，后人称为安石将军。

凡有德泽于民，千载后犹能令后人崇拜者如唐之越国汪公诸哲嗣，至今歙人尊为灵神，或称之曰某太子，或曰飞相公，或谓之七老爷、八老爷等之尊号，至今馨香罔替，其故何哉？盖其勋名彪炳，功德固在于一时，而正直为神，灵爽凭式，历代实多感应，故能深得人心之信仰，传之悠久而无穷。虽曰古人神道设教，在今日道德沦亡之季，更不宜厚非之也。仙翁子侄十人，淳人之尊崇信仰实不亚于歙之尊崇汪氏诸太子。今考其称谓，概曰殿下几郎君。其序于左：

一郎君观公，仙翁长子，又尊为五龙大王。

二郎君伦公，侪公长子。

三郎君崇公，俨公长子。

四郎君岛公，俨公次子。

五郎君缓公，侪公次子。

六郎君元公，侪公三子。

七郎君觌公，仙翁次子，又尊为安石将军。

八郎君洪公，仙翁三子。

九郎君岩公，俨公三子。

十郎君绦公，侪公四子。[1]

《方氏历世神异记》没有署名作者，不知撰于何时，文中曰："历代实多感应，故能深得人心之信仰，传之悠久而无穷。虽曰古人神道设教，在今日道德沦亡之季，更不宜厚非之也。"文末注曰："以上本诸旧载，惜原本展转抄传，谬误不堪，卒读无可解释。今惟细按其颠倒错乱之断句所得，仅此十

①《歙县问政方氏宗谱》卷一。

郎君之名讳而已，且迫于时间之限制，原文更无余暇录入以备后贤之考据矣。”[①]根据《方氏历世神异记》出自民国所修《歙县问政方氏宗谱》，应是民国时期赶制出来的，文中所言十郎君是明清时期的事情。

第四节　唐朝许宣平

许宣平，唐代歙人，隐居城阳山修道。其故事最早出自唐末沈汾的《续仙传》：

> 许宣平，新安歙人也，睿宗景云中隐于城阳山南坞，结庵以居。不知其服饵，但见不食，颜若四十许人，行疾奔马。时或负薪以卖，常挂一花瓢及曲竹杖。每醉，腾腾以归，独吟曰：“负薪朝出卖，沽酒日西归。路人莫问归何处，穿白云行入翠微。”尔来三十余年，或济人艰危，或救人疾苦。城市之人多访之不见，但观庵壁题诗云：“隐居三十载，筑室南山巅。静夜玩明月，闲朝饮碧泉。樵人歌陇上，谷鸟戏岩前。乐矣不知老，都忘甲子年。”好事多咏其诗，抵长安者于驿路洛阳同华间传舍是处题之。天宝中，李白自翰林出，东游经传舍，览诗吟之，嗟叹“此仙人诗也！”乃诘之于人，得宣平之实。白于是游及新安，涉溪登山，累访之不得，乃题其庵壁曰：“我吟传舍诗，来访真人居。烟岭迷高迹，云崖隔太虚。窥庭但萧索，倚杖空踌躇。应化辽天鹤，归当千载余。”是冬，野火燎其庵，莫知宣平踪迹。百余年后咸通七年，郡人许明奴家妪，常逐伴入山采樵，独于南山中见一人独坐石上，方食桃甚大，问妪曰：“汝，许明奴家人也，我明奴之祖宣平也。”妪言：“常闻已得仙多年。”曰：“归为我语明奴，言我在此山中。与汝一桃食之，不可将出，山中虎狼甚多，山神惜此桃。”妪乃食桃，甚美，顷之而尽。宣平遣妪随樵人归家，言之明奴之族，甚异，传闻于郡人。其后，妪憎食，日渐童颜，轻健愈常。中和年以来，兵荒相继，居人不安，明奴徙家避难，妪入山不归。今人采樵或有见其妪，身衣藤，行疾如飞，逐之升林而去。[②]

其中有“路人莫问归何处，穿白云行入翠微”的诗句，北宋初年张君房的《云笈七签》改为“时人莫问我，穿云入翠微”[③]，南宋罗愿的《新安志》

①《歙县问政方氏宗谱》卷一。

②（唐）沈汾撰：《续仙传》卷中，文渊阁四库全书本。

③（宋）张君房撰：《云笈七签》卷一百十三《许宣平》，文渊阁四库全书本。

又改为“借问家何处，穿云入翠微”，曰：“（李白）赠许宣平诗，沈汾述以为传，当不虚也。”[1]四库全书《续仙传》提要曰：“虽其中附会传闻均所不免，而大抵因事缘饰，不尽子虚乌有之流。”[2]沈汾曾任（江苏）溧水县令，距离徽州很近，加之他本人也是一位道人，《江淮异人录》曰：“唐末沈汾侍御，退居乐道家”[3]，因此所述许宣平的故事有一定的真实性。《新安志》曰：“吾州许宣平之操真，古所谓隐君子者，人特以其后裔为尝有见之者而著之仙。”[4]又曰：“城阳山在歙县南二里，高百九十仞，周四十里，有观，唐世许宣平隐山之南坞，坞今别号南山，近每夕有神光。”[5]

上述故事交代了唐朝李白屡访许宣平而不得见，后世围绕二人形成了相关传说。首先是城阳山，《太平寰宇记》曰：“城阳山在县南，回环孔高，为城郭之襟带，居郡之南，故号城阳山，即许宣平得道之所，亦为李白寻之不遇，今山上有遗迹存。”[6]其次是浣沙埠，《江南通志》曰：“浣沙埠在府龙井山北，相传李白访许宣平至埠上，一翁对曰：门前一竿竹便是许公家。白怅望，翁已失所在，盖翁即宣平也。”[7]《李太白集注》曰：“李白来访许宣平于紫阳山下，过渡得破船，有老翁在，问宣平家。老翁指船篙，赋曰面前一竿竹便是许公家，盖即宣平也，二仙相遇甚奇。州南数里有岸特高，号浣纱阜，隔溪对龙井山，望城阳不远，相传李太白访许宣平，徘徊岸上甚久。”[8]此处用了“破船”“徘徊甚久”“怅望”“已失所在”等字句，说明仙可遇不可访，可访非仙也。

后世又延伸出宣州刺史的访仙故事。道光《徽州府志》曰：“龙井山在府南，一名鹤顶山，府志云横绝练江，雄挟渔梁，彭聂之音，惊川聒谷。相传宣州刺史访仙待渡处，俗所谓访仙桥也。上建禹庙，复道巍楼，赪白绮分，李维桢有记。济南高师孔太守于禹庙上建文昌阁。”[9]将访仙桥与禹庙、复道、

①《新安志》卷十《记闻》。
②《续仙传》卷首《提要》。
③（宋）吴淑撰：《江淮异人录》卷上，文渊阁四库全书本。
④《新安志》卷八。
⑤《新安志》卷三。
⑥（宋）乐史撰：《太平寰宇记》卷一百四，文渊阁四库全书本。
⑦《江南通志》卷三十四。
⑧（清）钱塘、王琦撰：《李太白集注》卷三十六，文渊阁四库全书本。
⑨道光《徽州府志》卷二《舆地志》。

文昌阁以及龙井山等整合在一起。至清朝，许宣平修道的城阳山上又多了穿云亭、礼斗坛、仙佬谷、丹地、浴仙池、许仙宫等，说明许宣平传说存在一个不断加工的过程，反映了民间信仰的发展。

上述故事中李白屡访许宣平而不遇的原因，源于二者五行性质相反。许宣平修道于城阳山南坞，城阳山在郡城之南，南坞又别号南山，其诗又曰："筑室南山巅"，而"许"为言、午，午即南方，体现了道教以南方为尊的特点。道教崇尚南方，以南方为长生不死之地。南方又名南斗、南宫、南昌、南府、南岳。《元始无量度人上品妙经四注》曰："东华天中有散华之台，四斗真人治在其中，主录、筭、生、死功德。东斗主增筭寿，西斗主记录其功名，南斗即度三界之难，拔九幽之苦，北斗即收人魂，付九幽之役。北斗除死籍，南斗上生名"，"南宫者，长生之宫也，度命君治在其中"，"死魂举度于南宫，则以流火之膏炼其鬼质，从兹改化便得仙也。"[①]《道门通教必用集》之《焚章颂》曰："罪名除北府，生籍上南昌"[②]，《为亡者皈依三宝忏罪》曰："北都除愆过之文，南府注长生之字"[③]。说明道教以南方为尊，以南方为人飞升往生理想之所。正因如此，宋初徽州道教徒聂绍元临终时曰"吾往南岳矣"，其仆夫见"从者数辈烨然南去"。[④]南方于五行为火，而城阳山之城、南坞之坞，皆是土，许宣平之平也是倒立之土，说明许宣平的五行属性是火土。

李白，字太白，道教有神曰太白金星李长庚，金色白，李是木、子，子是水，乃金生水生木，故事中讲李白访许宣平时有渡水、破船、竹篙、浣纱皁，实际上是李白名字中内含水木之象。金克木为才，故李白一生文情豪迈，"黄河之水天上来"即是其才气之写照。由此可见，李白的五行属性是金水。金水与火土性质相反，火克金，土克水，故李白对许宣平"累访不获"。"后百余年"至咸通七年（866年）以及中和后的故事出自许宣平家人所述，并非实据，如故事所言："人特以其后裔为尝有见之者而著之仙"，而李白访仙处和南坞"近每夕有神光"等恐怕也是后人加工的产物，从中可见民间信仰深受道家和阴阳五行学说的影响。

---

① (宋)陈景元撰:《元始无量度人上品妙经四注》卷二,《正统道藏》第2册。

②《道门通教必用集》卷二,《正统道藏》第32册。

③《道门通教必用集》卷三。

④ 道光《徽州府志》卷十四《仙释》。

许宣平的故事发生于唐天宝年间。天宝年间是徽州民间信仰发展的一个重要时期。《新安志》曰：“黟县本以黟山得名，未闻前世谓之黄山也，至天宝中好道家之说，故以黄帝为尝游于此，因名之耳。”[①]弘治《徽州府志》亦曰：“唐天宝末信道家之说，谓黄帝与容成子、浮丘公合丹于此，又仙人曹阮之流亦栖真于此。”[②]天宝六年（747年）六月十七日朝廷赐改黄山、飞布山之名。此外，还有一些与道家有关的神话传说产生，如道光《徽州府志》曰：“大历中黄山石门峰有毛人至山下为人所杀，明日其妻至，知夫已亡，号咷哭之而去。又轩辕峰下有石仙室，樵翁入室中见一道士酿酒，为设一杯，樵翁云天性不饮。至夜又弹琴说之，翁坐睡，道士曰此非汝宿处，送出洞口，复迷入香林源，不得出，遂成毛人。”[③]

天宝年间徽州好道家之学与唐玄宗的崇道政策有关。唐朝崇奉道教，武德八年（625年），唐高祖李渊下令规定道教在儒教和佛教之上，为三教之首，确立了有唐一代的崇道政策。唐玄宗时，大力推行道学。《旧唐书》曰：“（开元）二十一年（733年）春正月庚子朔，制令士庶家藏《老子》一本，每年贡举人量减《尚书》《论语》两条策，加《老子》策。”[④]“（开元）二十九年（741年）春正月丁丑，制两京诸州各置玄元皇帝庙，并崇玄学，置生徒，令习《老子》《庄子》《列子》《文中子》，每年准明经例考试内外官。”天宝十四年（755年），又“颁御注《老子》并《义疏》于天下。”[⑤]受其影响，徽州掀起了一场道家之学，兴造了不少的道教神话故事与传说。

北宋仁宗天圣二年（1024年），宋仁宗赐许宣平清虚灵惠真人号，赐观名曰紫阳。《宋仁宗赠许宣平真人号诏》曰：

传称有功德及民者宜祀之，若神仙家既有清风高节而犹不列祀典，岂以徒延木石之年而无功德及民乎！兹尔真仙许宣平，高隐城阳。独立世表，既长生而久视，乃微妙以玄通。时负薪沽酒，独咏步虚。每拯难救危，普施济度。龙德家家感佩，鹤驭世世人逢。故土人尸而祝之，雨旸灾沴，争趋祠下，自唐迄今，香火不衰。迩年已来，尤著灵验。瘟皇降厉，赐丹液以

①《新安志》卷三。

② 弘治《徽州府志》卷十一。

③ 道光《徽州府志》卷十六《祥异》。

④《旧唐书》卷八《玄宗本纪上》。

⑤《旧唐书》卷九《玄宗本纪下》。

全生。旱魃为灾，乞甘霖而屡效。为民造福，不止一端。歙州官民奏闻，朕夙慕离尘出世之风，今仰赞天辅治之德，禋祀胡可以久旷？徽称宜示其褒崇，仰答玄功，更祇个福，可特赠号曰清虚灵惠真人，赐观名曰紫阳，以奉香火。当礼寅恭，咸从布告。故兹昭示，应宜悉知。天圣二年四月十一日下。①

第五节 宋朝仙姑

宋代是徽州神仙信仰发展的重要时期。《新安志》曰：

新安多佳山水，又有前世许、聂遗风，以故人多好仙。始谢谏议徽时，读书乌聊山，市人有汪四者，心爱敬公，旦就市得钱，暮辄携以相资，尝数日不来，公下山问之，人云已盗驴窜去矣。及公登第，为蜀中县令。一日有道人来访者乃汪也，与坐书室，汪起画壁为岩洞，有朱门金锁，解腰间钥开之，挽公同入，公请归，汪遂先入，比出，壁屹立如故，汪亦不复见。(宋)崇观(崇宁、大观)间有吕望天者，行好仰视，为人作瓦卦，语默不常，周殿撰戏赠以诗曰："新安吕望天，一旦弃家缘。朝就市廛食，暮归空屋眠。为君打瓦卦，乞我一文钱。日日只如此，已经三十年。"……近有金野仙者，名梁之，两浙提刑受之子，以荫为奉新尉，一旦狂肆以病去官，妻亦携二女去之，自是食不继。然貌常充悦，时时卧冰雪中体不栗。晚常在郡市，好为人作诗，及与人语，往往有警诲得者，皆以为能知其意中事。每三岁贡，辄预书得者姓氏，尝曰："使吾为物外神仙则难，若尘中仙人，拔生度死，可庶几也。"每言："吾当以来岁八月死，幸无焚我。"至淳熙初年八月十三日夜半，起坐一榻，挥扇自若，视之已化矣。郡人相与坛之于紫阳山。又有黄冠曹元育，休宁人，寄食歙县之长春里，凡数十年未尝有求于人，破窗尘榻，凝坐达旦，或一卧辄六七日。一旦以衣物道具遍散邻里，遂卒。②

上文记载了宋代徽州的汪四、金野仙、曹元育（或曹原宥）几位道人。此外，还出现了甘露仙、郑姑、陆道姑等仙姑。

一、甘露仙和郑姑

①《绩溪南关许氏惇叙堂宗谱》卷一，光绪十五年木活字本。

②《新安志》卷十。

甘露仙又称甘露大士，原是绩溪县汪氏女。道光《徽州府志》曰："甘露仙，绩溪叶里汪氏女。自幼洁身奉道不嫁，父母欲嫁之，遂入石金山焚修。岁久成道，莫知其终，遇亢旱求之立应。其时有歙县石主簿者，亲临本山寻视，见有遗鞋及得道圣迹，主簿亦就舍身，其遗迹至今尚存。四方祷雨立感，旁有甘露井四时不竭，人立庵祀之。"①《新安志》详载其事：

> 叶氏女者，歙县人，亲没鞠于叔父母。叔父为衙前吏，坐逋官钱五十万系狱，女以香置顶自灼，从昏达旦，中夜狱官梦帝命使审其狱，果前界吏所负。其后叔母有疾，昼夜拜叩，有光晔然，刲股进之，遂愈，卒皆制丧三年。女自幼不愿嫁，至是于舍后即山为庵庐，所事像设忽左右生两竹，旦旦有甘露降竹上。太守黄诰为诗序，以为唐世列女五人，或报父仇，代弟死，或庐墓终身，或父兄战死，缘边护丧，凛然与烈夫哲士争不朽名。若叶女者，何遽不及，至其养心治气，深达性命之理，优游自得，疑若过之，其见重如此。好佛法，每诵经有大蛇下听，尝以偈示小，本本以为演畅天然云。时有郑姑亦自幼修炼，两人相遇，语欢甚，人窃听之，辄为猥下之语，闻者往往舍去。预自营冗甓，皆作九龟，将终，西向右胁卧，兄子请曰：姑自幼重修，今不跏趺，无以厌人望。女笑崛起，端坐而逝。又尝语其嫂，必毋焚我，其家竟以僧礼焚之，舌不坏，有骨缀舍利无数，年八十一，墓在县治侧。叶氏世柔循，为亲刲肝股者前后五人。又绍兴中，休宁陈克己母有疾，女刲股，妇继之，克己又刲其肝，母疾寻已。内翰汪公欲奏之幕官，有不同者乃止。②

歙县和绩溪县有甘露大士道场。《新安志》曰："紫金山在歙县东三十五里，旧名金紫山，与绩溪石金山偕号甘露大士道场，暮夜见种种光相映。绍兴十八年（1148年），尚书郎章侯睹而异之，因取佛语改其山曰紫金，而徙置白莲院焉。"③又曰："石金山在（绩溪县）东北三十里，高六百仞，周三十里，出众山之上，相传为甘露大士道场，每夕常显光相，大率如五台、庐岳所见，然不知所始。宣和二年（1120年）旱，僧元立披榛莽，昼夜勤苦祷雨于此，所见多异，由是浸闻。元立乃作室于山之左胁，力田种药，奉香火

① 道光《徽州府志》卷十四《仙释》。

②《新安志》卷八《义民》。

③《新安志》卷三。

焉。”[①]此外，歙县灵山庙所祀甘露王[②]、黟县的甘露庵[③]，都指甘露仙。

从上可知，与甘露仙同时修道的还有郑姑。苏辙任绩溪令时曾拜访过她，《龙川略志》曰：

> 歙州郑仙姑父曰八郎，学道者也，家于歙之东岳庙前。家有一小阁，姑幼与父居阁上。客至，父见客阁下，姑自上捧茶汤下，率以为常，然人未尝见阁上有烟火。父死，殓棺中不葬，姑言父非死也。如是数十年未尝出城，人或见之百里外，亦略言人灾福。予为绩溪令，欲一见。曾到郡，闻其旧宅，岁久摧坏。是岁大风雨，夜中屋毁有声，邻居疑其压死，旦往视之，偶有一木斜倚床上得不压，而姑酣睡未觉，人尤异之。予问其年，曰："八十矣。"予诘："姑年八十而不嫁，何也？"曰："吾诵《度人经》故尔。"予曰："《度人经》安能使人不嫁？"曰："此经元始天尊所说，元始天尊生于天地先、立于天地外，安得不尔！"予曰："姑误矣，安有人能出天地上者。"曰："此无他，盖亦道尔。"予曰："道则能尔，然何与姑事？"曰："君谓道不在我，然我身何者？非道？"予叹曰："姑乃知此耶，明日略访，我当具一斋。"姑曰："我随有而食，不择荤素。"明日即至，略能饮酒食肉。余问以养生，曰："君今如器已破，难以成道。"余遍以术问之，如道引、吸纳、烧炼，皆曰非是。予曰："竟以何者为是？"徐曰："人但养成婴儿，何事不了。"予曰："尝有人于百里外见姑，岂婴儿在耶？"微笑不答。予偶复谓曰："姑家在岳庙前，庙中望水西山林极佳，姑亦尝至庙上否？"曰："我道家不信神佛，未尝往也。"予曰："道家不信神可也，如佛与道何异？"佛设《般若心经》，与道家《清净经》文意皆同，姑诵《清静经》，予觉其不习佛法，因问之曰："经所谓五蕴何物也？"曰："五行是也。"予笑曰："姑未尝学佛而遽忽之可乎！五蕴即所谓色受想行识是已。"姑默然而已。[④]

---

① 《新安志》卷五。

② 弘治《徽州府志》卷五《祀典》

③ 道光《徽州府志》卷四《寺观》。

④ 道光《徽州府志》卷十四《仙释》。

二、仙姑信仰的实质

由上可知，甘露仙和郑姑是北宋末年人，甘露仙修炼佛教，郑姑修炼道教，二人之经历反映了徽州女性在家修道之特点。甘露仙修炼的内容，据上文交代“时有郑姑亦自幼修炼，两人相遇，语欢甚，人窃听之，辄为猥下之语，闻者往往舍去”，表明与性事有关。为此，民间将男性之神与之配对，如“其时有歙县石主簿者，亲临本山寻视，见有遗鞋及得道圣迹，主簿亦就舍身，其遗迹至今尚存，四方祷雨立感，旁有甘露井四时不竭，人立庵祀之。”男女房中之事始自脱鞋，故云石主簿“亲临本山寻视，见有遗鞋”，“亦就舍身”。交媾生水，故云“祷雨立感”“甘露井四时不竭”。

神话与现实有着巨大的差别，甘露仙是贞女，贞女无性生活，与石女无异。石女是医学上指生殖器有异常不能进行正常性生活的女子。因此，民间讲其修道之山为石金山。又云：“仙姑山上，山石不可断伤，一断则害不可胜言。”[①]是对现实生活中的贞女而言，亦是对现实中的女性贞节而言。但作为神话，现实中不可能的在神话中就变成可能的，因而出现了男性之神与之配对，如石主簿。至明朝，又有“李韩公善长”，道光《徽州府志》曰：“会明季李韩公善长读书山中，尝为撰疏，手书镌版，祷辄应，久之漫漶不可读，别镂则无验。”[②]“漫漶”“别镂则无验”即是交媾生水之表现。这在甘露仙的修道内容中已有所体现，如“每诵经有大蛇下听”，“预自营冗甓，皆作九龟”，龟、蛇是男性生殖器的形象，二者合成玄武，乃北方水神之象征，“九”五行为金，取金生水之义。联系到道教中有东王公和西王母的“木公金母”之说[③]，此处石金山之“石”暗指石主簿，“金”比喻甘露仙，而“山”比喻巫山云雨。另有紫金山，“紫”为此、系，暗指生殖器。其中，“此”中有“匕”象，如雌、妣、牝、鸨等为女性。“系”为男性生殖器的形象。

因此，民间又视甘露仙为生殖神。道光《徽州府志》曰：“歙县有灵山，山有石如车盖，天欲雨便闻鼓角声。山有灵坛，为古高禖，著灵西京，上有甘露殿，奉甘露仙，宋时绩溪贞女汪氏修真蝉蜕于此，世目为甘露王如来，非也。一名灵金山，岁以六月十八日作佛事，其夜青燐出山谷中，时明时灭，

① 道光《徽州府志》卷二《舆地志》。

② 道光《徽州府志》卷二《舆地志》。

③《三教源流搜神大全》卷一《东华帝君》和《西灵王母》。

载合载分，阴崖邃壑，远近照耀，或扑之即黯然无睹，俗谓之金灯。会明季李韩公善长读书山中，尝为撰疏，手书镌版，祷辄应，久之漫漶不可读，别镂则无验。”[①]高禖是古代帝王为求子所祀禖神，这里将甘露殿建于高禖之地，是将甘露仙作为禖神，亦即生殖神。道光《徽州府志》曰：飞布山又名主簿山，“昔有主簿葛显保聚于此，上有甘露洞……葛仙翁常浴丹于山阿沼中，鱼食其余皆为龙，故又名鲤王山。今沼水清冽而其名曰甘泉，宋罗愿生时涌出，三日如蜜。”[②]此处将葛仙翁与甘露仙作配而有罗愿之生，生殖的内涵比较明显。民国《歙县志》曰：“飞布山，原名勤山，亦名安勤山，旧志名主簿山，又名瑞金山，为邑北镇，昔主簿葛显率邑人避兵于此，因庙之。山有甘露洞，吐纳云气，山脉层接，盛产煤灰，凡长源、眸川二水间诸山无不由其发脉，直至东山营而尽。水源西出者入布射，南流者会扬之水。”[③]北方五行为水，此处的“瑞金山为邑北镇”意味着金生水，金为仙姑之象征，而“甘露洞吐纳云气”，飞布山“水源布射”，“会扬之水”等，或可理解为交媾之动作(另见文中水神“葛主簿”)。

三、仙姑信仰的形成

宋代徽州仙姑信仰很多，诸如甘露庵、仙姑洞、仙姑岩、仙姑阁、仙姑井、何仙姑、梅仙姑、仙姑山等皆是仙姑信仰之体现。

仙姑阁，在歙县，郑仙姑之父曰郑八郎，学道者也，家于乌聊山东岳庙前，姑幼与父居一小阁，后仙去[④]。

仙姑井，在歙县乌聊山之东峰，下有仙姑井，宋郑仙姑居此[⑤]。

福泉庵，在歙县福泉山，有古庵临泉，即名福泉庵，泉水味最甘洌，相传有仙姑修炼于此，又名仙姑山[⑥]。

仙姑岩，在歙县石耳山之右，岩斜出下覆，可避雨数十人，旧奉三姑像[⑦]。

① 道光《徽州府志》卷二《舆地志》。
② 道光《徽州府志》卷二《舆地志》。
③ 民国《歙县志》卷一《山川》。
④ 道光《徽州府志》卷二《古迹》。
⑤ 道光《徽州府志》卷二《舆地志》。
⑥ 道光《徽州府志》卷二《舆地志》。
⑦ 道光《徽州府志》卷二《舆地志》。

三姑潭，在歙县石耳山，旱祷即雨，上奉三姑像，谓陆姑、叶姑、何姑也。三姑事见《夷坚志》《新安山水志》[①]。

三姑山，（在黟县）一名吉阳山，其山三峰。《地舆志》云，三姑山多石，二年一遇野火，自燃烧尽，故老相传号三姑磨，若非磨年，百姓放火，辄有雨。中峰有瀑布，《新安记》云天将雨，此山先有鼓角之音[②]。

仙姑洞，歙县南有石岣山，峙烟水上游，峭壁摩空，江流带绕，上有螺髻峰，峰顶三石笋特出，名曰三友。稍东为簇石，仙姑洞在焉[③]。

仙姑洞，在歙县明德乡，洞为三仙姑炼丹遗迹。洞有二宝，其内常有机声，幽深无际，非烈炬莫能辨路，其顶穹窿如盖，时有石膏流出，泽可濯发，俗传仙姑圣水，疗病辄愈[④]。

何仙姑，宋代歙人，昌化旧隶歙，故亦云昌化人。驻跸山有何家坞，传言上世出一仙姑，其地无蚊，相传此地为其俗家云[⑤]。

仙姑山，一峰独秀，下瞰富资，盖灵金东北之尽，又缘溪而南折，即古之窍山也。靳志析窍山、仙姑为二，非是。按宋时有女巫来游此山，后塘吴孟汉为诛茅以居之，寻因兵乱送女避其中，未几女所字桂溪程郎遇难京都，女泣不食，一夕焚庵自尽，人以为偕女巫尸解去，因以仙姑名其山[⑥]。

梅仙姑，祁门县有梅仙姑祠，祀汉梅鋗女[⑦]，又号梅仙七娘[⑧]。

以上仙姑信仰有若干神话意象隐喻其中：一是阁、庵为仙姑之居所。二是何、梅为仙姑之形象。“何”拆开即亻、可，解释为可爱之人，梅是仙姑品格高洁之象征。梅仙姑又号七娘，七是火数，《易经》曰：“地二生火，天七成之”，火之卦象为离为中女，象征女性，火上升，象征仙化。三是井、洞、潭、窍、磨为女性生殖器或臀部的隐语，“吐纳云气”，“旱祷即雨”为男女交媾的隐语。四是仙姑山中的女巫，暗喻巫山云雨，“天将雨，此山先有鼓角之音”，“将雨”和“鼓角之音”是男女交媾的表现。五是仙姑岩中“岩斜出下

① 民国《歙县志》卷一《山川》。

②《新安志》卷五。

③ 道光《徽州府志》卷二《舆地志》。

④ 道光《徽州府志》卷四《寺观》。

⑤ 康熙《徽州府志》卷十八《仙释》。

⑥ 民国《歙县志》卷一《山川》。

⑦ 道光《徽州府志》卷三《坛庙》。

⑧ 弘治《徽州府志》卷十《洞元观》。

覆，可避雨数十人”是女性怀孕时大肚子的象征，“旧奉三姑像”是生育神。三是木数，《易经》曰：“天三生木，地八成之”，木之神为东岳，如“郑仙姑之父曰郑八郎，家于乌聊山东岳庙前”。东岳神是主管生育之神（另见文中“东岳”），故此处的三姑像比喻生育。

四、陆道姑

据民国《歙县志》云：“三姑像，谓陆姑、叶姑、何姑也”，叶姑、何姑具体不知所指，大概就是上面所讲的宋代绩溪叶里汪氏女甘露仙和昌化县人何仙姑。至于陆姑，宋代洪迈的《夷坚志》有比较详细的记载：

> 陆道姑者，金陵人，自幼好诵佛，出家百丈山为尼童。后还俗嫁夫，有子，夫出作商，累岁无音耗。姑寄子于所亲，布裳草履，独往他邦访觅，遇一僧于路，扣其所之，具以告。僧曰：“汝夫亡久矣，无用去。”姑且疑，念业已在道，前进如初。僧力强其还，仍求行费，姑所赍才三千，畏其暴也，与之大半，度前程无以自给，亦回。经一日，复见僧，僧曰：“昨日余钱宜悉赠我。”乃倾橐空之，僧以所执扇为报曰：“吾扇非常，比遇病者，就以挥之，可不吃药而愈。”遂辞去，过一家，适闻其疫疠，入扇之，卧疾病者皆起。甫出门，僧又在焉，怒曰：“我教汝疗人病，不曾教汝疗人命，诸人患疫皆天旨，岂得违！”叱令还彼家，反风扇之，凡起者复仆，遂取元扇而留语曰：“此后只以手风扇之，吐气嘘呵之足矣。”既归故里，聋盲跛躄辐辏其居，赖以愈者什七八。
>
> 庆元元年九月来新安，距城十余里，得石耳山，旋辟石室以处，闻其风者踵至，日常数百。德兴士人余持国娶洪应贤女，持国预壬子乡贡，宾客来贺，迨冬不绝。洪氏诣庖，视馔坠而伤足筋挛，不能伸，医治三岁弗效，乃往访姑，姑望其至，欢然与相接，语曰：“娘子心地好，当无苦饵。”以茶果饭食，皆先取而呵之，俄顷间起立，如未尝病者，不假药石针灸。谢以钱币，笑而不纳，持钱米为施者浸多。别一余氏子，出力干缘，将创佛屋，自山下升其颠，攀缘险峻，登陟极难，而工徒运致木石，若有神护。富民诸甲者始萌恶念，欲往问难，折挫之。未至坐处，视其侧有二龙蟠绕光赫，仪状可怖，即悔惧作礼，愿捐钱百六十万刻佛像，姑固却之，不从，姑曰：“果欲尔，宜勿用婺源汤匠。”朱素与汤善，竟以受其徒。逾月功毕，集丁匠百辈舁登山，汤愤姑前言，因犒饮沾醉，出不逊语。须臾，疾风四起，飞沙走石，舁者僵仆相属，

弥日不克进。自是外人入谒，夙非善良者，望而知之历道。其平日操持，不少隐讳，其年可五十许，常云："吾已立誓愿，满十九年去矣。"未知其究如何。[1]

由上可知陆道姑的命理喜木火，忌金水。道姑原是金陵人，幼年出家在江西洪州百丈山学佛，金陵、江西、洪州的五行俱是金水，忌神当道，因此被迫还俗嫁人。夫君经商，商五行为金，是忌神，故夫君死于经商中。道姑命喜木火，木为肝，火为心，心肝宝贝，因此要去寻夫。路遇神僧，道破因缘，送以"执扇"。"执"本义为执著，"扇"取其温凉解热之义，寓意为放下执著，放下尘缘。扇子在宗教中具有特殊的内涵，如道教诗《题纸扇》曰："念断情忘喜寂寥，心明灵显白芭蕉。动摇玉景清风至，不假霜纨暑气消。"[2]《赠范明叔棕扇》曰："棕丝为扇，堪与闲人常作善。惊吓蚊蝇，款款轻摇免杀生。添成幽雅，相助逍遥尘不惹。拂尽攀缘，意净心清性月圆。"[3]其中"念断情忘喜寂寥"，"拂尽攀缘，意净心清性月圆"即是放下之意。执著放下了，尘缘放下了，生死也就放下了。所以当道姑用扇子扇活死人时，僧人呵斥她，其实僧人是在教她破生死之执。当道姑再次用扇子扇死活人时，象征生死玄关打破了，道姑彻悟了，此时扇子对她已失去了意义，因此被僧人收回。所以扇子、疗人病、疗人命等不过是僧人的教法。僧人又教之以实用之法，曰："此后只以手风扇之，吐气嘘呵之足矣"。嘘为肝，呵为心，《黄庭内景五藏六府图》曰："肺用呬，心用呵，肝用嘘，脾用呼，肾用吹。"肝为木，心为火，表明嘘呵是其命理喜用之神。吐为土，"吐气嘘呵之足矣"是用火土克金水。

木火为喜用有以下体现：（1）道姑送僧人"三千行费"而被僧人收为弟子。（2）道姑得道后归故里，"聋盲跛躄辐辏其居，赖以愈者什七八"。（3）洪氏伤筋骨三年，遇道姑而治好。（4）"视其侧有二龙蟠绕光赫"。这里，三和八是木数，《易经》曰"天三生木，地八成之"，二和七是火数，《易经》曰"地二生火，天七成之"，是其喜用之体现。（5）"庆元元年（1195年）九月来新安，距城十余里，得石耳山，旋辟石室以处"，庆元元年为乙卯木年，九月

①《夷坚志》戊卷八。

②《中华道藏》第26册，第416页。

③《中华道藏》第26册，第470页。

为戊土为火库，十为土，《易经》曰“天五生土，地十成之”，土卫火而克水。

金水为忌神有以下体现：(1)“出家百丈山为尼童，后还俗嫁夫”。(2)“丁匠百辈异登山，汤愤姑前言，因犒饮沾醉，出不逊语”。(3) 富民诸甲者“愿捐钱百六十万刻佛像，姑固却之”。其中，百六十即一百六十，一和六是水数，《易经》曰“天一生水，地六成之”。“犒饮沾醉”是酒，酒为水为酉金。(4) 姑曰“果欲尔，宜勿用婺源汤匠”，婺为女，源为水，汤为水，匠为斧斤为金。金水为忌神，故有诸种不愉快发生。(5)“谢以钱币，笑而不纳”，为钱币五行属金。(6) 常云“吾已立誓愿，满十九年去矣”，十是土数，九是金数，乃土生金，表明道姑在修金缘。这一点还体现在她选择“新安歙县石耳山”作为道场。“新”为斧斤，五行为金；“歙”为羽，五行为水；“石”由土生，五行为金；“耳”通于肾，五行为水，均是金水之地。而歙县在徽州地形图上位于心脏位置，心脏五行为火，说明道姑的新安之行与其命理极度相合，这也许就是她与新安的缘分所在。还有一种可能，大运十年，满19年即虚岁20年，这20年可能是道姑命理正行北方亥、子水运之际。早年行西方申、酉金运，故出家、还俗、结婚、丧夫，命途坎坷；中年走戌运，与命中寅木、午火联成火局，故得遇高僧指点；晚年走北方亥、子水运。从申至子共五运，一运十年，合得“其年可五十许”之数。

以上是对陆道姑命理的分析，从中可见以木火为喜用。木为东岳神，主持生育，道姑年轻时也曾嫁夫生子，其后修道成仙，符合生育神的特征，故得祀三姑之列。

第六节　明朝李赤肚

李赤肚是明朝徽州著名道人，黟县人，精通丹道，善于为人治病。其行医有个特点，“但行色法，不假药饵”。一时“四方问病者络绎道路，不远千里”，“上自公卿，下及士氓，争肃肩舆，迎致其家。”

一、李赤肚

明朝杨道宾（1541—1609年）的《李赤肚传》曰：

李赤肚者，徽之黟人也。父赟雄于赀，年六十四难子，乃散赀施诸贫者。久之,夜梦一道人入门,鱼鼓简板而歌,母许氏亦于是夜同梦,已而果娠,生赤肚,名梦仙,时正德庚午五月十五日也。十岁父没,稍长修父业,收息江湖,辄游酒人声伎之间,挥金无所惜,年四十挟妓王凤仙居芜湖,病羸濒死。一日有丐者呼门外,凤仙窥之,背负帛书云:“大病行功,小病行药”,因召视赤肚。丐者以手摩其项曰:“从吾言可治,不则死。”赤肚伏枕首肯。丐者索凫蛋五十颗,酒一瓮,以右手搂赤肚于膝上,左手且剥且吸,顷刻都尽。初搂时赤肚支骨砉然有声,后徐徐抱之,凡坐七昼夜而病霍然。赤肚跪请其姓名,曰:“吾乃邱长春十代孙清净遨蓬头也。”遂扫室焚香,稽首称师,卒为弟子,师亦心喜之,悉教以还丹修炼之术,而更名为一了。居三年,师知能尽其术,与俱游浙,月余登天目山,忽谓赤肚曰:“善守尔道,黄白男女皆旁门惑世,罪业滔天,汝其戒之,毋贻后悔。”言讫而去。赤肚感其言,奉道弥谨,遂别筑石南庵于万年县居,凤仙为道姑,而自弃妻子赀货,云游天下。

初入全州湘山数月,更入太和山,散发啸歌,众莫能识,独阎道人识之。阎道人者,生于元时,年三百余,相见欢甚,昕夕往复,共证真修,无何阎去茅山,赤肚屏居一室,忽大呼曰:“心性倘在,躯壳何为。”因投清凉涧中。见者惊救,赤肚方泛泛若凫,捧腹大笑,已类有物负之而起,从此遂不着衣,虽寒大雪,赤身为常,而眉颊间时有汗簌簌下,人皆异之,呼赤肚云。居十年,欲访其师北海上,辄阻不果,乃叹曰:“岂尘缘未净,遨师拒我耶。”遂转入终南山,与铜帽道人为侣。铜帽者,年可数百,不知何许人,以戴铜帽故名。又十年,去游匡庐,往三年,始入茅山访阎,阎已先一年尸解。茅山故多游衲,赤肚更着衣曳履,混迹诸衲中,诸衲不能辨。无何治病,病愈,自是名落人间,问病者远近络绎于途。

金坛于公先从阎所闻其名,设坛迎致,为筑水竹村居以奉之,率子姓执弟子礼。大宗伯王先生致之留都,上自公卿,下及士氓,争肃肩舆。迎访治病,不假药饵,如其师视色行法,以七日为期,重者再七,又重者用符咒起死回生,捷于和缓。其谈道一本无欲简易,多与儒通,至问以仙术,辄闭目摇手曰:“不知不知”,其大指谓欲未尽绝,谈无益耳。每坐定辄叩齿,塞兑含液,液漱漱漉漉而咽之,以手摩面梳发以示曰“口诀尽此矣”。能一日九食,亦能九日一食,饮一升醉,或数十升不醉,荤蔬惟适,不为期。赠以金帛,多不纳,即悉付其弟子自如等作功德,又饰乾元观新之,皆取诸赠者也。语具吾师荆石先生及忠铭先生碑赞中。

忠铭先生谓予,言遇赤肚年八十三,发白貌苍而纹去,今庚子八易岁,年九十一矣，而发加元，步履如健，容加丰润，盖还童之验焉。赤肚有子五人，孙若干人，绝不许见，叩之则曰："徒溷清真耳"。然有识其长子者年且七十余，庞眉皓首，其家孙年亦五十余云。论曰：予以缙儿病，再迎道人署中，终日对坐，其谈济世出世语甚详。又与予言常依忠，与缙儿言常依孝，大类严君平。乃知玄何病儒！而病儒者皆玄异端也，黄白彼家亦称玄，可乎？轩辕问道广成，帝尧问道啮缺，其治平皆法万世，玄于儒何负哉！予素辟其书，不屑寓目，兹因道人购一帙，徐听疏释，恍乎若失也。嗟乎！平叔一书，解则悟真，不解则误人，盖谤详之矣。①

明朝何乔远（1558—1631年）的《赤肚李道人传》曰：

李道人者，徽之黟人也。父赟雄于赀，年六十四难子，乃散赀施诸贫者为功行。久之，夜梦一道人入门，鱼鼓简板而歌，其生母许年十四，亦以是夜梦，与父同寤而语合，乃大喜，已而果娠，生道人，因名梦仙，时正德庚午五月十五日也。十岁父殁，稍长修父业，收息江湖，辄游酒人声妓之间，挥金无所惜。母寡溺爱，不忍问也，最后挟妓凤仙居芜湖，于是道人年四十矣，病羸频死数四，问医七年而病日亟笃。

一日有丐者呼门外，凤仙窥之，背负一帛大书云："大病行功，小病行药"，因召视道人。丐者以手摩其顶，大呼曰："从吾言则可，不则死。"道人从枕上首肯。丐者即碎诸药器，而索凫蛋五十枚，酒一瓮，以右手援道人搂膝上，左手且剥且吸，顷刻都尽。初搂时道人骨节砉然有声，后徐徐抱之，凡七昼夜而病霍然。道人问其姓名，曰："吾乃丘长春十代孙清净遨蓬头也。"问宅里，则东指北海上有石累累为秦皇所驱不动而号牢山者，吾居在焉。于是知其为异人，遂扫室焚香，涕泣百拜，称遨师，愿卒为弟子。师亦喜之，悉教以还丹修炼之术，而更道号为一了，盖长春道派二十字"道德通玄，净真常守，太清一阳，来复本合，教永圆明"，遨师十世为清，而道人则十一世故以一名。居三年，师知能尽其术，与俱游浙，月余登天目山，忽谓道人曰："咄咄，善守尔道，黄白采战皆旁门惑世，罪业滔天，汝其戒之，毋贻后悔。"言讫不见，道人感其言，奉道弥谨，遂别筑石南庵于万年县居，凤仙为道姑，而自弃妻子，云游天下。

初入全州之湘山，数年更入太和山。散发汗漫，或啸或歌，众莫能识，独阎道人识之。阎道人生于元，时年二百余，名复初，亦长春十四代道孙

①《黟县志》卷十四《艺文志》。

也，相见欢甚，昕夕往复，共证真修。无何阁去茅山，道人屏居一室，忽大悟叹曰："心性倘在，躯壳何为？"因投清凉涧中，见者惊救，道人方泛泛若凫，捧腹大笑，已有物垫之而起，从此遂不著衣，虽严冬大雪，赤身为常，而看目间有汗簌簌若雨下，人皆异之，呼为赤肚子云。居十年，欲访其师北海上，每至中途辄以风雨却步，又或值客邀于道，如是者五，竟不果，乃叹曰："岂尘缘未淨，遂师拒我邪？"遂转入终南山，与铜帽道人为侣。铜帽者，年可数百，不知为何许人，以戴铜帽故名。又十年去游匡庐，三年始入茅山访阁，阁已先一年尸解，而与左熙之道房居焉。茅山故多游衲，道士不欲自异，更著衣曳履混诸衲中，诸衲不能辨，挨扰无所不为，道人不为动。亡何少试功行，则相顾而嘻。又亡何试治病，病愈则又相顾而惊，稍稍和，南奉为师。自是名益落人间，四方问病者络绎道路，不远千里。

金坛于公冥修好施，以德世其家，先从阁所闻道人名，至则为筑水竹村居以奉之，恭设坛场而率其家子姓罗拜为弟子。至是大宗伯王先生请入留都，都中上自公卿，下及士氓，争肃肩舆，迎致其家。道人若云若鹤，随所栖止，绝无拣择，尤喜为人看病，不假药饵，视色行法，如其师法以七为期，轻者一七，重者再七，又重者用符咒，或咽或噀，起死回生，捷于和缓。其谈道一本无欲，所授法荡佚简易，多与吾儒通，至问以仙术，辄闭目摇手，曰："不知不知"，其大指谓欲未尽绝，谈无益耳。性淡简，毫无所嗜，冬夏一衲，不襦不袴，顶结双樵，椎各一梳，每坐定辄叩齿数声，塞兑含漱，漉漉而咽之，已复用手摩面，用梳掠发，以示学者。曰：乃知玄何病儒，而病儒者皆玄，异端也，黄白彼家亦称玄，可乎？轩辕问道广成，帝尧问道啮缺，其治平者法万世，玄于儒何负哉！余素辟其书不寓目，兹因道人购全集一帙，徐听疏释，恍乎若失也。嗟！夫平叙一书，解则悟真，不解则误人，盖谤悉之矣。[①]

杨道宾与何乔远几乎是同一时代的人，两人所作的传记内容基本相同，但行文表述稍有差异，说明当时有不少人为李赤肚作传。此外，两传各自增加了不少的信息，为研究李赤肚提供了重要的参考价值，因此并录如上。

明朝太仓人王锡爵，字文肃，有《李彻度赞》曰：

戊戌冬仲，彻度李师来自茅山。师本黟人，中岁病几死，得度世术，今春秋八十九矣，而貌若四十许人。能多食，又能不食，眉宇间尝有气出如云烟，虽戾风甚寒，中汗津津不止也。雅善饮，饮数斗不醉，浩歌大笑不绝于

① (明)何乔远撰：《皇明文征》卷六十五，文渊阁四库全书本。

口，大都以欢喜作缘，以游戏说法，望而知为异人。而其徒王我虚者来从师游，守戒律甚严，而状岿然，而气岸然。师弟訚訚侃侃于一堂之上，如一披春风，一坐残月也，乃知大匠运斤，弟子执墨，亦规亦矩，方可方圆。予即不能窥其深浅，要如柱下之诲南荣，鲁男子之学柳下惠，如是者，乃真师友矣。适一日出二像，示予属题，其后予披图貌之，才得仿佛，若张果、邢和璞，忽老忽少，变幻不常。画者或适见其老时颜，其为同乎？异乎？怪乎？常乎？是在观者。赤肚、彻度亦随人呼之无异也。又赠诗云："三度逢君鬓未星，从知大药九还成。烟霄路迥翔黄鹄，参井扪来下赤城。彩笔行吟高意气，青囊市隐足平生。相期五岳朝真去，为问何人尚子平？"

又引钱塘姚文蔚曰：

予游白岳至休邑，遇日者言予命水火既济于离宫，终遇至人指点长生之诀。既而会旧省僚邵翼廷公问曰："曾见李赤肚乎？"予曰："未也。"因询赤肚何人。翼廷曰："有道术人也，近在白岳以直言触游者，怒击之几毙。"余异之，至徽郡晤陈渤海公，言受李道人法，将以某日闭关。予曰："李何在？"曰在乾明观。因往访之。延致石壁山，与谈累日，简易而有至理，出太仓晋江二公所为传赞，征信不诬。或戏谓予遇李师，日者之言验乎？予观李师为人，年逾百岁而有婴儿之态，和光混俗而多切直之言，信古人也。予语之曰："豹养其内，而虎食其外，翁可无惩白岳乎？"道人大笑，夷然不屑也。予因自笑好谏，旧习何足语于至人之前。时万历庚戌长至后一日书于石壁山之葆真室。[①]

明朝李日华的《六研斋笔记》曰：

李赤肚，禁人泄气，遇腹中发动，用意坚忍，甚有十日半月不容走泄，久之则气亦静定不妄动矣。此气乃谷神所生，与我真气相为联属，留之则真气得其协佐而日壮，轻泄之真气亦将随之而走。小儿出痘疹，泄气多者不能起发。自缢者初放下，欲绝未绝之间，必先用膝牢抵其肛门，若放松一泄气，命即断矣，此见泄气于人所关非小也。歙中有一朱姓者传一诀，只令用竹管套入肛内，一头插于瓶中，五更一觉即放溺满瓶，然后用管送下。泄气管遇气激动若搅匀者，如此三五度，接得用纸绢密札口，煨煨火上，候倾出如金色不臭，即成药矣。每日稍饮之，饥可令饱，饱可令饥，久服不息，可以

①《黟县志》卷十四《艺文志》。

断谷而仙云。此法得之山东济宁二百岁人朱尚贤者，人或厌其秽而唾弃不听，然其意亦非茫无所见也。五更之溺谓之壬水，谷神之气谓之丁火，以人身真水真火之寓于浊中者，挹取而煅炼之，是亦还阳之小术也。昔日紫清真人修炼内丹垂成，忽一旦大泄气不可止，乃有哑子咬破舌之惊惧，又有重砍秋筠节之策励，方得以再整精神，了此大事。泄气岂细故哉！余特秘而识之，以达赤肚之旨。道人养成每五更子后腹中有风雷海浪之声，此气壮乘阳生时发动，而上下关窍闭密不容外逸，所以排荡作势耳。动久渐息，复归无事，所谓根深宁极也。从此不论岁月，积累数足，囫然撞破天门，超遥上界矣。心不留一念，气自得其平，事不加一心，理自得其当。盖有念之心不能驭气，无心于事乃能顺应耳。吾尝叹人终身学道而营营然自望有得，终日应事而茫然不知此心何处安著，此皆大惑不解者也。[①]

上述材料交代了李赤肚生于明正德庚午（1510年），10岁丧父，40岁生病濒死，47岁遇到蓬头道人。"居三年"，尽师之术，时年50岁。"居十年，欲访其师北海上"，时年60岁。"又十年去游匡庐"，时年70岁。"三年始入茅山访阎"，时年73岁。"以直言触游者，怒击之几毙"，"时万历庚戌（1610年）"，当是101岁。

二、李赤肚的命理

据上述记载，李赤肚生于明正德庚午（1510年）五月十五日，转换成干支是庚午年，壬午月，己巳日，时辰不详。出生后八日小暑，当4岁行运，后天大运4癸未，14甲申，24乙酉，34丙戌，44丁亥，54戊子，64己丑，74庚寅，84辛卯，94壬辰，104癸巳，卒年不详。但据钱塘姚文蔚万历庚戌的记载，自正德庚午年到万历庚戌年，李赤肚此时已有100岁。从命造看，命主为己土，年月日支俱是南方之火，土气通根有印，命主强旺。从10岁未土大运丧父，40岁戌土大运生病几死，101岁辰土大运"以直言触游者，怒击之几毙"等几件事情来看，土运非其所宜。而年干有庚金，月干有壬水，当以金生水为用神。故47岁走亥水大运得遇蓬头道人，54至64岁走子水大运得道，亥、子是水。蓬头道人之法号"清净"和得道之"清凉涧"字中含水，得道之形象"汉簌簌若雨""汗津津不止"是水为喜用之表现。命主己土以

① (明)李日华撰：《六研斋笔记》卷四，文渊阁四库全书本。

申、子为天乙贵人，申为金，子为水，道侣铜帽、金坛于公、水竹村是金水之表现。八字午，午、巳是南方之火，衣服捂暖，是忌神，故见其“从此不著衣服”，“赤肚子”。以水为用神还表现于“塞兑含液”，“塞兑含漱，漉漉而咽之”，“散发汗漫”，“雅善饮，饮数斗不醉”，“性淡简，毫无所嗜”，“谈道一本无欲”，“所授法荡佚简易”，“有婴儿之态，和光混俗”，“徒溷清真耳”。火土为忌神还表现在欲访其师于“牢山”，“每至中途辄以风雨却步，又或值客邀于道，如是者五，竟不果。”其中，“牢山”为牛为丑土，“如是者五”是土数，“竟不果”表明土为忌神。八字以午为桃花煞，又为火，是忌神，年月二午，故“辄游酒人声妓之间，挥金无所惜”，“挟妓凤仙”，以至“病羸濒死数四”，甚至弃妻子而去，足证桃花忌神为祸不浅。后半生得缘修道，故延绵益寿，至百岁尚健在。

三、李赤肚的丹道思想

(一)命理与易理的结合

李赤肚治病有个特点，即以七日为期，“轻者一七，重者再七”，这是《易经·复卦》“反复其道，七日来复”之思想。乾卦自一阳始，至六阳而终，复自一阳始，共有七日之数，故曰“七日来复”，或曰“一阳来复”。这一思想还体现在李赤肚的辈分中，李赤肚是邱氏门下第十一代，“道号为一了，盖长春道派二十字：道德通玄，净真常守，太清一阳，来复本合，教永圆明。”其同窗好友阎道人“亦长春十四代道孙也，相见欢甚，昕夕往复，共证真修。”二人法号连起来就是“一阳来复”。复卦在卦气图上是子时，子时阴气散尽，阳气始生，谓“一阳来复”。同时，水临官于亥，帝旺于子，子水借助始生之阳气推动自己循环，达到水火既济之目的，表现在其命理中为午午巳一遍南方之火，“塞兑含液”，“漉漉而咽之”是以水为用神，符合既济上水下火之特征，表明其丹道思想是以命理为基础，以易经复卦和既济卦为方法，是命理与易理的结合。

(二)养气和无欲的结合

养气，以谷神之气合其真气，如“李赤肚，禁人泄气，遇腹中发动，用意坚忍，甚有十日半月不容走泄，久之则气亦静定不妄动矣。此气乃谷神所生，与我真气相为联属，留之则真气得其协佐而日壮，轻泄之真气亦将随之而走。”道光《徽州府志》曰：“李赤肚，黟打石堆人，或称彻度，师事遨蓬头及阎道人，得异术，张其肚皮可蒸饼炙酒。诘其故，曰：五行人所自有，不必取之于外。或以毒药试之，指肚皮上黑子曰：岂非尔毒我耶。俄而黑子走左手，又走右手，从手走足，从足走手，如是数周，曰：可以出矣。黑子从毛孔出，四射如烟。诘其故，曰：药本不能伤人，人自死耳，但中气能作主，则邪皆傍行而不伤。百岁前尝数年一归，但见猖狂市上，唱老庄书，后不知所终。”[①]此处的“中气”即指真气。无欲，如“其谈道一本无欲，所授法荡佚简易，多与吾儒通，至问以仙术，辄闭目摇手，曰不知不知，其大指谓欲未尽绝，谈无益耳”，“心不留一念，气自得其平，事不加一心，理自得其当，盖有念之心不能驭气，无心于事乃能顺应耳。”

养气和无欲是道家的根本思想，也是最基本的方法，修道均由此始。但能实现命理与易理的紧密结合并卓然大成者并不多，同时代的人为李赤肚做传记时似乎没有看出这一点，所以不见于记载。《易经》曰：“穷理尽性以致于命，和顺于道德而理于义”，可以说是对李赤肚的丹道思想的最好概括。

第七节　齐云山玄武帝

徽州的齐云山是我国道教的四大名山之一，崇奉玄武帝。玄武帝是道教四方神中唯一拟人化的神灵，与佛教四大菩萨之一的金地藏很相似[②]。玄武帝又名真武，道教《元始天尊说北方真武妙经》曰：

> 昔有净乐国王与善缘皇后梦吞日光，觉而有娠，怀胎十四个月，于开皇元年甲辰之岁三月建辰初三日午时诞于王宫。生而神灵，长而勇猛，不统王位，唯务修行，辅助玉帝，誓断天下妖魔，救护群品。日夜于王宫中发此誓愿，父王不能禁制，遂舍家辞父母入武当山中修道四十二年，功成果满，白日登天。玉帝闻其勇猛，敕镇北方，统摄真武之位以断天下妖邪。真武神将敬奉天尊教敕，乃披发跣足，踏螣蛇、八卦、神龟，部领三十万神将，乃太阴化生，水位之精，虚危上应，龟蛇合形。[③]

① 道光《徽州府志》卷十四《仙释》。

② 二者的相似之处有三：一是拟人化；二是据说都出生于帝王之家；三是都与金有关。

③《元始天尊说北方真武妙经》，《正统道藏》第1册。

据明《齐云山志》，玄武于“炎帝癸巳岁正月戊午，日月合璧，气混虚危，善胜太后日偶寝，梦日光入口吞之，觉而有孕，经十四月，黄帝甲午岁三月甲寅日帝产太后左肋。”[①]宋元符二年（1099年）的碑刻《元始天尊说北方真武经》谓玄武“于开皇元年甲辰之岁三月建辰初三日午时诞于王宫”[②]。大约成书于元明之时的《三教源流搜神大全》谓玄武于“开皇初劫下世紫云元年岁建甲午三月初三甲寅庚午时化生”。[③]明正统道藏《元始天尊说北方真武妙经》谓玄武“于开皇元年甲辰之岁三月建辰初三日午时诞于王宫。”[④]道教中关于玄武帝的记载很多，其诞辰基本上都定为甲午（辰）、戊辰、甲寅、庚午，但据其母受孕于“炎帝癸巳正月”，八字应是甲午、戊辰、甲寅、庚午。

命学上一般以年为祖籍出身，玄武帝的年干支甲午纳音是金，金在五行中属西方，又曰其母“炎帝癸巳正月”受孕，可知其胎元为甲寅，寅是甲之禄，《三命通会》曰：“胎中如有禄，生在贵豪家”[⑤]，故道经中说他降生于西方帝王之家。日为命主，日干支甲寅纳音是水，水在五行中属北方，又命中带甲、戊、庚天上三奇贵人，故道教把他作为北天之神[⑥]。从其八字来看，此命是偏财格，以食神进财为喜用，亦即以火土为用神，后天运走己巳、庚午、辛未、壬申、癸酉、甲戌、乙亥。根据他15岁辞家在太和山学道，明代的道藏《搜神记》认为他学道四十九年，但清代《三教源流搜神大全》将四十九年改为四十二年。若按四十九年之数，则享年应是64岁。若按四十二年之数，则享年应是57岁。若按死于甲子年，则享年应是91岁。根据一运十年，64岁当死于乙亥。道教认为其人死后化为玄武，明代的《三命通会》认为“癸亥为玄武之神”，《六壬大全》以十二月对应十二神将，以亥月之将为玄武，可为佐证。根据其命理以火土为用神，而乙克土，亥克火，均是忌神，则死于64岁乙亥大运比较可靠。其升天日期“黄帝紫云五十七年岁次甲子九月初九日丙寅清晨”，应该是对其死亡的演义。其中，“五十七年”按甲子排行是庚申，道教认为庚申之日人神离开身体上奏天帝，因此有守庚申之说。

① (明)鲁点编:《齐云山志》卷二《艺文·玄帝传》,江苏古籍出版社2000年版。

② (清)叶封撰:《嵩阳石刻集记》卷下,文渊阁四库全书本。

③《三教源流搜神大全》卷一《玄天上帝》。

④《元始天尊说北方真武妙经》。

⑤《三命通会》卷二。

⑥ 后天八卦以东方震卦为木,南方离卦为火,西方兑卦为金,北方坎卦为水。

“甲子九月初九日丙寅”换成干支即是甲子年，甲戌月，丙寅日。甲子、甲戌夹亥，丙火长生于寅，墓于戌，亥水灭丙火，显然是对命主以火为喜用和死于亥运的演义。出于演义之目的，“岁次甲子”当然就是虚构的，否则按甲子年推算，命主享年应是91岁或更久远。亥在北方，因此道教说他“奉上帝之命往镇北方”。往镇北方被封为太玄元帅，是因为命主坐寅，年时带午，寅午戌三合以午为将星之故[①]。关于学道有四十九年和四十二年之说，二者相差整七年，四十九应是取七七火数（《易经》：“地二生火，天七成之”），四十二应是取六七水火之数（《易经》：“天一生水，地六成之”）。火是取其升天之象，水火是取其死亡之义。四十九年之说出自明代的道藏《搜神记》，四十二年之说出自清代《三教源流搜神大全》，后者应该是明清时期命理学说进一步发展之产物，不能简单地归结为誊写错讹。

因此，笔者认为玄武帝其人只有64岁寿，死于亥运。亥为坎卦。玄武帝人生的第一个大运是巳，巳为离卦。《三教源流搜神大全》云玄武帝与六天魔王战于洞阴之野，魔王以坎离二气来攻玄帝，被玄帝以神力“摄于足下”。坎离即巳、亥，“摄于足下”暗示了玄武帝的完整的人生过程，即从巳运到亥运。玄武帝上应虚、危二宿，《史记》曰：“虚主死丧哭泣事”，“危为盖屋”，二者“为邑居庙堂祭祀、祷祝之事”[②]，说明玄武是死亡的终极归宿，故古代有“亡者北首”的习俗，而南方民间也流行“吃在广州，穿在杭州，玩在苏州，死在徽州”之谣。

关于玄武帝的形象，道教中说他“脚踏龟蛇”“披发跣足”“金甲玄衣”。所谓“龟蛇”，是指玄武上应虚危二宿，虚危与北方七宿共同组成龟和蛇的形状。为何“脚踏”？因为玄武的第一个人生之运是巳运，古代十二辰与十二兽相连，巳为蛇。最后一个运是亥，亥是壬水临官之地。壬与王形似，人称龟为王八，以其背上有王或壬之形，龟生活在水和土中，与人死后入土化水相似。故亥运论龟而不论猪，以其为死亡之后的事情，不可与生同论。从巳到亥俱为玄武帝人生之经历，故以“脚踏”为喻。“披发跣足”“金甲玄衣”均由龟蛇衍化而来。古代蛇为女子之象征，《诗经》曰：“维熊维罴，男子之祥；维虺维蛇，女子之祥。”女子多披发，男子多束发，且女子为阴物，与人死后

①《三命通会》卷三《论将星华盖》：寅午戌三合以午为将星，申子辰三合以子为将星，巳酉丑三合以酉为将星，亥卯未三合以卯为将星。

②《史记》卷二十七《天官书第五·北宫玄武》。

为阴类性质相近，故以“披发”为喻。“跣足”是由龟足衍化而来，“金甲”为蛇的鳞甲和龟甲，二者五行属性为金。“玄”指北方，又为龟之色。可以说，玄武的形象既是北天七宿的形象，又是其一生命理经验的总结。

道教关于玄武帝还有后人附会的榔梅故事，其实也是对其八字的演义。《明一统志》曰：“梛（榔）梅在太和山，相传真武折梅枝寄梛树之上，仰天誓曰：吾若道成，花间果结。后竟如其言，今树尚存，名梛梅。”[①]榔、梅是木，乃命主甲木的演义。玄武八字中有甲午、甲寅、庚午，梅是寅木的演义，每、寅结构相似，而且梅花开在寅月。榔是午的演义，一是武当山榔梅结果实在午月，二是时柱午火为用神，命学以时柱为将来之象征，这样就比较符合“吾若道成，花间果结”的将来之义。

第八节　桃源洞天张邋遢

张邋遢（1503—1623年），明弘治、天启年间道人。道光《徽州府志》曰：“不知何许人也，嘉靖间寄迹休宁西郭镇桥庵，露宿门外，日游城市，溽暑衣破衲暴日中，冬则跣足践霜雪，尘垢遍体，不事浣濯，触之无纤秽，问其姓名笑而不答，咸称为邋遢仙云。五城黄上舍国瑞，号无心道人，筑齐云半山中，颜曰洞天福地。居之日惟一食，或数日不食，扃关寂坐，游屐登齐云者辄往瞻礼，仙罕与人接。按台田生金叩以休咎，摇手不答，叩急即瞠目曰做汝自家的事。再问之，曰忠孝是也。雨台登仙，祝厘多题赠之。生平绝不作书，一日忽书偈示徒，跏趺而逝，时年百余，坐化于齐云山。”[②]

齐云山的桃源洞天是张邋遢的道场，为其徒黄无心等人所建造。明太史氏石门许士桑的《桃源洞天集序》曰：“天都黄氏推愿黄帝老子之学，道号无心，方少壮时弃家辟谷，为采真之游，遍东南诸名山矣，归而选胜齐云，筑桃源诸宫，延邋遢老人而师事之。远近士大夫与墨人骚客乐其地，慕其人，揽胜纪游，几无虚日，咸知有无心道人，争愿望见之，恒恐不得。”[③]明大学士平湖施凤来的《桃源洞天记》曰：“张邋遢道人来游，貌古神闾，人莫之识，黄上舍国瑞一见而师事之，因买山结宇居焉。邋遢无名，以貌名。国瑞

①（明）李贤撰：《明一统志》卷六十，文渊阁四库全书本。

② 道光《徽州府志》卷十四《仙释》。

③（明）鲁点：《齐云山桃源洞天志》全一册，明崇祯年间刻本。

字无心，休宁五城人，乙未（1535年）师邋遢，己亥（1539年）修建桃源洞天殿宇，兄弟犹子咸乐襄事。”[①]

张邋遢的思想不见专门之记载，惟于其行履中略见一二。

一、年少癫狂，因病悟道

易应昌的《桃源洞天访邋遢仙》曰：

齐云山上邋遢仙，问渠乡里笑嫣嫣。自言年少颇狂颠，病奇却得异人缘。终南坐定粗痾蠲，脚遍青天与黄泉。比来二十四五年，狮岩象石将终焉。午夜披衣子昼眠，道人水火炊云烟。不炉不扇常如然，白发鬅松眼婵娟。面能丰肉口修延，一条破衲松龙编。略记薪灯几辈贤，亦俗亦道木石边。颇祝三阶泰且乾，齐云灵迹纷且阗。舍身崖下翠芊绵，若非祖师畅元元。山虽秀奇谁为传，石盆勺水绿涓涓。见说天元冬夏平，即今不可无此老，精灵恍惚以蹁跹。[②]

二、佯狂玩世，邋遢栖身

明皇室镇江将军朱潆的《上邋遢仙疏》曰：

恭闻大仙道高天地，德冠古今。袖里丹砂，驻形神于不朽。壶中日月，运寒暑以无更。佯狂玩世，布二祖之高标。邋遢栖身，继三丰之令迹。嬉笑怒骂，总包含济世度人之心。岩处穴居，尽蕴蓄深藏秘密之旨。岂非大巧若拙，盛德若愚，待诏霞霄者哉。[③]

三、随取随给，坦坦若寻常

明翰林编修归安韩敬的《桃源洞天积储记》曰：

邋遢仙，皤然一老，赤足蓬头，韬光神寂，若藏若用，渊然往来于海阳间，岁月殊不可纪。乃黄君一见，遂师事之，而无心之名因师啧啧矣，竟为

①《齐云山桃源洞天志》。
②《齐云山桃源洞天志》。
③《齐云山桃源洞天志》。

买田辟地，芟荒结宇，不惜重赀为之，黄氏兄弟犹子辈咸乐从事，讵非师之元通鼓舞乎？嗣后桃花送春，桃实报秋，师于其间夏不扇，冬不炉，循环昼夜，藉地枕砖，日中起卧，浑无事，惟祝三阶泰且乾，从不以炫异吊奇，悫爚当世，而缙绅士夫登齐云者罔不叩洞天而谒焉，言如屑峻，韵如雷举，欲挥金为桃源贮积，而师殊不之有也。余自万历戊午之岁访齐云之胜，进而谒师，悉韬敛而不彰，闲闲坦坦若寻常。余曾叩师以山中何所积，师示以随取随给，无乎不积也。师于癸亥一阳月端坐而归，其所谓甲子三周之数适符，遂不复来年甲子矣。化后，有歙人遇于蜀之峨眉山，诚又未尝不恍惚蹁跹想见其神灵也。[①]

四、全真一脉，无心是道

紫云真人的《桃源洞天记》曰：

窃惟白岳灵区，洞天居胜，虽邋遢老人点化之机，实无心黄公钦诚之建。山川秀踪，羽化仙踪，岳记甚详，切复重赘，独是全真一脉，斯播南土，元风犹昔，遗谶五陵。师癸亥上升，付嘱无心密语，黄公受牒仙游，景岳承符羽化。今传之法孙王真和，主住持事故。法弟王真虚、道友汪静悟二子皆参元上士，自发宏愿，协募储田，击梆往浙，苦行五秋，功虽未圆，事亦就半。志之于石，俾因果得明，善迹部臕，则施者、募者、主其事者皆可与山灵永久云。[②]

从上述“师于癸亥（1623年）一阳月端坐而归，其所谓甲子三周之数适符”来看，张邋遢应生于弘治十六年（1503年，癸亥），死于天启三年（1623年，癸亥），享年一百二十岁。少年时生了一场病，遇到异人点化，于是悟道。从黄上舍“乙未（1535年）师邋遢，己亥（1539年）修建桃源洞天殿宇”来看，大约三十几岁时来到齐云山。其人性格癫狂，赤足蓬头，不事浣洗，惟道是务。道风韬敛而不彰，坦坦若寻常，但言如屑峻，韵如雷举，有一批虔诚的弟子，其中有不少是达官贵人，在皖浙一带影响较大。

---

①《齐云山桃源洞天志》。

②《齐云山桃源洞天志》。

第五章　水神信仰

水神本是自然信仰之一，但因其重要性，需要单独研究。徽州水神信仰以龙王为主，自唐朝以来就有龙王庙。龙王是水神之象征，但水神不独龙王，在唐朝有以歙人葛主簿者为水神的，明清有以周雄和金龙四大王等为水神的。周雄是衢州之神，金龙四大王是会稽之神，二者的传入说明徽州水神信仰在明清时期有了很大的发展。

第一节　龙王

明清徽州一府六县均设有龙王庙，不惟府县有常祀，民间也经常在本地所谓龙湫或龙潭之处举行祈祷活动。如：

歙县砂子峰，在县南八十里，其顶有大圣庙，下瞰深潭，相传有龙居之，能兴云雨。

休宁县仰山南有龙泓，旱祷辄得甘澍。

婺源县杉树尖上有龙岩，祷雨多验。

婺源县五珠山上有龙湫，旱祷辄应。

婺源县桃源大冲山，山有黄冈，悬崖飞瀑，转西十余里有龙窟，又有龙行石，石皆龙迹，旱祷辄应。又七里有龙洞，岁旱远近乞灵，凡投词章入岩穴或见异物，雨立至。宋元祐五年（1090年）夏旱，判官许松赋诗祷之，有曰“民命坐悬三尺水，神功愿乞一年秋”投入，雨随车至。又十里为石牛潭，旧志云岁旱以泥涂牛背即雨。又二里为韩公潭，又五里为石壁潭，亦著灵迹。盖桃源一水率多灵湫云。

婺源县石老峰，三峰耸秀，顶上平广数百亩，中有龙潭，祷雨辄应。

祁门县佛岭山，山高数十仞，临溪潭上有岩名回龙，岁旱祷雨辄应。

黟县五溪山，峰峦耸峻，常为云雾所隐，半石崖下有龙湫，凡雩祷时，远近请水以壶置其上，水涌壶中，霖雨立霈。

绩溪县龙须山，顶一池四时不竭，右为飞龙台，虽晴明亦有云气，旱祷辄应[①]。

佛岩山，在祁门县东五十里，高数十仞，临溪潭上有岩名回龙，岁旱祷雨辄应[②]。

屏风冈，在祁门县西，上接历山古牛冈，横亘如屏，上有龙池，岁旱远近取水，祷雨辄有灵应[③]。

九龙池，在祁门县西峰山上有池，九龙窟宅之，峭崖削壁，岁旱祷雨辄攀援而上，厌以犬彘血，龙怒飞洗池，辄大雨[④]。

五龙池，在祁门县西一百四十里，巉岩千仞，人迹罕到，祷雨辄应[⑤]。

三龙井，在祁门县东五十里，祷雨即应[⑥]。

李士翱，山东长山人，……嘉靖初知婺源县，敦庞宽简，民甚安之，而质行廉谨。会岁大旱，士翱为民祷不应，走龙潭，激切投衣，为潭龙掣去，顷之衣上浮载黍角一双，士翱亟取以归，雨随之如注[⑦]。

黄山之西南支……曰金竺山，毗近休之东北……山麓为龙湫崖，背山临溪，丹崖如削，其下为莫钓潭……金竺之北曰横山，其支曰虎坝山，曰龙池尖，一曰天井岩，山巅有池曰龙池[⑧]。

在黄山者曰白龙坛，曰九龙潭，曰五龙潭[⑨]。

莲花山，县东一百五里，高极天际，群峰嵂崒，状若莲花，中有龙湫，祷雨辄应。明邑人汪坚诗云：“翘首莲花天际头，白云对处有龙湫。甘霖应待居民祷，山下年年庆有秋。”[⑩]

---

① 以上道光《徽州府志》卷二《舆地志》。

② (清)周溶等纂修：同治《祁门县志》卷四《山川》，同治十二年刻本。

③ 同治《祁门县志》卷四《山川》。

④ 同治《祁门县志》卷四《山川》。

⑤ 同治《祁门县志》卷四《山川》。

⑥ 同治《祁门县志》卷四《山川》。

⑦ 道光《徽州府志》卷八《名宦》。

⑧ 民国《歙县志》卷一《山川》。

⑨ 民国《歙县志》卷一《山川》。

⑩ 光绪《婺源县志》卷三《山川》。

一、龙王与金水的关系

龙王是水神，五行水由金生，金方位在西，故龙王的选址大多分布在西方。如婺源县的“龙王潭，在县西四里，有龙居之，旱则祷雨，岩畔有龙王庙”，“虬潭，济溪之西……有蛟龙潜伏，故名之，凛然灵物，常潜于此，雩祷者集焉。”[①]祁门县的“屏风冈，在县西，上接历山，古牛冈横亘如屏，上有龙池，岁旱远近取水，祷雨辄有灵应。”[②]婺源县的三云山，“在大畈西坑口……上有圣岩，俨然云盖，里中旱则祷雨立应。”[③]祁门县的“九龙池，在县西峰山”[④]等。上述“县西四里”、“九龙池”是对金数的演义，《易经》曰：“地四生金，天九成之”。地支上，西南为申，五行为金，北方五行为水，如“黄山之西南支……曰金竺山……金竺之北……其支曰虎坝山，曰龙池尖，一曰天井岩，山巅有池曰龙池。”[⑤]虎是古代四方神兽之一，有西方白虎之说，位处西方，五行为金。若西方隔得较远，则取土生金以补不足，土数是五，《易经》曰：“天五生土，地十成之”，如祁门县“五龙池，在县西一百四十里，巉岩千仞，人迹罕到，祷雨辄应。”龙王与西方和金的关系还体现在西方作为雷坛之所，如婺源县“西山，又名雷坛山，在西郭，山耸峙如诰轴，为邑治右障，其上有雷坛，祷雨即应。”[⑥]

北方的五行为水，故有将北方作为龙王方位的，如“黄山北折……曰龙王山，山巅有庙，名西云岩。”[⑦]绩溪县的“苍龙山在北，有苍龙洞，一名苍龙坞，深邃窈冥，常有云雾，下有潭甚深，俗传龙藏于中，因名洞，遇旱祷之有应。”[⑧]婺源县的“诸潭山，在县北十九都梅田上，有龙池、龙岩。”[⑨]

又有将东方和南方作为龙王方位的，但必有金水相伴。东方，如祁门县“佛岩山，在县东五十里，高数十仞，临溪潭上有岩名回龙，岁旱祷雨辄

① 光绪《婺源县志》卷三《山川》。
② 同治《祁门县志》卷四《山川》，同治十二年刻本。
③ 光绪《婺源县志》卷三《山川》。
④ 同治《祁门县志》卷四《山川》。
⑤ 民国《歙县志》卷一《山川》。
⑥ 光绪《婺源县志》卷三《山川》。
⑦ 民国《歙县志》卷一《山川》。
⑧ 道光《徽州府志》卷二《舆地志》。
⑨ 光绪《婺源县志》卷三《山川》。

应。”[①]佛从西来，其色为金，此处取金佛生水。又如祁门县“三龙井，在县东五十里，祷雨即应。”[②]三是东方之数，《易经》曰：“天三生木”，木的五行在东方。地支上，东方由寅、卯、辰组成，辰为龙，《三命通会》曰：“辰为水库”，也就是说，龙是水神。按古代正月建寅，寅一，卯二，辰三，因此曰三龙井在县东。可见，将东方作为龙王方位与辰龙有密切关系。又如婺源县“莲花山，县东一百五里，高极天际，群峰葎崒，状若莲花，中有龙湫，祷雨辄应。”[③]莲花色白，五行为金，佛门最重莲花。又如婺源县“灵山，在县东八十五里……山椒有莲花石、金鸡石……山顶有龙湫”[④]等。将南方作为龙王方位的，如歙县“砂子峰，在县南八十里，其顶有大圣庙，下瞰深潭，相传有龙居之，能兴云雨。”[⑤]砂为石，五行为金，子是北方地支，五行为水。

可见，龙王方位大都在西北金水之地，若在东方和南方，也必有金水相伴而生。《易学象数论》曰：“申子辰合水局”，“巳酉丑合金局”，故申子辰、巳酉丑、亥等皆是龙王方位所在之地，上述龙王选址多与此相关。丑在东北，易学上丑中有金有水，如婺源县的庆源山，“在县东北七十里，上有龙岩，祷雨多验。”[⑥]金五行色白，其数是九，《易经》曰：“地四生金，天九成之”，故“在黄山者曰白龙坛，曰九龙潭，曰五龙潭。”[⑦]《三命通会》曰：“辰为水库”，辰为龙，但五行为土，土数为五，《易经》曰：“天五生土，地十成之”，故曰五龙潭。《灵城精义》曰：“夫辰肖龙，以辰居五阳之地，而龙之气纯乎阳，辰则肖之。”[⑧]故辰龙又有五龙之说法。五为土，土色黄，故也有称五龙为黄龙的，如婺源县“福山，在县西南……在福山左侧有黄龙洞，云有龙居。”[⑨]西南为未、申，申为金，为水长生之地，而未的五行为土，土色黄，故称黄龙。总之，龙之方位必有金水，而龙之名称具体不一，与所处地方的五行属性有关。

---

① 同治《祁门县志》卷四《山川》。

② 同治《祁门县志》卷四《山川》。

③ 光绪《婺源县志》卷三《山川》。

④ 光绪《婺源县志》卷三《山川》。

⑤ 道光《徽州府志》卷二《山川》。

⑥ 光绪《婺源县志》卷三《山川》

⑦ 民国《歙县志》卷一《山川》。

⑧（南唐）何溥撰：《灵城精义》卷上，文渊阁四库全书本。

⑨ 光绪《婺源县志》卷三《山川》。

二、关于祈雨的方法

上述记载讲到求雨有三法：

（1）地支相冲求雨。祁门县“九龙池，在县西峰山上有池，九龙窟宅之，峭崖削壁，岁旱祷雨辄攀援而上，厌以犬彘血，龙怒飞洗池，辄大雨。”[①]十二支与动物相对应，犬为戌，彘为猪为亥，龙为辰。辰与戌相隔六位，对面相冲。亥与巳相隔六位，对面相冲。“厌以犬彘血”即是用戌亥去冲辰巳，辰为龙，因曰“龙怒飞”。彘为亥，血为巳。巳的五行为火，火色赤，故以血作比喻。彘血比喻亥冲巳，亥的五行为水，因曰“龙怒飞洗池，辄大雨”。实际上是运用地支相冲之法求雨。

（2）阴阳临界点求雨。婺源县“桃源大冲山，山有黄冈，悬崖飞瀑……有龙洞，岁旱远近乞灵，凡投词章入岩穴，或见异物，雨立至。”[②]婺源县“李士翱，山东长山人，……嘉靖初知婺源县，敦庞宽简，民甚安之，而质行廉谨。会岁大旱，士翱为民祷不应，走龙潭，激切投衣，为潭龙掣去，顷之衣上，浮载黍角一双，士翱亟取以归，雨随之如注。”[③]这里的祈雨之法是“投词章”，“激切投衣”，其特点是投物于龙潭中并见异物泛起，为雨水来临之兆。这里的关键是投物。《三命通会》曰：“辰为天罡，戌为河魁，乃阴阳灭绝之地。”[④]自子时一阳来复，至辰为五阳，至巳为六阳，乃阴气灭尽之地，至午为一阴，至亥为六阴，乃阳气灭尽之地。故易学上有“辰巳为地网，戌亥为天罗”之说。辰巳是阴阳交界之处，辰为龙，在龙潭中投物无疑是要打破阳气，促使阴气早点来临。阳气为旱灾，阴气为雨水。因此投物是否灵验，一定要掌握好阴阳的临界点，否则就会出现“李士翱为民祷不应”的情况。李士翱没办法，只好“走龙潭”，“激切投衣”，“浮载黍角”，“亟取以归”，实际上都是在等待临界点的来临，“顷之雨注”即表明了这一点。

（3）五行生克求雨。婺源县桃源大冲山“十里为石牛潭，旧志云岁旱以泥涂牛背即雨。”[⑤]牛为丑，《三命通会》曰：“丑为金库”，“丑中有水有土有

① 同治《祁门县志》卷四《山川》。

② 道光《徽州府志》卷二《舆地志》。

③ 道光《徽州府志》卷八《名宦》。

④《三命通会》卷六《魁罡》。

⑤ 道光《徽州府志》卷二《舆地志》。

金”[①]。此法以泥涂牛背。泥为水、土；涂为水、余，余为金；背为北、月，五行为水。可见，泥涂牛背的五行为水、土、金，这一做法显然是对“丑中有水有土有金”的演义，也即是对土生金生水的演义。又如婺源县“蚺城山，即县治山，在城内，五阜起伏如五星状，亦类蚺蛇，西北隔军营山，有西湖，是谓蚺蛇港，大溪水原从此出，自前唐迁县治于此，欲令水绕县城，故北筑港口，镇以铁牛。”[②]又如歙县“铁犀，在郡南渔梁墕，明嘉靖中铸，用厌水患，两岸各一。”[③]铁牛、铁犀的五行为金，亦即金牛。牛为丑，丑中有金有水，显然是取金生水。同时，丑中有土，含有以土克水之义。因此，铁牛有二义，干旱时取金生水，水灾时取土克水。民俗中的牛有多层含义，又有以土牛占卜水旱的，如同治《祁门县志》曰：“立春前一日官长率属迎春东郊，造土牛觇厥色以卜水旱。”[④]立春前一日属丑月，丑为土为牛，故造土牛，土牛亦即丑牛，丑中有土、金、水三物，观其色可知水旱，若是火土色盛则晴，若是金水色盛则雨。《大学衍义补》有“牛以送寒气”之说，曰：“月建丑，丑为牛，土能胜水，故特作土牛以毕送寒气也。”[⑤]此法是以土克水。

上述三法分别利用了地支神兽求雨、阴阳临界点求雨和五行生克求雨，龙、犬、豗（猪）、牛分别是地支的神兽之名。神兽各有所表，如金牛生丽水，辰龙为水库，需要戌犬冲开，豗为雨水，巳为赤血。而人为万物之灵，掌握着行雨的最佳时刻，懂得如何充分调动神兽的五行属性以达到求雨之目的。可见，古代徽州关于龙王的故事基本上都是围绕求雨而展开的，而各县的龙穴也大多处于易学中龙王相关的位置，体现了徽州人的易学认识水平。

第二节　葛主簿

作为原始朴素的五行求雨，唐代歙县的主簿山是一个典型的案例。

《新安志》曰：“飞布山在（歙）县北二十里，高百七十仞，周二十七里，旧名主簿山。《新安记》云昔因寇乱，县主簿率百姓保此山获，唐天宝六年

---

①《三命通会》卷二《十二支分配地理》。

② 光绪《婺源县志》卷三《山川》。

③ 民国《歙县志》卷一《古迹》。

④ 同治《祁门县志》卷五《风俗》。

⑤（明）丘濬撰:《大学衍义补》卷四十八,文渊阁四库全书本。

（747年）六月十七日敕改为飞布山。旧有庙甚灵，建中末，旱祷不雨，刺史刘公彻其庙，有人夜闻暴风雨西去，如人马声，继梦神告之曰吾将寄于灵山。”[①]灵山也在歙县，“灵山在县西北三十里，高三百五十仞，周七十七里，《新安记》云灵村有山生香草名曰灵香，又有黄精木，上有灵坛，道士祈请，不烧香自然芬馥，人射猎经践之者，忤犯山神，终无所获，或失火烧网，人则疾病，故曰灵山。《舆地志》云山甚高峻，天欲雨，先闻鼓角声，有圆石高数丈，上有石如车盖。”[②]道光《徽州府志》曰：“飞布庙在歙县北飞布山，一名主簿山。昔寇乱，主簿葛显同县丞率民保障筑寨此山，土人立庙祀之。唐天宝二年（743年）敕谥明惠、灵惠二神，赐庙额曰飞布，宋宝祐五年（1257年）各封公。”[③]《大清一统志》曰：“飞布山在歙县北，一名勤山，亦名主簿山。《元和郡县志》布射山在县北二十里，一名勤山，即吴时金珂屯处。《唐书·地理志》歙有主簿山，《太平寰宇记》飞布山，布射水源出焉，旧名主簿山。旧志山高百七十仞，周二十七里，实府治后障，左支为骡唐山，右支为飞岑山，中支为鸡冠山。”[④]

据上可知，飞布山是飞岑山和布射水的合称，从其由来可知此山以水为名。五行金生水，故山的中支取名鸡冠山，鸡为酉，酉的五行为金，又曰吴时金珂屯处，都是取金生水。道光《徽州府志》飞布山又名瑞金山，上有甘露洞，可见金水之义比较明显。金、水有两，故其神也取两位，即主簿葛显和县丞，二人于乱世保障筑寨此山，故土人祀他们为山神。但唐建中末，刘刺史因“旱祷不雨”而拆其庙，山神于是移徙到灵山，主要是因为灵山在飞布山的西边，五行为金，能生丽水。灵的古体字为靈，即是雨水之意。这个故事表明，飞布山的两位山神是水神，故事是围绕金水之间的关系而展开，亦即是围绕求雨而展开，反映了当时恶劣的自然环境。《气候变迁与中国历史》曰：“唐朝衰落于一个特别干旱的时期”[⑤]，飞布山的故事发生在“建中末”，大致与此同一时期，表明当时徽州气候比较干旱，故有此求雨神话之产生。但这是唐朝徽州人的求雨方式，至宋朝葛主簿信仰逐渐与甘露仙相结合，

①《新安志》卷三《山阜》。

②《新安志》卷三《山阜》。

③ 道光《徽州府志》卷三《坛庙》。

④（清）穆彰阿撰：《大清一统志》卷七十八《徽州府》，文渊阁四库全书本。

⑤《中国历史地理论丛》2003年第2辑。

徽州人的求雨方式由朴素的五行求雨开始转向神仙交媾生雨。另见文中“仙姑信仰”。

第三节 周宣灵王

徽州各县都有周王庙的记载，或曰周翊应侯庙，或曰周宣灵王庙，或曰周王庙，或曰周王祠。周王即周雄，据说是浙江衢州或杭州新城人，是徽州灵顺庙的六位从神之一，史载“江淮之域，庙食丰融，士女如云，祈祷响应”[①]，东南地区多有祭祀。明朝祁门人王珦成化二十三年（1487年）《重建庆安祠碑记略》曰：

县治西有庆安祠，神姓周讳雄，浙之衢州人，宋理宗时有阴翊之功，因封周宣灵王，盖发轫岁始于衢，英灵在天下。祁门比闾族党之间，凡患痈疽诸症，焚香祷请，取其香炉涂附患处，寤寐间恍若神在旁，有吹嘘之状，不日盥溃而愈，贵贱、贫富及道里遐迩，人赖以不殇者益众。他如水旱之类，祷应无二致，故神之名虽五尺童子亦知仰慕。[②]

清朝祁门人马豫道光三年（1823年）《凤凰山周王庙碑记》曰：

凤凰山者，环祁门诸山之灵秀者也，东北之溪经其麓，萝石之秀拱其旁，严岫连蜷，其若飞峰，峦竦削以停峙，灵泉汩潏，古木阴翳，盖扶舆之所钟萃，神灵之所栖宅也。山之上旧有周宣灵王庙，肇毓祥于宋季，俶降瑞于衢州，诞世有阴翊之功，证道得延生之术，江淮之域，庙食丰融，士女如云，祈祷响应。[③]

关于周雄的神性，有江神、孝神和战神诸说。

江神和孝神，如《海塘录》曰：

周雄，宋嘉定四年为母疾走婺源，殁为江神。嘉靖间邑人沈友儒《碑记略》，侯名雄字仲伟，新城渌渚人，母汪氏，生淳熙三月四日，嘉定辛未为疾

① 同治《祁门县治》卷九《坛庙》。

② 同治《祁门县治》卷九《坛庙》。

③ 同治《祁门县治》卷九《坛庙》。

走婺源祈佑五显，回至三衢而卒，附童言曰："五显灵威，需我辅翊，生不封侯，死当庙食。"衢于是立庙，新城继之，旱潦祷之辄应，疾疫祈之遂痊，初称四七太尉。端平二年，德兴、祁门阴捍常山土寇，饶州表请封翊应将军。嘉熙元年，神威扬边，强敌远遁，两淮表请加封威助忠翊大将军。淳祐四年，改封翊应侯，宝祐五年加封助顺，咸淳七年加封正烈，十年加封广灵。旧制神祠封锡自二字至八字止，侯兼之，盖渥恩也。侯今庙食于硖，远近严祀之，殆与三衢、新城并，故摭记侯之生平，俾刻于石焉。①

战神，如雍正《浙江通志》曰：

周宣灵王周姓讳雄，字仲伟，杭之新城县大平乡渌渚人。浙省是处立庙，其在杭城者，《钱养廉序》称生于宋季，锐志恢复，抑郁以殁。其在新城者，《方回庙记》止载殁后灵爽，不言神生前事，《徐士晋碑记》称神贾于衢，闻母病，破浪而行，为水所没，显神于衢，敕为江神。其在衢州者，志载肉身敛布加漆，现今植立庙中，余与徐记同。至钱广居《建德县神庙记》则云初名雄，后改名缪宣，少授仙指，失足堕水，溯波而上，香闻数十里，因而建庙，塑像于衢城之西。详观诸记，或称孝，或称忠，或称仙，显不相侔。又方回记、钱广居记封爵年代亦各不符，然现祀为江神，其肉身又现在衢府庙中，则为孝子无疑，自应以徐记及衢志为正。至称忠称仙，或另一神讳，雄讳缪宣，或附会牵强，俱无确据。今仍旧志，备载各记于各府县神庙之下，以俟博考。②

又曰：

神杭州新城人，姓周名雄，字仲伟。母病剧，奉母命祷于婺之五王庙。比归及衢，闻母讣，哀痛哭泣，死舟中，直立不仆，衢人异之，即奉神肉躯，敛布加漆，建庙祀焉，有大旱为霖，反风灭火之应。元至元中，巴延呼图克守衢，屡感神庥，奏闻封王号，大新其庙。③

钱广居的《周宣灵王庙碑》曰：

神周姓，缪宣名，临安新城县太平里人也，生宋淳熙戊申岁三月四日，

① (清)翟均廉撰:《海塘录》卷十二《祠祀》，文渊阁四库全书本。

② 雍正《浙江通志》卷二百十七《祠祀一》。

③ 雍正《浙江通志》卷二百二十四《祠祀八》。

初名雄，以雄音邻荣，恐干父讳，改名缪宣。神少时受仙指大数四九，后之武源至鸬鹚滩，失足堕水。顷刻巨浪层翻，猛若蛟龙起伏，神即脱化，溯波而上，至衢城水亭门外，浮沉不定，声闻数十里。一时惊异，建庙塑像，崇祀于衢城之西，是年神正三十有六，果应四九之说，乃嘉定癸未岁也。端平元年大封神，得赠广平侯。淳祐元年秋，敕封神护国广平正烈周宣灵王。延祐三年睦郡旱潦，藉神庇荫，得锡平康，士民遂立庙于澄清门内。自元历今，卜年三百有奇，御灾恤难，不可枚举。[①]

钱养廉的《周宣灵王像赞并序》曰：

王生于宋季，跃志恢复，抑郁以殁，其忠诚激烈，固宜与日月争光矣。碑载幻蛙事尤奇，每岁三月四日传王降生之辰，蛙于时倏来倏去，光彩特异，予所亲睹，岂望帝之魂千载未泯耶！至捍灾御患，数著灵应，里人香火甚虔，与褚仆射、岳武穆相鼎峙。余感其事，并系以赞。[②]

据上可知，周雄生于淳熙戊申年（1188年）三月四日，其死有两种说法。一说死于嘉定癸未，时年36，合乎“神少时受仙指大数四九”，四乘九为三十六；一说死于嘉定四年（1211年，辛未），时年24，两说都因母病祷神堕水而亡。从命理的角度分析，则知上述传说之内涵。

其生日转换为干支，即戊申年，丙辰月，庚子日，具体时辰不详。按出生后28日立夏，是10岁行运，10丁巳，20戊午，30己未，40庚申。命主为金，生于三月，是金休囚之地，年月日申、子、辰三合水局，弱金当从旺水，以金水为喜用。生我者为母，则以日支辰土为母，但以水为喜用，则以土为忌神。24岁或36岁时戊己土用事，忌神当道，因此“母病剧”。土数五，《易经》曰：“天五生土”，因此祷于“婺源五显神”。但祷之无益，母亲还是死了，究其原因，乃因忌神猖獗。24岁辛未年，正行戊午大运，辛未、戊午一遍火土，与金水性质相反。水局宜生不宜克，且午冲子，申子辰水局被破，水则泛滥，因曰“为水所没”“失足堕水”。若按36岁算，则在癸未岁己未运，己未虽为土，但未不冲申子辰。言死于36岁，则时辰应是丑时，丑未相冲起土，克申子辰水局，水土刑战而死。“神少时受仙指大数四九”，不仅指

① 雍正《浙江通志》卷二百二十四《祠祀八》。

② 雍正《浙江通志》卷二百十七《祠祀一》。

四乘九为三十六，还指四九是金数，《易经》曰："地四生金，天九成之"，是取金生水之义，揭示周雄水神的特点。水神的表现是"神即脱化，溯波而上"，"破浪而行，为水所没，显神于衢，敕为江神"。灭火者水，故曰"有大旱为霖，反风灭火之应"，以及"今者岁在丙午（火），远近村落瘟疫（旱灾）大作，有祷于神者无不辄应"等。

上述神话中还讲到周雄化身为蛙之事，如"碑载幻蛙事尤奇，每岁三月四日传王降生之辰，蛙于时倏来倏去，光彩特异。"这也是对周雄命理的揭示。周雄是庚金之命，金方位在西，地支为酉，酉为鸡，蛙又称田鸡，"倏来倏去"是蛙跳跃之动作，亦即周雄神"破浪而行""沉浮不定"之动作，而"光彩特异"当是金水荡漾之光耀，表明蛙的属性、动作、色彩皆是周雄命理之体现。蛙是庄稼益虫，因此，民间不仅把周雄当作水神，还把他当作庄稼之神。如明清休宁江村的周宣灵王神会巡游之习俗，"说者谓神之出游原以巡视田里辟除疠疫，此典原不可废，诸君因合议，复请神驾出巡"，即是把周雄当作蛙神看待的。

周雄信仰在徽州比较广泛，据道光《徽州府志》记载，休宁县的周王庙有三处，一在下汶溪，一在凤湖，一在临溪。婺源县的周王庙在江湾，祁门县的周王庙有六处，一在城西隅，一在凤凰山，一在五都寺古坦，一在虎岭，一在墩上，一在闾岭。绩溪县的周王庙有三处，一在胡里，一在北门外，一在石歙。歙县的周王庙在黄坑，黟县的周宣灵王庙有六处，一在城东门，为周王阁，一在城郭门外，一在枧溪，一在古筑，一在西南红庙，一在长宁里。黟县还有周翊应侯祠，又名灵顺将军祠，有四处，一在叶村，一在横山，一在胡村，一在岩村。另据清朝休宁《江村洪氏家谱》记载，江村有周宣灵王庙，匾额曰"宣灵王庙至孝格天慈威振古"，对联曰："爱亲以及民物，是孝子是仁人，自足泽贻万世；护国而奠生成，为忠臣为义士，故能祀享千秋"。[①]又有周宣灵王神会巡游之习俗，《周王会序》曰：

> 宣灵王，古之仁孝君子也。考其善事高堂先意，承志天性之孝，时维里巷所深推，而舣舟渡人，金丹寿世，类皆以济人利物为心者。夫孝悌固为仁之本，则由亲亲而推其仁爱遍寰区，理有固然也。故其生也，为天地间之孝子，其没也，为宇宙内之明神，则吾族之奉祀宣灵王也，岂徒徼福祈赐云尔

①《休宁江村洪氏家谱》卷十三，雍正七年刻本。

哉，亦瞻仰仪型而仁孝之心无不悠然兴起者，则教孝教悌之义胥于是乎在也。惟是吾族之会自明初以来相传已久，向因人心不古，会以萃而涣者有日矣。曩者余因见庙宇攲颓，不无风雨飘摇之患，喟然兴叹者久之，于是捐赀重修，榱题梁栋焕然一新矣。惟是徽俗每有迎神出游之典，吾族向亦行之，后自戊戌年停止，计已九载。今者岁在丙午，远近村落瘟疫大作，有祷于神者无不辄应，说者谓神之出游原以巡视田里辟除疠疫，此典原不可废。诸君因合议，复请神驾出巡，自今岁始重立会簿。余复捐己田六十砠助入会内，以资公用，将所有会规复集诸君而申其约焉。诸君咸恪守会义，将见合族一心虔奉，禋祀于勿替，则赫赫明神临之在上，实式鉴之。夫生而泽及于世者，岂没而为神有不惠福斯人者哉！是集福凝休之意实寓于典型矜式之中，从此而人文蔚起，闾闬益昌，吾族千百世咸永有赖焉者矣。于是乎序。

《宣灵王神会秋日巡游先一日告文》曰：

惟神孝隆千古，仁覆万邦，封爵既锡于天朝，冕旒耀日，瞻依尤勤于里巷。殿角凌云，礼重明禋，当奉璋而荐币，时临纳稼，宜崇德以报功，况值降灵崧岳之辰，正是巡省西畴之日。龙旂匝绕凤盖，周游群瞻，锡祉降祥，咸赖御灾捍患。和气弥纶于宇内，一时之疹戾胥除。光风披拂乎人间，千野之膏腴洊稔。蘋清藻洁，谨先一日以告虔。簧鼓笙吹，应著万年而匪懈。

《宣灵王神会秋日巡游祝文》曰：

惟神性成孝友，心秉仁慈，具甘旨以承欢。视听在形声之外，瞻云山而思慕。寤寐通烟水之遥，况复视天下如同胞。念斯人为一体，椒倾万斛，疠疫心劳。航渡千人，济川利溥。精英不没，尚能爱国以忠君。灵爽长存，自足庇民而寿世。今者威灵赫濯，殿宇巍峨。黄菊紫萸，秋野之风光染昼。白沙翠竹，江村之烟景裁诗。睹碧浪之潆洄，双溪抱荫。乔松之荟蔚，千树繁阴。欣仰岳降，嘉辰乍逾。登高四日，炳萧灌鬯。赫赫如临，荐豆升馨。洋洋来格，列旌羽而缤纷五色。霞采迎峦，奏管弦而和协八音。金风入韵，伏愿孝思锡类。仁蔼凝禧，开百室之休祥。人歌宁止，萃千门之纯贯，家庆泰来。芃芃然玉粒金茎，岁稔鼓康衢之腹。济济乎银章紫绶，时清联凤阁之班。振我家声，咸资圣德。集斯祀典，共竭愚诚。

《宣灵王会出巡驾临双溪祝文》曰：

惟神嵩岳降灵，令旦适逢乎秋季。村畴历览，胜游欣定于诞辰。华盖文旂，五色云霞烂漫。冕旒衮织，九霄日月辉煌。既闻鼓吹之喧阗，复见銮仪之整列。旌旄所到，戾气俱消。车马攸临，祥风毕集。兹发轫乎古里，旋驻驾于双溪。奉玉帛以拜迎，圣颜悦豫。陈牲醪而致祀，人意虔恭。伏愿神赐频膺，俾门庭之多庆。天休滋至，令家室之胥宁。士沾化雨而笔花，明元音三捷。人被惠风而鸠杖，健眉寿百年。仰藉我神之灵，俯慊斯人之望。[①]

上述休宁江村的周宣灵王神会于秋季举行，秋五行属金，是周雄金命之体现。“徽俗每有迎神出游之典，吾族向亦行之，后自戊戌年停止，计已九载”，九是金数。“自今岁始重立会簿，余复捐己田六十硵助入会内，以资公用”，六是水数。“况值降灵崧岳之辰，正是巡省西畴之日”，西是金之方位。“舣舟渡人，金丹寿世”，是金水性质之体现。以上反映了周雄的命理以金水为喜用的特点，因此其神性主要集中在三个方面：

一是江神、水神。水是周雄的喜用之神。

二是孝神。“孝”上土下子，“土”象征周雄母亲辰土，“子”五行为水。“土”生金，金生“水”，也就是说，“孝”字包含了一个金，亦即周雄的本命庚金。因此，民间将其作为孝神。

三是蛙神。蛙又称田鸡，五行为酉金，亦即周雄的本命。

以上三种神性在徽州都有体现，如休宁江村的神会“惟神性成孝友”，“承志天性之孝”是将周雄作为孝神；“舣舟渡人”，“航渡千人，济川利溥”是江神；“今者岁在丙午（火），远近村落瘟疫（旱灾）大作，有祷于神者无不辄应”是水神；“说者谓神之出游原以巡视田里辟除疠疫”是蛙神。故有什么样的命理就有什么样的神性，有什么样的神性就有什么样的神话。

第四节　金龙四大王

金龙四大王是江河之神，祀南宋末年会稽谢绪为南宋殉国投水而亡。所谓“金龙”是指其葬身之地，“四大王”指谢绪在家排行第四，故称四大王。

①《休宁江村洪氏家谱》卷八。

民间或以杨泗将军、九龙将军、张柳将军作为配祀，亦合称四大王。金龙四大王在皖南地区祭祀比较普遍，徽州、池州、宁国、太平府等地多有祀庙。清朝《金龙四大王祠墓录》曰：

谢绪，理宗皇后谢氏之族也，世居邑之安溪孝女北乡。儿时浴于溪，探水底得光明珠，忽云雾滃起，有物蜿蜒作攫状，绪不动色。及长，善读书，为会稽诸生，彬彬称儒者。性刚决，持论慷慨，乐善好施，乡人咸敬之。以椒戚故，不复求仕进。祖墓在金龙山，遂筑室望云亭而隐焉。于是天目山崩，绪泫然曰："天目为临安主山，今崩矣，国其危乎！"德祐二年，宋帝北狩，时谢太皇太后以病请留，元兵突入宫，舁之而去。绪大恸，题诗二章，与其徒诀曰："生不能报国恩，死当诉之上帝，异日黄河水北流，是吾效灵之证也。"遂赴水死。时苕水陡涌，高丈余，绪尸立而逆流，山川变色，禽鸟异声，举葬于金龙山祖墓之侧，立祠其旁。后明太祖战于吕梁，敌兵乘流而下，垂败，忽河水逆行，空中闻人马声，旌旗隐隐，见金龙字，遂得捷。是夜，太祖见梦儒巾深衣，历历述前生事，且曰"兄弟四人，绪居其季"，遂下诏封绪"金龙四大王"，御笔亲为制赞。天启丙寅，总督漕运苏茂相疏请加封护国济运金龙四大王，凡舟行黄河者，神应如响。宿迁、吕梁以及凡有漕运之地并立庙，而故里祠墓亦屡加修葺焉[①]。

明末陈继儒的《金龙四大王传》曰：

神姓谢讳绪，以谢太后戚畹绝意仕进，建望云亭于祖茔金龙山之巅而隐焉。甲戌八月大霖雨，天目山崩，绪泣曰："天目主山也，而灾若此，宋其亡矣。"德祐二年正月，帝遣杨应奎上传国玺，降表削去位号。三月巴延趣帝及太后入觐，独太皇太后谢氏以病留临安，忽元人从宫中舁其床以出，侍卫七十余人同赴燕。绪大恸，题诗二律，书毕，赴水死。时苕水汹涌，高丈许，状若龙斗，绪尸逆流而上，经旬不仆，面目如生，远近骇以为神，祔葬于祖茔金龙山之麓。元末乡落皆梦绪为神曰："黄河北流，明年当有吕梁之战，吾且提甲骑助之。"丙午春，黄河果徙而北。二月元库库特穆尔遣骑将左丞相李二来寇，时傅有德守徐州，将步骑二千余溯舟吕梁，舍舟陆战，战阵中见金甲神行空横槊，刺副将韩一于马下，此神预梦助战之验也。其后往来拥护漕河，猝呼猝应，或舟胶拔之淤泥壅塞之下，或舟覆脱之风涛危险

① (清)仲学辂编:《金龙四大王祠墓录》卷一，清光绪二十二年刻本。

之中，挽卒贩商南北往来于祠门者，惟神是恃，合手称金龙四大王焉。国朝顺治二年，敕封显佑通济金龙四大王之神。[①]

《河南通志》曰：

金龙四大王庙，祀宋会稽谢绪，临河州县多有。明徐渭《碑记》王姓谢名绪，宋会稽诸生，晋太傅安之裔，祖达父某，有兄三人，曰纪，曰纲，曰统，王最少，行第四，居钱塘之安溪，后隐金龙山白云亭。素有壮志，知宋鼎将移，每慷慨愤激。甲戌秋八月大雨，天目山颓，王会众泣曰："天目山乃临安之镇，苕水长流，昔人称为龙飞凤舞，今颓，宋其危乎！"未几，宋鼎移，王昼夜泣，语其徒曰："吾将以死报国。"其徒泣曰："先生之志，果难挽矣，殁而不泯，得伸素志，将何以为验？"曰："异日黄河北流，是予遂志之日也。"遂赴水死，时水势高丈余，汹汹若怒，人咸异之，寻得其尸，葬金龙山之麓，立祠于旁。元末我太祖与元将曼济哈雅战于吕梁，元师顺流而下，我师将溃。太祖忽见空中有神披甲执鞭，驱涛涌浪，河忽北流，遏截敌舟，震动颠撼，旌旗闪烁，阴相协助，元师大败。太祖异之，是夜梦一儒生披帏语曰："余乃宋会稽谢绪也，宋亡赴水死，行间相助，用纾宿愤。"太祖嘉其忠义，诏封为金龙四大王，金龙者，因其所葬地也，四大王者，从其生时行列也。自洪武迄今，江淮河汉四渎之间屡著灵异，商舶粮艘，舳舻千里，风高浪恶，往来无恙，佥曰王赐，敬奉弗懈，各于河滨建庙以祀，报赛无虚日。九月十七日为其诞辰，祭赛尤盛。非王忠义之气昭昭耿耿，光融显赫而能然乎？嗟夫宋社既屋，于今已数百年矣，铜驼荆棘，故宫茂草，而王之神灵独磊磊落落，常在天地间，生而忠义，殁为神明，与文山叠山诸公并垂不朽可也。宋末，谢皋羽翱为文丞相客，丞相殉国，皋羽每哭之恸，竟死，其忠义至今犹传诵之。王之忠义不减皋羽，而姓氏湮没，行事尤不概见，其敬畏而奉祀之者，徒以其为江河之神，于风涛汹涌中死生呼吸仰其庇佑而然耳，夫岂知其忠义而崇奉之欤。余故表而出之，俾奉祀者得有所考云。[②]

一、金龙四大王信仰的实质及其演变

金龙四大王发源于宋末元初，兴起于明朝，流行于清朝，其信仰存在一个演变的过程。金龙四大王在明初是作为反元拥汉的报国之神看待的，永乐

① 雍正《浙江通志》卷二百十七《祠祀一》。

②《河南通志》卷四十八《祠祀》。

以后随着漕运业的发展才逐渐成为河神，进入清朝以后朝廷不断册封其河神身份，使得这一信仰最终演变成了河神信仰，原始信仰中的国家和民族气节却消失殆尽。

（一）南宋末年的国家和民族气节

明代何乔新曰："宋之亡也，忠义之士一何多乎！死终不肯臣于元。嗟夫！汉之亡死节者，耿纪、韦晃而已，唐之亡节义之士无闻焉，而宋之忠臣义士若此其多，何也？宋之诸君待臣以礼，养士以气节，其风俗既成，争自濯磨，皆以忠义相勉。"[①]又曰："宋有天下三百余年，以仁厚立国，以诗书造士，以节义励士大夫，故其士民观感兴起，皆知杀身成仁之为美。及其遭罹变故而且亡也，死宗庙者有之，死社稷者有之，死君上者有之，死城郭封疆者亦有之，下至山谷之儒，里巷之妇，亦皆秉义抱节，矢死不辱。呜呼！汉唐之末，曷尝有是哉。"[②]谢绪为南宋殉难，是南宋末年国家和民族气节的典型表现。

（二）明初的反元拥汉思想

《金龙四大王祠墓录》曰：

> 元季，乡人梦神语曰："元运将讫，真人已兴，明岁有吕梁之战，吾当助顺复仇矣。"明兵起，下徐州，命将军傅友德守之。元左丞李二入寇，傅将步骑溯流吕梁接战。元顺流直冲，傅军大溃。太祖忽见空中有三将披甲执鞭，拥黄河而北流，元兵大败。太祖因祷天将乞示姓名以便封酬，是夕，梦一生儒冠青衿入告曰："吾宋时会稽学生员谢绪也，祖名达，父叔三人，予兄弟四人纪、纲、统、绪，予次第四。元灭宋，愤力不能讨，赴苕溪死，葬金龙山麓，衔恨百余年，幸望圣主出，特为拥河北流以伸平生志也。"太祖曰："旁二将为谁？"对曰："此绪愿报主仇而幽冥相结义兄弟楠木二神是也。"言已，太祖惊寤，即传谕封为金龙四大王，于是神之灵煊洪上矣。[③]

文中主要讲述了谢绪殁为神灵、助明灭元以及为宋报仇的故事。其中，"楠木"为南宋之象征。金龙大王兄弟四人各名"纪""纲""统""绪"，比喻汉人的纲纪和宋明相承。谢绪曰："（吾）恶金元乱中原，力不能剿，赴苕水

①《椒丘文集》卷七《宋史论》。

②《椒丘文集》卷九《忠义集序》。

③《金龙四大王祠墓录》卷一。

死，尸葬金龙山麓，饮恨九泉百余年，幸圣主出时为拥河北流以伸平生之志也。”[①]反映了谢绪神的反元拥汉思想。这一思想在明初被统治者所利用，作为发动民族战争的工具，也是谢绪信仰兴起于明朝的一个重要原因。

谢绪被尊为神灵与其祖先谢达有一定的关系。万历《钱塘县志》曰：

> 灵惠庙在孝女北管下墟，宋祀谢达、谢绪，旱潦祈祷辄应，咸淳中赐额建庙。谢达字明远，晋太傅谢安次子琰之裔也，徽宗时提举淮浙，避蔡京隐于石门岭，乃终身焉。殁后忠灵不泯。建炎初，金虏犯京，都民彷徨，一旦闻空中有金鼓声，见龙舟自上而下，旌旗振耀，内一旗显署谢公之神，乡民赖以无恙，因共立庙祀之。庚子岁，神预梦于民曰：“岁当大旱，宜先为备。”四方开井，夏秋旱魃肆虐，赤地千里，本乡得井灌田，民无饥色。自后祈祷辄应。时两浙路转运司请于朝，咸淳中敕封广应侯，建庙本里，赐额灵惠，岁以三月三日社会。

谢绪与谢达的事迹相同，都以隐居和反抗金人入主中原而出名，故钱塘民间将二人合祭。不同的是，谢达是北宋末年人，南宋初年祭祀作为抗金之工具。谢绪是南宋末年人，明初祭祀作为抗元之工具。二人的神话故事中都出现了一些时间概念，如谢达故事中的“庚子岁”“岁以三月三日社会”，庚的地支为申，三月为辰，命理以申子辰三合水局，反映了民间将谢达作为水神。

同样，谢绪的神话故事中也出现了几处明确的时间概念：

> 甲戌秋霖，天目山崩，水溢临安，溺死者无算，绪乃散家资溥济之，会众泣曰：“天目乃临安之主山，宋其亡矣。”
>
> 丙午春黄河北徙，九月太祖高皇帝取杭州。
>
> 丁未二月傅友德与贼大战吕梁，见金甲神人空中跃马横槊，擒虏众大溃。[②]

命理以寅午戌三合火局，寅为火之长生，午为火之帝旺，戌为火之墓库。又以亥卯未三合木局，亥为木之长生，卯为木之帝旺，未为木之库墓。

第一则材料中的“甲戌”，戌为火之库墓。南宋火德，元朝水德，明代何

① 《金龙四大王祠墓录》卷一《东山家谱》。

② （明）聂心汤修：万历《钱塘县志》卷中《灵惠庙》，光绪十九年刊本。

乔新曰："（元）世祖取江南之时，有水竭火生之谣，盖元以水德王，宋以火德王。"[①]水灭火，故以天目山崩、临安大水象征宋之灭亡。

第二则材料中"丙午春"为寅月，"九月"为戌。寅午戌三合火局，丙火元神透露，暗喻明朝火德，火由木生，如"高皇帝取杭州"，杭为木。故第二册材料是对明朝火德的演义。

第三则材料中"丁未二月"，二月为卯，亥卯未三合木局生火，丁火透露。但故事中并没有亥之记载，这是因为宋朝分南北两部分，亥位在北方，谢绪死于南宋，故只用卯、未暗合亥木。第三个故事发生在明初，反映了明朝继承宋朝为火德的特点。《明史纪事本末》曰："（元至正十五）六月朔，太祖帅诸将渡江……改太平路为太平府，以李习知府事，李善长为帅府都事，汪广洋为帅府令史，陶安参幕府事，文移用宋龙凤年号，旗帜战衣皆红色，盖以火德王故也。"[②]孟森的《明清史讲义》曰："刘福通觅得韩林儿，奉为主，称帝，建国号宋，纪元龙凤。其党四出，掠地甚远，他股归附，奉宋年号者亦多。明祖救宋，击退珍，以林儿归滁州，尚奉其号。明年，太祖乃以林儿之命，由吴国公进封吴王。二十六年，林儿死。明年，太祖仍称吴元年。又明年，遂称明，改元洪武。太祖无所藉于林儿，惟以人心思故宋，林儿既称宋，故用其号。刘福通起事，以红巾为号，故称红军，同时起而应之者，若芝麻李、徐寿辉、郭子兴皆称红军。"交待了明初奉宋朝火德的由来。

（三）永乐以后向河神演变

元明鼎革之后，金龙四大王逐渐失去了原来的反元性质，其中的国家和民族气节也褪去，原因有二：一是永乐皇帝朱棣通过靖难之役政变上台，原始信仰中的忠君气节，尤其是针对前朝的殉难思想是被严厉禁止的；二是永乐以后国家统一，民族问题开始让位于经济建设，特别是永乐以后黄河漕运业有了蓬勃的发展，使其演变为河神。《河防志》曰："迨永乐间罢海运，凿会通渠，凡河流壅梗、漕艘覆败，叩神无不响应。黄河上下数百里多有神庙，渡者日千百计，而风之顺逆，舟之安危，人各异状，其称神河明。"[③]万历《钱塘县志》曰："神之显著于黄河特甚，嘉靖中奉敕建庙鱼台县，隆庆中遣兵部侍郎万恭致祭，封金龙四大王。"康熙《钱塘县志》曰："天启丙寅总督

①《椒丘文集》卷八《元史论》。

②（明）谷应泰撰：《明史纪事本末》卷一，文渊阁四库全书本。

③《金龙四大王祠墓录》卷一。

漕运苏茂相疏请加封护国济运金龙四大王，凡舟行黄河者，神应如响，宿迁、吕梁以及凡有漕运之地并立庙。”①

按说，谢绪投水的地点是在钱塘江，应成为钱塘江的神灵，但现实中却成为黄河流域的神灵。据神话交代，谢绪死时曾经预言异日“拥黄河而北流”，此话是否属实，现已不可得而知，怀疑是明代人的杜撰，以作为谢绪成为黄河神之证据。这句话其实应该做如下理解：一是黄河乃中原文明之象征，比喻汉人的江山社稷；二是黄河在南宋处于金人的统治范围，在元朝又处在蒙古的统治下；三是金人为金德，金生水，元朝水德，宋朝火德，明朝继承宋朝也为火德。水位在北，火位在南，分别象征金元和宋明。水克火，土克水。土色黄，“拥黄河而北流”实际上是对土克水的演义，比喻解除北方金元政权的威胁。谢绪名中有火（日）、土之象，对南宋有深厚的感情，又在明朝被尊为神灵，表明以火土为喜用，反观殁水而死，水为忌神。火生土克水，土色为黄，应是谢绪成为黄河神之关键。“拥黄河而北流”在历史上早有典故，《汉书》王莽传曰：“（天凤三年五月，公元16年）是月戊辰，长平馆西岸崩，邕泾水不流，毁而北行，遣大司空王邑行视，还奏状，群臣上寿，以为《河图》所谓以土填水，匈奴灭亡之祥也，乃遣并州牧宋弘、游击都尉任萌等将兵击匈奴。”是黄河水北流以土灭水之证据。反观谢绪演变为黄河之神，与其命理以土为喜用至关紧要。

（四）清朝册封河神

随着永乐以来漕运业的发展，谢绪的河神身份逐步确立。从《金龙四大王祠墓录》来看，明清王朝对谢绪的册封大约20余次，其中清朝占了18次：

> 顺治二年河道总督杨方兴奏请敕封显佑通济四字；
> 康熙四十年河道总督张鹏翮奏请加封昭灵效顺四字；
> 乾隆二十二年加封广利安民四字；
> 嘉庆二十五年加封惠孚二字；
> 咸丰二年漕运总督杨殿邦奏请加封普运二字；
> 咸丰四年山东巡抚崇恩奏请加封护国二字；
> 咸丰七年帮办河南剿匪大臣胜保奏请加封孚泽绥疆四字；
> 同治二年署河道总督谭廷襄奏请加封敷仁二字；

①《金龙四大王祠墓录》卷一。

同治四年漕河总督张之万奏请加封保康二字；
同治五年山东巡抚阎敬铭奏请加封赞翊二字；
同治六年河道总督苏廷魁奏请加封宣诚二字；
同治七年山东巡抚丁宝桢奏请加封灵感二字；
同治七年湖广总督李鸿章奏请加封辅化二字；
同治七年安徽巡抚英翰奏请加封襄猷二字；
同治八年河道总督苏廷魁奏请加封敷靖二字；
同治八年山东巡抚丁宝桢奏请加封德庇二字；
光绪元年山东巡抚丁宝桢奏请加封锡祐二字；
光绪五年漕河总督文彬奏请加封溥佑二字。①

从上面可以看出，自清军入关以后的十位皇帝中先后有七位对谢绪进行了共18次的册封。这18次比较集中于咸、同年间，咸丰朝3次，同治朝9次。如此密集的册封与咸、同年间的“匪乱”较多有关，如太平天国运动、捻军起义就发生在咸、同时期。同治在位只有十三年，册封就多达9次，而在位时间长达三十年之久的道光未曾册封谢绪，是因为道光时期农民起义较少，没有册封的必要。同样的道理，康、雍、乾、嘉庆时期的册封也与白莲教起义、民间秘密结社的大量兴起密切相关，表明清廷对谢绪的册封主要是发生在社会不稳定时期，无疑是在拉拢、防范和控制民间信仰。

二、明清婺源的金龙四大王信仰

明清婺源县水府庙的神灵即金龙四大王，道光《婺源县志》曰：“水府庙，在明道坊，原名发祥庙，立杨泗将军像，有祈悉应，凡临蓐者与病祟者皆祷之。顺治庚子建醮酎神，杯餤高举，见一大蟾蜍持去，复还者数四，卜之，乃庙于中街，兼祀杨胡二元帅。康熙壬子（1672年），防兵以龙灯赛神营卒为神，言曰：婺有大厄，须立吾主金龙大王，而以杨梅柳配，可免难兼兆屡丰。言毕，驰赴营，谓守将新庙貌，且以与民相安诫之。无何，有曾姓者复作神语，率奇中。陈邑令廓其庙，立金龙四大王神位，配以杨泗将军、九龙将军、张柳将军，是时邑令朔望拈香，续停止。”②光绪《婺源县志》曰：“水府庙，在明道坊，原名发祥庙，祀金龙四大王，配以杨泗将军、九龙将

①《金龙四大王祠墓录》卷首《封号》。

②（清）黄应旳等纂修：道光《婺源县志》卷八《祀典》，道光六年刻本。

军、张柳将军。谨按《会典》，金龙四大王，宋浙人，姓谢名绪，宋亡死节，为河神，明封是号。国朝累封显佑通济昭灵效顺广利安民惠孚十四字，例祭于江苏宿迁县及滨河各县，为御灾捍患正神。”①而据乾隆《徽州府志》记载，婺源“发祥庙，在明道坊，祀杨四（泗）将军、王总管、胡元帅，清朝顺治辛丑神显灵示址，因建焉。后改水府庙，并祀金龙四大王。”②这里的王总管、胡元帅原是灵顺庙中的王将军和胡将军。弘治《徽州府志》曰：灵顺庙之从神，“王侯讳兴，宋德祐元年（1275年）封王将军感应侯。胡检察讳发，世居城北种德坊福泉井畔，颖悟过人，入庙事神，远游募化，灵迹昭著，殁随庙食，张天师封为检察将军。又忠靖胡提点，名德胜，乃检察之子，生而神异，长有慧性，有术者相之曰：生不封侯，死当庙食。尝昼寝觉则汗流浃背，所穿履尽弊，且言某处风浪覆舟，城池失火，后累验之果然。及卒，御灾捍患，有祷辄应，四方之人奔走祠下惟恐或后。”③婺源是五显灵顺庙的发祥地，而水府庙早期又叫发祥庙，因此王总管、胡元帅可能就是灵顺庙中的两位将军。王总管不知哪里人，但胡元帅是本地人，清朝则代之以外地的金龙四大王，反映了婺源对外水路经济活动的扩大。

婺源水府庙除祭祀金龙将军谢绪外，还配以杨泗将军、九龙将军和张柳将军。

杨泗将军有二说，一说杨泗是杨四、杨么。如《中国神话人物辞典》载湖南人崇信杨四将军，许多临水的地方都修有杨四庙，杨四是一位专斩孽龙的大神，每年春天在水口把关检查，如果是兴云作雨的正龙，杨四将军便放它过去，如果是害人的孽龙，便用宝剑将它斩断，传说他是南宋时席卷荆湖地区七个州所属十九个县的农民起义英雄杨么，为避免统治者的禁止和降罪，故隐其名，只称杨四将军④。一说杨泗是杨太后之侄，清人《潭滨杂志》云歙县“大王庙祀金龙四大王，配以萧公、晏公及部将四人。按神姓谢名遂，会稽人，谢太后侄也，隐居授徒，闻宋亡，遂投水死，永乐间显灵河中，因立庙封号。萧名伯轩，晏名戎子。四人曰杨四将军、九龙将军、黄将军、柳将军。杨为杨太后侄，殉难崖山，其三人皆生时神所降者。庙建于明（不知具

① 光绪《婺源县志》卷十一《祀典》。

② 道光《徽州府志》卷三《坛庙》。

③ 弘治《徽州府志》卷五《祀典》。

④ 李剑平主编:《中国神话人物辞典》,陕西人民出版社1998年版,第292页。

体年份），今左祀财神，右祀五福。近里人更塑洞庭君像于内，即所谓柳毅也。”①

九龙将军具体不知何指，全国很多地方都有九龙庙，说法也不一。这里的九龙与金龙将军谢绪有关，《易经》曰：“地四生金，天九成之”，四和九都是金数，五行水由金生，金龙将军谢绪在家排行第四，此外又有杨四或杨泗将军，故此处又造出一个九龙将军与四合成金局以生丽水。

张柳将军可能是张巡和柳毅。据《大清会典》云：“饬所在有司岁以春秋诹吉致祭，祭英卫公伍员于浙江钱塘县，通佑王李冰于四川灌县，安澜之神张巡于江西浮梁县，诚应武肃王钱镠于浙江临安县，显佑通济王谢绪于江南宿迁县，静安公张夏于浙江萧山县，宁江伯汤绍恩于绍兴府，宁漕公宋礼永济之神白英于山东汶上县。”②将张巡作为“安澜之神”，亦即水神。柳毅，据《湖广通志》云：“江夏令樊尚璟诸生时梦神人赭袍异相，语之曰：吾洞庭水神也，君异时成进士，必牧余土。后筮仕江夏，值邑人肇建柳毅庙，因割金以助，入庙瞻拜神像，宛如梦对。”③柳毅来源于唐人小说《柳毅传》，因娶洞庭湖龙女为妻，后也化为洞庭水神。《搜神记》曰：“按传有柳生者，名毅，唐中宗时下第归至泾阳，见一妇人牧羊，谓生曰：妾洞庭君小女，嫁泾川次子，为婢所惑，毁黜至此，敢烦寄尺牍归。生谢不知所向，妇曰：洞庭之阴有大橘树，击树三当有应者。生如其言，有武大揭水引入，至灵虚殿取书以进。洞君泣曰：老夫之罪，使孺弱罹害。须之有赤龙飞去，俄红妆拥一人回，即寄书女也，宴生碧云宫，君第号钱塘君，谓生曰：泾阳嫠妇欲托高义为亲。生不敢当，辞而去。后再娶庐氏，即龙女也，协同归洞庭。”④

至于黄将军则不知为谁，盖取黄土克水之义。五行水由金生，水多则以土克之。

此外，歙县大王庙还配以萧公、晏公。据《搜神记》记载，“萧公，姓萧讳伯轩，庞眉蛟发美须髯，面如童少年。为人刚正自持，言笑不苟，善善恶恶，里闬咸为之质平。殁于宋咸淳间，遂为神，附童子，先事言祸福，中若发机，乡民相率为立庙于新淦县之太洋洲，福泽一方。元时以其子祥叔死而

①（清）白山先生撰：《潭滨杂志》，光绪二年印本。

②（清）允裪等：《大清会典》卷四十九，文渊阁四库全书本。

③《湖广通志》卷一百二十。

④《搜神记》卷三，《正统道藏》第36册。

有灵，合祀于庙。明朝洪武初尝遣官谕祭，永乐十七年（1419年）其孙天任卒，屡著灵异，亦祀于此。”[①]晏公，“姓晏，名戍仔，临江府之清江镇人也，浓眉虬髯，面如黑漆。平生疾恶如探汤，人稍有不善，必曰晏公得无知乎！其为人敬惮如此。元初以人材应选入宫为文锦局堂长，因病归登舟即奄然而逝，从人敛具一如礼，未抵家里，先见其畅驺导于狂野之间，衣冠如故，咸重称之。月余以死至，且骇且愕，语见之日则即其死之日也，启棺视之，一无所有，盖尸解云。父老知其为神，立庙祀之，有灵显于江湖，明朝诏封平浪侯。”[②]说明萧公和晏公是江西赣江和鄱阳湖流域水神。

由此可见，婺源水府庙所祀诸神灵都是水神，主要分布于浙江、洞庭湖和鄱阳湖流域。这些流域是徽商活动的主要水域，故而祭祀。水府庙原为发祥庙，主要祭祀杨四（泗）将军、王总管、胡元帅，到了清朝并祀金龙四大王以及萧公、晏公等人，反映了明清时期婺源商人活动中心的不断扩大，由洞庭湖流域延伸到鄱阳湖和江淮流域，而主祭金龙谢将军则反映了以江浙为主的特点。明程敏政《新安文献志序》曰：“新安……水之出婺源者西下为鄱湖，出休宁者东下为浙江”[③]，婺源水府庙所祀水神正是这两地的神灵，表明徽商主要是沿着这两条水域向外发展的。

① 《搜神记》卷三，《正统道藏》第36册。

② 《搜神记》卷三，《正统道藏》第36册。

③ 民国《歙县志》卷十五。

第六章 财神信仰

自宋以来，徽州开始祭祀关帝和赵公明，民间一般将二者作为财神。本章详细分析了其财神形象的由来，认为财神只是二者诸多神格之一，并借此探讨了财神的定义为金水。此外，民间还将五显神作为财神，五显神的财神身份也只是其诸多神格之一。五显信仰最重要的是对五行之信仰，古人认为“五行通天地”，与钱制天圆地方的形象很相似，又以五属土，土生金，金是财富之象征。此外，徽州还以六位从神与五显神相匹配，一是六为水数，象征财源滚滚；二是土克水，易学上以我克他为财，象征财神。

第一节 关帝

据弘治《徽州府志》，徽州府有义勇武安王庙，祀关羽，“在府治乌聊山，盖王之义勇古今所称，其庙遍海内有之。此庙元至大元年（1308年）建，至正壬辰兵后庙仅柱立，且素无常住道士，以盂饭自给。（明）国初迎仙观道士维扬穆师暹避迹于此，重塑王像，构门屋殿，幽邃轩豁，胜于他庙。又置田于歙绩，命徒徐尚质、沈尚文为甲乙主持，仍编为迎仙观户籍。”婺源县的关武安王庙，“在四都天仙观，元天历己巳邑人汪光辅舍地，道士魏一无建，王双溪宾为记，道士程敬虚书其灵迹。”祁门县有关王祠三处，“一在旧尉司之东，一在四都汾口，一在六都古楼岭。”①婺源县有关岳二王庙，“在阳田”。黟县有关帝庙五处，“一在迎霭门外，明万历十九年（1591年）知县王家光建，清朝康熙五年（1666年）知县江既入重建，一在长宁里，一在古筑村，一在鲍村，一在蓬厦。”②民间对关帝的信仰很虔诚，据清人《潭滨杂志》，歙县“戊戌大水，胜莲庵关帝像为水冲仆地。水退，工人扶掖上座，方举之际，

① 弘治《徽州府志》卷五《祀典》。

② 道光《徽州府志》卷三《坛庙》。

忽放光满室如闪电状。众共骇异，祝曰：若果帝君显圣，再为放光。于是神像出光若前者三次，亦可异矣。”[1]

一、关羽神话的思维特点

明代《三教源流搜神大全》曰：

关羽，字云长，蒲州解良人，当汉末与涿郡张飞佐刘先主起义兵，后于南阳卧龙岗三谒茅庐，聘诸葛孔明宰割山河，三分天下，国号为蜀。先主命关公为荆州牧，不幸吕蒙设计公，乃不屈而亡，追赠大将军，葬于玉泉山。土人感其德义，岁时奉祀焉。宋真宗祥符五年十月十七日夜，有神人自空而降，奏曰："臣乃上天直符使者，玉帝有敕，后八日有圣祖轩辕降于宫阙。"言讫而去。帝次日与群臣议之，洒扫宫室，设祭礼。至日圣降于延恩殿，帝拜于前，圣曰："吾往昔人皇氏也，其后为轩辕，即汝赵宋之始祖也。吾以汝善修国政，抚育下民而来。"言讫，圣升天矣。帝大异之，与群臣议之。圣降之迹，山存天香未散，群臣贺曰："陛下圣德所感，圣祖降于宫阙。"帝诏天下梵宫并建圣祖宝殿。

至祥符七年，解州刺史表奏云："盐池自古生盐收办宣课，自去岁以来，盐池水有亏课程，此系灾变，敢不奏闻。"帝遣使持诏至解州城隍庙祈祷焉，使夜梦一神告曰："吾城隍也，盐之患乃蚩尤也。往昔蚩尤与轩辕帝争战，帝杀之于此地，盐池之侧至今尚有近迹。近闻朝廷创立圣祖殿，蚩尤大忿，攻竭盐池之水，飒然而觉得此报。"使回奏于帝，帝与群臣议之，王钦若奏曰："地神见报，当设祭以祷之。"祭毕，是夜梦一神人戎服金甲持剑怒而言曰："吾乃蚩尤神也，奉上帝命来此盐池，于民有功，于国有益。今朝廷崇以轩辕，立庙于天下，吾乃一世之仇也。此上不平，故竭盐池水。朝廷若能除毁轩辕之殿，吾令盐池如故。若不从，竭盐池，五谷不收，又使西戎为边境之患。"言讫而去，夷简飒然，而觉其梦中之事，回奏于帝，帝亦梦之。王钦若奏曰："蚩尤乃邪神也，陛下可遣使就信州龙虎山诏张天师，可收伏此怪。"帝从之，乃遣使诏天师至阙下。帝曰："昨因立圣祖轩辕殿致蚩尤怒，涸绝盐池之水，即今为患，召卿断之。"天师奏曰："臣举一将最英勇者，关将军也。臣当召之，可讨蚩尤，必成其功。"言讫，师召关将军至矣，现于帝前。帝云："蚩尤竭盐池之水。"将军奏曰："陛下圣命，敢不从之，臣乞会五岳四

[1]《潭滨杂志》。

读名山大川所有阴兵尽往解州讨此妖鬼，若臣与蚩尤对战，必待七日方剿除得伏。陛下先令解州管内户民三百里内尽闭户不出，三百里外尽告示行人勿得往来，待七日之期必成其功，然后开门。如往，恐触犯神鬼，多致死亡。"帝从之，关将军乃授命而退，遂下诏解州居民悉知。忽一日大风阴暗，白昼如夜，阴云四起，雷奔电走，似有铁马金戈之声，闻空中叫噪。如此五日，方且云收雾散，天晴日朗，盐池水如故，皆关将军力也，其护国祚民如此。

帝嘉其功，遣王钦若赍诏往玉泉山祠下致享，以谢神功。复新其庙，赐庙额曰义勇，追封四字王，号曰武安王。宋徽宗加封尊号曰崇宁至道真君。格联曰："正气雷行天，自三国迄今，弥久弥光，不数孙权曹操；英风泉在地，通八闽尽处，随叩随座，何须蜀郡荆州。""百战顾荆州，忠义万年心尚赤，正气不磨，想去时还复天地；三分安汉鼎，英雄千载胆犹寒，忠魂常在，至今日犹壮山河。""生前壮气吞吴魏，未许三分，兄弟情亲，岂忘彼一时盟誓；死后名高压太华，德垂万古，君臣义重，不枉了素读春秋。""一片丹心垂竹帛，千年高谊颂桃园。""庙貌丹青古，威名岁月深。"[①]

上述神话的编撰有两点值得注意：一是物以类聚，人以地分。如宋赵氏、轩辕、关羽与涿郡有关，关羽、蚩尤与解州有关。《宋史》曰："太祖讳匡胤，姓赵氏，涿郡人也。"涿郡是轩辕黄帝的定都之地，《史记》引《舆地志》云："涿鹿本名彭城，黄帝初都。"服虔注曰："涿鹿，山名，在涿郡。"[②]黄帝与蚩尤战于涿鹿之野，将其斩杀在解州盐池之侧。关羽是解州人，《三国志》曰：关羽，"河东解人，亡命奔涿郡"[③]，是解州和涿郡两地的关键人物。故当蚩尤作难解州时，赵宋王朝首先想到的是关羽。

二是关羽如何能打败蚩尤？这涉及二者的神性。《史记·五帝本纪》讲黄帝"擒杀蚩尤"，注曰："蚩尤冢在东平郡寿张县阚乡城中，高七丈。民常十月祀之，有赤气出，如匹绛帛，民名为蚩尤旗，肩髀冢在山阳郡巨野县重聚，大小与阚冢等。"[④]《史记·天官书》讲"蚩尤之旗"，注曰："荧惑之精也"。荧惑是火星，说明蚩尤是火性。根据五行生克之理，能制伏火的只有土和水，

①《三教源流搜神大全》卷三《义勇武安王》。

②《史记》卷一《五帝本纪》三家注。

③（晋）陈寿撰：《三国志》卷三十六《关张马黄赵传》，百衲本景宋绍熙刊本。

④《史记》卷一《五帝本纪》三家注。

土晦火，土生则火衰，黄帝五行属土，故能打败蚩尤。而水则克火，那么关羽的五行是否为水呢？

二、关羽的神性

关羽的命理以金水为喜用，体现在以下方面。

（一）“关羽”属水

《诗经》曰：“关关雎鸠，在河之洲”，河洲是水，雎鸠是水鸟，“关关”是水鸟的声音。“羽”是宫、商、角、羽、徵五音之一，对应五行为水。《乐书》曰：“羽，水音也。”

（二）关羽的命理以金水为喜用

关羽的生辰时日向有争议。根据《明史》、《大清会典》、明正统道藏《搜神记》以及一些地方志的记载，其生日是汉延熹三年（160年）五月十三日，《三界伏魔关圣帝君忠孝忠义真经》认为出生于“五月十三日午时”[①]，换成干支即是庚子年，壬午月，丙子日，甲午时；是造丙火生于五月，身旺足以敌煞，当取金生水为用神。出生后五日小暑，当3岁起运，后天大运3癸未，13甲申，23乙酉，33丙戌，43丁亥，53戊子，63己丑。据《三国志》死于东汉建安二十四年（219年），享年六十岁，则死于戊子水运。这与五月十三日的命理以金水为喜用相违背，故不当生于五月十三日。

《玉匣记》以五月十三日作为关圣帝君的降神日，而以六月二十三日作为诞辰。《关帝明圣经全集》以六月二十四日作为诞辰，“按广义祀典，汉前将军汉寿亭侯关（羽）生于桓帝延禧（熹）三年（160年，庚子）六月二十四日，殁于献帝建安二十四年（219年，已亥）十二月初七，世人每于五月十三日恭祝已矣，而六月二十四罔知。”[②]据此，其八字是庚子年，甲申月，丙辰日，时辰不详。是造申子辰三合水局，丙火无根，弱火当从旺局，以金水为喜用无疑。但本命属火，火色红赤，故传世以为红脸的关公。出生后二十六日白露，当10岁起运，后天大运10乙酉，20丙戌，30丁亥，40戊子，50己丑，60庚寅。20至30岁走戌运，冲辰破局，起土克水，故命运偃蹇，“亡命涿郡”就是表现。30至50走亥、子水运，是喜用神，事业蒸蒸日上。50至60走丑运，丑中有水有金有土，事业有起伏。六十岁时大运庚寅，冲申破局，

① 胡道静主编：《藏外道书》第4册，第279页，巴蜀书社1992年版。

②《藏外道书》第4册，第230页。

丙火得地，太岁己亥又有己土掩水之患，故死于寅运之初。清袁树珊的《命谱》也持六月二十四日，但分析有误[①]。民间还有将四戊午作为关羽八字的，《子平真诠评注》曰："戊午一造，相传为关圣之命，实则火土偏燥，一生惟金运为最美，泄其旺气也。"[②]戊午之说不可信，但反映了关羽的命理以金水为用神的特点。蜀国定都西南，为金临官之地，与关羽命理用神一致，故《三国志》曰："关羽、张飞皆称万人之敌，为世虎臣。"[③]虎五行即是金。

此外，分析刘备、诸葛亮、赵云等人的命理，皆以金水为用，盖是当年《隆中对》定都西蜀的根本原因。所谓物以类聚，人以群分，同声相应，同气相求。水位在北，其色黑，因此道教将关羽定性为北方之神，如"丰都朗灵馘魔大将军关元帅"[④]，丰都在北方，又谓"北方那吒神""北气吹身""北帝钦轮普灵神摄"等。对其神性的描述也多与黑色有关，如"北帝灵书，天蓬令行，上运台斗，下转风轮，黑旗黑帱，戈戟如云，六宫吐雾，黑气昏昏，天兵速出，鬼吏交横，魔王按剑，五岳司迎，惊天动地，摧倒山林，河泉海渎，沈黑无明，有犯黑律，押送北阴。"[⑤]这些描述与上述故事中关羽"乞会五岳四渎名山大川所有阴兵尽往解州"讨伐蚩尤的情景很相似。

关羽死于东汉建安二十四年（219年，己亥），《三国志》引《蜀记》曰："羽初出军围樊，梦猪啮其足，语子平曰：吾今年衰矣，然不得还！"[⑥]猪即亥，为水临官之地，预示了关羽死于亥年。关羽死后葬"玉泉山"，玉五行为金，泉为水，暗示金生水。宋朝封号为"义勇"，义是仁义礼智信五德之一，对应五行为金。勇，流通之义，通"湧"，含水。故"义勇"为金生水。据此，可将关羽定为金水之神。金是财富之象征，水是流动之义，二者之结合象征财富的流动。故民间又将关羽作为财神，其神性似赵公明。

以上是说关羽的神性是金水。五行金在西方，水在北方，金水即西北，受其影响，徽州祁门县关帝庙建在西北方位。明万历己丑（1589年）《知县常道立西北隅关帝庙碑记略》曰："县治西北故貌祀关公，高皇帝定鼎之三年，敕封齐天护国大将军，特加义勇武安英济王。我皇上御极，边帅大中丞张公

①《命谱》，第24页。

②《子平真诠评注》第四十七《论杂格》。

③《三国志》卷三十六《关张马黄赵传》裴松之注。

④《道法会元》卷二百六十《丰都朗灵关元帅秘法》，《正统道藏》第30册。

⑤《道法会元》卷三十六《清微马赵温关四帅大法》，《正统道藏》第29册。

⑥《三国志》卷三十六《关张马黄赵传》裴松之注。

奏公挥戈助师，剧战朔方，崇以帝号，煌煌玺书，褒其英烈。宇内祠公者自都会达于聚落，星耀云布，依神以奠居者，编列福籍，司晨昏，凡祈者禳者，绳绳接踵以乞灵……今夏中，余谒神为民祈雨，会是月之旬有三日为帝生辰”等。观此“西北”“朔方”“祈雨”与金水神格一致。至清朝，“关帝庙曩建于东门外秀墩街，即火神庙右大门外，自乾隆五十三年（1788年）水灾庙圮，遂移祀于西北隅之关帝庙。辛酉（1861年）前任知县林定于秀墩街旧址重造，已经鸠工庀材，上梁竖柱，旋以事去，遂中辍。戊辰（1868年）夏复被蛟水冲倒，故邑之官祭永宜于西北隅之庙斋享祀而妥神灵，不容复有所更易。”[①]益见西北方位是关羽神格之体现。

三、关羽三代庙的神学思想

《礼记·礼器》曰：“天子七庙，诸侯五，大夫三，士一”，关羽阶级类似大夫，故得祀三位先人。同治《祁门县志》曰：

> 国朝雍正二年奉敕增祀关圣帝君三代光昭公、裕昌公、成忠公神位于后殿，七年诏以春秋二仲及五月十三日祭，此定制也。考祁邑关帝庙曩建于东门外秀墩街，即火神庙右大门外之区落，溶前岁重修火神庙，嘱经理者以墙垣护之，存旧址也。盖自乾隆五十三年水灾庙圮，遂移祀于西北隅之关帝庙，其三代神座设于庙左之公所，每岁官祭三代，皆于此间。惟是地较狭隘，缘庙是西北隅八姓建造，明万历知县《常庙碑记略》既详载之。乾隆时移祀以后，祭三代之殿庭遂迁延，未果改造。咸丰四年粤寇陷城，庙正殿供奉神像暨两旁侍立四将神像、两柱之金甲盘龙、两廊之绣鞍宝马尽遭毁损，墙垣亦渐就颓塌。越十一年辛酉，前任知县林定于秀墩街旧址重造，已经鸠工庀材，上梁竖柱，旋以事去，遂中辍。戊辰夏复被蛟水冲倒，故邑之官祭永宜于西北隅之庙，肃享祀而妥神灵，不容复有所更易。八年己巳溶莅任，谒文庙、武庙，得悉崇圣祠向建于大成殿之左，遭兵燹倾圮。戊辰知县蔡会邑绅谨移建于明伦堂上进之正中焉，兹武庙之三代神位仍祀于庙左，因陋就简，殊非以昭严敬，即拟易之未有。适邑绅以重修关帝庙请，于是择吉兴工，将成于不日，邑绅复请于庙后缔造祭三代之殿，盖西北隅李姓业产，今已将空地一备输出，计丈平地并余地一百五十六步，创立有基，斯合邑之善举也。庙貌维新，灵爽式凭，诞育大帝，锡福烝民。庙之中，神像

① 同治《祁门县志》卷九《坛庙》。

> 岿然，护卫森然，疏柱之龙仍翔于庭以复旧观，回廊之马谨图于壁以存遗迹。庙之前，高台广榭，经营极其整齐，画栋飞甍，结构耀乎汩越。溶窃乐，与诸君子观厥成焉。同治壬申仲冬月长至南丰周溶记。[①]

文中讲到了关羽三代庙迁移到关公庙左的情况，乃“八姓建造”，“李姓业产”。命学上以生我者为母，关羽本命为丙火，则以木生火为母。木数三、八，《易经》曰：“天三生木，地八成之”，李也是木，庙左为青龙，五行也属木。可见，三代庙的左方位、八姓建造、李姓业产是对关羽生母的演义，亦即对祖辈的演义，是关羽的命理与神性的延伸。

第二节　赵公明

据弘治《徽州府志》记载，徽州府有玄坛庙，“在乌聊山忠烈庙后，以祀所谓赵元帅者。”[②]另据道光《徽州府志》记载，祁门县有元坛庙，“在邑东河中埠，祀赵元帅。”[③]赵元帅即赵公明，元坛庙又名玄坛庙，《姑苏志》云：“玄坛庙神姓赵名朗，字公明，与关圣同时，即赵云子龙之从兄弟也。”[④]道教《正一玄坛赵元帅秘法》以三月十五日作为赵公明的诞辰[⑤]。

一、明清赵公明的财神形象

明代《封神演义》第四十七、四十八回，写峨眉山道人赵公明助商，五夷山散人萧升、曹宝助周，双方交战，各显道法，姜子牙最后用巫祝术将赵公明弄死。以后姜子牙封神，封赵公明为金龙如意正一龙虎玄坛真君，统率招宝天尊萧升、纳珍天尊曹宝、招财使者陈九公、利市仙官姚少司，俗称五路财神。那么，赵公明的财神形象是如何形成的呢？

明代《三教源流搜神大全》曰：

> 赵元帅，姓赵，讳公明，钟南山人也，自秦时避世山中，精修至道，功成

① 同治《祁门县志》卷九《坛庙》。

② 弘治《徽州府志》卷五《祀典》。

③ 道光《徽州府志》卷三《坛庙》。

④（明）王鏊撰：《姑苏志》卷二十七《坛庙》，文渊阁四库全书本。

⑤《道法会元》卷二百三十二《正一玄坛赵元帅秘法》。

钦奉玉帝旨召为神霄副帅。按,元帅乃皓廷霄度天慧觉昏梵气化生,其位在乾,金水合气之象也。其服色头戴铁冠,手执铁鞭者,金遘水气也。面色黑而胡须者,北气也。跨虎者,金象也,故此水中金之义。体则为道,用则为法,法则非雷霆无以彰其威。泰华西台其府,乃元帅之主掌。而帅以金轮称,亦西方金象也。元帅上奉天门之令,策役三界,巡察五方,提点九州,为直殿大将军,为北极侍御史。昔汉祖天师修炼仙丹,龙神奏帝请威猛神吏为之守护,由是元帅上奉玉旨,授正一玄坛元帅,正则万邪不干,一则纯一不二,之职至重。元帅飞升之后,永镇龙虎名山,厥今三元开坛传度,其趋善建功谢过之人及顽冥不化者,皆元帅掌之,故有龙虎玄坛,实赏罚之一司。部下有八王猛将者,以应八卦也。有六毒大神者,以应天煞、地煞、年煞、月煞、日煞、时煞也。五方雷神,五方猖兵,以应五行。二十八将以应二十八宿,天和地合二将,所以象天门地户之阖辟。水火二营,将所以象春生秋煞之往来。驱雷役电,唤雨呼风,除瘟剪疟,保病禳灾,元帅之功莫大焉。至于讼冤伸抑,公能使之解释。公平买卖求财,公能使之宜利和合。但有公平之事,可以对神祷,无不如意。故上天圣号为高上神霄玉府大都督、五方之巡察使、九州社令都大提点直殿大将军、主领雷霆副元帅、北极侍御史、三界大都督应元昭烈侯,掌士定命,设帐吏二十八宿都,总管上清正一玄坛飞虎金轮执法赵元帅。①

约成书于元末明初的《道法会元》曰:"九天云路神捷上将赵公明,三角眼,赤枣面,天丁冠,金甲皂衫绿靴,右手铁鞭,左手铁索,黑虎从。左右坛王高二大神,五方驰烈上将,十二直令大神,西华八威大神,外辅六辖大神,猛烈忠卫二副帅,捷疾飞神符使,冲和纠察符使,冲和协运神王,飞禁捷疾符使,兴雷直事使者,召合微妙真空,神霄玄通,驱雷役电,走火行风,何神不使,何鬼不从。"② 与《三教源流搜神大全》对赵公明的描述基本相似。

以上对赵公明神性的描述表明了三点:

(1)赵公明的神性是金水。"其位在乾,金水合气之象也。""头戴铁冠、手执铁鞭者,金遘水气也。面色黑而胡须者,北气也。跨虎者,金象也。故

①《三教源流搜神大全》卷三《赵公明》。

②《道法会元》卷三十六《清微马赵温关四帅大法》。

此水中金之义。”“帅以金轮称，亦西方金象也。”[①]在民间信仰中，金是金钱、财富之象征，而水是流动之义，二者之结合象征财富的流动。

（2）赵公明的部属象征时空。如八王猛将、六毒大神、五方雷神、二十八将、天地二将、水火二营等，是金钱通天地、流通四时之保障。其中，八王猛将、五方雷神、二十八将、天地二将是空间诸神，六毒大神、水火二营是时间诸神，象征金钱在时空的流通。

（3）赵公明的执掌为公平买卖。“元帅之功莫大焉，至于讼冤伸抑，公能使之解释。公平买卖求财，公能使之宜利和合。但有公平之事，可以对神祷，无不如意。”

由此可见，赵公明的财神形象源自金水之体，金表财富，水表流动，二者之结合表示财富的流动。“其位在乾”，乾为天为玄为元，于地支为戌亥，于数字为九、十，故道教将其作为“九天上将玄坛赵元帅”[②]，而民间将其作为玄坛或元坛神主，又称“十大元帅”。

二、赵公明与历史上温官、瘟神的关系

赵公明的财神形象是由温官、瘟神发展而来。晋干宝的《搜神记》曰：“上帝以三将军赵公明、钟士季各督数鬼下取人，莫知所在。”[③]梁陶弘景的《真诰》中有“天帝告土下冢中王气五方诸神赵公明等”，注曰：“赵公明今千二百官仪，乃以为温鬼之名。”[④]明代《三教源流搜神大全》曰：

> 昔隋文帝开皇十一年六月内有五力士现于凌空三五丈，于身披五色袍，各执一物，一人执勺子并罐子，一人执皮袋并剑，一人执扇，一人执锤，一人执火壶。帝问太史居仁曰：“此何神主？何灾福也？”张居仁奏曰：“此是五方力士，在天上为五鬼，在地上为五瘟，名曰五瘟，春瘟张元伯，夏瘟刘元达，秋瘟赵公明，冬瘟钟仕贵，总管中瘟史文业，如现之者，主国民有瘟疫之疾，此为天行时病也。”帝曰：“何以治之而得免矣？”张居仁曰：“此行病者

① 据此不难理解《封神演义》安排赵公明助商的原因。《史记·封禅书》曰“夏得木德”，“殷得金德”，“周得火德”，赵公明助商是以类相从，借金生水以灭周火，所以在战场上摧锋陷阵，所向披靡，弄得姜子牙实在没办法，只得背地用巫术阴害他。

②《道法会元》卷三十六《清微马赵温关四帅大法》。

③（晋）干宝撰：《搜神记》卷五，文渊阁四库全书本。

④（南朝梁）陶弘景撰：《真诰》卷十，文渊阁四库全书本。

乃天之降疾，无法而治之。”于是其年国人病死者甚众。是时帝乃立祠，于六月二十七日诏封五方力士为将军，青袍力士封为显圣将军，红袍力士封为显应将军，白袍力士封为感应将军，黑袍力士封为感成将军，黄袍力士封为感威将军。隋唐皆用五月五日祭之，后匡阜真人游至此祠，即收伏五瘟神为部将也。[①]

由上可知，赵公明在魏晋南北朝时是温鬼的形象，至隋唐时发展成瘟神，至明清时又进一步发展为财神。由温鬼、瘟神到财神的发展，都是围绕西方而展开的。西方于季节为秋天，天气温凉，故隋初赵公明的形象是手执扇，取其驱热纳凉之意。此形象最初形成于南北朝，如梁陶弘景的《真诰》注曰："赵公明今千二百官仪，乃以为温鬼之名。"至隋朝与疾疫相结合才成为瘟神，如隋初张居仁曰："在天上为五鬼，在地上为五瘟。"成为瘟神以后，其西方形象更加明显，如称"秋瘟"，诏封"白袍"，白是西方的五行之色。至明清成为财神，其形象又有了进一步的发展，如白色变成了黑虎[②]，西方变成了金轮，秋扇变成了铁冠、铁鞭、铁索[③]。赵公明脚踩金轮，腰跨黑虎，头戴铁冠，手执铁鞭，可见其气势凌厉，财气横溢。隋唐时期瘟神有五位，赵公明只是其中之一，但明清时赵公明的影响远远超过了其他四位，而且实现了由瘟神向财神的巨大转变，究其原因，与宋朝对赵公明的大力推广分不开。

三、赵公明与宋朝的关系

据《宋史》记载，大中祥符五年（1012年）十月，宋真宗语辅臣曰："朕梦先降神人传玉皇之命云：先令汝祖赵某授汝天书，令再见汝，如唐朝恭奉玄元皇帝。翼日复梦神人传天尊言：吾坐西斜，设六位以候。是日即于延恩殿设道场，五鼓一筹。先闻异香，顷之黄光满殿，蔽灯烛，睹灵仙仪卫天尊至。朕再拜殿下，俄黄雾起，须臾雾散，由西陛升见，侍从在东陛，天尊就坐，有六人揖天尊而后坐。朕欲拜六人，天尊止令揖，命朕前曰：吾人皇九人中一人也，是赵之始祖，再降乃轩辕皇帝，凡世所知少典之子非也，母感电梦天人生于寿丘，后唐时奉玉帝命七月一日下降，总治下方，主赵氏之族，

①《三教源流搜神大全》卷四《五瘟使者》。

② 虎是四方神之一。我国古代有东方青龙、南方朱雀、西方白虎、北方玄武之说，它是根据二十八宿的形状形成的，见《史记·天官书》。这里的黑虎含有金水之义，虎为金，黑为水，水在五行中是黑色。

③ "铁"的繁体字左边是金。

今已百年。皇帝善为抚育苍生，无怠前志。即离坐乘云而去。”真宗于是封其为“圣祖上灵高道九天司命保生天尊大帝”，于宫中铸像供奉，并诏天下避圣祖讳，改玄曰元，朗曰明，又诏天下天庆观增建圣祖殿[1]，无疑对赵公明信仰的普及起到了很大的作用。

四、赵公明与秦朝的关系

明清《三教源流搜神大全》曰：赵公明“自秦时避世山中，精修至道”，创造赵公明为秦朝人，主要有三点原因：

一是赵氏与秦朝同祖。秦国以嬴为国姓，赵氏先人也姓嬴。据《史记·秦本纪》，秦朝祖先为嬴氏，其后有“造父以善御幸于周穆王”，“穆王以赵城封造父，造父族由此为赵氏”，别居赵地，故后世以秦、赵同祖[2]。

二是赵氏与秦朝的五行俱属金。《汉书·天文志》曰：“参为赵”，“参为白虎”，参是西方七宿之一，白虎是西方神兽，表明赵氏的五行属金。秦朝也以西方白帝为尊，“秦襄公自以居西戎，主少昊之神，作西畤，祠白帝。至献公时栎阳雨金，以为瑞，又作畦畤，祠白帝少昊，金德也。”[3]后秦始皇统一天下以水德王，乃金生水。始皇本姓赵名政，后改嬴政，说明赵、嬴同祖，以金水为本体。

三是秦始皇改革币制，以圆形方空的铜钱作为通行货币。此举对中国产生了深远的影响，一直延续到明清时期，以致明清时将财神赵公明作为秦朝人。

五、赵公明的原型是赵云

《姑苏志》云：“玄坛庙神姓赵名朗，字公明，与关圣同时，即赵云子龙之从兄弟也。”但查历史上并无赵云子龙的兄弟叫赵公明的人，赵公明很可能就是赵云。据《三国志·赵云传》记载，赵云作战勇敢，军中号为“虎威将军”，这一形象后经《三国演义》宣传后深入人心。明清时赵公明是以跨虎的形象出现，而道教将其作为“龙虎玄坛”教主，永镇龙虎山，可能与赵云字“子龙”和“虎威将军”有关。此外，赵云极有可能是金水之命。赵云的生辰

---

①《宋史》卷一百四《吉礼七》。

②《史记》卷五《秦本纪》。

③《史记》卷八《高祖本纪》妪曰：“吾子，白帝子也，化为蛇，当道，今为赤帝子斩之。”下注。

时日已无法查到，但根据他与刘备、诸葛亮、关羽等人的关系来看，这些人都应该是金水之命。一是，蜀国立足的西南地区是西方金临官之地，赵云、关羽、张飞、马超、黄忠号称蜀国五虎将军，且赵云老死此地，寿终正寝，应与金同命。二是，刘备的八字：己未、戊辰、戊辰、庚申；诸葛亮的八字：辛酉、丙申、癸丑、丁巳；关羽的八字：庚子、甲申、丙辰，时辰不详[①]。从这三个八字分析可知都是以金水为喜用，这可以说是当年诸葛亮《隆中对》定都西蜀的根本原因。物以类聚，人以群分，赵云的八字按理也应以金水为喜用。三是，据《三国志·赵云传》记载，孙权袭荆州，刘备大怒，欲讨权，赵云谏曰："国贼是曹操，非孙权也，且先灭魏，则吴自服，不应置魏先与吴战。"刘备不听，遂东征失利。北方属水，东吴属火，火克金，如关羽被东吴杀害。又如诸葛亮欲赏赐将士，赵云曰："须十月为冬赐。"[②]十月是水临官之地。从这两个案例来看，赵云的命理倾向于金水，应是赵公明财神形象的主要基础。

第三节　五显神

五显神即道教《搜神记》中的"五圣始末"，是我国唐朝以后开始流行的一种民间信仰，主要流行于东南地区的安徽、浙江、江苏和江西等地。五显神最早可能产生于徽州婺源县的灵顺庙，其他各地的五显神基本上都是受此影响而建立的。如宋朝浙江余杭（今杭州市）的灵顺庙，"即徽州婺源灵祠，余杭立行祠者七"[③]；四明（今浙江宁波市）的五显灵顺庙，"在城西南隅，宋开禧年间乡人徐侍郎守徽州神，尝效灵迎香火建庙于此"[④]；明初江苏南京的"五显灵顺庙"等。元《礼部集》曰："婺源五显之神闻于天下尚矣，盖其上当天星之精，据山川之雄，储英发灵，烜赫震迭。自唐至于近代，迹具纪载，国朝加庙号，崇封爵，香幡金币之赐，遣使时至。每岁夏初四方之人以祈福会集祠下者，上穷荆越，下极扬吴，御舟塞川，重雾翳陌，百贾列区，

①《命谱》，第32页。

②《三国志》卷三十六《关张马黄赵传》裴松之注。

③（宋）吴自牧撰：《梦粱录》卷十四，文渊阁四库全书本。

④（元）袁桷撰：《四明志》卷十五，文渊阁四库全书本。

珍货填积，赋羡于官，施溢于庙，浃旬日乃止，尤为一邦之盛。”[①]可见，徽州五显神对东南地区的影响。

一、徽州五显灵顺庙的建立

徽州五显灵顺庙始建于唐朝，其建立有两说，一说是唐光启二年（886年）建于婺源县。弘治《徽州府志》曰：

> 按《祖殿灵应集》载，唐光启二年，邑人王瑜有园在城北隅。一夕，红光烛天，见五神自天而下，威仪如王侯，黄衣皂涤，据胡床呼而言曰：吾当庙食此方，福庇斯人。言讫升天去，明日一人来相宅，良佳处也。王瑜闻之有司，捐地输币，肖像建庙，复拨水田为修造洒扫之备。四方辐辏，祈祷立应，闻于朝，累有褒封。[②]

一说是唐贞观元年（627年）始建于歙县。弘治《徽州府志》曰：

> 盖婺源五显行祠也。龙阳知县章元崇记云，唐贞观元年五月十三夜，红光接汉，祥彩腾远，郡人惊骇，至山下观神五人黄衣道装，自天而降，立双杉之上。翌日父老想象立祠，旱涝祷之辄应，民有疾厉以告于神皆获全安。近双杉上小庙尚存，此乃初发迹之祖也……按前志所载诰命之词，乃云兄弟五人，与记不合，亦与婺源灵顺庙始末不同。其说渺茫，莫知其详。[③]

但据正史和其他书籍的记载灵顺庙均在婺源县，如宋朝吴自牧的《梦粱录》中讲到浙江余杭的灵顺庙，“即徽州婺源灵祠”，元《礼部集》曰：“婺源五显之神闻于天下尚矣”，宋罗愿的《新安志》亦云：“灵顺庙，其神五人皆封公事，见婺源县卷中。”[④]明代《三教源流搜神大全》也讲在婺源县，“按《祖殿灵应集》云，五显公之神在天地间相与为本，始至唐光启中乃降于兹邑（婺源）。”[⑤]由此推断，唐末光启二年（886年）建于婺源县一说比较可信。歙县之说出自南宋初年龙阳知县歙人章元崇的记述中，说明当时歙县也有五显

① (元)吴师道撰：《礼部集》卷十二《婺源州灵顺庙新建昭敬楼记》，文渊阁四库全书本。

② 弘治《徽州府志》卷五《祀典·婺源·灵顺庙》。

③ 弘治《徽州府志》卷五《祀典·本府·灵顺庙》。

④《新安志》卷一《祠庙》。

⑤《三教源流搜神大全》卷二《五圣始末》。

灵顺庙，至于是否建于“贞观元年”，现已不可考。

二、徽州五显神与徽州区域的关系

徽州历史上向有一府六县，这一建置始自汉末。宋罗愿的《新安志》曰：徽州“秦并天下置黟、歙二县，属鄣郡”，“（汉）献帝建安十三年（208年），吴主孙权遣威武中郎将贺齐定黟、歙，分歙为始新、新定、黎阳、休阳，并黟、歙为六县，以为新都郡。”晋武帝时改称新安郡，仍领六县，“自后或并或分”。至隋开皇九年（589年）改郡为歙州，领黟、歙、海宁三县。至唐大历五年（770年）“复统六县”[①]，分别为歙县、休宁县、黟县、绩溪县、祁门县、婺源县，州治在歙县。此后成为定制，惟于宋宣和三年（1121年）改歙州为徽州。由此可见，唐朝是徽州区域社会发展的重要时期，重新恢复了汉末六县的建置。灵顺庙的建立正是徽州区域意识的一种神学表现形式。

首先是歙县灵顺庙。弘治《徽州府志》曰：“本府在汉为丹阳都尉治，正当斗分。按古丹阳，歙县地，是斗牛之交也，自南斗十二度至婺女七度，于次为星纪。”[②]这里的斗即二十八星宿中的斗宿，说明歙县与天上斗宿相对应。斗具有执中的性质，斗柄指向四方而斗勺居中不变，故斗有“布政天中，临制四方”之称。中间为五，歙县地处“斗牛之交”，“正当斗分”，说明五也是歙县的天文方位。歙县是州治所在，五也理所应当地成为徽州的天文方位，五位正神“从天而降”正是这一性质的表现。与此同时，六位从神则象征徽州六县。六县也与斗宿有关，斗宿共有六星，故出六位从神以像六县之地。因而，灵顺庙的五位正神和六位从神可以说是徽州的天文方位和领域之神，是徽州区域意识在天文地理形态上的一种神学表现形式。

其次是婺源县灵顺庙。弘治《徽州府志》婺源“灵顺庙”曰：“按旧志宋胡太史升云，唐开元初五显神降于（婺源）清化。”[③]婺源县建于唐开元二十八年（740年），景定《严州续志》曰：“今婺州与徽之婺源县皆以女宿得名”[④]，元代仇元的《金渊集》亦曰：“文公阙里女星源”[⑤]，说明婺源县的地

① 《新安志》卷一《州郡沿革》。

② 弘治《徽州府志》卷一《分野》。

③ 弘治《徽州府志》卷五《祀典》。

④ 景定《严州续志》卷八。

⑤ （元）仇远撰：《金渊集》卷五《送汤希贤晦庵书院山长》，文渊阁四库全书本。

理位置与天上二十八星宿中的女宿相应。唐朝女宿在道教信仰中是六欲天，是五欲粗净之神所居。《元始无量度人上品妙经四注》曰："东第六上监天帝，位通阳之气。（唐）李少微曰：此天色黑气，系北方须女宿，帝讳玉真，主开度幽难，天中人……五欲根粗净，一欲根粗染，以上六天谓之欲界。太真科曰：初下二天果报尚粗，犹以身交为欲，次二天以执手为欲，第五天以口为欲，第六天以眼视为欲。今缘六欲感此六天，一根粗净，上进一天，六欲总净，超出欲界，上登色界。宗君曰：言有色欲，交接阴阳，人民胎生，故为欲界也。"[①]须女又名婺女，即女宿。经中所言的"五欲"和"六欲"是人体生理功能的象征，实指人的五脏六腑，婺源灵顺庙的五位正神和六位从神正是仿此而设。可见，婺源灵顺庙比歙县灵顺庙更加完善，以五脏像天文方位，以六腑像区域六县，以天人合一取代法天像地，是徽州区域意识在道教天文上的一种神学表现形式，说明徽州的区域意识已经走向成熟。

三、徽州五显神与脏腑的关系

据上可知，婺源县灵顺庙的形成是根据婺源县"以女宿得名"以及女宿在道教中的信仰决定的。唐代时徽州已形成一府六县的格局，歙县为府治所在，譬如人之五脏，下领六县如六腑，故又设象征五脏六腑的灵顺庙于歙县。到明清时期徽州区域地图如人的形象[②]，可以说是五脏六腑的进一步延伸。

唐代徽州灵顺庙奉五位神仙，宋朝时又增加了六位从神，分别是史将军、卞将军、周将军、王将军、胡将军、胡提点。此外，建庙的王瑜于元泰定二年（1325年）被封为"大唐开山凝神体道居士"。通过分析，我们不难发现一个惊人的秘密：这五位神仙、六位从神和一个居士正好对应于一个人的五脏六腑，灵顺庙的功能其实是人的五脏六腑的功能。

宋宣和五年（1123年）朝廷封五位正神为通赐侯、通佑侯、通泽侯、通惠侯、通济侯，绍兴二年（1132年）各加二字曰善应、善助、善利、善及、善顺，后屡经改封和加字，至嘉定元年（1208年）各加二字曰孚仁、孚义、孚智、孚信、孚爱。元延祐六年（1319年）又改封显仁协德昭圣孚应王、显义协正昭圣孚惠王、显礼协明昭圣孚泽王、显智协聪昭圣孚济王、显信协直

①《元始无量度人上品妙经四注》卷二。

②《古代徽州宗教信仰研究》，第8页。

昭圣孚佑王[①]。从宋元的封号可以看出，五位神仙是与仁、义、礼、智、信“五常”联系在一起的，而“五常”又与五行相对应。道光《徽州府志》曰：“灵顺庙，一名五显庙，一名五通庙，宋大观中赐额灵顺。按陶及申笔猎云，五显即五帝，实司五行，避帝而称显者，其诸神之通谓也。”[②]这里的“实司五行”说明灵顺庙的五位神仙是与五行相对应的。五脏有五行之说，《云笈七签》曰：“五藏，五行者，肝为木，心为火，肺为金，肾为水，脾为土，谓之五行。”[③]《易经蒙引》曰：“肝为木而心为火，肺为金而肾为水，内体之阴阳也，仁木而礼火，义金而智水，性之阴阳也”[④]，讲的就是五脏与五行、五常的关系。《元始无量度人上品妙经四注》曰：“五老帝君各受赤书符命，在天则主领五方神仙，在地则主领五岳神鬼，在人则主领五藏精神。”[⑤]因此可以说，灵顺庙的五位神仙其实就是人的五脏，是五脏的神学象征，而六位从神也就象征人的六腑。

六位从神的册封是从南宋嘉定二年（1209年）开始的。弘治《徽州府志》曰：

> 庙之从神史侯德姓孙氏，下侯胜姓项氏，宋嘉定二年封助灵史将军、助顺下将军，淳祐四年封辅灵、辅顺二侯，宝祐五年加封辅灵翊惠、辅顺翊善二侯。周侯讳雄，信州玉山人，宋端平三年加封翊应将军，淳祐四年封翊应侯，宝祐五年加封翊应助顺侯。王侯讳兴，宋德祐元年封王将军感应侯。胡检察讳发，世居城北种德坊福泉井畔，颖悟过人，入庙事神，远游慕化，灵迹昭著，殁随庙食，张天师封为检察将军。又忠靖胡提点，名德胜，乃检察之子，生而神异，长有慧性，有术者相之曰：生不封侯，死当庙食。尝昼寝觉则汗流浃背，所穿履尽弊，且言某处风浪覆舟，城池失火，后累验之果然。及卒，御灾捍患，有祷辄应，四方之人奔走祠下惟恐或后。三十八代天师张与材赐号忠靖灵远大师胡提点，赐七星剑。元至正间镇南王奏封忠靖灵远护国胡总管，其剑犹在。[⑥]

① 弘治《徽州府志》卷五《祀典》。

② 道光《徽州府志》卷三《坛庙》。

③《云笈七签》卷六十一《诸家气法》。

④（明）蔡清撰：《易经蒙引》卷十一《系辞下传》，文渊阁四库全书本。

⑤《元始无量度人上品妙经四注》卷二。

⑥ 弘治《徽州府志》卷五《祀典》。

从这里可以看出，六位从神的神格分别为辅灵、辅顺、翊应、感应、检察、忠靖。人的六腑为胆、胃、大肠、小肠、三焦、膀胱。《黄帝内经素问》云："胆者，中正之官，决断出焉；脾胃者，仓廪之官，五味出焉；大肠者，传道之官，变化出焉；小肠者，受盛之官，化物出焉；三焦者，决渎之官，水道出焉；膀胱者，州都之官，津液藏焉，气化则能出焉。"[①]这里，"辅灵"对应"决断"，"辅顺"对应"五味"，"翊应"对应"变化"，"感应"对应"化物"，"检察"对应"决渎"，"忠靖"对应"州都"，分别是六腑生理功能的神学描述。而材料中辅灵、辅顺、翊应、感应、检察、忠靖诸神的排列顺序也与胆、胃、大肠、小肠、三焦、膀胱的生理机制相一致，表明六位从神正是人的六腑的象征。

对六位从神形象描述最露骨的是胡提点，因为他是膀胱，不但"昼寝觉则汗流浃背"（这是内急的表现），而且能预"言某处风浪覆舟，城池失火"。张天师给他安了一把"七星剑"，想让他飙得远一点，所以又称"灵远大师胡提点"。但尽管如此，每每还是"所穿履尽弊"，表明他的神性其实并不怎样，但人们还是"奔走祠下惟恐或后"，乃是因为他是每个人都急用的膀胱。他与他的父亲胡将军一起掌管人世间的排泄大权，所以元朝封他为"胡总管"，实在是一语道破真谛。

六位从神均以假托真人而存在，通过真人而上升为神，因而六位从神是从地而上的阳性之神，与五位正神"自天而下"为阴性之神构成一阴一阳的运动，正是五脏六腑阴阳属性的表现。《黄帝内经素问》曰："肝心脾肺肾五脏皆为阴，胆胃大肠小肠膀胱三焦六腑皆为阳。"[②]说明五脏是阴性而六腑是阳性。庄子曰："至阴肃肃，至阳赫赫，肃肃出乎天，赫赫发乎地，两者交通成和而物生焉。"[③]这与五位正神自天而降之阴气和六位从神从地而出之阳气相一致，表明正神与从神的阴阳运动正是五脏六腑的阴阳功能。

综上所述，灵顺庙是人体生理机能的宗教象征，是生命灵性的宗教表述。徽州人祭拜灵顺庙，事实上是在祭拜自己的生命，通过祭拜而获得生命功能的延伸，实现生存境界的拓展，在延伸与拓展的生命境界里获得存在的真实性与纯粹性。灵顺庙的建立者王瑜被封为"凝神体道居士"，正是针对此点而

①（唐）王冰注:《黄帝内经素问》卷三《灵兰秘典论》，文渊阁四库全书本。

②《黄帝内经素问》卷一《金匮真言论》。

③《南华真经》卷七《庄子外篇》，北京书同文四部丛刊本。

言。

四、徽州五显神与道教的关系

徽州五显神的形成可能受到道教《黄庭经》和《福德五圣经》的影响。

灵顺庙总共供奉十一位神仙，五位正神，六位从神，共同构成人的五脏六腑，这种组合关系在上文中已经论证过了，这里需要提出的是，徽州灵顺庙的建立与道教《黄庭经》的关系。《黄庭经》是一部关于人的五脏六腑修炼的经书，《真龙虎九仙经》引《黄庭经》曰："人有五脏六腑、三魂七魄，毛发以来皆有其神。"[1]《上清黄庭五脏六腑真人玉轴经》曰："人之生也，建八尺之质，合万有之躯，外有四肢九窍，内有五脏六腑，各有神主。"[2]灵顺庙的五位正神和六位从神与《黄庭经》所述的五脏六腑形成确切的对应关系，当是受《黄庭经》的影响。《黄庭经》形成于晋代，自晋以来在我国十分流行，唐朝崇奉道教，也遵奉此经，如《唐会要》曰："（穆宗）长庆二年（822年）五月，敕诸色人中有情愿入道者，但能暗记《老子经》及《度人经》灼然精熟者，即任入道，其《度人经》情愿以《黄庭经》代之者亦听。宣令所司，具令立文状条目，限降诞月内投名请试，今年十月内试毕。"[3]将《黄庭经》作为道士考试的经书之一。徽州"人多好仙"，历史上一直流行道教信仰，因唐越国公汪华与李唐王朝的特殊关系，在唐朝时就受此经的影响是完全可能的事。唐末光启二年（886年），象征《黄庭经》五脏六腑的灵顺庙在徽州开始建立，当时只有五位神仙，象征五脏。至宋朝时，朝廷赐《黄庭经》给徽州歙县问政山道观，"绍兴中诏以御书《黄庭内景经》及临魏晋、六朝、唐人书凡十卷藏于山。"[4]宣和五年（1123年）开始封五位正神，嘉定二年（1209年）又封六位从神，到元至正间加封完毕。至此，象征五脏六腑的灵顺庙信仰最终形成。从其形成过程来看，应该是受到了道教《黄庭经》的影响。

此外，徽州五显神的形成可能还受到《福德五圣经》的影响。《福德五圣经》是成书于宋元时期的道教经书，与宋元敕封五位正神和六位从神的时间相一致。《福德五圣经》五显灵观大帝咒曰：

---

① 《真龙虎九仙经》，《正统道藏》第4册。

② 《上清黄庭五脏六腑真人玉轴经》，《正统道藏》第34册。

③ （宋）王溥撰：《唐会要》卷五十，文渊阁四库全书本。

④ 弘治《徽州府志》卷十《寺观》。

> 灵观大帝，睿智聪明。日光菩萨，气射帝宸。金刊圣像，三目圣明。黄裳锦袍，足踏火轮。金砖金枪，按行乾坤。名山大川，灵洞真君。火瓢火鸦，气焰威灵。斩妖灭邪，如电如霆。护国砥柱，卫民灵神。德亿万世，福亿万民。辅灵助顺，二圣将军。顺风千里，百万神兵。救度灾厄，如响应声。变祸成福，如影随形。护佑臣身，何求不应。神光洞照，求处吉庆。奉大帝敕，急急如律令。
>
> 灵观尊圣在天为五帅，在世为五王，勇烈明灵，威权至重，有赐福消灾之力，有赏善惩恶之功，贫富差殊，穷通虽异，然隶攸司之考核悉归。

五帅分别是：第一都天威猛大元帅显聪昭圣孚仁广济福善王，第二横天都部大元帅显明昭圣孚义广佑福顺王，第三通天金目大元帅显正昭圣孚智广惠福应王，第四飞天风火大元帅显直昭圣孚信广泽福佑王，第五丹天降魔大元帅显德昭圣孚爱广成福惠王。又曰：

> 仰启灵观大元帅，福德华光五显王。锦袍绸帽威容猛，火剑金枪圣力强。天下正神功第一，佛中上善世无双。玉宸殿畔登珠幌，金色台边建宝幢。破洞封山魈魅绝，兴风走电鬼邪亡。化导万民垂福佑，保安九域去灾殃。焚香奉请虔诚礼，愿赐恩光降道场。①

可知，灵观大帝在天为"五帅"，在地为"五显王"，在人事为"辅灵助顺"，这与宋元时期朝廷对灵顺庙五显神的册封有惊人的一致。如宋朝的"孚仁""孚义""孚智""孚信""孚爱"，元朝的"显仁""显义""显礼""显智""显信"等，与《福德五圣经》中"五帅"和"五显王"的名号基本相同，而六位从神的神格分别为"辅灵""辅顺""助顺"，疑由《福德五圣经》中的"辅灵助顺"演化而来。由此不难看出徽州灵顺庙的五显神与灵观大帝的渊源关系，五显神的封号可能来源于道教《福德五圣经》。

综上所述，徽州灵顺庙五显信仰的实质是关于五脏六腑的信仰，这一信仰的形成与道教有密切的关系。首先，它是由婺源县在道教中的信仰决定的。婺源县上应女宿，女宿在道教中为六欲天，为五欲清净之神所居，五欲和六欲皆是人体生理机能的象征，由此构成的信仰即是五脏六腑信仰。其次，五脏六腑信仰的形成可能还深受道教《黄庭经》和《福德五圣经》的影响。具

①《大惠静慈妙乐天尊说福德五圣经》，《正统道藏》第28册。

体而言，灵顺庙的五位正神即五显神和六位从神是受《黄庭经》中“五脏”和“六腑”的影响而形成的，而五显神和六位从神的封号皆取自《福德五圣经》，可以看出，灵顺庙是这两部道经的神话的演义。道教主张“无量大神，皆由我身”，“钦信悟解，得道成真”，即通过神话演示来源于自身的真理，又通过相信神话回归真理本身，并通过执著于神话生活于真理之中。徽州灵顺庙就是这么一个关于真理与神话、自性与神性关系的故事，它遵循了道教“五合我精，六合我身”①的原理，说明人的存在是一种神性的存在，其神性存在于人的自性之中，人通过发明自身的神性而延伸出其他的神性，道教所谓“法行先天大道，将用自己元神”即是这个道理。

五、五显神的其他说法

民间有将五通神作为五显神的，也有认为五显神与五通神是两回事。民国《当涂县志》曰：

> 五显庙凡十，一名火神庙，在城内五条巷内，旧称灵顺行祠，岁致祭。一在清源门内，一在市河沿。一在采石山麓，亦名五通庙，宋淳祐间建，瓦甓俱碧琉璃，今尚有遗者。明陈友谅在此僭称帝号，时大雨如注，伪官不能就班列，谅怒倒置神像于门外，兵败焚其庙而去。明高帝定鼎，神显灵求祀，敕有司重建……旧志云，五显庙即五通殿，按唐《槐灵墟后志》载，五显庙中殿供奉五圣神像，盖五圣为晋室忠臣，兄弟五人同门殉节，史册可征，贡生钟欐为作记，乡愚犹以五通目之，其也不知类也。又按《池北偶谈》，清康熙丙寅江苏巡抚汤斌疏毁吴王淫祠、五通等庙，恭请谕旨，通行直省。又按《香祖笔记》云，今浙江所祖五通乃明太祖伐陈友谅阵亡士卒，诏令五人一队得受香火云云。《武林闻见录》载，宋嘉泰中大理寺决一囚，数日后见刑狱吏云：泰和楼五通神虚一位，某欲充之，求差檄言充某神位，得此为据可矣。吏如其言，经数月，闻楼上五通自夜喧门。吏乃泄前事，为增塑一像，遂寂。然则宋时已有五通之说，不自明始。至于决囚钻营，伪牒得补神位，其为邪魅昭然矣。然则五显之名不当认为五通，以邪乱正，而五显既为死节之臣，其为聪明正直之神也明甚，故宜庙祀千秋也。②

①《上清大洞真经》卷六《帝一尊君章》曰：“一合我气，再合我神，三合我魄，四合我魂，五合我精，六合我身，我身六合，洞灵启真，八景虚驾，三素浮轮，我与帝一，俱升玉辰。”《正统道藏》第1册。

② 陈鹏飞编纂：《当涂县志》不分卷《祠祀》，民国抄本。

此处将五显神作为死节之臣、晋室忠臣，而五通神作为阵亡、决囚之神，前者为光明正大之神、胜者之神，后者为阴邪淫祀之神、亡者之神的做法，似乎侧重于对“显”和“通”的不同理解，盖“显”为光明正大，而“通”为甬为小道之义。“显”上日下业，倒过来上业下日即晋，所以说为晋室忠臣，这一说法极有可能是后人臆测附会的结果。在道教中，五显神即五通神，《五显灵观大帝灯仪》曰：“切以聪明为圣，常显迹于人间，正直为神，屡彰名于世代，启五通之神殿，决六蔽之昏衢。”就神性而言似乎一致，但从世俗来看却有差别，如庄子所言：“以道观之，物无贵贱，以俗观之，自贵而相贱。”总之，官方多为五显，民间多为五通。

清朱象贤的《闻见偶录》曰：“吴俗有五通神，相传为明太祖定鼎后，梦中求封者甚众，由是令各处乡里立小庙，每祀五人，以仿军中队伍之意，故俗称五圣。吴中之上方山建有大庙塑神像，正中一妇名太母，谓生五神者也。左列五男即为五通，右列五女即为五夫人，谓五通之妻。旁侧有白发老人者名马阿公，谓其仆也。能降祸福于人。睢阳汤公斌巡抚江南，奏于朝，康熙二十四年（1685年，乙丑）十月毁之，将上方山神像投于石湖，并行文各省，咸即投之水火，此患遂绝。按，吾乡有五昌五道之神，亦云明太祖所封，乡人极尊敬之，云犯者必死。甚矣，迷信之难破也。”[①]所言陈友谅阵亡士卒变身五通之说法，是五显信仰因时变通之结果，是明朝时五显之变体。因陈友谅与朱元璋争天下失败，朱元璋既封五显，陈友谅就只能叫五通，而且还是作为淫祠遭到打击。

至清朝又变为财神。清顾禄的《清嘉录》曰：“正月初五日，为路头神诞辰，金锣爆竹，牲醴毕陈，以争先为利市，必早起迎之，谓之接路头。案《无锡县志》，五路神姓何名五路，元末御寇死，因祀之。今俗所祀财神曰五路，似与此五路无涉。或曰即陈黄门侍郎先希冯公之五子，当黄门建祠翠微之阳，并祀五侯。明初号五显灵顺庙，曰显聪、显明、显正、显直、显德。姑苏上方山，香火尤盛，号为五圣。康熙间，汤文正斌巡抚江苏，毁上方祠，不复正五显为五通之所伪，而祀者皆有禁矣，因更其名曰路头，亦曰财神。予谓今之路头，是五祀中之行神，所谓五路，当是东南西北中耳。”[②]据此表明，五显神由来已久，只是到汤斌毁神以后不再曰五显，而改头换面曰财神

① 杨荫深著:《细说万物由来》,九州出版社2005年版,第118页。

②《细说万物由来》,第92页。

而已，并将其与地方神如“何五路”等相结合以避免嫌疑。另据《无锡金匮县志》曰：“五显灵官庙在县治东，旧传神姓萧氏，兄弟五人，宋时赐王号，五并首显字，大观中赐今额。《明史》南京十庙有五显灵顺，每岁四月八日、九月二十八日遣本京太常寺官致祭，康熙志本庙在婺源。”①《广德州志》曰：“五显不知始何时，祝穆《方舆胜览》云庙在徽州婺源县者乃祖庙，兄弟五人本姓萧，每岁四月八日朝礼者四方云集。王炎《双溪集》有《五显灵应集序》云吾邑五显，合境之人朝夕必祝，岁时俎豆维谨，余风达于江甸闽浙，无不信向，惟谀说有所谓五通神者，极为淫昏，说者以为即五显也。明世吴中所奉五圣，亦曰五显灵官，陆粲《庚巳编》深诋之，国初犹未能革，在上方山者尤妖诡。康熙丙寅，睢阳汤文正公奏毁之，奉有谕旨，并檄各省，有如江南土木之偪尽行撤毁，然宁国县至今有五显庙在清弋江东南。王云翔《蒲圻县志》修于乾隆十七年（1752年），亦载其庙，然则毁者五圣，非五显也。”②这里的萧氏兄弟五人疑是《封神演义》中的招宝天尊萧升、纳珍天尊曹宝、招财使者陈九公、利市仙官姚少司、玄坛正一元帅赵公明，俗称五路财神。但后面又提到祖庙在婺源，说明无锡的五显灵官庙即婺源的五显灵顺庙。

①（清）齐彦槐等纂修：《无锡金匮县志》卷十二，嘉庆十九年刻本。

②《广德州志》卷十三《坛庙》。

第七章　理学信仰

宋朝理学奠基于周敦颐，光大于二程，集成于朱熹。徽州有三夫子祠，祀程颢、程颐和朱熹。明高攀龙的《程朱阙里志序》曰："孟氏之后，圣学不传千四百年，重开于周子，光大于程朱。程夫子生洛，朱夫子居闽，人知三夫子洛闽相去之遥，不知两姓之祖同出歙，又同出黄墩之撮土也。"①明歙令刘伸、邑人赵滂在歙县黄墩修建三夫子祠，曰"程朱阙里"。理学家们都主张性命道德之学，它源于《易经·文言》的"和顺于道德而理于义，穷理尽性以至于命"，说明道德的实现是建立在充分认识性命的基础上。那么，何为性命？理学家们的性命又如何呢？《中庸》曰："天命之谓性"，《论语》曰："死生有命，富贵在天"，后世结合人的生辰八字，发展出一种命理之学，亦即性命之学。通过对周敦颐、二程和朱熹的生辰八字的分析，发现他们的命理有一个共同点，即以南方之火为喜用，这或许可以理解为这一学术团体形成的原因，由此进一步揭示理学信仰的实质。

理学的一个基本观点是："尽性至命必本于孝悌，穷神知化由通于礼乐。"这在《二程遗书》《朱子语类》《近思录》《性理大全》等书中经常被讨论，是理学的经典名言。《玉篇·心部》曰"性，命也"，《说文解字》曰："性，从心，生声"，《孟子·告子》曰："生之谓性"，说明性命与生有极大的关系，故唐韩愈《原性》曰："性也者，与生俱生也。"《说文解字》曰："生，进也，象卯木生出土上。"说明生与卯木有关。五行对应于五德：木对仁，火对礼，土对信，金对义，水对智。卯木对仁，《论语》曰："孝悌也者，其为仁之本欤"，说明"尽性至命必本于孝悌"的伦理基础是五行之木。"穷神知化"是心之功能，人之五脏对应于五德：肝对仁，心对礼，脾对信，肺对义，肾对智。说明心对应于礼乐，故曰："穷神知化由通于礼乐"。五德对应于五行，礼乐对应于火。可见，"穷神知化由通于礼乐"的伦理基础是五行之火。上面

① (明)高攀龙撰:《高子遗书》卷九《程朱阙里志序》,文渊阁四库全书本。

已分析过，火是理学四家的喜用之神，火需木生。“尽性至命必本于孝悌”是木，“穷神知化由通于礼乐”是火，说明二者是四家命理之体现，亦是四家生辰八字之缩影。其关键点是火，火对礼，礼又称理，《礼记》曰：“礼者，理也”，故后世称他们为理学家，其学说也主理，原因本此。由此可见，学理本于性理，性理本于命理，周敦颐、二程和朱熹的学说观点来源于他们的命理，是对内含于个体命运中的天道性命之信仰。

为了证明上述观点，后面还探讨了陆九渊和王守仁的生辰八字，二者的共同点是以北方之水为喜用。水与火性质相反，故能自成一派，合称陆王心学。陆九渊除水之外，还以火为喜用，故他与程朱又有相同之处，认为有理之存在。但程朱的本命较弱，非得月令之气，以火为用是舍己而求他，故专主心外之理，是谓天理，并将天理与人欲对立起来。陆九渊的本命强旺，既得月令之气，以火为用是推己诸人，故主张心即理，将天理与人欲打成一片。而王阳明的本命是一派纯水，格局纯一，势不孤起，故主张卓绝，以为心外无理无物。这是宋明理学和心学形成的命理原因。

此外，孔子是儒学的创始人，也是儒家命理学的创始人，如上述性命天道之观点，最早出自他之口：“假我数年，五十以学易，可以无大过矣。”可谓是对其一生命运之概括，故下述首列孔子的生辰八字。从各人的喜用来看，孔子乃金命，周程朱乃火命，陆王乃水命。火克金，故儒学至宋朝一变为理学。水克火，故宋朝理学至明朝一变为心学，此乃学术嬗变的命理基础。

第一节 孔子

一、孔子的人生

孔子，名丘，字仲尼，鲁之陬人。父叔梁纥，娶鲁之施氏，生九女，无子。其妾生孟皮，有足疾，乃求婚于颜氏。颜氏有三女，季曰征在，妻之，祷于尼丘得孔子，生而首上圩顶，故名曰丘，字仲尼。三岁丧父，及长，虽贫贱而恭慎逾常。周景王己巳（公元前532年，年二十），始为委吏，继为乘田。周景王癸酉（公元前528年，年二十四）丧母。顾颉刚《古史辨》搜罗了孔子三十五岁以前的事迹，得出结论：“一、出身微贱；二、在中年以前并未显达。”周敬王庚子（公元前501年，年五十一），为中都宰，进为司空、司寇。周敬王乙巳（公元前496年），由大司寇行摄相事（年五十六），与闻国政三月，得罪巨室，被迫离开鲁国。丙午（公元前495年，年五十七）至乙卯（公元前486年，年六十六），忽而主卫适晋，忽而之宋反鲁，忽而遇桓魑之难，忽而困陈蔡之间，计去鲁凡十四岁而返（年六十九）。周敬王四十一年（公元前479年，壬戌）夏四月卒，寿享七十有三。要之，孔子为儒家之祖，初仕于鲁，摄行相事，其后不用，遂周流四方。归鲁，删《诗》《书》，定《礼》《乐》，赞《周易》，修《春秋》，以传先王之道。弟子三千人，身通六艺者，七十有二。唐开元二十七年（739年，己卯），追谥文宣王，宋大中祥符元年（1008年，戊申）加谥至圣文宣王，元大德十一年（1307年，丁未）加号大成至圣文宣王。明嘉靖九年（1530年，庚寅）改称至圣先师，从祀请贤，故所封爵皆罢去。清顺治二年（1645年，乙酉）定文庙，谥号为大成至圣文宣先师孔子，十四年（1657年，丁酉）改称至圣先师孔子。

二、孔子的命理

关于孔子的生辰时日，历来说法不一，一般认为是鲁襄公二十二年（公元前551年）十月二十七日申时。《史记》曰：“鲁襄公二十二年而孔子生。”《史记索隐》曰：“《公羊传》‘襄公二十一年十有一月庚子，孔子生’。今以为二十二年，盖以周正十一月属明年。”[①]元朝陶宗仪曰：“《孔氏家谱》《祖庭广记》俱云鲁襄二十二年十月二十七日庚子孔子生。”[②]清朝徐文靖曰：“余昔游金陵，邂逅孔子六十代孙承先者，持所志孔子像授余，称至圣先师生于鲁襄二十二年庚戌之岁十月庚子，即今之八月二十七日也，卒于哀公十六年四月乙丑，即今之二月十八日也。”[③]清朝邵泰衢曰：“查庚戌年至哀公十六年（公元前479年，壬戌），正合七十三，则二十二年生是也。正月戊申朔，四月丁丑朔，十一月内无庚子日。十月朔甲戌，至二十七日适是庚子，是庚戌年八月二十七日为圣诞，《三命通会》作申时，乃庚戌年，乙酉月，庚子日，甲申时，确乎不可易也，惟精历者知之。”[④]元朝《十一经问对》曰：“问孔子

①《史记》卷四十七《孔子世家》三家注。

②《说郛》卷十七下。

③（清）徐文靖撰：《管城硕记》卷十，文渊阁四库全书本。

④（清）邵泰衢撰：《史记疑问》卷中，文渊阁四库全书本。

生于何时？对曰：生于鲁襄公二十一年（公元前552年）十一月庚子日，庚戌年，戊子月，庚子日，甲申时，载在素王世纪。”[①]清朝袁树珊的《命谱》也以庚戌、乙酉、庚子、甲申为其生辰八字。[②]

综合以上诸家之说，以庚戌年（公元前551年），乙酉月，庚子日，甲申时比较可靠。出生后十日寒露，当5岁起运，后天大运5丙戌，15丁亥，25戊子，35己丑，45庚寅，55辛卯，65壬辰，75癸巳，85甲午。庚金生于八月，申酉戌联成西方金局，乙木弱极，与庚化金，为化格无疑。化格只能生，不能克泄。24岁大运亥水，太岁癸水，泄其化气，故而丧母。35岁以前行亥、子二十年水运泄其化气，故顾颉刚总结孔子35岁以前的命运，曰：“中年以前并未显达”[③]。35至45大运丑土，金气以涵养之故，故“四十不惑”。45至50行庚金运，与命主同气，故“五十知天命”。51大运寅木，寅与申冲，申金冲去寅中甲木，使寅中戊土得以生金，金气更加纯粹，故自51岁当上中都宰，晋为司空、司寇，连升三级，均在寅运。至56岁行辛运，与庚同气，故行摄相事，但大运为卯，卯与酉冲，乃四正之冲，乙木得地，化格被破，故此被迫离开鲁国。此后十四年，均在卯、辰之运，辰与时支申、日支子合成水局，泄其金气，故时运偃蹇，颠沛流离，67岁时夫人亓官氏卒，69岁时子伯鱼死。73岁仍行辰运，辰冲年支之戌，为天冲地击，又为天罗地网，时逢太岁壬戌又冲击一番，致使一命呜呼。孔子曾说：“假我数年，五十以学易，可以无大过矣。”究其51岁踏上仕途，由此走上一条不归之路，故晚年生此感慨，可谓是对自己一生命运的总结。

总之，孔子以金为命，格局纯粹，但命途多舛，究其原因，除了一生时运不济之外，还与时局不合。因其所处时代为周，周属火德，火克金，故不见用于时。《旧唐书》曰：“仲尼感麟而知己之将死”，南宋《锦绣万花谷》曰：“夫子见薪采者获麟，麟者，木精，薪采者，庶人燃火之意。”[④]火克金，故知己之将死。后至秦朝，秦属水德，水泄金，焚书坑儒。至汉代，汉属土德，土生金，乃独尊儒术，孔子俨然成为教主。毕竟金气纯粹，故能源远流长，历劫不变，故后世称为素王，素是白色，是金的五行之色。

① 佚名撰：《十一经问对》卷一，文渊阁四库全书本。

②《命谱》，第2页。

③ 顾颉刚著：《古史辨》第2册《孔子之生平》，上海古籍出版社1982年版。

④ 佚名撰：《锦绣万花谷》前集卷八《帝王符瑞》，文渊阁四库全书本。

也有将孔子作为水德的，如《太平广记》曰：“夫子未生之前，麟吐玉书于阙里人家，文云水精子，继衰周为素王，征在以绣绂系麟之角。相者云，夫子殷汤之后，水德而为素王。”[①]商朝为金德，《史记》曰：“夏得木德，青龙止于郊，草木畅茂。殷得金德，银自山溢。周得火德，有赤乌之符。”[②]至北宋开始流行五行相胜之说，以商朝为水德，北宋郑獬的《郧溪集》曰：“五胜之说出于三代之衰乎，始于商周建正而用子丑说者，由此而推之，以周木德，商水德。”[③]南宋《锦绣万花谷》曰：“五行以生为序，神农以火，黄帝以土，少昊以金，颛帝以水，帝喾以木，尧火，舜土，夏金，汤水，周以木，汉以火。”[④]可见宋代有持商水之观点。受其影响，《太平广记》将孔子作为水精子，以水德王。若按《史记》商朝金德，孔子为殷汤之后，当以金德王，比较符合孔子的命理。

三、孔庙祭仪的神学思想

中国古代地方上基本都有祭祀孔子的先师庙，虽由官方主祭，事实上也是一种民间信仰。以绩溪县为例，乾隆《绩溪县志》曰：“入学者必释奠于先圣先师。今制自国子监以逮直省府州县学必有庙，庙必有祭，易象（像）以主，法古也；易王爵以至圣，尊道也；其日上丁，象文明也；其器笾豆有加，歌佾有加，备礼乐也；封以五代，崇厥先也；从以四配、十二哲、两庑之先贤先儒，逮厥后也，是谓立隆以为极矣。绩溪虽山邑，而麟麟炳炳三朝之赐额在焉。岁春秋，有司率属以及博士弟子员行礼其中，对越奔走，可不求显承之所在乎。”[⑤]其程式如下：

(一)神位

正殿：至圣先师孔子神位，正中南向。

四配：复圣颜子、述圣子思子，在殿内东旁西向；宗圣曾子、亚圣孟子，在殿内西旁东向。

十二哲：闵子损、冉子雍、端木子赐、仲子由、卜子商、有子若，在殿

---

①《太平广记》卷一百三十七《征应三》。

②《史记》卷二十八《封禅书》。

③(宋)郑獬撰:《郧溪集》卷十七《治具论》,文渊阁四库全书本。

④《锦绣万花谷》前集卷八《帝王符瑞》。

⑤ 乾隆《绩溪县志》卷五《学祀》。

内次东旁西向；冉子耕、宰子予、冉子求、言子偃、颛孙子师、朱子熹，在殿内次西旁东向。

东庑：配先贤三十九位，先儒二十三位，共六十二位，皆西向。先贤蘧瑗、澹台灭明、原宪、南宫适、商瞿、漆雕开、司马耕、梁鳣、冉孺、伯虔、冉季、漆雕徒父、漆雕哆、公西赤、任不齐、公良孺、公肩定、鄡单、罕父黑、荣旂、左人郢、郑国、原亢、廉洁、叔仲会、公西舆如、邽巽、陈亢、琴张、步叔乘、秦非、颜哙、颜何、县亶、乐正克、万章、周敦颐、程颢、邵雍；先儒公羊高、伏胜、董仲舒、后苍、杜子春、诸葛亮、王通、范仲淹、欧阳修、杨时、罗从彦、李侗、吕祖谦、蔡沉、陈淳、魏了翁、王柏、赵复、许谦、吴澄、胡居仁、王守仁、罗钦顺。

西庑：祀先贤三十八位，先儒二十三位，共六十一位，皆东向。先贤林放、宓不齐、公冶长、公晳哀、高柴、樊须、商泽、巫马施、颜辛、曹恤、公孙龙、秦商、颜高、壤驷赤、石作蜀、公夏首、后处、奚容蒧、颜祖、句井疆、秦祖、县成、公祖句兹、燕伋、乐欬、狄黑、孔忠、公西蒧、颜之仆、施之常、申枨、左丘明、秦冉、牧皮、公都子、公孙丑、张载、程颐；先儒谷梁赤、高堂生、孔安国、毛苌、郑康成、范宁、韩愈、胡瑗、司马光、尹焞、胡安国、陆九渊、张栻、黄干、真德秀、何基、陈澔、金履祥、许衡、薛瑄、陈献章、蔡清、陆龙其。

(二)祭品

正殿中，笾豆各十，太羹一，和羹二，牛一，羊二，豕一，香帛案一，簠簋各二；四配，笾豆各八，和羹二，羊一，豕一，香帛案一，簠簋各二，东西并同。十二哲，笾豆各四，和羹一，羊一，豕一，簠二，香帛案一，东西并同。两庑，笾豆各四，和羹一，羊三，豕三，香帛案二，上旁酒尊所一，下旁酒尊所一，东西并同。

(三)祝文

维年月日具官某致祭于至圣先师孔子，曰："维先师德隆，干圣道，冠百王，揭日月以常行，自生民所未有。属圣教昌明之会，正礼和乐节之时，辟雍钟鼓，咸恪荐于馨香，泮水胶庠，益致严于笾豆。兹当仲春秋，祗率彝章，肃展微忱，聿将祀典，以复圣颜子、宗圣曾子、述圣子思子、亚圣孟子配。尚飨。"

(四)祭器

木帛篚十八个，白磁爵四十一只，木牛牲俎一座，木豕羊牲俎四十面，木豆一百八十六个，竹笾一百八十六个，木祝版二座，小几二张，红绫葵花补象服八十九件，火焰裹贴赤金顶八十九个，绿绫带八十九条，舞杆并金龙首雉尾三十六副，琴六张，棹六张，瑟六张，架十二个，箫六枝并描金龙，笛六枝并金龙首位，笙六攒并嘴，凰箫二排，篪二枝，埙二个，穿心大楹鼓一面（槌二根，架一副），绫鼓衣并金绣工料，柷一座（槌一个），敔一座并红座竹帚，麾幡二面并画彩，搏拊二面（架二个），戚二个（架二个），节二枝并金龙首竿（架二个），磬十六块灵壁石并工料（架一副），钟磬鼓挂须八个，箫笛笙篪凤箫挂须共二十二个，铜钟十六口（槌一个，架一副，重一百二十六斤），铜登一个（重三十斤），铜铏二十一个（重一百二十六斤），铜簠四十六个（重五百九十三斤），铜簋四十六个（重三百十一斤），铜酒樽并爵十副（重九十二斤），铜爵一百五十只（重一百八十七斤），铜中香炉五个（重三十六斤），铜中烛台五对（重四十二斤），铜花瓶一对（重十二斤），铜小香炉十三个（重五十一斤），铜小烛台十三对（重九十六斤）。

(五)乐章

1.春祭，夹钟为宫，倍应钟起调

迎神咸平章：大哉孔子，先觉先知，与天地参，万世之师，祥征麟绂，韵答金丝，日月既揭，乾坤清夷。

初献宁平章：予怀明德，玉振金声，生民未有，展也大成，俎豆千古，春秋上丁，清酒既载，其香始升。

亚献安平章：式礼莫愆，升堂再献，响协鼗镛，诚孚罍甗，肃肃雍雍，誉髦斯彦，礼陶乐淑，相观而善。

终献景平章：自古在昔，先民有作，皮弁祭菜，于论斯乐，惟天牖民，惟圣时若，彝伦攸叙，至今木铎。

彻馔咸平章：先师有言，祭则受福，四海黉宫，畴敢不肃，礼成告彻，毋疏毋渎，乐所自生，中原有菽。

送神咸平章：凫绎峨峨，洙泗洋洋，景行行止，流泽无疆，聿昭祀事，祀事孔明，化我蒸民，育我胶庠。

2.秋祭，南吕为宫，仲吕起调

迎神咸平章：大哉孔子，先觉先知，与天地参，万世之师，祥征麟绂，韵答金丝，日月既揭，乾坤清夷。

初献宁平章：予怀明德，玉振金声，生民未有，展也大成，俎豆千古，春秋上丁，清酒既载，其香始升。

亚献安平章：式礼莫愆，升堂再献，响协鼗镛，诚孚罍甗，肃肃雍雍，誉髦斯彦，礼陶乐淑，相观而善。

终献景平章：自古在昔，先民有作，皮弁祭菜，于论斯乐，惟天牖民，惟圣时若，彝伦攸叙，至今木铎。

彻馔咸平章：先师有言，祭则受福，四海黉宫，畴敢不肃，礼成告彻，毋疏毋渎，乐所自生，中原有菽。

送神咸平章：凫绎峨峨，洙泗洋洋，景行行止，流泽无疆，聿昭祀事，祀事孔明，化我蒸民，育我胶庠。

（六）仪注

每丁祭前期，主祭官及僚属皆致斋二日，用白纸糊版，墨书祝文。主祭官亲笔填名，具补服设仪仗，前导捧送神库案上安设。一跪三叩首，退省牲监宰，并瘗毛血。祭日丑前五刻，执事者陈币篚祝板及各祭器，掌馔者实馔具，各官皆朝服入两旁门序立。引赞引主祭官至盥洗处，盥手毕，引至台阶下立。通赞唱，执事者各司其事。主祭官就位，分献官、陪祀官各就位，唱迎神，乃举迎神乐，奏咸平之章，乐作。唱，行三跪九叩首礼，兴，乐止。唱，行初献礼，举初献乐，奏宁平之章，乐作。引赞引主祭官由东阶上，诣至圣先师孔子位前。赞跪，主祭官跪。赞奠帛，捧帛者跪进，主祭官受帛，拱举，献毕。赞献爵，执爵者跪进，主祭官受爵，拱举，献毕。赞叩兴，主祭行一跪一叩礼，兴。引赞引诣读祝位，乐止。赞跪，主祭官及分献陪祀各官皆跪。赞读祝，读祝者读毕，乐作，赞兴。主祭官及各官皆行三叩首礼，兴。引赞以次引主祭官诣四配神位前各处，皆赞跪，奠帛，献爵，叩兴。其十二哲两庑分献官亦俱照主祭官行礼毕，引赞。赞复位，各官皆复位立，乐止。通赞唱，行亚献礼、亚献乐，奏安平之章，乐作。引赞引奠帛，献爵如初。献仪各官复位，乐止。通赞唱，行终献礼，举终献乐，奏景平之章，乐作。引赞引奠帛献爵，如亚献仪。各官复位，乐止。通赞唱，饮福受胙。引赞引主祭官诣饮福受胙位，赞跪，饮福酒，受胙肉，叩兴，复位，次行谢福胙礼。通赞唱，各官俱行三跪九叩首礼，兴唱，彻馔，举彻馔乐，奏咸平之章，乐作。彻讫，乐止。唱送神乐，送神乐奏咸平之章，乐作。复唱，行三跪九叩首礼，兴，乐止。唱捧祝帛，各恭诣燎位，祝文在前，帛次之，俱送至燎位，唱望瘗。引赞引主祭官诣望瘗位，焚祝帛，复位。通赞唱礼毕，乃各退[①]。

（七）孔庙、崇圣祠的神学思想

另有崇圣祠，又名启圣祠，雍正元年（1723年）诏追封孔子先世五代并为王爵，改称崇圣，为肇圣王木金父、裕圣王祈父、诒圣王防叔、昌圣王伯夏、启圣王叔梁纥[②]。

以上孔庙和崇圣祠诸神的安排体现了易学思维和孔子的神格。文庙中的诸神以孔子为中心，四配是四季之象征，十二哲是十二月之象征，先贤先儒共一百二十三位，取一生二、二生三、三生万物之义，是生化无穷之意。四配以宗圣、亚圣为大，方位在西，与孔子神格一致，为孔子法体之体现。俗云“孔子三千弟子，七十二贤人”，72加1等于73，是孔子的寿数，1为孔子，象征本体，故不用，72表普法，73乘5是一年365日之数，象征法轮常转。乘5，5是土数，取土生金，金为法体。

前面已经说过，孔子的生辰八字是庚戌、乙酉、庚子、甲申。命理以年支为祖籍，以月支为兄弟姊妹。孔子的年支戌为土，土数五，《易经》曰：“天五生土”，故崇圣祠将其祖宗安排了五位。而月支为酉，酉是辛金之位，辛是阴金，《易经》曰：“地四生金，天九成之”，故《史记》说孔子有九个姊妹。同时，命理又以生我者为母，我克者为父。孔子命格是庚金，则其母亲五行为土，故《史记》说颜征在家排行为季，季即丑、辰、未、戌土，是取土生金之义。我克者为父，则其父亲为木，故崇圣祠安排其祖上以木金父始，以叔梁纥终，前有木，后有梁，都是木。祭祀五位祖先还与古代的庙数有关，《礼记·礼器》曰：“天子七庙，诸侯五，大夫三，士一”，孔子阶级类似诸侯，故得祀五位先人。

第二节　周敦颐

根据周氏族谱和宋史记载，周敦颐字茂叔，号濂溪，生于宋真宗天禧丁巳年（1017年）五月五日午时，卒于宋神宗熙宁癸丑年（1073年）六月七

① 乾隆《绩溪县志》卷五《学祀》。

② 乾隆《绩溪县志》卷五《学祀》。

日，寿元57岁。出生时间转换成干支是丁巳年，丙午月，壬寅日，丙午时。出生当日为芒种，当1岁起运，后天大运1乙巳，10甲辰，20癸卯，30壬寅，40辛丑，50庚子，60己亥。本命壬水生于寅月，年月时柱俱是南方之火，壬水无根，弱极从旺，以火为用神无疑。张载曰："濂溪之学，举世不知，为南安狱掾日，惟程太中始知之，可见无分毫矜夸。"其学理"主诚"，"主静立极"，所谓"诚"即是"寂然不动"，符合弱水的特征，是作者本命的体现。弱壬无根，故"少孤"。年支巳是天乙贵人和太极贵人，且是用神所系。年为祖籍，又是天乙贵人，故得祖宗之力，曰："少孤，养于舅龙图阁学士郑向家，向奏授洪州分宁县主簿"[①]。太极贵人，故作《太极图说》。火喜见木，尤忌见水。观此造40岁前大运走巳、辰、卯、寅东南木火之地，故仕途得意，一帆风顺，24岁为洪州分宁县主簿，28岁调南安军司理参军，30岁任郴州郴县县令，34岁任桂州桂阳令，38岁改授洪州南昌县，以上地名中的宁（丁火）、南（午火）、木（生火）、阳（日火）、昌（二日之火）等皆是木火之象，故治绩皆有令名。48岁改任永州通判，永是水象，始病。52岁以疾求知南康军，因家庐山莲花峰下，前有溪合于湓江，取所居濂溪以名之，未及而卒，年57岁。究其原因，旺火忌克，而濂溪是水。此外，40岁以后大运丑、子，57岁大运子水，时逢太岁癸丑，丑、子俱系北方水地，子携癸水，冲击月、时午火，犯性命大忌。可见，周敦颐的命理以木火为喜用。

第三节　程颢、程颐

根据山东金乡县《程氏大程楼派正宗世系谱》记载，明道先生讳颢，字伯淳，谥纯公，生于宋明道元年（1032年，壬申）正月十五日子时，卒于元丰八年（1085年，乙丑）六月，享年54岁。出生时间转换成干支是壬申年，壬寅月，丁亥日，庚子时。出生后三日惊蛰，当2岁起运，后天大运2癸卯，12甲辰，22乙巳，32丙午，42丁未，52戊申，62己酉。命主丁火生于寅月，四柱金水成遍，丁火无根极弱，所幸月神提纲，乃赖寅木全活，故以木火为喜用。后天大运卯、辰、巳、午、未，皆是木火之地，故事业有较好的发展。52岁走申运，与月柱寅相冲，丁火无印，不能独活。54岁时正当太岁乙丑，

① 沈善洪主编：《黄宗羲全集》第三册《濂溪学案》上，浙江古籍出版社1992年版。

与日柱亥、时柱子构成北方水局灭火，故死于申运，享年54岁。

伊川先生讳颐，字正叔，谥正公，生于宋明道二年（1033年，癸酉）八月十五日午时，卒于大观元年（1107年，丁亥）九月，享年75岁。出生时间转换成干支是癸酉年，辛酉月，戊申日，戊午时。白露后十日出生，当5岁起运，后天大运5庚申，15己未，25戊午，35丁巳，45丙辰，55乙卯，65甲寅，75癸丑，85壬子。命主戊土有比有根，土且不弱，但月神辛金提纲，年月日柱俱是西方金地，格成伤官，当以印比为用神，以时柱午火为喜用。55岁之前局中无官运，故《宋史·道学传》谓其"年逾五十，不求仕进"，但品德操行俱为朝中大臣交口称赞。55岁以后行乙卯、甲寅二十年官运，开始赴朝从政，但命格为伤官。古人云："伤官见官，危害百端"，且酉冲卯，申冲寅，官星见冲，所以每每与时抵牾，如"苏轼不悦于颐"，"胡宗愈、顾临诋颐不宜用"，"董敦逸复摭其有怨望语，去官"，"绍圣中，削籍窜涪州"，"徽宗即位，徙峡州，俄复其官，又夺于崇宁"等[①]。75岁大运癸丑，太岁丁亥，丑与年月柱之酉半合金局，亥又是癸水临官之地，与午构成六害，且九月之戌与亥构成天罗，谚云："男怕天罗，女怕地网"，俱不利。但丑土毕竟是命主所喜之神，按道理不应亡于此中，究其原因主要还是晚年纠缠仕途，应了"伤官见官，危害百端"之语。可见，连圣哲都无法正确把持自己的命运，愈发能理解他们为何要提倡"穷理尽性以至于命"，"不识命，无以为君子"之说。

第四节　朱熹

徽州是朱熹的桑梓之地，其祭祀非常兴盛，一府六县都有朱文公祀庙。婺源县有朱文公阙里庙，道光《徽州府志》曰：

> 旧在县南前街，清改建于东门旧察院故址。按《婺源县志》云，阙里有韦斋井、明道坊，宋理宗赐额曰文公阙里。元延祐中，经理所存之地半为居民所侵，五世孙光诉于浙省，闽宪得其情实，邑人汪镐以己地易所侵地，始复其旧开故井。知州干文传援颜孟，例请立庙，费出汪镐。镐复捐三十亩为祭田，邑人孙季思请移檄闽郡，取其五世孙勋掌祀事。初韦斋仕闽时质

①《宋史》卷四百二十七《道学一》。

田百亩，后入籍建宁，友人张敦颐为赎田归之。韦斋卒，葬崇安。绍兴庚午朱子归婺源省祖墓，以前田授族人掌之，备祭扫之费。族人窃售歙人，鲍景曾子元康赎之，复归朱氏。至正壬辰庙宅悉毁，明知县程斗南辟祠，后王文贯、王佛奴、李公献地重建，以六世孙境掌祀事。正统庚申八世孙湛请修理，知县陈斌复修，又立亭虹井上，弘治庚戌又毁。丙辰知县乔恕先砌砖垣，至己未知县聂瑄重建，监察御史刘淮以罚锾三百助之。嘉靖初奏设五经博士嫡孙世袭，岁祭以二八月次丁，守士官行礼。康熙二十六年御书"学达性天"匾额悬挂阙里，五十一年诏升十哲之次。雍正十一年佥议地多回禄，改建东关，十三年落成。乾隆三年御书"百世经师"匾额，悬挂阙里。六年照河南程氏例定祭银四十两，又庙户二名，每名工食银六两。乾隆四十二年，博士世润建追远、报功二祠于韦斋祠左右。[1]

一、朱熹的命理

据清袁树珊的《命谱》记载，朱熹字元晦，一字仲晦，徽州婺源松岩里人，父松为政和县尉，因侨寓建州。绍兴十七年（1147年，丁卯，年十八）举建州乡贡，十八年（1148年，戊辰，年十九）登进士第一，历高孝光宁四朝，累官转运副使，焕章阁待制，秘阁修撰，兼侍讲，赐封婺源县开国男。庆元二年丙辰（1196年丙辰，年六十七），沈继祖为监察御史，诬熹十罪，诏落职罢官，窜处士蔡元定于道州。四年（1198年，戊午，年六十九），熹以年近七十，申乞致仕，五年（1199年，己未）依所请。六年（1200年，庚申）三月甲子日午时卒，年七十一，葬于建阳县，赠宝谟阁学士，谥曰文。绍定时追封徽国公，淳祐时从祀孔庙。清康熙中，升位于十哲之次。

朱熹生于建炎四年（1130年）庚戌九月十五日午时，转换成干支是庚戌年，丙戌月，甲寅日，庚午时，命宫戊子。出生后十三日立冬，当6岁起运，6丁亥，16戊子，26己丑，36庚寅，46辛卯，56壬辰，66癸巳，76甲午。命主甲木，生寒露节后，白帝司权，与三春之青帝司权迥异，年时二干，交拱庚金，年月二支，戌藏辛金，此皆戕贼甲木之神。万不能取用，只有月干丙火，及年月日时戌寅午之火局，与日元甲木有母子相生之关系，堪为我之护符。不过火占多数，木占少数，必须辞尊居卑，舍木从火，始可木火齐辉，

① 道光《徽州府志》卷三《坛庙》。

文明昭著。尤妙者四柱之中，干无壬癸，支无亥子，格局清高，毫无瑕疵，或谓命宫之子中藏癸水，奈何？曰子藏之癸，非惟无损，且可获益，盖子上乘戊，合癸化火，与戌寅午之火局，同明格照，同气相求，声价弥增也。十四岁亥运癸亥，小艰乙亥，韦斋公弃养。四十岁寅运己丑，小限己酉，祝太夫人又弃养。四十七岁辛运丙申，小限壬寅，刘夫人逝世。六十二岁辰运辛亥，小限丁亥，长子塾亦卒。六十七岁癸运丙辰，小限壬午，罢职归里。凡此种种，足证木火齐辉格，最忌金水伤之。至于十八岁戊运丁卯，举建州乡贡，十九岁戊运戊辰，登进士第，以及除武学博士、枢密院编修、秘阁修撰、焕章阁待制，其运岁限三者，大都非木即火，非火即土，与木火齐辉格，皆同类也。最明显者，公寿享七旬有一，适在巳运，庚申年，庚辰月，甲子日，庚午时，恬然而逝，具见日元一甲，不胜三庚之克，寅午戌之火，不胜申子辰之水冲。然而绍道统，立人极，为万世宗师，木火齐辉，岂有既极耶[①]。

二、朱熹的神话与命理

江永《考订朱子世家》曰："建炎四年（1130年，庚戌）九月十五日甲寅午时生朱子于尤溪寓舍，先是吏部公生时邑城有白气如虹自井出，至是复有紫气如虹自井腾上，因名之曰虹井。八岁通孝经大义，从群儿游，独以沙列八卦，端坐默视。"[②]此处关于虹井的传说，先是朱熹父亲朱松生时有白气，后来朱熹出生时有紫气。

朱熹的八字是庚戌、丙戌、甲寅、庚午。命学上以年支为祖先，月支为父母，日干为命主。朱熹月支是戌，戌在西方，戌为九月，戌中有金之余气，八字又透庚金，金数为九，故以金为其父之象征。金的五行之色为白，因曰朱松出生时井冒白气。日干为甲木，支为寅，寅既是木临官之地，又是火长生之地。木色青，火色赤，《说文解字》云："紫，青赤色"，因曰朱熹生时井腾紫气。

再看朱熹之父朱松，其祖朱森，其乡松严里，至朱熹命主甲寅又是木，一派东方木气，格成"紫气东来"、连贯成"虹"之象。"紫气东来"源自老子，《史记·老子传》索隐引《列仙传》曰："老子西游，关尹令尹喜望见有

① 《命谱》，第179—180页。
② （清）江永撰：《考订朱子世家》全一卷，同治十三年刻本。

紫气浮关，而老子果乘青牛而过也。”[1]东方之色曰青，牛为丑，丑后为寅，寅是紫气始生之时，因曰青牛，而有“紫气东来”之说。如杜甫诗曰：“西望瑶池降王母，东来紫气满函关。”可见，虹井之说是后人对朱熹的命理以及与道教关系的一种附会。

古代的作史，大凡圣人之死，一般都有异象，朱熹亦无例外。《考订朱子世家》曰：“甲子以疾终于正寝，是日大风拔木，洪流崩岸，时年七十一。”[2]从前面的分析可知，朱熹的本命是甲木，以火为用神，死于水运。显然，“大风拔木，洪流崩岸”是对朱熹死亡的命理演义。

三、朱熹的字号与命理

《考订朱子世家》曰：“朱子名熹，小名沈郎，小字季延，行五（伍）二，字仲晦。”注曰：“冠时，刘屏山先生字之曰元晦，其祝词云：木晦于根，春容华敷，人晦于身，神明内腴。后以元为四德之首，不敢当，更曰仲晦，又作晦庵，因以为号。六十后称晦翁，尝书门符云：佩韦遵考训，晦木谨师傅，遵父师之诲也。晚号遁翁，又号沧州病叟。”[3]考朱熹八字，命主是甲寅，甲是木，寅为根，生于戌月，寅午戌三合火局为用神。寅是紫气，是火长生之地，故号紫阳。戌是火库，为火将灭之时，因曰晦。寅为木，于卦为艮，因曰“木晦于根”。又号“晦庵”“晦翁”，取用晦而明之义。《易经·明夷卦》曰：“明入地中，明夷。君子以莅众，用晦而明。”“元”是乾卦元、亨、利、贞四德之一，《易经》曰：“元者，善之长也。”查五行寄宫图，木养于戌，长生于亥，九月正是戌向亥过渡时节，因曰“元”，取其长生之义。后改为“仲”，因朱熹“行五（伍）二”，即在家排行老二。晚号遁翁，取自《易经·大过卦》：“君子以独立不惧，遁世无闷。”九月甲木凋残，需水养生，但从其命理来看，水为忌神，故又号沧州病叟。由此可见，朱熹的不同字号反映了其命理特点。

---

①《史记》卷六十三《老子韩非列传》。

②《考订朱子世家》全一卷。

③《考订朱子世家》全一卷。

四、朱熹与二程的关系

朱熹与二程的先人都是徽州人，二者不仅存在地域上的关联，还有一定的血缘和学术关系。朱熹的祖母乃程氏女，明程敏政《新安程氏统宗世谱序》曰："程氏女适朱氏者，一传得韦斋，再传得文公。"[①]清朝朱坤《新安程氏统宗补正图纂重编序》曰："予祖晦庵文公私淑于河南二程夫子也，二程夫子系出东晋新安太守元谭公家歙黄墩之迁裔，凡新安土著……新安名族莫有能出其右者。而元谭公二十八世唐工部尚书湘公分迁婺源，六传清源派翔公，则我晦庵祖之祖母程氏所自出，故程朱为理学，相传因以桑梓而世联瓜葛。"[②]朱熹是二程的四传弟子，程敏政《篁墩文集》曰："两夫子倡明斯道于河洛之间，从游之士比隆邹鲁，然独龟山杨氏以江南诸生号称高弟，两夫子尝送之归而有道南之叹，盖龟山三传得文公朱子于吾郡之婺源，则两夫子道学渊源之盛在新安久矣。"[③]

朱熹作为二程学术的继承人，存在一种命学上的联系。程颢生于宋仁宗明道元年（1032年，壬申），程颐生于明道二年（1033年，癸酉），壬癸为水，申酉为金，金生水，水生二程之禾，禾为木生火，故当年程颢目送杨时南归时曾曰："吾道南矣"，南方火也。朱熹之朱乃火，熹下四点构成火象[④]，乃"闽学四贤"（杨时、罗从彦、李侗、朱熹）之象征。二程之道，通过四贤之间的师承关系而播迁南方。同时，火长生于寅而临官于巳，从寅到巳也是四数。如前所述，朱熹命喜南方火运，二程的后裔迁徙徽州，朱熹又从徽州迁往福建，是南又南矣，而其道愈昌，可为二者命理同喜南方之一证。另外，程颢生于壬申年，程颐生于癸酉年，朱熹生于庚戌年，申酉戌是西方之神，联成金格，与前面所述孔子的金命一致，故皆成一代大儒，为孔子衣钵之继承人。

---

①《篁墩文集》卷二十三《新安程氏统宗世谱序》。

②《康熙新安程氏统宗补正图纂》卷首《新安程氏统宗补正图纂重编序》，乾隆十二年刻本。

③《篁墩文集》卷十四《休宁重修二程夫子祠记》。

④《明史·五行志》曰："（弘治）十一年六月，有熊自西直门入城，郎中何孟春曰当备盗，亦宜慎火。宋绍兴间熊抵永嘉城，州守高世则以熊字能火，戒郡中慎火，果延烧庐舍，此其兆也。是年城内多火灾。"此处以熊下四点为火之象征。

五、朱熹与齐云山玄武祠的关系

朱熹出生于建炎四年（1130年，庚戌），齐云山玄武祠初建于南宋宝庆二年（1226年，丙戌）[①]，也是戌年。易学上，戌为火库，是朱熹命理的用神。同时，戌为九，建炎四年庚戌至宝庆二年丙戌相距九十七年，戌九见，因此在第九个戌年立玄武祠纪念朱熹。

相传祠内玄武神像乃"百鸟衔泥塑立"。按朱熹死于庆元六年（1200年，庚申），享年七十一，次年是辛酉。辛为金，金色白，谐音百，酉中有百；酉为鸡，古体雞，为隹，《说文解字》曰："隹，鸟之短尾总名也，象形"，因曰"百鸟"。"衔泥塑立"有两层内涵：一是泥为徽州之泥，不可能是外地之泥，暗喻玄武神像的真身来自徽州；二是"泥"为氵（水）、尸（人）、匕（化），比喻朱熹死于癸水运，化为玄武神。从前面命理分析中可知朱熹死于癸运，癸为水，又为玄武。宋许洞的《虎钤经》曰："癸为玄武"，明杨慎的《升庵集》也曰："癸为玄武"。易学上有十二天将，玄武将为癸亥[②]。也就是说，朱熹死于癸运，癸为玄武，"百鸟衔泥塑立神像"可以解释为：朱熹死后第二年化为玄武之神，第九戌年徽州为其建立玄武祠和神像以示纪念。

可见，齐云山玄武祠的建立及其传说包含了朱熹的出生、死亡信息和命理特点，最初是纪念朱熹的产物。

第五节　陆九渊

陆九渊和王阳明，徽州府县先师庙中均有祭祀，为从祀先儒之一。

根据《年谱》记载，陆九渊生于宋绍兴九年（1139年，已未）二月二十四日辰时，卒于光宗绍熙三年（1192年，壬子）十二月十四日午时，享年54岁[③]。出生时间转换成干支是己未年，丁卯月，乙亥日，庚辰时，为惊蛰后二十五日出生，当9岁起运，后天大运9丙寅，19乙丑，29甲子，39癸亥，49壬戌，59辛酉，69庚申。命主乙木，生于卯月，通月令之气，年月日亥卯未合成木局，木气太旺。太旺则宜顺其自然，宜生不宜克，故水、木、火皆可

①《古代徽州宗教信仰研究》，第47页、第160页。

②佚名撰：《六壬大全》卷二《十二将释》，文渊阁四库全书本。

③（宋）陆九渊著，钟哲点校：《陆九渊集》卷三十六《年谱》，中华书局1980年版，第482页。

为用神，唯独不能用金。且金在西方，亥卯未三合以西方为煞气所在。早年大运乙丑，丑与未冲破木局，29至35走甲运，甲虽属木，但为比劫，乙木旺气宜纯不宜杂，故34岁之前不见佳绩。34岁大运走子水，子既是天乙贵人，又是用神，故进士及第。39至54岁皆走水运，仕途进步。54岁走戌运，戌与命主乙亥构成天罗，古人云："男怕天罗，女怕地网"，又曰："火命人有天罗，土水命人有地网"，命主己未纳音为天上火，可谓正犯。卒于壬子年癸丑月，子与未为六害，又是元辰大耗，所赖子为贵人，故勉强扶持到年尾。无奈丑与未冲，可见局之不可破也。

第六节　王阳明

根据《命谱》记载，王守仁生于明宪宗成化八年（1472年）九月三十日亥时，卒于世宗嘉靖七年（1528年，戊子）十一月二十九日辰时，享年57岁。出生时间转换成干支是壬辰年，辛亥月，癸亥日，癸亥时，出生后二十七日大雪，当10岁起运，后天大运10壬子，20癸丑，30甲寅，40乙卯，50丙辰，60丁巳，70戊午。"谨按阳明先生之造，日元之癸，与时干之癸皆属水，年干之壬，与月日时三支之亥，又皆属水，再益以年支辰藏癸水，合计之，水有七矣。生年壬辰，纳音为长流之水，生日癸亥，生时癸亥，纳音又为大海之水，再益以生月辛亥，纳音为钗钏之金。命宫丁未，纳音为天河之水，具见纳泗吞淮，涵星映日，非惟流通万物，且可沐浴群生。《巫咸撮要》云：象成一家，贵应极品。又云：纳音生旺之方，用神坦然无忌。此之谓也。"[①]可见此造贵纯一之格，以水为用，不忌金、木、火，为金生水，木护水，火暖冻之故。惟忌土克破，年支辰为土，乃命所忌，必须除去为妙。

王守仁乳名王云，更名守仁，仁字五行为木，即是取木克土而护水。《年谱》曰："先生五岁不言，一日与群儿嬉，有神僧过之曰：好个孩儿，可惜道破。竹轩公悟，更今名，即能言。"[②]所谓"五岁不言""可惜道破"即指土克水而言，"五岁"五行为土。20到30岁大运为丑土，故22岁、25岁两次会试不第，至27岁"沉郁既久，旧疾复作"。28岁己未年卯月会试，卯、未与日支亥拱合木局，克土而护水，故举进士及第。35岁因忤刘瑾下诏狱，谪贵阳

①《命谱》，第252页。

②（明）王守仁撰：《王文成全书》卷三十二，文渊阁四库全书本。

龙场驿丞，至39岁复起，此五年走寅运，遭受厄难，是寅中藏土之故，所幸寅中有木，且免危亡。40至50岁，大运乙卯既是贵人，又是所喜之神，故升迁履险如夷。50岁走大运丙辰，前五年丙运为喜神，尚且无恙，57岁戊子，子与辰半合水局尚可，但戊土掺杂，加上一生杀伐无度，遂死于乙丑土月。此八字本是学道之命，故见命主一生时常出入佛老，但一点辰土为害不浅，譬如一粒老鼠屎坏了一锅粥，如少时神僧所言“好个孩儿，可惜道破。”此语甚的！

第七节　梓潼帝君

梓潼帝君，又称文昌帝君，俗名张亚，是我国宋元以来流行的一种民间信仰。《三教源流搜神大全》曰：

> 梓潼帝君，按《清河内传》，余本吴会间人，生于周初后七十三代。帝君曰，吾一十七世为士大夫，身未尝虐民酷吏，周人之急，济人之乏，容人之过，闵人之孤，性烈而行，察同秋霜，青天于白日之不可犯。后西晋末降生于越之西、雋之南两郡之间，是时丁未年二月三日诞生，祥光罩户，黄云迷野。居处地府近海，里人请清河叟曰“君令六十而获贵嗣”。童稚时不喜嬉戏，每慕山泽，往往语言，若有隐显。昼诵群书，夜避众子，自笑自乐，身体光射。居民祈祷，则余嗤讪长啸曰：“土木而能衣人之衣，食人之食，享之而有应，谤之而有祸，我为人而焉无灵乎？”自后夜梦，或为龙，或为王者天符，或为水府漕，自怪而不甚信为吉兆。三农愆旱，嘉禾无苏，舞雩祝神，恬然无验。余思曰：“寐中梦治水府，今夕当验。”夜往水际，以梦中官亟牒河伯，而惊魂尤恐，忸怩不能。忽尔之间，阴云四合，风飞雷震，一吏稽首余前曰：“运判徙居。”余曰：“非我也，我乃张户老之子，名亚，缘水府得达，故字霈夫。”吏曰：“奉命促子。”余曰：“家人如何？”吏曰：“先到治所。”余惶惧未决，吏揖上一白驴而去，俯首里闬，风雨声中顿失乡地。到一山，连剑岭而撑参宫星也，若凤凰之偃，下有古湫，引余入一巨穴，门有一石笋。吏曰：“民之祷雨，祝此石而有应，名曰雷柱。”吾方褰衣入穴。吏又曰：“君记周室为人，七十三化，阴德传家而迄今否？”余方大悟，若梦觉也。吏曰：“君在天谱得神之品，于人世界有知之者，晋不日有中兴之兆，君可寻方而显化。”余曰：“谢天使响报也。”入穴则若堕千仞之壑，近地而足不沾，若腾身虚空，有王

者之宫,中有禁卫。余入遂见家人,悉都其间。改日作儒士,往咸阳讲姚苌之故事。

庙在剑州梓潼县,唐玄宗幸蜀,神迎于万里桥,追封左丞相。僖宗播迁亦有阴助之功,加封顺济王。宋太祖初得蜀也,以仁取之,以仁守之,亦尔神阴骘显相,有以辅吾仁也,灵顺庙神,加封圣号忠文仁武孝德圣烈王,圣后协应德惠妃,圣父显庆慈佑仁裕王,圣母昭德积庆慈淑妃,圣子嗣德王,圣子妇善助显懿夫人,圣子昌德王,圣子妇顺助惠懿夫人,圣孙绍应昭灵侯,圣孙妇淑应夫人,圣孙承应宣灵侯,圣孙妇惠应夫人,佐神英惠忠烈翼济福安王,即报喜太尉也,左右桂禄二籍仙官。圣朝延祐三年七月七日,加封圣号辅元开化文昌司禄宏仁帝君。

帝君殿在九曲之处,盖九曲水来朝,九折而去,经行山腹,路成七曲。其殿有降笔亭,中以金索悬一五色飞鸾,鸾口衔笔,用金花钱数百番常留笔下,笔墨皆具。亭门本府差官封锁甚严,以防欺伪之弊降等。讫其亭内有铜钟自鸣,庙吏闻于本府,本府差官启钥取书以观报应,其降笔多劝人以忠孝为本。诈逆牺僭伪蜀王之日,具牺牲,设俎豆,洁粢盛,亲诣帝君庙设祭。甫欲行礼,黑风骤起,灭烛撤香。逆牺震惧,俯伏殿下。须臾开明,视祝板已碎作两片矣。帝君奉玉帝旨佐南斗注生,由是求嗣者多祷焉。

上天圣号金阙昊天检校洞照通真先生、九天开化主宰灵应大天帝、上仙无皇君,统仙班,证佛果圣号。混天内辅三清内宰大都督府,都统三界阴兵,便行宜事,管天地水三界狱事,收五岳四渎真形虎符龙券,总诸天星耀,判桂禄二籍,上仙元皇真人,司禄职贡举真君,编修飞仙列籍,掌混天造化轮回救苦天尊,九天定元保生扶教开化生宰长乐永祐灵应大帝,定慧证果伽释梵镇如来佛。

格联曰:"饶一着添子孙之福寿,退一步免隙驹之易过;忍一言免驷马之难追,息一怒养身心之精神。"①

一、梓潼帝君的命理

从文中"圣朝延祐"的表述看,此文应作于元代。文中交代了梓潼帝君本名张亚,出生于西晋"丁未年(287年)二月三日",约元代成书的《梓潼帝君化书》亦云生于"晋武帝太康八年(287年),岁值丁未二月三日夜子刻,

①《三教源流搜神大全》卷一。

以甲子考之，则其时已属辛亥矣。”[①]约元代成书的《清河内传》曰：“丁未年甲子辛亥二月三日诞。”[②]推太康八年二月三日是庚辰日，没有辛亥时，这里的“已属辛亥”“甲子辛亥”应指辛亥日。按《晋书》“太康八年正月戊申朔”，辛亥日是三月五日，并非二月三日[③]。

二月三日是庚辰，距三月五日辛亥中间隔了三十个甲子。按孔子死于鲁哀公十六年（前479年），至晋太康八年（287年），相距七百六十多年。据张亚自述，周以来“七十三化”，《说文解字》曰：“化，从亻，从七”，丁山《数名古谊》曰：“七古通作十”，一化为十年，七十三化就是七百三十年。七百六十年为七十六化，减去七十三化，余三化，一化十年，则为三十，故将其诞辰由三月五日前推三十甲子至二月三日以隐喻三化，与七十三化合成七百六十年，上承孔子。张亚是根据孔子的形象创造的，因此显化要从孔子算起，七十三化除了隐喻七百三十年，还隐喻孔子享年七十三岁。

按三月五日辛亥推算，张亚的八字是：丁未、癸卯、辛亥、戊子。惊蛰后二十五日出生，当9岁起运，后天大运9壬寅，19辛丑，29庚子，39己亥，49戊戌，59丁酉，69丙申，79乙未，89甲午。命主辛金生于二月，木权司令，年月日亥卯未三合木局。辛金无根，时柱一点戊土有木局之克，无法生金，当从旺木。旺木宜生，喜水生木，以水木为喜用。至于寿元和死亡时间，没有相关记载。

二、梓潼帝君的神话

梓潼帝君的神话主要记载在《清河内传》《梓潼帝君化书》《元始天尊说梓潼帝君本愿经》《三教源流搜神大全》《梓潼县志》等书中，约形成于宋元时期命理学流行的年代。根据不同神话出现的先后顺序，可知它们都是对张亚的八字和后天大运的一种演义。其中，显化神话是对张亚的原型孔子和张亚一生大运的总概括。感生神话和少年神话是对张亚八字的演义。土木神话

①《梓潼帝君化书》卷四《丁未第七十一》,《中华道藏》第6册。

②《清河内传》,《中华道藏》第6册。

③ 若按二月三日算，八字是丁未、壬寅、庚辰、戊子。庚金生于寅月，木权司令，金弱应以土为用神。立春后二十五日出生，当9岁起运，后天大运9辛丑，19庚子，29己亥，39戊戌，49丁酉，59丙申，69乙未，79甲午，89癸巳，99壬辰。73岁行乙未大运，太岁为己未，未为土，又是庚金的天乙贵人，不当死于此运，表明二月三日诞辰是错误的。

是对大运壬寅、辛丑东北木土二运的演义。水府神话是对北方庚子、己亥水运的演义。飞鸾神话是对西北戊戌土运的演义。七曲山神话是对西方丁酉、丙申金运的演义。咸阳、南斗注生、文昌帝君是对乙未、甲午火运的演义。

(一)显化神话

《三教源流搜神大全》曰:"生于周初后七十三代",《文昌帝君本传》讲文昌帝君有三次降生,一在周武王乙巳年仲春,二在周宣王时名张仲,三在晋武帝太康八年乙未二月三日名张亚。"张"比喻道教张天师,"仲""亚"是第二,比喻孔子,孔子字仲尼,在家排行第二。孔子是周代人,寿元73,因曰"生于周初,后七十三代""显化七十三",表明张亚的原型是孔子。民间也以二人相比,如清代徽州休宁的《文昌帝君诞辰祝文》曰:"惟我帝君,先天孔子"①,《文昌帝君本传》亦曰:"文昌,先天之孔子;孔子,后天之文昌"②。

《三教源流搜神大全》讲"七十三化",而《梓潼帝君化书》讲张亚有"九十七化",潼县志文昌祠联云"七十二化"③。另据《元始天尊说梓潼帝君本愿经》云"九十四化"。按《梓潼帝君化书》共有九十七化,上述"七十二化""七十三化""九十四化""九十七化"应分别来自该书"水漕第七十二""桂籍第七十三""终亲第九十四""弥蝗第九十七",至此而终。

《三教源流搜神大全》曰:"吾一十七世为士大夫",指张亚17岁。此年太岁癸亥,大运壬寅。太岁论干,大运论支。癸中有大、夫之象,壬中有士,寅中也有士、大、夫之象,因曰为"士大夫"。

(二)感生神话

《三教源流搜神大全》曰:"丁未年二月三日诞生,祥光罩户,黄云迷野,居处地府近海","身体发光"。其中,"祥光罩户"指丁未年。未为羊为祥,丁为火为光。"身体发光"指张亚本命辛金,金能发光。"居处地府近海"指本命辛的坐宫亥,亥音海。"黄云迷野"指时干戊土,土色黄。年支未土被亥卯合去,化为木局,戊土无根,因曰黄云迷野。

①《休宁江村洪氏宗谱》卷八,雍正七年刻本。

②《藏外道书》第4册,第299页。

③(清)张香海等纂修:《梓潼县志》卷二《祀庙·文昌灵应祠》祠内旧有联云:"七十二化身阅尽人世间显晦升沉大富贵莫非命,真造化不论文若无一点丹心未许夸谈将相;千百年法眼看破古今来穷通得丧老头巾莫怨天,狂后生休使性但裕六经实学自然唾手功名。"是言七十二化。咸丰八年刊本。

《梓潼帝君化书》曰：“予以宝杖自随，无适不可，因念前身西海之隅，复经从焉，越裳之西，越嶲之南，两越之间有金马山，胜景清绝，张老夫妇，予累生之父母也，于是生焉。”[①]其中，“西海”指本命辛亥，辛为金，金位西，亥音海。“金马山”“金山邑”也是对辛金的演义。“张老”，“予累生之父母也”比喻张天师和老子，是道教人物。

（三）少年神话

《三教源流搜神大全》曰：“童稚时不喜嬉戏，每慕山泽，往往语言，若有隐显，昼诵群书，夜避众子，自笑自乐。”山为艮为少男，泽为兑为少女，暗喻八卦太极，是本命辛的坐宫亥为太极贵人的表现。明代《三命通会》曰：“太极者，太初也，始也，物造于初为太极。成也，收也，物有所归，曰极。造化始终相保，乃曰太极贵也……庚辛金得寅，乃金生乎艮，见亥乃金庙乎乾。《理愚歌》云，四库全时为至贵，位班上列据权衡。人命入格，更有福气贵神扶，岂不为美。”[②]

（四）土木神话

《三教源流搜神大全》曰：“居民祈祷，则余嗤讪长啸曰：土木而能衣人之衣，食人之食，享之而有应，谤之而有祸，我为人而焉无灵乎？”按张亚初始两个大运是壬寅、辛丑。大运论支，寅为木，丑为土，变成这里的土木神话。

（五）水府神话

大运己亥、戊子，地支为水。《三教源流搜神大全》曰：“后夜梦或为龙，或为王者天符，或为水府漕”，“梦治水府”，“夜往水际”，“字霈夫”，“古湫”，“祷雨”等是水的表现。龙是水的象征，古代有“龙行雨施”之说，因曰“梦或为龙”。水的五行为黑色，因曰“夜梦”。

（六）七曲山神话

大运丁酉、丙申。丙丁为火，申酉为金。本命辛金，畏火克制。《梓潼县志》曰：“张亚子居蜀七曲山，仕晋战殁，人为立庙。”[③]晋朝金德，与张亚本命辛金相同，因曰仕晋。《三教源流搜神大全》曰：“帝君殿在九曲之处，盖九曲水来朝，九折而去，经行山腹，路成七曲。”其中，九曲是金数，七曲是

①《梓潼帝君化书》卷四《丁未第七十一》。

②《三命通会》卷三《论太极贵》。

③《梓潼县志》卷二《祀庙·文昌灵应祠》。

火数。火克金，因而“战殁”。

《梓潼县志》曰：“其先越巂人，因报母仇，徙居是山，自秦伐蜀后世著灵异。”[①]本命辛金，以土为母。但木局克土，需七曲山之火以生土，故曰“因报母仇，徙居是山。”秦是金德，《史记》曰：“秦襄公自以居西戎，主少昊之神，作西畤，祠白帝，至献公时栎阳雨金，以为瑞，又作畦畤，祠白帝。少昊，金德也。”[②]《魏书》曰：“庚之与未，皆主于秦，辛为西夷。”[③]同声相应，同气相求，因云“自秦伐蜀后，世著灵异”。

（七）飞鸾神话

大运戊戌为土。《三教源流搜神大全》曰：“其殿有降笔亭，中以金索悬一五色飞鸾，鸾口衔笔，用金花钱数百番常留笔下，笔墨皆具。亭门本府差官封锁甚严，以防欺伪之弊降等。讫其亭内有铜钟自鸣，庙吏闻于本府，本府差官启钥取书以观报应，其降笔多劝人以忠孝为本。”其中，金索、金花钱、铜钟、金阙昊天的五行俱是金，是对张亚本命辛金的演义。辛金不足，需要土生。土数五，因曰“五色飞鸾”。观其八字，戊土无根，而曰“飞鸾”。“降笔多劝人以忠孝为本”，忠孝的五行也是土。土生金，是辛金之母，因曰“以忠孝为本”。

（八）咸阳神话

《三教源流搜神大全》曰：“改日作儒士，往咸阳讲姚苌故事。”有以下内涵：

（1）大运乙未、甲午两运是南方阳火之地，因曰“咸阳”。

（2）咸阳是秦的都城。秦是金德，张亚本命辛金，与之同德，因曰“往咸阳”。

（3）姚苌是后秦的建立者，都城长安，在咸阳附近。“讲姚苌”是取后秦与秦以类相从。此外，姚苌的第一个年号是白雀，白是金的五行之色，雀是南方朱雀，暗合命主由西方金运向南方火运之转化。

（4）“姚苌故事”，据《蜀中广记》云：“昔亚子西至长安，见姚苌谓曰：却后九年，君当入蜀，若至梓潼七曲山，幸当见寻。至建元十二年（376年），苌随杨安南伐，将至七曲迷道。游骑贾君蒙忽见一鹿驰去，逐至庙门，鹿自

① 《梓潼县志》卷二《祀庙·文昌灵应祠》。

② 《史记》卷八《高祖本纪》妪曰：“吾，白帝子也，化为蛇，当道，今为赤帝子斩之。”下注。

③ （北齐）魏收撰：《魏书》卷三十五《崔浩传》，清乾隆武英殿刻本。

死，追骑共剥之。有顷，苌至，悟曰：此是张君为我设主客之礼。烹食而去。”[①]

(九)南斗注生和文昌帝君

《三教源流搜神大全》曰：“帝君奉玉帝旨，佐南斗注生”，“圣朝延祐三年（1316年）七月七日加封圣号辅元开化文昌司禄宏仁帝君”，有“南斗注生”“文昌帝君”之说。按张亚大运丙申之后是南方未午之运，因云“奉玉帝旨佐南斗注生”。南方五行属火，文是文明，昌为日为火，比喻火德。唐《开元占经》曰：“文昌宫者，天府离宫也。”[②]离宫即离卦，位在南方。

三、徽州的梓潼帝君信仰

按乾隆《绩溪县志》，绩溪县有梓潼山庙，“在县东南一里梓潼山。《方舆记》云，初于山下置良安县。旧有双白石，忽化为鸟飞来山上，遂于其栖处立庙。邑人甚敬礼之，行立种植皆不敢背其庙，即梓潼真君庙也，山因曰梓潼。元天历己巳，庙废像存，邑校芮耆孙与邑儒士高若川等迎像置于文庙东庑祀之。明成化中提学御史陈选命去之，奉神于白鹤观。嘉靖间，复建祠于山。寻废，奉像于船山。万历十年（1582年）障山诗社十二子呈知县许弘纲建祠于梓潼山之麓棠荫亭下，立祠户以奉祀，后有楼，额曰昆仑十二楼。康熙年间合城士民重建祠于山上，书室、魁星楼毕备，更于祠后山巅运石高砌以为县学文峰，复迎船山神像于此，置产岁祀焉。”[③]又有船山文昌祠，在文峰右，明知县陈嘉策建。万历《绩溪县志》曰：“梓潼山，一名楼台山，上有白石宛若人形，有梓潼庙故址。”[④]

上述关键是如何理解“双白石”化为“鸟”。其中，“白”是金的五行之色，“石”介于土、金之间，五行属金，又称金石。“双白石”比喻梓潼所化之壁、奎二宿。《文昌大洞仙经》曰：“文昌星乃土气所化”，“因奎壁垂芒，帝命主持斯文，壁位居亥，专主图书，奎位居戌，专主文章，盖奎宿有文采，壁宿能藏书。昔嬴火之后，于屋壁得古文，故壁之于文典有功焉，是以文昌

① (明)曹学佺撰:《蜀中广记》卷二十六《剑州》,文渊阁四库全书本。

② (唐)瞿昙悉达撰:《开元占经》卷六十七,文渊阁四库全书本。

③ 乾隆《绩溪县志》卷五《二氏祀》。

④ (明)陈嘉策等纂修:万历《绩溪县志》卷二,万历九年刻本。

宫有东壁图书。”[①]奎为土，壁为土、辛，乃土生金，是梓潼本命辛金的表现。奎、壁是天上的星宿，故云化为双飞鸟来到山上。

明彭大翼《山堂肆考》曰：“梓潼帝君庙，俗称文昌祠，初祀于蜀，唐玄宗幸蜀封神左丞，宋元祐二年（1087年）加封辅元开化文昌司禄帝君。嘉熙间蜀破，民多徙钱塘，而蜀人牟子才等请立庙于吴山，其旁立二童，俗称天聋、地哑是也。”[②]明弘治元年（1488年）给事中张九功请正祀，天下学宫皆立文昌祠。至清代，“文昌、关帝、火神、龙王、城隍、刘猛将军等庙祀典，通行天下。”据道光《徽州府志》，徽州府的文昌庙，“在斗山亭，嘉庆六年（1801年）奉旨列入祀典，十六年歙人鲍漱芳之子均就旧址重建。”婺源县的文昌庙，“在澧溪，吕昌建，又捐田以资学者。”休宁县的文昌宫，“在尊经阁。”祁门县的文昌庙，“在县西门外。”黟县的文昌阁，“在学宫前，泮池之东，五都文会建。”绩溪县的文昌殿，“学宫东南崇圣祠右。”[③]

①《太上无极总真文昌大洞仙经》卷二，《中华道藏》第6册。

②（明）彭大翼撰：《山堂肆考》卷一百四十九，文渊阁四库全书本。

③ 道光《徽州府志》卷三《坛庙》。

第八章　风水信仰

明清徽州风水信仰盛行，主要有府县风水、村落风水、墓葬风水等。

第一节　徽州府城风水

徽州府的前身分别是歙黟县、新都郡、新安郡和歙州。歙黟二县建于“秦并天下”庚辰年。新都郡建于汉献帝建安十三年（208年），始领六县，是为戊子年。新安郡建于晋武帝太康元年（280年），仍领六县，是为庚子年。歙州建于隋开皇九年（589年），是为己酉年，至唐大历五年（770年）复统六县，是为庚戌年，此后成为定制。宋徽宗宣和三年（1121年）更名徽州，明初改为徽州府，清朝因之，最终形成了属相风水和人形风水，是徽州风水之大成（参见导言）。其他，府县也各有独特的风水。

一、府城南门风水

南门风水，弘治《徽州府治》曰：

郡城谯楼，旧在府治之南仪门前百余步筑台，为楼九间，台虚其中，南向，为府治正门楼，久且坏。宋绍兴二十年府城中偶有火灾，人有谬倡风水不利于正南门之说，遂于仪门东左另筑一小台为楼三间，启门东向，扁曰迎和，而闭正南门。凡有大事如接诏进表迎官之类，仍开正南门，事已复闭之。旧楼原置铜壶一座并夜天池、日天池、平壶、万水壶、水海、影表、定南针、添水桶、更筹、漏箭、铁板齐备。其更夫则新安卫幼军二十五名，更番轮值。又有阴阳生一人，候筹报时，俱迁至迎和楼。而设真武神于南谯楼，且为之说曰：“真武，北方水神，取水能胜火之义也。”

弘治十四年，南谯楼又坏于风雨，太守彭泽与同知李烨、通判陈理、推官梁继又修之，颇惩前谬，慨然有复由正门之意，撤楼上真武神像，中龛以奉风云雷雨山川社稷,左龛则本府司土及梁太守任昉,右龛则本府司门及前太守孙遇各神主。朔望则开正南门行之,因革有渐,而泽以尤去遂止。继而同知庁播署府事,又于正南门外筑照墙以屏民居,是亦有意于改正者也而未定。

弘治十六年癸亥,夏岭南博罗何公歆以御史出知府事,下车莅政之初,究前诳谬之惑,谓诸僚友曰:"向离明而听治天下皆然,独徽之门乃横出,有是理乎?吾以正临民,不惑于邪说,与民维新,当自此始。"同僚皆唯唯。中间复有以前谬为对者,公乃厉声曰:"府城中地窄民稠,楼宇若鱼鳞然,然又无火墙以防御之,其致火患无怪也,谯楼正门何罪焉!"及细访诸父老,皆云自改迁东门以来城中火患视绍兴间不加少。对者语塞,于是益惩前倡言风水者谬甚不足信也,且曰:"设有风水之说,则南谯楼门前有五溪环带,群峰拱抱,风气攸萃,莫良于此,奚舍是而他由哉?"遂启南谯楼,正门由之,而塞其东道,楼上原置壶鼓之类皆复焉。又建承宣坊于楼之前,藩镇坊于街之东,建钟楼于藩镇之右,与西城楼相峙,东西南三面翼以砖墙数十丈,谯楼前左为旌善亭,右为申明亭,迁板榜于两厢。其材庸工费皆逐时措置,未尝劳民而伤财,盖去邪崇正。规模宏敞,面势雄正,聿成伟观,人心欢悦,远近快睹焉。①

道光《徽州府志》曰:

何歆,字子敬,广东博罗人,弘治进士,由御史出守徽州,为人精敏强干,有吏能。郡数火灾,堪舆家以为治门面丙,丙火位不宜门前。守用其言,启甲门出入,犹灾。歆至,思所以御之,乃下令郡中,率五家为墙,里邑相效,家治崇墉以居。自后六七十年间无火灾,灾辄易灭,墙岿然不动。父老指而言曰,此何公力也。祠郡中弥灾亭,又合祀十太守祠。②

从上文看,徽州府治南门的谯楼风水之说始于宋绍兴二十年(1150年),至明朝弘治十四年(1501年)始革其敝,历经三百五十十年,甚至在弘治革新时还有反对之声,说明徽州人对谯楼的风水深信不疑。但太守之说也未尽然,宋朝的谯楼风水体现的是天地人三才合一的环境理念。经过弘治改革以后,真武神下架,太守神上台,天神让位于人神,而且是官方之神,说明徽州社

① 弘治《徽州府治》卷五《公署》。

② 道光《徽州府志》卷八《名宦传》。

会由自然崇拜逐渐转向官方崇拜，是徽州社会控制进一步加强的表现。表面上看是风水之争，实质上反映了宋明时期徽州社会风气的变迁。

二、府城西门风水

（一）蔺将军与五鬼山

徽州府有蔺将军庙，祀隋将军蔺亮，弘治《徽州府志》曰："在府城朝水门外，历唐以来塑为一丈夫峁立，金花帽锦袍，持弓矢引满，俗传以射西方五鬼山，乃隋将军蔺亮也。亮镇新安时，前接平陈之役，后接大业之乱，盖尝绶带登陴，以弓矢靖难，有功于斯人者，故设之不废。"[1]《大清一统志》曰："隋蔺亮，歙人，开皇九年（589年）废歙置新安镇，文帝爱亮骁勇，令将兵守之，大业之乱，赖其保障，民不识干戈。尝屯兵于浦口山上，乡人呼为蔺将军岩，立祠祀之。"[2]《万姓统谱》曰："开皇九年并黟歙入海宁，以隶婺州，遂废歙置新安镇，文帝爱亮为人骁勇，命将兵守之，经炀帝淫虐致大业之乱，僻处一隅，屹如保障，抚辑和洽，民不识干戈之苦，其植德于人甚大。"[3]

据上可知，蔺将军信仰主要出于两点：一是"蔺亮镇新安时，前接平陈之役，后接大业之乱，以弓矢靖难，有功于斯人"，故祠之不废，其信仰一似汪华；二是出于风水形胜之考虑，"历唐以来塑为一丈夫峁立，金花帽锦袍，持弓矢引满，俗传以射西方五鬼山。"唐桂芳《歙浦口重建蔺将军庙碑》曰："五鬼山者，阴阳家言不利于郡人，宜为射像以厌胜。"[4]道光《徽州府志》曰："五魁山，在（歙）县西三里，一名五鬼山，一名火焰山，峰如树掌，近对郭门，五峰煌煌，实启文运，昔人谬云主有火灾，乃建蔺将军庙于郭以厌之。"[5]魁又名奎，是西方七宿之一。奎主文章，如《文昌大洞仙经》曰："因奎、壁垂芒，帝命主持斯文，壁位居亥，专主图书，奎位居戌，专主文章，盖奎宿有文采，壁宿能藏书。"[6]故此处云五魁山"近对郭门，五峰煌煌，实

① 弘治《徽州府志》卷五《祀典》。

②《大清一统志》卷七十九。

③（明）凌迪知撰：《万姓统谱》卷九十九，文渊阁四库全书本。

④《新安文献志》卷九十六上。

⑤ 道光《徽州府志》卷一。

⑥《太上无极总真文昌大洞仙经》卷二。

启文运”。文为火象，又曰文明，因“奎、壁垂芒”为火之故，因此民间又名五鬼山为火焰山，它与“东门坎潜火”、郡“治门面丙（火）”吊起易学上的寅午戌火局，主火灾，故在南门设闵雨楼以镇南门之火，又在西门设藺将军以镇西方五鬼山之火。之所以选择藺将军厌之，一是因为藺将军名亮，亮与文、火同义，取以类相从；二是藺将军引弓射五鬼山。五鬼山在西方戌位，在易学上为火之墓库，所以要射去。此外，灭火还有一法，以土镇之，土数是五，《易经》曰：“天五生土，地十成之”，所以取名五鬼山。但五魁山之“五峰煌煌，实启文运”，还是有一定作用的，因而此地风水不可全去之，射五鬼山乃射其邪，而存其正。

上面讲到藺亮在隋初深受文帝信任，被任命镇守新安，“经炀帝淫虐致大业之乱，僻处一隅，屹如保障。”文帝、藺亮、炀帝中的文、亮、炀，五行俱是火，为同类相从。但炀帝是暴君，不能不反之，因此出现了藺亮隔岸射火焰山的情况，其实火焰山暗喻隋炀帝。《说文解字·火部》曰：“炀，炙燥也，从火，易声。”《玉篇·火部》曰：“炀，对火也。”《广韵·漾韵》曰：“炀，向也。”《方言》卷十三“炀”，晋郭璞注云：“今江东呼炽猛为炀”，“炀，暴也。”射的动作折射出徽州人对隋炀帝之态度，是对隋末藺亮所处时代困境的一种神话演义，也是对徽州历史上经常遭遇类似困境的一种神话象征，其意象与后羿射日如出一辙。传说古时天上有十个太阳，人们不堪其烈，于是出现了后羿射日。后羿射去九日而存一日，“因夏民以代夏政”。夏朝有九州，大禹铸九鼎，故九日是夏朝之象征，这便是历史上著名的“太康失国”，后世为避政治之讳，将其事寓于射日神话中。这里藺亮射五鬼山的真实内涵与后羿射日差不多是同一个意思，它反映了徽州人对待暴君暴政之态度和维护本地安全之决心，但随着时代的迁移，原始的痕迹逐渐褪去而与堪舆风水合而为一，历史变成了地理。

道光《徽州府志》曰：“刘默，直隶大名人，万历三十三年（1605年）为徽州府同知，河西五魁山，形家谓郡城所忌，乃捐俸特建藺将军楼为镇。”[①] 唐桂芳《歙浦口重建藺将军庙碑》曰：

> 时至亡隋，此何时邪？盖天下极乱之时也，大则连州跨境窃取名号，小则千百为伍以效鲸鲵，为人上者方事盘游，睽睽莫之制，然春秋书天王出居

① 道光《徽州府志》卷八。

于郑,甚言乎分之不可一日紊也,则夫守土谨节于一时若蔺将军者岂非难哉!将军讳亮,歙人,隋开皇九年并黟歙入海宁,以隶婺州,遂废歙置新安镇。文帝爱将军之勇,命将兵守之,经炀帝淫虐致大业之乱,僻处一隅,屹如保障,抚辑和洽,恍不识干戈之苦,其植德于人甚厚。距城十五里曰浦口,嵌岩峭峙,歙、海宁两港合流奔驶,乡人尚识之,曰:"将军屯兵于此。"

旧有祠宇,芜秽弗治,洪武己酉弥月不雨,主歙县簿维扬缪君仲礼沿省檄营漕浦口,重念民生多艰,微粒食何以给赋税?支力役?练日斋祓,稽首曰:"苟甘泽随澍,以兆有秋,愿复神位。"六月辛巳乃雨,丙戌、丁亥又雨,七月丙申又雨,沟浍瀌瀌,良苗奋兴,迅雷闪电,白昼晦冥,雨必自南来,咸曰将军炳灵,用答于我。簿考工有曰,城西门有蔺将军庙,金帽锦袍,挽弓以射河西五鬼山。五鬼山者,阴阳家言不利于郡人,宜为射像以厌胜,则拔山盖世之气亦可概见。呜呼!新安,汪王故国,香火最盛,将军御大业之乱,与王特后先耳,馁而不祠,岂人情也哉。声敲铁骑,月明溪上,意英雄不死,必往来乎其间也。[①]

(二)闵雨楼和紫阳门

闵雨楼在郡城西门,道光《徽州府志》曰:"宋时以府治客山紫阳、披云皆高,且在离位,为火星,乃临城为楼以镇之,垩饰皆黑,取水胜火之义,楼成而雨,因名闵雨楼。"[②]民国《歙县志》曰:"闵雨楼,即府城西门城楼,宋时以南山披云,高在离位,形家以为火星,乃临城为楼以镇之,垩室皆黑,以水胜也。楼成而雨,故名。"[③]西门五行为金,离卦为火,火克金,故设闵雨楼,取金生水克火。

又有紫阳门,"宋卢宗原修筑,罗城六门之一,介西门、南门之间,元仍之。明邓愈改为五门,将紫阳门堵塞。"[④]宋罗愿《新安志》曰:"乾道八年(1172年)夏五月,前赵侯集六县,各新沿城一门,而州则恢度东南。"[⑤]徽州原有一府六县,故宋代设六个城门象征六县,至明朝时堵塞西南的紫阳门,只留五个城门。明朝徽商兴起,唯金是求。六是水数,《易经》曰:"天一生水,地六成之"。五是土数,《易经》曰:"天五生土,地十成之"。水泄金,

①《新安文献志》卷九十六上。

② 道光《徽州府志》卷二《古迹》。

③ 民国《歙县志》卷一《古迹》。

④ 民国《歙县志》卷一《古迹》。

⑤《新安志》卷一《城社》。

而土能生金，因此改六门为五门。紫阳门在西南土金方位，阳为火，金忌火克，因此将紫阳门堵塞。

(三)丙丁塘

民国《歙县志》曰："丙字塘，在郡西门外，渐为居民侵没，明泰昌元年（1620年）知府周士昌按故地浚之，郡人为立周公祠于其上。丁字塘，在郡南门外。旧云治西有火星山，作丙丁二塘以厌之。丁字塘形如丁字。"[①]

丙丁为火，塘为水土，以水克火，以土泄火。东方为火之长生，南方为火之正位，西方为火之墓库，三者构成火局，加之西门又有火星山，旺火焦土，遂于火源上游的南方和西方设丙丁二塘稍减其势。

(四)黄家墩

黄家墩，民国《歙县志》曰："坐落在府城西门外太平桥之东，在府治之右，旧建高楼，歙绅吴天洪精于堪舆，呈请将楼拆毁，册载孙黄二姓见业，不知何时为旌德人所有。嘉庆十七年（1812年）旌人朱殿华等契买其业，议造公寓，歙绅公出阻止。道光六年（1826年）重建府大堂，并修府志，歙绅用公项照原价赎回以作府治公产税，入神禹户纳粮。递有公呈，奉府宪马批示，永远不得建造楼屋，以保府治。"[②]

根据前面可知，府城西门有五鬼山、火星山，是火库之地。因此，西门不宜建高楼或公寓，以免吊起火局为害。而土能镇火，土的五行之色为黄，故取名黄家墩。

(五)府城东门风水

《宏村汪氏家谱》"东门坎潜火"曰："咸淳六年（1270年），郡守王应麟领事三日，首谒忠显庙，得签云：涉水蹈火几重危，历遍尤危观福基。千里故人传好信，旧家门内再光辉。守曰：签云蹈火，又云光辉，知不免庚辛之厄。是晚果报燎起东门，急辇忠显王像，坐街衢，齐心控祈，随反风，烈焰竟止。"[③]

易理上以巳酉丑为金局，亥卯未为木局，申子辰为水局，寅午戌为火局。寅为火之长生，午为火之帝旺，戌为火之墓库。"东门坎潜火"即东方寅位的长生之火，尚未成形，故曰潜火。府城南门谯楼位于午方，西门五鬼山位于

① 民国《歙县志》卷一《古迹》。

② 民国《歙县志》卷二《公署》。

③《宏村汪氏家谱》卷二十二《事实》。

戌方，三者吊起火局为害。午火帝旺，戌为火库，两者是火之尤者，故在南门和西门均有严厉的风水镇厌措施。而寅方是长生之火，俗贵长生，因此没有防火措施。

第二节　绩溪县城风水

一、水口船山与文峰塔

绩溪县城水口在船山和快活山，俗谓“绩溪之护山”。乾隆《绩溪县志》曰：“船山，一名鱼袋山，在县南五里，与快活山联络为邑水口，上有文峰，题曰柱天文栋，有仰葵公所、文昌祠，右石台冯大溪，名钓鳌云。快活山与船山接，其上乔木蓊郁，青囊家谓绩溪之护山。世传明太祖由宁国征婺州，驻是地，并无蚊蝇，因呼为快活林云。”[①]嘉庆《绩溪县志》曰：“当邑水口曰船山，一名鱼袋山，明志上有文峰，旁有仰葵公所、文昌祠，右行有石台冯大溪，名钓鳌。万历元年（1573年），教谕庄希益议建文峰，后知府崔孔昕、知县陈嘉策成之，题曰柱天文栋，万历十二年（1584年）知县黄榉捐建。今此地尚存宝塔七层，大佛寺一所，余皆圮。”[②]

据上可知，船山上有文峰塔、文昌祠、仰葵公所等，皆是水口风水之设施。文峰塔是万历间知县陈嘉策所建，乾隆《绩溪县志》曰：

> 葵心陈公之令于绩也，布德修政，殚心以图之矣，而尤加意于学校焉，矩矱章程列乎成规，馆谷灯膏取之常禄，会颍滨祠而群居有警，开鹿苹馆而屡省必亲，故士之向方日异而月不同，彬彬乎文之盛也。公每阅文辄曰：“是亦足兴矣，科甲之登，何昔之赫奕而今之数奇也?”乃稽之堪舆家，以谓东南隅地旷气泄，科甲之有隆替坐是，因相地于水口之山曰船山，宅坤面艮以见文笔之峰，揣宜高广，各若干丈尺，于以完其泄而当其旷。公遂请诸郡守崔公，首捐俸赀及罚民之罪疑者以资厥费，绩大夫士庶咸愿搜帑索奁，量力来输，筑台甃塔以底于鋈锢焉。方其肇造也，丙子乡试得中式者一人，士相喜告曰：“兹我公造士之征也，夫况文峰之成也，其科甲蝉联之盛可涯涘

① 乾隆《绩溪县志》卷一《山川》。

② (清)清恺修：嘉庆《绩溪县志》卷一《山川》，嘉庆十五年刻本。

乎，公造士之德弗可忘矣。"遂相与致之，敬祝之间为仰葵公所若干楹以纪德也。[①]

上文交代了文峰塔建立的原因，"堪舆家以谓东南隅地旷气泄，科甲之有隆替坐是，因相地于水口之山曰船山，宅坤面艮以见文笔之峰，揣宜高广，各若干丈尺，于以完其泄而当其旷。"文昌祠、钓鳌作用类似，都是振兴绩溪县科甲文运之产物。

二、大宁渠与倒地文笔

绩溪县城中旧有二水相夹南流，二水交汇处状若倒地文笔，正朝县城南门。嘉庆《绩溪县志》曰：

入城水有二。一为隆圩堨，自川上桥引杨水南流里许入清河门，历东作门，由南门左水关出，复逆而北，会西城南出之水于南关桥下，然后散入隆圩堨，溉田四百亩，委竟于徽溪。一自麻鸭岱东南流抵观山，入城循新西街出南门右水关，与东城南出之水会于南城外，南入徽溪。二水相夹南流，有洲中亘，正对南门。嘉靖丁未邑人于二水交合处累石锐首，状倒地文笔。省志南关桥下有倒流朝县，水约九步，前志谓之回流水。二水萦回于文峰，倒地之北，俗谓之砚池。[②]

南关桥，在南城外，方士旭建，后圮，曾孙方赋重建，桥下有锐石倒朝，形家谓倒地文笔，分东西圳水，决而北流，汇桥下以润之，故有倒地流朝县。水九步，职其事者当以时浚之。[③]

又有隆堨，即上文中的隆圩堨，又名大宁渠。其作用有二，一是制南门火星，二是有倒地文笔。

隆堨即大宁渠，在城北乳溪桥下。万历间知县胡民仰捐俸开渠，自北而南由清河门下水窦入城，以制火星，兼受居民汲引，由华阳门而出水，复萦绕而北，仍从北流南，渠中有倒地文笔，水达隆干，浇灌田亩。时或冲溃，

---

① 乾隆《绩溪县志》卷一《古迹》。

② 嘉庆《绩溪县志》卷一《山川》。

③ 嘉庆《绩溪县志》卷二《津梁》。

则请于官修筑为邑要堨。[1]

胡思伸的《大宁渠记》也揭示隆堨具有二义，“一以制火德，一以润文笔，此关乎风气非浅”：

环绩皆山也，而溪界其间，其东偏之山曰大屏，巀魄特起，于邑为离，于五德为大绩之文笔峰也。稍折而北，有茏从山，则杨水之源发焉，萦流迂回，沂屏山而南，与乳水交汇，涌裔郭外，周旋六七里，而城故无渠，靡所注也。自元尹张公恬因浍为渠，导水由北之屏镇门，循堞而东窦于今清河门之下，与屏山相射，市中尽穿地为渠，贯于华阳门而出马门外，故有隙地一隅，号曰倒地文笔。而渠之流分绕而护之，则是水也，一以制火德，一以润文笔，此关乎风气非浅眇也。迨我国家经画疆土，亦因之不变，亡何城废而渠渐堙，然宏正以来人文之盛与民岩之乐犹甲新安。

自嘉靖丙寅邑再城重役之后，或未暇修渠，民又不惟永利而各争其便，城邑外则水碓壅其流，城以内则树筑塞其道，于是渠尽为闾而水脉遂久阏不通，故民多郁攸之炎，士遭亢九之危，而议论纷纷矣。当事者即欲嘉与更始，而便于私者且旋扰之，彼亦曰毋动为大耳。惟我胡侯下车，辄讯里中所疾苦谓莫急于穿渠，侯乃瞿然曰：“此诚治绩首务哉。”遂手自削牍，上诸当路。既报可，一日忽赴郊外，指命左右曰：“与我毁若碓，咄嗟而办。”谋扰者卒不及措。随下令邑中，其令与民曰：“吾为民杜火患，非厉若，可亟疏之，毋殚其劳。”其于士曰：“吾为若挽文运，非扰若，可亟之，毋殚费。”由是邑父老子弟闻之更相勉曰：“鄙人何知，伺其利者为有德，上实利我，何忍倍之，且自祸也。”疏者、凿者、穴而筑者，罔遗余力，浃月而水之故道悉复，水汩汩昼夜无已。时回禄潜驱，安其居而百姓宁，间有发者不旋踵而救之熄矣。由此推之人文，宜亦有兴者，可跂足而俟也。[2]

第三节　绩溪龙川胡氏风水

绩溪县龙川村又名大坑口，乃胡氏祖居地，历史上向以风水著称，宋朝风水先生赖布衣曰：“此内必有大天地”。明末桐城地师陆海鹤曰：“不佞业攻

① 嘉庆《绩溪县志》卷二《水利》。

② 嘉庆《绩溪县志》卷十一《记》。

堪舆，雅游山水，新安之远，不惮烦劳，胜景名山，阴基阳基颇多，未有如绩溪大坑口阳基者”，“此是江南第一家”，对其盛赞不已。

一、龙川胡氏阳基风水

《赖公定龙川胡氏阳基书》曰：

俊近别德宇，时深瞻仰，专侯遣书使来奉问起居，受福为慰。蒙论择扦阳基，敢不倾竭愚衷！宅上东山高秀，欲向甲乙，南山端迎，又欲向丙，然据术则山有形有情为美，须择其有情者而向之。白山虽小而情貌可观，纵低小亦无大害，不必取银屏大者为前也。且二十四格各有吉凶，凡有好山形，须当吉位。且以东向言之，横山逆水而上，俗人以作上水金鱼而看，龙峰高耸，俗徒又作文笔，愚以为非也。其形如鱼印，宜居庚兑则为金鱼金印，归甲乙则为木鱼木印，归四墓则为扛尸则为伪印。龙峰在巽则为文笔，所在辰位形虽好而在凶方，犹善人而处非其地，节亦随变，虽外貌可观而方寸难托。故凶山，吉山为之主，是犹小人不可无君子为之用也，吉山不得凶山为之用，亦犹君子不可无小人为之徒也，故书云“五凶山水不全无，大抵须令向外居”。若地不高，当吉位是非祸患永消，正如丙山低小，迎水向上吉，其情如嘉宾缔合，握手登堂，倾泻中抱。龙山银屏高大不合，正如仆夫辈，则当坐之门外以待驱使，委以酒肉，若使之逾分量，趋庭抗礼，必自取侮之患矣。

坤为地母，诸山所托，凡求风水者，当用坤封取三吉，故丙艮兑丁巽辛独居六秀贵之地，犹稠人中之君子也，所用六秀之龙必用六秀为向，犹君子不可问于小人也。乾坤坎离为阳，艮巽震兑为阴，干支亦从配卦，宅上阳基亦宜配合，故曰：“来山不合六条龙，空自千山与万层，休说子孙荣贵事，也须难免横灾凶。”至放水阳山用阳，阴山用阴，匕阳不可交杂，书云：“阴阳混杂事难期，纵合天星未可知，用得一宫山水正，自然荣贵不须疑。”今作兑山，欲向甲乙，坐庚向甲为绝命，坐辛向乙为游魂，是不吉也。龙山银屏虽秀拔，然以情取之，未为至当，故《经纶朝山》云：“譬如贵人背面立，与我情意不相关，谓之无情。”取向则丙向小山深为至当。壬癸纳甲乙，五凶之位，本无贵气可坐而不可向也，老阴阳之纳干支甲乙，孤虚之位，若以端顾必欲向之，犹以糟粕疗饥腹，偃毙可立俟矣。凡立宅安坟，迎山接水乃吉，此为三般卦例。兑山向甲，亦坐为向，谬误甚矣。

但堪舆之术，贵气迎接，先情后形，避凶趋吉，不可案山与来山相对，然后为之迎接，亦有下山抱裹绕城是也。愚所必用丙向者，盖审其势之所宜向而向之，水口喜有展旗、顿旗，又兼前砂前山逆水而上，不可谓之无情，杆峰正在水口，亦不间也。凡水口吉凶不出堂内尺寸之间便合神，然其坐向所宜，流水所出，苟失正理，祸福区分。今果扦丙向，亦只用下砂绕抱紧密，所谓“一宫山水”也。丙向于兑，为兑之阴卦，为阴中之阳，纳甲属阴中之阴，取其龙向配纳之吉。壬丙相向，阴阳和合，经云：“兑上无论何处居，远朝山水是盈余，武曲忽然山起照，坎宫五鬼自消除。”此坎龙也，亦癸说焉。经云：“震为雷仰镇天关，遐迩趋朝叠嶂峦，披拂仁风千里远，人人尽拜五侯官。”此震说也，亦癸说焉。今正用之。

诚据愚见，断然无疑，则来兆之祥可以预贺矣，不过半纪而应。乙巳之岁小发而挫，乙巳纳音属火克金，主挫，勿以为虑。丁未之岁德加临，当主功名振耀，旬日之间出将入相，不但碌碌迁除而已。今寰宇义宁，幽燕未归版籍，朝廷有意恢复，倘值此时扬威振旅，勿计名位高下，倡言于朝，奋力请进，必立希世之奇功。仆愿策励驽骀，相从于凯歌之辰，非妄言也。若参之己见，微有更改，妄触一机，百关俱废，当自任其咎，勿复相问，细味来谕，得毋失大体乎！风露凄凉，更以礼智自全，克终大事不宣。①

上文交代了龙川的地形特点，“其形如鱼印，宜居庚兑则为金鱼金印”，说明龙川的来龙是兑金，地形是金鱼，而明末地师陆海鹤作《龙川地记》谓其形为“独鲤朝天势”，鲤也是鱼，说明其地为鱼形，并非如今日所谓之船形。赖布衣正是抓住了这一点才能对其风水进行正确的布局。首先，根据坤母三吉理论将胡氏宗祠定为丙向，“坤为地母，诸山所托，凡求风水者，当用坤封取三吉。故丙艮兑丁巽辛独居六秀贵之地，犹稠人中之君子也，所用六秀之龙必用六秀为向。”三吉指艮、兑、巽，又称“三般卦例”。又根据八卦纳甲理论：艮纳丙，兑纳丁，巽纳辛，合为六秀。兑是三吉之一，又是六秀之一，也是龙川的来龙，丙向之山作合有情，故立六秀之丙向，坐壬向丙。但实际勘测，胡氏宗祠是癸山丁向，疑是后人改动的结果。这两种向都符合六秀立向理论，其区别在于癸山丁向还加入了兑纳丁之理论，属于纳甲一气，无疑更进一层。据此就不难理解胡氏宗祠旁设置丁氏祠堂的原因了。因为龙川来龙是兑，兑纳丁，胡氏宗祠立向也是丁，故丁氏祠堂之设置应理解为风

①《绩溪龙川胡氏家谱》卷四，民国十三年刻本。

水纳甲之产物，并非如今日流行之船需铆钉。

附一：《念五公行状》与赖布衣

念五公讳之纲，字伯纪，隐居不仕。富于赀财，田园建于徽严杭宁四郡，每岁进粮十万。秦桧忌公富，令公筑杭州新城之半城，成且速，诏封公提干，公畏桧奸，受诏不起。江西赖公者，讳俊字文正，精于堪舆，登进士，与时不合，弃官恣游山水，常着布衣，号为赖布衣。至徽见登源水口，惊曰“此内必有大天地”。过湖里、仁里、瀛洲，皆不礼之。及谒公，公以上宾之礼礼之，居数年去而复至，待之如初，乃扦中王麻榨形、一都铜锣形、许村诰轴形、金紫山飞凤形、横縢屏风形、油坑马林坞锤钟形。既去，乃谴书定阳基向，指初公居东取龙山高耸端严，赖公谓东山不如南方白石山为妙，且贤宾主情相缔合，作壬山丙向。书凡千余言，括尽堪舆秘旨，至今传诵之。公所生七子皆受朝封，六子出继高姓，亦成大族。斯文与盛，非胡氏风水之庇荫耶。[①]

附二：《陆海鹤地师作龙川地记》

不佞业攻堪舆，雅游山水。新安之远，不惮烦劳，胜景名山，阴基阳基颇多，未有如绩溪大坑口阳基者。祖起黄山三十六峰，至绩数百里出阳溪，跨丛山关、丁家店，跌落平田，复起丈尺，东入浙地，西入金陵，中落磊匕，低埠连绵，小小细墩，四畔沟田，两旁平地，独起石金高峰，势高千丈，莫之与竞，独鲤朝天势。石金山也，五星聚构形，金水行龙，自天而下，跌落过度，飞入青天，伏入黄泉，一阖一辟，一升一降，脱胎换骨，列盖立屏，台盖下龙蛇聚会，展诰下鸾凤齐飞，卫身龙飞跃而来，前朝马奔腾而上，凤鸟鸣于来龙之首，天马出于水口之中，孔圣叹周鲁之不至，不佞喜胡宅之并呈。祖山崛起于坎子，拱山两峙于甲辰，左有超拔之文笔，谓龙须山也，右展顿之旌旗，谓鸡索石也。

基址端坐于土垣，东有冲天之木，西有献天之金，南有滔天之火，北有涨天之水，文武器具左右，高照于祖星，金木水火四方环拱于坐位，上应天星虚房星昴之吉宿，下列地形东南西北之正垣。前水玉带形方，后山玉屏宝帐，抑且石金山、凤头山，龙脉上钟立，鸡冠石山、龙须山、天马山罗城外。罗城拱秀波斯，有灵印浮水面，谓水口石印也，为地轴，巨灵有力，舟行陆

① 《绩溪龙川胡氏家谱》卷首。

地，作天关铁索绕孤舟，山与水而并秀，人与地而俱灵。堂有内堂、中堂及外堂，水自一曲、三曲至九曲。主山自北而落，宾山自南而至，东北山水顺流入堂，西南山水逆上聚堂，有夹流笋突之华表，此谓银屏山；有中流砥柱之罗星，此谓马鞍石；内有旗屏雄镇，谓水口朝马山也；外有狮象卧蹲，谓中王外水口也。

赖仙云："银屏奢酒出临溪，四十里内出王侯"，正谓大坑口阳基言也。惜乎局无百里之宏大，水无千丈之深渊，俱止出将入相，裂土分茅，为江南一大家而已。维今盛夏，陟此奇峰，指石金山也，竹箨解而翠凤尾新，松毛深而苍龙鬃软，玄明收雾障望眼，堪舒少语转风轮，吟怀倍爽，乃题数语，聊缀七言："从来未观石金峰，今见飞腾疑真龙。江南名族数百千，此是江南第一家。"万历二十五年，安徽桐城县飞来道人陆海鹤书。

二、胡氏祖坟胡元龙墓的风水

胡元龙是胡氏第二十五世祖，墓地在绩溪湖村。《元龙公墓记》曰：

祖龙周家坟山，高峻象真武大座。前列地坦护村，龙从右穿地落下，村后结穴，蛇形三寸，打成平坦后，造假穴放。然芹坑纹田出口，水不归堂，长生水由坟前干坑到村，出大溪灰灶山。岱上地作下砂，竹园地作上砂，七峰文笔朝山。冠山列前，壬山丙向加子午。株树三抱，葱茏荫庇护坟。地税九亩，尽字号发祥之地。①

文中提到其墓地有真武和蛇。《龙川胡氏支派谱序》也讲其墓地有真武、龟蛇：

坟地蛇形，四望山川秀丽，水口迴环，狮象捍门，龟蛇拦水，北列银屏之峻，南排珥笔之奇，堂开旷，大水出之玄，且来龙祖山高耸尊严，像若真武临座。②

真武即道教中的玄武帝，龟蛇是其形象之一。《元始天尊说北方真武妙经》曰："昔有净乐国王与善缘皇后梦吞日光，觉而有娠，怀胎十四个月，于开皇元年（581年）甲辰之岁三月建辰初三日午时诞于王宫。生而神灵，长而

①《绩溪龙川胡氏家谱》卷四。

②《绩溪龙川胡氏家谱》卷首。

勇猛，不统王位，唯务修行，辅助玉帝，誓断天下妖魔，救护群品，日夜于王宫中发此誓愿，父王不能禁制，遂舍家辞父母入武当山中修道四十二年，功成果满，白日登天。玉帝闻其勇猛，敕镇北方，统摄真武之位以断天下妖邪……真武神将敬奉天尊教敕，乃披发跣足，踏螣蛇、八卦、神龟，部领三十万神将……太阴化生，水位之精，虚危上应，龟蛇合形。”[①]说明玄武帝的形象不仅是龟蛇合形，还有八卦。八卦是古代风水的基本思维，胡元龙的墓地周围即呈八卦形状，而今日绩溪县将湖村改名太极村，太极即是八卦。

从以上可以看出，胡元龙墓的风水是按照玄武帝的形象进行布局的。玄武帝是北方之神，五行为水，故村落取名湖村，居民定作胡氏，水当指玄武帝。前面说过，龙川的来龙是兑金。兑金生水，龙川与湖村的风水即是金水的组合，亦即明末陆海鹤地师所称的“金水行龙”。金位在西，水位在北，说明胡氏后人发迹必与金水或西北有关，如明朝的胡宗宪发迹浙江，胡雪岩为雪水。金数四和九，因此陆海鹤称龙川阳基“四十里内出王侯”。

第四节　歙县斗山、魁杓亭风水

歙县斗山之形势与天文北斗相应，有三点风水之设施：一、名其山曰斗山；二、北斗有七星，自一至四为魁，自五至七为杓，因在斗山上建魁杓亭；三、北斗斗口有文昌宫，因在斗山上建文昌祠以符天象。其风水之作用：一是“仰天之高以见夫天枢之运”，“见夫天人之一致，反诸吾身而自足”，此以北斗和魁杓亭为体现；二是“其于兴学作人相禆助，明效诚多”，此以文昌祠和周围学宫、文馆为体现，反映了天人合一、学以致用的风水理念。万历元年（1573年）汪尚宁的《斗山魁杓亭碑记》对此作了详细的记载，其中关于北斗的阐释尤见精义：

新安奠斗山，递南为治，斗山为阜七，形家称祥，群峰森列，六水澄涵，盖风气所钟，奥区也。自予诸生时，睹有司亭其巅，诸父老私语：“是当天枢星，但高寒无卫无己，当四立魁杓，间挹群秀而映诸汇为胜。”已迩，济南旸谷崔公守郡，治教既孚，多人士登临其上，具得诸父老所告情实，谓亭于形家不称，诸庠士益以建造利病为请，且陈说往者殿元高第。兹值再历，公

① 《元始天尊说北方真武妙经》全一卷。

曰:"苟可振作多士,吾何爱一亭费乎!"乃属邑令姚侯,令裁宜从事。侯遂计上,以丞张光润督之,公多许可而受其算,为楹八,为向方四,中立四达,郡若庠指顾间星罗万家,旧亭后枕,文馆前峙,合形辅势,若宿有期,相待以兴,层阁广若干丈,高倍三,又从多士请,于上祠文昌神。自肇工至迄工,凡浃月,其材得于民室之余朒,民未知有工,亭跂如翼如。完已,共计费金若干,扁曰魁杓,并后亭前馆、学宫维新,有太史许维桢氏记。

庠师杨存礼以亭记问予,按《星官书》,北斗星七,一至四为魁,五至七为杓,又魁四星为璇玑,杓三星为玉衡,运乎天中,临制四方,建四时而均齐七政,神天五行,其在人为心宰制万事,酬酢万变,胥此其枢也。予善公之作人劝学有方,默运其机,令多士莫可已已。夫顺士之所悦,趋以致吾之所欲,成古之人行,是以著功者不必泥小而遗大也,斯役固教士之微权耳。诸士日眺斯亭,仰天之高以见夫天枢之运,而四时之寒暑灾祥胥此焉宰之。因悟夫吾身之枢,万化之所从出,宜有以圆神其运,牖其暗,疏其塞,匡其邪,为学则自善信以至圣神,从仕则修己以敬而安人安百姓。枢无一息不运生机,无一息或间宽,见夫天人之一致,反诸吾身而自足,则仰观俯察不相睽违,不徒羡其法象之高厚,悬象之著名而已……兹亭之建,其于兴学作人相裨助,明效诚多……万历元年癸酉春二月吉日。[①]

第五节　歙县禹王庙、龙井山、文昌阁风水

新安郡治处山城之中，水患去留无常，因修渔梁以防洪蓄水。渔梁近处有龙井山，山上有两点风水设施：一、取历史上大禹治水故事，建大禹庙以镇渔梁风水；二、建文昌阁，此又出于两点之考虑，一是"作者以龙井象龙门，以龙门论进士，以进士主文昌，禹居前，文昌后跱，上应天道，中纪人事，下稽地理，三物具焉。"二是建文昌阁以附会明朝徽州天文、人事之瑞兆，"甲申之春，盖五星聚奎壁云"，"新安入明二百余年，名公卿不乏，其以帝师为相则自顷岁始，当轴处中，裨赞有文之治，有开必先天所命也，宇内奏云汉之雅诵，作人之盛，新安其首善已，故以新安当奎壁之野，以相国应文昌之宿，以星聚奎壁征文明之运。"明末李维桢的《禹王庙龙井山文昌阁记》对此有详细的记载：

① 民国《歙县志》卷十五。

济源高大夫师孔守新安之三年，始作文昌阁，置酒告成，不佞桢得寓目焉。维时来牟大获，耕耨方殷，天降时雨，川原若沐，大夫顾而乐之，觞行无算。

不佞膝席而请曰："闻之乐，乐其所自生，夫阁安从始乎？"

大夫曰："新安因山为城，练江经其麓，骤涨即中，宿可至武林，涸曾不及马腹，形家以为病，乃楗石菑，是名渔梁，水亭居矣。距渔梁百步而远有邱望崖，洒而高，是名龙井，起若雕，覆若敦，昂若立鹄、勾廉，石离离若施行马，是天所以回远下流而橐籥利府也，非神禹之力不及此，爰建禹庙。其后墺隙不治，庳下无以称庙貌，乃今有阁，阁高可五十尺，广半之，修得广之七，登阁而望，百雉可掇，逵市在宇，弦歌比屋，嘉生蔽野。其左则紫阳朱氏之所讲业也，稍南则城阳许宣平之所隐也。其前则月滩，李白之所游咏也。其右则问政山，于德晦之所治也。天都、大鄣若隐若现，江樛流入，带折若回，视驰波跳，沫金堤汤谷，舟楫鳞次，鱼鸟上下，即无论形家言。守臣幸而在事，以时出采风谣，讯疾苦，观云物，察祥异，寅宾客，奉周行，舍此奚适矣！"

不佞曰："善。其祠文昌，何居？"

大夫曰："斗魁戴匡六星，为文昌宫，其六曰司禄，主赏功进士，士之进也，其犹龙乎。禹凿三门，在虢西界，望之若柱，神鱼腾跃而上，是名龙门。作者以龙井象龙门，以龙门论进士，以进士主文昌。禹居前，文昌后跱，上应天道，中纪人事，下稽地理，三物具焉。"

不佞曰："善。然则何以待今兹？"

大夫曰："甲申之春，盖五星聚奎壁云。《天官》言奎画主文章，东壁帝图书府也。文者，精所聚，昌者，扬天纪，辅拂并居，以成天象。文昌司其凡，奎壁分其官。汉聚东井而三代遗书出，厥有武帝，表章六经。宋聚奎而儒术显，濂洛关闽超乘而蹑洙泗，未有聚奎壁间者，文莫昌于此矣。诗不云乎，倬彼云汉，为章于天，文王之所以为文也。今天子统一圣经，寿考作人，天下响风誉髦。斯士上帝嘉响，协气横流，悬象著名有时，阁祀文昌，以彰天休，扬主德，风劝学徒，岂其不经而祝史有愧辞乎？世传文昌为周张仲，秉德孝友，以相宣王周道，灿然复兴，声施无穷。新安入明二百余年，名公卿不乏，其以帝师为相则自顷岁始，当轴处中，裨赞有文之治，有开必先天所命也。宇内奏云汉之雅诵，作人之盛，新安其首善已，故以新安当奎壁之野，以相国应文昌之宿，以星聚奎壁征文明之运。天非人不成，人非天不因，傥此之谓乎！"

不佞曰："善。易有之，观乎天文以察时变，观乎人文以化成天下，信如！大夫言有龙井，故受之以砥柱，有砥柱故受之以禹庙，有禹庙故受之以文昌，有文昌故受之以奎壁，斯变化之道也。阴阳家拘而多忌，幻渺而难信，又何称焉！"①

歙县人认为渔梁关系西乡风水，"徽处万山中，四塞周密，歙居徽中，西乡又居歙之中，固宜其稍为较盛。然近日以来西乡甲第稍逊，形家者言辄谓渔梁坝圮关系西境兴衰，亦未必然也。"②

第六节　休宁县儒学风水

明清休宁县儒学风水主要有三点：一是儒学前丙丁巽三峰风水；二是儒学大门朝向风水；三是儒学前汶溪桥风水。道光《休宁县志》有以下记载：

嘉靖三十三年（1554年），新建儒学前丙丁巽三峰。

万历三十三年（1605年），知县李乔岱修学宫，议复青云门，格于时议未果。

万历三十九年（1611年），知县施天德因学宫易普满寺地，青云门久废，遂改儒学门于巽方，复其旧。

万历四十一年（1613年），知县张汝懋从舆议改门为非，复开大门。

天启三年（1623年），知县侯安国嘱孝廉查应光重修建文昌阁于卯位。时议前向丙峰，林木丛蔽，培土加崇。又以汶溪桥射胸，移下游以通巽脉。崇祯间，学博袁应兆倡建魁星楼于阁前。

顺治八年（1651年），知县翁人龙修学宫，以宋时旧有青云门，科第特甚，因移儒学大门于巽方，即青云门故址。文昌阁、魁星楼俱废。

顺治十年（1653年），知县张天成、教谕朱衮拓泮宫，移儒学大门于泮池南。

康熙五年（1666年），知县洪泮洙复改儒学大门于巽方。

康熙十七年（1678年），教谕张问达开大门于坤方，翰林汪晋征建议，仍复青云门旧。

① 民国《歙县志》卷十五。

② 民国《歙县志》卷十六《拾遗》

康熙五十二年（1713年），教谕朱大复、训导钱淮建魁星阁于儒学大门之左。

道光年间，儒学大门在学宫巽方，即宋之青云门[1]。

一、丙丁巽三峰

明嘉靖、隆庆年间，休宁儒学前新建丙丁巽三峰，其作用有二：一是"增高益卑""裨益地灵而阐发蕴奥"。二是丙丁巽，"上应太微太乙之垣。丙丁，离明之义也，其象为火；巽，极顺之义也，其象为风"，象征休宁县文风。结果"是岁蝉联颖脱，掇巍科者有九人，视往事为独盛，盖哄然以三峰有成之故矣。"王谣《儒学新建三峰记》曰：

县学制在县城之南，其位面阳，地惟爽垲，其外环以群山，绕以汶溪，水色山光，晴然辉映，蕴灵毓秀，宜无出于此。嘉靖戊申，堪舆家者过之曰："吁，地脉欲长，否则索，奠基欲厚，否则陂，水势欲静，否则闹，山峰欲耸，否则替。兹地祖松萝以宅吉处，吴越之上游无以加矣。然欲挺千仞之孤标，发扶舆之秀气，则增高益卑宜有待焉。当前一面，其方为丙丁为巽，上应太微太乙之垣。丙丁，离明之义也，其象为火。巽，极顺之义也，其象为风。宜作三峰焉，助顺彰明，以法灵曜，其亟勤于役乎！"

时主县事霁川宋君然之，乃合邑之父老而计之，虑事度材，并手皆作，取山麓之土而登之巅，峭然矗然，望之如削石，为丙峰。相去东西三百步许，各建一塔，干青霄而直上如浮屠之状，实非浮屠也，东名巽峰，西名丁峰。计所费不赀，而二役不可以数，亦诚难哉，乃父老相率其子弟以及庠士亦各输其所有以助之，不数日而工已，集三峰鼎峙，天柱并撑，巍然斯邑之大观矣。其东一峰势已落成，而绝顶之上所少一篑如人具衣冠而无弁，观者不无有遗憾焉。余视事之明年为隆庆初年，博士绍泉陈君、云岩许君、章山毛君偕诸士复从而申之……其终成之，王渊等爰再任其事，取土木金石鸠工趋事，两阅月而役已告成，其视二峰尤增壮丽焉。是岁秋，适天下大比之期，兹邑自开科以来举于乡者仅仅有数，而是岁蝉联颖脱，掇巍科者有九人，视往事为独盛，盖哄然以三峰有成之故矣……则兹峰之修谓其裨益地灵而阐发蕴奥，诚未可知也。[2]

① 道光《休宁县志》卷三《学校》。

② 道光《休宁县志》卷二十一《纪述》。

二、儒学大门朝向

休宁县儒学大门朝向一直存在巽方和坤方之争。清初洪泮洙《新建儒学大门记》曰："余遍稽天下学宫皆左旋，而海阳独右。询其故，诸生咸称学宫巽门，古青云路，自宋元迄明，英贤辈出，甲第蝉联，后误移坤位，掇巍科者遂尔寥寥。"海阳是休宁县古名。朝于巽，按《易经》"齐乎巽，相见乎离"，取文明之象。朝于坤，按《易经》"致役乎坤，说言乎兑"，取兑（悦）之义。休宁县儒学前离位有丙丁巽三峰为火为文明，合乎"齐乎巽，相见乎离"，故以朝巽为佳。《新建儒学大门记》曰：

> 朝廷建而纪纲肃，学校立而礼义兴，其所以养育誉髦，为王国桢干者端自学校始，形势家以非得其地不可，此地灵人杰之说也。余遍稽天下学宫门皆左旋，而海阳独右。询其故，诸生咸称学宫巽门，古青云路，自宋元迄明，英贤辈出，甲第蝉联，后误移坤位，掇巍科者遂尔寥寥。迨岁在辛卯，更复旧制，壬辰礼闱、甲午南场相继拔隽。未几又变易坤方，此文运之通而复闲也。
>
> 余曰："有利当兴，有弊当革，司牧之责，况学宫首善地乎！舍彼而就此，在反手间耳。"诸生金诚、程汉、金符璧、刘元宪、邵国屏、朱雨初、汪显勋、王守显、夏远、苏之章等踊跃具呈，据详府允，棫朴作人，雅有同心，乃为实力举行，捐赀鸠工，辟巽门，复旧址，闭塞者通之，倾颓者葺之，道从左旋，由尊经阁进明伦堂，阶级分明，次第可观。《易》曰："齐乎巽，相见乎离"，文明之象，良有以也。
>
> 丙午春刻期告竣，是岁适当宾兴之期，余生恭以易经获售，何其验之速也。虽然于此征之，不仅于此征之，余莅休三载，民生未遂，无以遂之，民性未复，无以复之，似无暇于及此，然士气之不吐而欲民风之醇，得乎？是不得不急其所急，而急其所更急也。尤愿诸士相与振厉奋起，以文章而见诸事业。休之士也有赖焉，休之民也有赖焉，天下之士若民也有赖焉。学校正而朝廷尊，不可谓无其人也，不可谓无其地也。学博张君共襄厥成，爰勒诸贞珉以垂永久焉。[1]

① 道光《休宁县志》卷二十二《纪述》。

三、汶溪桥

休宁县儒学正前方有汶溪桥，道光《休宁县志》曰：“汶溪桥，在县南门外一里许，旧架木，明弘治间知县李煜易以石垛架木为巨桥。”木为箭象，时人有“汶溪桥射胸”之说，于是“移建下游以通巽脉”，巽亦为木，木木相通，故曰“以通巽脉”。但“迁桥于下游，自是邑中浸微”，遂复迁旧址，“乾隆三年（1738年）知县高廷献复甃石为桥，仍移上游。”[①]清初廖腾煃《建复汶溪桥序》曰：“吾邑之汶溪固四达辐辏要道也，旧于上游桥焉，自是水涨不劳舣舟，水涸不苦褰涉，行旅便之。天启间父老有惑于形家者言，迁桥于下游，自是邑中浸微。今以辩正论之，实当学宫与邑治离位之中，识者病之。吾邑人谋欲更之久矣而未有，会顷岁下游桥乍为洪水啮其一门，于时邑人意甚决，皆以为洪水之相吾邑也，遂以请（复）。”[②]

第七节　休宁县城隍庙风水

清朝康熙、乾隆时期，休宁县自缢事件比较多，当时认为是县城城隍庙风水作祟，“皆曰东墩城隍庙门路甚凶”，又曰“庙居坎位，在八宅为绝命”，“今墩前居者多不利，尽他徙”。于是改建城隍庙风水，其做法一是“塞东西门并西南径”；二是“庙前开丁位正门绕墩而东南，砌石路以通巽气达于衢”；三是“建亭墩上，悬大镜，颜曰镜心”。郑泰《重建休宁县城隍庙碑记》曰：

> 国家令长之设，与民休戚相关，吉凶同患者也，海阳居新安诸邑中，昔人谓一州清淑之气于是焉钟。余于庚戌冬奉莅兹邑，爱其风俗之淳美，人民之和柔，自幸与悃愊之吏相称。及披案牍，山茔构讼者多，田宅次之，鼠牙雀角者又次之，宣歙诸州，俗多类是，惟自缢之案较余前在梁安、和城、熙州、盛唐诸处不啻数倍，下车甫五月而报验者九十余案，既悯其愚，复疑其俗之轻生何以如此也。延邑绅耆询之，皆曰东墩城隍庙门路甚凶，形家常以为言，宜亟改之。余以信形家言而轻议更张非恤民之道，颔之而已。
>
> 月朔望，有司□展谒神庙，遂周视形势，庙建高阜，城中万瓦，鱼鳞郊

① 道光《休宁县志》卷二《津梁》。
② 道光《休宁县志》卷二十二《纪述》。

外，四山环合，一览可尽。所谓东墩者，北自松萝，金佛蜿蜒而来，绕城东起为墩，俗呼城隍。墩形如兽，踞高下瞰，庙在其身，庙门外缭以周垣，垣外坡势稍昂，为小墩，盖其首也。垣东西开两门，门东曰春生，西曰秋肃，一迳横穿，适在其项。秋肃门外迤西南石径层级而下达街衢开小门，庙居坎位，在八宅为绝命，始知形家之言未为无据。复咨诸众，前人既知其不利，何以不议改为众言？康熙五十四年，邑令赵公名国用，曾议塞东西门，开正门，以垣外墩旁地皆民廛□不便，遂止，绘图注说，存于庙以待后人。乾隆三十二年，靳公名宗著，亦议改而未果。今墩前居者多不利，尽他徙，颓垣废圃仅存一二，侯询及此，殆其时乎。

夫事无巨细难易，有利于民，知无不为，令长之责也，况民命攸关者乎！观赵令所绘图说，知其留待之苦心，所以不果为者，阻于曩时之事势耳。事势不可为而必为，非所以恤民事。势既可为而不为，亦非所以为政。虽人之生死冥漠中自有不爽之数，然恻怛慈爱之良，弥缝补救之道，为令者能漠然无所动于中乎？爰告众曰："诸君能实心实力为余肩厥事，余捐廉为倡，诸君或输力，或输赀，各体好生之心以成善因，不假手于胥吏，庶事易集而民不扰乎。"皆欣然曰唯唯。乃购买垣外墩地，有愿输于庙者亦听，不旬日而规模已定，虔修祝祠于神，诹吉鸠工，采取木石，一切工料，所需俱给民值，故饬材甚易，趋事者欢如子来。

于是塞东西门并西南径，庙前开丁位正门，绕墩，而东南砌石路以通巽气达于衢。建亭墩上，悬大镜，颜曰镜心，盖门路有吉凶，人心亦有吉凶之几，善恶之应也，人能自鉴其心庶几神降之福。亭既成，殿寝有颓朽者俱葺而新之，一椽片瓦，在在存久长，计工甚固而役不繁，则董事诸君之力也。经始以来，报自缢者不过十余案，邑人咸以是为余颂。呜呼，民之休戚，吏之休戚也，亦神之休戚也。余幸际可为之时，成前令未竟之志，祸福转移，惟神实阴相之继，自今人跻寿康而家敦雍睦，以长邀神佑于无疆，斯则今之愿为民祝者，颂余何有？若夫作为无而狃于形家之说，知邑人共谅余心矣。工始于辛亥□月，落成于壬子八月。[①]

从文中看出，其风水措施主要是改门向和气口。先前的门向为东门震、西门兑，气口在西南坤，而城隍庙在坎位。按大游年相宅理论，坎位坤为绝命，兑为祸害。改建后的门向在丁位，亦即离位，坎位离为延年。又在东南砌石路以通巽气达于衢，按小游年相地理论，坎位巽地为生气，但离位土墩

① 道光《休宁县志》卷二十二《纪述》。

为绝命，因建亭于其上，名曰镜心，有心就不叫绝命了。“经始以来，报自缢者不过十余案”，说明情况明显改善。

第八节　婺源县治、县学、朱熹祖坟风水

明清婺源县的船槽岭峡一带被认为是县治、县学和朱熹祖坟的龙脉，认为自宋以来出现的东南邹鲁与此有密切的关系，龙脉直接关系到婺源县的科第、人文、财赋等的兴衰。光绪《婺源县志》曰：“船槽峡乃县治、学宫来龙也。按峡图，两山环抱，四龙会脉，形如面字而聚讲，五星相生，日月夹其左右，兽曜拱其四隅，尤形家所罕见者，邑学由此发灵，故阅宋及明理学文章，邑称东南邹鲁。”至明嘉靖时这一状况开始遭到破坏，“迨明嘉靖甲子始遭附近奸民伐石烧灰，不二年即有矿贼躏城之变，后此数十年，人文财赋日渐衰落，职此故也。”[①]又曰：“船槽岭峡，在县西北六十里，为邑治龙脉……自明嘉靖甲子后居民凿石烧灰，残伤龙脉，人文大减于前。”[②]为了防止山民开发破坏，“历任邑令皆刻石严禁”[③]，自明万历三十四年（1606年）至清康熙三十三年（1694年），当局共颁发了十三道禁令。此外，地方人士还绘写《保龙图说》《船槽岭龙峡公疏》，编纂《县学龙禁约》《保龙全书》等，充分凸显了地方和当局共同保护龙脉之决心。内容如下：

第一，徽州府万历三十四年（1606年）禁令：

> 直隶徽州府梁××为恳保县学龙以培地脉以振人文，事据本县申查禁伤船槽岭龙脉缘由，奉披览图，峰峦秀耸，内如三龙会脉，两湖中夹，月峰左峙，日峰右起，文笔、砚池种种奇绝，惜哉伤于愚民之手。盖缘向缺表章，是以官失呵护，则前志遗漏之罪也。此后有敢盗采者，官府、学校共仇之，此郡邑得为当为可为事理，不必转达院道也。仰县即竖石大书严禁，有犯者，许人讦告，从重究罪。仍编纂一条补入郡志山川款中以俟后之君子。此缴。万历三十四年二月十五日。[④]

① 光绪《婺源县志》卷一《图考》。

② 光绪《婺源县志》卷三《山川》。

③ 道光《徽州府志》卷二《舆地志》。

④ 光绪《婺源县志》卷一《图考》。

第二，徽州府理刑厅万历三十四年（1606年）禁令：

直隶徽州府理刑厅郑××为恳保县学龙以培地脉以振人文，事照得后开各山系本县县治、县学龙脉，磅礴逶迤，经行十七都、十八都、二十三都、四十三都，地方愚民伐石烧灰，损伤非细，迩来科第少逊，罪在伐石者。近奉院道严禁，合行示谕，此后如有仍前盗采烧灰者，定行从重究罪，其地方约甲党里不行举首者，一体究治，断不轻贷。特示。计开严禁地方于后：水岩山峡、通元石峡、石城山峡、夹子尖峡、天井源峡、里芜坑峡、重台石前后脊脉峡、严岭峡及左右龙池、大船槽、崩洪峡、左连文笔、月山、五星聚讲、狮象山、小船槽、崩洪峡、右连冷风洞、日山、蓬头山。万历三十四年二月十五日。

第三，巡按直隶监察御史天启元年（1621年）禁令：

巡按直隶监察御史易××为出巡事照得星源之有大小船槽山，县治、学宫龙脉关焉，人文财赋之所属，文献之所从出也。自附近奸民射利凿石烧灰，相传全盛秀山残伤已半，乃禁者自禁，伐者自伐，或随禁而随弛，甚或明禁而明导，夫此则地方官昏暗疲软，全不嘉惠士民之过也。合行严禁，为此刻石特示，船槽上下左右一带居民人等知悉：自后上自水岩山、石城山、玲珑石、重台虎石，左自狮山、月山，右自龙山、日山，俱不许凿动尺寸。敢有违犯，许所在邻里人等据实首告，凿山之家罄其资产入官，重责枷，示邻里，容隐不举，事发一体重究，县官随时随事查访，有觉必究，务全此卷石为地方功德。特示。天启元年二月十六日。

第四，徽州府顺治十二年（1655年）禁令：

江南徽州府吴××为严禁凿石烧灰以保阖邑龙脉以培人文财赋，事据该县申详前事奉操抚部院李批，仰县勒石，永禁报缴，奉此为照。星源形胜甲江南，乃人文之渊薮也，学宫龙脉山船槽岭停毓而来，曩昔绅衿输赀买山保护，禁挖灰窑有年所矣，何物射利之货肆行凿削，知肥私囊而罔顾公义如今日者哉！既经该县通详，允孚舆论，仰县即导宪勒石严禁，如奸顽仍蹈前辙，许即申报，以重法究治，决不姑贷。须牌。顺治十二年五月十二日。

第五，婺源县康熙六年（1667年）禁令：

婺源县刘××奉徽州府曹××为严禁残脉以培县治以振人文,事照得婺源船槽峡为一邑来龙,有关风水,何物奸棍串通衙蠹积歇,托言旁枝,藉口壅田,混呈打点,阳顺阴逆,私开窑户,取石镕灰,肆行戕凿,使龙伤气泄,石吼山鸣,财赋凋残,文风靡盛。本府披阅绅衿公呈,殊堪发指,本应立拿重处,既经该县亲勘,平没窑场,若辈奸谋,谅难复起。除已往免究外,示后如龙脉、胞胎、过峡等处,敢再开窑觅利违抗不遵者,许即指名揭报以凭重责枷号,仍照斩龙屠塚律例加等治罪,法在必行,毋贻后悔,须至示者。康熙六年十二月××日。

第六，婺源县康熙十六年（1677年）禁令：

署婺源县胡宗鼎于康熙十六年××月踏勘申详,徽州府姚××看语内有向来三院道府严批、勒石,凡十七都、十八都、二十三都、四十三都皆系县学龙脉。无论在官在民之山,一切不许伐石烧灰,犯者拿究,是则不系官山而与官山毗连者皆在所禁等语转详。安徽抚院徐××批婺源县船槽岭为一邑来龙,凡十七、八等都俱在禁中,不便伐石烧灰,勘验既确,且有旧碑可据,仰府严饬该县永行禁止,嗣后如有地棍违禁开凿,许即申报,究处不贷。

第七，婺源县康熙十九年（1680年）禁令：

婺源县刘××于康熙十九年九月间公同教官左画、县丞尚其志及绅士人等踏勘龙脉具详,徽州府林××批山脉凿石烧灰前已奉抚宪禁示未久,何物奸民仍敢开窑违禁,据绘图式应严行永禁,不许再犯,如敢故违,定照宪示枷责,重惩不贷。

第八，徽宁道禁令：

徽宁道黄××批船槽岭诸处凿石烧灰有伤龙脉,既经该县协同官绅衿士亲诣踏勘,逐细绘图,且屡奉宪禁,自宜永守,仰县遵照旧碑,严行晓饬。

第九，抚院禁令：

抚院徐××批长林石岭船槽等山不许凿石烧灰,前据县详,已批府严禁,何物奸徒敢捏情诳道阻挠,殊属不法,仰徽宁道勒石永禁,仍将为首之犯究拟招报。婺源县刘××于康熙二十年四月××日立碑,碑文为残龙已荷，勘明等事，内载徽州府林××、徽宁道黄××、臬司王××、抚院徐××、总督部院阿××，各详批禁，仍开应禁地方土名于后：水岩山峡、通元石洞、石城山峡、夹子尖峡、天井源峡、里芜坑峡、重台石、前后脊脉峡、严岭峡、左右龙池、大船槽、崩洪峡、文笔峰、月山、五星聚讲山、狮山、象山、小船槽、崩洪峡、冷风洞、日山、蓬头山。

第十，婺源县康熙三十年（1691年）禁令：

婺源县张××于康熙二十九年四月申禁船槽峡诸山通详，各宪复同县丞刘光宗及合邑绅士踏勘长林、南源等处毁篆平窑，并将重台石、南源、麻垅一带龙脊官山民山概行禁止，具文申详，奉督抚司府檄行颁示，勒碑永禁重台石、南源、龙脊、项家坞、油竹坞等处。碑立于康熙三十年八月××日。

第十一，抚院禁令：

抚院江××批笔山、狮象等处既为县治龙脉所关，曾经载入县志，历有禁约，岂容奸民射利借名毁伤！仰徽州府严查饬禁，总督两江部院传宪示婺邑龙脉，前宪屡示严禁，且为考亭夫子祖墓，尤宜严加禁饬，况前岁丁卯朝廷尚且加意追崇，特赐御书"学达性天"四字署之阙里，万古为昭。何物奸民何榜、俞享等敢于违禁，损其来龙，残其石狮、石象，深属不法。自示之后，敢有奸刁顽民不遵禁饬，仍然凿石烧灰，有伤龙脉者许即指呈转解辕门，以凭按法重处，本部院决不容此刁奸之民残害地方也。

第十二，婺源县康熙三十一年（1692年）禁令：

署婺源县事本府粮厅蒋××于康熙三十一年六月内审解烧灰各犯，重责约保以不报之罪，仍将灰犯何榜、汪王氿鞠字号石山输官拿禁，申请饬令月朔著该地方约保赴县具结，申送查考，倘有徇隐，从重究拟。其长林石山一带左右只许耕种，不得伐石伤残，以保山川之灵，以庇士民之福。

第十三，婺源县康熙三十三年（1694年）禁令：

婺源县祖××于康熙三十二年五月十六日会同教官胡绳圣及乡邑士民踏勘长林、石岭、楼下、施村一带地方所有少灰旧窑，尽数平折，复由莒径直入踏勘水岩山、通元观、石城山、早口各处，凡系县学龙脉，不论官山民山，见在烧凿处所，概饬平窑，详请勒石永行禁止。重惩灰棍何选以儆其余，取具各处甘结以杜其后，并将经承原差出售灰棍买嘱银两具文申详，奉徽州府朱××批婺邑奸民凿石烧灰，伤残地脉，久经本府详宪，严禁在案，今据该令亲诣查勘，折窑惩贿，足见留心民瘼，如详勒石以杜奸萌。工房程瑞仁等出首银两，仰即移儒学以备修葺文庙，仍取碑摹印领查报缴婺源县张××示为残龙万难再烧等事，婺邑乃属江左名区，人文渊薮，昔时先贤名宦代不乏人，皆缘山川毓秀，地脉钟灵，近因奸民网利，凿石烧灰，伤残龙脉，以致人文渐替，财赋日亏。今据前呈合行示禁，为此示，仰十七八都、水南山、莒径、通元洞、石城山、早口、里外、施村、楼下、长林、石岭等处地方保甲居民人等知悉遵照示内事理，嗣后毋许奸民在于县龙左右附近各山凿石烧灰惊残龙脉，如有违禁故犯者，许保甲人等指名呈县以凭严拿，大法重处，决不轻贷，倘保甲长隐庇，一体治罪，仍取应禁处所地方各保甲甘结呈送存查，均无故违，慎之。康熙三十三年二月××日。

第十四，保龙图说：

谨按县治、县学、文公祖墓来龙由大鄣山发脉，历仰天台、水严山、通元洞、石城山、夹子尖、天井源、里芜坑、重台石、严岭峡、左右龙池、大船槽、崩洪峡、文笔峰、月山、五星聚讲山、狮山、象山、小船槽、崩洪峡、冷风洞、日山、蓬头山等处，凡属龙脉，一概不得凿石烧灰，所以固根本培灵秀也。前乡先达于峡之上下左右收买日月狮象各山，保护大小船槽，盖恐奸民藉口旁枝，借端戕害，因输入官以为防微杜渐之计，至于水严、通元、石城、早口附近诸山以至重台一应来龙正脉在所必禁，更不待言矣。迩者船槽、石峡前后各山叠经宪禁，炳炳煌煌，灰焰为之稍息而奸民流毒，乃于水严山、通元洞、石城山、重台石要害诸处，旦旦椎凿，裂地轰天，是犹保其肢体，一任屠脑，断吭椹胸而弗知救也，岂不大可忧哉。彼所恃者，地僻山遥，鞭长莫及耳，一旦鸣鼓，其攻亲临勘验，则谬解曰，某某官山隶在官者有禁，某某民山隶在民者无禁，独不思前宪勒石，凡十七都、十八都、二十三都、四十三都，伐石烧灰处所皆系县学龙脉逶迤盘绕之地，无论在官在民之山，一切不许伐石烧灰，犯者拿究，宪牌揭日，铁案如山，载在全书，昭垂久远，从无民山不禁之说也。每见寻常士庶家祖墓龙脉，虽相距绝远，抔土万不假人，曾未闻有寸寸而买之者，又况县治、县学、文公先茔何等关系，乃敢藉口民山，恣行戕伐，至比寻常士庶祖墓龙脉且犹不如，可胜慨哉！又其甚者，指东掩西，变名易号，一水严山也，呼以水南山则群哗为不禁矣，一石城山也，呼以石人山则又群哗为不禁矣。诸如兹类，难以枚举，千奸百谲，错出不穷，生斯邑者务宜翕力同心，始终培护，抚斯邑者尚祈。按图考籍，先后维持山灵，其庶几乎！①

第十五，船槽岭龙峡公疏：

我婺人文辈出，贤儒代产，实由龙峡迥奇，地灵人杰。窃考县治、学校祖龙自大鄣山发脉，历仰天台、水岩山、石城山、夹子尖、南源、重台石、崖岭、左右龙池、天井源、里芜坑诸峡，峡峡呈秀，石石献奇。至船槽岭复顿起大石山，奇秀尤异，始卸平洋，结咽束气，为大过峡。其峡三龙会脉并过，中央大小两湖，湖若船槽，仰天水，无出口去处，因以船槽名岭，亦名湖，县治、学校、文公祖墓，此其鼻祖也。旧传文公笃生，湖水始涸焉，其龙身起顶，列帐降势，皆石山崔峨，石峰耸秀，石洞幽奇，因名大石山。其崔峨处浑如拥屏列画，耸秀处俨若执笏联班，至石洞幽奇深邃处有石钟，叩之即鸣，石鳌养神水，石僧礼天光，种种奇绝，前贤墨迹，难以尽述。其中龙过峡为大船槽岭贯正中处，上有石笋串列如戟之冲，下有石炮突涌如球之圆。其左龙过峡为石岭，峡畔平地突起石文笔峰，笔峰下有砚池，平地突起石月山，月山中有石室为小石山，外又有石山昂立如狮，石玲珑、玉阁山如象，关锁对峙。右龙会脉为小船槽岭，峡畔平田突起蓬头石、日山，日山外亦有石山为狮，土山为虎，上水石龙，织结交锁。此诚天造地设之巧，极贵极秀之脉，宇内所罕有者，以故正干正结则徽国祖墓，孕秀朱夫子阙里，尊崇同休天地。左干正结则为县治为学校，昔称人文科第，为新安之冠，大儒巨卿所在皆有，何其盛也！

向来本都取石烧灰，原止在打鼓坦，去龙峡辽远，自嘉靖甲子乡有胡某者妒见船槽岭一带石山可恣开凿，罔利作俑始，至龙峡左右前后及龙脊正身等处任意挖凿，迨丙寅岁遂有矿贼冲城，兵火大变，其应如响，迨今县治火灾时起，民居靡宁。彼惟知烧灰微利，罔顾概县命脉攸关，譬之割肉充饥，不念肉割而人毙。屡因山缺表章，人昧来历，未有救正，无复顾忌，以致地方愚民不务农业，咸竞烧灰，起蓬雇匠槌凿，兴贩外境无厌，夹峡、月山石洞石龙尽皆凿为平地，诸如文笔、日山、狮山龙脊石笋石炮斫削几尽。间凿一山则崩颓之声动惊数里，闻者心寒，见者胆栗。始也，凿在山皮，既启寇

① 光绪《婺源县志》卷一《图考》。

火之变。今也，凿及骨髓，祸及合邑何穷。民害已彰而槌凿不已，以天巧之龙峡遭豺狼之毒手，以有限之山灵肆无涯之剥削，良可悼惜也。

第山僻在一隅，有识者足所不到，目所不观，故晏然安处于高堂，不知焚突之戚及耳。假使亲履其地，目见龙峡之奇特如是，咽喉之紧要如是，今之被残伤又如是，必将痛哭流涕而食不下咽，仇不共戴矣，较之伐人之塚者，其祸尤惨尤深。盖彼但害及一家，此则害及一邑，彼则山川无损，犹可改正，此则龙峡既断，不能复续也，以致近来县地多故，学校寥落，及遍稽本龙村坊，更大异于往昔。人但以各村坊气数自诿，以各村坊兴造自疑，而未究其本根由于祖龙峡之大伤损，譬如火之销膏，潜消暗蚀，而人不自觉耳。不然，何本龙村坊并盛于百年之前而一概不竞于今日也哉？嗟乎！即及此时，痛加禁止亦已晚矣。然犹翼其休养岁月，俾龙气渐渐回还，庶几发福有日。如仍以余山视之，谓无伤也而不知所重，即知所重矣而不协力禁戢保护之切，恐槌凿不已，鼻龙气绝，将来祸患更有不可测者。正如木然，日伐其根而坐视其枝叶之枯也，又奚望科甲峥嵘称雄南辅哉！语云："兴一利不如除一害"，盖言利者犹身外富贵之福，害者犹身内腹心之疾，人必无腹心之疾方得以享富贵之福，苟害之不除而惟利之是兴，譬如尫羸之人，身且不保，焉能享有此富贵乎！

近有地学名师某者云船槽岭龙峡残伤已甚，今已凿及骨髓，若还不禁，居此土者宜速走他处以避祸也。痛言及此，寒心哉！或谓若如此言，止系本龙伤损，非本龙者无害。噫！何未通木本水源之论乎？盖县治、学校为合邑之主，休戚关焉，祸福共焉，主君不宁而百体隆盛无恙者，未之闻也。且天下之宝犹当为天下惜之，矧此龙峡实一邑至宝也，又岂可不为一邑惜乎！窃谓忧合邑之忧，乐合邑之乐，存至公无我之心者，必不其然。

今幸县主精明英励，洞悉民隐，振作斯文，合请通县同倡义举，合具呈词，禀求亲勘，立石禁戢，严加保全，明正凿损龙峡之非，务为久安永远之谋，则龙峡见损于往昔者虽不可追，而残脉未至于尽损者犹可保全。当今本邑急务虽复有大于此者，万勿袖手坐视残害，则民命幸甚，山灵幸甚！[①]

① 光绪《婺源县志》卷六十一《艺文》。

第九节　婺源水口丁峰塔

丁峰塔，明万历时建，光绪《婺源县志》曰：“万历乙未知县朱一桂从士民之请，经始筑塔，高十八丈，徐、谭、金、赵诸邑侯增筑，程亨嘉捐赀筑成于邑治，为丁位，故名丁峰。今毁。按此塔后人谛审丁位未的，故毁。”[①]其建立乃因婺源县“环邑皆山水，去处独无关锁”，“气脉走泄”，为使“秀气不至下流而东决”[②]，“乃寻脉得水口低泻处在丁方起浮屠镇之。”[③]

明邑人冯时来《婺源水口丁峰塔碑记》曰：

尝观所在浮屠屹然干霄，耸碧巡檐，铎声四震，然往往在禅宫梵宇，为阿育王侈胜概耳，未有聿开天柱，关系地灵，以人巧之斡旋补化工之未备，奠五星以作振，令扶舆之孕结陡然拱秀而祥凝如星源所建丁峰塔者。夫星源故无丁峰，何昉乎？盖县治来龙与学宫同宗，其派由壁月岩结为二大局，故于宋为紫阳阙里，至明英哲辈出，代不乏人，而青乌家言谓未畅厥美，盖由环邑皆山水，去处独无关锁，似尊官列署门开处不设城郭，气脉走泄，若无收注，谓与形家弗协。维时前进士雷阳程公克显者乃同太学程亨嘉披榛翦棘，逾巘寻脉，适得水口低泄处值在丁方，于是议起浮屠以镇之，是为丁峰塔云。已观厥成矣，见峰峦围合，碧水鳞鳞若带，而历级如登宝砌，则一邑之胜尽收目中，秀气不至下流而东决。其旁有报功祠，有天柱庵，有关王庙，有瑞云书馆。不佞喜是役关系地灵，乃遂乐为之记。

冯开三注云：

夫婺邑之灵既钟于紫阳夫子，此全于天者也。今丁峰复补其所未备，收其所以泄，则全于人矣。天人交会，体合阴阳，是展诰连乎文笔而华表立于捍门者也。博集青乌于金函之妙理，既已符契，则居然邹鲁东南，宁必谓紫阳之后无紫阳者继起哉！若夫科名之显晦，人文之消长，势本相仍，不必责效旦夕间也。然则是塔也，即非涌出千寻，插向瑶空，役使鬼丁，以标灵于震旦，而屹然为一邑之地脉增重，其与碧殿崔峨在禅宫梵宇者大不侔矣。

① 光绪《婺源县志》卷三《山川》。

② 光绪《婺源县志》卷六十一《艺文》。

③ 道光《徽州府志》卷二《舆地志》。

异日百灵效顺，婺产伟人，请以不佞天人之说证之[①]。

前面述及婺源县治、县学和朱熹祖坟的来龙山脉，这里又讲到了县治的水口与设施，认为两处互补，必将促进婺源县人文、科第的兴起。可见，来龙和水口是婺源县风水的亮点。

第十节　黟县学宫风水

黟县学宫自宋以来一直在县治南面，明正德时改迁县治西北，乾隆时复迁于县南旧址。《黟县学宫迁复旧址记》曰：

> 黟于新安为望邑，山水清晖，农朴而士秀，井里桑麻间弦诵之声相闻。自昔科甲连茹，名儒代出……其学宫旧在县治之南，自宋迄明数百年矣。正德时学宫损坏，有巡按御史吴谓为卑湿所致，遂以己意改迁县治西北天尊观地。精形家言者谓旧宫亥兑互换，乐托鬼曜齐备观基，乃县治乐托奴砂左臂，地风吹骨，堂局涣散，以故迁后科第遂不如前。万历辛丑诸生念学宫旧址灵秀甲邑，曾有迁复之请……卒不果复。
>
> 余莅郡之三载，时猗氏陈君自怀宁调为黟邑令，爱士而兴学，复申邑绅士迁复之请。余因亲履，相视其旧址，平直宽宏，土脉和润，前则双峰秀立，遥应明堂，且东西腾蛟起凤，二石坊屹然具在。迨观新址则气促而泽枯也，非所宜矣。夫形家言原未可深信，然古人营建都邑，故尝陟巘降原，测土正景，而斯干所载，亦有取于秩秩幽幽，非无稽也。学宫为通邑人文之宗，尊至圣，奉国典，顾可不慎乎哉。术家卜其吉，君子揆其理，各有攸当也。爰定议，俾陈令清厘旧址，依东西石坊古制，凡侵占者悉丈还之。维时邑绅士踊跃欢欣……富者输财，能者殚力，乐事勤功，争先恐后，始于乾隆十七年六月，阅三载而落成……因为之记……赐进士出身翰林院庶吉士知江南徽州府事何达善薰沐拜撰[②]。

又建魁星楼以补学宫风水之不足，清黟县知县邹杰《建魁星楼序》曰：

> 斗第一星至四星为魁，戴匡六星曰文昌宫，司中司禄，众咸仰之，所在

① 光绪《婺源县志》卷六十一《艺文》。

②《黟县志》卷十五《艺文志》。

学宫因文肖像，遂以名楼，其来旧矣。黟自移学宫于城南旧址，前令陈君议为楼奉魁宿。其时程君其猷实任厥事，垦土甃石，已有基址，因地逼学垣而止。嘉庆丁巳余莅黟，相度学舍，形家者言谓丁峰耸秀而辰巽诸山不起，绕案山皆程氏居，泮池又小，因谕劝捐赀，撤居屋，拓泮池，规模稍整矣。六年遂议建魁星楼事……卜地于旧址之东南，接学山东北麓。程氏鸠工庀材，不逾年而落成。楼既高峻，合于形家补峰接气之说，文曲丕显，可以为邑中人士兆……故序其事以存之。①

第十一节　黟县碧山云门风水

清朝黟县碧山汪氏宗族中设有文会，因其地方低下，遂于低下之水口建塔和书屋。清代胡克家《造碧山云门书屋塔记》曰：

余尝省谒仰山汪先生，得至黟之碧山，见汪氏族中彬彬多儒雅士为文会，皆在宗祠。祠面巽，霭峰当其前，右为石盂山，山西水流迳百户，村冈阜翳蔽，不见下流。左为章水，地独下，汪氏病之，且以会文于祠为不便也，乃合族捐金造塔于章水西，而因其地为云门书屋，族人会文者造焉……塔成于乾隆四十七年，当章水经流其上，可供眺望，书屋依冈，下屋整洁，会文者便之。族人咸喜，征记于余，余尝读《孔子家语》，谓西益宅不祥，则东益宅祥矣。古人有台有榭，书屋之塔，其东益宅而为重榭者欤。闻黟人于黛峰造塔，亦水口也，与云门之塔均不奉佛。登塔而望，村居鳞比，烟火相次，思先人毓祥裕后之规，可以知守成之艰，而章水澄流，其自章以达于浙，恃源而往，昼夜不息者，可以得为学之道，而云门之学为有光矣。故为记其缘始如此。②

上述风水设施体现了三种观念：一、水口；二、西益宅不祥，则东益宅祥矣。三、塔为文笔、文峰、文风。关于第三种观点，清朝黟县碧阳书院院长梁启让的《游文峰塔记》有详细记载：

黟之有文峰塔也，自乾隆五十五年始，其塔建于县城水口黛峰之上，高

①《黟县志》卷十五《艺文志》。

②《黟县志》卷十五《艺文志》。

插云表，为灵秀之气之所钟，故以文峰称云。夫峰，山也，山之有峰者，所在皆是也，而峰以文名何哉？蔡西山《发微论》云，混沌之初，宇宙盖若漾沙之势，刚者屹而独存，柔者涌而渐去，于是山川形焉，是知山之低者、高者、圆者、尖者、孤而耸者、层峦而叠嶂者，各一其气，各成其形，惟峰之高尖而特耸者于五行属火，于卦属离，有文明之象。《易》曰："明两作，离，大人以继明照于四方。"由斯以观，凡物有文明之象者，其光芒所照，必无郁而不发之理，峰以文名，非虚美也，虽然文峰，天之所生也，塔由人建，乌得以天之所生者名之哉！

大抵开辟以来，世间万象有天之所为者，有地之所为者，有人之所为者，是之谓三才。天地有缺陷之处，未始不需乎人之补之。耶律楚材有言，天气动于上而人为应之，人为动于下而天气从之。兹塔之建，适当四山环抱，众水合流之所，遥望之若霓帱翠葆，卓立当关，浑疑文山之峰，一夕飞至，洵足补诸峰之缺而斡旋天地之功，被以峰名，良不诬也。且予历览新安古称好山水以百数，而其作镇于一郡者，黄山、白岳为最，登塔以望其瑞霭空濛之气，隐隐遥连，相为映带，则扶舆磅礴，蜿蜒而郁积者，必钟于人，此亦"维岳降神，生甫及申"之义也，岂不信哉！

嘉庆十四年，明府吴公南畇以名进士莅任兹土，创兴碧阳书院，劝诸绅士经理其事，咸踊跃捐输，越期年而功将告成。延予主讲，肄业生徒皆蒸蒸向上，则人材蔚起之兆已见于斯矣。课士之余，浏览其地，徘徊者久之，盖有以见斯塔之为文峰，而文风必自兹日盛也，是为记。①

塔为文笔之说，各地流行。明代池州府桂鏊的《百牙山塔记》曰："百牙之塔……取地理补短益卑之象……若百牙山造塔，有卓地文笔在内，倒地文笔在外，正廖禹《行程记》，清溪港口沙洲塞，宰相神童状元得，此百牙山之塔所当造而有待于今也……乃卒成之，以大培池州风水之不足者。"②讲到百牙塔取"地理补短益卑之象"，又若"文笔"之象，可以"大培池州风水之不足"，使"宰相神童状元得"，与上述文中"塔之为文峰，而文风必自兹日盛也"相同，是明清水口造塔之由来。

---

①《黟县志》卷十五《艺文志》。

②（清）陆延龄等纂修：光绪《贵池县志》卷九，光绪九年刻本。

第十二节　祁门县城风水

同治《祁门县志》曰：“唐建县，始城不可考。宋城周五里二百四十七步，门有四，东曰迎仙门，南曰朝京，西曰望云，北曰通黟。元城仍宋旧。明初城圮，惟门存，东南仍宋名，西北更曰宝林，曰福广。城内市形因唐旧田字，列街之字导水井布七星，一在县治前，一在近民坊，一在尉司前，一在直街，一在庆安祠前，一在迎仙门，一在横街。桥画八卦，一在县治前，一在尉司前，一在明善坊，一在依缘坊，一在市心，一在慈爱坊，一在朱紫巷，一在学宫前。始建者皆因阴阳家旨为之。”[1]讲到县城风水“皆因阴阳家旨为之”，主要表现在以下几个方面：

一是“水井布七星”，城内七口水井根据北斗七星进行布局。北斗七星即二十八星宿中的北方七宿，北方五行属水，故此处的井水按七星布局，当取法七星五行为水的特点。

二是“桥画八卦”，城中八桥根据八卦进行布局。按同治《祁门县志》，城中桥象八卦，共八桥[2]。

三是县城“十二景”，塔峦高眺、阊门石峡、金粟松涛、双桥夜月、东山夕照、十王潭影、珠溪曲坞、青萝线天、甲第樵市、云艺竹冈、狮峰邃壑、同佛庄严，是取法十二地支。

四是嘉靖丙寅修城，循石山岭，跨龙冈，绕朴墅并溪而上，大小门凡八。至清初“论者以为自嘉靖邑城筑后，侯峰被压，龙脉有伤”，“吾祁门风水坏于建城也近二百年矣。”[3]侯峰，据同治《祁门县志》云“汉梅列侯封此，因以名山，突兀干霄，唐建县治其下。”[4]乾隆二十七年（1762年），由祁门知县吴嘉善主持改建城垣，《改城垣序》曰：

> 邑之有城，所以卫民也，然必按地利，审形势，有补于风水而后人文事业蒸蒸相应而兴。予自乾隆丁丑冬奉简命来篆祁门，省视府库外即周巡城垣，观高墉峻峭，有若斧者矣，直跨主星，疑其势压而逼久，乃稽邑志，询邑

① 同治《祁门县志》卷六《城池》。

② 同治《祁门县志》卷八《桥》。

③ 同治《祁门县志》卷六《城池》。

④ 同治《祁门县志》卷四《山川》。

绅，知人文事业大逊前朝，果信斯城之有坏于风水也，亦司牧者之无可如何矣。

癸未春，奉旨修理各属城垣，而祁门在列，乃聚集邑之士大夫耆民而告之，咸曰："吾祁门风水坏于建城也近二百年矣，今奉明示缮修，诚千载一时之机会也，藉以改移，惟吾侯倚赖焉。"予曰唯唯，是吾之责也……举百余年来人心所欲改者改之一旦，不可谓非时焉。及予之解组归里，星霜亦已五易矣。曾不能必予之再至，与此邦人士重览斯城之胜也。今幸以公至祁旧国旧都，望之畅然，岂不亦有数存于其间耶……乾隆三十四年。[①]

五是乾隆二十七年（1762年）改建城垣时，"城西北阜安门，形家言不利，修城因塞之。"但西北仍是祁门县的软肋，同治《祁门县志》曰：

咸丰四年，粤逆屡寇，由西北乘高轰击，城垣毁坏，惟存东南。咸丰十年，粤逆据徽，大臣曾统军驻祁，以祁城内卑外高，贼踞高瞰下，城中动静历历在虏目中，故常为贼所乘。于是饬建碉垒以为应援，北门建碉二所，曰敦仁，曰敦艮；西门建碉一所，曰敦厚；桃峰建碉垒一座，贼由此不敢薄城。同治元年，贼奄至，焚西北碉两座，惟存北门一碉。四年正月十三夜，雷电交作，碉内火药骤发，碉毁，惟垒尚存。[②]

上述咸、同年间的两次战乱均由西北方向侵入，可见并没有因塞西北城门而幸免于难。

① 同治《祁门县志》卷六《城池》。
② 同治《祁门县志》卷六《城池》。

下部

皖南其他地区民间信仰

第九章　池州民间信仰

第一节　池州五行

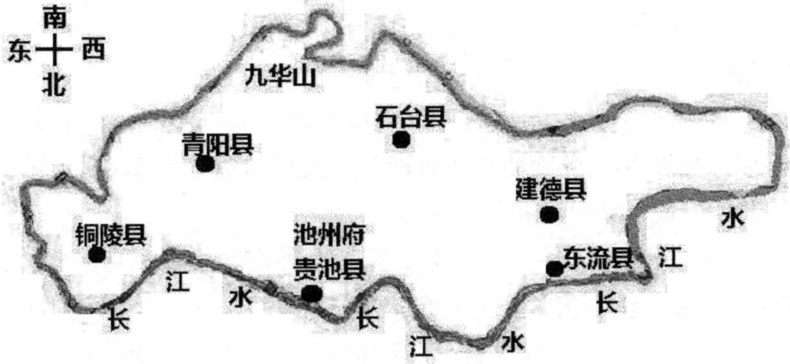

图 9-1：明清池州区域地图

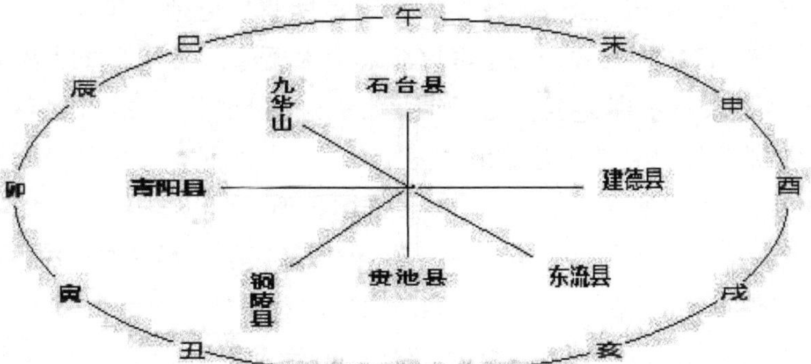

图 9-2：明清池州区域地盘

池州的建置体现了易学五行思想。《太平寰宇记》曰："池州，《禹贡》扬州之域，春秋及秦汉为今宣州之西偏古鄣郡之地。《三国志》云：'吴黄武三年（224年），封韩当为石城侯'，乃置石城县于此。《舆地志》云：'梁昭明太子以其水出鱼美，故名为贵池。'隋开皇九年（589年），废石城县入南陵县，至十九年于废石城置秋浦县，属宣城郡。大业末，为贼汪华所守。唐武德四年（621年），猷州总管左难当奏于秋浦别置池州，领南陵、秋浦二县。贞观元年（627年）废池州，以秋浦属宣州。永泰元年（765年），侍御史李芃巡抚至此，时宣饶二郡人陈庄、方清聚兵据乌石山并太平等古城为乱，遂绝江路，劫掠行旅，日久，芃乃请以秋浦仍旧置州，守其要地，以破其谋。观察使洪州都督李勉以闻，代宗嘉之，乃以宣州之秋浦、青阳、饶州之至德三县以隶之，兼徙宣、饶、歙三郡户以实之，又析三邑之地，复于东南置石埭县，俾四邑以成都。皇朝割铜陵、东流二县来属。"[①]

贵池县，《太平寰宇记》曰："本汉石城县地，属丹阳郡，后汉至陈不改。隋开皇十九年（599年）分南陵县置秋浦县，盖以秋浦之水为名，至伪吴顺义六年改为贵池。"贵池为池州的州治所在。

青阳县，《太平寰宇记》曰："青阳县，本吴临城县，赤乌中置。按《舆地志》云：'吴帝南渡之初，于古丹阳城置定陵县'，属淮南郡，即此地。隋平陈，废临城县。唐《地理志》云：'天宝元年（742年）割秋浦、南陵、泾三县置。'在青山之阳，故号曰青阳，属宣州。永泰元年（765年）隶池州。"据《元和郡县志》乃永泰二年（766年）隶池州。

建德县，《太平寰宇记》曰："本鄱阳、秋浦二邑地，唐至德二年（757年），采访使、宣城郡太守宋若思奏以此地山水遥远，因置县邑以遏寇攘，仍以年号为名，属浔阳郡，至乾元元年（758年）属饶州，永泰二年（766年）来隶池州，伪吴顺义初改为建德。"

石埭县，《太平寰宇记》曰："本吴石城县地，《吴志》云：'韩当为石城侯，遂置石埭场。'晋太康三年（282年）废入宣城县。梁又置。故《舆地志》云：'梁大同二年（536年）置石埭县，因贵池源有两小石埭堰溪水，遂以为名。'陈灭，废，遂以石埭并入南陵。至唐永泰元年（765年）复置池州，又析泾县、贵池界五乡以置之。"

①《太平寰宇记》卷一百五《江南西道三》。

东流县，《太平寰宇记》曰：“本彭泽县之黄菊乡，控带江山，唐会昌初建为东流场，在古废和城县侧，大中四年（850年）移于今理，伪唐保大十一年升为东流县，至皇朝太平兴国三年（978年，戊寅）割属池州。”

铜陵县，《太平寰宇记》曰：“本汉南陵县，自齐、梁之代为梅根冶，以烹铜铁。庾子山《枯树赋》云：‘东南以梅根作冶地，元管法门、石埭两场’。隋升法门为义安县，又废入铜官冶。后改为铜官县，属宣州，皇朝割属池州。”《舆地广记》曰：“铜陵县，本南陵县地，唐析置义安县，又废义安为铜官，五代时置铜陵县，属江宁府，皇朝开宝八年（975年，乙亥）来属（池州）。”

可见，池州始置于唐朝武德四年（621年，辛巳），复置于永泰元年（765年，乙巳），两次建置州治都在秋浦县，亦即后来的贵池县。复置时将青阳县、石埭县、建德县纳入其中，北宋初年又将铜陵县、东流县纳入。其中，始置、复置都在巳年，复置时领四县。巳是金长生之地，四是金数，体现了五行金的思想。这一思想还体现在建德县和铜陵县的五行属性上。

建德县又名至德县，始建于唐至德二年（757年），按《太平寰宇记》记载，“以此地山水遥远，因置县邑以遏寇攘，仍以年号为名”，位于池州西边申、酉。其地五行属金，申是金临官之地，酉是金帝旺之地。铜陵县在池州东北丑地，易学上巳酉丑三合金局，丑为金库，铜五行属金，铜陵县历代是冶金之地，是金库思想的体现。九华山在池州的巳位，建德县在池州的酉位，铜陵县在池州的丑位。九华山和建德县、铜陵县组成金局，是最能体现池州建置内涵的三个地方。

贵池县、青阳县、石埭县和东流县体现了五行贵生思想。五行为东木、南火、西金、北水、中土。五行相生，为土生金，金生水，水生木，木生火，火生土。五行贵生，北为水，水是生命之源，是为贵池，在长江边上。东为木，木青色，木生火，火是阳，是为青阳。南为火，火生土，土生石，是为石埭。西为金，金生水，自西向东流，因曰东流。西方对应秋季，对应菊花，陶渊明曾在东流种菊，因此又称菊邑。

池州复置时领四县，北宋初年领六县，四是金数，六是水数，表明池州的五行为金水。水由金生，以金为主，其神主为昭明太子。此外，还有金天氏少昊、金乔觉、陶渊明、李白、孝娥、舒姑、南溪古寨等县域之神，五行都是金水。

第二节　昭明太子

历史上池州的府治在贵池，自梁朝以来一直遵奉昭明太子为土主。昭明太子对池州产生了深远的影响。

一、昭明太子的金水神性

据《梁书》记载，昭明太子生于“齐中兴元年（501年）九月”，是为辛巳年戊戌月，具体生日不详，死于梁“中大通三年（531年）四月乙巳”，是为辛亥年壬辰月乙巳日，寿元31岁。易学上，辛是金，辛巳、辛亥纳音皆是金，戌中有金之余气，巳是金长生之地，说明昭明太子的诞辰与忌日都与五行金有关。金之成数是九，《易经》曰：“地四生金，天九成之”，故池州民间又称昭明太子为“九郎”。金之方位在西，《梁书·昭明传》曰：“一坐一起，恒向西南面台。”元代钟世美的《郭西昭明庙记》曰：“坐必西向，卧必面台。”乾隆《秀山志》亦曰：“（昭明）陵不可南面而西向，与太子生居东宫坐起恒西向之意适合。”[①]又曰昭明“尤喜佛学”[②]，佛从西来，以西方为极乐，《后汉书·西域传》曰：“世传明帝梦见金人长大，顶有光明。以问群臣，或曰西方有神名曰佛，帝于是遣使天竺问佛道法。”表明昭明太子的性理是西方金神之体现。

贵池民间传说以八月十五日为昭明诞辰，清人朗遂的康熙《杏花村志》曰：“池故事，八月十五日为梁昭明千秋。”[③]嘉靖《池州府志》曰：“今俗八月十二日迎神至祝圣寺享之，十八日送神还庙，俗传中秋日太子诞也。”[④]按说八月十五日，昭明太子的八字应是辛巳年，丁酉月，丁丑日，时辰不详，白露后九日出生，当4岁起运，后天大运4丙申，14乙未，24甲午，34癸巳。此八字是财格，丁火生于八月，巳、酉、丑连成金局，金旺火弱，丁火通根有比，当以印比为用，即木火为用神。31岁行南方午运，午火是喜神，非忌

①（清）陈竑纂：乾隆《秀山志》卷五《陵墓》，民国四年刻本。

②《梁书·昭明传》。

③（清）朗遂纂：康熙《杏花村志》卷九《池州昭明会记》，《中国地方志集成》乡镇志专辑27，江苏古籍出版社1992年版。

④（明）王崇等纂修：嘉靖《池州府志》卷五《祀典》，嘉靖二十四年刻本。

神，与命主死于31岁显然不合。说明八月十五是民间创造的，并非昭明的真实诞辰。乾隆《秀山志》亦曰："昭明以齐中兴元年（501年）九月生，谓八月望诞者，非也。"[①]

中秋节乃月圆之夜，民间以中秋节作为诞辰估计是根据"昭明"和辛金来理解的。根据明代《三命通会》，辛金的规律是：生于巳，旺于酉，病于亥，死于子。昭明出生于辛巳年，发病于辛亥年，与之相应。贵池在池州一府六县中处于子位，在贵池建衣冠冢也符合死于子之说。相应地，将中秋节作为诞辰符合辛金"旺于酉"之义，酉即八月中秋节，与正史所载出生于九月相距不远。

从昭明太子的往生情况来看，死于辛亥年壬辰月，辛是金，辛亥纳音也是金，亥是水，辰为水库，壬辰纳音也是水。昭明太子因堕水染疾而死，《南史》曰："（中大通）三年（531年）三月游后池，乘雕文舸摘芙蓉，姬人荡舟，没溺而得出，因动股，恐贻帝忧，深诫不言。以寝疾闻，武帝敕看问，辄自力手书启。及稍笃，左右欲启闻，犹不许，曰云何令至尊知我如此恶，因便呜咽。四月乙巳，暴恶，驰启武帝，比至已薨，时年三十一。"[②]可知金水是其往生五行。

池州在梁朝都城建邺的最西边，西五行为金；"池"中有水，贵池在池州地盘上处于亥子水位[③]，与昭明太子的往生五行相同，因而成为其化身之地。为此，贵池民间奉其为土主，并为其创造了一个有关鱼的美丽传说。嘉靖《池州府志》曰："梁昭明太子食鱼而美，封其地曰贵池。"这个传说的中心是鱼，鱼是水中之物，其鳞甲五行属金，所以又称金鱼，如乾隆《秀山志》曰："秀山产鲤，金鳞朱尾"[④]，表明与昭明太子的五行相同，因而可以象征昭明太子。"食鱼而美"所要表达的真实意思是：昭明太子食用贵池之鱼而变为贵池之鱼，成为贵池之神。乾隆《秀山志》曰："贵池以鱼美得名，其鱼以香鲫为最，因名其产处曰香鲫荡。鱼味馡馥异常，土人呼为沉香鲫。往时中使致祭还朝，必取以献，然不可多得，渔人或以为累，司徒孙仁请止之。自停谕

① 乾隆《秀山志》卷七《文选阁记》。

②《南史》卷五十三《梁武帝诸子》。

③ 丁希勤：《池州区域文化的阴阳学论》，《池州社会科学》2011年第1期。

④ 乾隆《秀山志》卷七《文选阁记》。

祭，香鲫不复生。帝王之福，神圣之灵如此。”[①]显然是视鱼为昭明太子的化身。其中“香鲫”“沉香鲫”比喻昭明太子。“香”“沉香”来源于明代昭明太子的神像由沉水香木制造，清朝刘廷銮的《文选阁记》曰：郭西昭明庙“貌以沉水香肖之”，“嘉靖后江西巨商私致祷，劖神元首以去，僧虽补其缺略，然非沉水香，庙貌亦自是颓不复振。”[②]“香鲫荡”比喻昭明太子“荡舟没溺”。“自停谕祭，香鲫不复生”比喻昭明太子与梁武帝的关系，故曰“帝王之福，神圣之灵”。

昭明太子死于亥年，而贵池正坐于池州的亥子之地。亥子五行为水，易学上，亥为六阴之终，子为一阳来复，亥子是阴阳交接之地，故农历有“登明亥”之称，“昭明”的封号也体现了亥子的这一阴阳交接和登明的性质[③]。此外，亥为天河，《三命通会》曰：“天倾西北，亥为出水之方，地陷东南，辰为纳水之府。”[④]又曰：“十月建亥，亥乃纯阴，司令壬禄，到亥当权，死水泛滥。”[⑤]贵池坐亥，又处于长江水滨，难免有死水泛滥之虞，因此祭祀与本地五行属性相同的昭明太子，祈求平安。乾隆《秀山志》曰：“传曰能御大灾则祀之，能捍大患则祀之，历代相传。池有水患、兵疫之灾，祷于昭明文孝之庙必应。”[⑥]

建德县、东流县在池州西边，五行属金，长江流经此地，也是一个多水之地，与昭明的金水神性相同，故祠祀昭明的较多，如宣统《建德县志》所载大沈庙、峰山庙等祭祀昭明太子，东流县的石潭镇周围“一个方圆数十里

---

① 乾隆《秀山志》卷二。

② 乾隆《秀山志》卷七。

③ 昭明太子与西周的周昭王同以昭为谥法，二者都是堕水而亡。《左传》曰：“昭王德衰，南征济于汉，舩人恶之，以胶舩，进中流，胶液解，王及祭公皆没于水中也。”水于地支为亥子，在易学上为阴阳交接之地，以昭明为谥法含有灵魂上升天堂的意思。因此，后世为周昭王杜撰了一个灵魂上天的故事，晋朝王嘉《拾遗记》卷二曰：“昭王即位二十年，王坐祗明之室，昼而假寐，忽梦白云蓊蔚而起，有人衣服皆毛羽，因名羽人，梦中与语，问以上仙之术，羽人曰：大王精智未开，欲求长生久视不可得也。王跪而请受绝欲之教，羽人乃以指画，王心应手即裂。王乃惊寤而血湿衿席，因患心疾，即却膳撤乐。移于旬日，忽见所梦者复来，语王曰：先欲易王之心。乃出方寸绿囊中有药名曰续脉明丸补血精散，以手摩王之臆，俄而即愈。王即请此药，贮以玉缶，缄以金绳，以之涂足，则飞天地万里之外，如游咫尺之内。有得服之，后天而死。”

④《三命通会》卷一《水》。

⑤《三命通会》卷二《论河图及洪范五行》。

⑥ 乾隆《秀山志》卷七《文选楼碑记》。

的地方，有如此众多的昭明太子庙，并有两个以昭明太子名字命名的村庄，这在江南乃至全国也十分罕见。”[①]说明昭明太子以金水为神性，故庙祀多集中在池州西边的建德县、东流县和北边的贵池县，如贵池的秀山庙、西祠。而东边的青阳县、南边的石台县五行为木火，性质不合，故官方较少祭祀。查嘉靖《池州府志·祀典》，只有池州府的秀山庙、郭西文孝庙和建德县的康济祠附祭昭明太子，青阳县、石台县、铜陵县都没有。但民间祭祀还是有的，如光绪《青阳县志》曰：“文孝庙，在县治东九郎墩，五代时有庙，久废。嘉靖三十九年（1560年）有阴谋者，推官陈万言感异，嘱知县毛德贞于旧基重构，学训萧文伯记。各乡有庙，惟在陵阳镇者香火尤盛。咸丰三年（1853年）兵毁。”[②]康熙《石埭县志》曰：“文孝庙祀梁昭明太子，旧在迎恩桥至西北隅，因广学宫，迁于崇寿寺东厢。本府载在祀典，于八月十五日致祭，各乡皆有行祠。附记城西半里许有文孝墈，每岁八月十五日会首二十户迎昭明于坛致祭，恐奸民侵占，特立碑以志。”[③]另据乾隆《铜陵县志》记载，铜陵也有文孝庙。说明池州的昭明太子祭比较普遍，各县都有，但主要集中于池州的西面和北面。西五行属金，北属水，表明池州昭明祭的分布是昭明太子金水神性的体现。

二、正史关于昭明太子灵应的金水性质

《隋书》有三处记载了昭明太子的灵应事件：

> （梁普通）七年正月癸卯，太白、岁星在牛相犯。占曰：“其国君凶，易政。”明年三月，改元，大赦。大通元年八月甲申，月掩镇星。十月癸酉，又掩之。占曰：“有大丧，天下无王国，易政。”其后，中大通元年九月癸巳，上又幸同泰寺舍身，王公以一亿万钱奉赎。十月己酉，还宫，大赦，改元。中大通三年，太子薨，皆天下无主、易政及大丧之应。[④]
>
> 梁天监元年五月，有盗入南北掖，烧神武门总章观。时帝初即位，而火烧观阙，不祥之甚也。既而，太子薨，皇孙不得立。及帝暮年，惑于朱异之口，果有侯景之乱，宫室多被焚烧。天诫所以先见也。

① 何寅：《昭明太子萧统在池州史迹钩沉》，《合肥师范学院学报》2013年第4期。

② （清）周赟等纂修：《青阳县志》卷一《庙祀》，光绪十七年排印本。

③ （清）姚子庄等纂修：《石埭县志》卷三《祀典》，康熙十五年刻本。

④《隋书》卷二十一《天文下·五代灾变应》。

中大通五年五月，建康大水，御道通船。《京房易·飞侯》曰："大水至国，贱人将贵。"萧栋、侯景僭称尊号之应也。[1]

上述材料第一段以"太白、岁星相犯"和"月掩镇星"比喻昭明太子之死。其中，太白为金，岁星为木，金克木。岁星又名太岁，《三命通会》曰："夫太岁者，乃一岁之主宰，诸神之领袖。经云，太岁当头立，诸神不敢当，若无官事扰，定主见重丧。"[2]冲犯太岁，为不祥之兆。月为小人，镇星为主子，小人夺位之象。

第二段以"火烧观阙"比喻昭明之死，取火克金之象。

第三段以"建康大水"比喻昭明子孙称王，取金生水之象。萧栋是昭明太子的孙子。

以上灵应共同点都是五行金，是昭明太子金神的反映。

三、池州的昭明传说与金水的关系

乾隆《秀山志》对昭明太子的传说记载颇详，"盖秀山自梁太子昭明嗜游，继乃瘗衣冠于山麓，以故而名益显矣。"乾隆《秀山志》曰："志昭明也，志昭明之胜迹也，志昭明之福庇池民也。"[3]其传说有以下内容。

（一）钓台

郡志载，昭明钓台一在池口，一在郎山崖。郎崖与秀山密迩，一涉之地，有濠濮间想。又白面山金灯崖下名昆池，其上盘石可坐卧，相传亦钓台也[4]。

上述"池口""濠濮""金灯崖""昆池""盘石""钓台"五行为金水。

（二）金灯崖

白面山麓巨石横溪，溪水折而旋绕，澄泓可爱，每于月夜金波荡漾，不啻灯烛交辉，崖之命名以此。宋岳武穆正与金为仇，过此见金灯之名，怒而

①《隋书》卷二十二《五行上》。

②《三命通会》卷二《论太岁》

③ 乾隆《秀山志》卷首《续修秀山志序》。

④ 乾隆《秀山志》卷二《古迹》。

击之，碑截然断矣。[①]

上述“巨石”“溪水”“金波”“金（灯）”五行为金水。

（三）放生池

池方广不及莲塘之半，传闻太子尝放生鱼于其中，故呼为放生池。[②]

上述“鱼”“池”五行为金水。

（四）文选楼

志书所载文选楼，广陵、襄阳俱有，秀山亦其一也，以历年久，遂至倾圮。康熙间郡守喻公成龙首倡经营，士民协力，轮奂维新，斯文复振。至今其楼岿然特存，往来游士题咏甚多。[③]

按“文”五行为火，“楼”为木，乃木火之象，非关金水之性。贵池昭明文选楼的真实性值得怀疑。后世关于贵池文选楼较早的比较可靠的文献记载是清初刘廷銮的《文选阁记》和喻成龙的《文选碑记》，两文均未交代贵池文选楼的早期情况。《文选阁记》曰：“（明代）杨用修《病榻手欥》记集文选人名，云昭明太子统聚文士至十人谓之高齐十学士，共集文选。今襄阳有文选楼，池州有文选台，未知何地为的。杨但致疑于襄阳、池州，固绝不及扬州矣。”清舒廷交的《秀山文选台说》曰：“唐永泰年徙县今治（贵池），特建庙于郡城秀山门外而曰西庙。既有庙，亦设文选阁，有花园，有钓台以妥灵焉，此踵事增华而为之。”[④]从这里看，贵池的文选楼是后人的附会之作。

（五）香鲫荡

贵池以鱼得名，其鱼以香鲫为最，因名其产处曰香鲫荡。鱼味馥郁异常，土人呼为沉香鲫。往时中使致祭还朝，必取以献，然不可多得，渔人或以为累，司徒孙仁请止之。自停谕祭，香鲫绝不复生，帝王之福、神圣之灵如此。[⑤]

① 乾隆《秀山志》卷二《古迹》。
② 乾隆《秀山志》卷二《古迹》。
③ 乾隆《秀山志》卷二《古迹》。
④ 乾隆《秀山志》卷七。
⑤ 乾隆《秀山志》卷二《古迹》。

上述"贵池""香鲫荡""沉香鲫"五行主要为金水。

(六)西庙(西祠)、行祠

西庙在城西四里,唐永泰初以秀山远于郡治,遂建西庙祀昭明太子。

郡城西通远桥北原有祠址,郡守祁司员重建,正德庚辰郡守何绍正迁秀山门内,牓之曰"昭明行在"。每年秋赛,合郡官僚诣郭外西祠列卤簿迎神入城,先于此祠税驾,然后升龙车凤辇至景德寺庆祝焉。①

上述"西庙""城西""四里""桥北"五行为金水。其中,西是金之方位,四是金之生数,《易经》曰:"地四生金,天九成之",故又称昭明太子为九郎。北为水之方位。

(七)景德寺

寺旧在郡治北,原名祝圣,唐贞观初僧雪窦募建,宋景德二年赐额景德,明隆庆间移置今处,仍称祝圣。每年中秋前三日迎太子圣驾至寺祝寿,中秋后三日始送回西祠。②

上述迎太子神祝会的路线是由西祠到郡治北的景德寺,西为金,北为水,是为金水之路线。

景德寺地址至明朝有所改动。光绪《贵池县志》曰:"景德寺,《江南通志》在府治北,唐贞观中建,府志在储台山之南麓,旧志旧名祝圣寺,唐贞观二年(628年)僧雪窦建,宋景德二年(1005年)赐今额,有小阁,有见山堂,苏舜卿有诗。明隆庆间移至毓秀门内,而以寺基立府学。乾隆三十九年(1774年)知府张士范重修。按贞观二年池州先一年废,而后建寺。"③

(八)隐山寺牓

建德隐山寺,太子常游憩焉,手书"隐山之寺"四大字,署之寺门。久而剥蚀,邑令吴师道命寺僧义宁摹之于石,并为之记。④

按元吴师道的《隐山寺记》和明孔尚大的《隐山寺诗并序》云:"隐山之

① 乾隆《秀山志》卷二《古迹》。

② 乾隆《秀山志》卷二《古迹》。

③ 光绪《贵池县志》卷九《寺观》。

④ 乾隆《秀山志》卷二《古迹》。

寺”是昭明太子亲手所书，在建德“邑南七十里”隐山坂。建德县在池州区域的西南方位，五行属金。

(九)陵墓

> 梁大同三年石城士庶请太子衣冠冢卜兆于秀山。陵不可南面而西向，与太子生居东宫坐起恒西向之意适合。①

南为火，西为金，火克金。“西向”说明昭明太子以西方金为往生方向。池州昭明太子衣冠冢建于梁朝大同三年（537年，丁巳），按民间葬俗巳酉丑三合以卯为年煞，丁巳年不可葬东西向。但昭明太子衣冠冢却葬于东西向，表明民间在煞与神二者相冲突时选择了神性，反映了丧葬以神性为主的特点。

(十)太子矶

> 黄观，字澜伯，一字尚宾，祖籍邑之白兔岭，元至正己亥生，洪武二十三年庚午应有司入胄监，是岁遂领乡荐，明年辛未冠南宫对策，称旨赐状元及第，历官宗伯。建文改增官制，设立侍中，以公为之。靖难师起，奉命征兵，还至皖，探知逊国，泣拜舟前，自投于李阳河之罗刹矶，即太子矶也。不负所学，于太子矶前捐躯殉国。既死得其所，后人立祠祀公，与太子庙相距咫尺，太子佑启之人物，公为最。②

上述黄观投水而死，“李阳河”“太子矶”皆指水，死法与昭明太子相同。物以类聚，所建黄观庙与昭明太子庙近在咫尺，因谓“太子佑启之人物，公为最”。

四、昭明太子灵应事件与金水的关系

乾隆《秀山志》记载了昭明太子的灵应十五件。

(一)燕雀湖

> 太子居东宫，蓄琉璃瓦、紫玉杯，乃武帝所赐。既薨，置梓宫，后更葬开坟，阉人藏匿。及归收入大航，忽燕雀数万击之，为有司所缚，获二宝器。武帝闻而惊惋，诏赐太孙封坟之际，燕雀复集衔土增其上，故名其湖曰燕

① 乾隆《秀山志》卷五《陵墓》。

② 乾隆《秀山志》卷六。

雀湖。

上述“琉璃瓦、紫玉杯”五行为金，“大航”为水。“燕雀”比喻昭明出生年辛巳，清朝《钦定协纪辨方书》卷七曰：“巳为鹑尾，朱鸟形成，故以巳为朱雀也。”燕下四点，指巳为四月，是金长生之地。燕雀衔土填坟为土生金，重点围绕金性而展开，是昭明金水神性的表现。

(二)娘娘庙

湖州府西门外严尚书祖墓,其高处有娘娘庙,莫知所始,庙前野人家焉。万历戊子,野人锄地至庙阶,其下铿然有声,因穷其境,有方室,一棺悬焉,棺前诸物皆金银也。恣取一出,其人暴富。众疑而诘之,因同众再入,开其棺,内一女子饰如王后,以手挥众曰:“物任汝取,毋伤我,我修已成矣。”有斧其肩者,女遂死,珍玩金玉尽取无遗。湖州太守孟化、乌程令袁光宇闻之,逮众严讯吐实。捕时众惧,以物投水,存一银牌,上书沈休文约女,聘梁昭明太子未婚而卒,命以王妃礼葬,始知庙之称娘娘者以此。诸人皆正以盗塚之罪,其未正法者亦皆病死。

上述“湖州府西门”“铿然”“金银”“珍玩金玉”“银牌”“沈休文约女”五行皆为金水，象征昭明太子的本体。此事发生在万历戊子年（1588年），子为北方水位，戊子纳音也是水。明朝火德，火克金，故娘娘墓遭毁，墓葬品遗失。

(三)双眼井

太子爱秀山,既以上帝锡命,显梦山民,建立陵庙。及迁郡郭西,双眼井中涌出大木以助经始。

上述“郡郭西”“双眼井”五行为金水。井有二义，一谐音金，暗喻昭明金神；二为九，周制井田九百亩，金数也是九，故又称昭明为九郎。这里，双眼井比喻昭明太子菩萨像。“双眼井中涌出大木”指昭明像头顶的木构屋梁。“涌出”比喻上梁的动作，是从昭明像上攀援而上，好比井中浮出。

(四)修西祠

明正统七年修西祠,方以购木搬运为艰,忽有巨筏顺江而下,夜入池口,溯流至杜坞,若有人牵挽之者。

上述“西祠”“江”“池口”“溯流”五行为金水。

(五)石柱

西祠外神道坊,壁间石刻云永泰三年仙人所建,池故老又云系公输子化身来建,皆不可知。但历来相传坊之两石柱从水中浮出,知非神力不能。今坊楼久圮,两石柱、一横木屹立数百余年,藤萝缭绕其上,苍古如画,其为神物无疑。

上述“西祠”“石刻”“石柱”“水”五行为金水。唐永泰年号只有一年,没有三年之谓,“永泰三年”应是“永泰元年”书写之误。永泰元年(765年)为乙巳年。昭明太子生于齐中兴元年(501年,辛巳),贵池秀山昭明太子衣冠冢并庙建于梁大同三年(537年,丁巳),池州府始建于唐武德四年(621年,辛巳),后废,永泰元年(765年,乙巳)复置池州府,同年又建西祠,都在巳年,可见巳年对池州具有的特殊意义,也可见昭明太子对池州的影响。

(六)神召商船来池

宋绍兴初池州米价腾踊,有商船载米将越他境,阻风江上,神召之来池,池民以济。

“商船”[①]“江上”“来池”五行为金水。

(七)神扮富商籴米

明成化十八年池郡大饥,神扮富商住池城西门外萧姓者,向湖广荆汉等处散金招商,籴谷数千石次池之河下,遍访西郊,寂无萧姓商人,只西祠文孝神像居然类也。客众大骇,民益神之。太守常公以神所买之米给散,于是聿新殿宇。事闻朝廷,特加文孝昭明圣帝,敕封。

上述“富商”“西门”“湖广荆汉”“散金招商”“池之河”五行为金水。

上述第六、第七两件灵应发生在宋朝和明朝,宋明是火德,火克金,乃昭明太子所忌之神,故以米荒情景出现。萧姓暗喻昭明太子名萧统。

(八)盐梅

① 商是五音之一,对应于五行之金。船是水上之物。

池州患疫，神托为长房之术食以盐梅，全活甚众，历来纪传及父老口碑皆言之凿凿。

“长房”指东汉费长房，传说中的道教神仙，有缩地之术，能遁身千里之外。

“盐”味咸，是五味之一，对应五行为水；梅能生津，古有“望梅止渴”，是对水的演义。

“患疫”为炎症，为火。克火者水，因有盐梅之说。

(九)侵地之案

崇祯四年，豪有侵秀山兆域者，祠僧海善白于邑令史鸣皋未决。有铜陵广文韩治尝三梦帝告以侵地之事，言于史令，乃按豪罪。

昭明金神，贵池为水，金生水而金弱，表现为“祠僧海善白于邑令史鸣皋未决”，海也是水，削弱了神力，因此梦不到邑令。铜陵五行属金；韩左为矛，是古代一种兵器，五行属金。金金相吸，增添神力，因此托梦到达铜陵韩治，请韩氏婉转玉成。

(十)改正之议

(清初)楚南孝廉何经文舟至李阳河，见太子阁中所祀非圣像，有改正之议，夜梦圣帝深然其说，且显示合舟诸人所梦皆同。

上述第九、第十两件灵应揭示明清鼎革。明朝火德，清朝水德，水克火。昭明太子是金水之性，与清朝同一属性，故于“改正之议”托梦“深然其说”。

(十一)红衣人

(明代)邑绅孙仁开府创简练，军士夜梦神言有红衣人肆害。次日点验，果有衣红数人，随命左右执之，皆怀挟利刃，莫不服罪。

上述“红衣人”五行为火，火克金，乃昭明太子所忌之神，故曰“有红衣人肆害”。《隋书》曰：“梁天监元年（502年）五月，有盗入南北掖，烧神武门总章观。时帝初即位而火烧观阙，不祥之甚也。既而太子薨，皇孙不得立。及帝暮年，惑于朱异之口，果有侯景之乱，宫室多被焚烧。天诫所以先见也。”[①]

(十二)神驾冥司

邑人张完初素奉神惟谨,一日病危,恍惚赴冥司,忽神驾临,谕令放回,及苏,延寿如期。

上述“冥司”为阴地,五行为水。

(十三)受贿者

邑有某令者初为贿嘱,踏看秀山山界,所乘之马忽坠郎崖不起,心颇悔之。及秉公厘正,归自郎崖,复有一马追随,挥之不去,至白面渡头,不容登舟,其马莫知所往。人始骇然,方知神马远送,而前马之坠崖非偶然也。

上述“贿嘱”是一种非正当的商业行为,虽五行为金,实乃污染之金。“马”为午火克金,皆为昭明之神所忌,故曰“所乘之马坠崖”。“白面渡头”五行为金水,白为金之色,象征昭明太子的本体。因“贿嘱”和“马”为所忌之物,故曰“至白面渡头,不容登舟”。

(十四)受贿者之子

庙僧及山邻夏月坐雨闲话,忽然迅雷起于座间柱下,人皆胆落,其柱微焦,柱上寸椽片瓦未动。后闻是日十里之外击死一人,乃受贿朋谋者之子,是明彰其报,使僧俗咸知神之显赫一至如此。

上述受贿者之子遭雷击毙,与第十三件“贿嘱”相同。

(十五)寝陵不容侵犯

寝陵禁步,不容侵犯。相传有谋而未成者,机乘开府新任,策蹇附舟,将欲冷灰复然。甫渡江,蹇逸弗获,次早踵辕,忽尔昏迷如僵。救出遄归,蹇驴安然在途。闻者莫不凛然。[②]

上述“寝陵”为土,土生金,金为昭明太子的本体,故曰“不容侵犯”,与第九件“侵地”、第十三件“踏看秀山山界”性质相同,皆为神所抵制。

①《隋书》卷二十二《五行上》。

② 上述十五件出自乾隆《秀山志》卷三《实录》。

以上是乾隆《秀山志》收录的自梁代至清朝的灵应事迹共十五件，其中大部分是针对贵池和昭明太子的金水神性进行的演义，少数是针对忌神火的演义。金是昭明太子的神性所本，金由土生，因此对土也有所演义。土数是五和十，《易经》曰："天五生土，地十成之"，所以乾隆《秀山志》只收录了十五件。这十五件中，发生于梁朝一件（燕雀湖），唐朝两件（双眼井、石柱），宋朝一件（神召商船来池），明朝五件（娘娘庙、修西祠、神扮富商粜米、侵地之事、红衣人），清朝一件（改正之议）。另有五件没有确切的年代（盐梅、神驾冥司、受贿者、受贿者之子、寝陵不容侵犯），其中盐梅疑是明代的，其他四件疑是清代的。十五件基本上是按照朝代顺序排列的，唯独明朝的娘娘庙、重修西祠以及红衣人采取插叙法，这是因为明朝火德，火克金为忌神，故将相关事件插叙到其他朝代以分散火力。将娘娘庙次于燕雀湖，既取阴阳相配之义，又取湖水灭火。将重修西祠置于唐建西祠中，既是以类相从，又是因为唐朝土德，火生土，取土泄火。将红衣人置于清代，是因为清朝水德，取水灭火。

宋明是昭明太子信仰发展的重要时期。昭明太子信仰起源于梁朝大同三年（537年）秀山衣冠冢并庙的建立，奠基于唐代郡城西祠，发展于宋明。据乾隆《秀山志》记载，宋代有九次册封，明代三次册封并给官田谕祭，却为何宋代只有一件灵应事件，明代却多至五件呢？我认为主要有以下原因：(1)宋朝火德，与金国为仇，而昭明太子是金神，与宋朝性质相反，故仅安排一件。如上述乾隆《秀山志·古迹》记载岳飞过池州金灯崖时，"见金灯之名，怒而击之"，可为例证；(2）明朝也是火德，与建州女真之金国为敌。《明史纪事本末》曰："太祖大悦，礼安甚厚，由是凡机密辄与议焉，改太平路为太平府，以李习知府事，李善长为帅府都事，汪广洋为帅府令，史陶安参幕府事，文移用宋龙凤年号，旗帜战衣皆红色，盖以火德王故也。"[①]但明朝情况比较特殊，非如宋朝纯木生火，明为日月，火中带水，如明太祖年号洪武，燕王朱棣起兵北方，五行皆为水。明朝是昭明太子信仰发展的重要时期，不能不多述其事，为此巧妙地将相关灵应事件安插到其他朝代中，以分散火力，避免克金。至于富商粜米、侵地之事，前者关乎水，后者关乎土，水克火，土泄火，使火不能克金，因此可以放在明朝记载。

①《明史纪事本末》卷一《太祖起兵》。

五、昭明梦与金之关系

上述灵应事件中，“侵地之案”及“红衣人”，与昭明梦有关。

“侵地之案”讲述的是明末昭明太子墓地被土豪侵占，远在百里之外的铜陵县吏韩君理曾三次梦见此事，因此委托贵池县令办理此案。明末陈仁锡的《贵池复昭明太子茔记》详载其事：

> 余友韩孝廉君理见昭明太子于梦以侵地告，为(天启)乙丑五月，辛未邸中徐理前梦，赴选后署铜陵教则。太子墓在池郡秀山门外，铜陵其属，异之。越明年壬申正月邮寄开函，仍是一梦，又仍是前梦也，君理始登秀山门问墓。墓在秋浦，距七十里，其人惊相告曰：“主僧海善上土豪胡万林状。”未几，有僧赤脚白髯，手持一卷，芒芒然自贵池牒归，即海善也。所持卷则孙中丞、秦司理碑文，各载道里祭田如指掌。于是君理白之史侯鹤野，不言事而言梦。史侯亦余友，胸次浩浩焉。凡八下牒而万林至牍。未竟一日，视事县堂，空中系正差作昭明使者，语告枉法受赃之数，径出闻鞭楚叫号，声裂肢体，喷血毙矣。因下万林于狱，明年正月，副差如醉狂死。即万林有力如虎，有钱如山，必三之矣。若是三奸者，不足辱天朝之斧钺，也烦神明。吾是以征太子灵而天下肯读书人不可忽。[①]

明末孔尚豫的《述梦记》曰：

> 明铜陵学博韩君理，余年家伯也。昨岁过其斋头，语余云往日教授溧阳，梦有投刺来谒者，其名故萧某也。及坐谈则云某有坟址，去贵任甚近，若有侵者，烦护持之。既觉，思萧乃昭明太子姓讳。任溧阳许久，并未闻坟址何处，胡见之梦者尔尔。后丁艰补任铜陵，阅秋浦志，始知坟址所在，正为富翁所侵。庙僧告县，县差受贿，听其迁延。君理以其情白之邑侯，始即拘审。审时其差立毙县堂，若作昭明语，自供受贿若干而毙。邑侯乃治侵者之罪而重新其庙宇。陈明卿太史闻其事而异之，为之作记，俾览者知昭明太子不独文选一书传世不衰，而精英亦至今未灭也。[②]

明末刘廷銮的《秀山梁昭明太子陵庙记》曰：

① 乾隆《秀山志》卷七。

② 乾隆《秀山志》卷七。

崇祯壬申，豪有盗昭明秀山兆域者，祠僧海善白于贵池县令史鸣皋，而豪之悍自若。时铜陵署教谕举人长州韩治来贵池，闻而争之，史令始即按豪罪诘其故。韩当天启乙丑五月见昭明于梦，以侵地告。越六年崇祯辛未，韩于燕邸复理前梦，犹云诞也。及官铜陵，考池州志，知昭明安灵爽于斯，洒然异之。明年壬申五月梦如初。已而知海善辞，急述三梦，史令动容。一日方视事堂皇，县役骤向空中作昭明使者语，历举枉法受赇数讫而出，但闻鞭笞痛楚声，不见有人持鞭者，役遂裂肢喷血以歼。亡何役同事者又踵其状，众凛然。史官陈仁锡因著《贵池县复昭明太子茔记》。夫秀山距池七十里，距铜陵百里，铜陵距吴千里。昭明魂魄凭依秀山，不托于池之人、池之令，恍惚以千龄之后而风指于千里外之遥，又恍惚以十七年之前而直属于百里外之吏，岂不异哉？今而后知昔者神降之，非诪张为幻也。[①]

上述三篇文章都是讲述同一个梦，可见当时影响较大。文章围绕昭明托梦给铜陵县吏而展开，铜陵是此梦之关键。昭明太子本命辛金，根据明代《三命通会》，金旺于酉，衰于戌，病于亥，死于子，墓库于丑。铜陵县在池州的地盘上为丑（参见文中图9-1、9-2），为金之墓库。铜陵盛产铜，铜五行为金。物以类聚，同声相应，同气相求，故有昭明太子托梦铜陵县吏之举。这三次梦发生的时间值得注意，分别是乙丑、辛未、壬申。丑未五行属土，二者相冲起土，申是金临官之地，也就是土生金之意。具体到梦中，土为坟墓，金为昭明。墓在秀山，又名石城，光绪《贵池县志》曰：“石城故县，《江南通志》在府西七十里地名铁店，亦名仓埠潭。”[②]“石城”“铁店”五行属金，在今贵池灌口乡的石城村，附近有铜山。铜山因产铜今天被划归铜陵市。墓址选择此地，揭示出昭明太子的金神特点。

“红衣人”，曰：

父老称成化中贵池孙公仁巡抚四川时，忽梦昭明告之曰：“明日有朱衣客若干刺公于堂，公其善御之。”孙不以为然，诘朝出厅事莅军，果有服绛夷入谒，如梦中所语数。孙忆及而警，命左右解其甲，怀中悉利刃，乃缚就诛。众以为神。洎孙氏归老，故捐赀修昭明庙，祀特侈。[③]

① 乾隆《秀山志》卷七。

② 光绪《贵池县志》卷八《古迹》。

③ 乾隆《秀山志》卷七《秀山梁昭明太子陵庙记》。

文中“四川”五行属金，《易经》曰：“地四生金”。“朱衣”“服绛”都是红色。红属火，火克金，为昭明太子所忌，故梦中发出预警。

另有两梦，曰：

> 去年乙酉，黄公道周奉祠出都，泊龙江，梦高皇至，厉声曰：“卿竟舍我去耶？”
>
> 又，孙公晋述守陵太监，某夜见高皇拥内侍张宫灯，散步过槁，长叹而去，俨然非梦。黄与孙皆端人，决无伪妄。[1]

“黄道周”，黄是土的五行之色，土生金。“乙酉年”，金旺于酉，是金性最强之时。金需土生，黄道周“奉祠出都”，意味着土离开金，金失去了怙恃，加上金生水而衰，“泊龙江”是水，是金衰之表现，故于是言“卿竟舍我去耶”。“某夜张宫灯”是火，“槁”是木，木生火攻金，故“长叹而去”，体现出昭明太子以金为神性。

六、梁朝贵池昭明太子信仰形成的原因

昭明太子死于梁中大通三年（531年，辛亥），死后下葬于金陵上元县安宁陵。乾隆《秀山志》曰：“梁大同三年（537年，丁巳），石城士庶请太子衣冠卜兆于秀山”，并立秀山庙以示纪念[2]。石城即贵池。贵池衣冠冢之建立，历来有以下几种说法：

一是认为神托梦于此地。元代钟世美的《郭西昭明庙记》曰：“昭明既殡，梁亦旋亡，其神附于秀山之民曰，吾昔爱此，今帝锡此于我矣，尔民既祀我，我其福之。于是民相与筑祠于秀山之阿。”[3]

二是认为昭明太子生前曾在此地游玩。乾隆《秀山志·序》曰：“昭明太子性爱山水，常嗜游于此，秀山遂名闻江左。既而上帝锡命，士庶翕然从风，请衣冠建陵庙。”[4]“昭明太子尝嗜游焉，后人葬其衣冠于此。”[5]

三是认为贵池是昭明太子食鱼之封地。明代桂鏊《修西庙记》曰：“大抵

① 乾隆《秀山志》卷七《秀山梁昭明太子陵庙记》。

② 乾隆《秀山志》卷五《陵考》

③ 康熙《杏花村志》卷九。

④ 乾隆《秀山志》卷首。

⑤ 乾隆《秀山志》卷五《纪胜》。

梁主未受禅时为相国，经营王室，过清溪而有食鱼美贵池之封。”[①]明代方谟《重建昭明太子殿碑记》曰：“昭明至秋浦，食鱼美，因名贵池，后遂以名邑。”五代杨吴政权改秋浦为贵池县[②]。

四是认为是招魂之举。桂鏊《修西庙记》曰：“亦或诸王子如勃如謍都江陵、镇广州时，隐痛于前星蚀采之后，抆泪于缥囊绣蠹之余，怵惕霜露，凄怆寒烟，所至立此遗迹以寓招魂感通之忱。”[③]

也有持以上综合说的。元代钟世美的《郭西昭明庙记》曰：“因观旧志以问诸水滨，皆谓梁之昭明昔在秋浦食鱼之美，号其地曰贵池。然性爱秀山之胜，屹然数峰矫于云表，清溪环合为一洞天，土地饶沃，人愿而质，常徘徊久之。异时，昭明既殡，梁亦旋亡。其神附于秀山之民曰，吾昔爱此，今帝锡此于我矣，尔民既祀我，我其福之。于是民相与筑祠于秀山之阿。”[④]

上述几种说法难免有猜测和附会的成分，未尽符合史实。清朝贵池人刘廷銮的《文选阁记》曰：“元以来诸碑碣皆据《梁书》《南史》为文，以昭明未尝莅池，而池有昭明诸迹，如钓台，如香鲫荡，如隐山寺手书额，如花园，累累显著。或即梁武未受禅所为，误以相属。或诸王子勃、謍等之国所经，追先饮痛，立此遗迹以寓招魂。此所谓求其说而不得者。”[⑤]笔者认为昭明太子衣冠冢的建立与梁代贵池的地缘政治有关，是当时人的一种自我保护策略。

贵池衣冠冢和秀山庙建于梁大同三年（537年），为丁巳年，是昭明太子的本命年，地点在当时的石城县治秀山。乾隆《秀山志》曰：“秀山距金陵不五百里，为六朝畿辅地。”[⑥]“秀山之麓有秋浦县旧址，秋浦即汉石城地。”[⑦]石城县是梁朝皇畿西头的一个军事重镇，“池州时称石城邑，属宣城，宣城实梁武帝初封梁国国内郡也，史或止以畿甸视之。”[⑧]宣城郡是齐朝封梁武帝的十郡之一，《梁书·武帝本纪》曰：“（齐）以豫州之梁郡、历阳、南徐州之义兴、扬州之淮南、宣城、吴、吴兴、会稽、新安、东阳十郡封公为梁公。”

① 光绪《贵池县志》卷七《桂鏊修西庙记》。
② 康熙《杏花村志》卷九。
③ 光绪《贵池县志》卷七《桂鏊修西庙记》。
④ 康熙《杏花村志》卷九。
⑤ 乾隆《秀山志》卷七。
⑥ 乾隆《秀山志》卷五《原始》。
⑦ 乾隆《秀山志》卷二《古迹》。
⑧ 乾隆《秀山志》卷七《文选阁记》。

明末吴非的《汉石城废县记》曰："《梁书》封大款石城公，侯景之叛，矫诏遣石城公为质，解外援军。迄简文立，封石城公为江夏郡王。《陈书》顾溯称前宁远，石城公外兵参军，王位以垂文（简文帝），梁诸王多为宁远将军……则皆今贵池地也。"[①]东汉末年，南京城西有座军事要塞曰石头城，亦曰石城，《江南通志》曰："石头城在上元县"。据《梁书》记载，昭明太子死后也安葬在上元县，说明昭明太子墓葬与石头城在同一县。贵池的石城县与之同名，因此埋藏昭明衣冠冢有效法彼处之嫌疑，但却彰显了贵池显赫的军事地位。

当时石城县处在宣城郡与豫章郡之间。池州古有六县：贵池县（石城县）、青阳县、石埭县、建德县、东流县、铜陵县。乾隆《池州府志》曰："汉、晋、宋、齐、梁、陈、隋之间未立池州，诸县外附他郡。""东流县，汉豫章郡彭泽县地，六朝因之。"[②]"丹阳（即宣城郡）入斗十六度，贵池、青阳、铜陵、石埭属焉；豫章入斗十度，建德、东流属焉。"[③]说明当时池州的东面属宣城郡，西面属豫章郡，而石城县处在宣城郡与豫章郡之间。

豫章郡是昭明太子的长子欢的封地，《南史》曰："（昭明）薨后，长子东中郎将南徐州刺史华容公欢封豫章郡王，次子枝江公誉封河东郡王，曲江公察封岳阳郡王，譬封武昌郡王，鉴封义阳郡王，各二千户。女悉同正主。蔡妃供侍一同常仪，唯别立金华宫为异。帝既废嫡立庶，海内噂谙，故各封诸子大郡以慰其心。"[④]昭明诸子的封地基本上是自豫章沿长江一线向西分布。

昭明太子是梁武帝的长子，长子既亡，按理应由嫡长孙继承皇统，但梁武帝废嫡立庶，立简文帝，出嫡长孙欢为豫章郡王，当时引起昭明一系的强烈不满。《南史》曰："先是人间谣曰：鹿子开城门，城门鹿子开，当开复未开，使我心徘徊，城中诸少年，逐欢归去来。鹿子开者，反语为来子哭，云帝哭也。欢前为南徐州，太子果薨，遣中书舍人臧厥追欢于崇正殿解发临哭。欢既嫡孙，次应嗣位，而迟疑未决。帝既新有天下，恐不可以少主主大业，又以心衔故，意在晋安王，犹豫自四月上旬至五月二十一日方决。欢止封豫章王，还任往。谣言心徘徊者，未定也。城中诸少年，逐欢归去来，复还徐

---

① 光绪《贵池县志》卷八。

② (清)张士范等纂修:乾隆《池州府志》卷一《沿革》,乾隆四十三年刻本。

③ 乾隆《池州府志》卷二《星野志》。

④《南史》卷五十三《梁武帝诸子》。

方之象也。”[①]宋代《赤城集》曰：“昭明薨，梁武帝欲立欢为太子，以国难未平，不可以传少主，乃封昭明诸子悉以为王，图慰其心。詧遂进位岳阳王，为会稽太守。詧以兄弟不得嗣居，常不平，又以梁武朝多秕政有败亡之渐，乃蓄积宝货招致宾客，归附者数千人。”[②]

为了防止昭明太子的长子豫章郡王造反，昭明太子死后第二年即中大通四年（532年），梁武帝封简文帝长子大器为宣城公，又封简文帝第三子为石城县（今贵池县）公，《南史》曰：“临川王大款，字仁师，简文第三子也，初封石城县公，位中书侍郎，太清三年（549年）简文即位，封江夏郡王，大宝元年（550年）奔江陵，湘东王（萧绎）承制，改封临川王，魏克江陵遇害。”[③]大同二年（536年），又封简文帝第四子为宁国县公，简文帝第五子为临城县（今青阳县、南陵县）公。这些都是简文帝的势力，密集分布在宣城郡与豫章郡之间，显然是针对昭明一系的动作。也就是说，贵池当时处在简文帝的势力范围内，但又与豫章郡搭界，双方都是皇位的继承人，剑拔弩张，一旦爆发战争，贵池首当其冲。因此，大同三年（537年）“石城士庶请太子衣冠卜兆于秀山”，搬出昭明太子作为保护神，以图缓和昭明后裔的威胁。

大宝二年（551年）八月，侯景攻入建业，废简文帝，矫诏禅位豫章王栋，亦即豫章王欢的儿子，昭明太子的孙子。十一月，梁武帝第七子萧绎即位于江陵，杀昭明第二子萧誉。昭明第三子岳阳王詧以兄被杀，投靠西魏。西魏派兵攻打江陵，杀萧绎，以萧詧为梁主，梁朝的半壁江山很快落入到昭明一系的手中。这就不难理解贵池在此敏感时期祭祀昭明太子的原因，无非是希求平安，这一初衷在唐代保留下来。

---

①《南史》卷五十三《梁武帝诸子》。

②（宋）林表民撰：《赤城集》卷十《后梁宣帝祠记》，文渊阁四库全书本。

③《南史》卷五十四《梁简文帝诸子》。

七、唐朝池州的建置与昭明太子信仰的关系

到唐朝时，昭明太子的保护神形象得到了进一步的发展。昭明太子出生于南齐中兴元年（501年，辛巳），贵池太子衣冠冢与秀山庙始建于梁大同三年（537年，丁巳）。唐武德四年（621年，辛巳）始置池州于秀山，后废。至永泰元年（765年，乙巳）复置池州，同年又于郡城西门建立西祠，都是围绕昭明太子的本命巳年而展开的，表明昭明太子的土主形象在唐朝时有了进一步的发展，已经由贵池之神发展到池州之神。

池州在唐代有两次建置，始置于武德四年（621年），当时正发生战争。《旧唐书》曰："武德四年，（杜伏威）遣其将军王雄诞讨李子通于杭州，擒之以献。又破汪华于歙州，尽有江东、淮南之地，南接于岭，东至于海。寻闻太宗平刘黑闼，进攻徐圆朗，伏威惧而来朝，拜为太子太保，仍兼行台尚书令。留于京师，礼之甚厚。"①又曰："武德三年（620年），杜伏威归化，置宣州总管府，六年陷辅公祏，七年贼平，改置宣州都督，督宣、潜、猷、池四州。"②"池州，隋宣城郡之秋浦县，武德四年（621年）置池州，领秋浦、南陵二县。贞观元年（627年）废。"③可见，池州的建置是战争的需要。至贞观元年（627年），天下平定，池州也就被废。

复置于永泰元年（765年），也是战争的需要。《旧唐书》曰："李芃，字茂初，赵郡人也。永泰初，转兼殿中侍御史。时宜饶二州人方清、陈庄聚众据山洞，西绝江路，劫商旅以为乱，芃乃请于秋浦置州守其要地，以破其谋。李勉然其计，以闻代宗嘉之，以宣州之秋浦、青阳、饶州之至德置池州焉。"④同年，在郡治西门建西祠祭祀昭明太子。乾隆《秀山志》曰："秀山之麓有秋浦县旧址，即汉石城地。隋开皇元年（581年）因石城遗址置县，更名秋浦，唐永泰间徙今治（贵池）。"⑤说明始置时州治在秀山，复置时在今贵池。

可见，唐代池州的两次建置都发生在战争年代中，且都发生在昭明太子

①《旧唐书》卷六十《杜伏威传》。

②《旧唐书》卷四十《地理三·江南西道》。

③《旧唐书》卷四十《地理三·江南西道》。

④《旧唐书》卷一百三十二《李芃传》。

⑤ 乾隆《秀山志》卷二《古迹》。

的本命年，始置在秀山庙，复置时建西祠，都与昭明太子信仰有关。清舒廷交的《秀山文选台说》曰："唐永泰年徙县今治（贵池），特建庙于郡城秀山门外而曰西庙。既有庙，亦设文选阁，有花园，有钓台以妥灵焉，此踵事增华而为之。"[①]显然是以昭明太子作为保护神。反观梁朝衣冠冢的建立，也与当时的政治和战争环境密切相关，是贵池地方安保思想的产物，用秀山庙建立时昭明的梦话说就是"尔民既祀我，我其福之"。

池州始置于武德四年，废于贞观元年，贞观二年（628年）贵池建立祝圣寺。光绪《贵池县志》曰："景德寺在府治北，旧名祝圣寺，唐贞观二年僧雪窦建，宋景德二年（1005年）赐今额。明隆庆间移至毓秀门内，而以寺基立府学。按贞观二年，池州先一年废，而后建寺。"[②]说明祝圣寺建立于池州废置的次年，明代又在寺基上立府学，目的是为池州纳祥祈福，与昭明衣冠冢的保境安民思想是一致的，因此成为昭明庙会的重要祭祀地点。乾隆《秀山志》曰："例于每年八月十二日预迎圣驾，守令率诸僚属诣郭西祠，启圣銮仪，鼓乐，洒道，焚香，至祝圣寺驻跸，装扮各神，敬赛圣会，十五日郡邑诸当事齐集致祭，十八日仍如前送回西祠安奉。"[③]"是日有司祷祝毕，导昭明像，凤盖华旗，辇御郡景德寺，若法驾然。十五日是其诞辰，景德寺故其外家地也。"[④]

综上所述，贵池昭明衣冠冢和秀山庙的建立是在梁武帝的皇储安排引发战争危机的情况下贵池地方为求自保而采取的应对措施，与当时贵池的地缘政治密切相关。历来认为贵池是昭明太子的封地，昭明曾游贵池，爱其山川之美，爱食贵池之鱼，并有昭明钓台、文选楼等一系列故事。这些在正史中均不见记载，大都是后人附会的产物，是为昭明信仰造势的结果。

八、唐宋以来贵池昭明太子信仰的兴衰

贵池昭明太子信仰形成于梁朝秀山庙之建立，发展于唐代郡治西祠之形成，兴盛于宋代朝廷之册封神学，毁于元末兵燹。明清时期大正祀典，虽有小规模的修建，但总体上趋向衰落，明末清初衰败尤为严重。

---

① 乾隆《秀山志》卷七。

② 光绪《贵池县志》卷九《寺观》。

③ 乾隆《秀山志》卷五《乡城胜会》。

④ 乾隆《秀山志》卷七《文选阁记》。

唐宋朝廷有多次的册封，是昭明信仰发展的重要时期。乾隆《秀山志》曰："唐代宗置郡立庙，其封失传。宋初榜曰昭明，哲宗元祐间赐额文孝，徽宗崇宁间封显灵侯，大观中加昭德公。南渡后建炎间封英济王，绍兴初加忠显，后又加广利，乾道九年（1173年，癸巳）加灵佑，嘉泰元年（1201年，辛酉）去广利，封文孝英济忠显灵佑王。"[①]北宋末年黄彦平的《文孝庙记》曰："若池之有祠，则祖于秀山，蔓于诸邑，而最盛于郡郭之西，人初谓神曰九郎，谓其祠曰西庙，岁时奉祀。长吏因人欲请于朝，始赐额曰文孝庙。"[②]南宋初年张邦基的《墨庄漫录》曰："今池州郭西英济王祠，乃祀梁昭明太子也，其祝周氏亦自唐开成年掌祠事至今，其子孙今分为八家，悉为祝也。"[③]明成化间方谟的《重建昭明太子殿碑记》曰："若庙治兴废，历代虽未能悉考，邑载有丽景楼、文选阁、庙之殿庑堂，堂多至百余间……自昔香火亦弥盛矣，元季悉毁于兵。"[④]

明初大正祀典，贵池的昭明庙进入祀典，朝廷定期遣使致祭。光绪《贵池县志》曰："洪武三年（1370年）厘正祀典，仍号昭明太子庙，嘉靖以前岁遣中官秋仲诣庙祭告。"促进了贵池昭明信仰的复兴。

首先，表现为昭明庙的修建。清朝刘廷銮的《文选阁记》曰：郭西昭明庙，"及入明朝，洪武、正统、天顺、弘治、嘉靖凡六七修，门寝壮丽，比诸闳宫。貌以沉水香肖之，自梁武、丁贵嫔、简文元帝、蔡妃、豫章、枝江诸王及诸侍从官僚、释宝志、傅大士，各肖一像，别从其寝，不同室而受藻蘋，不共牢而享牲醴……庙门前寝殿三里许，画栋雕楹，飞甍杰宇，列卫长廊，深达重庑。斋祀有庖，展谒有室，丹雘赫然，晕张鳞次。文选阁贮文选镂版，远近荐馨无虚日，不啻武当九子补陀。"[⑤]

其次，表现为昭明庙产的兴办。当时西祠"有香灯田四则。一港西田八亩，明弘治间知府祁司员置。一册田七亩三分，万历间郡推秦懋义置。一册田三亩零七厘，僧普秀置。一册田四亩二分，僧通济置。又，庙后山一号。"[⑥]计西祠有二十二亩田产和一个山头。秀山庙，"按明永乐后碑文内开秀

① 乾隆《秀山志》卷四《历代封号》

② (宋)黄彦平撰:《三余集》卷四,文渊阁四库全书本。

③ (宋)张邦基撰:《墨庄漫录》卷四,文渊阁四库全书本。

④ 康熙《杏花村志》卷九。

⑤ 乾隆《秀山志》卷七《文选阁记》。

⑥ 光绪《贵池县志》卷七《坛庙》。

山祖殿住基山场计官山一十八亩四十八步，其所包乎山之外者甚广。”[①]

明中后期，贵池的昭明信仰开始走向衰落。

首先，表现为嘉靖年间朝廷停止谕祭。乾隆《秀山志》曰：“贵池以鱼美得名，其鱼以香鲫为最，因名其产处曰香鲫荡。鱼味馡馥异常，土人呼为沉香鲫。往时中使致祭还朝，必取以献，然不可多得，渔人或以为累，司徒孙仁请止之。自停谕祭，香鲫不复生。帝王之福，神圣之灵如此。”[②]

其次，表现为寺庙田产的萎缩。如秀山庙的山场由明初的一十八亩四十八步，到“正德初，郡守白翱牒给二僧看守，不及本山之什一，山以外置之不问。明末时邑令史鸣皋审判立案，至今成为定宪。”[③]又曰：“秀山先年官山既广，捐输田亩复多，庙祝得以食其余利，迨牒给二僧看守时山仅什一，田无勺土，幸食指寥寥，可以托钵自给。迩来沙弥繁衍，食指难供，相率为耕凿计，锄他人田亩者历有年所。始自明成化间孙司徒仁置香灯田一亩零，至康熙丁酉寝陵构讼，僧典鬻以充糇粮。雍正二年（1724年），孙司徒仁后裔率众复动支宗祠公帑赎回原田归之祖殿，存庙产之几希，续香烟于欲断，其功诚不可泯。”[④]李鸣皋，“贵池令，崇祯甲戌捐修秀山殿宇，闻豪有冒托施主侵占者，史侯乃秉公严勘，断回侵地，聿按豪罪。”[⑤]康熙五十六年（1717年），“复有民人王某觊覦陵荫，因饵附生员张□□勾党侵伐。”[⑥]时任池州太守李英，“因秀山讼事细加察勘，虚衷剖断，乃复为之记，勒石秀山祖殿及郡治西门行祠中，则昭明陵寝得以存其旧址者，皆公之力也。”[⑦]

最后，表现为昭明庙的衰落。清朝刘廷銮的《文选阁记》曰：郭西昭明庙“嘉靖后江西巨商私致祷，刎神元首以去。僧虽补其缺略，然非沉水香，庙貌亦自是颓不复振，半归蓁莽间。宋敕藏周祝帷幕上，天启七年（1627年）毁焉。”[⑧]万历三十七年（1609年）吴非的《西郊游记》曰：“西过圣母桥，亦

---

① 乾隆《秀山志》卷五《原始》。

② 乾隆《秀山志》卷二。

③ 乾隆《秀山志》卷五《原始》。

④ 乾隆《秀山志》卷五《祀产变置》。

⑤ 乾隆《秀山志》卷六。

⑥ 乾隆《秀山志》卷七《秀山梁帝子文孝昭明陵庙碑记》。

⑦ 乾隆《秀山志》卷六。

⑧ 乾隆《秀山志》卷七《文选阁记》。康熙《杏花村志》卷十二曰：“按《昭明庙记》谓神元首为江西巨商窃去，今考《饶州府志》嘉靖间有商于池者请神元首归祀之，因建祠于东门外名郭西，犹不忘其所自也。”

称西湘，西望墙垣□□，石柱屹立，横一木，藤萝蒙密于风雨中者，梁昭明太子庙也，旧榱题楔，额倾颓尽，而柱石卒不摇，相传为公输班神助云。西及庙，庙所以祀昭明也……丛树茂密，荒冷静深，若欲移人性情者。”[①]崇祯七年（1634年），昭明祠又发生火灾。明末李学沆有昭明诗，自注云：“家君令兹邑，犹及见唐宋以来诸诰敕，甲戌毁于火，荡无复存，因以志慨。”[②]

进入清代以后，西祠经历了三次较大的兴修，分别是康熙十九年（1680年）太守喻成龙修庙，乾隆四十三年（1778年）知县林梦鲤重修和道光五年（1825年）漆日榛重修，秀山庙也多次重修，但难挽整体的衰落趋势，甚至发生庙宇被其他信仰侵占的现象。如光绪《贵池县志》曰：罗刹矶，“一名太子矶，在城西六十里，按此祠相传为昭明太子像，俗呼哪吒太子。”何经文的《太子矶庙辨》曰：“池之西为李阳，中流一矶屹立，傍有高台杰阁，题曰太子庙。昭明有功文教，后人祠而祀之，理固然也。何人不知所考，因其矶名罗刹，竟传为佛乘中哪吒太子，遂借伊蒲塞之馔，嗟乎！”[③]宁以麟亦曰：“余昔乡试，舣舟南岸，谒庙谓所祀者昭明也。（今）整冠瞻拜，英武少文，询阁中像复振甲提戈，意殊错愕，僧为言历祀哪吒太子。”[④]

九、昭明太子的金神对池州傩的影响

今安徽池州傩是国家级非物质文化遗产之一，其萌生年代据学者考证认为“最迟可追溯到池州人民对昭明太子神像的祭祀活动。”[⑤]说明池州傩与昭明太子有着非常深的渊源关系。昭明太子自梁朝以来成为池州的土主，在当地一直有所祭祀，对池州的历史文化产生了深远的影响，其中就包含了池州傩。至今池州每年的傩事活动中都要抬“案菩萨”，亦即昭明太子，奉其为傩神之主。目前学术界关于池州傩的研究成果很多，但对池州傩与昭明太子的关系缺乏专门的研究，因此有必要进一步地探讨。

① 康熙《杏花村志》卷九。

② 乾隆《秀山志》卷六。

③ 光绪《贵池县志》卷四《山川三》。

④ 乾隆《秀山志》卷七《李阳河太子庙祀议》。

⑤ 何根海：《安徽贵池：中国傩戏之乡》，《池州师专学报》2005年第1期。

(一)昭明太子的金神对池州官傩的影响

池州傩分官傩和乡傩，两者都尊奉昭明太子。官傩是官方定于每年八月祭祀昭明太子的一场傩事盛会。

1.官傩巡游路线的金神特点

明清官方昭明傩的迎神路线始自西祠（西庙），次至城郭行祠，再至景德寺，然后返回西祠。乾隆《秀山志》曰：

> 西庙在城西四里，唐永泰初以秀山远于郡治，遂建西庙祀昭明太子，有坊有重门，有堂殿寝廊，有钟鼓楼，规制壮丽，拟诸宫阙焉。
>
> 行祠在郡城西通远桥北，原有祠址，郡守祁司员重建。正德庚辰郡守何绍正迁秀山门内，牓之曰昭明行，每岁秋赛合郡官僚诣郭外西祠列卤簿迎神入城，先于此祠税驾，然后升龙车凤辇至景德寺庆祝焉。
>
> 景德寺，旧在郡治北，原名祝圣，唐贞观初僧雪窦募建。宋景德二年赐额景德。明隆庆间移置今处，仍称祝圣。每年中秋前三日迎太子圣驾至寺祝寿，中秋后三日始送回西祠[①]。

因为昭明太子的神性是金，金的五行方位在西方，其数为四和九，因此西庙建“城西四里”。金生水，水的五行方位在北，因此将城北的景德寺（又叫祝圣寺）作为“外家地”，说明昭明傩的巡游路线是昭明太子神性的一种体现。最后由景德寺回归西祠，恢复昭明的金神本体。

2.官傩诸神的金神特点

明万历间吴非的《池州迎昭明傩记》曰：

> 池故事以八月十五日为梁昭明千秋，其朔遣耆老一人□□杖骑而告庙，谓之列马，郡县有司则以前三日躬迎神貌于郭西庙，入郭内祝圣寺而礼之。是日诸家扮会迎神者，所扮为关壮缪，为城隍，为七圣二郎，为玄坛。其扮也，则各骑乘奉面具，或于东门之桥，或于南门之狮子口，盛妆饰仪从。惟七圣则用机械引刀穿颈贯腹，而各以旗旐鼓吹导之，步梁昭明辇于西门外杏花村之马站坡，而骑乘以还游于通市，或及郡县之公堂，薄暮而毕，脱面具以交于明年之扮者，无扮者则归之庙。其妆饰仪从多自为新制，僦而旧者偶一见之。其未扮也，以是月朔启面具于家，鼓吹喧日夕，诸知交时过从为助喧，至出会日而罢，有至十八日之晡而罢者，如雨不克会则待为改

① 乾隆《秀山志》卷二。

期，而迎昭明期不改。诸扮关壮缪者必长夫之属，扮城隍者必马户之属，扮七圣、二郎、玄坛者则郡县胥役豪猾有力之徒，不则亦市侩屠门也。所扮之人有自四五岁以至四五十余者，诸所扮之神有复之至再至三者。

宋郭西有神曰九郎，九郎即昭明，见陆游《入蜀记》，黄庭坚亦云池人祀昭明为郭西九郎。或曰二郎、七圣合之正谓九，或又曰七圣为兄弟，而二郎以两神收制之，或直据《西游记》为考，皆不可据。诸一人所扮之费有几二百金者，有少至二十余金者，要所从来相沿已久，始在池口二郎庙前掘地得面具。池口所扮以十二日集于郡，以十五日游于池口，是日举市欲狂。余尝寓于郡邸览观之，其后当事裁夫马而关壮缪、城隍之会废不兴，非有司禀礼奉法禁之也。今年有友人来邀，余曰是不必览观，亦不必不览观也，乃记之。（万历）戊戌八月十三日。[①]

文中讲到昭明傩，“诸家扮会迎神者，所扮为关壮缪，为城隍，为七圣二郎，为玄坛”，对其含义和九郎之由来介绍了当时人的看法，以为“皆不可据”。元代钟世美的《郭西昭明庙记》也对九郎提出了疑问，“昭明，武帝长子也，世以九郎为称，盖不知其何故？而泰山亦以纪之，岂非功德及民，登侯于岳？则所谓九郎者，其泰山以郎序诸神之号耶？”[②]根据前面的分析可知昭明太子以金为神性，金数是九，《易经》曰：“地四生金，天九成之”，因此称昭明太子为九郎。金须火炼，明代万民英的《三命通会》曰：“金神入火乡，富贵天下响”，“金神遇火，威镇边疆”，“金神遇火贵无疑”。[③]火数是二和七，《易经》曰：“地二生火，天七成之”，是为二郎和七圣之由来。同时，二加七等于九，为金之表征，如文中所言“二郎七圣合之正谓九”。而关壮缪和玄坛指关公和赵公明，二者都是财神，以金为神性。[④]城隍象征土地，为土生金之意。所以，它们的组合主要是对昭明太子金神的演义。

（二）昭明太子的金神对池州乡傩的影响

昭明太子以金为本体，易学上巳、酉、丑三合金局，申、酉、戌为金之方位，如清朝《钦定协纪辨方书》曰：“巳酉丑三合为金”，“申酉戌金”。按

① 康熙《杏花村志》卷九《池州迎昭明傩记》。

② 康熙《杏花村志》卷九。

③《三命通会》卷六《金神》。

④ 丁希勤：《宋明以来徽州的民间信仰研究》第六章《财神信仰》，安徽大学博士后出站报告，2013年6月。

方位而言，巳为东南，申、酉、戌为西方，丑为东北。池州傩受昭明太子的影响，也相应地分布在池州府治贵池的西边和东南九华山一带。东北丑地的铜陵盛产铜矿，五行也属金，历来是冶铸钱币的要地。但易学上丑为金的墓库，“丑中有死金”，非如“巳中有生金”和酉中有旺金。①风水上追求生旺，忌讳墓死。因此，东北方向为池州所忌②，此地也就不兴昭明傩。

1.对池州西面乡傩的影响

金的方位在西，因此池州乡村昭明傩主要集中在西边。乾隆《秀山志》详细记载了明清时期贵池县“乡村朝会”即昭明傩的分布情况：

八月十四日舞下乡第七保南庄社山边桂宅朝会。

十五日舞下乡第七保南庄社朝溪桂宅朝会，舞上乡第一保深里东社程吴二宅朝会。

十六日舞下乡第七保驯犁社城子山汪朝会。

十九日舞下乡第七保厚山社厚山汪朝会。

二十五日西管乡西二保白茆上社黄陈二宅朝会。

九月初一日金鸡铺谢朱陈朝会。兴仁乡仁三保东源社陈宅接圣。

初三日灵田曹宅朝会。

初四日灵田吴董朝会。

初四日兴仁乡仁一保泰田中社桂宅朝会。

初五日兴仁乡仁一保泰田中社程宅朝会。

初六日兴仁乡仁一保灌口上东社谢朝会。塘边胡接圣。

初七日舞下乡第七保龙舒下社何宅朝会，龙舒上社洪宅朝会，龙舒上社王宅朝会。

初八日兴仁乡仁一保灌口中社塘边胡朝会。

初九日兴仁乡仁一保灌口西社显山胡朝会。

初十日兴仁乡仁一保上坎社上坎朱宅朝会。

十一日兴仁乡仁一保灌口上东社胡宅朝会，舞下乡第六保石子社河巷彭宅朝会。建邑九都北山社欧阳宅接圣。

十二日舞下乡第六保石子社河巷傅宅朝会。

---

①(汉)京房撰:《京氏易传》卷下,文渊阁四库全书本。

② 丁希勤:《明清池州府城东北风水问题》,刘飞跃、李敬明编《第五届皖江地区历史文化研讨会论文选编》,合肥工业大学出版社2013年版。

十三日兴仁乡仁一保旧溪中社旧溪方朝会，舞下乡第六保石城社官池潭宋宅朝会。

十四日舞下乡第六保上武社瑯山许宅朝会。闰年接圣。

九月十三日兴仁乡一保一陂源竹塘社程宅接圣。兴孝乡一保一箭头社南村李接圣。叶村李东山、李石坦、吴杨，顿子坑吴董俱接圣。兴孝乡一保一西园社陈宅接圣。十四日仁四保顾村社胡宅接圣。

十月初一日兴孝乡一保三加历深潭南社檀接圣，深潭东社檀接圣。

每年正月十五日下七保凤溪徐傩戏朝会。殷家汇每年春福朝会。五月初八日下七保仓溪查宅朝会[1]。

根据光绪《贵池县志》，清朝贵池县共有十个乡，辖三十三保。上述乡村的昭明会涉及其中四个乡的九个保，《易经》曰："地四生金，天九成之"，显然四乡和九保是对昭明太子金神的演义。其中，舞（鸾）上乡在县西九十里，舞（鸾）下乡在县北五十里，兴仁乡在县西南一百二十里，兴孝乡在县南二百二十里，表明昭明会主要分布在贵池的南面、西面和北面。根据旧志记载，秀山庙在贵池西边七十里，西祠在西边四里。这一分布是沿秀山庙至西祠一线向南和向北顺秋浦河辐射的结果，主要集中在池州府治的西面，清代贵池县昭明傩的分布图也表明了这一点。

乾隆《秀山志》曰："帝子生而流连兹土，殁则福庇吾民，迄今环浦水居者上下百十里，自八月朔至孟冬后，焚香顶祝，歌舞管弦之声不绝于道，固万家佛云。"[2]从上面可以看出，乡村昭明傩一般从八月十四日延续到十月一日，集中在秋季。秋季五行为金，显然是昭明太子金神的体现。也有抵至除夕的，"迄今闾巷村墟之间，庙貌如鳞，凡水旱疫疠，往往显灵呵护，居民每岁报赛，演剧娱神，起仲秋，讫除夕不绝。"[3]除夕为十二月，在地支上为丑月，易学上巳酉丑三合金局，因此丑月举办昭明傩也是金神的表现之一。从上面分布情况来看，也有个别乡村在正月十五和五月初八举行昭明傩。正月为寅，五月为午，易学上火长生于寅，旺于午，寅午戌三合火局，显然是取"金神入火乡，富贵天下响"之意。

① 乾隆《秀山志》卷七《乡村朝会》。

② 乾隆《秀山志》卷七《秀山庙志序》。

③ 乾隆《秀山志》卷七《李阳河太子庙祀议》。

图 9-3:清代贵池县昭明傩分布图

2. 对池州东南乡傩的影响

明朝《三命通会》曰："巳为金长生之地"，巳为东南方位，也就是说，东南是金长生之位。金数是四和九，《易经》曰："地四生金，天九成之"，《天原发微》亦曰："东南方四九金生"，《洛书》云："东南画四点，南边画九点"。按古代正月建寅，巳为四。九华山处在池州东南巳位，也就是处在四的数字上。因此，此地之山取名九子山，至唐代李白改为九华山。佛教以九华山作为地藏菩萨的道场，地藏菩萨本名金乔觉，金氏选择此地作为道场，应是受到唐代池州昭明太子金神和易学金长生于东南观念的启示。

九华山的脚下自元代以来聚居着不少搬演傩戏的宗族，是池州傩至今保存比较完好的地区，这些宗族主要有姚姓、刘姓、汪姓、曹姓、金姓、柯姓、章姓等。明清时期形成的"九社朝土主（昭明太子）""九刘十三姚""元四章""棠、峡、陡、金、连五柯"等说法，其实是对东南巳金和昭明太子金神的一种演义。《易经》曰："地四生金，天九成之"，四加九为十三，是"九社朝土主（昭明太子）""九刘十三姚""元四章"等说法形成的内在依据。金由土生，土数为五，《易经》曰："天五生土，地十成之"，是为"五柯"名称的由来。因此，聚居在此地的宗族基本上都与昭明太子的金神相关联，最典型的表现莫过于金氏。清代《金氏家谱》曰："我彭城金氏志通公于大明嘉靖二年（1523年）由藤溪而迁居于此焉，迄今十有余代，子孙数百人。闻诸父老皆云，自藤溪而朝九华，见华西山水秀丽，步龙而下至兰野冲老屋基居焉。"[①]其中的"十有余代""数百人""九华""华西"等就是对金的数字和方位的演义。巳不仅是金的长生之位，还是南方火的临官之地，火数是二和七，《易经》曰："地二生火，天七成之"，因此该地的汪姓宗族分为七个自然村，"越国公之七子爽公之后，宋时厚公由婺源回岭迁居贵池开元乡，阅数传生齿日繁，分为七分。"[②]火对金具有重要的作用，金须火炼，《三命通会》曰："金神入火乡，富贵天下响。"[③]可见，也是围绕巳地之金而展开的。这些搬演傩戏的宗族属于明清时期贵池县的开元乡，光绪《贵池县志》曰："开元辖四保，在县南五十里，元一、元二、元三、元四。"其中四保是对金数的演义，

① 王兆乾著：《安徽省贵池市刘街乡源溪村曹、金、柯三姓家族的傩戏》，财团法人施合郑民俗文化基金会1993年版，第13页。

② 王兆乾辑校：《安徽贵池傩戏剧本选》，财团法人施合郑民俗文化基金会1995年版，第680页。

③《三命通会》卷六《金神》。

金由土生，“五十里”即是土的数字，表明地方志的撰述中也包含了对东南巳位金神的认识。

(三)昭明太子的金神对池州傩舞、傩仪、傩戏的影响

池州傩按其演出形式可分为傩舞、傩仪、傩戏，三者都饱含了昭明太子的金神特点。

1.舞伞

舞伞为天之象征，有两种仪式。一是在社坛启圣时舞伞，象征天地交泰，其中伞象征天，社坛象征土地。此外，这一仪式往往在正月举行，还是正月卦气的象征。《周易集说》曰：“泰，正月之卦，方春之时，天气交于下，地气交于上，而万物皆畅达，泰之为卦实象之。”[①]二是在傩戏演出中的舞伞。以今贵池东南刘街乡的荡里姚为例，该仪式由喊断和舞伞组成，共分为九段：族长领舞一（交接神伞）→喊断、童子舞伞二→喊断、童子舞伞三→喊断、童子舞伞四→喊断、童子舞伞五→喊断、童子舞伞六→喊断、童子舞伞七→喊断、童子舞伞八→喊断、（交接神伞）族长舞伞九。共舞九次，九是金的数字。其中，族长舞二次，童子舞七次，《易经》曰：“地二生火，天七成之”，因此为火之象征，乃金神入火乡为富贵之象。明代《三命通会》曰：“金神入火乡，富贵天下响。”这一含义还体现在喊断词中：

司仪：都来呀！众人：贺！
司仪：一进门来亮堂堂。众人：贺！
司仪：四边银柱顶金梁。众人：贺！
司仪：左边青狮来进宝。众人：贺！
司仪：右边白象张乾坤。众人：贺！

显然，喊断词表达的是一种富贵之象。金由土生，土数五，《易经》曰：“天五生土”，因此，喊断词分为五句。

另外，荡里姚的舞回回以西域人作为扮演对象，也是对西方金神的演义。

2.打赤鸟

荡里姚的打赤鸟由两人搬演。一人戴黑脸面具，红布包头，穿彩色绣衣，手持一弓箭作欲射之状。其中，黑是水的五行之色，红色是火，二者的组合

① (宋)俞琰撰:《周易集说》卷十五,文渊阁四库全书本。

象征水克火。一人戴白脸面具，红布包头，着红衣，手持飞鸟之物。白色是金的五行之色，与红布组成火克金。黑、红、白三色组合，象征金生水克火，此以弓箭打赤鸟作为比喻。赤鸟亦即朱雀，为南方火之象征。夏朝有后羿射日的故事，赤鸟即太阳，五行为火。二人对峙，在舞台上相互追逐，反复动作，共舞四段，间以喊断。显然，四是金之象征。荡里姚位处贵池县东南九华山脚下，在地盘上为巳位。易学上，巳比较特殊，既是金的长生之地，又是火之正位，有"金神入火乡，富贵天下响"之说，但火不宜太旺，否则克金。因此，金与火的关系比较特殊，既需要火，又不宜火旺。打赤鸟就是对金火这一关系的演义，这在喊断词中也得到了充分的体现：

(1)都来呀，贺！
我是官人小侍人，贺！官人差我放飞禽，贺！
放了飞禽回家去，贺！回家见我大官人，贺！
(2)都来呀，贺！
二十年前小后生，贺！手拿弹弓沿路行，贺！
见了飞禽便要打，贺！打个鹦哥献主人，贺！
(3)都来呀，贺！
家有千口，贺！全靠弹弓在手，贺！
昨日打一百，贺！今朝打了九十九，贺！
(4)都来呀，贺！
赤鸟赤鸟，贺！年年下来害我禾苗，贺！
今日穿胸一箭，贺！打了回去过元宵，贺！

喊断词中，既放飞禽，又打赤鸟，一放一打，就是金对火既爱又憎关系的体现。喊断词共分四段，为金之本体，金数为四和九，因此打了"九十九"。金由土生，土数十，"一百"为十乘十，是土之象征。"二十"为火数，《易经》曰"地二生火，天七成之"，自子到午正好七数，以"赤鸟"亦即南方午位的朱雀作为象征。金生水，水数一，《易经》曰："天一生水"，"穿胸一箭"是水之象征。水灭火，象征打下赤鸟。

在刘街姚的另一个《打赤鸟》版本中，打赤鸟者为太白金星：

我是天上太白星，玉皇差我放飞禽。若要飞禽放得好，玉皇差我做官人。

我是天上太白星，玉皇差我打飞禽。若要飞禽打得好，玉皇差我做官人。

赤鸟，赤鸟，年年来吃我的禾苗，今天打倒，拿回家去过元宵。[①]

太白金星五行为金，既放飞禽，又打飞禽，飞禽为赤鸟，一放一打，显然是对金与火之间关系的一种演义。

池州傩戏之所以打赤鸟，是有一定历史原因的。从历史的角度看，赤鸟的原型应是刘邦。唐张守节《正义》注《史记·高祖本纪》云："赤帝体为朱鸟"，所言"赤帝""朱鸟"即赤鸟，指汉高祖刘邦。汉朝火德，故以赤鸟作为刘邦之化身，又云刘邦"左股有七十二黑子"，"应火德七十二日之征也"。《史记·高祖本纪》曰：

高祖被酒，夜径泽中，令一人行前。行前者还报曰："前有大蛇当径，原还。"高祖醉，曰："壮士行，何畏！"乃前，拔剑击斩蛇。蛇遂分为两，径开。行数里，醉，因卧。后人来至蛇所，有一老妪夜哭，人问何哭，妪曰："人杀吾子，故哭之。"人曰："妪子何为见杀？"妪曰："吾，白帝子也，化为蛇，当道，今为赤帝子斩之，故哭。"

文中交代了刘邦为赤帝子，提七尺剑斩杀白蛇的故事。这里赤帝子亦即朱鸟、赤鸟，为火之象征。蛇为巳，乃金长生之地，白是金的五行之色，白蛇象征秦朝。原文注曰："汉为火德，秦为金德"，"杀之者，明汉当灭秦也。"[②]可见，赤鸟对金神有一定的威胁。

赤鸟对金神也有依存的一面。《宋史》曰："后唐天成二年（927年），（赵匡胤）生于洛阳夹马营，赤光绕室，异香经宿不散，体有金色，三日不变。既长，容貌雄伟，器度豁如，识者知其非常人。"[③]这里"赤光""体有金色"象征金神入火乡为富贵之征。这一故事在南宋高宗赵构身上再次得到演义，"高宗讳构，徽宗第九子，大观元年（1107年）五月乙巳生东京之大内，赤光照室。"[④]这里"第九子"是金的数字，"乙巳"在地盘上为四，"赤光"为火，显然也是对金神入火乡为富贵之征的演义。南宋初年萧照的《中兴瑞应图》

① 刘秉锜：贵池《姚村傩戏谱》，1987年整理稿。

②《史记》卷八《高祖本纪》。

③《宋史》卷一《太祖本纪》。

④《宋史》卷二十四《高宗本纪》。

第一幅画描绘了宋高宗诞生时的情景："上初诞育，口有金光，灿然耀室中，似非他儿比，异日必得天位。"[①]也持金神之说。

金和火的对立关系在赵构身上也有体现。《中兴瑞应图》第十幅画曰："城郭高峙，郊原平衍，高宗飞马引弓，射中白兔，骑而从者远近凡二十人。上驻磁州，晨起出郊，骑军从行，马首忽白兔跃起，上弯弓一发中之，将士莫不骇服，然兔色之异，命中之的，二事皆契上瑞。臣谨赞曰：维是狡兔，色应金方，因时特出，意在腾骧，圣人应运，抚定陆梁，一矢殪之，遂灭天狼。"[②]白是金的五行之色，因此这里"白兔"象征北方的金廷。宋朝是火德，南宋处于南方火位，是火德之尤者，旺火攻金，故曰"遂灭天狼"。

池州的傩戏主要是以汉代和宋代作为背景搬演的。如《花关索》是描述东汉末年的关羽，《刘文龙》是描述西汉的刘文龙，这两部戏都是对金神的演义。火克金，但火象征汉朝刘氏的江山，因此既要打，又要保护。《陈州粜米》《章文显》等是以宋朝作为背景，《宋史》曰："宋，火德也"，"壬戌，定国运以火德王，色尚赤"。同样，火克金，既要打，又要保护。这就不难理解《刘文龙》剧本中将刘文龙定为刘氏第七代子孙，曰："汉朝今有定州南阳县刘世德七代阴功浩大，所生一子名曰文龙。"也不难理解《打赤鸟》中"二十年前小后生"的含义，这些其实是对《易经》"地二生火，天七成之"的演义。对火的爱憎还表现在"昨日打一百，今朝打了九十九"，其中一百是十的复数，九十九是九的复数，与夏朝后羿射日神话的数字相同。据说天上原有十个太阳，人们不堪其苦，于是后羿射去九个只剩下一个。在这个神话中，太阳象征夏朝，夏朝最后一个王夏桀就曾经以太阳自喻，人民骂他"时日曷丧，予与汝偕亡"。九个太阳象征夏朝的九州，射去九个太阳象征反抗夏朝的暴政，留下一个太阳反映了人们对夏朝的依存心理。贵池傩戏中的赤鸟与后羿神话中的太阳相同，是人们对火的一种复杂心态的反映。

综上所述，池州以昭明太子为土主，昭明太子金神，打赤鸟的荡里姚在贵池东南巳金之位，在属金的九华山脚下，所搬演的傩戏大多以汉朝和宋朝火德作为背景，因此必须打去其中的部分火性，使火不能克金，这样既达到维护朝廷的地位，又达到"金神入火乡，富贵天下响"的目的。因此，在傩仪中出现了既打赤鸟，又放赤鸟的现象，其实是金神与火乡之间关系的反映，

① (清)厉鹗撰:《南宋院画录》卷三,文渊阁四库全书本。

②《南宋院画录》卷三。

是荡里姚所处地理位置的一种易学表现形式。

3.舞财神

以荡里姚为例，舞财神头戴黑色面具，红布裹头，红衣，右手执鞭，左手勒缰绳，登台表演，喊断并间以表白：

都来呀！（众）贺！

脚踏祥云五色开，（众）贺！吾神今日下蓬莱，（众）贺！

手执金鞭多进宝，（众）贺！身骑黑虎广招财，（众）贺！

吾乃赵公明是也，今当上七良辰，云头观见虾湖村，香烟缥缈，灯烛辉煌，果然兴旺人家，吾神不免降临于此，特来进宝，特来进宝。

都来呀！（众）贺！

金莲花放满堂红，（众）贺！蔼蔼香烟达九重，（众）贺！

引得财神来进宝，（众）贺！伫看赀富敌王公，（众）贺！

吾神今日喜来临，（众）贺！滚滚财源似海深，（众）贺！

个个生涯双倍利，（众）贺！人人白手发千金，（众）贺！

都来呀！（众）贺！

财神财神，（众）贺！财宝纷纷，（众）贺！

吾神辞去，（众）贺！财喜临门，（众）贺！

可以看出，以上喊断和表白都是围绕招财进宝主题而来，财宝的本体是金，"金莲""千金"揭示了这一点。金还体现在赵公明的形象中：黑色、红色、金鞭、骑虎。其中，虎五行属金，黑色是水的五行之色，金遇水以流通其性，象征财源滚滚。红色为火，金遇火意味着"金神入火乡，富贵天下响"。

4.五星会、魁星点斗

五星为福、寿、喜、禄、财五星。五星对应于五方五行五色。以荡里姚为例，福星对应于中间土，土色黄，故福星戴皇帝面具，着黄袍。喜星对应于南方火，火色红，故着红袍。禄星对应于西方金，金色白，故着白袍。财星对应于北方水，水色黑，故着黑袍。寿星对应于东方木，木色青，应着青袍，但实际上着黄袍，执龙头拐杖。五星以白色、黑色和黄色面具为主，如福星戴皇帝面具，着黄袍，象征土生金；喜星戴白色面具，禄星戴白色面具，着白袍，象征金；财星戴黑色面具，黑袍，手捧金元宝，象征财源滚滚。五星中只有东方寿星面具和衣着比较特殊。东方木盗水气，又助火性克金，对金水俱不利，不利财源流通，因此没有青袍和青色面具，仅以青色头冠和手执龙杖作为东方神之象征（四方神兽中龙在东方），同时着黄袍，象征土生金。

与五星会同台登演的还有魁星点斗。魁星也是道教之神，其形象为一个赤发青面獠牙的鬼，立于鳌头之上，一只脚向后翘起如“魁”字的大弯钩，一手捧斗，一手拿笔，相传用笔点中者就是中举之人。因此，魁星在古代深受文人的崇拜，魁星楼、魁星阁遍布各地。荡里姚的魁星戴獠牙面具，红布包头，着红裤，赤脚，光背，左手握斗，右手持笔，作欲点之状，与道经中的魁星形象大致相同。登台以后，在东南西北中五方俱点三点，由福星念诵曰：“一点风调雨顺，二点五谷丰登，三点万事如意”。之所以由福星作念诵，也与道教“中斗即魁”概念相关。福星居五星之中，亦即中斗魁。

五星会与历史上“五星相聚”的天文现象有关。《汉书》曰：“凡五星所聚宿，其国王天下”，“五星若合，是谓易行，有德受庆，改立王者，掩有四方，子孙蕃昌。”[1]魁星与五星会同台演出，与历史上“五星聚奎”的天文现象有关。魁即奎宿，因二者谐音，民间往往以奎为魁，并以西方七宿中的奎、壁二宿作为魁星。《宋史》曰：“宋初五星聚奎，占者以为人才众多之兆。”[2]《续资治通鉴长编》曰：“丁卯岁，五星聚奎，自此天下太平。”[3]《明儒学案》曰：“五星聚奎，濂洛大儒斯出。”[4]说明自古以来就有五星会、五星聚奎为太平、文学之征。池州荡里姚的五星会、魁星点斗渊源于此。魁星亦即奎宿，为西方七宿的第一个星宿，西方五行为金，奎下二土为生金之意，与荡里姚的五星会一样同是对金的演义。

5.关公斩妖

荡里姚的关公斩妖，有关公、关平、周仓、独角鬼、双角鬼、余娘子六个角色。先是关公出场，周仓在前，关平在后。关公戴红脸面具，戴半脸，红布包头，着彩袍。周仓戴黑脸面具，戴半脸，红布包头，着红裤绣花上衣，手持长柄大刀。关平戴白脸面具，戴满脸，红布包头，着红袍，手持红布包

①《汉书》卷二十六《天文志》。

②《宋史》卷四百七十一。

③（宋）李焘撰：《续资治通鉴长编》卷八，文渊阁四库全书本。

④（明）黄宗羲撰：《明儒学案》卷十四，文渊阁四库全书本。

裹的正方形官印。

根据道教《关帝明圣经全集》记载，关公的生日是六月二十四日："按广义祀典，汉前将军汉寿亭侯关（羽）生于桓帝延禧（熹）三年（160年，庚子）岁六月二十四日，殁于献帝建安二十四年（219年，己亥）十二月初七。"[①]据此，其八字是庚子年，甲申月，丙辰日，时辰不详。命学上以日为命主，也就是说关公是丙火之命，火色红赤，故世俗以为红脸的关公而戴红色面具。八字申子辰三合水局，丙火无根，弱火当从旺局，以金水为喜用。金为喜神，金的五行之色为白，故其子关平戴白脸面具。以水为用神，水的五行之色为黑，故周仓戴黑脸面具，因是用神之体现，斩鬼和余娘子的角色都由周仓具体执行。关公本命虽属火，但火为忌神，因此只戴半脸。周仓是关公的用神体现，是关公的分身之神，因此也只戴半脸。关平是关公的喜神体现，喜神多多益善，又是关公之子，因此戴全脸。与周仓相比，他没有较多的动作，只是一种象征性意义，象征全体之金神。命学上以克我者为官，克金者火，火色红，因此关平还手持一个红布包裹的官印。金神还体现在喊断词中：

都来呀,(众)贺!
关公生的面面红,(众)贺! 三牙美髯白松松,(众)贺!
胜于君王龙虎斗,(众)贺! 当与赵公战一场,(众)贺!
都来呀,(众)贺!
关公春秋重仁义,(众)贺! 至今仁义赛乾坤,(众)贺!
手执青龙长叉吼,(众)贺! 黎民永乐太平春,(众)贺!
都来呀,(众)贺!
关公忠义赛乾坤,(众)贺! 至今赫赫显威灵,(众)贺!
驱邪逐疫皆吉庆,(众)贺! 斩尽妖魔鬼怪精,(众)贺!
都来呀,(众)贺!
关公生的耍,(众)贺! 手拿钢刀一把,(众)贺!
天下妖精都斩尽,(众)贺! 当把余娘子剁成鲊,(众)贺!

喊断中三次提到"仁义""忠义"，共同点都是义。义是五德之一，五行为金。五德为仁、义、礼、智、信，分别对应五行木、金、火、水、土。金

①《藏外道书》第4册,第230页。

的五行之色为白，表现为关公的白髯和钢刀。

最后一个喊断应是对关公斩貂蝉的演义。在民间戏剧中，貂蝉是吕布的妾，吕布被曹操斩杀后，将貂蝉赐给关羽收买其心，喊断词中的“关公生的要”应是“关公生的帅”。关公以为红颜祸水，月下斩貂蝉，即喊断词中的“妖精”。吕布与貂蝉一见钟情，私订终身，“吕”“余”谐音，“余娘子”即吕娘子。另外，据《后汉书》“曹操击吕布于徐州，斩之。”徐中有余。因此，笔者认为“余娘子”这一称呼是对吕布、貂蝉之间的爱情和生离死别的一种纪念。因其为女性，又在吕布死后改嫁关公，按照儒教从一而终的观念，吕娘子再无颜面见人，因此在关公斩妖剧中没有人来表演，仅以面具的形象出现，而且面具是用红布严密包裹的，实为掩面遮羞之意，而周仓代关公行斩时也仅是对面具作斩之动作。后世民间不知其意，或讹传为鱼娘子，以其食鱼作为驱邪逐疫的对象，这实在是一种误会。

余娘子还有两种含义：一、“余”在古文中为我的意思，《尔雅·释诂下》曰：“余，我也。”余娘子即我的娘子。貂蝉已经下嫁关公，关公斩貂蝉，即是斩我的娘子。二、“余”为“其余”“余下”的意思。周仓在斩余娘子前，先斩独角鬼怪，次斩双角鬼怪，然后才斩余娘子，按顺序排，余为三。古文中，三为多，清代汪中《述学·释三九上》：“凡一二之所不能尽者，则约之三，以见其多”，即多余之意，表明余娘子还包含驱除其他疾疫的意思。

在贵池南山刘的《杀关诗》中，关公的形象是龙衣蛇皮：

> 众白：都来！
>
> 众唱：关公出来不当耍，手执偃月刀一把，但有妖物吾门过，杀的杀来剐来剐。
>
> 使命白，旨下跪，宣读。玉帝诏曰，今有关公，收妖有功，封为伏魔天尊、遣山大佛，加封护国佑民，上管三十三天，下司七十二地，但四生六道，生死轮回，悉凭天人，掌管鬼神，至灵至圣，无极尊神，关圣帝君。钦哉谢恩。
>
> 关帝白：圣寿无疆，身穿是龙衣，脚踏是蛇皮，轻轻敲打动，关公归殿时。

文中“偃月刀”象征日月，道教有三十三天、三十六天之说，此处取“三十三天”，为三乘三得九，象征九州之意。“七十二地”为八乘九，象征八卦九宫，是地理概念。“四生六道”是佛教用语，为胎生、卵生、湿生、化生和六道轮回。龙为辰，蛇为巳，辰巳在地支上为东南方位，“身穿龙衣，脚踏蛇皮”是刘街乡南山刘在贵池东南方位的易学体现。同时，辰巳在易学上为地网之意，象征关公将世面上的妖精一网收尽。

6.《孟姜女》等剧目

池州傩戏所演唱的剧目一般都有一个特点，就是剧中情节大都以西方和东南方作为背景，显然是对昭明太子金神方位的演义。现以贵池刘街乡的《孟姜女》《刘文龙》《花关索》《陈州粜米记》《章文显》等常见剧目为例进行说明。

(1)《孟姜女》：

该剧以范杞良在秦朝修筑万里长城作为背景。秦朝金德，《史记·高祖本纪》“老妪夜哭”注曰：“秦为金德”，“秦襄公自以居西戎，主少昊之神，作西畤，祠白帝。至献公时栎阳雨金，以为瑞，又作畦畤，祠白帝。”[①]故事以孟姜女和范杞良在泗州堂发愿结配开始，泗州为四为金，《易经》“地四生金”。孟姜女家居河南“梁县白塔乡”，西行寻夫，一路历经千辛万苦，最终到达陕西“临洮县”，在此哭倒万里长城[②]。这条路线是一个西行的过程，起点白塔，终点陕西，白是金的五行之色，西是金的五行方位，显然是对金神的演义。孟姜女西行途中得到了众神的帮助，其中最重要的一位是帮助孟姜女推倒长城的太白金星。太白金星是道教的西天神灵，显然也是对金神的演义。

(2)《刘文龙》：

该剧搬演刘世德祖宗七代行善，阴功浩大，被玉皇大帝知道后，派文曲星君下凡帮助他的儿子刘文龙考取科举，又派九天玄女教他武功韬略，西行和番。西方五行为金，金的数字是四和九，所以故事中特意安排了四大元帅伺候和九天玄女教其武功。

刘文龙一去十八载，萧氏娘子在家苦苦等候十八载，象征佛教十八层地狱，形容状况极苦。萧氏求神灵托三梦给丈夫，刘文龙感此三梦，遂决定回家团聚。

夫妻团圆以后，又出现了一位重要的神灵太白金星，引导他们升入天庭

①《史记》卷八《高祖本纪》。

②《安徽贵池傩戏剧本选》，第201页、221页。

成为神仙，太白金星是金神的象征。金神还体现在刘文龙的名字中，“刘”的繁体字为劉，为卯、刂、金。卯、刂是古代钱币的形状，五行属金，故出金以揭其义。

刘文龙祖宗七代行善，然后才考取科举，踏上仕途。七是火的数字，《易经》曰：“地二生火，天七成之”。命学上以克我者为官为祖父，《滴天髓·论夫妻》曰：“六亲之法，今当更定。生我者为父母，偏正财星是也；我生者为子女，食神伤官是也；我克者为妇妾，偏正财星是也；克我者为官鬼，祖父是也；同我者为兄弟，比肩劫财是也。”刘文龙以金为本体，克金者为火，因以火为官为祖先，火数七，故出祖宗七代象征火克金为官之意。我克者为妻，金克木，木数是三和八，因此故事中安排萧氏做了三梦，苦等十八载。而“萧”字为艹为木，象征金克木为妻之意。

（3）《花关索》：

该剧搬演汉末关云长之子花关索的故事。先是汉末天下大乱，关云长弃家出走，其妻胡氏生下花关索。花关索少年看戏，在外祖父胡员外家走失，被索老爷捡到，后又被神仙花岳师化去学艺。花关索学成武艺之后，被师父遣回家认祖归宗，母亲从花岳师、关云长、索老爷三姓中各取一字，为儿取名花关索。花关索带着母亲去西川认父，在路上招安了强盗许霸山、赵拿云等兄弟十二人，又招安了鲍三娘、王桃、王月三员女将，并娶为妻，一同到西川认父，最后一家团圆。

故事以花关索西川认亲作为背景，西川即四川，五行为金，西是金的方位，四是金的数字，《易经》曰：“地四生金”。花岳师是西岳华山的简称，五行为金。花关索曰：“胡氏金定是我母亲，西川关云长是我父亲”，表明花关索以金为本体。命学上以我克者为妻，花关索为金神，金克木，当以木为妻。木数是三，《易经》曰：“天三生木”，因此安排了花关索并娶鲍三娘、王桃、王月三员女将作为妻子。除了三员女将外，还招安了许霸山兄弟十二人，共十五人，象征土生金，《易经》曰：“天五生土，地十成之”。最后到达西川，父子团圆，表明以金作为归宿。

（4）《陈州粜米记》《章文显》：

根据孟凡玉先生的研究，池州傩戏剧目有三大系列：刘家戏系列，包括《刘文龙》《刘文龙赶考》《和番记》等；范家戏系列，包括《孟姜女》《寻夫记》《范杞良》《孟姜女送寒衣》等；包家戏系列，包括《陈州放粮》《宋仁宗认母》《陈州粜米记》《章文显》《摇钱记》《包公犁田》等[①]。其中，刘家戏、范家戏上面已论述了是对金神的演义。包家戏以宋仁宗朝作为背景。仁宗是宋朝第四个皇帝，戏剧中称之为“仁宗四帝”，《摇钱记》一名《摆花张四姐》，都有一个四，四是金数。“仁”为五德之一，对应五行为木，“陈州”五行为东方之木。故事发生的主要地点是北宋都城“东京”，也是五行之木。“包家戏”演的最多的是《章文显》，章文显家住江苏吴江小章村，在东京的东南方位，乃木生火，故章、显二字中有日。可见，“包家戏”主要是对东南巳地中的金、火的演义。

包家戏都是围绕包拯而展开，除了包拯曾经做过池州知府以外，还与其性理相关。据《宋史》记载，包拯“性峭直”，“刚毅”，“关节不到，有阎罗包老”，既符合五行金性刚强之定义，又与传说中的九华山地藏菩萨金乔觉的阎罗王身份相同。且“包”中有巳，巳是贵池东南的地理方位，因此包家戏成为贵池东南一带山区搬演的主要戏剧之一。同样，“范”中也有巳，范家戏也成为该地的主要戏剧。而“刘（劉）”字为卯刀金，金长生于巳，刘家戏也成为该地的主要戏剧。

可见，贵池刘街乡的傩戏剧本主要是对西方之金和东南之金的演义，这与池州的傩事活动主要集于西边和东南面是相一致的，显然都是昭明太子金神特点的反映。据王兆乾先生辑校的《安徽贵池傩戏剧本选》，除了上述提到的剧本外，还有贵池清溪乡张村的《薛仁贵东征》。该剧也是对西方金神的演义，如薛仁贵“身穿白袍”，白是金的五行之色，妻子叫“金定”，家居“绛州龙门县”，在今山西境内，显然是对金神的演义。东征高丽葛苏文，东方五行为木，高丽在东方，“葛苏文”名字中也有艹木，是对金克木的演义。

综上所述，昭明太子对池州傩的影响来源于人们对昭明太子神性的认识以及将这一认识积极用于傩事活动。这一认识最初形成于梁代和唐代池州人民对昭明太子的祭祀活动，体现在梁朝昭明太子衣冠冢、秀山庙和唐代池州

① 孟凡玉著:《假面真情》,文化艺术出版社2013年版,第349页。

府西祠的建立。它们都建在昭明太子的出生巳年，且都建在池州府的西面，符合易学上金生于巳、旺于酉西的观念，可以说是对昭明太子的金神特点的早期认识。此后这一认识与傩事活动逐步结合，最初结合于何时现已不可考，但从明清时期池州傩的演出情况来看显然与昭明太子的金神有密切的联系。如明清池州傩集中分布在池州的东南山区和西面，就是金生于东南巳位、旺于酉西观念的体现。此外，这一时期官傩的巡游路线、官傩诸神的性质、乡傩的演出时间、傩舞、傩仪、傩戏剧本等也都是围绕昭明太子的金神特点而展开的，都是对昭明太子神性的一种演义。

第三节　九华山金神

九华山为何取名九？金乔觉为何来九华山修行？九华山属于池州，它们之间究竟有何内在联系？从上面可以看出，池州府县深受昭明太子金神的影响。同样，九华山因处于同一区域，也受到昭明太子金神的关怀。

九华山，历代《九华山志》皆云九子山，据说葛洪曾炼金丹于此，金丹数字为九，葛洪炼丹之说估计是后人根据丹数附会的结果。九子山在池州东南巳地，古代正月建寅，寅一，卯二，辰三，巳四，《天原发微》曰："东南方四九金生"，《易经》曰："地四生金，天九成之"，相应此地之山以九为名。

九子山是易学思维的产物，除了受池州的历史地理影响，还与我国古代东南地区的大环境有关。此地据《禹贡》记载为扬州之域，位于扬州的西边，春秋时在吴越的西边。费冠卿的《化城寺记》曰九华山，"六朝建都，此为关辅"，说明是六朝西边的一大关隘。西五行为金，金数九，故曰九子山、九江。过了九江，就属于荆州之域，不再是吴越之境。

唐代改为九华山，华的古体字"華"，中有黄、土、十之象，土数为十，其色为黄。就是说，华的五行为土。《唐书》曰："大唐土德"，改名为"九华山"是唐朝土德之象征。土生金，金数为九，因此九华山的五行是土生金，所重在金，这与九子山的本义差别甚大。子的五行为水，九子山是金生水，所重在水，与池州的五行金水相同。改名为九华山后，因五行性质不同，逐渐脱离了池州的影响，而与黄山建立了联系。黄山五行为土，土生金，因此明清的地方志说九华山是黄山的余脉。

青阳和九华山的土主最初据说是金天氏少昊。光绪《青阳县志》曰："青阳山自黄山来，洪荒万古少昊开”，“金天故国九华开，地割宣州一角来”[①]。民国《九华山志》曰：“云浮黄海，轩辕既白日龙飞，土菲青阳，少皞启金天凤纪”，注曰：“黄山以黄帝得名，九华从黄山来，少皞乃黄帝之子，初封青阳。”[②]少皞即少昊。唐徐坚的《初学记》曰：“少昊金天氏，《帝王世纪》曰，少昊帝名挚，字青阳。”[③]《云笈七签》亦曰：“少昊，名挚，字青阳，即帝位，号金天氏。”[④]说明金天氏字青阳。青阳县始置于唐朝，《太平寰宇记》曰：“天宝元年（742年）割秋浦、南陵、泾三县置，在青山之阳，故号青阳。”表明《青阳县志》所载土主少昊之说，应是根据先秦传说中的人物少昊“字青阳”进行附会的结果。

唐代以来九华山相继出现金天氏、幽冥教主等说法，应是受唐代道教启发的结果。《太平广记》曰：“老子者，名重耳，字伯阳，楚国苦县曲仁里人……或云上三皇时为玄中法师，下三皇时为金阙帝君，伏羲时为郁华子，神农时为九灵老子。”[⑤]九子山相当于这里的“九灵老子”，九华山相当于“郁华子”，金天氏相当于“金阙帝君”，幽冥教主相当于“玄中法师”，反映了九华山佛道融合的特点。

金乔觉，朝鲜人，唐朝时来九华山修行，被认为是地藏菩萨的化身。金乔觉与金少昊的姓氏相同。据记载，少昊寿一百[⑥]，金乔觉寿九十九，九华山有百岁宫和九十九峰之说，应是根据这个进行附会的结果。《史记》曰：“金天氏有裔子曰昧为玄冥师”[⑦]，金乔觉号称幽冥教主，也应该是根据金天氏的神话进行附会的产物。它们共同表达了一种五行思想，如百岁是十的复数，九十九是九的复数，十为土数，九为金数，是土生金思想的体现。玄冥为水，是金生水思想的体现。其实，九华山远不止九山，九十九峰、九十九岁、九十九石阶、九子泉、九子古松、九死还魂草等都是对金神的演义。

民国《九华山志》引《神僧传》云，金乔觉于“唐高宗永徽四年（653

---

①《青阳县志》卷十一《少昊故宫》。

②（民国）释印光重修：民国《九华山志》卷首《附图记》，民国二十七年排印本。

③（唐）徐坚撰：《初学记》卷九《帝王部》，文渊阁四库全书本。

④《云笈七签》卷一百《轩辕本纪》。

⑤《太平广记》卷一《神仙一》。

⑥（清）乾隆《御批资治通鉴纲目》卷首《少昊金天氏》曰“在位八十四年崩”，注曰：“寿百岁，葬于云阳，故后世又曰云阳氏。”文渊阁四库全书本。

⑦（宋）裴骃撰：《史记集解》卷四十二《郑世家第十二》，文渊阁四库全书本。

年）二十四岁，祝发，携白犬善听，航海而来，至江南池州东青阳县九华山。”[①]查宋、明《神僧传》，并无“永徽四年，二十四岁，祝发，白犬”之说。这一说法来源于清代仪润所作《百丈清规证义记》，原文曰：

> 《证义》曰地藏度生之事，《地藏菩萨本愿经》，《地藏十轮经》，《占察善恶业报经》中广说。今举东土示迹者，神僧传云，佛灭度一千五百年，地藏降迹新罗国主家，姓金，号乔觉。永徽四年(癸丑)，年二十四岁，祝发，携白犬善听，航海而来，至江南池州府东青阳县九华山，端坐九子山头七十五载，至开元十六年七月三十夜成道，计年九十九岁。[②]

文中所说数字具有一定的意义，如“永徽四年”与“九十九”比喻四、九金局，《易经》曰：“地四生金，天九成之”。青阳县在池州的东面，五行属木，木数三、八，《易经》曰：“天三生木，地八成之”，三乘八即“二十四”，比喻青阳县。金的五行之色为白，“白犬”比喻金神。犬为戌，按金乔觉二十四岁来青阳，则出生于贞观四年（630年，庚寅），易学上寅午戌三合，因此与白犬相携渡海而至。“端坐七十五载”比喻七月十五日中元节和幽冥教主。成道于开元十六年（728年，戊辰），辰与戌相冲起土生金，辰后是巳，巳既是金长生之地，又是九华山所处池州的地盘位置。易学上辰巳为地网，符合金乔觉死后为幽冥教主的身份。唐朝迷信四九金说，如武周革命选择在九月九日，武则天建周后四次册封自己为“金轮圣神皇帝”。武则天信佛，佛从西来，以西方为极乐，西方数字为九，受其影响，唐朝人认为金地藏有九十九岁，这一说法显然是金神的体现，也最能表达佛教之义。

金乔觉的寿诞有多种说法。民国《九华山志》曰：

> 按《神僧传》云，佛灭度一千五百年，菩萨降迹于新罗国主家，姓金，号乔觉。唐高宗永徽四年，二十四岁，祝发，携白犬善听，航海而来。至江南池州东青阳县九华山，端坐九子山头，七十五载，至开元十六年，七月三十夜成道，计年九十九岁。菩萨入定二十年，至至德二年七月三十日，显圣，起塔，至今成大道场。又按费冠卿《化城寺记》，大士示寂为贞元十年夏，而宋传则云十九年夏，相差九年，但皆谓年九十九岁。《神僧传》则云九十九岁

① 民国《九华山志》卷一引《神僧传》。

② (清)仪润证义:《百丈丛林清规证义记》卷三，同治十年刻本。

成道，又谓之入定，殆即示寂之意，而时则在开元十六年，至贞元十九年，则相差七十七年。考之唐史，岁数不误，然谓入定二十年，至至德二年显圣，考唐史有三十年，是其所记有十年之错。宋传不载来华之岁，费记谓开元末，有僧檀居九华，为豪吏所逐，时地藏泛海来游，睹山劲进，则大士来华，当在开元末，或天宝初，较神僧传所云永徽四年，则相去八十九年。明嘉靖《九华志》，更谓大士于建中元年来汉，则在至德二年造寺后之二十二年。后人考古，莫衷一是。但费冠卿，家住九华，为元和二年进士，去贞元十年，只隔十三年，与地藏为同时同地之人，其所记，自足为千秋信史。各传之讹，不待辩矣。①

上述说法可能表明地藏菩萨当时并非只有一人。按《神僧传》所讲地藏菩萨为金乔觉，而费冠卿《化城寺记》中没有交代具体名字，仅言“有僧地藏，则新罗王子金氏近属”，二者可能并非一人。唐朝流行地藏菩萨信仰，检索四库全书，地藏菩萨名号多处可见，说明当时修地藏菩萨道的远非一人。所言九十九岁不一定实指，其象征意义远大于实际意义。

第四节　六县金神

陶渊明与东流县的关系也与金有关。据《辞海》介绍，陶渊明生于365年（乙丑）或372年（壬申），死于427年（丁卯）。根据甲子纳音理论，乙丑为金，壬申为金，丁卯为水，而东流县在池州西，西方为金，金生水，自西向东流，故取名东流，陶渊明的生辰和忌辰正好与东流县五行一致。陶渊明一生爱菊，东流又名菊邑。菊花开在秋天，五行属金，也是西方金神的体现。

铜陵县的孝娥和石台县的舒姑也与金有关。《太平寰宇记》曰：孝娥庙“在县北四十里，吴大帝时孝娥父为铁官冶，遇秽铁不流，女忧父刑，遂投炉中，铁乃涌溢流注入江，娥所蹑履浮出于铁，时人号圣姑，遂立庙焉。”②另据《池州府志》记载，孝娥庙“在城东北四十五里濒江”③。考此处“县北四十里”“城东北四十五里”“铁官冶”等皆与古铜陵有关，铜古代曰金。四十、四十五对应金和土数字，应是对土生金的演义。而石台县的舒姑，其成仙故

① 民国《九华山志》卷一《应化》。

②《太平寰宇记》卷一百五《孝娥庙》。

③ 嘉靖《池州府志》卷五《祀典》孝娥庙“在城东北四十五里濒江”。

事也与金有关。清《池州府志》曰：舒姑庙“在石埭县南二十里古涎溪之旁，旧传盖山舒氏女仙化于此，故祠之。宋绍兴十七年（1147年）赐庙额显济，明洪武五年（1372年）知县尹安迁于金城山麓，有司以九月九日致祭。宋邦辅的《舒姑庙》云，雷声隐隐逐轻舟，羽客相依问十洲。古殿画阴环佩冷，石坛风静薜萝幽。鄂君绣被违青翰，神女铢衣挂玉楼。忆昔相携金跳脱，何年得共采真游。”[①]《池州府志》曰：“世传前汉盖山舒氏三女，挟药遇桃，姊妹分食之，及溪而浴，化为赤鲤。其母寻至溪滨，但见赤鲤游泳若迎母状。母谓人曰，吾女平日好音乐，乃弦歌水上，鲤果周旋应节，遂成仙而去。”[②]民国《九华山志》有“感弦歌于朱鲤，舒姑本秋水为神”[③]之句。观此处“金城山”“九月九日”“金跳脱”“本秋水为神”等皆与金有关。

李白与池州和九华山的关系也与金有关。李白在池州留下了大量的诗作，九华山改名始自李白。李由木、水组成，乃水生木。木为青阳，子为水，为池州。白在五行中为金，字太白，源于天上的太白金星。生于公元701年，是为辛丑年，辛为金，丑为金之墓库。死于762年，是年为壬寅年，壬为水。传说死于入水捉月，源于金生水而金竭。可见其与金有特殊关系，益见其与九华山和池州之金缘。

综上所述，昭明太子、少昊、金乔觉、陶渊明、孝娥、舒姑、李白等皆与金有关。昭明太子是贵池之神，少昊是青阳之神，金乔觉是九华山之神，陶渊明是东流之神，孝娥是铜陵之神，舒姑是石埭之神，表明六县土主都是金神。

第五节　建德县金神

今东至县是由建德县和东流县合成，建德县原名至德县，始建于唐至德二年（757年），因江南西道采访使兼宣城太守宋若思之请析鄱阳和秋浦而置。前文说过，至德二年是金乔觉显圣起塔之年，有朝廷颁发“至德二年”的金印为证。宣城毗邻九华山，传说金乔觉“素愿写四部经，遂下山至南陵，有

① 乾隆《池州府志》卷十八《秩祀》。

② 嘉靖《池州府志》卷九《仙释》。

③ 民国《九华山志》卷首《附图记》。

俞荡等写献焉”[①]，南陵即宣城，可见金乔觉与宣城缘分殊甚。前面说过，李白与九华山有缘，而李白是宋若思的好友，作为宣城太守兼江南西道采访使的宋若思对九华山和金乔觉也应该是十分熟悉的，更遑论江南西道五行属金，二者性质相类了。因种种之金缘，笔者认为至德县建于至德二年（757年，丁酉）是为了纪念金乔觉，一是丁酉年是金乔觉显圣、起塔、造寺之年；二是至德县在池州申酉方位，五行属金，与金乔觉性质相同。至德县的五行属性还可以从该县的历史遗迹、神话传说和民间信仰等处得到印证。

一、尧城、梅城

建德县又名尧城、梅城，宣统《建德县志》曰：“尧城，在县南三里，舜城，在县北二十里，《元和郡志》谓是两帝南巡至此，故名。”[②]这是说尧在县南，舜在县北，这种分布其实是尧舜的五行属性决定的。《史记》“帝尧者放勋”皇甫谧注曰：“尧以甲申岁生，甲辰即帝位，甲午征舜，甲寅舜代行天子事，辛巳崩，年百一十八，在位九十八年。”[③]按此说法，尧当生于甲申年，死于辛巳年。命学上，申为阳金，辛为阴金，其禄在酉，表明尧的五行属金。申、酉是建德县在池州地盘上的位置，故借尧以喻其事。五行水由金生，故县南之水名曰尧城溪、尧城渡。这是说，尧所表达的主要是金水思想，而以金为主。《史记》曰：“文祖者，尧大祖也”，注曰：“文祖者，五府之大名，犹周之明堂”，“五府，五帝之庙”，是说尧之祖以五为数，因此尧城南置五老亭。五是土数，《易经》曰：“天五生土”，土生金，故取其祖以五数，表明尧的五行属金。土位南方，金位西方，因此将尧安置在建德县治之南，对池州而言，即是西南方位。

关于舜，《史记》“虞舜者名曰重华”，注曰：“舜以尧之二十一年甲子生，三十一年甲午征用，七十九年壬午即真，百岁癸卯崩。”[④]表明舜生于甲子年，死于癸卯年，子、癸是水，甲、卯是木，水生木。“重华”即“重瞳”，瞳仁即眼睛，眼睛通肝，五行属木。也就是说，舜的五行属性是水木而以水为主。历史上以五德论王朝兴衰，禹夏是木德，商是金德，周是火德，秦是水德。

① 乾隆《池州府志》卷五十八《方外传》。

② (清)张赞巽纂修:宣统《建德县志》卷三《古迹》,宣统二年铅印本。

③《史记》卷一《五帝本纪》。

④《史记》卷一《五帝本纪》。

尧舜禹禅让，五行相生，非灭也。禹夏是木德，生木者水，因此舜属水德。生水者金，因此尧属金德。就是说，舜五行属水，水位在北，故将舜安置在建德县治之北。

建德县城的水流从东南流向西北，水口在北方，宣统《建德县志》曰："北台山，在县北二里，突起如台，塞县水口。"①说明建德县的水流大致是南北方向，从南流北，也就意味着南金生北水，故先尧后舜，这也是建德县南尧北舜的原因。据《史记》，舜有兄弟曰象，故建德县治北面之山名曰白象山。

宋初有梅尧臣来做县令，他与至德县的联系也是金水，这可从他的姓名中分析得出："梅"开在冬季，五行属水，"尧"刚才说过五行为金，表明梅尧臣五行也是金水。因此至德县纪念他的相关建筑都在西北金水方位，如梅公祠始建于西方，后迁建北方，宣统《建德县志》曰："宋时邑人于官舍西偏建梅公堂以祀邑令梅圣俞。既废，后邑令柴梦规改建于县圃之北，后复改建于县后白象山半山亭。"又如梅山寺在西方，"石城之西梅山寺，寺有梅山，寺之志山，有梅公山之字。"又如朝峰亭在北方，"朝峰亭，在县治后白象山巅，宋邑令梅尧臣建，以其与玉峰相对故名。"②梅尧臣在诗歌创作上主张"平淡"，这是水之性状，其诗歌大多与秋冬或水或寒有关，是金水属性的体现。《宋史》曰："尧臣家贫喜饮酒，贤士大夫多从之游，时载酒过门。"酒左水右酉金，五行为金水。

二、兰溪

建德县又名兰溪、茹兰溪，宣统《建德县志》曰："茹兰溪者，在县治南，发源邓家山，东会高低二岭水，又东受官田水，过崇义桥、湾涛山，又东受纸坑山水。此水原绕玉峰麓，经南门之广济、西门之应岐二桥抵北门，束会城内水，又东会城北钱家冲水，绕铜鱼山，至苏家嘴入于前河。"③元吴师道的《兰溪官舍壁记》曰："至元乙亥之冬，予抵建德官下，闻其地亦称兰溪，曰嘻，予兰溪人也，天复畀予以兰溪，异哉！则考按图志，盖茹兰之溪发源于县东迎春洞之侧，经县治西流会尧城溪以入于江者，以多兰名，夫兰

① 宣统《建德县志》卷二《山川》。
② 宣统《建德县志》卷三《古迹》。
③ 宣统《建德县志》卷二《山川》。

以芳香比德君子，予固愿为君子者。”此处说明茹兰溪“以多兰名”，但没有说明“茹”的由来。笔者认为“茹兰”应出自《昭明文选》中“秋黄之苏，白露之茹，兰英之酒，酌以涤口”。上面讲过茹兰溪“原绕玉峰麓”，玉峰山据宣统《建德县志》“在县南半里许，山石光莹如玉，为县治前屏，旧名峰子山，曰玉峰者，梁昭明太子所命名也。”[①]那么，山麓的“茹兰”溪二字极有可能来自《昭明文选》。兰花有春兰、夏兰、秋兰、冬兰等，从《昭明文选》中“秋黄之苏，白露之茹，兰英之酒，酌以涤口”来看，应是秋兰。秋五行为金，说明茹兰溪的五行是金水，合乎建德县的五行属性。

三、民间俗神

建德县民间有祭祀余公、康公和昭明太子的习俗，谓之三公。

余公又名福主，宣统《建德县志》曰：“福主祠，在县署东，神讳无考，邑人群尊为福主，亦称为余公云，今即祠中为祝釐之所。按《礼部则例》，凡祀御灾捍患之礼，因所捍御之地建立专祠，所在有司岁以春秋诹吉致祭。”又有西关福主祠，“道光三年（1823年）建，咸丰间被粤匪毁，基址犹存，在西丰街。”尧城福主祠，“一在上街头，雍正三年（1725年）建，乾隆五十五年（1790年）重修。一在下街头，乾隆二十年（1755年）建。”这里的福主是指余公，“余村福主庙，在县东十五里，旧志载庙后之山界，上顶下脚，左分水，右大地壕沟直上，埋石为记，庙前之山界，上顶下脚，左右俱分水，埋石为记。神最灵显，远近祈祷不息，县令莅任，择日致祭。江大爵曰，神讳不可考，或传其讳亘，字果仁，为唐司徒，值寇乱以保障一邑。今低岭有得胜桥，其御寇之地。毗陵陈司徒公讳杲仁，杲字与果类而官封谥号相同，是以伪为陈司徒。又传常开平破罗友贤，神有阴助，故加忠烈二字。正德中，邑令言公以盗窃库钥，神著显应，爰立今像。相传者如此，夫夏五郭公夫子犹志疑焉。世远无考，亦称之为余公而已，可冒之以陈姓也哉？”[②]明初邑人洪仲遵的《司徒庙记》曰：

去邑之东十里神祠，祀司徒余公有年矣，然莫详其名字，亦莫考其官封、庙食、年代，但里曰余村，环祠而居多余姓者，神之子有余一、余二官，人

---

① 宣统《建德县志》卷二《山川》。

② 宣统《建德县志》卷九《庙祠》。

之称神为里人必矣。至今感应灵爽，显享祀莫替，自非聪明正直有功德于民莫或至此。故凡遇水旱、疾疫、横祸、冤抑，祷于庭者若响之应声，表之植影，以是取敬达官，敷佑黎庶，愈久而愈不怠也。祠本负山面西，前临小涧，潴水不竭，有元监县马祖元作亭其上，扁曰肃静，昭敬仰于神之意，而祠室岁久日深，栋宇摧折，墙壁毁坏，粉墨剥落，上下雨旁风甚，无以表崇严。暨今洪武乙亥，判簿广西虞公子平长幕、山东乐安颜公善相继莅邑，因即祠谒神，顾瞻久之，相与合谋修葺，各捐己俸，倡率义民，俾典史余思敬董其事，鸠工庀材，使栋宇森严，神明康宁，神庆斯溥，所谓有其诚，斯有其神者，讵不信欤。然二公此举，岂以徼一己之福？为民之意深矣。盖慢神者必虐民，今二公事神之敬不怠，则恤民之仁可知。诗曰，神之听之，介尔景福。尚告来者，庶有感于兹焉。洪武丙子仲秋月。[①]

邑人孔贞时的《重修余公祠记》曰：

传曰："有功于民则祀之，能捍大灾大患则祀之，非此族也，不在祀典。"予邑城东偏十五里而迤曰余村，村故有余公祠，不知起何代，里中长老皆云，公前身即《搜神记》所称陈公果仁，常州晋陵人也，在隋炀帝时拜爵大司徒，唐高宗时以护国威灵封号武烈，宋宣和时赐祠额福顺，今相传余公司徒则同，武烈则同，祠额犹榜为福顺则又同，不即俨然陈耶！何以余公也？毋亦以余村得名耶？然邑乘只载余公祠，不传疑也。邑奉公甚虔，岁时有事祠下者趾相错，诸水旱疾疫，若祈祷，遍走群望所不得者，力能得之神，凡枉挠、冤抑、号呼无门者，质之神，辄昭答如响。岁以中秋节为迎赛期，自邑侯而下，若荐绅学士及邑民、四方商贾，无不俨恪致祭，四境巫祝，应接不暇，居常过之，即樵收必头抢地，虽冯虚祀者，若赫然临汝。噫嘻！非神大祚吾邑，有功德于民甚著，恶能合离萃涣，致血食之报者岁久且虔若兹耶！[②]

文中交代福主余公是唐末司徒陈杲仁，因值寇乱保障一邑而祀之。交代了祭祀福主的时间，"岁以中秋节为迎赛期"。中秋节是昭明太子的诞辰，宣统《建德县志》曰："大沈庙在北山村，祀康将军，相传梁昭明太子爱池阳山水之美，尝寄息焉，故池皖之境多立庙宇，缘其惠爱所及也。宋仁祐间赐寺额曰文孝，乾道、嘉泰间累封文孝英济忠显灵佑王，并封神，从康卢二将军。

① 宣统《建德县志》卷九《庙祠》。
② 宣统《建德县志》卷九《庙祠》。

明洪武年厘正祀典，仍称昭明太子，寺额尚沿其旧，岁以八月十五为神诞辰云。”中秋节五行属金，此日祭神，表明福主余公的五行也是金。

康公，宣统《建德县志》曰：

峰山庙，在县南玉峰山麓，神讳无考，旧志载神自唐以来庙食兹土，有御灾捍患之功。宋大观三年赐额康济，宣和三年诰封威佑侯，淳祐十年加封威佑昭应侯，庙内梁昭明太子附祀焉。按柯南坡考录，旧郡志及本庙遗文节目云，贞元三年癸未三月初一日，忽风雨晦暝中，邑民许项家居，见有神人绯衣赤骑，立其前谓曰："汝世居此，如髦独何？吾前代名臣，亦汝宗人也，今受帝敕来食此方，汝能独据兹山雄势耶？兹山来幔亭过婺水结秀于此，吾当憩焉，与汝同享。尧子在兹，山阜右佳山水，汝其止之，则宗嗣繁昌也。"言毕腾空去，须臾雨止暝开，则所止非故境矣。邑民因于此祠焉，其应如响。

天福戊戌二月，有商人携家盛牲牢来，自淮致祭于神，邑人询其故，曰吾庐江人也，父许昌遘疾，祷之于天以徼父亲，有神附一人入吾家云："吾池州峰子山人，从华岳诸仙过此，感君孝念为拯尔父疾。三月三日吾复降自岳，君当有以祠我。"翌日父疾疗，故寻求致谢，邑人导之，俾致祭而去。由是香火益盛，因以是日为神诞焉。乙酉兵毁，顺治七年知县孙兰率士民重建。按旧志又云，余过郡城秀山门昭明祠，见祝巫周姓自梁时世守庙祠，传有累代封制墨迹。明洪武初用兵，梦昭明及康周卢护阵下，所司访至郡，乃具状闻，敕有司岁致祀，制词中有康济，是康济与峰子神各异。今吾邑合为一神，且康系昭明属神，而兹神又以昭明并列。姓号既舛，名位又淆，书之备考焉。①

文中交代康公之神来自“华岳”，亦即西岳华山，五行属金，建德县将此康公与昭明太子的护卫神康将军合二为一进行祭祀，说明两个康公的五行属性与昭明太子是一致的，都是金神的体现。南溪古寨旧时每逢八月十五都要迎三公出巡演戏，即这里的余公、康公和昭明太子。

金龙四大王也是建德县一个重要的民间信仰。宣统《建德县志》曰：“金龙四大王庙，在尧城镇。按神姓谢名绪，浙之台州人，宋谢太后同族，读书金龙山顶。岁甲戌，天目山崩，泛滥临安，民溺死无算，神破家财，赈生葬

① 宣统《建德县志》卷九《庙祠》。

死。后元破临安，少帝降，谢太后北去，神即投水死。后屡显灵迹，隆庆中敕封金龙四大王。顺治六年（1649年）有客兵经尧城镇，思大掠，忽一兵作神语曰，尔虐我民，必令尔皆死。兵将恐，乃遁，尧城人因立庙祀之焉。”[①]金龙四大王，本书中已有专题研究，此不赘述。其五行是金水，与建德县的五行相同，因作神语：“尔虐我民，必令尔皆死”。

以上论证了建德县的五行金水，是由建德县所处池州的西方方位决定的。有此先决之条件，遂导致历来建德县的历史文化大多在金水体系中构筑和发展，后面的南溪古寨也是如此。

第六节　南溪古寨风水

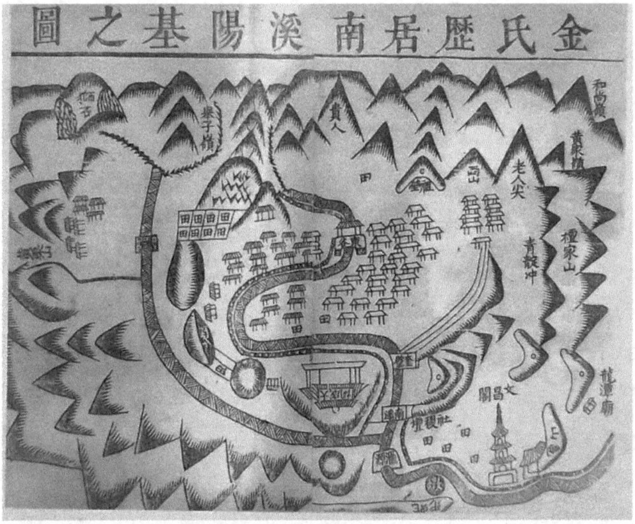

图9-4：金氏南溪阳基图

南溪古寨是池州和建德县风水之集大成者，其风水文化是根据《易经》和玄武的形象进行设计和布局的。玄武是北方之神，又是金甲战神，其形象与草原游牧民族以及金氏始祖金日磾很相似，南溪的风水布局也倾向于北方，体现出一股浓厚的北方情结，有返祖恋旧的思想在里头。虽曰返祖，但诸种风水措施又暗示了返本开新之义。

① 宣统《建德县志》卷九《庙祠》。

一、南溪古寨与建德县风水

建德县治四面环山，坐北朝南，前有玉峰屏，龙脉自东南而来，折北结成白象山而起县治。县城中的溪流主要有两条：尧城溪和兰溪，均发源于东南，自西北汇合流出，宣统《建德县志》曰："西北水关二，导城内水出"[①]，"北台山在县北二里，突起如台，塞县水口。"[②]可知县水口在北方。水口附近有庙曰文昌阁，"下关文昌阁，在县西半里，为一邑下关。"[③]关于此风水走势，叶蕃《山川纪略》曰：

> 建邑四境俭于西北，丰于东南，自北而南袤长一百七十里，自东至西广八十里，山分四列，水别三条，其山来幔亭，过婺水由浮梁至桃墅为邑之东偏，实境内诸山发源之始，支之行于北者则由良禾岭、仙寓岭、石门岭、丫鬟岭、蜈蚣岭、鸡头岭，悉界徽之祁门、池之贵池，至列叠山而界东流，其随境著名者为鼎华，为葛公，为留山，为五龙，为横山，为华盖诸山，可依次而纪焉。自桃墅南行者由分流而羊角山、雄横岭、洋井岭、拍马岭、洪墅岭、梓木岭，衍于毛冈，接于香炉山，皆界连浮鄱，其著名者为笔峰……由桃墅中出析为南北二支，南支西行……北支自九凤山抄溪山、冲坑山、梅山、青山至板冲岭而衍于詹村，与彭泽、东流界连，其中著名者为封门尖，为西山，为云峰山，为石印洞诸山。桃墅经茶婆山之北支，由方岭、松岭北至高岭、低岭，起广阳山，折而南为邓家山，又折而西至马鞍山，遂结秀为县治，坐白象山。湾涛峙其东，玉峰耸其南，铜鱼护其西，天台拥其北，以北台为北门锁钥，此县治之所以永固皇图也。由高低岭东北行之山自查岭绕沈家山至历山及牵牛岭入东流境，其随山著名者，天台之北则由花山、三角尖、八公山诸山，玉峰之南则由望江峰、夫子岩、天马、官池诸山，层峦叠嶂，悉拱卫乎县治。[④]

江桓《山记》曰：

> 邑治之南玉峰在焉，所谓来幔亭，过婺水蜿蜒千里结秀于兹者，非诬说

① 宣统《建德县志》卷四《城池》。

② 宣统《建德县志》卷二《山川》。

③ 宣统《建德县志》卷九《祠祭》。

④ 宣统《建德县志》卷二《山川》。

也。其相近为亭子岭、望江一峰，乃其过脉，东折为湾涛，连岫为天马，折而西南为鹫台，与南台相峙，北台相应。其东南为官池山，峙于尧城溪东，为之外护。诉溪而上曰东山……山之最高曰木坑岭，俯眺官池诸山，若小儿伏其下……邑治之北白象、铜鱼皆取形似……北台去新学一里，数仞起于平原，锁邑水口，相近为眠象……若广阳山、三角尖为县治来脉，其山岩峭而卓厉，人迹罕到，近时男妇所藉以避兵者……盖五龙二山皆隶尧封……去邑治三里为西山，与东南诸山作拱揖状，若列戟然，迤而南为梅山，峻岭茂林，溪水清澈，自昔多高贤至止……又西为石印洞，与青山相对为扦门华表，形家谓水口外山卑伏，科名之盛，旋就衰歇，如苍埠、楮潭一带培补，讵可已哉。[①]

南溪古寨也是四面环山，坐北朝南，前有贵人屏，龙脉自东南而来，转北而结玄武，起大成祠。寨中溪流也有两条，均发源于东南，自西北方位流出古寨，出寨后折北往西，水口在村之西北。水口和古寨之间有文昌阁，“金村文昌阁，在县南四十里金家村口”。关于此风水走势，《南溪阳基图》曰：

左阳基在建德县，离城西四十里地，名南溪，其龙自徽州祁门走大枫岭、举公岭，过峡穿幛，至仙女庵横过，走杨禾岭，开帐逨起群峰为五星聚讲，出脉行度至洪龙庵，过峡逾中央岭，至锦溪，列帐中抽，搏换木火行龙，摆折数节，突起介笔高尖，跌落平冈，过马坑岭，两旁护卫耸起长凸岭，走望江尖，穿狮子石，落脉蜂腰鹤膝，起高峰卸落，走举子岭，成五脑芙蓉，微落巳丙双行，左旋个字中抽，跌下平洋，串珠行龙，入首翻身南向，结回龙顾祖之势，堂局宽平，水口紧密，诚合族之锦基也。[②]

从以上分析可见，建德县和南溪古寨的风水有很多相似之处。宣统《建德县志》曰：“建邑四境俭于西北，丰于东南”[③]，“邑之疆域丰于东南，缩于西北”[④]，南溪古寨在建德县的东南方位，且南溪与兰溪谐音。古寨中旧有南溪桥和东谷桥，“南溪桥，在县东南四十里，金玉建”，“东谷桥，在县东南四

① 宣统《建德县志》卷二《山川》。

②《东至县南溪金氏家乘》卷二《南溪阳基图》，宣统三年刻本。

③ 宣统《建德县志》卷二《山川》。

④ 宣统《建德县志》卷二《疆域》。

十里，金镃建”[①]。金玉是南溪金氏第七世，金镃是第八世。可知，南溪古寨的确切位置是在建德县东南四十里。易学上，东南是金长生之地，四是金数，十是土数，可见“四十里”是对土生金的演义。在此意义上说，南溪古寨是建德县“丰于东南”的风水宝地。

建德县有尧舜故迹。尧传舜，舜传禹，据《吴越春秋》，“禹生于六月六日”，另据《东至县南溪金氏家乘》记载，南溪六祖金壁也是六月六日生日，南溪每年都要于此日举行祭祀活动。大禹以治水著名，禹所建之夏朝为木德，金壁的命理是水木（参见下文），与大禹的五行相同。南溪遵金壁为“大成”，其墓坐北朝南为王字穴，表明在南溪人的世界里，六祖俨然同于大禹。

建德县“前案玉峰，后枕象岭，东峰耸秀，西山列屏，兰溪左合三源，环绕而右，会于长流。前后俯仰皆山，而独西山为最胜，若与东南诸山相拱揖者。”[②]易学上以西为金，以巳酉丑三合金局，以东南为木火之乡和金长生之地，有“金神入火乡，富贵天下响”之说。其中，巳为东南，酉为正西，丑为东北。南溪古寨居民姓金，处在建德县东南四十里的黄金之地，与建德县之西山拱合金局，可谓占尽东南风水形胜。惜乎堂局仅数里之规模，水无千丈之深渊，没有大山川气势，故终其历史地理，鲜有国之栋梁、富商大贾，俱止江南一家族而已。

二、南溪地形与古寨风水

南溪地形为盘龙回旋之状。《南溪阳基图》曰：

> 左阳基在建德县，离城西四十里地，名南溪，其龙自徽州祁门走大枫岭、举公岭，过峡穿幛，至仙女庵横过，走杨禾岭，开帐速起群峰为五星聚讲，出脉行度至洪龙庵，过峡逾中央岭，至锦溪，列帐中抽，搏换木火行龙，摆摺数节，突起介笔高尖，跌落平冈，过马坑岭，两旁护卫耸起长凸岭，走望江尖，穿狮子石，落脉蜂腰鹤膝，起高峰卸落，走举子岭，成五脑芙蓉，微落巳丙双行，左旋个字中抽，跌下平洋，串珠行龙，入首翻身南向，结回龙顾祖之势，堂局宽平，水口紧密，诚合族之锦基也。[③]

---

① 宣统《建德县志》卷四《桥渡》。

② 宣统《建德县志》卷二《疆域》。

③《东至县南溪金氏家乘》卷二。

此处说得明白，龙自南来，转东而北，龙首“翻身南向，结回龙顾祖之势”，古寨中有自玄武山以上三个圆丘，寓意“九龙戏三珠”，九是金数，三是木数，命理以金克木为财，因此“九龙戏三珠”是古寨财格之体现。龙以九数，原因有三：一是九为金数，是古寨金氏之象征，故龙又有金龙之说法；二是二十八宿以东方为青龙，道教有“东方九气青天”之说，故龙以九数；三是易经以九为阳，六为阴，龙乃纯阳之物，故取九。乾卦九五爻为飞龙在天，地盘子为一阳来复，至辰为五阳，合乎九五之爻，故以辰为龙，取其飞龙在天纯阳之气。

古寨前有朱雀山，后有玄武山，东有青龙、狮山，西有西山、象山，西山有老虎洞，水口有龙潭庙，文昌阁有观音大士，既符合古代“左青龙，右白虎，前朱雀，后玄武”的风水布局，又契合佛教法相。《东至县南溪金氏家乘》曰：“昔时耆腊传灯，龙象护法，龙王吐水，鹿女衔花，妙相庄严，望之起敬”[①]，讲的就是南溪的风水。古寨外面有蛇形山、龟山，与古寨中的八卦图，是按道教玄武帝“脚踏螣蛇、八卦、神龟”的形象进行设计的（俱见下文玄武）。再外面有桥曰映龙，有庙曰龙潭，是为水口。水口在西北方位，西北是长安和匈奴故地，象征金氏始祖为匈奴人。合计古寨内外有桥八座，溪流呈双“S”形，为八卦太极图。

古寨中有万历神社。神社为地方神，保一方平安，此无疑义。明清时期社神一般都设在西北方位，南溪社神也在古寨的西北方位。明婺源人汪敬的《新修城隍庙记》曰：“国家统一百神……曰山川，曰社稷，曰风云雷雨，曰城隍，曰群厉，诸祀遍天下，坛壝有别，疏数有节，坛壝则社稷于西郊，西阴之成也，山川风云雷雨城隍于南郊，南阳之盛也，群厉于北郊，北阴之极也。”[②]明张岳曰：“坛社稷于西郊北向，阴神也，坛山川风云雷雨于南郊南向，阳神也，故社稷有望瘗而山川有望燎，各从其气也。”[③]但社神一般是在地面上，而南溪社神是在山上，这是与众不同之处，与其独特的地形有关，盖社神在古寨的戌位，命学上寅午戌三者构成火局，如《三命通会》曰：“寅午戌火属也”，《六壬大全》曰：“寅午戌火局，名炎上格”。寅为火之长生，午为火之帝旺，戌为火之墓库。从《南溪阳基图》可见，寅、午位有高峰耸

①《东至县南溪金氏家乘》卷五《重修宋禅庵序》。

② 光绪《婺源县志》卷六十。

③《小山类稿》卷十九。

起，戌位有山丘，三处地势较高，故格成火局。其中，戌山为火库，离古寨较近，寨中多木质建筑，容易引发火灾。因此，在戌山设置社神以厌之，一是社为土，以土泻火，二是“社”在“土”上加了一点，乃取水灭火之义。

关于社字上一点，还有以下内涵：

（1）建德县学宫旧俗以六月六日祭祀县学土地神，宣统《建德县志》曰："县学土地祠在儒学左，皆祀本邑土地福德之神，守土官暨学官朔望行香，春秋仲月上戊日及六月六日致祭，行一跪三叩礼。"[①]古代皖南有六月六日晒书之俗，如《祁门县志》曰："六月六日晒衣服、书籍，农祀田祖"[②]，是日祭祀土地神，是取火盛，火为文章之象，以及火生土为土地神之义。六月六日也是南溪六祖金壁的生日，《东至县南溪金氏家乘》曰："艳一公六月六日寿诞，寝室设馔五棹，并初七日献饭，共取用各佃鸡六只。"艳一公即六祖壁公，字仲谦，行艳一，以文学取仕，《东至县南溪金氏家乘》认为他是"大成"式人物，影响深远，以至在他死后153年修大成祠纪念他。大成祠建于明万历五年（1577年，丁丑），南溪社神碑建于万历三十六年（1608年，戊申）孟秋，两者相隔整三十年。古代三十年一修谱，笔者认为大成祠和社神碑都是为纪念他而建，社字上多出的不同寻常的一点即指六祖金壁。金壁的命理以水为用神（见下文），《易经》曰："天一生水，地六成之"，因此，社上一点可以看成是水。

（2）古有画龙点睛之说，如晋顾恺之曰："传神写照，正在阿睹（点睛）中"。社字上一点为社神点睛，希望管理好本地事务。

（3）联系到社神建于戊申年孟秋月，社是土主，戊是土，申是金，戊申纳音是金，孟秋也是金，其中含义为土生金，因此社石上一点是"点石成金"之意，符合古寨人金姓之特点。

由上得知，南溪特殊的山形构成火局，戌为火库，这就不难理解大成祠的悬柱之谜。大成祠坐北朝南，艮龙入首，壬山丙向，为木质结构，悬柱在祠中戌位。据说祠中有八十八根木柱，八是木数，《易经》曰："天三生木，地八成之"，木易生火，故戌位火库必须顿空，悬柱实为遁去火库，避免火灾之意。

南溪地形南高北低，古寨出口水泄，故在溪流下游建文昌阁以镇风水，

① 宣统《建德县志》卷九《祠祭》

② 同治《祁门县志》卷五《风俗》。

主要是取地理增高益卑和收束风水之象。从《南溪阳基图》可以看出，文昌阁在南溪古寨西北戌亥之间，与天上奎壁星宿相应。奎壁又叫文昌，道教《玉清无极总真文昌大洞仙经》曰：文昌者“言天地之文理盛大也”，“文昌星乃土气所化”，“因奎壁垂芒，帝命主持斯文，壁位居亥专主图书，奎位居戌专主文章，盖奎宿有文彩，壁宿能藏书。昔嬴火之后，于屋壁得古文，故壁之于文典有功焉，是以文昌宫有东壁图书。”可见，戌亥之位为奎宿、壁宿，为文章、图书，因此南溪文昌阁的对联曰：“高阁宏开万里风云生几席，文星雅聚千秋事业起图书。”[①]出口三把金锁中的第一把锁叫奎壁桥，也取此义。文昌是文星，文为木火通明之象，《三命指迷赋》曰：“文章明敏兮，定须火盛”，《星学大成》曰：“木来必定主文章，火会远行千里外”。木数是三和八，故文昌阁有三层、八角。另有三公，据老人回忆，旧时阁中供奉三公，中秋出会时请出，会毕归阁。三公指余公、康公、昭明太子（见建德县民间俗神）。火数是二和七，故文昌阁上塑两匹泥马，而阴阳河顺流而下自东谷桥至映龙桥共有七座桥，以形成火之成数。

南溪古寨的风水布局还与八卦九宫生死门有关。按八卦九宫理论，“一白居坎，二黑居坤，三碧居震，四绿居巽，五黄居中，六白居乾，七赤居兑，八白居艮，九紫居离，是为九宫”，“休门为一白，死门为二黑，伤门为三碧，杜门为四绿，中宫为五黄，开门为六白，惊门为七赤，生门为八白，景门为九紫。”[②]根据这一理论，古寨西北为乾卦为开门，故作为古寨的进出口；北方坎卦为休门，故建大成祠；东北艮卦为生门，故种田地；南方离卦为景门，故标贵人之位；西方兑卦为惊门，故建社神以镇；东方震卦为伤门，东南巽卦为杜门，二者皆凶，故在东南措置八座建筑象征八卦以镇（见南溪阳基图）；西南坤卦为死门，也措置八户象征八卦以镇，因为是死门，所以又增设一道碉堡，用于防守。

三、《易经》文化与古寨风水

南溪古寨的风水有个鲜明的特点即因姓而设。古寨人姓金，古寨风水基本上是围绕金而展开的，《易经》曰：“地四生金，天九成之”，四和九是金数，故南溪古寨的很多传说都与四和九有关，如《东至县南溪金氏家乘》曰：

①《东至县南溪金氏家乘》卷一。

②《御定星历考原》卷二，文渊阁四库全书本。

"吾族之姓出自少昊金天氏……作大渊之乐，曰九渊，以金德旺，遂号金氏，能修太昊之法，故曰少昊……生子四，曰重曰该曰修曰熙。"此处金天氏的"九渊""四子"即是对《易经》金数的演义。

古寨风水也是围绕金而展开的，除了金还有木和火，相应形成财和官两种格局。金的方位在西，故《东至县南溪金氏家乘》说古寨基址"离（建德县）城西四十里"。金数是四和九，如《东至县南溪金氏家乘》曰古寨中有"四揆九彰三十四明"（揆是第七代四位祖先，彰是第八代九位祖先，明是第九代三十四位祖先），有"九十九条巷""九龙戏三珠"之说。古寨中有四座桥曰"四把金锁"，其中南溪桥、奎壁桥、会源桥为古寨出口"三把金锁"，东涧桥为古寨后山"第一金锁"。古寨出口的"三把金锁"另有一个组合，据说古寨中旧有"八十八溪"，大成祠中有"八十八柱"，古寨自源头东涧桥、东谷桥至水口映龙桥一共有八座桥，三和八组成木局，《易经》曰："天三生木，地八成之"。《三命通会》曰："金克木为财"，因此，三和八之组合对金氏意味着生财。《三命通会》又曰："克我者为官"，我为金，克我者火，《易经》曰："地二生火，天七成之"，二和七形成一对组合，对金氏来说意味着官，因此又在古寨中相应措置二和七的数字，如《东至县南溪金氏家乘》的"七叶流芳""后嗣七叶，宠荣贵显"之说。而上述"四揆九彰三十四明"中，"四揆九彰"是金数，三加四是七，"三十四明"是火数，《三命通会》曰："金神入火乡，富贵天下响"，因此"四揆九彰三十四明"寓意子孙荣华富贵、升官发财之义。

古寨中的阴阳河自东谷桥至水口的映龙桥共有七座桥，古寨出口的会源桥旁边有两棵大树，古寨外面的文昌阁有两匹泥塑之马。照此说法，则金数四和九是全的，木数三和八是全的，火数二和七也是全的，尤其是马为午火之象征，二匹马无疑是火数存在之有力证据。这些数字及相互关系表明南溪古寨的风水主要是根据命学上财官格局进行设计的。这一设计还集中体现在三把金锁中的最外一把金锁会源桥上。

会源桥下的桥墩两边各有四个洞眼，顶上正中一个洞眼，两边一共八个，加上顶上一共九个。而桥墩上四个洞眼的排列又有讲究，最下一层是三个横排，紧挨上层一个，相应构成三和八、四和九之组合。三和八是木是财，四和九是金是我，可见其设计也体现了金克木为财之特点。在风水理论上，出口是财气之口，水是财气之象征。为了锁住古寨的财水，共有三套措施：一、水生木，以木止财水，木数三，故在古寨出口相应设计三座桥，美其名曰三把金锁；二、以土止水，在出口外面建立土墩，美其名曰印章；三、在会源桥旁边植两棵大树，一名樟树，一名楮树，同样是取水生木之义。树名“章”“者”，取木生火为文明、文章之义，易理上文章为木火之象。树为木为金之财，章为火为金之官，寓意金氏族人升官发财。此外，“九龙戏三珠”也体现了古寨的财格，“九龙”是金数，“三珠”是木数，二者之组合即金克木为财。

四、玄武形象与古寨风水

南溪古寨的另一个风水是玄武。二十八星宿组成四方之神，分别是左青龙，右白虎，前朱雀，后玄武。玄武由北方七宿（斗、牛、女、虚、危、室、壁）组成，其形象为龟蛇合体，位于北方，五行属水，其色玄，总称玄武，又名真武。道教《元始天尊说北方真武妙经》曰：

> 昔有净乐国王与善缘皇后梦吞日光，觉而有娠，怀胎十四个月，于开皇元年甲辰之岁三月建辰初三日午时诞于王宫。生而神灵，长而勇猛，不统王位，唯务修行，辅助玉帝，誓断天下妖魔，救护群品。日夜于王宫中发此誓愿，父王不能禁制，遂舍家辞父母入武当山中修道四十二年，功成果满，白日登天。玉帝闻其勇猛，敕镇北方，统摄真武之位以断天下妖邪。真武神将敬奉天尊教敕，乃披发跣足，踏螣蛇、八卦、神龟，部领三十万神将，乃太阴化生，水位之精，虚危上应，龟蛇合形。①

可见，玄武是“龟蛇合形”，“披发跣足，踏螣蛇、八卦、神龟”。南溪古寨北面有玄武山，寨外有蛇形山、龟山，即“螣蛇”和“神龟”。南溪有八桥，八十八溪，单八取自八卦之数，两八相乘等于六十四，取《易经》六十四卦。古寨中有溪流呈“S”形，是仿照八卦太极图中的阴阳分界线而立，故又称阴阳河。六十四卦分上下经，上经三十，下经三十四，从《南溪阳基图》可以数出图中共有六十四座房子，左边三十座，右边三十四座，明显是取法六十四卦上下经之数。此外，六十四与玄武帝的寿数六十四相合（见齐云山的玄武帝）。玄武是北方的金甲神将，“披发跣足”，其形象似匈奴人，南溪古寨一直标榜自己是匈奴后裔，因此古寨的风水按照玄武的形象进行设计和布局。

---

①《元始天尊说北方真武妙经》全一卷。

道教中的玄武帝是从西方帝王之家来到中原，一生大运走南方和西方，死后转生北方，成为北方的金甲战神。南溪古寨的居民以金为姓，其先人匈奴由西方迁到中原，复由中原迁往南方之徽州，再从徽州迁西方之南溪，南溪之水从南往北流。可见，二者有相似之处，体现了道教生命的复归和返本开来之旨。而且，南溪古寨呈八卦形，有蛇形山、龟形山，有六十四座建筑，与玄武帝脚踏八卦、螣蛇、神龟，大寿六十四皆相同。金氏始祖金日磾的性理与玄武帝相似，都以火为用神。在此意义上讲，南溪古寨不仅仅是对玄武帝命运形象的简单复写，玄武帝可以说是南溪古寨的灵魂。但道教中的玄武帝是战神，此处的玄武似是休养生息。古寨外面毗邻玄武山曰铜锣山，古代鸣锣收兵，击鼓征伐，故此处的玄武不是战神，而是退隐之神。

五、金日磾、金壁的命理与古寨风水的内在联系

(一)始祖金日磾的命理是古寨官格风水的原型

金日磾与玄武的相似体现在二者都是辰龙和午马，甚至连出生日期都相同。据宋元符二年（1099年）的碑刻《元始天尊说北方真武经》谓玄武“于开皇元年（581年）甲辰之岁三月建辰初三日午时诞于王宫”[①]。正统道藏《元始天尊说北方真武妙经》也谓玄武“于开皇元年甲辰之岁三月建辰初三日午时诞于王宫。”[②]据金氏族人编纂的金日磾年谱谓其出生于“公元前135年建元五年壬辰七月初三日午时”[③]。

查公元前135年是建元六年丙午，并非“建元五年壬辰”，且建元五年是乙巳年，并非壬辰年。据《汉书·金日磾传》，元狩二年（公元前121年）浑邪王杀休屠王，挟金日磾降汉，“时年十四矣”，推知金日磾生于公元前134年（丁未）。可见，“公元前135年建元五年壬辰七月初三日午时”之说存在严重错误，乃金氏族人编纂年谱时有意为之。

从“辰年初三午时”来看，金日磾与玄武的时日是一致的。至于生年，上面讲过道教关于玄武帝生年有甲辰和甲午两种说法。公元前135年是丙午年，与甲午都是午马之年，故谓金日磾生于前135年，而后面又加上壬辰年，壬辰与甲辰都是辰龙之年，可以看出明显是效法玄武帝的甲午和甲辰之说，

①《嵩阳石刻集记》卷下。

②《元始天尊说北方真武妙经》全一卷。

③ 据南溪金氏族人提供《淘尽黄沙始得金》，第16页。

反映了金氏族人套搬玄武的痕迹。又在公元前135年（丙午）和壬辰之间又加上建元五年，建元五年是乙巳年，这样辰、巳、午、未珠联璧合，凸显了作者的真实用意是在用辰、巳、午来烘托未，因为公元前134年是丁未年，未羊才是金日磾的出生之年。可见，“公元前135年建元五年壬辰”的记载明显存在三处错误，揭示了金日磾的诞辰之谜。

至于将金日磾作为七月出生，是因为七月是申金临官之地，这样就可以将金氏族人创造的金日磾的生辰还原为公元前134年七月初三日午时，转换成八字是丁未、丁未、丁巳、丙午。该造命学上为“一行得气格”，特点是日干、地支专旺一方，乃极贵之命。命主八字专旺南方之火，小暑后十三日出生，当5岁起运，后天大运5丙午，15乙巳，25甲辰，35癸卯，45壬寅，一生运行东南木火，乃命所喜之神，故能得到汉武帝宠信，与霍光同为辅政大臣。但专旺之气宜生忌克，命主49岁时大运壬寅，壬水急切，时逢太岁乙未九月，九月为戌，与八字时支午、大运寅合成火局，增益专旺之气，奈何壬水冲击，一命呜呼。火数是二和七，《易经》曰：“地二生火，天七成之”。金须火炼，《三命通会》曰：“金神入火乡，富贵天下响”，故传世七代，如《东至县南溪金氏家乘》所言“七叶流芳”，“后嗣七叶，宠荣贵显”，《汉书》曰：“七世内侍，何其盛也”。

总之，始祖金日磾的命理以火为用神，火是金之官，故金日磾能官居极品，对金氏后裔而言具有重要的象征意义，而成为南溪古寨官格风水之原型。

（二）六祖金壁的命理是古寨财格风水的原型

金壁是南溪六祖，《东至县南溪金氏家乘》曰：“第六世壁公，紫二公子，字仲谦，行艳一，生于元至正丙午年（1366年）六月初七日亥时，殁于永乐甲辰年（1424年）二月十一日戌时，葬永丰湾大虎形王字穴丙向。公奉诏训农东鲁，授兖州府教授，阶登仕郎，继累世之后，因而名其里曰大成，其所望于后者深远矣，自是而南溪子姓振振，皆公德厚之所致也。”享年59岁。出生时间转换成干支是丙午年，乙未月，戊午日，癸亥时。出生后十三日立秋，当5岁起运，后天大运5丙申，15丁酉，25戊戌，35己亥，45庚子，55辛丑。

命主戊土生于未月，土司令当权，又有丙午印火，戊土身强，喜时上亥水生乙木为用神。对戊土而言，水为财，木为官，水生木即财生官。五行水在北方，木在东方，故金壁发迹于东北方位的山东，授兖州府教授。月支未是天乙贵人，又是月令提纲，得贵人强有力之提拔，由荐举入仕，阶登仕郎，登郡邑荐辟传。乾隆《池州府志》曰："荐举即旁招之典制，最近古，近代以甲科为正，而保举偶一举行，亦未尝不得人焉。"①59岁行辛丑大运，丑未相冲，起土克水，丑午相刑，太岁甲辰二月丁卯，卯与时支亥、月支未拱合甲木克土，相互刑战不已，故死于此年二月。

可见，金壁命理以亥中水木为喜用。亥中虽有甲木长生，却是水临官之地，且癸水财星显露，为一财格。金壁是南溪六祖，六是水数，《易经》曰："天一生水，地六成之"。水位在北，古寨溪水向北流，水口有木，构成水木意象，是财格之体现，反映了金壁的命理特点。

六、大成祠是南溪古寨风水集大成者

南溪大成祠建于明万历五年（1577年丁丑），《东至县南溪金氏家乘》曰："大成祠，吾族百世不迁之宗也，鼎建于明万历之丁丑。"大成祠是古寨风水集大成者，表现在以下方面：

第一，"大成"与金的关系。《孟子·万章章句下》曰："伯夷，圣之清者也；伊尹，圣之任者也；柳下惠，圣之和者也；孔子，圣之时者也，孔子之谓集大成。集大成也者，金声而玉振之也。"这里谓"大成"是"金声"之义，孔子自元代以后被封为大成至圣文宣王，就与其金命有关（见孔子的命理）。金数是四和九，从伯夷到孔子正好四数。《礼记·学记》有九年为大成之说法，曰："九年知类通达，强立而不反，谓之大成。"可见，"大成"是对"金：四和九"内涵的完美表述。大成祠建于明万历五年（1577年，丁丑），乃南溪金氏第十代为前九代所建，前九代有"四揆九彰三十四明"之说（揆是第七代四位祖先，彰是第八代九位祖先，明是第九代三十四位祖先），合乎《易经》"地四生金，天九成之"和《礼记》九为大成之义，反映了南溪金氏宗族的发展情况，体现了古寨风水的主题思想。

第二，大成祠是为纪念六祖金壁在东鲁做官而建。《东至县南溪金氏家乘》曰："大成祠为百世不迁之宗，因推而上之，遂以省、云、瑞、宣、紫五世为永奠南溪之始祖。""大成"为六祖金壁，"公奉诏训农东鲁，授兖州府教授，阶登仕郎，继累世之后，因而名其里曰大成。"可见，六祖之"大成"与

① 乾隆《池州府志》卷三十六《荐辟》。

东鲁有关。东鲁是孔子阙里，孔子于元大德十一年（1307年，丁未）加封大成至圣文宣王，金壁出生于元至正丙午年（1366年），二者相距一个甲子，金壁后在鲁地任职，南溪的大成祠应是对此事之纪念。南溪由五祖至六祖，犹如人之五脏六腑俱发育完成，故曰大成。金壁命理以水为用神，其墓壬山丙向，故大成祠建在古寨水口，也坐壬山丙向。可见，大成祠与六祖合一。

第三，大成祠坐在南溪古寨壬位。壬禄在亥，十月建亥为玄武，《三命通会》曰："亥为玄武之神"，故祠后曰玄武山，表明大成祠与玄武是合一的。

第四，大成祠前方丙向有山峰耸秀曰贵人。根据风水相关理论，丙是天贵星，为天星八贵之一，天星八贵在天星二十四位内，有砂峰高耸，体正峰圆，即为贵砂，阳宅逢之大旺，人丁富贵，阴地逢之无水蚁，发福悠久，如能再拨入生、旺、奴砂之内，即大贵。大成祠坐壬山丙向，壬山属火，丙亦属火，为旺我之砂，因此在阳基图上标明丙峰为贵人。《龙川胡氏家谱》曰："坤为地母，诸山所托，凡求风水者，当用坤封取三吉，故丙艮兑丁巽辛独居六秀贵之地，犹稠人中之君子也。所用六秀之龙必用六秀为向，犹君子不可问于小人也。"其中就有丙贵。绩溪龙川胡氏祠堂也是立壬山丙向，前有文笔，左右拱合有情，与南溪相似。

七、南溪金氏祖坟风水

南溪金氏祖坟风水，《历代祖卜葬永丰湾茔图》曰：

> 右地在永丰湾，离南溪三里许。其龙由方岭发脉，走松岭至柴阬岭，耸起高峰，同县龙分枝，顿起跌踊，跃至吉祥庵面前，横过奔腾数节，跌落传家岭，亥脉过峡，左右护卫，走王家山，度灰礤岭，丑艮出脉，如蜂腰鹤膝，两旁迎送，至石陇坞开大幛，穿田过峡，忽起星峰超卓，转亥龙入首，成仰面金星，形如猛虎，巨石横栏，俨若虎口，此为真穴。穴前吐出毡唇，朝案秀丽，左右搁抱有情，罗城周密，明堂宽平，水城绕带，狮象拦门，真藏风息气之地也。①

据上可知，永丰湾历代祖坟亥山巳向，坟地"成仰面金星，形如猛虎，巨石横栏，俨若虎口"，西有"金钗"。虎是四方神兽之一，位处西方，五行是金，又曰"仰面金星"，"形如猛虎"，可见其坟地形状是虎形，五行是金。

①《东至县南溪金氏家乘》卷二。

又曰龙从“丑艮”来，巳酉丑三合金局，酉为金之正位，故在图中酉位标有“金钗”二字，揭示金之精神，为画龙点睛之笔。坟地亥山，亥在北方，为玄武之位，五行属水，“猛虎”是玄武武将身份之体现。依此看来，祖坟阴宅风水以金水和玄武为写意，与南溪古寨的阳基风水一脉相承。

第七节　明清池州府城东北风水

明清池州府城东北地势低平，清溪河、白沙湖等在此汇合流入长江，俗称水口。明万历知府刘孟雷、清康熙知府赵衍精通堪舆学，认为其地“尾闾水泻，地轴山卑，是为缺事”。为此，采取了各种措施，“以大培池州风水之不足”。

一、百牙山与府城东北风水

明清池州府城有七个城门，嘉靖时关闭了一个，并在百牙山下建东岳庙，康熙时又在百牙山下建水德亭，皆出于风水之考虑。

池州府城始建于唐永泰年间，乾隆《池州府志》曰：“池州，唐武德初治秋浦，后废，永泰间复置池州，城移旧县东北七十里，南齐山，北鲫口……城门六，东曰清溪，西曰秋浦，南曰通远，北曰望京，东南曰九华，西北曰镇江。宋端平中郡守王伯大始易秋浦门为秀山门。”明正德时知府何绍正开始扩建，“正德十二年（1517年）五月，知府何绍正创筑全城，西北仍旧址而扩东南隅三百余丈，共周一千四百二十八丈，立门七，南曰通远，南之左曰毓秀，南之右曰钟英，东曰九华，西曰秀山，北之左曰迎恩，北之右曰望京。”由唐朝六个城门发展到七个城门，但“嘉靖中塞望京门，从形家言也。”[①]

望京门在府城东北隅，正对百牙山。“百牙山，在府城东北半里许……其旁即青云堤，堤中有水德亭。”清人吴德照的《水德亭记》曰：

池郡向多火患，邑侯赵公（讳衍，字心远，号香沙，康熙癸丑进士，浙江金华府东阳人）莅任有惠政，兼善堪舆，相其阴阳，至百牙山寺，见前山耸峙于南离，石角嶙峋，多成火曜，不禁喟然者久之。爰卜是山之麓，建水德亭镇之，题其碑曰清礼，五行之火以五常之礼配之也。其下甃以方池，池底盖

① 乾隆《池州府志》卷十四。

以巨石，其中制作秘不可知，时康熙戊辰岁也。嗣后火灾顿熄，是其拯民患，奠民居，德泽之被于吾池者，孰有如是之至深且渥哉！[①]

交代了郡城多火灾的原因，认为与百牙山“石角嶙峋，多成火曜”有关，于是建水德亭以镇火灾，这就不难理解明嘉靖时期塞望京门的原因了。正德时知府何绍正扩建城池，始开七个城门，七是火数，《易经》曰：“地二生火，天七成之”，望京门又正对百牙山，因此关闭此门以杜绝火曜。

嘉靖中又迁东岳庙于百牙山麓。东岳庙，“旧在郭西街，杂于民居，嘉靖二十二年（1543年）灾，知府柯实卿因移百牙山麓，祀五岳。祝文曰，惟神一方巨镇，毓秀钟灵，职生万物，食我郡民，今兹三月二十八日，谨具仪醴，用伸常祭，尚飨。”[②]东岳庙祭祀东岳泰山，为东方司生之神，五行属木，木临官于寅，即百牙山方位，因建庙于此。兼祀五岳，五属土，《易经》曰：“天五生土”，乃土泄火，为镇厌之用。

百牙山的水德亭是康熙时郡守赵衍所建。赵衍的《水德亭记》曰：

池郡滨江而火患不息，动辄延烧数十家，老少受伤，栖身无处，惨不忍睹。余莅任来，昼夜救火十余次，周之既力不足，听之则情难安，通报又不胜其烦，意谓灾难屡见，必地形使然。政事之余，因究《黄帝》《地典》《镜天》诸宅经，均曰宅有奇灾，须明天卦，因察来山己酉入首，属在兑宫，配在离宫，如此火灾，洛书异位之火也。相其阴阳，绕城三匝，于百牙山前长堤中按甲方建一水德亭，六合成形，每方广记六尺一寸，坐亥向巳，尽装墨色，前立清礼碑文，后祀水德神像，下甃方池，横直各阔，用门尺六尺六寸，池下作用，亨贞并六，盖以巨石，不令人见。用甲合巳以助龙神，即用震以生离火归本位，于齐山麓建火神祠，按丁方，盖兑纳丁，用丁以合兑，兑金归位，即用兑以伏离。自是以后即偶被灾，不过一二家辄止。

余在任时，邑人曾建小阁于东岳庙旁，奉余衔位，但惧久忘其由，安知不成故事，既施制火之功，更当遗修建之法。缘己酉土脉，应扦乾巽，不当扦作壬山，有犯火星，幸以天卦主之。壬位巨门，丙向禄存，卦与形合，主有子违父训，兄弟不和之应，盖因廉贞不生巨门，巨门难合禄存。扦于丙上，开门迎纳坤水，水属武曲，位应临官。金主四数，方钢之象，主官清吏，检官

① 乾隆《池州府志》卷七。

② 嘉靖《池州府志》卷五。

升于二七之年，吏败于一代之内。乾甲山低，贪狼失陷，主人丁稀。巽辛远秀，文曲无凶，主女美不淫。坎癸不空，廉贞无势。震庚空缺，兵马无侵。水归丑库，无山收拾，富许空明，后龙不补，难登科甲。若筑土墩五个，密栽松树千株作成排，指贪狼于三台墩上，一则镇库方，一则迎接旺水，整新桥使郡民出入由之，则步步履吉，官民俱有大益。奈费用不足，姑存此说以俟后学，继起高明，或亦许我，时戊辰岁也。[①]

赵衍认为郡城屡发火灾的原因是“异位之火”，于是在齐山建火神祠使火神归位，不为灾戾。齐山位于巳位丁方，是火神临官之地，因此在此建祠。同时在百牙山麓建水德亭以镇厌百牙山的“火曜”。

以上是针对府城屡发火灾而采取的措施，主要有四点：一是堵塞东北城门，二是迁东岳庙，三是建水德亭，四是建火神祠。堵塞城门是杜绝火曜，迁东岳庙和建火神祠是使木神、火神各归其位，不为灾厉。建水德亭是借水灭火，同时东岳庙祭祀五岳是借土泄火。

二、清溪河水口与府城东北风水

府城曲水环抱，清溪河自西南流向东北，入大江而去，去处俗称水口。水口在风水理论上为墓库，一般要造庙建塔以镇之。清人丁绍轼的《相公墩永兴寺记》曰：“吾郡畿辅，上游前临湖，后阻江，湖水自西南迢递而来，东流与江会，中有三湾九曲之处，形家号称水口之良。其间华表捍门，屹然者首相公墩，次百牙山，又次清溪，守土者递加润色，则有阁，有桥，有堤，有窣堵。形家言者，天门宜开，地轴宜闷，故东北一隅致完密焉。”[②]交代东北风水有四点设施：“首相公墩，次百牙山，又次清溪（镇），守土者递加润色，则有阁，有桥，有堤，有窣堵”，皆是针对清溪河而言。光绪《贵池县志》也提到池州的风水特点及其补充办法：

池之形势脉肇于震，逶而兑，折而坎，复回而面离，千岩万壑，奔涌数百里，两河夹之，凤翥虬蟠。郡治前九华、六峰诸胜，列戟攒笏，长湖荡胸，大江绕背，苍山绿水，碧荇青柳，宛然李昭道父子笔也。唯是形家言，尾闾水泻，地轴山卑，是为缺事。考先年临汝陆使君冈建塔百牙，稍称砥柱，犹属

① 乾隆《池州府志》卷七。

② 光绪《贵池县志》卷三。

未备，迩年冯使君叔吉筑千柳堤于溪上，庐陵刘使君孟雷创兴济桥、青云堤于城东，会稽钱使君樌造妙因塔于清溪镇，博罗黄使君流芳构永兴寺于相公墩，障虚补阙，不遗余力，于是两堤虹亘，双塔云矗，绀殿朱楼，奄画江表，千樯鳞次，万井星躔，赫然东南一雄都矣。[①]

认为府城东北“尾闾水泻，地轴山卑，是为缺事”，因此建百牙塔、千柳堤、兴济桥、青云堤、清溪妙因塔、相公墩等以镇之。综合诸家之说，明清池人为改造东北风水，共构筑了五道防线。

(一)第一道防线：兴济桥、青云堤

兴济桥、青云堤，在九华门外，明万历十三年（1585年）知府刘孟雷造，汪道昆的《秋浦兴济桥青云堤碑记》曰：

高皇帝疆理畿内，略池州而控上游，连衡皖城，西绾浔阳、彭蠡之口，是为襟领之郡，不啻股肱，故以秋浦名，则城南一薮泽也，长堤自齐山传诸堞，亘中流为平政桥，登陴睨之射高墉若流矢。庐陵刘公以二千石之，习形家言，则以郡莅隩区，千雉南面，第中当肃慎而左海，莫为尾闾，歙天门，张地户，其形倒置，右不有而左不宜，迄今人文或未尽兴，民财或未尽阜，胥此也。于是问之郡相，问之六邑长吏，若都人士若庶民则皆唯唯，遂决策从左，毕力经营，会岁事顺成，犹易为力，易平政曰兴济，名其堤曰青云，盖造土阜民，固其所为汲汲者也。[②]

分析了池州的风水问题，认为“郡莅隩区”，“莫为尾闾”，“其形倒置，右不有而左不宜”是导致池州人文不兴、民财不阜的根本原因。

清单作哲的《重修兴济桥记》也讲到了东北的风水问题，曰：

池郡北距大江五里许，其西南诸山之水汇于郡南，经城东北以达于江，形家言水之去也，过驰财则不聚，其流直文亦不显，以故缙绅之族家鲜厚实，而国朝百余年中甲第亦寥寥焉。按志，前明郡守令障虚补阙，历有兴作，而庐陵刘公孟雷于九华门外建桥曰兴济，接桥之趾筑堤曰青云，迤北而南，达于齐山之东麓，尤为扼要。自姚公朴公继修后，岁久桥圮，堤亦陵夷，池之人无过而问者。东流州同徐堃慨然以修举为己任……徐君此举，不为

① 光绪《贵池县志》卷一。

② 光绪《贵池县志》卷五。

一身家之计而思为一郡挽其气运,其所见者诚大而裨益于王政者非浅也,是宜特与之,以风世抑。郡志有言,清溪宜闸,玉关宜桥,流婆矶宜浮屠,皆未兴行。池之人倘有好义如徐君者,或修前任人之迹,或创未有之基,斯土者其将遹观厥成,与池郡士民乐乐利利,其觇文治之日新也。[①]

流婆矶，在下清溪镇，又名“刘婆矶、流波矶，在城东十里。”[②]文中认为东北水口直去是导致“缙绅之族家鲜厚实，而国朝百余年中甲第亦寥寥”的主要原因，因此修建兴济桥、青云堤以改造风水。

(二)第二道防线:湖心三墩、湖心禅寺

湖心三墩，“在城东半里许，一曰相公墩，有湖心禅寺，寺名永兴，有阁名天柱，一曰紫芝墩……一曰三台墩。(清）本朝李太守创，以塞郡城水口，有佛阁。”[③]康熙知府赵衍也倡建墩之说，如《水德亭记》曰：“水归丑库，无山收拾，富许空明，后龙不补，难登科甲。若筑土墩五个，密栽松树千株作成排，指贪狼于三台墩上，一则镇库方，一则迎接旺水，整新桥使郡民出入由之，则步步履吉，官民俱有大益。”[④]丑库即东北水口。文中有五墩和三墩之数，五和三都是针对水而立，五是土数，三是木数，即用土克水，又用水生木，以防止郡水外流。“指贪狼于三台墩”，贪狼是九星之一，于五行为木，于卦象为艮，于地支在丑寅，亦即东北水口之地，“松树千株”揭示了贪狼、三墩的五行属木。此用五行生克原理改造风水。

湖心禅寺，又名永兴寺，“在城东相公墩，万历三十四年（1606年）知府黄流芳移乾明寺佛堂材建此。”[⑤]丁绍轼的《相公墩永兴寺记》曰：“会郡西有乾明寺者，形家向称郡脉自西来，建寺非宜，适彼众内构，公曰释来脉之负担，为去流之关锁，岂非除害兴利，一举两得者乎？遂析其半迁于墩，旧址而又不忍弃其庄严遗像，令比丘偕之徙，题曰永兴寺……东北形势已岿然壮矣。”[⑥]交代郡脉自西来，为郡西乾明寺所挡，因移徙城东，改名永兴寺，与相公墩合一，镇厌东北风水。

(三)第三道防线:百牙塔、东岳庙

① 光绪《贵池县志》卷六。

② 光绪《贵池县志》卷四。

③ 乾隆《池州府志》卷七。

④ 乾隆《池州府志》卷七。

⑤ 光绪《贵池县志》卷三。

⑥ 光绪《贵池县志》卷三。

百牙塔，“在府城东北半里许，明陆太守冈以郡城水口，建浮屠山上，山麓有东岳殿。”[①]嘉靖《池州府志》曰：“百牙山，知府陆冈建塔于上，以增环抱水口之势。”[②]明桂鏊的《百牙山塔记》曰：

百牙之塔……取地理补短益卑之象。夫池之山水行龙，宋人指言庐山余脉，然汇为彭蠡，遇水则止，非是也。地理辽邈，未步所起。予尝倅信州，近观怀玉蜿蜒之草萍流脉，一往浙西直趋临安，一往江南直趋建业，而池州之治又草萍蕴里大共山起祖者是也，迤逦魁山，递邅东山，岭缭绕屈，岂山为少祖，列三台屏嶂，起天一太乙，遂藏踪过坡陀岭，藕断丝连，立营布阵，势如万马，落檀婆山，为少祖结三台宝盖，降势隐显，博换金水，来湖山岭，起覆舟楼台，露鸡爪天罡，一支骑岳庙径结府治，一支结县学，一支结西街。坡陀演义大楼山，作府治案从龙，右出丙丁巽水，三阳六秀朝堂，左喜庚兑辛随龙至清溪左，合襟峮湖山，自高庙至百牙山，捍门华表。曜星以齐山为进神，落脉相公墩，为禽星印浮水面。坡陀又莿太婆山，起伏往清溪外罗城水口，左得新洲阴沙笔腮江口。若百牙山造塔，有卓地文笔在内，倒地文笔在外，正廖禹《行程记》:“清溪港口沙洲塞，宰相神童状元得”，此百牙山之塔所当造而有待于今也……乃卒成之，以大培池州风水之不足者。[③]

交代了百牙塔取“地理补短益卑之象”，为“文笔”之象，可以“大培池州风水之不足”。

东岳庙，“旧在郭西街，杂于民居，嘉靖二十二年（1543年）灾，知府柯实卿因移百牙山麓，祀五岳。祝文曰，惟神一方巨镇，毓秀钟灵，职生万物，食我郡民，今兹三月二十八日，谨具仪醴，用伸常祭，尚飨。”[④]东岳庙祭祀东岳泰山，为东方司生之神，五行属木。木临官于寅，即百牙山方位，因建于此。同时，东岳庙并祀五岳，五是土数，土克水。因此，东岳庙之设置是取土克水、水生木，以防止郡水外流。

(四)第四道防线:清溪妙因塔、妙因禅林

清溪妙因塔，“在府城东北，（明万历二十九年，1601年）知府钱槚建。”妙因禅林，“在清溪妙因塔下。”[⑤]其作用类似于百牙塔、东岳庙和永兴寺，都

① 光绪《贵池县志》卷三。

② 嘉靖《池州府志》卷一。

③ 光绪《贵池县志》卷九。

④ 嘉靖《池州府志》卷五。

⑤ 光绪《贵池县志》卷九。

是镇清溪风水之用。

(五)第五道防线:清溪镇、沙洲、千柳堤等

上清溪镇,“在城南十里”,下清溪镇,“在城东北十五里。”[①]上清溪镇纳清溪之生气,下清溪镇收清溪之暮气,首尾呼应,收束风水。不仅如此,还建千柳堤和沙洲。千柳堤,在清溪镇,明兵备副使冯叔吉筑。明余敬中的《千柳堤记略》曰:“清溪距郡五里而近,旧有堤迹,水啮浸庳,江涛肆溢,霪潦绵注,淤淖载途,往来弗便。四明冯公秉宪建牙城中,毅然肩其事……数月第竣,屹然于大江之滨,堤上构水德亭,濒江为清溪别署,沿堤植柳,夹道千章,根盘土固,繁柯稠叶,垂荫行人。”[②]廖禹《行程记》曰:“清溪港口沙洲塞,宰相神童状元得。”是对其风水设置之总结。

三、基本结论

综上所述,明清池州府城东北是水口之地,地势低平,清溪河又直流而去,百牙山适成屏障,却是府城火灾之曜,均是风水所忌。以历届知府为首的池州人为改变现状,在此修建了兴济桥、三台墩、永兴寺、天柱阁、百牙塔、东岳庙、清溪塔、妙因禅林、清溪镇、沙洲、青云堤、千柳堤等人工建筑,其中涉及的风水知识主要有四点:一是堪舆学理论,如“天门宜开,地轴宜闳”,“尾闾水泻,地轴山卑”,“清溪宜闸,玉关宜桥,流婆矶宜浮屠”,“来山”,“郡脉”,“水口”;二是五行生克理论,如清溪水生长堤之木,五墩土克清溪之水,兑金生水以克丁火;三是八卦九星纳甲理论,如赵衍的《水德亭记》所述;四是神学理论,有神应归位,神缺宜补齐,各安其时,不为灾厉,如迁东岳庙于百牙塔,在齐云山建火神祠。此外,东北还有三闾大夫庙(祀屈原)、先农坛、历坛(一名鬼神坛,祭无祀鬼神)、龙王庙、八蜡庙、义塚,清溪河口还有大王庙、三官殿等,可以说是明清池州府城神祀最多的地方。之所以集中出现在东北,与东北的地理环境有密切的关系,主要是为镇住此地的风水。这些措施体现了古人的独特的思维结构,反映了避凶纳吉的心理特点和人与自然和谐相处的环境理念,具有一定的合理性。

---

① 光绪《贵池县志》卷六。

② 光绪《贵池县志》卷五。

第十章　宁国民间信仰

宁国府历史上有两位地方大神，一是府治宣城的敬亭山神梓华，二是陵阳土主张果。据地方志记载，梓华神信仰形成于南朝宋文帝元嘉二年（425年），张果信仰形成于南宋“建炎二十三年”，实际上是绍兴二十三年（1153年）。梓华和张果的命理以火为用神，火生土，故得以成为宣城的土主。他们的神话主要是附会南宋孝宗，后者的封地在宣城，反映了宣城民间信仰的南宋倾向。

第一节　敬亭山神梓华

宋高承《事物纪原》曰：“广济王，宣州敬亭山神也，（南朝）宋元嘉二年（425年）有钱塘神梓华友人双霞识之为神，同在庙中，县令盛疑焚之，来托此山，景福中封昭威侯，伪唐保大中封昭威王，景德元年（1004年）知州裴庄请加朝命故追号广惠王。”[①]《明集礼》曰：“（元）至治二年（1322年）封昭亭山为灵应忠烈显正福佑广惠王。”[②]《明会典·南京太常寺事例》有“祭祠山广惠王庙”[③]。《太平寰宇记》曰：“宛陵北有敬亭山，山有神祠，即谢朓赛神赋诗之所，其神云梓华府君，颇有灵验。”[④]元《礼部集》曰：“（敬亭）山有裴公寺、梓华神祠，盖祷祀所。”[⑤]《大清一统志》曰：“敏应庙在府北敬亭山麓，一名梓府君庙，（南朝）宋元嘉中建，《永初记》宛陵北有昭亭山，山有神祠，神称梓府君，屡有应验，唐李白、司空图俱有题梓府君庙

①《事物纪原》卷七。

②（明）徐一夔撰：《明集礼》卷十四，文渊阁四库全书本。

③《明会典》卷一百六十九。

④《太平寰宇记》卷一百三。

⑤《礼部集》卷十六。

诗。”[①]

嘉庆《宁国府志》曰：

敏应庙在府治敬亭山麓，祀广惠王之神，岁用八月朔日，庙始于（南朝）宋元嘉中，有魏长史者自江右载豆来宣城，忽有梓木并舟而行，夜梦神告曰：“我钱塘梓府君也，欲托祠于昭亭山。”既而舟至其处，魏度山麓宜为神居，然无以得材，复梦神曰：“宣城方病，目舟中豆可疗也。”试之辄验。得钱既多，祠遂成。宋政和赐额敏应观，明初知府黄荣祖复建，洪武中知府胡乾祐重建，后圮。洎宣德中，徐善渊延江西龙虎山法士颜福渊捐资募众，大加修拓，正统中知府袁旭请礼部尚书胡濙记。崇祯初，知县陈泰来改庙门东向，建石坊，规制益雄丽。国朝康熙十一年，知县李文敏重修。[②]

光绪《宣城县志》曰：

按《齐谐记》，（南朝）宋元嘉二年，钱塘神梓华居东境，友人双霞乃识之神，携往庙中，具酒食宴别，后为县令盛凝之所焚，来托此山，百姓祀焉。唐崔龟从微时，梦游宣州，到一府，有绿衣吏抱案云：“生人簿籍为崔检及第，官至此州刺史。”明年果中第，仕中书舍人，出为华州刺史，谓妻曰：“昔梦验矣。”俄除户部侍郎，开成四年出为宣州观察使，至日谒敬亭神庙，道路门巷及西壁画抱案绿衣吏皆昔梦中所见，归而怏怏。旬日得疾，置酒食祀之，其夕梦神至曰：“大夫寻愈，昔吏以公当为此州，偶然耳，公位极重，不可尽言，寿六十有奇。”崔疾愈，自为碑记，后皆如其言。

大中时郑薰为宣州观察使押衙，李惟贞富且骄横，其子杀人系狱中，遂与小将康全大谋叛，薰出走。前湖郡押衙汪玗率虞候明政、秀才薛复、民姚元贞、冯康呼舟而济，将取道芜湖，忽闻人语“不如过丹阳湖”。至当涂，比贼果据芜湖，乃知前语者神也。两昼夜达维扬，会温中丞璋讨贼平薰，为文祭于庙。咸通七年，观察杜宣猷复书其碑阴。大中十年，刘重约监军病疡，祷于神而疗，修庙自为记。升元四载，齐王重修，张延嗣记。景福初，淮南贼孙濡犯宣境，观察杨行密祷于神，风雷阴助，请敕封昭威侯，南唐时进封昭威王。宋天圣二年，守汪嗣宗重刻崔龟从文，又自篆碑记。三年夏，夜大雷电，拔庙左右群木起，殿材毕具，嗣宗重修之，章国光记。天圣中，知州清

①《大清一统志》卷八十。

②（清）洪亮吉等纂修：嘉庆《宁国府志》卷十四《坛庙》，嘉庆二十年刻本。

河张某重修，梅询记。景德初，知郡裴章请改封广惠王。元丰五年，邑人陈熙等重修，袁抗记。宣和乙巳夏潦，旋大旱，郡守管某祈于神如祷，侍其鋐记。元赐忠烈显正福祐广惠王，明洪武辛亥封敬亭山之神，列祀南京十王庙。①

唐崔龟从的《昭亭山梓华君神祠记》曰：

余长庆三年从事河中府，一夕梦与人入官署及其庭，望见室内有人当阳，仪卫甚伟，又一人侧坐，容饰略同，而皆隆准瞤目，搦管视几，状若决事者。因疾趋及阶拜，唯而退。行及西厢，视庑下牖间文簿堆积于大格，如今之吏舍。有吏抱案而出，因迎问曰："此当是阴府，某等愿知禄寿几何？"吏曰："二人后且偕为此州刺史，无劳阅簿籍也。"余时试评事官，不期达，因自念曰："得为郡足矣。"及出门，又见同时从事席地而樗蒲。既寤，大异之，仿佛在目，惟所与同行者梦中，故知其姓名，是常所交游，及觉遂忘其人。明日入公府，话于同舍，皆故为吉，解曰："君梦得郡而又见樗蒲，君后当如王公，节临蒲州乎！"而后每入祠庙辄省所梦，当时屡谒河渎，及为华州，拜西岳屋宇神像，皆非梦中所见。前年四月，自部侍郎出为宣州，去前梦二十年矣。五月至郡，吏告曰昭亭神实，州人所严奉，每岁无贵贱，必一祠焉，其他祈祷报谢无虚日，以故廉使至，辄备礼祠谒。余因祗谒庙下，既易公服，盥手执笏而进，及门恍然屏上有画人抱案而鞠躬，梦中之吏也。入庙所经历，无非昔梦，惟无同行者。及归，私以告妻子。

明年七月得疾，苦下泄，尤不喜食，暮夜辄大剧，因自诊前梦，以为吏所告者吾其终于此乎，因心祷之。既寐，又梦晨起视事如常，时将就便室，及侧门，有家吏姚贵者附耳言曰："左府君使人传语"，闻之心悸而毛竖，意其非常人，就室未及坐，有一人戎服捉刀，奔趋而入，视其状魁岸面黝而加赤，不类人色，紫衣黦剥，乃昭亭庙中阶下土偶人也。未及语，余厉声问之曰："我年得几许？"遽应曰："得六十几。"梦中记其言，及觉，遂忘其奇数，意者神不欲人逆知其终欤。迟明自为文以祝神，具道所以，命儿侄持酒牢以祷。先自疾作，医言疾由寒而发，服热剂辄剧，遂求医于浙西廉使卢大夫为仁，命医沈中象乘驿而至，既切脉，且言曰："公之病热过而气壅，当以汤治之，药剂以甘草犀角为主。"如其言，涉旬而稍间，经月而良已，自以为必神之助，又自为文以祝神，因出私俸修庙之坏堕，加置土偶人马垣墉之绘画者，

① (清)李应泰等纂修：光绪《宣城县志》卷十《祠祀》，光绪十五年木活字本。

一皆新之,大设乐以享神,自举襟袖以舞。始长庆感梦之时,绝不为五木之戏,及至江南方与从事,盛为呼卢以赌胜,至是又验云。

嗟乎,鬼神之事,间见于传记,烂漫于传闻,其为昭昭断可知矣。然而圣人不语者,惧庸人之舍人事而媚于鬼神也。吴越之俗,民之有病者不谒医而祷神。余惧邑人闻余感梦之事而为巫觋之所张大,遂悉纪其事与祝神之文,刊之于石,因欲以权道化黎氓,使其知神虽福人,终假医然后能愈其疾耳。会昌元年十一月宣州刺史崔龟从记。[①]

“梓华”古体为“梓華”,有木、辛、艹、十。辛为金,艹为木,十为土,即有木、金、土。梓华神原本“居钱塘东境”,“钱”为金,塘为土,东境为木,显然是对梓华五行木、金、土的演义。五行唯独缺水、火。

缺水,故曰“友人双霞识之为神”。霞上为雨水,下为叚,即假借水之意。将梓华安排在南朝宋,是因为宋为水德之故。宋由晋而来,晋恭帝的禅位诏书曰:“昔土德告沴,传祚于我有晋,今历运改卜,永终于兹,亦以金德而传于宋。”说明晋朝金德,传于宋即金生水,宋为水德,《南史》亦曰“宋,水德也”,“水即宋也”。南朝宋之后是齐,齐萧道成的即位诏书曰:“水德既微,仍世多故,实赖道成匡救之功,以弘济乎厥艰。”[②]也是指宋为水德。

缺火,故曰自“钱塘”来托祠于“昭亭山”。昭亭为日、召、丁,日为火,丁为火,即召火之意。又曰梓华神形成于“元嘉二年(425年)”,拆开为二、吉、加、二。两个二是火数,显然是取火上加火之意。元嘉是宋文帝的年号,“文”五行属火,《三命指迷赋》云:“文章明敏兮,定须火盛”。

昭亭山五行属火,梓华神自钱塘来托祠于昭亭山,表明以火为用神。“梓华”左梓,字中有辛,辛禄在酉,酉为八月,故曰:“祀广惠王之神,岁用八月朔日”。右华,《说文解字》解释为“荣”,上火下木,为木生火之象。命学上,辛金以火为官,故在唐朝宣州刺史崔龟从的梦中化身为“官署”“官吏”,表明梓华的本体是金。

上述记载主要讲述了两个故事,其一是崔龟从之梦,其二是梓华来依托昭亭山的具体过程。先是“有魏长史者自江右载豆来宣城,忽有梓木并舟而行,夜梦神告曰我钱塘梓府君也,欲托祠于昭亭山。”这里的“魏”为委、

① 光绪《宣城县志》卷二十九《艺文》。

②《南史》卷四《齐本纪第四》。

鬼，鬼即梓华，委是委托。“江右”在长江西边，西方五行属金，比喻梓华的本体。“载豆来宣州”，豆即俎豆，乃祭祀之物，同类相应，同气相求，因有“梓木并舟而行”之说。又曰“宣城方病，目舟中豆可疗也”，此指用俎豆祭神。“试之辄验，得钱既多，祠遂成”，表明当时祭祀梓华神的人比较多。

此外，上述记载中还有几个小故事。一是唐末大中年间“将取道芜湖，忽闻人语不如过丹阳湖，比贼果据芜湖，乃知前语者神也。”这里的“丹阳”属火。二是唐末景福初“淮南贼孙濡犯宣境，观察杨行密祷于神，风雷阴助，请敕封昭威侯。”三是宋天圣三年（1025年）夏，“夜大雷电，拔庙左右群木起，殿材毕具。”这两处都提到了“风雷”“雷电”。《说文解字》曰：“风，八风也”，八是木数。《广雅·释言》曰：“风，气也”，气下为木。雷电虽带雨，本身却为火象，故古代的风云雷雨山川城隍坛设在南面，以南方属火也。木火之象表明梓华神以火为用神。

第二节　陵阳土主张果

光绪《宣城县志》记载了陵阳土地庙、张公标纸庙和张公庙，都是祭祀宋“建炎间”知府张果殁水之故事：

> 陵阳土地庙，陵阳山北麓府治后，相传宋建炎间知府张果夜梦神告曰：“我陵阳山土地也，明日午有大水漂没城郭，公可抵横涧，遇老人宜丐免之。”果如期抱民籍至涧，一老人横笛乘牛来，水亦暴至，恳告不得请，遂抱籍入水死，城得不没。郡人德张公，尤德神感，奉祀不衰，国朝来屡著灵应，香火益盛。顺治初，道官高必进复募建三清阁、关帝殿于庙后，邑人刘维仁记。乾隆六年，同知祝宣又于旧庙左重建大殿门楼。
>
> 张公标纸庙，在城北五里，宋建炎间知府张果梦神语城将陷没，果抱籍入水死。民求得其尸，殓而奠之，标纸于此，因名曰标纸庙。后有僧冒据改为法露庵，祀几废。国朝康熙庚戌，知县李文敏询知颠末，曰张公功德在民，没其祀不可，为捐俸建楼于佛庐之上，仍祀张公像，令僧守之。案《嘉定志》，张公名杲与，旧志异。又，宋史高宗在位三十六年，建炎三年改元绍兴，此云建炎二十三年当是绍兴二十一年(辛未)。存以俟考，余效此。
>
> 张公庙，在城隍庙左，祀宋州守张果，国朝乾隆戊午宣州卫守备李亩倡

建后殿五楹,奉文信国公神主,今毁于兵,置有祀产[1]。

清朝康熙年间宣城知县李文敏的《重修张公标纸庙记》曰:

城北五里许法露庵即昔标纸庙也。余尝道过,父老往往为余言之,然未能悉其详。及阅郡志,南宋建炎中张公果知宣州,夜梦陵阳土神告,明午有漂没城郭之难,公至横涧虔告牛背老人当可免,否则数百万生灵其为鱼矣。翌日公如神言,往果见老人乘牛横笛而来,水亦暴至。公哀恳不得请,乃抱册投水,城得不没。未及,册载一靴流至城北,郡人求得公尸殓而瘗之,因社庙标纸,遂以名其庙。自建炎迄今几六百载,标纸之名尚啧啧在童叟口颊间。康熙九年十一月。

上述神话故事表明张果以木火为用神。“果”上日下木,是木火之象。建炎是宋高宗赵构的年号,构为木,炎是火,也是木火之象。张果夜梦神告曰“明日午大水漂没城郭”,明、日、午三字均是火象,“水漂没城郭”意味火为水所灭。张果抱民籍投水而死,“籍”上竹下木、日,也是木火之象,因此一同为水所殁。故事中又出现了“横涧”“老人”“横笛”“乘牛”,此是止水之物。五行止水有两法,一是用木泄水,如横、笛为木,水生木,木泄水。二是用土克水,如老为土,牛为丑土。木生火,火畏水,木、土止水,后人取其相同点木而名其庙为“张公标纸庙”,标纸即是木之体现。张公庙在清朝乾隆年间又奉“文信国公”神主,即文天祥。文为火,信是五德之一,五行为土,天为二人,即两位神主,祥为羊为未土,其义即火生土为地主,与陵阳、宣城日土之象相映,因此也成为宣城民间信仰之神。文天祥是南宋末年人,为保卫南宋而牺牲,把他与南宋初的张果放在一起充分说明了宣城民间信仰的南宋倾向。值得注意的是,这件事情发生在乾隆年间,说明直到清朝中叶宣城民间的南宋倾向仍很明显。文天祥是一个民族英雄,张公庙中祭祀此人极有可能与乾隆时期的民间反清思想有关。

第三节　梓华、张果与宋孝宗的关系

前面分析了梓华和张果以火为用神。火生土,“宣城”有日有土,“陵阳”有日有土,日即火,故以属火的梓华和张果作为地方神。一个形成于南朝宋,

[1] 光绪《宣城县志》卷十《祠祀》。

一个形成于南宋，都与宋有关，暗喻南宋孝宗赵昚。

赵昚是南宋第二个皇帝、宋太祖七世孙，封地在宁国，治在宣城。二和七皆是火数，《易经》曰："地二生火，天七成之"。昚为日，宣为日，日为火，因此孝宗乾道二年（1166年）改宣城郡为宁国府，宁为丁火，国为王，比喻宋孝宗。《宋史·孝宗本纪》曰孝宗"以建炎元年（1127年）十月戊寅生于秀州青杉闸之官舍，红光满室，如日正中。"表明宋孝宗是火德。火由木生，宋周密的《齐东野语》曰："淳熙中，孝宗及皇太子朝上皇于德寿宫，置酒赋诗为乐，从臣皆和，周益公云，一丁扶火德，三合巩皇基，盖宋高宗生于大观丁亥，孝宗生于建炎丁未，光宗生于绍兴丁卯故也，阴阳家以亥卯未为三合一时，用事可谓切当。"[①]亥卯未三合木局生火。表明宋孝宗与梓华、张果的神性相同。因此，南宋以来的梓华和张果神话中有意识地加入了宋孝宗的事迹。

首先，表现在梓华神的形成时间上。据地方志记载，梓华神形成于南朝宋"元嘉二年（425年，乙丑）"。宋孝宗出生于建炎元年（1127年，丁未），隆兴元年（1163年癸未）即位，都在未年。丑未相冲，易学上认为土需松动，不冲不发，《子平真诠评注》曰："辰戌丑未，最喜刑冲"，"四库喜冲，不为不足"，"子午卯酉之类，二者相仇，乃冲克之冲，而四墓土自为冲，乃冲动之冲，非冲克之冲也。"[②]此外，从元嘉二年（425年，乙丑）到建炎元年（1127年，丁未）相隔702年，合11个甲子又42岁，而从乙丑到丁未相隔42个干支，42具有重要的意义（参见汪华42件灵应）。从这点上看，梓华神的形成时间极有可能是南宋以来重新创作的结果，假托出现在南朝宋元嘉二年（425年，乙丑），以附会南宋孝宗的出生年和即位之年。

其次，表现在张果神的形成时间上。据《宣城县志》记载，张果神形成于宋建炎年间，但实际上应是绍兴二十三年（1153年）。光绪《宣城县志》曰："陵阳土地庙，相传宋建炎间知府张果夜梦神告曰：我陵阳山土地也，明日午有大水漂没城郭……遂抱籍入水死。"又曰："张公标纸庙在城北五里，宋建炎间知府张果梦神语城将陷没，果抱籍入水死。"[③]又曰："南宋建炎二十三年大水，城几没，知州事张果抱民籍赴水死之……（绍兴）二十三年大水，

①《齐东野语》卷四。

②《子平真诠评注》卷十七《论墓库刑冲之说》。

③ 光绪《宣城县志》卷十《祠祀》。

其流泛滥，溢至太平州。”[①]明确交代张果死于“建炎间”“建炎二十三年”宣城大水，但后面又提到了“（绍兴）二十三年大水”。建炎只有四年，没有二十三年，而且建炎元年到四年之间宣城并无水灾记载。清朝宣城知县李文敏对张果的死亡时间也提出质疑，他说：“宋史高宗在位三十六年，建炎三年（1129年）改元绍兴，此云建炎二十三年当是绍兴二十一年（1151年）。”[②]嘉庆《宁国府志》曰：“张公标纸庙在府城北五里，宋绍兴二十三年（1153年）知州事张果梦神语城将陷没，果抱籍入水死。”[③]综合上述说法，张果应死于绍兴二十三年大水。但宣城县志为何屡书“建炎间”“建炎二十三年”呢？

（1）“建炎”属火，比喻宣城、张果和宋孝宗的火德。

（2）“绍兴二十三年”是癸酉年。据《宋史·孝宗本纪》记载，孝宗于绍兴“三十年二月癸酉，立为皇子，更名玮。甲戌，诏下。丙子，制授宁国军节度使、开府仪同三司，进封建王。制出，中外大悦。”交代了癸酉是孝宗立为皇子的日子，三天后就被封为宁国军节度使。宋高宗没有直系继承人，孝宗是过继来的，因此这个日子对宣城和整个国家而言都是一件大事，如《宋史》所言“制出，中外大悦”。宣城地方上认为这个日子值得纪念，于是巧妙地将癸酉安排到年上，以“绍兴二十三年（1153年，癸酉）”作为张果神的形成时间，但不直书“绍兴”，而以“建炎”代之，除了神性属火，还暗喻宋孝宗出生于建炎元年（1127年）。

可见，“建炎二十三年”的说法将宋孝宗的出生年（建炎元年）和册封皇子之日（癸酉）与张果的牺牲时间（绍兴二十三年）紧密结合了起来。宋孝宗是国君，张果是宣城长官。先有梓华，后有张果，其次是孝宗，依次成为宣城的土主，所谓“先花（梓华）后果（张果）”，“果熟蒂（皇帝）落”。

---

① 光绪《宣城县志》卷三十六《祥异》。

② 光绪《宣城县志》卷十《张公标纸庙》。

③ 嘉庆《宁国府志》卷十四《坛庙》。

第十一章　太平民间信仰

第一节　侨民信仰

明清太平府治当涂县在历史上是一个侨置县，《明一统志》曰：“本汉丹阳县地，晋分丹阳置于湖县，东晋成帝时以江北当涂流民南渡者众，乃于于湖侨立当涂县。”[1]其民间信仰主要与侨民有关，如南豫州大王庙、土神王公庙。前者为纪念侨置南豫州而立，后者为纪念当涂县建郡而立。

南豫州大王庙始建于唐。民国《当涂县志》曰：“在城内永宁庵左，唐武德三年（620年）置南豫州于当涂，敕立南豫州大王庙以祀土神，后废。明太祖战鄱阳，神有阴翊功，敕立庙于西北营永宁庵之左，遂为建阳香火，清初以其神为周处，不知何据。”[2]周处是东吴和西晋时人，《大清一统志》曰：“晋周处，字子隐，鲂子，旅力绝人，励志好学，有文思，志存义烈，言必忠信。仕吴为东观左丞，入洛迁新平太守，历迁御史中丞，凡所纠劾，不避宠戚。及氐人齐万年反，朝臣恶处强直，使隶夏侯骏西征，军无后继，力战而没，赠平西将军。处著《默语》及《风土记》，并撰集《吴书》，元帝为晋王，加处谥曰孝。”[3]据《三国志·吴志》记载，周鲂是吴郡阳羡人，曾为宁国长和钱唐侯相，后迁丹阳西部都尉。当涂县原是丹阳分割而来，说明周鲂曾在当涂任过职务。此外，西部都尉、平西将军皆是西方之名号，西方五行为金，金生水。再看周鲂字子鱼，周处字子隐。鱼是水中之物，子是水旺之地。可见，父子两人的姓名、职务是金水之义。南豫州建置于唐武德三年（620年，庚辰），庚是金，庚辰纳音也是金，辰是水库。当涂为水，南豫州又建于金水

①《明一统志》卷十五《太平府》。

②《当涂县志》不分卷《祠祀》。

③《大清一统志》卷六十一《常州府》。

之年，故以金水的周氏作为南豫州大王。

土神王公庙，具体建立时间不详。元张桂登的《当涂土神王公庙记》曰：

郡湖熟门街行稍北西入清德巷，鳞鳞编户中为屋突起曰王公二十一叔圣贤庙，问之则曰土神也……闻之父老曰，吾邦建郡之始，犹未定所向，神以当涂、芜湖二土称酌重轻，一夕易土之重者为郡，次于郡者为县，于是郡之址始定于神。以父老之言推之，理或有是，神有德于土者祀之。自建郡，有宋太平兴国二年升为太平，上下凡几百年乐安靖和平之福，又不知其几千万人矣……惟神聪明，称土重轻，轻为邑区，重为郡城。建（建隆）平（太平兴国）雄远，升为太平，三邑属隶，风土淳墩，五六百年岿然雄址，几千万人享兹生理……至元二十年岁在癸未七月既望记。[①]

文中讲“王公”自建郡时祭祀，但当涂历史上情况比较复杂，所谓“建郡”不知何指，而从文中“五六百年岿然雄址”来看应在唐朝中期前后，可能与唐初武德三年（620年）复置南豫州时将州治定在当涂县有关，后人为了纪念，在唐中期立庙祭祀。从量土之轻重来看，当涂县比芜湖重要，更适合作为郡治，反映了南迁士民对土地的重视。

当涂县始建于东晋，历经魏晋南北朝的长期离乱，至唐朝开始形成相对稳定的社会，上述两种土主信仰，就是这一社会形成的标志。不同的是，南豫州大王庙还带有侨民的影子，而王公土神庙含有土地的意味，表明侨民开始向土居转化。

第二节　中元水府

当涂不仅是一个侨置县，还是长江水道上一个重要的据点，水神信仰发达，最有特色的是采石的中元水府信仰，肇始于东吴，形成于晋代，五代以来皆有封敕，是长江历史上三大水府信仰之一。中元水府是由一些神话构成的，有东晋的温峤神话、北宋的画马神话、南宋的王勃神话和明清的祭祀神话，展示了东晋以来中元水府信仰的形成、发展以及与易学的关系。

---

①《当涂县志》不分卷《文存》。

一、中元水府

《当涂县志》曰：

中元水府祠，即水府庙，旧志名为定江神祠，考《宋史·礼志》称水神曰水府，在采石山西麓。《明一统志》太平采石山有水府祠，《采石志》云在承天观上右首，上有蛾眉亭，下有石出渠中曰牛渚，吴赤乌年间创建，历代增修。后吴王杨溥乾贞三年封为定江王，南唐升元二年加号济远，宋祥符八年封顺圣平江王，嘉祐八年州守朱从道增建寝殿三间。绍兴二年加号忠祐，敕采石为中元水府，与马当上元列爵，下诏曰："朕按巡南服，缅怀威灵，元况效顺，贡祉以佑皇家，不有明命，焉能大其光宠乎？维王明德之懋，蓄于渊静，丰功之施，捷于影响。曩者吴后拒江，波浪不惊，实系神力，用是载加荣号，丕昭灵躅。朕方敷天之下，裒时之封，尔宜茂宣伟烈，益垂显赐，尚有褒嘉，万世炳炳哉。"三十一年金完颜亮乘风潜度，俄风转败遁，遂加号显灵，旋改封威灵广护忠祐平江王。其"中元水府"四字为米芾书，后毁废。元至正二年重修正殿三间，献殿三间。明封水府定江之神，每年八月十五日有司用羊、豕、醴、帛等致祭，由郡守掌印官主之，沈帛祝于牛渚下。嘉靖甲寅郡守任有龄、推官陈时重新之。适倭寇从徽宁来犯采石，任守致祷，风浪突起，水高数丈，冲毁灌渡桥，寇不能渡，绕经慈湖往江宁，地方未遭糜烂，人皆以为神庥云。[①]

以上交代了中元水府册封的几个朝代，如东吴、东晋、后吴、南唐皆恃长江天险偏安江南，"吴后拒江，波浪不惊，实系神力"，因封定江王，南唐时加号济远。宋朝之册封有两种情况：一是宋太祖初定江南，"东渡采石，苟非神助圣画，则何以大军长驱若平地也"；二是与南宋有关，绍兴三十一年（1161年）金朝"完颜亮乘风潜度，俄风转败遁，遂加号显灵"。明朝封水府定江之神，具体原因没有交代，但从《明史》所载朱元璋在当涂采石矶渡江以后在太平大封功臣的情况来看，应与定鼎江南有关。至嘉靖，采石又免倭寇之犯，"人皆以为神庥云"。可见，中元水府是历代偏安或奠定江南的产物，其神话也表明了这一点。

①《当涂县志》不分卷《祠祀》。

二、东晋的温峤神话

中元水府较早的神话是关于东晋的温峤。宋代杨傑的《中元水府记》曰：

水府有三，马当为上，金山为下，采石为中。采石者，前古谓之牛渚矶，盖有金牛之异，神其川泽则为水府，因其输石则曰采石，此三者同出而异名……晋温峤至牛渚矶，水深不可测，遂燃犀而照之，须臾见水族覆火，奇形异状，或乘马赤帻衣者，其夜梦人谓己曰："与君幽明道别，何以相照?"甚恶之，因感疾卒……太祖皇帝开宝八年用樊若水之策，东渡采石，苟非神助圣画，则何以大军长驱若平地也。真宗皇帝景德四年敕崇元为承天观，给田二顷，祥符八年诏中元水府济远定江王，封顺圣平江王，所以易伪号而旌圣功也。凡水旱风涛，诚祷必应。嘉祐八年春二月，尚书郎朱公出守姑孰，坠典毕举，于是考图籍修祀事，乃命先治水府，始建寝殿于庙堂之后。三月嗣天子即位，遣使祭告，公乃嘱傑为记。[①]

上述神话摘自《晋书·温峤传》：

旋于武昌，至牛渚矶，水深不可测，世云其下多怪物，峤遂毁犀角而照之，须臾见水族覆火，奇形异状，或乘马车著赤衣者。峤其夜梦人谓己曰："与君幽明道别，何意相照也?"意甚恶之。峤先有齿疾，至是拔之，因中风，至镇未旬而卒，时年四十二。江州士庶闻之，莫不相顾而泣……谥曰忠武，祠以太牢，葬于豫章。[②]

神话中运用了暗喻手法：

第一，"温峤"。"温"暗喻当涂；"峤"为山、乔，山暗喻当涂的采石山，乔暗喻当涂在历史上是一个侨置县。《明一统志》曰："本汉丹阳县地，晋分丹阳置于湖县，东晋成帝时以江北当涂流民南渡者众，乃于于湖侨立当涂县。"[③]温峤与之内涵相同，因此被作为此地的中元水府之神。

第二，"燃犀照水"。"犀"为尸、水、牛。尸为死亡之义，水即水神，牛暗喻牛渚，亦即采石，《中元水府记》云："采石者，前古谓之牛渚矶。"温峤

①《当涂县志》不分卷《文存》。

②《晋书》卷六十七《温峤传》。

③《明一统志》卷十五《太平府》，文渊阁四库全书本。

死于齿疾，《晋书》曰：“峤先有齿疾，至是拔之，因中风，至镇未旬而卒。”齿状如犀，《诗经·硕人》有“齿如瓠犀”之说。因此，“燃犀”“毁犀”暗喻温峤死于齿疾。

第三，“须臾见水族覆火，奇形异状，或乘马赤帻衣者”，运用了易学的卦象。魏晋南北朝时易学有坎水、离马之说，《十六国春秋》曰：“《周易》坎为水，离为马。”[①]马的地支为午，五行属火，火色赤，因此“乘马赤帻衣者”暗喻离卦，“水族”暗喻坎卦。“水族覆火”暗喻坎卦与离卦相交，坎上离下，为既济卦。既济，顾名思义，就是已经渡河之意。《易象义》曰：“既济，离下坎上。既，已也，尽也；济者，涉川而登岸之名。”[②]《周易玩辞困学记》曰：“既济，济以济渡为义。”[③]表明“水族覆火”“乘马赤帻衣”是对《易经》既济卦象的演义。

第四，“幽明道别，何意相照”，暗喻坎离相交。《周易经传集解》曰：“坎为幽，离为明。”[④]“相照”是相交之意。

第五，温峤死于四十二岁，暗喻卦气之数。《汉上易学》曰：“按《易纬》云，卦气起中孚，故坎离震兑各主一方，其余六十卦，卦有六爻，别主一日，凡主三百六十日，余有五日四分日之一者，每日分为八十分，五日分为四百分日之一，又分为二十分，是四百二十分，六十卦分之，六七四十二，卦别各得七分，每卦得六日七分也……两汉诸儒传经皆用六日七分之说。”[⑤]就是说，一卦有六日七分，“六七四十二”，自汉代以来言卦者皆持此说，表明四十二是卦的象征。温峤死于四十二，当它与中元水府、“乘马赤帻衣者”相结合的时候，就构成了既济卦，暗喻顺利渡河之意。此外，既济卦是上坎下离，坎水的成数是六，离火的成数是七，四十二也是水火相乘之数，是既济卦的成数。

晋代中元水府神话的形成是受多方面影响的结果：

首先，与两晋之际“五马浮渡江”的传说有关。《晋书》曰：“（惠帝）太安中童谣曰：五马浮渡江，一马化为龙。永嘉大乱，王室沦覆，唯琅琊、

①《十六国春秋》卷四十一《前秦录九》，文渊阁四库全书本。

②（宋）丁易东撰：《易象义》卷八《既济卦》，文渊阁四库全书本。

③（清）张次仲撰：《周易玩辞困学记》卷十二《既济卦》，文渊阁四库全书本。

④（宋）林栗撰：《周易经传集解》卷三，文渊阁四库全书本。

⑤（宋）朱震撰：《汉上易传卦图》卷下《诸儒七日来复义》，文渊阁四库全书本。

西阳、汝南、南顿、彭城五王获济，至是中宗登祚。先是，岁、镇、荧惑、太白四聚于牛斗之间，五铎又见于晋陵，冥数元感，若合符契焉。”[①]温峤的乘马神话就是在这一传说下形成的，其时还有一个褚褒的乘马神话。南朝宋刘敬叔的《异苑》曰：“晋明帝时，献马者梦河神请之，及至与帝梦同，遂投河以奉神。始太傅褚褒亦好此马，帝云：已与河神。及褚公卒，军人见公乘此马矣。”[②]温峤与褚褒都是东晋明帝时的人，其乘马神话都涉及江河之神，无疑是东晋初年“五马浮渡江”思维的产物。

其次，与汉代的沉马祭和卦气说有关。《史记》曰：“天子既封禅，巡祭山川，其明年旱，乾封少雨，天子乃使汲仁、郭昌发卒数万人，塞瓠子决，于是天子已用事万里沙，则还自临决河，沉白马、玉璧于河，令群臣从官自将军已下皆负薪置决河。”[③]《太平寰宇记》曰：“汉王尊为太守，河水坏金堤，尊沉白马，使巫祝请以身代填金堤以止水。水至，吏士叩头救止，尊立不动，水稍却，后人因立河侯祠。”[④]说明汉代有马祭河神的习俗。稍后汉易开始流行，逐渐形成“六日七分”的四十二卦气说。到东晋时，中元水府神话中不但有水神、神马，还有四十二的数字，应是受到汉代马祭和卦气说的影响，后者所言“卦气起中孚”“六七四十二”“六日七分”成为中元水府神话中四十二的蓝本。中孚是十一月卦，十一月为子月，子是五行水之正位，符合水府之义。此外，“中孚”二字拆开为中、子。子是十二支之首，即元的意思，表明中孚与中元的意义相同。

另外，与汉末吴国的历史传说和天文地理有关。据《当涂县志》记载，中元水府信仰肇始于东吴赤乌年间。赤为火，乌是黑色，黑色是水的五行之色，因此乌为水。赤乌是火前水后，为火水未济，暗喻东吴时期中原人尚未渡江南迁。吴始祖传说为孙钟，《宋书》曰：“孙坚之祖名钟，家在吴郡富春，独与母居，性至孝，遭岁荒以种瓜为业，忽有三少年诣钟乞瓜，钟厚待之，三人谓钟曰：此山下善，可作冢，葬之当出天子，君可下山百步许，顾见我去即可葬也。钟去三十步便反顾，见三人并乘白鹤飞去，钟死即葬其地，地在县城东，冢上数有光怪云气，五色上属天，衍数里，父老相谓此非凡气，

①《晋书》卷六《元帝本纪》。

②(南朝宋)刘敬叔撰:《异苑》卷七,文渊阁四库全书本。

③《史记》卷二十九《河渠书第七》。

④《太平寰宇记》卷九《河南道九》。

孙氏其兴矣。”[①]其后孙权四十一岁称帝，四十三岁生太子孙和。后孙和被废，由孙和的儿子孙皓继立，孙皓死时四十二岁，《三国志·吴三嗣主传》“皓死于洛阳”注曰：“皓以（天纪）四年（280年）十二月死，时年四十二。”[②]吴国共历三代，为此吴人为其创造了“三少年”“三十步”的神话，以附会自孙权到孙皓三代而亡。中元水府在三国时属于吴国“扬州之域，天文斗分”。斗对应地支为亥，亥即十月，律吕为应钟。十二律吕各有其数，《晋书·律历志》曰：“应钟之数四十二”。因此，吴人为其创造一个“孙钟”作为孙权的祖先，用来附会吴地律吕之数和末代皇帝孙皓死于四十二岁。可见，东晋时选择四十二岁的温峤作为水府神是有一定原因的，它与吴国的历史传说和天文地理有一定的关系，是多种因素综合作用的结果，但主要来源于易学。

三、北宋的画马神话

北宋时期中元水府有三个神话，分别发生在宋仁宗嘉祐年间和宋哲宗元祐、绍圣年间，都是围绕唐代韩幹的画马而展开的。北宋末年的《宣和画谱》曰：

> 韩幹，长安人。忽一夕，有人朱衣玄冠扣幹门者，称：“我鬼使也，闻君善图良马，欲赐一匹。”幹立画焚之。他日有送百缣来致谢，而卒莫知其所以来，是其所谓鬼使者也。建中初，有人牵一马访医者，毛色骨相，医所未尝见。忽值幹，幹惊曰：“真是吾家之所画马。”遂摩挲久之，怪其笔意冥会如此。俄顷若蹶，因损前足。幹异之，于是归矣。米芾《画史》载：嘉祐中，有使江南者，渡采石牛渚矶，风大作，不可渡。于是祷中元水府祠，是夕梦神告：留马当相济。既寤，遂献所藏幹马。已而风止，乃渡，至今典庙中。[③]

上述《宣和画谱》共交代了三个神话。第一个神话发生在唐代天宝年间，鬼使求韩幹画马。该神话较早见于唐代张彦远的《历代名画记》，“韩君端居亡事，忽有人诣门称鬼使，请马一匹，韩君画马焚之。他日见鬼使乘马来谢，其感神如此。”[④]第二个神话发生在唐德宗建中初，韩幹遇见自己的画马。第

①《宋书》卷二十七《符瑞》。

②《三国志》卷四十八《吴三嗣主传》。

③《宣和画谱》卷十三，文渊阁四库全书本。

④（唐）张彦远撰：《历代名画记》卷九，文渊阁四库全书本。

二个神话较早见于唐代段成式的《酉阳杂俎》，“建中初，有人牵马访马医，称马患脚，以二十镮求治。其马毛色骨相，马医未常见，笑曰：君马大似韩幹所画者，真马中固无也。因请马主绕市门一匝，马医随之。忽值韩幹，幹亦惊曰：真是吾设色者。乃知随意所匠，必冥会所肖也。遂摩挲，马若蹶，因损前足。幹心异之。至舍，视其所画马本，脚有一点黑缺，方知是画通灵矣。马医所获钱，用历数主，乃成泥钱。”[①]表明《宣和画谱》所记述的韩幹画马在唐代就存在了。

第一个神话发生在安史之乱前后。《天中记》曰：“韩幹，蓝田人，天宝中召入供奉。玄宗好大马，至四十万，遂有沛艾大马，韩君间生，遂命悉图其骏，则有玉花骢、照夜白等，禄山之乱，沛艾马种遂绝。”[②]唐代的大马多产自西域、突厥等地，由少数民族进贡到中原，《唐书》对此有大量的记载。西域在中原的西边，五行属金。韩幹为鬼使所画的马是按照西域马的形象创作的，五行也属金，这在第二个神话中得到了印证。第二个神话发生在唐德宗建中初年，韩幹遇见自己先前为鬼使所画的马。德宗是唐代第十任皇帝，建中年号共有四年，与之前的九个皇帝构成金局，《易经》曰：“地四生金，天九成之”，即是对金的演义。第二个神话运用了《易经》五行金的数理关系，为北宋的神话创作奠定了基础。

第三个神话是北宋时中元水府截留韩幹的画马，发生在宋仁宗嘉祐年间。仁宗是北宋的第四任皇帝，共有九个年号，嘉祐是其中第九个年号，四和九构成金局，显然是继承了唐代神话的创作思路。另外，仁宗在位共四十二年，明代彭大翼的《山堂肆考》曰：“宋仁宗诞降，郭太后榻下生灵芝四十二叶，后享国四十二年，乃瑞应云。”[③]符合东晋温峤的卒年和四十二卦气之数，可以说也是对东晋神话思路的继承。

另有两个神话发生在北宋哲宗元祐、绍圣年间，清代《采石志》曰：

> 米芾《画史》，元祐中有一武臣渡采石，舟中有韩幹画马一幅。将渡，风涛大作，舟师惶恐，不敢动。乃祷于中元水府庙，夜梦神谓之曰：愿留公马径渡矣。明早检笥中，画马已失去。踪之，乃在神座上。秦淮海曰，余去宣

---

①（唐）段成式撰：《酉阳杂俎》续集卷二，文渊阁四库全书本。

②《天中记》卷四十一。

③《山堂肆考》卷三十二。

州，宿采石，闻张唐公去太平州时，于中元水府庙见韩幹画马一幅，爱之，乃命工临一本留庙中，以其真者携去。方下船，风涛大作，几不免。唐公大恐，亟还之，祷祠而去。①

后一个神话没有交代具体时间，但据元代陶宗仪的《说郛》应在绍圣初年，“祠前人说，顷年张唐公罢太平守，过祠下见之不能舍，乃令画工摹易取去，以摹者纳庙中。及行，他舟皆发，独载画一舟引之不动，其势欲沉。张公大恐，还旧本，舟乃安。余绍圣丙子岁（1096年），罢守宣城，道采石，见此画。”②元祐、绍圣是宋哲宗的年号，哲宗是北宋第七任皇帝，以他的两个年号作为神话的发生背景，显然是取二、七火局。

仁宗嘉祐年间的神话用金局，而哲宗元祐、绍圣年间的神话用火局，反映了北宋政治的变化。仁宗是北宋的一代明君，《宋史》曰：“在位四十二年之间，吏治若偷惰，而任事蔑残刻之人，刑法似纵弛，而决狱多平允之士。国未尝无弊幸，而不足以累治世之体，朝未尝无小人，而不足以胜善类之气。君臣上下恻怛之心，忠厚之政，有以培壅宋三百余年之基。”③对仁宗评价非常之高。至神宗任用王安石变法，社会风气开始转变，“未几，王安石入相。安石为人，悻悻自信，知祖宗志吞幽蓟、灵武，而数败兵，帝奋然将雪数世之耻，未有所当。遂以偏见曲学起而乘之，青苗、保甲、均输、市易、水利之法既立，而天下汹汹骚动，恸哭流涕者接踵而至。帝终不觉悟，方断然废逐元老，摈斥谏士，行之不疑，卒致祖宗之良法美意，变坏几尽。自是邪佞日进，人心日离，祸乱日起。”④宋哲宗的政治分元祐和绍圣，元祐时行仁宗之政，绍圣时行神宗之政，“初年召用马、吕诸贤，罢青苗，复常平，登俊良，辟言路，天下人心，翕然向治，而元祐之政，庶几仁宗。奈何熙丰旧奸，枿去未尽，已而媒蘖复用，卒假绍述之言，务反前政，报复善良，驯致党籍祸兴，君子尽斥，而宋政益敝矣。”⑤对仁宗政治无疑是一个彻底的转变。因此神话中改用火局，用火克金暗喻前后风气截然不同。可见，北宋时期的神话既是对唐代神话创作思路的一种继承，又充分考虑到了北宋的时代特点，

① (清)李恩绶撰:《采石志》，黄山书社1992年版，第15页。

②《说郛》卷四十三下《明道杂志》。

③《宋史》卷十二《仁宗本纪》。

④《宋史》卷十六《神宗本纪》。

⑤《宋史》卷十八《哲宗本纪》。

是二者紧密结合的产物。

在唐代的神话中，与韩幹的画马打交道的是鬼使，其形象是“朱衣玄冠”，而画马的形象是“沛艾大马”，二者构成既济卦象。关于这一点，《晋书》曰：“龙骧腾骧而沛艾，表朱玄于离坎兮”，说明沛艾和朱衣玄冠的组合是离坎既济卦的象征。唐代的神话中没有提及中元水府，中元水府到北宋时才与韩幹的画马发生联系，主要是因为中元水府是南北对峙条件下北人南渡的产物。唐代大一统，至安史之乱国家形势才急转直下，但并没有出现严重的南北对峙现象，因此仅用鬼使与韩幹的画马发生联系，所谓“鬼使”其实是暗喻安史之乱前后国家的内乱。到北宋时形势发生了显著的变化，北宋面临西夏、辽、金的持续进攻，因此在北宋的神话中，中元水府暗喻中原、北宋政权，画马是根据唐代西域马的形象塑造的，暗喻西夏、辽、金等少数民族，中元水府截留画马暗喻抵抗外族入侵，此时的水府与画马构成既济卦象，暗喻北人南渡。其中，元祐年间的神话有“画马已失去，踪之，乃在神座上”的表述，其形象为水神骑马，坎上离下，无疑是既济卦的象征。而“径渡”“舟乃安”进一步揭示了既济之义，暗示北宋最后偏安江南的结局。

四、南宋的王勃神话

南宋祝穆《作滕王阁记》曰：

> 唐王勃，字子安，六岁能文，词章盖世。年十三，侍父宦游江左，舟次马当，寓目山半古祠，危栏跨水，飞阁悬崖。勃乃登岸闲步，见大门当道，榜曰中元水府之殿，禁庭森肃，侍卫生狞。勃诣殿砌瞻仰，稽首返回，归路遇老叟，年高貌古，骨秀形清，坐于矶上，与勃长揖曰：“子非王勃乎?”勃心惊异。叟曰：“来日重九，南昌都督命客作滕王阁序，子有清才，盍往赋之。”勃曰：“此去南昌七百余里，今日已九月八矣，夫复何言?”叟曰：“子诚往，吾助清风一席。”勃欣然拜，且谢且辞，问叟仙耶？神耶？叟笑曰：“吾中元水府君也，归帆当以濡毫均甘。”勃即登舟，翌日昧爽，已抵南昌……勃舟行故地，而叟已先坐石矶矣，勃拜谢曰：“当具菲礼，以答神休。”叟笑曰：“但过长芦，焚阴钱十万，吾有未偿薄债也。”勃过长芦，如数焚之而去。[①]

该神话讲述了唐初王勃经过上元水府马当遇到中元水府神，借助中元水

① (宋)祝穆撰：《古今事文类聚》前集卷十一，文渊阁四库全书本。

府神力赶赴南昌参加滕王阁盛会的故事。由祝穆撰于南宋后期，文末交代引自《摭言》。《摭言》又名《唐摭言》，乃唐末五代王定保所撰，查该书王勃参加滕王阁并无中元水府之事。另外，新旧唐书《王勃传》、王勃的《滕王阁序》、韩愈的《滕王阁记》等俱无水府的记载，表明该神话是南宋时期的产物。这一点从神话中也可看出，如《当涂县志》记载"绍兴二年（1132年）加号忠祐，敕采石为中元水府，与马当上元列爵"，没有提及下元水府，王勃神话中也无下元水府之名，当与下元在金山有关。南宋的外敌主要是金人，对金山比较忌讳，因此王勃的神话仅以上元和中元水府作为题材进行创作。

此外，"来日重九"暗喻南宋。《宋史》曰："宋，火德也"，南方五行属火，因此南宋是两个火德。"重九"即九月九日，又名重阳，阳为火德，暗喻南宋是宋朝的第二个政权。南宋的建立者赵构是宋徽宗第九子，生年九九八十一岁，也可理解为"重九"。"南昌"拆开为南、日、日，亦即南宋之意。自马当至南昌"七百余里"是对南宋火德的演义。神话中交代马当有中元水府之殿，又曰"但过长芦，焚阴钱十万，吾有未偿薄债也。"长芦在南京，南京过后是镇江，"但过长芦"暗喻位于镇江金山的下元水府，暗喻金人。根据宋金和议的规定，南宋每年须向金人缴纳大量的岁币，当是这里"焚阴钱十万，吾有未偿薄债"的原型。

王勃的神话是对既济卦的演义。上元马当，马为午火为阳爻；中元采石，又名牛渚矶，五行为水为阴爻；金山为乾金为阳爻。因此，三元水府自然结成的卦象为离卦。但在王勃的神话中，中元水府神出现在上元马当，显然是以阴变阳，又曰"但过长芦，焚阴钱十万，吾有未偿薄债"，暗示下元金山变为阴爻。这样，就出现了两个阴爻，其卦象为坎。是离卦变坎卦，火入水为既济之象。

该神话不知创于南宋何时，文中并没有交代具体的时间。按祝穆《作滕王阁记》出自《古今事文类聚》，该书前有祝穆作于"淳祐丙午"的序言，表明王勃的神话在宋理宗淳祐六年（1246年）已经形成。从神话中"焚阴钱"暗喻金人来看，当形成于宋理宗端平元年（1234年）蒙古灭金之后。也就是说，大约形成于宋理宗端平元年至淳祐六年之间（1234—1246年），神话中所表达的既济思想暗喻金人被蒙古所灭，来自金人的威胁解除。但既济之后是未济，是周易六十四卦的最后一卦，暗示南宋不久将被蒙古所灭。

南宋时选择王勃作为神话的题材与王勃本人的事迹有一定的关系。第一，据《旧唐书》记载，王勃“渡南海，堕水而卒”，《新唐书》曰：“渡海溺水，痵而卒，年二十九”，“初，道出钟陵，九月九日都督大宴滕王阁”等，是神话中“重九”的原型。堕水而亡，既与东晋温峤堕水感疾而亡相似，又与南宋末代小皇帝在崖山投海殉国相似。第二，王勃“尝读《易》，夜梦若有告者曰：《易》有太极，子勉思之。寤而作《易发挥》数篇，至《晋卦》，会病止……遂作《唐家千岁历》。”[①]与中元水府神话的易学思想相同。第三，据《旧唐书》记载，王勃死于上元二年（675年），按《新唐书》年二十九岁，当生于贞观二十一年（647年），一生经历了唐太宗、高宗两朝，自贞观至上元共九个年号。二是火数，九是金数，与北宋中元水府神话的创作背景相同，也与宋金对峙的时代背景相同，因此被选中编入水府神话中。

五、明清的祭祀神话

中元水府信仰形成和发展于南北分裂对峙时期，历代的册封主要是偏安和奠定江南的需要。明清大一统，偏安失去了时代基础，于是保护河道安全、出行平安的意味渐浓，如清代《三教源流搜神大全》云：“洋子江三水府，本朝俱称水府之神，水面江心一呼即应，舟人过者必具牲帛以祷，今有司岁时致祭。”[②]《当涂县志》曰：“明封水府定江之神，每年八月十五日有司用羊、豕、醴、帛等致祭，由郡守掌印官主之，沉帛祝于牛渚下。”[③]交代了祭祀的时间和物品。其中，八月十五日是酉月，清代《协纪辨方书》曰：“金旺于酉”。金由土生，十五是土的数字。可见，八月十五日是一年之中金气最旺之季，此日祭祀是取金生水之义。

祭祀所用物品如羊、豕、醴、帛，表达了相同的内涵。《易经·说卦》曰：“兑为羊”，兑在西方，五行属金，表明羊为金。“坎为豕”，坎在北方，五行属水，表明豕为水。醴，《说文解字》曰：“从酉，豊声”，酉为金。帛，“从巾，白声也”，巾与币、市形似，五行属金，白是金的五行之色，表明帛的五行为金，故有金帛之称。祭祀之后，要“沉帛祝于牛渚下”。《史记》载大旱年，汉武帝“沉白马、玉璧于河”。璧中有辛，五行为金，其色为白，故用白马。沉帛与沉白马、玉璧的意义相同，都是取金生水。但沉白马还有另

①《新唐书》卷二百一《文艺上》。

②《三教源流搜神大全》卷七。

③《当涂县志》不分卷《祠祀》。

外一个意思，就是马的五行属火，孕育了中元水府的既济思想，东晋的乘马和宋代的画马都是对这一思想的演义。在此意义上说，沉帛是对汉代的沉祭、东晋的乘马和宋代画马神话的进一步发展，是明清祀典制度化的结果。

综上所述，中元水府神话主要反映了易学的既济卦、五行数理和金水相生等思想。东吴时中元水府与赤乌年号相结合，是既济思想的萌芽时期；东晋时与温峤乘马相结合，是既济思想的形成时期；北宋中后期与韩幹的画马相结合，南宋末年与王勃相结合，是既济思想的进一步发展。上述神话都发生在南北分裂对峙之际，以北人南渡长江作为创作背景，是既济思想产生的时代基础。明清大一统，中元水府被纳入地方祀典，神话思想以金水相生为主，反映了人们对水神的崇拜。此外，这些神话还反映了《周易》五行的数理关系，如水数一六、火数二七、金数四九、土数五十等在神话中都有应用，对汉代的四十二卦气说也有反映。

第三节　萧晏水神

当涂水神信仰发达，除了上述中元水府以外，还有萧晏二公庙、祠山神庙。萧公庙，《当涂县志》云："在行春门内，宋绍兴年间创建，明洪武年间重建，即知钦社，祀萧公、七郎，相传神为木容，俗以其神为水府英佑侯萧公。清咸丰间废毁。"晏公庙，"祀明封显应平浪侯晏成，庙凡七：一在徐善之北，旧名东岳行宫，明万历十二年（1584年）建，清康熙五十年（1711年）乡耆庾纯九重修；一在黄池镇东承天寺下，一在贵国圩，一在兴国圩；一在官圩东北岸大禾圩前陈村，同治间重建；一在八区晏公庙镇，道光二年（1822年）建；一在三马外厂，同治初圩民捐建。"[1]可见，当涂的萧晏二公信仰比较兴盛。

一、萧公

萧公信仰发源于江西新淦县。同治《临江府志》曰："萧公庙，在（新淦）县治北四十里大洋洲，祀邑人萧伯轩及其子祥叔，明永乐中封其孙天任

①《当涂县志》不分卷《祠祀》。

英佑侯，同祀于此。”[①]从这里的“江西”[②]“新淦”“临江”“四十里”[③]“大洋洲”等看，五行皆为金水，显然是对水神的演义。

据《萧氏世系图》，萧伯轩生于“宋咸淳八年（1272年，壬申）甲寅（1254年宝祐二年）十月初三日（乙亥月壬申日），坐化于元大德十一年（1307年，丁未）丙午（1306年大德十年）五月初三日，年五十有三。”[④]这里的记载有明显的错误，咸淳八年是壬申年，甲寅是宝祐二年，元大德十一年是丁未年，丙午是大德十年。正确的出生时间应是宋宝祐二年（1254年，甲寅）十月初三日，卒于元大德十年（1306年，丙午）五月初三日，享年53岁。出生时间转换成干支是甲寅年，乙亥月，壬申日，时辰不详（应是庚子时），出生后十五日大雪，当6岁起运，后天大运6丙子，16丁丑，26戊寅，36己卯，46庚辰，56辛巳。此造壬水生于亥月水旺之季，坐下申又是水长生之地，旺水宜泄不宜克，当以年月甲乙木吐秀为用神。53岁走辰运，申、（子）、辰三合水局，严重冲撞太岁午马，故死于丙午年甲午月壬申日，即大德十年五月初三日。

萧祥叔生于“元至元二十三年（1286年，丙戌）四月二十日，坐化于元至正（1349年，己丑）八月十五日，年六十有四。”出生时间转换成干支是丙戌年，癸巳月，丙辰日，时辰不详，出生后十六日芒种，当6岁起运，后天大运6甲午，16乙未，26丙申，36丁酉，46戊戌，56己亥，66庚子。此造丙火生于巳月，乃火临官之地。64岁走亥运，戌亥为天罗，辰巳为地网，深陷罗网之中。己丑年八月是癸酉月，与生月癸巳三合巳、酉、丑金局生水克火。丙戌、丙辰同类相冲，起土抑火。大运亥水冲击生月巳火，死于八月。

三代之中以萧天任为主，被封为英佑侯。天任生于“元泰定元年（1324年，甲子）四月初一日，归真于明永乐三年（1405年，乙酉）十二月十四日（己丑月丙子日），人寿八十有二。”[⑤]出生时间转换成干支是甲子年，戊辰月，丙辰日，时辰不详，出生后五日立夏，当2岁起运，后天大运2己巳，12庚午，22辛未，32壬申，42癸酉，52甲戌，62乙亥，72丙子，82丁丑。此造

① (清)德馨、鲍孝光修:同治《临江府志》卷六,同治十年刻本。

② 西五行属金。

③《易经》曰:“地四生金,天九成之”,四是金数。

④ (明)朱世守撰:《萧侯庙志》卷一,永泰长春园书屋道光二十九年藏版。

⑤《萧侯庙志》卷一。

丙火生于辰月，辰中戊土司令，丙下坐辰，火弱不堪食伤，当以木火为喜用。82岁走大运丁丑而亡，足见土为忌神。死时遗言：“无葬我，第以靛桶覆之”，桶为木，木五行之色为青，“靛桶”是其用神的体现。《萧侯神迹纪》曰：

> 辞世之际，恭默绝粒，越旬，命庙祝杨文取一白石啖之而逝，颜色不变如生，遗命正衣冠，交椅端坐，覆以巨木桶，香油炒江沙实桶内，由下积上，距心窝而止，桶木板周回二十有八，以象列宿，环以竹箍五以象五行，藏庙庭左庑，于兹二百一十余年，爽气犹且，蓦可遇焉。将化之初，乡之勇夫壮士多不疾暴死，皆宣言为侯摄麾下用，今肖像立侯祠，左右勇猛精悍者六，殆其人也。[1]

这段叙述是对其命理的演义，如二十八宿、五行围绕木桶，是烘托用神。“香油”能生火，是用神的体现。金克木为忌神，“白石”五行为金，“江沙”是细小的沙石，五行也属金，是忌神的体现。“啖”“炒”五行属火，“啖白石”“炒江沙”是火克金，但忌神不能全部克去，因为木桶等木质结构需要部分铜铁来铆合，铜铁五行属金，所以用“啖白石”比喻需要一部分金属，“炒”为少，意味稍抑即可。肖像立祠，左右有六人，六是水数，《易经》曰：“天一生水，地六成之”。这是以水比喻江湖，以木桶比喻木船，以萧公比喻船主。后世又以猫附属之，盖木桶忌鼠啮噬，故以猫为镇厌之设。

观上述萧侯三代诞辰和忌辰的记载，后二位都正确地记载了时日，唯独萧伯轩的诞辰与忌辰都出现了错误的书法，这是古人有意为之。伯轩死于元大德十年（1306年），若按“坐化于元大德十一年丙午”计算，则大德十年是丁巳年，那么，三人的死亡之年就是丁巳、乙酉、己丑，三合金局生水，比较符合水神之义。萧伯轩生于“咸淳八年（1272年）”，是因为此年为壬申年，壬申纳音是金，申是金临官之地，又是壬水长生之地。“咸淳”拆开即咸、水、享，隐喻水神。“八年”是木之数字，《易经》所谓“天三生木，地八成之”，隐喻木船。所以，萧伯轩诞辰和忌辰的错误书法其实是在演义金水之义，这与东至县南溪古寨始祖金日磾的诞辰书法如出一辙，是古人演义神性的一种常用手法。

下面依据相关记载研究萧公神话故事的结构及其所体现的水神之义。

《三教源流搜神大全》曰：

---

① 《萧侯庙志》卷二。

公姓萧，讳伯轩，龙眉蛟发，美髭髯，面如童少年。为人刚正自持，言笑不苟，善匕恶匕里闬，咸为之质平。殁于宋咸淳间，遂为神，附童子，先事言祸福，中若发机，乡民相率为立庙。江西临江府新淦县之太洋洲，保舡救民，有祷必应，福泽十方。大元时以其子萧祥叔死而有灵，合祀于庙，皇明洪武初尝遣官谕祭。永乐十七年，其孙天任卒，屡著灵异，亦祀于此。诏封为水府灵通广济显应英佑侯，大著威灵于九江五湖四海之上。①

此处“龙”“蛟”为水中之物，是对萧公水神形象之总括。“为人刚正自持，言笑不苟，善匕恶匕里闬，咸为之质平”是金性刚直之表现。“大著威灵于九江五湖四海”，这里“九”和“四”是金数，五行水由金生，水神大多以金水为神性。

《江西通志》曰：

余乡太洋洲去县四十里，有萧公庙，公名天任，祖伯轩，宋咸熙间死，为神，立庙，元时以其子祥叔合祀。本朝尝遣官谕祭，公永乐中屡著灵异，诏加封水府灵通广济显应英佑侯。相传公客游四川时，从舟人求寄一猫，重千余斤，舟人难之，公曰：“第许我，我自能致之。”因去不知所在。舟至洋洲，舵浅不进。前夕其家梦公云：“吾寄一猫在客舟，明日可往取。”比出至江，问客舟猫所在，舟人怪讶，家人云：“昨夕吾翁梦报我。”因共曰：“昔发舟时有一老人求寄猫，后不果来，岂即此也？”因共从舵尾索之，猫系其上。又客舟载芝麻江上，舟忽漏，然隙不可寻，因共祝神，漏辄止。比舣舟出，所载舟漏如故，索之有一鱼从漏中出，腐矣。年八十一，坐化洞庭之上。成祖北征见有神从空中助，旗帜书萧字，因加封顺天王。今其猫在庙门之右，大可盈屋。又有靛桶一，在门之左，家人谓公死时嘱“无葬我，第以靛桶覆之”。今其尸故在，凡从江行者叩之无不响应，于蜀尤著云。②

此处“客游四川”之“四”是金数。“从舟人求寄一猫，重千余斤”，显然是后人的创作。“今其猫在庙门之右”，“又有靛桶一，在门之左”，靛桶是木质结构，忌老鼠啃噬，故设猫在门旁作为镇厌。金数是四和九，九九八十一，因曰萧公“年八十一坐化洞庭”，而据《萧侯庙志》记载，萧公“啖白石而化，年八十有二”，曰八十一无疑是取金生水之义。又曰“成祖北征见有神

①《三教源流搜神大全》卷七。

②《江西通志》卷一百六十一。

从空中助，旗帜书萧字，因加封顺天王”，北方五行为水，萧公为水神，故曰北征而见萧字。死时嘱曰“无葬我，第以靛桶覆之”，反映了其命理以木为喜用，以土为忌神。“今其尸故在，凡从江行者叩之无不响应，于蜀尤著云”，蜀上为四，又称西川、四川，五行属金。萧公为水神，金生水，故曰神性“于蜀尤著”。

清朝施闰章的《大洋洲英佑侯萧公庙碑》曰：

生而人，殁而神者，古有之生而能神，三世递显，出入风涛，脱人于鲸鲵蛟蜃之窟，顷刻神异不测者，前未闻也，盖自英佑侯萧公始。其先河南人，宋咸淳间兰芳公刺吉州，卒葬于吉。子伯轩公徙家淦之大洋洲，尝从谢真人游，晚岁能前知，卒为水神。子祥叔公增修其道，益著神迹。元封伯轩显应真人，祥叔显德舍人。

英佑侯者，祥叔仲子也，讳天任，广颡修髯，蚤通神术，视水为平地，尝瞑目端坐良久乃苏，问之，曰：“吾救某处覆舟矣”，掌握间往往得舟中物，迹其处果有舟坏而获免者。岁时乡人召饮，或异地同时，侯处处在坐，淦人惊呼“萧老官”，以为神。老官者，里谚之尊称也，至今传其语。于乎！侯生处闾党，乃神奇尔邪，抑侯故偶然而传闻若是邪？年八十有一，绝粒坐十余日，啖一白石而化，遗令不棺不葬，覆以巨桶藏于庙，明永乐三年事也。后十四年朝廷遣使西洋，航海几覆，闻萧侯救得免，诏封英佑侯。景泰三年讨武冈苗乱，侯降言苗即来归，遣裔孙萧鸣输庙中香钱缗二百饷军，未几苗果就，抚事闻，加封灵通广济显应之号，新大洋洲庙，官以时祭。其它疾疫水旱祷祠而应者不胜纪，所在河干江浒皆祠之，舟人依以为命而莫能详其世行。

万历间，泰和郭尚书子章始具载为庙志。初子章以参政赴官于浙，过庙下夫人，舟胶不可动，夜梦侯曰：“夫人毋虑旦行矣，为语郭尚书好自爱，旦则水涨而舟发。”厥后郭累官至尚书，许为刻石未果。又七年，示梦于其同邑甘生允蚪若以促尚书者，郭悚然曰：“吾几负神”，亟次述之若此。于乎！侯之功德著在军国生民赫矣。又时见梦于人，若相要约而响答。神何求于人哉！岂非所谓鬼神之德盛而不可度者与。

今世所号水神，其肇迹江西者称萧晏二公，故皆临江人，晏公生于元，讳戌仔，封平浪侯，别祠在清江镇。故事官临江者，始至谒晏，去则祠萧，于祭义不知所取，而凡郡吏民有事于江淮河北四方之役者，必先斋戒，趋大洋洲卜吉以往。康熙六年，余以湖西道入觐，将北且携家行秋冬之际，鄱阳多北风，惧愆觐期，为祷于神乞风以济，愿为庙铭。及湖风果便，佥以谓神力，乃复为之碑，其略萧世，累德好道，侯尤夙慧，经史群籍，寓目淹通，故三世神灵至侯而独盛云。[①]

这里讲到萧氏祖孙三代俱是水神，“生而能神，三世递显”，三是木数，《易经》所谓“天三生木，地八成之”，木是船之象征。水神主要是保护过往客舟安全，萧天任之名乃“天一生水”之义，又是第三代，水木具备，故曰“三世神灵至侯而独盛”。死时“唊一白石而化”，白石五行属金，金生水，寓意化为水神。此后几则故事也都与金水有关，是对萧公水神的演义：

一是“朝廷遣使西洋，航海几覆，闻萧侯救得免”，西洋的五行是金水。

二是“武冈苗乱，侯降言苗即来归”，“武”为戈，“冈”通刚，五行属金，苗通萧公之猫。这句话寓意武冈苗与萧公同一属性，故能预言来归，从而免去一场战争。

三是郭子章许为刻石。

四是施闰章愿为碑铭。石、碑、铭的五行俱是金，金生水，是萧公水神身份的反映。

二、晏公

与萧公同被信仰的是晏公，二者都是江西临江人。清施闰章的《大洋洲英佑侯萧公庙碑》云：“今世所号水神，其肇迹江西者称萧晏二公，故皆临江人。晏公生于元，讳戌仔，封平浪侯，别祠在清江镇。故事官临江者，始至谒晏，去则祠萧，于祭义不知所取，而凡郡吏民有事于江淮河北四方之役者，必先斋戒，趋大洋洲卜吉以往。”[②]《江西通志》曰：“晏公庙在清江镇，旧传本镇人晏戌仔，元初为文锦局堂长，尸解于舟，人以为神，显灵江湖，明封平浪侯。”[③]《湖广通志》曰：“公讳戌仔，宋末清江镇人，入元为文锦局，溺死鄱阳湖，屡著灵异，封为平浪侯。”[④]据此可知，萧晏二公虽然同是临江府人，但萧公是南宋淳熙时新淦大洋洲人，晏公是元初清江镇人，萧公八十一

① (清)施闰章撰:《学余堂文集》卷十八，文渊阁四库全书本。

②《学余堂文集》卷十八。

③《江西通志》卷一百八《祠庙》。

④《湖广通志》卷二十五《祀典志》。

岁“坐化洞庭之上”，是洞庭湖水神，而晏公“溺死鄱阳湖”，是鄱阳湖水神。前者顺生，后者逆亡，而且是亡于水，由此可定其本命为火，试做以下分析：

首先，从其命名来看，“晏”上日下安，“戌”为火库，五行为土，“仔”为子，五行为水，其意义为火生土克水，故后世封为“平浪侯”，平为倒置之土。

其次，据《搜神记》记载，晏公“姓晏，名戌仔，临江府之清江镇人也，浓眉虬髯，面如黑漆。平生疾恶如探汤，人稍有不善，必曰晏公得无知乎！其为人敬惮如此。元初以人材应选入宫，为文锦局堂长，因病归，登舟即奄然而逝。从人敛具一如礼，未抵家里，先见其畅驺导于狂野之间，衣冠如故，咸重称之。月余以死至，且骇且愕，语见之日则即其死之日也。启棺视之，一无所有，盖尸解云。父老知其为神，立庙祀之，有灵显于江湖，明朝诏封平浪侯。”[①]从这里“面如黑漆，平生疾恶如探汤”来看，黑是水的五行之色，漆为水，探汤也是水。“因病归，登舟即奄然而逝”，病为丙火，“登舟”为木。乃木生火，与水刑战。“先见其畅驺导于狂野之间”，驺为马为午火。水火刑战而亡，故曰“尸解”，表明以火为本命。

旺火宜生不宜克，宜生则以木生之，或以土吐秀，木、土为喜用之神。木泄水，土克水，故后世封为平浪侯，为漕运之神。明王鏊的《姑苏志》曰：“晏公庙多在阊胥二门军营内，元以其阴翊海运，封平浪侯，今漕运官兵犹祈赛之。”[②]清翟均廉的《海塘录》曰：“晏公庙在武林门北夹城巷，万历《杭州府志》祀元晏戌仔，江西清江镇人，元初输文锦于上都，因而尸解，人以为神，立祠祀之。后为崇果寺伽蓝，元末兵毁后显灵江湖间，明洪武初封平浪侯。二十三年浙江都指挥储杰以督漕获庇，乃捐俸建今祠。”[③]《畿辅通志》曰：“萧晏二公祠，在冀州城西一里高原上……先是明成化六年（1470年）大水冲城，知州胡瑛呼神求救，水退城全，次年构庙于此。明成化十八年（1482年）滹沱河溢，水冲城坏，知州李德美跪祷，间适有麦秸顺流而下，与所塌城楼土石并塞，由是水不入城，因重新之。”[④]

这里讲到退水二物：麦秸和土石。麦秸为木，土石为土，是晏公的喜用

①《搜神记》卷三，《正统道藏》第36册。

②《姑苏志》卷二十七。

③《海塘录》卷十二。

④《畿辅通志》卷五十，文渊阁四库全书本。

之神，因此能退水。又如清王士祯的《居易录》曰："有《晏公庙诗》自叙谓本江中棕绳为怪，许旌阳以法印击之中额，遂称正神云。按《国宪家猷》猪婆龙事，有老渔语众云云，问其姓曰晏也，如其言上河江岸成，太祖悟曰昔救我于覆舟山，是云晏公，遂封神霄玉府晏公都督大元帅，命有司祀之，不云棕怪也。"[①]这里讲棕绳作怪，江岸屡崩，后请许旌阳作法，遂去其患。棕绳为木[②]，岸堤为土，木克土，故曰棕怪。许旌阳为火，"许"为言午之火，"旌阳"是方生之火，乃以火化之，即木生火，火生土，火为木、土之转戾，显然是对晏公神性的演义。

命学上寅午戌三合火局，以戌为火之库墓，"晏戌"即安于火库之义。但晏公是溺水而亡，非正常之死，因而化身棕绳为乱作怪，只有经过许真人作法之后方称正神。因此这里的许真人含有为其安魂之意，是民间超度亡魂之惯用手法。身安而后道隆，"晏戌"后继之以"仔"。一是仔为年轻之义，符合其夭折的年龄特征；二是仔为子，为五行水位，同时"戌"含有守卫之义，寓意晏公化为水神，办理水务事业。可见，晏公的命理、神性于其姓名"晏戌仔"三字中括尽。

第四节　李白

李白死于当涂，按照宗教的说法即化为当涂的地方神了。当涂的神性从上述中元水府、萧晏二公等信仰中可以看出主要是金水。那么，李白的神性也应该是金水，试分析如下。

一、李白以金为本体

《新唐书·李白传》曰："李白，字太白，兴圣皇帝九世孙，其先隋末以罪徙西域，神龙初遁还，客巴西。白之生，母梦长庚星，因以命之。"[③]交代了李白取名之由来，因其母梦太白金星而感孕，取名李白、太白，说明李白

①《居易录》卷二十二。

② 汪欢的《明清时期宗三信仰的起源与流变》,《安徽史学》2013年第5期,认为棕绳又叫宗三舍人、宗八公,但没有解释三、八的含义。根据笔者的研究,三、八是木数,《易经》曰:"天三生木,地八成之",宗三舍人、宗八公其实是对木的演义。

③《新唐书》卷二百二《李白传》。

的性理以金为本体。金五行之色为白，其数字为四和九，其方位为西，“李白”“太白”，“兴圣皇帝九世孙”，“徙西域”“客巴西”分别是金的颜色、数字和方位的体现。

尝月夜乘舟，自采石达金陵，白衣宫锦袍，于舟中顾瞻笑傲，傍若无人。（《旧唐书·李白传》）

白浮游四方，尝乘舟与崔宗之自采石至金陵，著宫锦袍坐舟中，旁若无人。（《新唐书·李白传》）

此处“月”为水，“舟”为木，“采石”是金水，“白”“锦”是金，“金陵”是金，金金相附，金气逼人，故“顾瞻笑傲，傍若无人”。

安禄山反，转侧宿松、匡庐间，永王璘辟为府僚佐。璘起兵，逃还彭泽，璘败，当诛。初，白游并州，见郭子仪，奇之。子仪尝犯法，白为救免。至是子仪请解官以赎。（《新唐书·李白传》）

观此处郭子仪，子为水，义通金，金五德为义，是子仪与李白性质相类，故惺惺相惜。

二、李白以水木为喜用

从“李白”二字看，白为金，子为水，乃金生水生木。命学上金以水为食神，以木为财，“李白”二字体现了食神进财格。财通于才，故李白一生才华横溢，表明李白命理以水木为喜用，如《新唐书·李白传》云“喜纵横术，击剑，为任侠，轻财重施”，纵横术是木之体现，剑是金之体现，任侠是水之体现，轻财重施是财格之体现。

太白游梁宋间，所得数万金，一挥辄尽，故其诗曰天生我材必有用，黄金散尽还复来，意气凌云，何容易得！（《古诗镜》）

更客任城，与孔巢父、韩准、裴政、张叔明、陶沔居徂徕卞山，日沈饮，号竹溪六逸。（《新唐书·李白传》）

白自知不为亲近所容，益骜放不自修，与知章、李适之、汝阳王琎、崔宗之、苏晋、张旭、焦遂为酒八仙人。（《新唐书·李白传》）

文宗时，诏以白歌诗、裴旻剑舞、张旭草书为三绝。（《旧唐书·李白传》）

观此处，“竹溪六逸”是水，“酒八仙人”“三绝”是木。

白既嗜酒，日与饮徒醉于酒肆。玄宗度曲，欲造乐府新词，亟召白，白已卧于酒肆矣。召入，以水洒面，即令秉笔，顷之成十余章，帝颇嘉之。尝沉醉殿上，引足令高力士脱靴，由是斥去。乃浪迹江湖，终日沉饮。(《旧唐书·李白传》)

观此处“酒”“以水洒面”“沉醉”“浪迹江湖”“沉饮”等是水。李白嗜酒，酒是金水之物，其中酉是辛金禄位，乃金帝旺之地。而李白以金为本体，以水为喜神，因此酒是李白性理之象征，“斗酒诗百篇”是水为喜神的反映。命学上，金以火为官，以水为食神或伤官，水为喜神，则火为忌神，所谓“伤官见官，为害百端”，故一生官途偃蹇，“飘然有超世之心”。

金生水。《汉唐秘史》曰：“宝应元年（762年，壬寅），李白自金陵济采石，访族人李阳水，饮酣捉月入水而终，时谓水解。”[①]金生水而金亡，按理讲水为忌神。但从前面分析可知水为喜神，不是忌神，故此处不曰亡，而曰水解。当时访族人李阳水，或曰李阳冰，“阳”为火，火克金，“冰”为水，水泄金，加之当涂多水，应是克泄交加而尽。

三、李白以火为忌神

唐范传正《新迁李白墓碑》曰：“公名白，字太白……公之生也，先府君指天枝以复姓，先夫人梦长庚而吉祥，名之与字，咸所取象，受五行之刚气。”[②]命学上，刚气宜泄不宜克。也就是说，宜以水木泄之，不宜以火克之，火为忌神。

白尝侍帝，醉，使高力士脱靴。力士素贵，耻之，擿其诗以激杨贵妃，帝欲官白，妃辄沮止。(《新唐书·李白传》)

李阳冰为当涂令，白依之。代宗立，以左拾遗召，而白已卒，年六十余。(《新唐书·李白传》)

禄山之乱，玄宗幸蜀，在途以永王璘为江淮兵马都督、扬州节度大使，

①《汉唐秘史》卷二。

②(清)陆纶纂:乾隆《太平府志》卷三十九,《中国地方志集成》(安徽府县志辑37),江苏古籍出版社1998年版。

白在宣州谒见，遂辟为从事。永王谋乱，兵败，白坐长流夜郎，后遇赦得还，竟以饮酒过度，醉死于宣城。(《旧唐书·李白传》)

观此处“（玄）帝欲官白”，玄为水，是其喜神，故玄宗欣赏李白，而杨贵妃“辄沮止”，妃为巳火，同样，李阳冰之阳、宣州之日皆是火，火克金，故李白一沮于杨贵妃，二沮于宣州之王璘，三丧于宣城之李阳冰。《旧唐书》言李白死于宣城，不言死于当涂，一是因为唐朝时当涂隶属于宣城，二是宣、阳、妃性质相同，反映了李白的性理特点。

四、李白诗歌中的金水意象

据上分析可知，李白命理以金为本体，以水为喜神，以木为用神，以火为忌神，其诗歌创作也大量反映了这一点：

（1）长风破浪会有时，直挂云帆济沧海。（《行路难》，浪、济、沧海是水）

（2）抽刀断水水更流，举杯消愁愁更愁。（《宣州谢朓楼饯别校书叔云》，水、流是水。愁为秋，五行属金，心五行属火，火克金，故曰愁）

（3）燕山雪花大如席，片片吹落轩辕台。（《北风行》，雪为水，花为木，落为木有水，北为水）

（4）天生我材必有用，千金散尽还复来。（《乐府·将进酒》，天一生水，材是木，酒是金水）

（5）君不见黄河之水天上来，奔流到海不复回。君不见高堂明镜悲白发，朝如青丝暮成雪。（《乐府·将进酒》，黄河之水，奔流，海。白五行属金。青丝五行属木。暮为木、火。雪是水，酒是金水）

（6）人生得意须尽欢，莫使金樽空对月。（《乐府·将进酒》，金樽为金、木）

（7）两岸青山相对出，孤帆一片日边来。（《望天门山》，青山五行属木，日是火，构成木火意象，景观虽是壮烈，但孤帆一片说明日非所喜之神）

（8）孤帆远影碧空尽，唯见长江天际流。（《黄鹤楼送孟浩然之广陵》，长江、天际流，水）

（9）飞流直下三千尺，疑是银河落九天。（《望庐山瀑布》，飞流，银河是金水）

（10）三山半落青天外，二水中分白鹭洲。(《登金陵凤凰台》，二水，白五行是金，洲中有水)

（11）凤凰台上凤凰游，凤去台空江自流。(《登金陵凤凰台》，游、江、流为水）

（12）青山横北郭，白水绕东城。此地一为别，孤蓬万里征。浮云游子意，落日故人情。挥手自兹去，萧萧班马鸣。(《送友人》，青山、横是木，北郭是水，白水是金水，东城是木土，浮云、游子是水。落日有水、木、火，萧萧是木，马是火，孤蓬是木，征五音是火，乃木生火，描述了离别之苦。“此地一为别，孤蓬万里征”，“挥手自兹去，萧萧班马鸣”表明金水有意，木火无情。）

（13）山随平野尽，江入大荒流。(《渡荆门送别》，江、流为水）

（14）平林漠漠烟如织，寒山一带伤心碧。(《菩萨蛮》，漠漠、寒山五行为水）

（15）我寄愁心与明月，随风直到夜郎西。(《闻王昌龄左迁龙标遥有此寄》，愁为秋，夜郎西，五行为金）

（16）桃花潭水深千尺，不及汪伦送我情。(《赠汪伦》）

（17）白发三千丈，缘愁似个长。(《秋浦歌》）

（18）何日平胡虏，良人罢远征。(《子夜吴歌》

（19）举杯邀明月，对影成三人。(《月下独酌》）

（20）两岸猿声啼不住，轻舟已过万重山。(《早发白帝城》）

（21）宫女如花满春殿，只今惟有鹧鸪飞。(《越中览古》）

（22）今人不见古时月，今月曾经照古人。(《把酒问月》）

（23）安能摧眉折腰事权贵，使我不得开心颜。(《梦游天姥吟留别》）

（24）床前明月光，疑是地上霜。(《静夜思》）

（25）郎骑竹马来，绕床弄青梅。同居长干里，两小无嫌猜。(《长干行》）

（26）半壁见海日，空中闻天鸡。(《梦游天姥吟留别》）

（27）众鸟高飞尽，孤云独去闲。(《独坐敬亭山》）

（28）弃我去者，昨日之日不可留，乱我心者，今日之日多烦忧。(《宣州谢朓楼饯别校书叔云》）

（29）蓬莱文章建安骨，中间小谢又清发。(《宣州谢朓楼饯别校书叔

云》）

（30） 三杯吐然诺，五岳倒为轻。（《侠客行》）

（31）黄金白璧买歌笑，一醉累月轻王侯。（《忆旧游寄谯郡元参军》）

（32）乍向草中耿介死，不求黄金笼下生。（《设辟邪伎鼓吹雉子斑曲辞》）

（33）大鹏一日同风起，扶摇直上九万里。（《上李邕》）

（34）十步杀一人，千里不留行。（《侠客行》）

（35）呼儿将出换美酒，与尔同销万古愁。（《乐府·将进酒》）

（36）黄河捧土尚可塞，北风雨雪恨难裁。（《北风行》）

（37）黄河西来决昆仑，咆哮万里触龙门。（《公无渡河》）

（38）有长鲸白齿若雪山，公乎公乎挂罥于其间！箜篌所悲竟不还。（《公无渡河》）

（39）秦王扫六合，虎视何雄哉。（《古风其三》）

（40）玉阶生白露，夜久侵罗袜。（《玉阶怨》）

（41）三川北虏乱如麻，四海南奔似永嘉。但用山东谢安石，为君谈笑净胡沙。（《永王东巡歌其二》）

（42）剑阁峥嵘而崔嵬，一夫当关，万夫莫开。（《蜀道难》）

五、青山之阳

> 白晚好黄老，度牛渚矶至姑孰，悦谢家青山，欲终焉。及卒，葬东麓。元和末，宣歙观察使范传正祭其冢，禁樵采，访后裔，惟二孙女嫁为民妻，进止仍有风范，因泣曰："先祖志在青山，顷葬东麓，非本意。"传正为改葬，立二碑焉。（《新唐书·李白传》）

人之老也，血气既衰，当以遵养为主。李白本体属金，养金者土也。"黄"是土的五行之色，"老"上为土，因此这里讲"晚好黄老"含有土生金之义，同时也预示了李白即将死亡、入土为安之义。前面说过，牛渚矶是金水之义，姑孰即姑孰溪，也指水，而青山五行为木，此乃水生木，是喜用之神，故曰"悦谢家青山"，"志在青山"。始葬"东麓"，后改葬青山，东麓与青山的五行都是木，二者之别也就是李白"悦谢家青山"，关键是"谢家"，反映了以下内容：

（1）“谢家”即谢朓，《说文解字》曰：“晦而月见西方谓之朓。”李白之名取自太白金星，五行方位在西。可见，二人姓名皆与西方有关。谢，《说文解字》为“辞去”，符合李白“终焉”之意。可见，“谢家”二字体现了李白的本体与终极关怀。

（2）谢朓是南齐一代诗豪，《南齐书》曰：“二百年来无此诗”，“齐世莫有及者”，而李白也是一代诗仙，所谓同声相应，同气相求。《太白墓诗》曰：“乾坤无事入怀抱，只有求仙与饮酒，一生低首为宣城，墓门相对青山青。”①

唐范传正为李白迁葬“青山之阳”。范氏的《新迁李白墓碑》：“公名白，字太白，其先陇西成纪人……凉武昭王九代孙也，隋末多难，一房被窜于碎叶，流离散落，隐易姓名……公之生也，先府君指天枝以复姓，先夫人梦长庚而吉祥名之与字，咸所取象，受五行之刚气……时长江远山，一泉一石，无往而不自得也。晚岁渡牛渚矶，至姑孰，悦谢家青山，有终焉之志，盘桓利居，竟卒于此……相地形，卜新宅于青山之阳，以元和十二年（817年丁酉）正月二十三日迁神于此，遂公之志也。”②范传正，《旧唐书》曰：“字西老”，“时游西边”，“著《西陲要略》”，说明与李白的性理有共同点，故有迁葬之举。青山五行为木，是李白的用神，但“青山之阳”是木生火，况墓前立二碑，有二孙女，二是火数，是李白的忌神，故迁葬阳地是一个错误的决定。迁葬后不久，范传正“以风恙卒”。风为巽为木，恙为心为火，也是木火五行。

总之，李白“悦谢家青山”和“及卒葬东麓”体现了李白的性理特点。在此意义上说，诸如李白的感孕、出身、李阳冰、当涂、牛渚矶、姑孰、酒、水等都是李白性理的象征，也是李白文学意象的可圈、可点、可爱之处。

---

①《当涂县志》不分卷《艺文志》。

②《太平府志》卷三十九。

第十二章 广德民间信仰

第一节 祠山大帝

广德历史上的民间信仰莫过于祠山大帝。《广德州志》曰："祠山庙在州西五里衡山麓，神姓张名渤，吴兴人，一云武陵龙阳人，生西汉末。游苕霅之间，久之，欲自长兴之别溪凿河至广德以通舟楫，工役将半，遂遁于横山，人立祠祀之。其神最灵，水旱有祷辄应，又有埋藏之异，又云神雀中礼斗横山，遂为立庙，有弥灾捍患功，历代封赠。"①

《宋史》曰："（广德）郡有祠山庙，岁合江淮之民祷祈者数十万，其牲皆用牛，郡恶少挟兵刃舞牲迎神为常，斗争致犯法。"②

宋明《祠山事要指掌集》曰："祠山，广德福地也，其祠古，其神为最灵，是故兴于汉，显于晋唐，赫奕于五季宋元间"，"祠山香火遍天下，海内之祈向者无虚日，每春仲诞辰，办香骏奔者肩摩踵接，不绝于道，虽遐陬僻壤，小夫贱隶，莫敢不来享来王。"③

清朝《祠山志》曰："祠山血食由汉至今，王爵既崇，阴功益大，吏民奉祀惟谨。每岁春二月、夏五月，王与群公过东庙，守丞以下送迎酌献，无不致恭。每月二日谓之上衙，守率其属诣庙酌献，十六日谓之下衙，邑宰率其僚如上衙礼。旧时国家时分御座之香，遣卿监郎官祷谒，四方万里皆奔走奉祀，凡行旅之出途亦必进礼而去。"④

《江南通志》曰："（广德）郡有祠山庙，夙称灵应，江淮之民诣祷者率

---

①《广德州志》卷十三《坛庙》。

②《宋史》卷四百三十八《黄震传》。

③（宋）周秉秀撰：《祠山事要指掌集》卷一，明宣德八年抄本。

④（明）濮阳春撰：《祠山志》卷六《埋藏》，光绪十二年刻本。

身撄桎梏，自行笞掠以徼福利。”①

第二节　祠山神会

旧时广德民间喜迎神赛会，《广德州志》曰：“俗信巫而尚鬼”，“其民喜迎神赛会”，“迎神赛会，赶集开场，无月不有。神会渠率指名科敛，赛会之日发屋伐树，莫之敢止。会内神器价债上下交代，稍有不清，群坐逼迫……至信鬼佞神，桐虽不至如贡令所云之侈靡，然轮值会首，迎神至家，祭赛浃旬，积习相沿，亦尚不免闻，更有崇奉一金脸宝藏交代者。”②

祠山会是其一，每年于张渤诞辰二月和五月举行，规模盛大。民国《祠山小志》曰：“粤稽《周礼》有大傩之文，可见民间岁时报赛扮衍故事固王政之所不禁也。我州祠山真君风马霓衣，屡显威严之象，因而云旂王仗，各伸如在之诚，生辰及出游诸会由来旧矣，乃自咸丰初年会渐不能如前，迨遭兵燹而此礼遂止，计今已阅二十余年，议者谓以会之盛衰可觇地方之兴替焉。迩年来，岁稔时和，蝗不为害，州人士眷念神力，遂群思赛会以表敬忱，且藉以驱除疫疠，各坊聚议无日无之。适光绪五年（1879年）奉旨加封灵佑徽号，合郡绅士商民遂奉神至东郊接诏，不期而至者二十余处，鼓乐铿锵，旌旗焕彩，各执事斗胜争妍，几于万人空巷，而市廛安堵，灾疠潜消，无不欣欣焉有喜色，因公议以后每年准定二月十二日出巡。”又曰“祠山灵应久矣，乡民报赛无虚日，香火之盛甲于东南。”③《广德州志》曰：“张真君妃旧立庙于东门外里许。每岁二、五月，州民迎真君辇入东庙会昭妃，必盛陈旗鼓，扮故事，谓之赛会，其费甚靡。嘉靖四年（1525年），判官邹守益迁妃西庙，后遂合祠焉，本庙遂废。后州民复买东空基，立昭妃庙，迎神赛会一仍其初，万历十五年（1587年）知州陆长庚重修，名祠山行宫。明夏良心《重修祠山行宫记》云，每春中八日，郡氓舆神出广惠下行宫为会，宴娱胪欢以迓蕃厘，至夏中八日复殿，属者用禁中辍。”④清《祠山志》曰：“祠山之会甲胜东南”，对神会有详细的记载：

①《江南通志》卷一百十八。

②《广德州志》卷二十四《风俗》。

③（民国）钱文选纂：《祠山小志》卷一《报赛纪事》，民国铅印本。

④《广德州志》卷十三《坛庙》。

祠山生辰先十有二日(正月大则以二十九日,月小则以二十八日),过圣妃庙,县令诣祠山告神驾兴,乃备法杖辂,王及妃、二夫人、王子一王四公、王女、王孙,自西徂东,旗旄晻蔼,铙鼓喧彻,僧尼道俗,妓乐百戏,迤逦前导,守丞而次,拜逆于郡西门之内。既至,作老释道场,昼夜不绝。仲春二日妃诞辰(二月初二)设大斋会,守丞以次诣庙酌献。又越六日还西祠,守丞而次,复逆于东门,过郡厅,大合乐具。五献,复至西门内,送如逆礼。既还,安奉神位老释道场,视妃庙为盛。正诞日,守丞而次诣庙,酌献毕,诣天宁寺,请住持僧升座祝香,然后退。会首就寺,设无碍斋,僧俗至者以万计。有为僧衣、道具、佛像、经卷之属数千事,使僧道探筹得之,名曰抽拈。自岁首至是,献技艺者无虚,士庶贵贱,祈谢如织,远近辐辏,车步客馆,溢无所容,凡以类聚。神头主之,神头者,其首也,背负金屋,置圣像其中,谓之金案。有大者则舁而至,其下有小节级者,数人持彩帜书曰某社某会某行,鸣锣迎于数里外,至则陈香火于案前谓之立案。门植布牌,长一二丈,或三四丈,择日以次诣祠下献。有膳服宝玉玩好幡幢货贿焚之者曰火献,牵羊曰生献,既烹曰熟献。社有七宝,同声同文,广福、庆福、杂班、律华,嘌唱遏云。齐云大乐、清乐、杂剧、鼓板、花果、冠梳、神鬼、百戏、相扑、踢弄、枪棒、弩子、烟火、刀镊、医卜、雅韵、云水礼拜、□马行。有金银香、药食饭、枣面面、茶酒、香烛、商贾、漆器、双线针行、轿行、手作工巧会。有豪阁高者数丈,或为诸史故事,或为释老因缘。有马骑,亦为前代名将故事。老人则有老人会,小儿则有童子会,亦各有名,如小罗汉、子孙堂之类皆是也。夜则有冥司枷锁,又有水陆瑜伽,斋灵宝醮(又有观音、法华、楞严等经,谓之同庆。自过东庙至正诞辰,排日修设。又有广庆会,士夫为之,以合殿圣像或绣或绘者抽拈),茶汤普设,香花罗列。社会亦各有抽拈,各有部署。其角胜负者,胜则有旗帐、名牌、金帛,负亦得缯彩、下山钱。有杂手艺者,或男子,或妇人,各献其能,大抵盛丽幻巧,洞心骇目,皆天下绝艺,率至郡阶。惟烟火谓之凝辉,社会首出利物,赛于郡庭之下,部署者一人,喝赛以赏罚多寡为优劣。既毕,当庭取利物而去,以革纷争,其来有年矣。又有夜游宫以回殿,夜归则神驾,遍装奇巧花烛,前后导从灯烛无算,望之如满天星斗移下人间,至庙则骎骎乎东方之白矣,然此会近始创也。凡祈谢者既献,掷杯珓得吉,则以酒酬纸钱灰涂神头者之面,一社哗欢,鼓吹以归,饮福而散。神头每岁一更,辄转授以金案,岁率为常。乡民炷香者各买小旗,上述神赐吉庆等语一二字或三四字,插之首上而归,远方豪家巨室、富商大贾、百工技艺之人祈谢而归者亦各贯大旗插之担头以彰神赐。其他不可胜纪,此其大略也。[①]

《广德州志》对祠山神的官方祀典也有记载，一般定在每岁春秋二仲月上戊日，“祠山张大帝庙，每岁春秋二仲月上戊日祭山川社稷坛毕。知州率僚属穿蟒袍补服致祭，至庙各就位迎神，行二跪六叩首礼并兴，承祭官诣案前拈香，香三上，跪奠帛，连献三爵，俟读祝文毕，叩兴复位，各官再行二跪六叩首礼，彻馔，送神，焚祝帛，承祭官望燎，礼毕退班。案《祠山事要》纪梁天监五年（506年），武帝感蒋山神梦祷雨获应，谢以圭璧，自是以后历代递加封号，遣官致祭，宋列入祀典。明太祖定鼎金陵，立庙于鸡鸣山之阳，又岁遣官诣州行香，后以扰民罢，更为春秋二祭。”[②]从上文神会时间来看，官方春祭与民间二月神会是一致的，夏季五月的神会根据文中所言应与“大傩”和“驱除疫疠”相关。每次神会规模盛大，既有游神和朝圣活动，又有戏剧、杂要等娱乐节目，娱神兼娱人，是由官方主持的、群众广泛参与的一场文化娱乐盛宴。

第三节　二月八日诞辰与祠山大帝命理

民间传说祠山大帝的诞辰有二月八日和二月十一日两种。相应地，其传说也有两个版本。

明代《吴兴备志》曰：

张秉，武陵人，一日行山泽间，遇仙女谓曰：“帝以君功在吴分，故遣相配长子，以水德王其地，约逾年再会。”秉如期往，果见前女，归之曰：“当世世相承，血食吴楚。”后生子渤为祠山神。神始自长兴，自流圣泽，欲通津广德，便化为豨，役使阴兵。后为夫人李氏所见，工遂辍，故避食豨。湖州人事广德张王者，不食猪肉，言张王曾现身为猪，故并刚鬣一牲避之，不敢以祭，亦不敢食。广德州横山有庙志，云生西汉末，游苕霅之间，夫人李氏亦有昭妃庙，至今香火甚盛，以二月八日生辰，先一日必多风，后一日必多雨。俗人相传以为神请其夫人之小姨饮酒，故加以风雨欲视其足也，可谓渎神矣。然至今此日风雨甚验，亦异事也。又有埋藏之异，是日土人杀牛祀之，

①《祠山志》卷五《生辰》。

②《广德州志》卷二十三《祭祀》。

坎其庭中，以所祭牛牲及器皿数百瘗于坎中，明日发视之，空坎一无所有。[1]

民国钱文选的《祠山灵应说杭州》曰：

西湖霍山旧有广惠庙，宋仁宗康定元年建，以祀广德王张渤者，递代褒封，二月八日为其生辰，倾城士女集焉。[2]

《广德州志》曰：

二月八日为桐江张王生日，前后必有风雨，俗云请客风、送客雨，正日谓之洗街雨，初十日谓之洗厨雨。俗谓有风雨及微雪者谓之做生日，主岁丰，是日多寒，故谚云二月初八，冻鱼冻肉。又云祠山诞辰，东南风谓之上山旗，主水，西北风谓之下山旗，主旱，以是日必有风雨，故俗号云云。州人又谓祠山诞辰系二月十一日，故远近进香之人自初八日为始纷还而来，过二十日始渐止，而尤盛于十一日。[3]

以上故事是将二月八日作为祠山神的诞辰，这与二月八日的天文气候和张渤的神性有关。民间传说张渤化身为猪，猪对应于亥月，亥月天气严寒，二月八日的气候与其相似，如“谚云二月初八，冻鱼冻肉”，“是日多寒”。又曰“以二月八日生辰，先一日必多风，后一日必多雨”，说明二月八日前后凡三日，有大风雨。明《山堂肆考》有“豨浴天河”：“黄子发《相雨书》四方北斗无云，惟天河中有云三枚，相连如浴豨，三日必大雨。《述异志》夜半天汉中有黑气相连，俗谓之黑猪渡河，雨候也。”[4]说明天文上有“黑猪渡河”，“三日必大雨”之说。祠山神曾化身为豨，因此民间将他与天河中的浴豨联系到一起，将出现此天气特征的二月八日作为祠山神的生辰。又云“俗人相传以为神请其夫人之小姨饮酒，故加以风雨欲视其足也”，这是对二月八日命理的演义。按明代《三教源流搜神大全》云神生于“西汉神雀（爵）三年”，换成干支即是壬戌年，癸卯月，戊寅日。根据唐宋以来的命理知识，命主戊土生于卯月，日宫坐寅，俱是旺木之地，戊土虚弱，当以印火为喜用。火于卦

① （明）董斯张撰：《吴兴备志》卷十四，文渊阁四库全书本。

② 《祠山小志》卷上《祠山灵应说杭州》。

③ 《广德州志》卷二十四《节序》。

④ 《山堂肆考》卷四。

象为离为中女，也就是说，命主喜欢年轻的女子。再看日宫坐寅，月卯为桃花，命主犯桃花煞，《三命通会》曰："寅午戌，卯；巳酉丑，午；申子辰，酉；亥卯未，子，即长生第二位沐浴之宫是也，一名败神，一名桃花煞，其神主奸邪淫鄙，如生旺则美容仪，耽酒色，疏财好欢。"[①]再看八字中有癸、壬，"我克者为财为妻"，"正财为妻，偏财为妾"[②]，命主戊土以癸水为妻，以壬水为妾，又犯桃花煞。壬癸同类，因此民间创造出"神请其夫人之小姨饮酒，故加以风雨欲视其足"之神话。酒是色媒人，风雨即云雨，"欲视其足"，皆是二月八日命理犯桃花煞的产物。

上述神话故事是建立在二月八日基础上的。另据嘉庆六年（1801年）施泽宏《重修乌祠殿记》言："西汉神爵三年（公元前59年）二月十一夜半生，俗传二月八日诞辰者未确也。"[③]下述神话故事即是根据二月十一日的命理进行创造的结果。

第四节　二月十一日诞辰与祠山大帝命理

历来对祠山大帝的本生故事记载比较可靠的是唐颜真卿的《横山庙碑》、北宋末常安民的《灵济王行状》以及南宋嘉泰年间詹仁泽、曾樵编纂的《世家编年》。从它们的内容看，后两篇基本上都是对《横山庙碑》的重复。但前两篇都没有记载祠山的诞辰，到《世家编年》的时候突然出现了"神爵三年（公元前59年）二月十一日夜半"诞辰的记载，由此判断这一诞辰应是南宋时人所作。明代的《搜神记》对以上故事作了进一步的整合，现录之如下：

> 祠山圣烈真君姓张讳渤，字伯奇，武陵龙阳人也，父曰龙阳君，母曰张媪。其父龙阳君与媪游于太湖之陂，正昼无见，风雨晦暝，云盖其上，五祥青云，雷电并起，忽失媪处，俄顷开霁，媪言见大女谓曰："吾，汝祖也。"赐以金丹，已而有娠，怀胎十四个月，当西汉神雀(爵)三年二月十一日夜半生。长而奇伟，宽仁大度，喜怒不形于色，身长七尺，隆准美髯，发垂委地，深知水火之道。有神告以地荒僻不足建家，命行，有神兽前导，形如白马，其声如牛，遂与夫人李氏东游吴会稽，渡浙江至苕云之白鹤山，山有四水会流其

①《三命通会》卷二《论咸池》。

②《三命通会》卷七《论六亲》。

③ 光绪《宣城县志》卷三十《艺文》。

下，公止而居焉。于白鹤得柳氏，于乌程桑丘得赵氏为侍人，王九弟、五子、一女、八孙。

始于吴兴郡长兴县顺灵乡发迹，后阴兵自长兴荆溪疏凿圣渎，长十五里，岸高七丈至十五丈，总三十里，志欲通津于广德也。复于后村毕宅保小山枫树之侧为挂鼓坛，先时与夫人李氏密议为期，每饷至，鸣鼓三声，王即自至，不令夫人至开河之所。厥后因夫人遗飧于鼓，乃为乌啄，王以鸣鼓而饷至，洎王诣鼓坛，乃知为乌所误。及夫人至，鸣其鼓，王反以为前所误而不至，夫人遂诣兴功之所，见王为大豨役阴兵开凿渎河。王见夫人，变形未及，遂不与夫人相见，圣渎之功息矣，遁于广德县西五里横山之顶。居民思之，立庙于山西南隅。夫人李氏亦至县东二里而化，时人亦立其庙。圣渎之河涸为民田，即浴兵池为湖，灌溉濒湖之田仅万顷，挂鼓之坛禽不敢栖，蚁不敢聚云。唐天宝中祷雨感应，初赠水部员外郎，横山改为祠山，昭宗赠司农少卿，赐金紫，景宗封广德侯，南唐封为司徒，封广德公，后晋封广德王，宋仁宗封灵济王，至宁宗朝累加至八字王，至理宗淳祐五年改封正佑圣烈真君，至咸淳二年十二月十二日准告加封正佑圣烈昭德昌福真君。[①]

上述感生神话提到张渤父母游于“太湖之陂”，“风雨晦暝”，“雷电并起”，“长而奇伟，宽仁大度”，“身长七尺，隆准美髯”，部分抄袭了西汉刘邦的感生故事，《史记·高祖本纪》曰：“其先刘媪尝息大泽之陂，梦与神遇。是时雷电晦冥，太公往视，则见蛟龙于其上。已而有身，遂产高祖。高祖为人，隆准而龙颜，美须髯。仁而爱人，常有大度。”唐张守节的《正义》注曰：“帝刘季口角戴胜，斗胸，龟背，龙股，长七尺八寸。”[②]可见相同之部分，这也是后世将张渤的诞辰定在西汉的原因。

据上可知，张渤生于“西汉神雀（爵）三年（公元前59年）二月十一日夜半”，根据汉武帝所制太初历以正月建寅为岁首和神爵三年“二月辛未朔”，推其八字是壬戌、癸卯、辛巳、丁亥，后天大运甲辰、乙巳、丙午、丁未、戊申、己酉、庚戌、辛亥、壬子。命主为辛巳，辛为金，辛巳纳音也是金，故云其母有神赐以金丹而孕。壬、癸、辛为三奇，子为天乙贵人，《三命通会》曰：“辛壬癸为水奇，谓之人间三奇。凡命遇三奇，主人精神异常，襟怀

① 《搜神记》卷二，《正统道藏》第36册。

② 《史记》卷八《高祖本纪》。

卓越，好奇尚大，博学多能，带天乙贵者，勋业超群。”[①]又曰：“辛巳金为自生学堂，具英明瑰奇之德，秋冬得力十全，春夏七凶三吉，入贵格则主学行英伟，致身清贵，常怀济物之心。”[②]故《搜神记》说他“长而奇伟，宽仁大度”“赠水部员外郎”。《祠山事要指掌集》曰：“庙中有新碑，其旁刻云王在汉朝将兵，凯旋学道于九江梅仙，功成仙去，隶斗阙下，为天门右神。天门属亥属豨，人畏触，避弗食。今梅仙法中主将水部判官即王也，成道之所传醮斗仪即梅仙所授也，部下丁壬二使即斗阙水火二将也。”[③]丁壬为其八字中的二字，水火二将即水火之道。

命主辛金生于二月，正是木旺金弱之时，又有壬癸子水泄金之气，故命主极弱，表现为“喜怒不形于色”，因此必须取土生金，以土金为用神。但时逢二月，木旺土虚，土不能生金，故“有神告以地荒僻不足建家，命行。”也就是说命中缺土。缺土卦象为坎，《汉书》曰：“于易坎为豕，豕大耳而不聪察，听气毁，故有豕祸也。”[④]后化为豨，即豕也。命中有壬、癸、亥水以泄其气，又有巳中丙火临身克制，故《搜神记》说他“深知水火之道”。“发垂委地”是说辛巳，辛为天干，代表命主，“巳”的古体字与垂发相似，且是地支，巳中有戊土，故曰“发垂委地”。

命学上以我克者为妻，我生者为子。命主辛金，所克者木，所生者子，二者相加即妻、子，亦即“李”字，是为李夫人之由来，实际上是命主八字月支卯木和时支子水的演义，是命主辛巳左右之物，象征家庭，故在张渤的神话故事中占据了重要的位置，以至广德民间为其建圣妃庙，每年游神出会都要把她与张渤放到一起。以上传说是对张渤生于二月十一日命理的演义。

后与夫人东游至白鹤山以及为大豨役阴兵开凿渎河，又是对其后天大运的演义。其人生第一运是甲辰运，辰在东方，故曰东游。乙巳、丙午、丁未运走南方，乃与天上柳宿相应，《大易象数钩深图》曰：“柳宿之度实通三辰”[⑤]，即巳、午、未。同时，南方于四方神中为朱雀，为离明之象，故曰：“于白鹤山得柳氏为侍人”。鹤、雀同类，鹤由雀和鸟构成，雀为南方之火，

①《三命通会》卷三《论三奇》。
②《三命通会》卷一《释六十甲子性质吉凶》。
③《祠山事要指掌集》卷七《正讹》。
④《汉书》卷二十七《五行志》。
⑤(元)张理撰:《大易象数钩深图》卷下《丰日见斗之图》,文渊阁四库全书本。

于八卦为离，象物为中女。鸟为男性生殖器，左边加又即是鸡，是辛对应地支酉之禽象，因此雀与鸟之结合乃女色伐性之义，此以柳氏为象征。柳为卯木，乃木生火攻身，为命主所忌。

之后是戊申、己酉、庚戌，运走西方。西方天文对应地理为赵国，《汉书·天文志》曰："参为赵"，"毕、昴，赵也"，故曰："于乌程桑丘得赵氏为侍人"。南方为离明之象，天色大白，地气上升于天，故言"白"和"柳"宿；西方日沉，天色渐暗，天气下行于地，故以"赵"和浙之"乌程"为喻。桑为木，丘为土，木克土，使土不能生金。木为命主辛金之妻，这里指赵氏，同样含有女色伐性戕生之义。

之后是辛亥运，亥为水泄金，且与巳相冲，故死于亥。亥于禽为猪，故云变形为"大豨"。亥水五行色黑，故民间为避讳，"呼猪而曰乌羊"，乌即黑色，实是死于亥运的演义。亥为北方阴寒之地，《三命通会》曰："癸亥为玄武之神"，玄武在道教中是武将，故曰"役阴兵"。死前有乌啄鼓，乌即乌鸦，江南民间一般以乌鸦为不祥之鸟，故乌啄鼓是通知、预告死亡之义。至此，其八字中已有三水（壬癸亥），加上此处的亥水，总为四水，故曰："山有四水会流其下，公止而居焉"。八字中带壬癸辛三奇，是为水奇，故云善于治水，在唐朝被封水部员外郎。

观张渤中年行土金之运，是其命理所喜之神，故事业较发达，晚年走水运，是命理所忌之神，故最终未能挨过亥运，所凿之河流亦终未能贯通。亥在地盘上位于西北，横山也在广德县西北，明濮阳涞《建复横山古迹记》曰："广德南北延袤多高山，东西横窄而平衍，诸山磊落鲜奇秀，独横山附郭西北，昂然中峙，为一郡镇山云。"[①]张渤选择横山作为修道之所，死又葬于此，反映了命理与地理的合一。

因张渤死于亥运，亥禽相为猪，民间为避讳，改称猪为乌羊，并忌食猪肉。宋吴曾《能改斋漫录》曰："由是历汉五代以至本朝，水旱灾沴，祷之无不应，都人以王故，呼猪而曰乌羊。"[②]宋程大昌《演繁露》曰："湖州人事广德张王不食猪肉，言张王曾现身为猪，故并刚鬣一牲避之不敢以祭，亦不敢食。"[③]《广德州志》曰："州人奉神最重祠山，有不食猪肉者，谓之吃祠山

① 《广德州志》卷十三《坛庙》。

② (宋)吴曾撰:《能改斋漫录》卷十八《广德王开河为猪形》,文渊阁四库全书本。

③ 《广德州志》卷二十四《风俗》。

斋。濮阳模有《祠山化豕辩》，谓好事者因《淮南子》禹化熊治水事而附会之，又云相传北斗变形为猪，唐僧一行于浑天寺掩获群豕而北斗遂隐。明徐武功奉斗，合家不食豕肉，及得罪当决，忽大风雷电，有物如豕者七蹲锦衣堂上，因得赦。张真君以礼斗得道，至今横山有礼斗台，然则今之不食豕肉，亦奉真君所奉之斗斋耳。”[①]关于北斗变形为猪，亦即斗与亥的关系见下文分解。

纵观《搜神记》所载张渤的神话故事，实为其一生命运的演义。其中，李氏是生辰八字的演义，东游是早年辰运的演义，柳氏是中年南方运的演义，赵氏是晚年西方运的演义，乌鸦和大豨是暮年北方运的演义。该命喜土、金，而忌水、木和火。河流是水之表现，故治河以疏水患。木火是女色之表现，故与夫人密议至期，两者贯穿于故事的始终，奈何愿与命违，最终还是死在其中。

命喜土金，《搜神记》说他“遁于广德县西五里横山之顶”，而“居民思之，立庙于山西南隅”。西方五行为金，五是土数，西南是金临官之地，又是坤土所在之地，故“县西五里”和“山西南隅”为土金之义，是其命中所喜之神。而夫人李氏“亦至县东二里而化”，东为木，二是火数，故“县东二里而化”是木生火，是其命运所忌之神，为夫人之象征，故立李氏庙于县之东面，与县西南祠山大帝庙相对。祠山本名横山，横为木为黄，黄是土的五行之色，横中有木克土，故后改为祠山。

《搜神记》还说他有九弟、五子、一女、八孙。九是金数，五是土数，故九弟、五子是取土金之义。土金既为喜用，自然多子多孙，故孙子有八，八是象征性符号，含八方之义。女性为水，《易经》曰：“天一生水，地六成之”，取其生数，故女儿只有一个。《搜神记》讲王九弟、五子、一女、八孙，其中九与四对，五与十对，一与六对，八与三对，唯独没有二与七。刚才说了，二和七是火数，是命主辛金的克神，故不见于亲人之列。

可见，命主死后的造神也是根据其生辰八字展开的。只有抓住了祠山神的生辰八字，才能正确理解其神话故事的内涵。

清代有人对张渤的神话故事提出质疑，康熙五十二年（1713年）吴宁谧的《祠山辨》曰：

---

①《广德州志》卷二十四《风俗》。

祠山大帝相传以为汉人云，或曰夏禹王时人也，考之经史实无明文，故论者不一其辞。好事者刊刻成书，曰《显应集》，曰《世家编年》，曰《指掌集》，前二书无传本，今在庙者惟一《指掌集》，然三书之根柢已备于此。尝翻阅全本，不可卒读，盖荒诞不经，率多矫诬而假文人学士以文其陋，是敬神实以渎神也……载埋藏事，殊涉神奇，无非侈人功，惊听闻，姑不辨其荒诞……第谓之有神则可，谓神之生有乡贯，有年月日时则何据也？谓神有姓名有眷属犹之可也，谓神变形开河，惭对妃面，种种亵语，讵不慢且渎也……礼斗，道教也，唐宋以后之事，神生汉神雀(爵)间，曷尝有此？若谓神必以礼斗成功则非汉人矣……至佐禹治水之说，又不知何以迁就，禹王距汉宣帝时二千年而谓佐禹治水，虽愚者亦知其不相及。[1]

光绪年间朱立襄曰：

祠山化豨凿渎说者，谓其本《淮南子》所称禹化熊通轩辕路，涂山氏见而惭之之事，以傅会于祠山尔。立襄窃以为化熊化豨，大率其先皆播之俚传，自《淮南子》与志祠山者得之，或以矜其博识，或以侈夫神奇，虽齐东之语偶合而其实非，故相师放也。夫禹总百揆而乏人馈饷，役及孕妻，思之尤堪捧腹，然而洪水滔天，怀山襄陵，若全恃人力，恐难措手，《岳渎经》云命庚辰锁支祈者，当不尽诬也。兹者圣渎之开，既曰神功，神踪倏忽，何须馈饷？神本通灵，何用鼓报？没后乌不栖坛，生时讵敢啄鼓？渎旁岂无行路？窥形乃独夫人？固宜为识者所哂矣。唯是峙流本性，地脉攸关，果其神欲以人胜天，谋泽斯民？圣渎之废，或者天啬其功，冥冥中有沮之者？与挂鼓之坛，将毋为号令阴兵之处欤？是诚未可知也。考古者揆以理之所或有，而裁其理之所必无，其可哉。[2]

民国钱文选的《祠山辨》则持相反的观点：

一般少读古书者不知以往之历史，又未闻化身之事，动以迷信目之，乌乎可？祠山神两千年来历代帝王加以封号，褒扬备至，多少名人学士之歌咏流传至今，何可以一孔之见轻信他人之说，妄加断定为乌有？况神灵莫测之事见之于诗书，古今载籍之有据，五教司经之可信，合国信仰宗教之诚笃，张真君聪明正直之英灵与仙佛同为不可思议，吾何敢附和一孔之士，一

①《祠山小志》卷上《吴氏祠山辨》。

②《祠山志》卷三《行状》。

切归诣乌有？吴氏之说，虽不无可采，究属经生之见，狃于一偏，诚恐开慢神轻佛之端矣，失默化潜移之效，关系人心实非浅鲜。[1]

上述三人对祠山神话的观点迥异，吴宁谧和朱立襄生活于清代，受考据学的影响，追求事物的真实性，其实没有搞清楚这些神话的诞生机制是性命义理之学。从学术范畴看，考据学是汉学，性命之学是宋学，钱文选的观点近乎宋学，治学方法不同，因而持相反之观点。

第五节　埋藏之异与祠山大帝命理

历史上广德民间盛传埋藏之事。明代《吴兴备志》曰："（祠山）有埋藏之异，是日土人杀牛祀之，坎其庭中，以所祭牛牲及器皿数百瘗于坎中，明日发视之，空坎一无所有。"[2]清《祠山志》曰："桐川祠山、新安云岚皆有埋藏会，或以为异。康植守广德不以为信，至用郡印印其封，翌日发视无有焉，或以所见异，恐未必然。余按《周礼》以狸沈祭山林川泽，注祭山林曰狸，川泽曰沈，然则尚矣。蹇忠定公云雷之布鼓、登之鬼市、河源地邱之神债、广德祠山志埋藏，是谓天下四异，非妄传也。"[3]南宋《祠山事要指掌集》曰：

> 广德瘗祭为天下第一，每岁瘗藏，既得吉日，乃立旗卜地于献殿之庭，或于庙东门楼内碑亭之左右穿治方泽各五尺。是日也，烹太牢，洁粢丰，盛嘉栗旨酒，列位三百六十，具祭器、髹制、瓷缶，何啻千数。其夕邑宁，蛊其事既竣，悉力士舁几，凡饮食器皿、动用，就坎而瘗焉，不遗毫末，一啜之饮，一箸之器，无敢窃取者。瘗已，幕以太牢之皮，覆箔反土而平治之，土不见其赢或加缩于初。今观庭下之地逦美，庙东门楼左右之地各不逾十丈。姑以耆旧所见一甲子之年，一年之内瘗者或一或再，或至于三四，能倍徙其地十之百之不足及。夫越一年、二三年，卜地有得于已穴之处者即之空空，然旁所有给坎千之而有余，皆曰牲羞熟物易败也，器出析木亦易败也，舜陶般甓者岂返其真若是之速耶？以此观之，盖由山川清淑之气之所钟，神灵之所助以速幻，有而无际，空而实极，天下之灵异焉。其余什物事件另开于右

①《祠山小志》卷上《钱氏祠山辨》。

②《吴兴备志》卷十四。

③《祠山志》卷六《埋藏备考》。

方，后之人士欲知埋藏之事迹者，即当视此以广其博。

又曰：

每岁仲春之诞日四方皈敬，炉熏不绝。岁五月例有埋藏祈求秋成，卜日凿地为坎方，深各不逾五尺，祭馔器具悉置其中，随积随化，实以原土，顷刻地平如旧，举世称为神异。①

清《祠山志》曰：

至今州郡只设斋醮，惟县间依旧埋藏，岁岁有之。民户埋藏，县宰监其事，属尉弹压。正日久，例用仲夏下半月，其有特发愿心则月日不拘。凡埋藏之牛，自发愿心日豢养为始，或一二年，或三四年，或五七年，专令一牧者看视，不以耕种。州郡或有祈许，则于岁例还愿醮之外，亦间有埋藏。是日，旗队鼓乐生牵太牢及饮食器皿动用，起自东庙，迎圣妃过西祠，祭毕，明日复送还东庙。每至埋藏时，饮食之外，器皿动用不分大小精粗，至于桶勺、盆钵之属亦皆埋之，瓷缶之器毋虑千计，哗欢为谑，任意抛掷，观者如堵，攒簇其旁，人无损伤，器自入坎方。其祭时虽盛暑，肉不臭腐，蝇蚋不侵。祭虽以太牢其实正殿，圣眷惟以羊肉为馔。乃自二鼓召请天下四方神祇，至四鼓毕。古老相传有落石大王与祠山争庙基，其夜儿曹无数不住唱喊，云不请落石大王，甚者诋骂，及巫祝召请至落石大王，则群儿同声喊云不请。此事虽俚，然其来已久，人所共知。②

《文献通考》曰：

祠山庙在广德军，土人言其灵应，远近多以耕牛为献。③

明代周瑛知广德州时作《祠山杂辩》，对埋藏现象作了比较合理的解释：

按埋本作狸，《周礼》以狸沈祭山川，注云：祭山林则狸之，祭川泽则沈之。是埋藏者，本山泽之祭也，其曰今夜埋藏，及旦皆无有，过言耳。考诸本集志埋藏事，谓坎地深广各五尺，凡祭物皆三百六十，舁置坎中，蒙以太

①《祠山事要指掌集》卷一。

②《祠山志》卷六《埋藏》。

③(元)马端临撰：《文献通考》卷九十《杂祠淫祀》，文渊阁四库全书本。

牢之皮,反土而平治之,土不见赢余,或加缩于初。及久后埋藏,或值其故穴,皆不见其中所有。此说未为无礼,盖土不见赢余者,平治之也。或加缩于初者,物腐而土陷也。久后埋藏不见中所有者,物化也。今盗发古冢,皆不见其中所有者,亦化也。人言地热则速化,埋藏易化,地热故也。道流欲神异之,故为过言以骇愚俗耳。所云本集,盖祠山旧有《指掌集》,良石按而辩之。①

埋藏一事目之神异,其实是对张渤性理以土金为用神的演义。《礼记·祭法》曰:"燔柴于泰坛以祭天,瘗埋于泰圻以祭地",说明瘗埋是祭土神。从上面分析可知张渤本命是弱金,喜土生金为用神。观这里所埋藏之物主要是牛,《黟县志》亦曰:"祠山张大帝,云嗜牛肉"②。牛属丑,五行为土,又为金库,《三命通会》曰:"土旺四季","辰戌丑未土局","丑乃金之库墓"。也就是说,丑牛中有土金,可以补命主土金虚弱之不足,是张渤性理之喜神。人们对所喜之物往往多多益善,故云埋之皆不见而以神异称之。这一点还暗含在张渤眷属以羊祭祀上,"祭虽以太牢其实正殿,圣眷惟以羊肉为馔"。命学上以未羊与丑牛相冲起土局。张渤以牛祭祀,而其眷属以羊祭祀,二者相冲起土,是张渤命理的喜用之神,即是对命学知识的一种应用。

此外,上文中落石大王与祠山争庙基一说也是对张渤以土金为用神的演义。庙基是土石做成的,石五行属金,也就是说庙基的本体是土金。《搜神记》讲张渤"有神告以地荒僻不足建家,命行",即是对其命理土弱所言。因此,当落石大王出现的时候,"其夜儿曹无数不住唱喊,云不请落石大王,甚者诋骂,及巫祝召请至落石大王,则群儿同声喊云不请",以避免落石大王来争土石。可见,"埋藏之异""云嗜牛肉""以耕牛为献""以羊肉为馔"以及"落石大王"等故事其实是对张渤性理以土金为喜用的演义。

第六节　祠山大帝主要是水神

前面《广德州志》还讲到了祠山大帝"北斗化豕"的故事,以附会"禹化熊治水"。熊与狗同一属性,狗于地支为戌,戌于五行为土,"化熊治水"

① (明)陆容撰:《菽园杂记》卷七,文渊阁四库全书本。

② 《黟县志》卷三。

取五行土克水之义，曰熊不曰狗，熊为狗之大者，与张渤化豨而不曰豕是同样的道理。“北斗化豕”来自唐朝段成式的《酉阳杂俎》，“王姥儿杀人系狱，姥求救于僧一行，一行乃徙大瓮于浑天寺，置七豕于中。元宗急召一行问曰，太史奏昨夜北斗不见，是何祥也？师有以禳之乎？答曰，后魏时失荧惑，至今帝车不见，天将大警于陛下也，莫若大赦。帝从之，一行归放豕出。太史奏北斗一星见，凡七日而复。”可见，这里的“七豕”实为“北斗七星”，亦即北方七宿。北方五行属水，水临官于亥[1]，亥为猪豕，故曰北斗化亥。律历有斗建亥水之说，《礼记》曰：“孟冬之月，日在尾昏危中旦七星中，其日壬癸。”壬癸即水。郑氏曰：“孟冬者，日月会于析木之津而斗建亥之辰也。”[2]也就是说，斗建亥为水，故后世关于张渤有礼斗、醮斗化雨之说，曰“张真君以礼斗得道”，“朝斗化身于山顶之石坛”，石坛五行为金，含金生水之义。《祠山事要指掌集》曰：“旧传王以醮斗法流传于世，自是以来，凡有禬禳，动辄应感。绍兴癸丑秋，吴侯以旱不雨，乃斋祓置醮造坛下，而祝之曰，若藉王灵，使有沛然之应，当力营坛宇以答神赐。旋旆未卷，雨果大至。”[3]

综上所述，张渤本命属金，金生水，又死于亥水运，而且八字中带壬癸辛水奇，生前主要事业也是治水，故唐代封水部员外郎，号张水部。观历代对张渤的册封大多与祈水有关：

> 梁天监中岁旱，武帝感蒋山神梦曰：“求雨于臣，臣即近属土地，无能致雨，有绥安横山庙神灵通天地，祷之必获感应。”一祷而雨，是岁大稔，遣使以珪帛谢绥安，即今之广德也。
>
> 唐玄宗天宝中祷雨即应，初赠水部员外郎。
>
> 唐昭宗乾宁二年以阴兵助平孙侪，迁赠司农少卿。
>
> 后唐天祐五年祷雨滂沱，加赠礼部尚书，兼封广德侯。
>
> 吴乾贞二年，祷雨即应，加封仆射，仍称广德侯。
>
> 南唐保大十二年累次祈祷咸应，辄封司徒，进封广德公。
>
> 保大十四年以阴兵援宣城，册封广德王。
>
> 宋仁宗康定元年祷雨获应，敕封灵济王。

① 《三命通会》卷二《论五行旺相休囚死并寄生十二宫》：水胎于午，养于未，长生于申，沐浴于酉，冠带于戌，临官于亥，帝旺于子，衰于丑，病于寅，死于卯，墓于辰，绝于巳。

② （宋）卫湜撰：《礼记集说》卷四十五，文渊阁四库全书本。

③ 《祠山事要指掌集》卷五《斗坛》。

宋徽宗宣和三年以阴兵助败方腊，加封忠祐灵济王。

宋高宗绍兴二年，加封忠祐灵济昭烈王。

宋高宗绍兴五年以境内雨泽沾足，加封正顺忠祐灵济昭烈。

宋光宗绍熙二年祷雨应期，以父老恳请改封正顺忠祐威德昭烈王。

宋宁宗嘉泰元年六月祷雨获应，改封正顺忠祐威德圣烈王。

宋宁宗开禧元年九月祷雨随应，改封正祐显应威德圣烈王。

宋宁宗开禧三年祷雨获应，改封正祐昭显威德圣烈王。

宋理宗宝祐五年，改封正祐圣烈真君。

宋度宗咸淳年间，加封正祐圣烈昭德昌福崇仁辅顺真君。①

命理上，龙为水库。《祠山志》讲到张渤变化为龙的故事：

嘉熙乙亥四月不雨，郡太守陈公熹迎请神眷于厅事，祈恳甚虔。壬子午有灵物，其长几尺，其形如蛇，其足四，各有爪，其背褐而青，其色黄而绿，背上有鳞甲文，有目有耳，目稍分金线二并于背，贯于尾，蜿蜿蜒蜒，自戟门入登于堂，至承烈王位，缘王衣而上入正帽花中，矫首出其外，人皆欢曰："龙君现也。"守闻之，出炷香。时日光杲杲，忽阴云从西来，滂雨随至，观者如睹。翌日降于地，周行廊所，下庭中。庭有水缸，缘缸而上入其中饮水，矫首四顾，来观者不可遏。须臾复盘旋于牲牢，饮食果蔬，入茶瓯饮之，复升于王帽上，又翌午去不见。人咸嗟异，间复得雨。太守不以既应为足，必俟优渥乃送神眷。

癸亥作庙图、神位图，将置《事要》中，仇香语推幕曰："并图神龙可乎？"秉秀曰："己之不知者，谓欲神此事也。"明日午，灵物复出于清风堂，仇香以盆盛水祝之曰："非灵物宜去，若果龙君，幸就此水。"言未，既跃入盆中，置于神像前，大雨如注，乃曰："是不可不图。"因记其事。推幕又许命工并绘大龙像于此山之壁，雨亦自是沾足矣。②

说明广德把龙神作为祠山大帝的化身，并将其作为水神看待。

①《祠山事要指掌集》卷一。该书记载了自梁到宋咸淳年间对张渤本人共十七次册封，明洪武间宋讷《敕建祠山广惠祠记》曰："锡封加号，则始于唐之天宝，益于宋之咸淳。"时间跨度基本相同。

②《祠山志》卷四《神龙》。

第七节　六十件灵应事迹

《祠山事要指掌集》是南宋理宗时期周秉秀所纂，共记载了60件灵应事迹。前57件发生在梁武帝至宋理宗朝，是按历史顺序编排的。第58件是宋高宗绍兴五年（1135年），下有注释曰："祠山庙食千余年，香火遍天下，灵异之迹何可殚纪，姑以《显应集》中所载者编于右方，后有见闻于此乎续添。"第59、60件是周秉秀补述的，以凑成60之数。其中第59件不书发生年月，第60件是宋宁宗嘉定三年（1210年庚午），地点是安吉州乌镇，取其"安宁吉祥"和"乌镇"以附会民间称祠山大帝为乌羊。60件的分布年代：梁朝1件；唐朝7件，其中唐玄宗1件、懿宗2件、昭宗4件；吴1件；南唐2件；宋朝49件，其中宋太祖2件、仁宗1件、神宗4件、哲宗8件、徽宗6件、高宗9件、孝宗14件、宁宗2件、理宗3件，内容大多是关于祠山大帝的水神故事。此处不一一述录。

第八节　祠山大帝的神话故事

祠山大帝究竟是何方神圣？按说祠山本名张渤，治水长兴县，此地应有相关记录。但查清丁宝书的《长兴县志》并无张渤其人其事，表明张渤是后世创造的产物。祠山神话主要有感生神话、东游神话、阴兵神话、化豨神话、诞辰神话、礼斗神话、埋藏神话，具体展示了唐宋以来人们的创造过程和祠山信仰的形成、发展与变迁。

一、唐代的感生东游神话与《魏书·序纪》之关系

与北魏之关系，《魏书·序纪》曰：

> 献皇帝讳邻立，时有神人言于国曰："此土荒遐，未足以建都邑，宜复徙居。"帝时年衰老，乃以位授子。
>
> 献帝命南移，山谷高深，九难八阻，于是欲止。有神兽，其形似马，其声类牛，先行导引，历年乃出，始居匈奴之故地。其迁徙策略，多出宣、献二帝，故人并号曰"推寅"，盖俗云"钻研"之义。初，圣武帝尝率数万骑田于山

泽，欻见辎軿自天而下。既至，见美妇人，侍卫甚盛。帝异而问之，对曰："我天女也，受命相偶。"遂同寝宿。旦，请还，曰："明年周时，复会此处。"言终而别，去如风雨。及期，帝至先所田处，果复相见。天女以所生男授帝曰："此君之子也，善养视之。子孙相承，当世为帝王。"语讫而去。子即始祖也。

昭成皇帝讳什翼犍立，平文之次子也。生而奇伟，宽仁大度，喜怒不形于色。身长八尺，隆准龙颜，立发委地。

南宋《祠山事要指掌集》引宋代重立《颜真卿横山庙碑》曰：

公姓张氏，黄帝之后，其先名秉，夏禹时人也，居鼎州武陵龙阳洲，地有白马湖、明月池。秉行山泽间，有神女自天而下，辎軿侍卫甚都，谓秉曰："我，天女也，受命相偶。"既而曰："明年今日，复会于此。"言讫而别。辎軿飘然，去如风雨。秉如期而往，果见，天女以所生男授秉曰："此君之子也，子孙相承，当世世血食吴分。"先时，天西大裂，有声如雷，有电如龙，识者谓必生神人，公果应之。长而奇伟，宽仁大度，喜怒不形于色，身长七尺，隆准修髯，发垂及地，深知水火。有神告以此地荒僻，不足建家，命行。有神兽前导，形如白马，其声如牛，遂与夫人李氏东游会稽，度浙江，至苕云之白鹤山。山有四水会流其下，公止而居焉。于白鹤得柳氏，于乌程桑丘得赵氏为侍人。李氏亦梦天降红绡其身，既而生子，火光满室，陡生莲花。长而风神堂堂，仰观俯察，无不洞照云（周秉秀注曰：今存于庙，其文止此，乃张兢辰润色者，洪兴祖重立。命行至如牛，张记无此十五字，东游作来游）。①

可见，二者的神话部分几乎相同，《颜真卿横山庙碑》严重抄袭《魏书·序纪》。《魏书》乃北齐魏收所著，隋唐时开始流行。据《祠山事要指掌集》交代，《颜真卿横山庙碑》书写于唐大历九年（774年），则抄袭《魏书》完全可能。《颜真卿横山庙碑》在宋代有两个版本，一是唐代的原始碑文，到北宋时有所损毁。第二个是宋代大观、绍兴年间在唐代颜碑的基础上经过张兢辰润色、洪兴祖重立的石碑。后者根据《魏书·序纪》对张兢辰润色的部分作了修补，加入"命行，有神兽前导，形如白马，其声如牛"的内容，很明显是抄自《魏书·序纪》。尽管洪兴祖认为"旧碑（颜真卿横山庙碑）末云新室

①《祠山事要指掌集》卷二。

之乱，野火燺其祠，建武中复立，则鲁公所刻盖东汉时碑也。”[①]但这只是一种推测。按东汉时的碑文之说，则《魏书·序纪》抄袭了《横山庙碑》。一般来说，国史抄袭民间的可能性不大。至明代正统道藏《搜神记》祠山张大帝传中又加入了渤“字伯起”。《魏书》作者魏收“字伯奇”，二者谐音，可以说是明代进一步抄袭《魏书》的结果。《魏书·序纪》中只讲了两个神话，即北魏祖先的感生神话和献帝的南迁神话，因此颜真卿碑中也只有两个神话：祠山的感生神话与东游神话。

北魏早期居住在大鲜卑山区，随着势力的壮大，逐渐向南迁徙到中原地区。定都平城以后，改国运土德，服色尚黄。假借神人以命行，反映了北魏族人对领土的需求。张渤命行，是因为命理缺土少金，其人生第一个大运是甲辰，辰为土，故东游浙江至苕云之白鹤山以居，白是金的五行之色，白鹤山象征金，比喻土生金，显然也是对其命理的演义。两个故事发生的地点都在“山泽”。山的卦象是艮，泽的卦象是兑，二者构成咸卦，是男女交感之象。明代姚士粦的《陆氏易解·咸卦》曰：“天地因山泽孔窍以通其气，化生万物也”，“艮少男，兑少女，男下于女，取妇之象。”可见，山泽部分的内容是感孕神话。

二、北宋的阴兵化豨神话与大禹治水之关系

据南宋嘉熙年间周秉秀的《祠山事要指掌集》记载，祠山阴兵化豨最早出自北宋景德三年（1006年）广德知军事成悦撰的《祠山广德王事迹》引耆旧相传《灵应事迹》：

> 王讳渤，清河张氏也。自江南割据，累经兵火，失其传记。惟本庙有古碑并耆旧相传《灵应事迹》共一卷耳，曾祖考亦不知其讳，祖讳秉。王生于前汉，吴兴郡乌程县横山人也。炳山岳之灵，抱神龙之德，始于本郡长兴县顺灵乡发迹，役阴兵导通流，东自长兴荆溪，疏凿圣渎，长十五里，岸高七丈，至广德界青林塘。仍于岸侧先开一浴兵之池，方三十余顷。寻广圣渎之岸，迤逦而西，至杜杭庙。又十五里，阔二十二丈至十五丈，总三十里，志欲通津于广德也。复于后村毕宅保小山之上枫树之侧为挂鼓坛。先时与夫人陇西氏密议为期，每饷至鸣鼓三声而王即自至，不令夫人至开河之所。

① 《祠山事要指掌集》卷二。

> 厥后因夫人遗食于鼓，乌啄鼓鸣，王仍以为误而不至。夫人遂诣兴工之所，见一大豨役阴兵开凿渎河。王见夫人变形未及，从此耻之，遂不与夫人相见，圣渎之功息矣。遁于广德县西五里横山之顶。居民思之，立庙于山西南隅。夫人李氏亦至县东二里而化，时人亦立其庙。[①]

从这里可以看出，阴兵和化豨神话最初应出自“耆旧相传《灵应事迹》”。当时尚有“清河张氏”“陇西李（氏）”的字样，而到北宋政和年间王安民作《灵济王行状》一文时就没有了，表明成悦一文抄自耆旧相传《灵应事迹》的可能性较大，因此并没有作较大的变动。《灵应事迹》与“古碑并”，所谓古碑，指的是颜真卿的横山庙碑，是北宋时所能见到的最早的祠山碑文，表明《灵应事迹》与颜氏的碑文大约同时，至迟在北宋景德年间就已经存在了。从故事的内容看，它是抄袭了大禹的治水神话。明代顾起元的《说略》卷七曰：

> 夏后氏生而母化为石，此事之异，闻者说见《世纪》，盖原禹母获月精石如薏苡吞之而生禹也。《淮南子》云“禹生于石”，注谓“修已感石，坼胸而生”，故说者以为夏后生而母复为石。今登封东北十里有庙，庙有一石号启母石，应劭、刘安、郭璞、李彤、隋巢、王烔、王韶、窦革等皆云启母，历代崇祀，亦以为之。启母，按元封元年武帝幸缑氏，制曰朕用事华山，至中岳见夏后启母石，云启母化为石，启生其中，地在嵩北。有少室姨神庙，登封北十二里，云启母之姨，而偃师西二十五里复有启母小姨行庙。《淮南子》禹通轩辕，涂山欲饷，闻鼓乃来，禹跳石，误中鼓，涂山忽至，见禹为熊，惭而去，至嵩山下化为石。禹曰：“归我子石，破北方而生启”，盖本乎此事，正与广德所祠乌程张渤疏圣河，夫人李饷至鸣鼓事正同，见《事实》及《桐汭志》、《漫录》等，故记以为大禹之化，厥有由矣。虽然启母之庙，顾野王、卢元明等又以为阳翟妇人。《嵩高记》云：“阳翟妇妊三十月，子从背出，五岁入山学道，为母立祠曰开母祠，则又疑后母矣。按《遁甲开山图》，又言上古女娲十九代孙大禹，寿三百六十岁，入九嶷山飞去，后化生于石纽山。泉女狄暮汲水，得石子如珠，爱而吞之，有娠。十四月生子，代父治水，尧舜以其功如古大禹，乃赐号禹，此又与《世纪》之说异。

①《祠山事要指掌集》卷二《祠山事迹略云》。此处不完整，另据《祠山小志》卷上《祠山广德王事迹》补充而成。

从这里可以看出，秦汉以来的《世本》《淮南子》等书早已有大禹化熊治水及相关神话传说。通过比较发现：祠山神话中的小姨子即大禹神话中的小姨子，祠山神话中的“大女”即大禹神话中的“女娲”，祠山神话中的“金丹”即大禹神话中的“启母石”，祠山神话中的“怀胎十四个月”即大禹神话中的“十四月生子”，祠山神话中的夫人李氏即大禹神话中的涂山女，祠山神话中的化豨即大禹神话中的化熊。光绪年间朱立襄曰：“祠山化豨凿渎，说者谓其本淮南子所称禹化熊通轘辕路涂山氏见而惭之之事，以傅会于祠山尔。”[1]唯一不同的是：大禹化熊，而祠山化豨。熊与豨之区别在于：大禹治水，旨在止水，熊是狗之一种，属性为戌为土，土克水，是对治水的演义。祠山凿河旨在通流，豨为豕为猪，属性为亥为水，是对水神的演义。

综上所述，祠山的早期神话有感生神话、东游神话、阴兵神话和化豨神话。前两个神话来源于《魏书·序纪》，以颜真卿《横山庙碑》为标志。后两个神话来源于大禹治水，以耆旧相传《灵应事迹》为标志。但颜真卿的横山碑中并没有提到阴兵和化豨神话，耆旧相传的《灵应事迹》也没有提到感生和东游神话，二者基本上无相互交涉的内容。出现这一现象的原因，应是横山庙碑发生在前，《灵应事迹》形成在后，是民间进一步补充和附会的结果，相当于修谱时追述杜撰先人的历史。

三、南宋初年祖籍、出生地神话与《三国志·吴志》的关系

关于张渤的祖籍和出生地有几种说法。一说是北宋景德三年（1006年）广德知军事成悦的《祠山广德王事迹》引耆旧相传《灵应事迹》曰：“王讳渤，清河张氏也”。河北清河县是张氏的发源地，故不当是出生地，而是言祖籍。一说是会稽吴兴人，如《广德州志》所言。另一种说法是洪兴祖重立《颜真卿横山庙碑》曰其父张秉：“世居鼎州武陵龙阳”。但这里的鼎州始置于北宋大中祥符五年（1012年），唐代不应有“鼎州武陵龙阳”之说法。按北宋太平兴国九年（984年）何夷素的《重建庙后殿记》讲是“湖州乌程县人”，景德三年（1006年）广德知军事成悦的《祠山广德王事迹》也讲是“吴兴郡乌程县横山人”，元丰三年（1080年）胡应麟的《灵济王碑》也讲是“吴兴郡乌程县横山人”，政和四年（1114年）常安民的《行状》没有交代出生地。乌

①《祠山志》卷三《行状》。

程县在晋朝析出长城县，五代吴越王钱镠改为长兴县，因此又曰长兴人。而“鼎州武陵龙阳”是宋大观、绍兴之际张兢辰润色、洪兴祖重立《颜真卿横山庙碑》中所提出的，原碑不一定有此文字，极有可能是这两个人后来加上去的，否则北宋时的诸多传记为何只字不提武陵龙阳？且洪兴祖所立碑文并没有完全遵照张兢辰润色的原文，而是做了改动，如“命行至如牛，张记无此十五字，东游作来游”[①]。将龙阳县作为张渤的出生地笔者认为应是南宋初年张兢辰、洪兴祖等创作的结果。理由如下：

（1）按神话传说，张渤的祖先为张秉。张秉历史上实有其人，《三国志·吴志》卷七有“阳羡张秉生于庶民”，《万姓统宗》卷三十七曰：“张秉，字仲节，阳羡人。时顾劭号知人，一见遂友。后劭为豫章太守，发在近路，值秉病，时送者百数，劭辞曰张仲节以疾不克来，恨不见之暂还与别诸君，幸少时相待。秉自是声誉远播，仕吴至云阳太守。”阳羡县与长兴县同属吴兴郡，也就是说，张秉与张渤都是吴兴郡人，因此在祖籍上有一定的渊源，是为二者之间建立关系之依据。

（2）龙阳县始置于吴赤乌十一年（248年）黄龙瑞兆，嘉庆《龙阳县志》曰：“吴赤乌十一年，黄龙二见武陵汉寿界，故改吴寿，更立一县名龙阳。”[②]同年云阳也发现黄龙，《三国志·吴志》曰：“（赤乌十一年）夏四月雨雹，云阳言黄龙见。”据上述《万姓统宗》张秉曾任云阳太守，两地同年出现黄龙，是为张秉与龙阳建立关系之依据。

（3）嘉庆《龙阳县志》曰：“县北八十里旧志有神鼎出其间，宋改为鼎州。”[③]传说大禹治水曾铸九鼎，《史记·封禅书》曰：“昔泰帝兴神鼎一，一统天地，万物所系终也。黄帝作宝鼎三，象天地人。禹收九牧之金铸九鼎。”汉《焦氏易林》曰：“禹作神鼎”。因此这里的神鼎、鼎州与大禹建立了联系。事实上龙阳县也是一个多水之地，“其地三山六水”，“其地为沅澧之冲，其水为湘沅之会，汪洋万顷，洞庭半焉。虽号弹丸，实为要隘。”[④]是为龙阳与大禹治水建立关系之依据。

这样，张渤——张秉——云阳——龙阳——大禹之间就建立了一层神话

①《祠山事要指掌集》卷二《颜真卿横山庙碑》。

②（清）张在田等纂修：《龙阳县志》卷一，嘉庆十九年刻本。

③《龙阳县志》卷一。

④《龙阳县志》卷一。

联系，南宋初年的张兢辰、洪兴祖据此为张渤创造了其祖先张秉居“鼎州武陵龙阳”佐大禹治水的故事，并假托唐颜真卿之名刻入重立的《颜真卿横山庙碑》。事实上，张秉是三国吴人，并非是张渤的祖先，而张渤也并非一定就出自西汉，诸种神话皆是后人因时创作之结果。

将龙阳作为出生地，还存在一种可能：

（1）龙阳最初属于汉代的寿县。

（2）三国时此地出现黄龙，因改名龙阳。汉宣帝的最后一个年号是黄龙，因此将龙阳作为出生地与张渤出生于汉宣帝在逻辑上是一致的。《廿二史札记》曰：“观宣帝纪年，以神爵、五凤、黄龙等为号，章帝亦诏曰乃者鸾凤仍集，麟龙并臻，甘露宵降，嘉谷滋生。似亦明其得意者，得无二帝本喜符瑞，而臣下遂附会其事耶？”[①]

（3）此地曾出现神鼎，北宋时改为鼎州，此后人们开始为其酝酿出生于龙阳之故事。据《龙阳县志》，龙阳县天文分野为张宿，地支为巳。至南宋嘉泰年间詹仁泽、曾樵的《世家编年》继续为其创造了神爵三年（公元前59年）二月十一日的诞辰，十一日为辛巳，与龙阳同支。因此可以说，十一日是南宋嘉泰年间进一步穿凿附会的结果。

龙阳在东吴的最西边，与西蜀接境。《三国志·吴志》孙权传曰：“会曹公入汉中，备惧失益州，使使求和，权令诸葛瑾报更，寻盟好。遂分荆州、长沙、江夏、桂阳以东属权，南郡、零陵、武陵以西属备。”龙阳县时属武陵郡，却又从属于东吴，表明在吴蜀交界之地，当是吴国最西边。干支上以西边为辛，《魏书》曰：“庚之与未皆主于秦，辛为西夷”[②]，即是明证。因此，将辛巳作为张渤的生日，也就是十一日。吴兴郡天文分野为斗，地支为丑，丑为牛，同样人们为张渤创作了礼斗和以牛为祭的埋藏故事。查嘉庆《龙阳县志》卷三《事纪》和卷五《仙释》虽然都记载了一些张渤的事迹，但很明显是抄自宋明时期已经流传的张渤神话，因此无法证明张渤是龙阳人。世传张渤为龙阳人当是南宋初年创造的结果。

四、南宋嘉泰的诞辰神话与张勃、陈汤以及民俗之关系

到了北宋政和四年（1114年）常安民作《灵济王行状》时，将两个版本

①《廿二史札记》卷三《两汉多凤凰》。

②《魏书》卷三十五《崔浩传》。

的四个故事合而为一。但无论是唐朝《颜真卿横山庙碑》，还是宋代常安民的《灵济王行状》和洪兴祖重立的《颜真卿横山庙碑》，都没有提到祠山的出生年代。景德成悦的《祠山广德王事迹》引耆旧相传《灵应事迹》时只提到“王生于前汉”，成悦的《重修庙记》以及太平兴国九年（984年）何夷素的《重建庙后殿记》、嘉祐四年（1059年）姚舜谐的《重修寝殿记》、元丰三年（1080年）胡应麟的《灵济王碑》都说是前汉人。但绍兴年间洪兴祖对此持怀疑态度，他说：“旧碑（颜真卿横山庙碑）末云新室之乱，野火燎其祠，建武中复立，以碑考之，疑非西汉人，特灵迹自汉以来始著耳。”洪兴祖对此前出现的各种版本的祠山故事都做过研究，他的这一观点还是比较可信的。因此，由他重立的《颜真卿横山庙碑》也没有交代祠山的出生年代。但到南宋嘉泰年间詹仁泽、曾樵编纂《世家编年》时却突然出现了祠山生于“神爵三年（公元前59年）二月十一日夜半”“己亥汉神爵三年（公元前59年）二月十一日亥时”的说法，显然是当时人所为。

(一)神爵三年的由来

《世家编年》曰：

> 张之先轩辕之第五子曰挥始造弦实，张网罗，世掌厥官，后因氏焉。六世孙曰秉，事夏禹分治水土。至扬州均江海，通淮泗，行山泽遇神娲谓秉曰：“帝以君有功吴分，遣吾为配，生子当以木德王其地。”秉曰：“禹有圣嗣，历数在夏，吾为人臣，敢越厥志?”娲曰：“天命也，不在其身，必在其子孙，数千年后，其世世庙食乎。”明年，天西北隅裂，神娲授以异子。周宣王时有张仲从伐猃狁，以孝友闻，春秋时有张趯为晋大夫。至汉神雀(爵)三年二月十一日夜半，王始生，父曰龙阳君，母曰张媪……

下注曰：“詹仁泽、曾樵未作《世家编年》之前，惟王讳及王之先讳秉见于《显应集》中，《事迹》、《行状》、开文、碑记所载者为可考……自嘉泰己亥既作，《世家编年》创书王祖、王父、九弟、五子、八孙之讳。”[①]表明《世家编年》接着《颜真卿横山庙碑》和《灵应事迹》又为祠山创造了一系列的祖先。关于祠山的诞辰，《正讹》曰：“《编年》云己亥汉神雀（爵）三年二月十一日亥时降诞……简册所传未见有谓王生于神爵亥年之说，詹鲁二公实

①《祠山事要指掌集》卷二。

创书之。”[1]说明祖先世系和诞辰为南宋嘉泰年间所创。这里,《正讹》以为己亥是指诞辰之年,与神爵三年(公元前59年)为壬戌之年不符,显然是没有搞清楚己亥的意思。按神爵年号共有四年,前一个年号为元康,元康共有四年,元康四年(公元前62年)曰己未,神爵元年(公元前61年)曰庚申,二年曰辛酉,三年曰壬戌,四年曰癸亥。己亥是元康四年己未和神爵四年癸亥首尾各一字的合称,因此“己亥汉神雀(爵)三年”的意思是指己、亥之间的神爵三年。

那么,《世家编年》为何将元康四年(公元前62年,己未)纳入其中呢?古人并没有交代,笔者认为这涉及张渤的背景与由来。明洪武间宋讷的《敕建祠山广惠祠记》曰:“谨按祠山神载记所纪为龙阳人,姓张名渤,发迹于吴兴,宅灵于广德,西汉以来盖已有之,或谓即张汤之子安世。”[2]这一说法宋代以前未曾见,可能是受《世家编年》的影响才出现的,表明当时已有人持西汉朝廷张氏之说。但这里的“张汤之子安世”未必就是张安世本人,应该是他的孙子张勃。

西汉神爵之前是张氏家族高度发达的时期,《汉书·张汤传》曰:“安世子孙相继,自宣、元以来为侍中、中常侍、诸曹散骑、列校尉者凡十余人。功臣之世,唯有金氏、张氏,亲近宠贵,比于外戚。”安世是张汤的儿子,封为富平侯,“汉兴以来,侯者百数,保国持宠,未有若富平者也。”张安世死于元康四年(公元前62年),亦即己未年,其子为张延寿,张延寿之子为张勃。“元帝初即位,诏列侯举茂材,勃举太官献丞陈汤。汤有罪,勃坐削户二百,会薨,故赐谥曰缪侯。后汤立功西域,世以勃为知人。”[3]说明张勃因推荐陈汤而死,由此引出与陈汤与另外两个人。

《汉书·陈汤传》曰:“陈汤,字子公,山阳瑕丘人也,少好书,博达善属文。家贫匄贷无节,不为州里所称。西至长安,求官得太官献食丞。数岁,富平侯张勃与汤交,高其能。初元二年(公元前47年),元帝诏列侯举茂材,勃举汤,汤待迁,父死不奔丧,司隶奏汤无循行,勃选举故不以实,坐削户二百,会薨,因赐谥曰缪侯。汤下狱论。后复以荐为郎,数求使外国。久之,

①《祠山事要指掌集》卷七。

②(明)宋讷:《西隐集》卷五,文渊阁四库全书本。

③《汉书》卷五十九。

迁西域副校尉，与甘延寿俱出。”①

《汉书·甘延寿传》曰：“甘延寿字君况，北地郁郅人也……车骑将军许嘉荐延寿为郎中，谏大夫，使西域都护、骑都尉，与副校尉陈汤共诛斩郅支单于，封义成侯。”②

《汉书·郑吉传》曰：“郑吉，会稽人也……汉之号令班西域矣，始自张骞而成于郑吉。吉薨，谥曰缪侯。”③《汉书·西域传》曰：“其后日逐王畔单于，将众来降，护鄯善以西使者郑吉迎之。既至，汉封日逐王为归德侯，吉为安远侯，是岁神爵三年（公元前59年）也。乃因使吉并护北道，故号曰都护。都护之起自吉置也。”④

以上史料揭示了以下内容：

（1）张勃因举荐陈汤而死，陈汤后来成为西域都护的副官。

（2）与陈汤同时的西域都护长官为甘延寿，与张勃父亲张延寿同名。

（3）而西域都护首任长官为郑吉，封于神爵三年四月壬戌⑤。

（4）郑吉死后赐号缪侯，张勃死后亦赐缪侯。

以上内容是围绕西域都护而展开。后人为纪念这段历史，将张勃与陈汤合而为一，成为祠山神话中的张渤，神爵三年（公元前59年）成为张渤的出生之年。相应地，张勃、陈汤、郑吉的属地也成为神话故事的一部分。张勃属地杜陵⑥，陈汤属地山阳，郑吉属地会稽，在神话中分别演变成为张渤“武陵龙阳人”，“东游会稽”。

张渤出生之年定在神爵是后世怀念汉宣帝仁治之产物。《汉书·匈奴传》曰：“北边自宣帝以来，不见烽火，人民繁盛，牛马蔽野。”《汉书·宣帝本纪》曰：“孝先之治，信赏必罚，综核名实，政事、文学、法理之士咸精其能。至于技巧、工匠、器械，自元、成间鲜能及之，亦足以知吏称其职，民安其业也。遭值匈奴乖乱，推亡固存，信威北夷，单于慕义，稽首称藩。功光祖宗，业垂后嗣，可谓中兴，侔德殷宗、周宣矣。”《廿二史札记》曰：“两汉以外戚辅政，国家既受其祸，而外戚之受祸，亦莫如两汉者”，唯独

①《汉书》卷七十。

②《汉书》卷七十。

③《汉书》卷七十。

④《汉书》卷九十六。

⑤《汉书》卷十七《景武昭宣元成功臣表第五》。

⑥《汉书》卷五十九《张汤传》曰：“张汤本居杜陵，安世武、昭、宣世辄随陵，凡三徙，复还杜陵。”

"西汉武、宣诸帝，东汉光武、明、章诸帝，皆无外戚之祸"，"故刘向谓正所以安全之也"。[1]又曰："两汉多凤凰，而最多者，西汉则宣帝之世，东汉则章帝之世。案宣帝当武帝用兵劳扰之后，昭帝以来，与民休息，天下和乐，章帝承明帝之吏治肃清，太平日久，故宜皆有此瑞。然抑何凤凰之多耶？观宣帝纪年，以神爵、五凤、黄龙等为号，章帝亦诏曰乃者，鸾凤仍集，麟龙并臻，甘露宵降，嘉谷滋生，似亦明其得意者，得无二帝本喜符瑞，而臣下遂附会其事耶？"[2]说明西汉宣帝、东汉章帝的统治是两汉时期比较清明的。后世人心思汉，遂将一些神话故事附会到他们的名下，如这里的祠山大帝，另一个是徽州的方储，乃汉章帝时人（参见文中"东汉方储"）。

(二)二月十一日的由来

将"二月十一日"作为生日与民间相沿已久的习俗有关。祠山的生日一般有两种说法：二月八日、二月十一日。《广德州志》引《田家五行》曰：

> 二月八日为桐江张王生日，前后必有风雨，俗云请客风、送客雨，正日谓之洗街雨，初十日谓之洗厨雨。俗谓有风雨及微雪者谓之做生日，主岁丰，是日多寒，故谚云二月初八，冻鱼冻肉。又云祠山诞辰东南风谓之上山旗，主水，西北风谓之下山旗，主旱，以是日必有风雨，故俗号云云。州人又谓祠山诞辰系二月十一日，故远近进香之人自初八日为始纷还而来，过二十日始渐止，而尤盛于十一日[3]。

这里交代了二月八日作为诞辰是因为此日多风雨，比较符合祠山大帝的水神身份。但西汉神爵三年（公元前59年）二月八日干支是戊寅，戊五行为土，土克水，非符合水神之义。九日己卯、十日庚辰也是如此。惟有十一日辛巳，辛五行是阴金，金生丽水，比较符合水神和阴兵之义。而且辛为西夷、西域之象征，《魏书》曰："庚之与未皆主于秦，辛为西夷。"[4]陈汤是西域使者，因此《世家编年》将十一日作其生日，估计是出于此点之考虑。

---

①《廿二史札记》卷三《汉外戚辅政》和《两汉外戚之祸》。

②《廿二史札记》卷三《两汉多凤凰》。

③《广德州志》卷二十四《节序》。

④《魏书》卷三十五《崔浩传》。

(三)亥时的由来

又将“亥时”定为出生时刻。《正讹》曰：“《编年》首书之曰己亥汉神爵三年（公元前59年）二月十一日亥时生，以二月十一日人所敬信之同，而合之以亥年亥时众所骇闻之异。”“詹、曾创为亥年亥时之说，又撰为元灵节之名，是欲以世俗之见效勤于王所为，是文饰也。”又曰：“庙中有新碑，其旁刻云王在汉朝将兵，凯旋学道于九江梅仙，功成仙去，隶于斗阙下，为天门右神。天门属亥属豨，人畏触，避弗食。”[①]可见，亥属豨，将亥定为出生时刻是出于祠山化豨之考虑。

综上所述，南宋嘉泰年间詹仁泽、曾樵的《世家编年》所载祠山大帝张渤出生于“己亥汉神爵三年（公元前59年）二月十一日亥时”之说，是以西汉王朝张氏权贵作为背景，以张勃和陈汤的故事作为依据，并参照历史上广德的民间习俗创作而成。《世家编年》还对祠山大帝的族谱世系作了补充、完善，对祠山的出生地及其神话故事也作了较为系统的创造性的整理，结束了有史以来祠山信仰的混乱状况，反映了南宋时期祠山信仰的发展与定型。

五、宋代的礼斗神话与道教、天文之关系

《广德州志》曰：“张真君以礼斗得道，至今横山有礼斗台。”[②]

礼斗神话最早见于北宋政和四年（1114年）常安民的《灵济王行状》：“安吉大姓施韬生子，九岁不能言，祷于王。王附祝曰汝生子时秽触北斗，吾教汝以醮法谢之。韬如其教，其子即夕能言。”下注曰：“元丰三年（1080年）徐申书其事并醮法刻石于庙。”[③]南宋嘉熙时周秉秀曰：“旧传王以醮斗法流传于世，自是以来，凡有禬禳，动辄应感。绍兴癸丑秋，吴侯以旱不雨，乃斋祓置醮造坛下，而祝之曰若藉王灵，使有沛然之应，当力营坛宇以答神赐。旋旆未卷，雨果大至。”[④]又曰：“庙中有新碑，其旁刻云王在汉朝将兵凯旋，学道于九江梅仙（讳福号寿春真人），功成仙去，隶斗阙下，为天门右神。天门属亥属豨，人畏触，避弗食。今梅仙法中主将水部判官即王也，成道之所

①《祠山事要指掌集》卷七。

②光绪《广德州志》卷二十四《风俗》。

③《祠山志》卷三《行状》。

④《祠山事要指掌集》卷五《斗坛》。

传醮斗仪即梅仙所授也。”[1]康熙五十二年（1713年）吴宁谧的《祠山辨》对此提出了疑问，他说：“礼斗，道教也，唐宋以后之事，神生汉神雀（爵）间，曷尝有此？若谓神必以礼斗成功则非汉人矣。”[2]从《灵济王行状》所载“元丰三年徐申书其事”来看，礼斗神话至迟在北宋元丰年间已经形成，到南宋时逐渐流行，《正讹》所言庙中新碑与徐申所刻之石可能是同一块石碑。

礼斗神话与化豨神话有一定的内在联系。豨即豕即猪，属性为亥。斗即北斗，为北方七宿（斗、牛、女、虚、危、室、壁）之一。北方地支为亥子丑。斗、亥同是北方天文地理之首，因此古人以斗对应于亥豕而有北斗化豕之传说。如唐朝段成式的《酉阳杂俎》曰：“王姥儿杀人系狱，姥求救于僧一行，一行乃徙大瓮于浑天寺，置七豕于中。元宗急召一行问曰太史奏昨夜北斗不见，是何祥也？师有以禳之乎？答曰后魏时失荧惑，至今帝车不见，天将大警于陛下也，莫若大赦。帝从之，一行归放豕出，太史奏北斗一星见，凡七日而复。”这里的“七豕”即“北斗七星”，是古代斗豕关系之明证。律历上也有斗建亥之说，《礼记》曰：“孟冬之月，日在尾昏危中旦七星中，其日壬癸。”壬癸是水。郑氏注曰：“孟冬者，日月会于析木之津而斗建亥之辰也。”[3]也就是说，斗建亥为水，故北宋以来民间为祠山大帝创造出礼斗、醮斗化雨的神话，以附会其水神之身份。《广德州志》曰：“州人奉神最重祠山，有不食猪肉者，谓之吃祠山斋。（明代）濮阳模有《祠山化豕辩》，谓好事者因《淮南子》禹化熊治水事而附会之，又云相传北斗变形为猪，唐僧一行于浑天寺掩获群豕而北斗遂隐。明徐武功奉斗，合家不食豕肉，及得罪当决，忽大风雷电，有物如豕者七蹲锦衣堂上，因得赦。张真君以礼斗得道，至今横山有礼斗台，然则今之不食豕肉，亦奉真君所奉之斗斋耳。”[4]

六、南宋以来的埋藏神话

埋藏神话究竟形成于何时？唐宋以前的作品中没有直接记载。明洪熙元年（1425年）祠山道士盛希年的《祠山广惠庙埋藏记》引“《祠山事迹》所载剡溪石正伦纪《编年》集后”云：

①《祠山事要指掌集》卷七《正讹》。

②《祠山小志》卷上《吴氏祠山辨》。

③《礼记集说》卷四十五。

④《广德州志》卷二十四《风俗》。

雷州上鼓、广德瘗祭为天下第一。每岁瘗藏，既得吉日，乃立旗卜地于献殿之庭，或于庙东门楼内碑亭之左右穿治方泽各五尺。是日也，烹太牢，洁粢丰，盛嘉栗旨酒，列位三百六十，具祭器、髹制、瓷缶，何啻千数。其夕邑宁，盥其事既竣，悉力士舁几，凡饮食器皿、动用，就坎而瘗焉，不遗毫末，一啜之饮，一箸之器，无敢窃取者。瘗已，幕以太牢之皮，覆箔反土而平治之，土不见其羸或加缩于初。今观庭下之地逦美，庙东门楼左右之地各不逾十丈。姑以耆旧所见一甲子之年，一年之内瘗者或一或再，或至于三四，能倍徙其地十之百之不足及，夫越一年、二三年，卜地有得于已穴之处者即之空空，然旁所有给坎千之而有余，皆曰牲羞熟物易败也，器出析木亦易败也，舜陶殷髀者岂返其真若是之速耶？以此观之，盖由山川清淑之气之所钟，神灵之所助以速幻，有而无际，空而实极，天下之灵异焉。①

《编年》是南宋嘉泰年间的作品，剡溪石正伦不知何许人也，表明埋藏神话在嘉泰年间已经存在。南宋末年周密的《癸辛杂识》曰："桐川祠山、新安云岚皆有埋藏会，或以为异。"②《文献通考》曰："祠山庙在广德军，土人言其灵应，远近多以耕牛为献。"③可为佐证。《祠山广惠庙埋藏记》曰："永乐十又九年，资政大夫吏部尚书兼通议大夫詹事府詹事臣蹇义按部至郡，翌日谒于祠下，因视所谓埋藏之处，首询之耆民谓何独无前代记刻？对曰旧有之，兵燹后靡孑遗矣。顾主祠道士陈祖曰亦宜详考其事而志诸石。"从这里"独无前代记刻"看，似乎埋藏神话形成不久。惟祠山"祭以太牢"，"用牛埋藏之事，意其在三国以后两晋唐宋之间事乎"④，但这只是一种推测，并没有确切的记载。

明代以后埋藏神话有了进一步的发展。明代《吴兴备志》曰：祠山"有埋藏之异，是日土人杀牛祀之，坎其庭中，以所祭牛牲及器皿数百瘗于坎中，明日发视之，空坎一无所有。"⑤明万历徐应秋的《芝堂杂荟》曰："蹇忠定公云雷之布鼓、登之鬼市、河源地邱之神债、广德祠山志埋藏，是谓天下四异，非妄传也。"⑥明代埋藏神话的发展，除了受南宋以来民间造神活动的影响外，

①《祠山志》卷六《埋藏备考》。

②《祠山志》卷六《埋藏备考》。

③《文献通考》卷九十《杂祠淫祀》。

④《祠山志》卷六《埋藏备考》。

⑤《吴兴备志》卷十四。

⑥《祠山志》卷六《埋藏备考》。

还与明太祖觐见祠山神庙以及朝廷定期遣官瘗祭有关。"太祖高皇帝受天明命，方当定鼎金陵之际，尝亲帅六师责于祠庭，神吉签言，允若桴鼓之应，于是列庙貌于京师鸡鸣山之阳，岁时遣官致祭，凡祝帛牲醴供自太常，甚盛德意也。"至洪熙元年（1425年），本庙"自洪武初遣官瘗祭而后计之又六十余祀矣"，"用埋藏之设侈费太过"，"乡社案会中亦未见有能举而行之者也。"但民间的参与活动丰富多彩，形式也多样化。明代《祠山志》曰：

> 至今州郡只设斋醮，惟县间依旧埋藏，岁岁有之。民户埋藏，县宰监其事，属尉弹压。正日久例，用仲夏下半月，其有特发愿心则月日不拘。凡埋藏之牛，自发愿心日豢养为始，或一二年，或三四年，或五七年，专令一牧者看视，不以耕种。州郡或有祈许，则于岁例还愿醮之外，亦间有埋藏。是日，旗队鼓乐生牵太牢及饮食器皿动用，起自东庙，迎圣妃过西祠，祭毕，明日复送还东庙。每至埋藏时，饮食之外，器皿动用不分大小精粗，至于桶勺、盆钵之属亦皆埋之，瓷缶之器毋虑千计，哗欢为谑，任意抛掷，观者如堵，攒簇其旁，人无损伤，器自入坎方。其祭时虽盛暑，肉不臭腐，蝇蚋不侵。祭虽以太牢其实正殿，圣眷惟以羊肉为馔。乃自二鼓召请天下四方神祇，至四鼓毕。古老相传有落石大王与祠山争庙基，其夜儿曹无数不住唱喊，云不请落石大王，甚者诋骂，及巫祝召请至落石大王，则群儿同声喊云不请。此事虽俚，然其来已久，人所共知。①

综上所述，祠山大帝信仰的形成与发展是紧紧围绕其神话展开的，大致分为三个时期：一是唐天宝至北宋初，以《颜真卿横山庙碑》和"耆旧相传灵应事迹"作为标志，以感生神话和东游神话为主，是早期祠山大帝信仰的形成时期。二是北宋初至南宋嘉泰年间，以政和四年（1114年）常安民的《灵济王行状》和嘉泰年间詹仁泽、曾樵的《世家编年》作为标志，以阴兵神话、化豨神话、诞辰神话、礼斗神话为主，是祠山大帝信仰的发展和完善时期。三是南宋嘉泰以来至明清时期，以明洪熙元年（1425年）祠山道士盛希年的《祠山广惠庙埋藏记》作为标志，以埋藏神话为主，是祠山大帝信仰的变迁时期，由之前精英的造神活动逐渐演变为民间的祭祀膜拜和迎神娱乐行为。祠山的神话故事主要以西汉、北魏、东吴作为背景而创作的，如祠山出生于汉神爵三年（公元前59年），感生神话抄袭《魏书·序纪》，祖籍抄袭东

① 《祠山志》卷六《埋藏备考》。

吴之龙阳。这一情况的出现与这三个朝代喜欢神瑞有关。查中国历史年表，以“神”纪元的有西汉的神爵，东吴的神凤，北魏的神瑞、神䴥、神龟，唐朝的神功、神龙。祠山神话自唐朝以来开始形成，以类相从者唯有西汉、北魏和东吴，因此相应地以此三个朝代作为背景知识。赵翼《廿二史札记》卷十五《元魏时人多以神将为名》曰：“北朝时人多有以神将为名者。魏北地王世子名钟葵，元叉本名夜叉，其弟罗本名罗刹。孝文时又有奄人高菩萨。尔朱荣子一名叉罗，一名文殊。梁萧渊藻小名迦叶。隋时汉王谅反，其将有乔钟葵。隋末有贼帅宋金刚。唐武后时岭南讨击使上二阉儿，一曰金刚，一曰力士，即高力士也。”[①]北朝是隋唐制度的重要渊源之一，受其风气的影响，故唐末颜真卿的《横山庙碑》首先抄袭《魏书·序纪》。而史载宋朝以火德王，与汉朝火德相同，故抄袭汉朝也最多，乃至汉末之东吴也不遗余力。

第九节　祠山大帝在东南的传播

宋代以来，祠山信仰在我国东南地区影响非常大。《宋史》曰：广德“郡有祠山庙，岁合江淮之民祷祈者数十万”[②]，“祠山香火遍天下，海内之祈向者无虚日，每春仲诞辰，办香骏奔者肩摩踵接，不绝于道，虽遐陬僻壤，小夫贱隶，莫敢不来享来王。”[③]《广德州志》曰：“盖神之庙祀几遍江南，而广德为其发祥之地。”[④]皖南、江浙、福建、江西等地都有祠山庙。

皖南的徽州、宣城、当涂、繁昌、池州等地有祠山庙。徽州约在宋朝传入祠山信仰。据明清《徽州府志》，歙县的张王庙，“在县城东二里，即广德祠山神也，宋嘉定三年（1210年）赵希远于报恩寺侧立庙祀之。”[⑤]绩溪县的张王庙，“旧在西门岭，宋绍定间邑人汪暭移建天王寺西，后世因之。”至清朝，祁门、休宁等地也都出现了祠山张王庙，祁门县共有六处，“一在夹耳岭，一在邑西重兴院内，一在四都张村，一在十五都大北港口，一在九都石

①《廿二史札记》卷十五《元魏时人多以神将为名》。

②《宋史》卷四百三十八《黄震传》。

③《祠山事要指掌集》卷一。

④《广德州志》卷二十三《祭祀》。

⑤ 弘治《徽州府志》卷五。

坑口，一在祁山之阳。”[1]休宁的张王庙，在“郑溪张�武梅山下”。[2]宣城施氏的祠山庙，据《重修乌祠殿记》曰：“余族自元顺帝时迁华阳，始祖泰来公输己业于乌沙湾之山麓建乌祠殿，奉祀祠山神像，祠山遂为施氏家神，自时厥后华阳荷神庥，屡旱不灾，郡尊、邑尊逢旱岁迎神祷雨辄验，为制锦袍绮盖送归。”[3]当涂县的祠山殿据民国《当涂县志》凡十二处，“一在博望镇西合镇香火前，一在丹阳镇南，一在博望大孙村，一在长流嘴，一在新市镇东，一在湖阳乡陈村，原名鬼神坛，每年二月八日祀之，一在永丰圩奔家渡，一在护驾墩镇西南，一在慈湖镇东巷子口，一在八区和平乡，门额曰祠山庙，一在关脉巷东北孙家村，一在南乡常稔圩，亦名周村庙，相传明代某年大水，有祠山石像随水漂至，万历二十年（1592年）曹应昂建庙于孤山顶，庙成隔宿飞至今所在地。”[4]繁昌的祠山庙，南宋庆元年间陈适的《新建祠山庙记》曰：“曩吾宰太平之繁昌，尝旱，祷于祠山昭烈王即大雨。有年建庙，偕民事之，所欲必请，请必酬。王威灵烜赫，应感昭著，自江而南咸所依怙。”[5]池州的祠山庙，南宋袁甫的《池州重建祠山庙记》曰：“池有神祠，庳陋倾圮，撤而更新焉。”[6]

江浙、福建、江西一带也盛传祠山信仰，如湖州、长兴县、杭州。南宋《祠山事要指掌集》曰：“乾宁元年（894年），邑人避难湖州卞山，王随之，因立庙焉，寻有湖州南十八里亦别建庙。又长兴县吕山去州五十里，山北亦别创庙，封灵山太保，乃余杭之恩制也。”[7]严州桐庐县的“祠山行祠，在县西一里，邑令陈準感梦立。”[8]遂安县的“祠山行祠，在县西。”[9]昌化县的“祠山行祠，在县东南二百步上清宫之西，绍熙二年（1191年）令张任创。”[10]芷江县的“祠山庙，在芷江县城内东北，祀汉张渤。”[11]余姚县的“正顺忠佑

① 道光《徽州府志》卷三。

② 康熙《徽州府志》卷六。

③ 光绪《宣城县志》卷三十。

④《当涂县志》不分卷《祠祀》。

⑤《江湖长翁集》卷二十一，文渊阁四库全书本。

⑥（宋）袁甫撰：《蒙斋集》卷十三，文渊阁四库全书本。

⑦《祠山事要指掌集》卷五《祠宇》。

⑧景定《严州续志》卷七。

⑨景定《严州续志》卷八。

⑩ 咸淳《临安志》卷七十四。

⑪《大清一统志》卷二百八十五。

灵济昭烈王庙，即广德军祠山张王神也，在县西二百六十步，庆元四年（1198年）建。祠山庙甚盛，江浙间多有行庙。祭者必诵老子，且禁食彘肉云。”[①]姑苏的“祠山庙，在雍熙寺东，一在昆山县永怀旧寺内，一在崇明旧县治前”[②]，另有“祠山庙在乾元宫，宋绍兴癸丑建。”[③]和州的“祠山庙，在州治西五里，祀汉张渤。”[④]明州的祠山庙，南宋“（乾道）七年（1171年）史越王遣客将范时升以祝文请香火归明州供养……作新庙于四明。”[⑤]江阴的祠山庙，“江阴初未有祠，乡豪陈氏子忽起愿心，欲创庙貌，卜地于城北三里……自是肇修，香火一殿岿然，郡县祈祷感应，郡人祠祀甚谨。”[⑥]南京的祠山庙是明初十神庙之一，明太祖“定鼎金陵之际，尝亲帅六师贲于祠庭，神吉签言，允若桴鼓之应，于是列庙貌于京师鸡鸣山之阳，岁时遣官致祭。”[⑦]江西高安县的“祠山庙，在高安城北，祀祠山之神，旧名李王祠，盖指李禄也。”[⑧]另一个“祠山庙，在鄱阳县妙果寺傍，神姓张名渤，元僧南楚奉其像于祠，明参议李天植撤而广之。”[⑨]福州的“祠山庙，在九仙山法灵寺东，神姓张名渤，闽人祀之，颇著灵迹，岁大比士子多谒梦于此。”[⑩]云南的祠山信仰，《云南通志》曰：“祠山庙在府城南云津桥北岸，汉张渤曾凿江通水，郡人利之，立祠祀焉。”[⑪]

统观上述分布地点，发现祠山信仰主要分布于我国东南一带。这一流布与东南地区的天文地理以及祠山信仰的内容有关。东南古属吴越扬州之域，与天文斗、牛、婺女相应。《广德州志·星野》曰：“州郡躔次斗、牵牛、婺女”，“于辰在丑，吴越分野，属扬州”，“斗第六星主扬州，常以五巳日候之，

---

①《会稽志》卷六。

②《姑苏志》卷二十七。

③《姑苏志》卷二十八。

④《江南通志》卷四十二。

⑤《祠山事要指掌集》卷四《显应事迹》。

⑥《祠山事要指掌集》卷四《显应事迹》。

⑦《祠山事要指掌集》卷一。

⑧《江西通志》卷一百八。李禄，长兴人，佐祠山大帝治水，宋宝庆二年封威济侯，详见《祠山事要指掌集》卷八。

⑨《江西通志》卷一百九。

⑩《福建通志》卷十五，文渊阁四库全书本。

⑪《云南通志》卷十五，文渊阁四库全书本。

辛巳为扬州。”[①]相应地，祠山神话中出现了礼斗、埋藏之异（丑牛）、圣妃（婺女）的内容。从上面分析可知祠山的本命是辛巳，以丑土为用神，这与扬州辛巳之地、于辰为丑相对应，以至该区域的天文地理符号在祠山神话故事中都可以找到原型。在此意义上说，祠山信仰是对东南天文地理的信仰，因而主要流布东南一带。

之所以发源于广德，一是因为广德便捷的交通环境，“接壤皖苏杭三省，交通皆便捷”[②]，“锁三吴而襟两浙”，“地接金陵，连浙越，亦东南奥区”[③]。二是广德在江浙的西边，横山在广德县治西边五里，祠山庙又在横山西南边，西边五行属金，“五里”为土，西南为坤土生金，是金临官之地，比较符合张渤的性理特点。三是广德的古体字为“廣德”，“廣”中有黄，是土的五行之色，“德”中有十、四，十是土数，四是金数，为土生金之义。广德古名故鄣县，“故鄣”中也有十，为土数，比较符合张渤的性理特点。

张渤开凿的河流也是对其性理的演义，如“自长兴荆溪疏凿圣渎，长十五里，岸高七丈至十五丈，总三十里，志欲通津于广德也”。所言“长十五里”“高十五丈”是对土数的演义，《易经》曰：“天五生土，地十成之”。“七丈”是对火数的演义，《易经》曰：“地二生火，天七成之”。土由火生，故将火土之数放在一起而曰“高七丈至十五丈”。“总三十里”是木数，《易经》曰：“天三生木”。木克土，使土不能生金，金是张渤的本命，也就是说“总长三十里”对张渤不利，因此所凿河流终未贯通。这些数字是后人创造的，目的是演义张渤的性理，亦即祠山的神性。总之，广德作为祠山的道场以及祠山信仰流布东南，与广德、江南的天文、地理、环境有密切的关系，是古代天人合一、性命义理和易学等思维的产物。

① 《广德州志》卷二《星野》。

② 广德县地方志编纂委员会编：《广德县志》，方志出版社1996年版，第687页。

③ 光绪《广德州志》卷二《形胜》。

主要参考文献

一、今人著述

《徽商与明清徽州教育》，李琳琦著，湖北教育出版社2003年版。
《明清徽州社会研究》，卞利著，安徽大学出版社2004年版。
《道教文化十五讲》，詹石窗著，北京大学出版社2012年版。
《新安理学》，周晓光著，安徽人民出版社2005年版。
《徽州社会文化史探微》，王振忠著，上海社会科学院出版社2002年版。
《明清徽州宗族与乡村社会控制》，陈瑞著，安徽大学出版社2013年版。
《假面真情》，孟凡玉著，文化艺术出版社2013年版。
《安徽贵池傩戏剧本选》，王兆乾辑校，财团法人施合郑民俗文化基金会1995年版。
《中国地方志民俗资料汇编》华东卷，丁世良主编，书目文献出版社1995年版。
《中国神话人物辞典》，李剑平主编，陕西人民出版社1998年版。
《穷通宝鉴评注》，（民国）徐乐吾评注，中医古籍出版社2012年版。
《子平真诠评注》，（民国）徐乐吾评注，中州古籍出版社1994年版。
《陈寅恪史学论文选集》，陈寅恪著，上海古籍出版社1992年版。
《古代徽州宗教信仰研究》，丁希勤著，安徽师范大学出版社2013年版。

二、地方志

《大清一统志》，（清）穆彰阿撰，文渊阁四库全书本。
《广德州志》，（清）胡有诚等纂修，光绪七年刻本。

《无锡金匮县志》，（清）齐彦槐等纂修，嘉庆十九年刻本。
《云南通志》，（清）鄂尔泰修，文渊阁四库全书本。
《玉山县志》，（清）吴华辰等纂修，同治十二年刊本。
《石埭县志》，（清）姚子庄等纂修，康熙十五年刻本。
《龙阳县志》，（清）张在田等纂修，嘉庆十九年刻本。
《四明志》，（元）袁桷撰，文渊阁四库全书本。
《当涂县志》，陈鹏飞编纂，民国抄本。
《齐云山志》，（明）鲁点编，江苏古籍出版社2000年版。
《江西通志》，（清）谢旻修，文渊阁四库全书本。
《江南通志》，（清）赵宏恩等纂修，文渊阁四库全书本。
《孝感县志》，（清）朱希白等纂修，光绪八年刊本。
《严州府志》，（明）杨守仁等纂修，万历六年刊本。
《吴兴备志》，（明）董斯张撰，文渊阁四库全书本。
《沅州府志》，（清）张官五等纂修，同治十二年刊本。
《青阳县志》，（清）周赟等纂修，光绪十七年排印本。
《采石志》，（清）李恩绶撰，黄山书社1992年版。
《姑苏志》，（明）王鏊撰，文渊阁四库全书本。
《南昌县志》，（清）庆云等纂修，道光二十九年刻本。
《南岳总胜集》，（宋）陈田夫撰，光绪三十二年刻本。
《临桂县志》，（清）胡虔等纂修，光绪六年补刊本。
《重修滑县志》，王蒲园等纂修，民国二十一年铅印本。
《祠山小志》，（民国）钱文选纂，民国铅印本。
《祠山志》，（明）濮阳春撰，光绪十二年刻本。
《浮梁县志》，（清）乔淮等纂修，道光十二年刻本。
《黄山志定本》，（清）闵麟嗣纂，乾隆三十二年刻本。
《梓潼县志》，（清）张香海等纂修，咸丰八年刊本。
《商丘县志》，（清）叶沄等纂修，民国二十一年石印本。
《淳安县志》，（清）李诗等纂修，光绪十年刊本。
《湖广通志》，（清）迈柱等监修，文渊阁四库全书本。
《新安文献志》，（明）程敏政撰，文渊阁四库全书本。
《新安志》，（宋）罗愿撰，文渊阁四库全书本。

《福建通志》,(清)文渊阁四库全书本。
《畿輔通志》,(清)李卫修,文渊阁四库全书本。
《黔阳县志》,(清)陈鸿作等纂修,同治十三年刻本。
《黟县志》,(清)吴甸华等纂修,道光五年刻本。
万历《钱塘县志》,(清)聂心汤修,光绪十九年刊本。
万历《绩溪县志》,(明)陈嘉策等纂修,万历九年刻本。
民国《九华山志》,(民国)释印光重修,民国二十七年排印本。
民国《歙县志》,许承尧等纂修,民国二十六年铅印本。
弘治《徽州府志》,(明)彭泽等纂修,弘治十五年刻本。
光绪《贵池县志》,(清)陆延龄等纂修,光绪九年刻本。
光绪《宣城县志》,(清)李应泰等纂修,光绪十五年木活字本。
光绪《婺源县志》,(清)汪正元等纂修,光绪九年刻本。
同治《祁门县志》,(清)周溶等纂修,同治十二年刻本。
咸淳《临安志》,(宋)潜说友撰,文渊阁四库全书本。
宣统《建德县志》,(清)张赞巽等纂修,宣统二年铅印本。
乾隆《池州府志》,(清)张士范等纂修,乾隆四十三年刻本。
乾隆《秀山志》,(清)陈竑纂,民国四年刻本。
乾隆《歙县志》,(清)张佩芳等纂修,乾隆三十六年刻本。
崇祯《常熟县志》,(明)龚立本纂修,民国五年抄本。
康熙《杏花村志》,(清)朗遂纂,《中国地方志集成》(乡镇志专辑27),江苏古籍出版社1992年版。
康熙《徽州府志》,(清)丁廷楗等纂修,康熙三十八年刻本。
景定《严州续志》,(宋)方仁荣等撰,文渊阁四库全书本。
道光《休宁县志》,(清)何应松等纂修,道光三年刻本。
道光《徽州府志》,(清)马步蟾等纂修,道光七年刻本。
雍正《浙江通志》,(清)嵇曾筠撰,文渊阁四库全书本。
嘉庆《宁国府志》,(清)洪亮吉等纂修,嘉庆二十年刻本。
嘉靖《池州府志》,(明)王崇等纂修,嘉靖二十四年刻本。
嘉靖《衡州府志》,(明)杨珮撰,明嘉靖刻本。

三、谱牒

《万姓统谱》，（明）凌迪知撰，文渊阁四库全书本。

《山前汪氏续修谱》，民国三十八年刻本。

《东至县南溪金氏家乘》，宣统三年刻本。

《考订朱子世家》，（清）江永撰，同治十三年刻本。

《休宁江村洪氏家谱》，雍正七年刻本。

《祁门县方氏宗谱》，道光二十五年刻本。

《汪氏通宗世谱》，乾隆五十二年刻本。

《宏村汪氏家谱》，乾隆十三年刻本。

《康熙新安程氏统宗补正图纂》，乾隆十二年刻本。

《率口程氏续编本宗谱》，明隆庆三年抄本。

《绩溪龙川胡氏家谱》，民国十三年刻本。

《绩溪庙子山王氏谱》，民国二十四年刻本。

《绩溪城南方氏宗谱》，民国八年刻本。

《绩溪南关许氏惇叙堂宗谱》，清光绪十五年木活字本。

《绩溪洪川程氏宗谱》，民国十二年刻本。

《绩溪涧州许氏宗谱》，民国三年木活字本。

《程氏人物志》，康熙程氏延庆堂刻本。

《世忠录》，佚名撰，清咸丰年间朱印本。

《新安歙北许村许氏东支世谱》，明隆庆三年手抄本。

《歙县迁无锡许氏支谱》，光绪三十年木活字本。

《歙县问政方氏宗谱》，民国二十六年刻本。

《歙县府前方氏宗谱》，民国二十年刻本。

《歙淳方氏柳山真应庙会宗统谱》，（清）方善祖撰，乾隆十八年木活字本。

四、宗教经典

《中华道藏》，张继禹主编，华夏出版社2004年版。

《正统道藏》，文物出版社、上海书店、天津古籍出版社1987年影印本。
《藏外道书》，胡道静主编，巴蜀书社1992年版。
《三教源流搜神大全》，佚名撰，清末宣统刻本。
《大惠静慈妙乐天尊说福德五圣经》，《正统道藏》第28册。
《上清黄庭五脏六腑真人玉轴经》，《正统道藏》第34册。
《元始天尊说北方真武妙经》，《正统道藏》第1册。
《元始无量度人上品妙经四注》，（宋）陈景元撰，《正统道藏》第2册。
《五灯会元》，（宋）释普济撰，中华书局1984年版。
《太上老君说常清静妙经》，《正统道藏》第11册。
《太上说玄天大圣真武本传神咒妙经》，《正统道藏》第17册。
《西山许真君八十五化录》，《正统道藏》第6册。
《许真君仙传》，《正统道藏》第6册。
《灵宝无量度人上品妙经》，《正统道藏》第1册。
《南华真经》，北京书同文四部丛刊本。
《真龙虎九仙经》，《正统道藏》第4册。
《梓潼帝君化书》，《中华道藏》第6册。
《搜神记》，《正统道藏》第36册。
《道门通教必用集》，《正统道藏》第32册。
《道法会元》，《正统道藏》第28、29、30册。

五、其他典籍

《十一经问对》，佚名撰，文渊阁四库全书本。
《十六国春秋》，文渊阁四库全书本。
《三命指迷赋》，（宋）岳珂撰，文渊阁四库全书本。
《三命通会》，（明）万民英撰，文渊阁四库全书本。
《三朝北盟会编》，（宋）徐梦莘撰，文渊阁四库全书本。
《大易象数钩深图》，（元）张理撰，文渊阁四库全书本。
《大金德运图说》，文渊阁四库全书本。
《大学衍义补》，（明）丘濬撰，文渊阁四库全书本。
《大清会典则例》，文渊阁四库全书本。

《大清会典》，（清）允祹等修，文渊阁四库全书本。
《小山类稿》，（明）张岳撰，文渊阁四库全书本。
《山堂肆考》，（明）彭大翼撰，文渊阁四库全书本。
《王文成全书》，（明）王守仁撰，文渊阁四库全书本。
《开元占经》，（唐）瞿昙悉达撰，文渊阁四库全书本。
《天中记》，（明）陈耀文撰，文渊阁四库全书本。
《云谷杂记》，（宋）张淏撰，文渊阁四库全书本。
《云笈七签》，（宋）张君房撰，文渊阁四库全书本。
《廿二史札记》，（清）赵翼撰，中华书局1984年版。
《五礼通考》，（清）秦蕙田撰，文渊阁四库全书本。
《太平广记》，（宋）李昉等修，文渊阁四库全书本。
《太平御览》，（宋）李昉撰，文渊阁四库全书本。
《历代名画记》，（唐）张彦远撰，文渊阁四库全书本。
《少室山房笔丛》，（明）胡应麟撰，文渊阁四库全书本。
《水经注》，（北魏）郦道元撰，文渊阁四库全书本。
《风俗通义》，（汉）应劭撰，文渊阁四库全书本。
《六壬大全》，佚名撰，文渊阁四库全书本。
《六研斋笔记》，（明）李日华撰，文渊阁四库全书本。
《六朝事迹编类》，（宋）张敦颐撰，文渊阁四库全书本。
《文定集》，（宋）汪应辰撰，文渊阁四库全书本。
《文献通考》，（元）马端临撰，文渊阁四库全书本。
《方舆胜览》，（宋）祝穆撰，文渊阁四库全书本。
《古今事文类聚》，（宋）祝穆撰，文渊阁四库全书本。
《东汉会要》，（宋）徐天麟撰，文渊阁四库全书本。
《史记集解》，（宋）裴骃撰，文渊阁四库全书本。
《史记疑问》，（清）邵泰衢撰，文渊阁四库全书本。
《史传三编》，（清）朱轼撰，文渊阁四库全书本。
《汉上易传》，（宋）朱震撰，文渊阁四库全书本。
《汉上易传卦图》，（宋）朱震撰，文渊阁四库全书本。
《汉唐秘史》，（明）朱权辑，四库全书存目丛书史部第45册。
《礼记集说》，（宋）卫湜撰，文渊阁四库全书本。

《礼部集》，（元）吴师道撰，文渊阁四库全书本。
《老学庵笔记》，（宋）陆游撰，文渊阁四库全书本。
《西隐集》，（明）宋讷撰，文渊阁四库全书本。
《列仙传》，（汉）刘向撰，文渊阁四库全书本。
《夷坚志》，（宋）洪迈撰，文渊阁四库全书本。
《朱子语类》，（宋）黎靖德编，文渊阁四库全书本。
《后汉书补逸》，（清）姚之骃撰，文渊阁四库全书本。
《齐东野语》，（宋）周密撰，文渊阁四库全书本。
《江淮异人录》，（宋）吴淑撰，文渊阁四库全书本。
《池北偶谈》，（清）王士祯撰，文渊阁四库全书本。
《李太白集注》，（清）钱塘、王琦撰，文渊阁四库全书本。
《酉阳杂俎》，（唐）段成式撰，文渊阁四库全书本。
《宋会要辑稿》，（清）徐松辑，中华书局1957年版。
《初学记》，（唐）徐坚撰，文渊阁四库全书本。
《灵城精义》，（南唐）何溥撰，文渊阁四库全书本。
《陆九渊集》，（宋）陆九渊著，钟哲点校，中华书局1980年版。
《事物纪原》，（宋）高承撰，文渊阁四库全书本。
《尚史》，（清）李锴撰，文渊阁四库全书本。
《明史纪事本末》，（明）谷应泰撰，文渊阁四库全书本。
《明会典》，（明）李东阳等纂修，文渊阁四库全书本。
《明集礼》，（明）徐一夔撰，文渊阁四库全书本。
《明儒学案》，（明）黄宗羲撰，文渊阁四库全书本。
《易象义》，（宋）丁易东撰，文渊阁四库全书本。
《命谱》，（清）袁树珊撰，中州古籍出版社1995年版。
《周易玩辞困学记》，（清）张次仲撰，文渊阁四库全书本。
《周易经传集解》，（宋）林栗撰，文渊阁四库全书本。
《周易集说》，（宋）俞琰撰，文渊阁四库全书本。
《京氏易传》，（汉）京房撰，文渊阁四库全书本。
《净德集》，（宋）吕陶撰，文渊阁四库全书本。
《学余堂文集》，（清）施闰章撰，文渊阁四库全书本。
《建炎以来系年要录》，（宋）李心传撰，文渊阁四库全书本。

《居易录》，（清）王士祯撰，文渊阁四库全书本。
《春明梦余录》，（清）孙承泽撰，文渊阁四库全书本。
《南宋院画录》，（清）厉鹗撰，文渊阁四库全书本。
《南部新书》，（宋）钱易撰，文渊阁四库全书本。
《皇明文征》，（明）何乔远撰，文渊阁四库全书本。
《说文解字》，（汉）许慎，（宋）徐铉增释，文渊阁四库全书本。
《说郛》，（元）陶宗仪撰，文渊阁四库全书本。
《癸巳存稿》，（清）俞正燮撰，辽宁教育出版社2003年版。
《高子遗书》，（明）高攀龙撰，文渊阁四库全书本。
《唐会要》，（宋）王溥撰，文渊阁四库全书本。
《海塘录》，（清）翟均廉撰，文渊阁四库全书本。
《家礼》，（宋）朱熹撰，文渊阁四库全书本。
《能改斋漫录》，（宋）吴曾撰，文渊阁四库全书本。
《菽园杂记》，（明）陆容撰，文渊阁四库全书本。
《梦粱录》，（宋）吴自牧撰，文渊阁四库全书本。
《续仙传》，（唐）沈汾撰，文渊阁四库全书本。
《续资治通鉴长编》，（宋）李焘撰，文渊阁四库全书本。
《搜神记》，（晋）干宝撰，文渊阁四库全书本。
《椒丘文集》，（明）何乔新撰，文渊阁四库全书本。
《粤西丛载》，（清）汪森撰，文渊阁四库全书本。
《御定月令辑要》，文渊阁四库全书本。
《御定星历考原》，文渊阁四库全书本。
《蒙斋集》，（宋）袁甫撰，文渊阁四库全书本。
《蜀中广记》，（明）曹学佺撰，文渊阁四库全书本。
《嵩阳石刻集记》，（清）叶封撰，文渊阁四库全书本。
《锦绣万花谷》，佚名撰，文渊阁四库全书本。
《靖炎两朝见闻录》，（宋）陈东撰，四库全书存目丛书史部第44册。
《靖康纪闻拾遗》，四库全书存目丛书史部第44册。
《靖康孤臣泣血录》，（宋）丁特起撰，四库全书存目丛书史部第44册。
《靖康蒙尘录》，四库全书存目丛书史部第44册。
《管城硕记》，（清）徐文靖撰，文渊阁四库全书本。

《稽神录》，（宋）徐铉撰，文渊阁四库全书本。
《篁墩文集》，（明）程敏政撰，文渊阁四库全书本。
《潭滨杂志》，（清）白山先生撰，光绪二年印本。
《灌园集》，（宋）吕南公撰，文渊阁四库全书本。

后　记

2007年，我师从安徽师范大学李琳琦先生从事中国古代史研究，以《古代徽州宗教信仰》作为我的博士毕业论文，系统地探讨了徽州的儒教、道教和佛教，其中也涉及一些民间信仰。但在经过一段时间的学习后，发现民间信仰内容甚多，需要另行研究。为此，在博士毕业之后，我又于2011年报考了安徽大学徽学研究中心卞利先生的博士后，以《宋明以来徽州的民间信仰》为题对徽州的民间信仰进行了深入的探讨。2013年出站后，又将研究范围进一步扩展到整个皖南地区。最终，确定了以古代徽州和皖南的民间信仰作为研究对象，系统地探讨了古代徽州和皖南地区历史上一些具有本土特色和重要影响的民间信仰。目前，该项工作基本完成。

在安大做博士后期间，卞先生给我留下深刻的印象。每次我去安大都逢他请客，因此他常夸我有口福。先生是一个非常好的人，经常邀我至家中，促膝长谈，聊至深夜。从谈话中，我了解到他对徽州民间信仰十分感兴趣，现在我有缘做这方面的研究，感到十分的荣幸。师大和安大都是研究徽学的重镇，而我从师大走来，所以他嘱咐我一定要把这两所大学的学术特色融会贯通起来。记得有一次，我奉单位之命，去合肥接他来池州学院讲学。回来时，我们的车子一路沐浴着落日的余晖，那金色的太阳罩着我，至今仍是我生命中美丽的回忆。

在此，我要特别感谢卞先生将我领进徽州民间信仰这个研究领域。同时，要感谢时任安徽省历史学会会长王世华先生、安徽大学历史系周晓光先生、张金铣先生、徐国利先生、安徽省社科院陈瑞先生等在我的博士后出站报告答辩时所给予的较高的评价。安大博管办胡俊和历史系王开队也给了我很多的帮助。

民间信仰与宗教的关系十分密切，若没有后者的学习背景，民间信仰很难做下去。为此，2015年我去四川大学道教与宗教文化研究所做了第二个博士后，拜詹石窗先生为师，从事易经、道教与民间信仰的结合研究。詹先生对本书的后期工作提出不少的建议，令我受益匪浅。川大博管办、社科处和宗教所的各位老师也给予了我很多的帮助，这是我永不能忘怀的。最后，我的恩师琳琦先生和安徽师范大学出版社孙新文编辑为本书的出版倾注了大量的心血，在此一并致谢！

本书是我这几年做博士后期间的阶段性成果，也是我在池州学院历史系教学工作之余孜孜以求的研究结晶。由于研究对象的复杂性，书中难免会出现一些疏漏和错误，恳请相关专家学者批评指正。

丁希勤

2016年1月